税收法律纠纷案件裁判规则解读

——疑难案件办案思路和实务要点详解

郭丁铭　张冰冰　主　编
刘　峰　张海龙　副主编

TAXATION CASES
AND RULES

中国法制出版社
CHINA LEGAL PUBLISHING HOUSE

目　录

Contents

第一章　税收征管纠纷

第二章 具体税种纠纷

第三章 税收犯罪

第一章　税收征管纠纷

第一节　纳税申报与社会保险费申报纠纷

001. 企业无应纳税款就不需纳税申报吗？

——山东济宁诺亚投资发展有限公司与兖州市地方税务局等税务所税务行政管理上诉案①

裁判要旨

企业纳税申报是税务机关税收征管的重要环节，与企业有无应纳税款无必然联系。因此，企业在纳税期内没有应纳税款的，也应当按照规定办理纳税申报。企业享受减税、免税待遇的，在减税、免税期间应当按照规定办理纳税申报。

基本案情

2003年9月，原告山东济宁诺亚投资发展有限公司（以下简称诺亚公司）与兖州市人民政府签订了《国有土地使用权出让合同》，随后开发建设了“温州商茂中心”四幢房屋，并于2007年将其开发建设的部分房屋交付相关部门。

2016年5月，被告兖州市地方税务局鼓楼中心税务所（以下简称鼓楼税务所）发现诺亚公司交付的部分房屋存在以房屋价款抵顶土地出让金的情形，遂于2016年5月26日作出兖鼓税限改［2016］21号责令限期改正通知书，内容为，山东济宁诺亚投资发展有限公司：你单位以安置房屋价款冲抵土地出让金，应视为销售业务处理，申报有关税费；以安置房屋价款冲抵土地出让金，构成契税计税价格，应申报契税。根据《中华人民共和国税收征收管理法》（以下简称税收

① 山东省济宁市中级人民法院（2017）鲁08行终223号行政判决书

征管法）第六十二条规定，限你单位于2016年6月13日前到兖州市地方税务局办税服务厅办理纳税申报。

法院审理

原审法院认为，本案当事人争议的焦点为，一、被告鼓楼税务所是否具有作出被诉通知书的主体资格；二、被诉通知书认定事实是否清楚；三、被诉通知书是否超过追责期限，四、被诉通知书程序是否合法。关于第一个焦点问题，根据税收征管法第六十二条的规定，有权作出责令限期改正通知的主体为税务机关。税收征管法第十四条规定税务机关是指各级税务局、税务分局、税务所和按照国务院规定设立的并向社会公告的税务机构。被告鼓楼税务所作为兖州市地方税务局下属的中心税务所，是税收征管法第十四条规定的税务机关。有权作出被诉责令限期改正通知书。税收征管法第七十四条规定的税务所决定罚款额在二千元以下的行政罚款，指的是税务所在行政处罚类案件上的处罚权限。不能因此否定税务所在其他税务管理方面的职权。原告以税收征管法只在第七十四条赋予税务所“罚款在二千元以下”的行政处罚决定权为由，否认鼓楼税务所其他税务管理职权的观点，与法律规定不符，不予采纳。被诉责令限期改正通知书的抬头虽为“兖州市地方税务局”，但确认出具该通知书主体应为加盖单位公章的“兖州市地方税务局鼓楼中心税务所”，因此，作出本案被诉责令限期改正通知书的主体为鼓楼税务所。责令限期改正通知书的抬头与落款名称不一致，属于行政文书中的瑕疵，应予指正。关于第二个焦点问题，被告鼓楼税务所提交原告与兖州市国土部门签订的土地使用权出让合同，证明原告诺亚公司开发建设“温州商茂中心”的事实，被告提供的商品房抵缴土地出让金明细表，证明原告以房屋价款冲抵土地出让金的事实。原告对被告认定其以安置房屋价款冲抵土地出让金予以认可，只是辩解土地出让金的数额尚未最终确定。根据税收征管法规定，纳税申报是程序义务，并不必然导致税款缴纳义务。纳税人办理的纳税申报，既可以是有税申报，也可以是无税申报，还可以是减免税申报。只要纳税人进行了纳税申报，其申报义务便履行完毕。至于申报的真实性和合法性，由税务机关依法调查处理。所以，土地出让金的数额是否确定，不影响纳税申报的进行。被告责令原告限期纳税申报认定事实清楚，并无不当。关于第三个焦点问题，税收征管法第五十二条第一款、第二款规定了税务机关的追征税款期限为三年，特殊情况延长至五年，但该条第三款规定，对偷税、抗税、骗税的，税务机关追征其未缴或者少缴的税款、滞纳金或者所骗取的税款，不受前款规定期限的限制。依照该款规定，若纳税人涉嫌偷、抗、骗税行为，则不受追征期限的限制。本案原告诺亚公司是否涉嫌偷税行为尚未确定，在税务机关未对其认定的原告应缴税款而未缴税款的行为作出最终定性之前，不宜审查责令限期改正通知书的期限问题。同时，因税收征管法第六十二条规定“纳税人未按照规定的期限办理纳税申报和报送纳税资料的，或者扣缴义务人未按照规定的期限向税务机关报送代扣代缴、代收代缴税款报告表和有关资料的，由税务机关责令限期改正”，故法律法规对纳税申报责令限期改正行为的作出没有明确的期限规定。原告关于被告作出的责令限期改正通知书超过追责期限的观点，不予采纳。关于第四个焦点问题，依照税收征管法第二十五条的规定，纳税人按期如实办理纳税申报，是纳税人的法定义务，纳税人对申报材料、申报流程应是熟知的。税收征管法及相关的法律法规未就行政机关作出的责令限期改正通知行为须履行事先告知的义务。被告鼓楼税务所在查明事实后，作出被诉通知书，程序并无不当。综上，被告鼓楼税务所作出的责令限期改正通知书认定事实清楚，程序合法，适用法律正确。原告要求撤销被告作出的兖鼓税限改［2016］21号责令限期改正通知书的诉讼请求，不予支持。原审法院判决驳回原告山东济宁诺亚投资发展有限公司的诉讼请求。

诺亚公司不服上述判决，提起上诉称，鼓楼税务所系兖州地税局设立的派出机构，不是独立的行政主体，除非有法律法规的明确授权，否则不能以自己的名义行使行政权力，根据税收征管法第七十四条的规定，鼓楼税务所只具有二千元以下行政处罚的权限，这一点从税务总局制式文书“责令限期改正通知书”中也可以看出，故作出被诉责令改正通知的主体应当是兖州市地税局，鼓楼税务所超越法定职权；一审判决认定事实不清，混淆纳税义务与缴纳税款义务，根据税收征管法的规定，没有纳税义务，就没有申报义务，上诉人的土地出让金数额没有确定，不具备申报条件，且已超过法定追征期；被诉通知书程序违法，被上诉人在作出被诉通知书前，没有给予上诉人任何陈述、申辩的机会，剥夺上诉人程序性权利，也没有对涉案事实进行全面查证，违反了正当程序的基本行政法原则。请求撤销原判，撤销被上诉人作出的兖鼓税限改［2016］21号责令限期改正通知书或发回重审。

二审法院驳回上诉，维持原判。

点评

企业有应纳税款自然要纳税申报。问题是企业无应纳税款是否需要纳税申报呢?

一、《税收征收管理法》及其实施细则的规定

《税收征收管理法》第二十五条规定:“纳税人必须依照法律、行政法规规定或者税务机关依照法律、行政法规的规定确定的申报期限、申报内容如实办理纳税申报,报送纳税申报表、财务会计报表以及税务机关根据实际需要要求纳税人报送的其他纳税资料。扣缴义务人必须依照法律、行政法规规定或者税务机关依照法律、行政法规的规定确定的申报期限、申报内容如实报送代扣代缴、代收代缴税款报告表以及税务机关根据实际需要要求扣缴义务人报送的其他有关资料。”第二十七条规定:“纳税人、扣缴义务人不能按期办理纳税申报或者报送代扣代缴、代收代缴税款报告表的,经税务机关核准,可以延期申报。经核准延期办理前款规定的申报、报送事项的,应当在纳税期内按照上期实际缴纳的税额或者税务机关核定的税额预缴税款,并在核准的延期内办理税款结算。”据此,纳税人、扣缴义务人应当按照法律、行政法规规定的申报期限、申报内容如实办理纳税申报,或者应当按照税务机关依照法律、行政法规的规定确定的申报期限、申报内容如实办理纳税申报。纳税人、扣缴义务人不能按期办理纳税申报或者报送代扣代缴、代收代缴税款报告表的,经税务机关核准,可以延期申报。

《税收征收管理法实施细则》第三十二条规定:“纳税人在纳税期内没有应纳税款的,也应当按照规定办理纳税申报。纳税人享受减税、免税待遇的,在减税、免税期间应当按照规定办理纳税申报。”据此,企业在纳税期内无应纳税款,应当按规定办理纳税申报;纳税人享受减税、免税待遇的,在减税、免税期间也应当按规定办理纳税申报。

可见,纳税申报是税务机关对纳税人进行税务管理的重要手段,除了税款征收的重要功能外,还有获取纳税人税务信息和进行税收管理的重要功能。

二、增值税

《增值税暂行条例》《增值税暂行条例实施细则》和《财政部、国家税务总局关于全面推开营业税改征增值税试点的通知》规定了增值税纳税义务发生时间和纳税期限。增值税的纳税期限分别为1日、3日、5日、10日、15日、1个月或者1个季度。纳税人的具体纳税期限由主管税务机关根据纳税人应纳税额的大小分别核定。纳税人以 1 个月或 1 个季度为 1 个纳税期的，自期满之日起 15 日申报纳税；以 1 日、3 日、5 日、10 日或者 15 日为 1 个纳税期的，自期满之日起 5 日内预缴税款，于次月 1 日起 15 日内申报纳税并结清上月应缴税款。问题是有企业未发生应税销售行为，即企业无销售额，此时其无增值税纳税义务，也无增值税应纳税款，是否不需要进行增值税纳税申报呢？答案为否。《增值税纳税申报表（一般纳税人适用）》抬头注明："纳税人不论有无销售额，均应按税务机关核定的纳税期限填写本表，并向当地税务机关申报。"至于小规模纳税人，《国家税务总局关于调整增值税纳税申报有关事项的公告》附件 2《增值税纳税申报表（一般纳税人适用）》及其附列资料填写说明第七条《增值税减免税申报明细表》填写说明规定："仅享受月销售额不超过 10 万元（按季纳税 30 万元）免征增值税政策或未达起征点的增值税小规模纳税人不需填报本表，即小规模纳税人当期《增值税纳税申报表（小规模纳税人适用）》第 12 栏'其他免税销售额''本期数'和第 16 栏'本期应纳税额减征额''本期数'均无数据时，不需填报本表。"可见，小规模纳税人只是符合特定条件可以不填报明细表，即使无销售额仍然要进行增值税的纳税申报。

二、企业所得税

《企业所得税法》第五十四条规定："企业所得税分月或者分季预缴。企业应当自月份或者季度终了之日起十五日内，向税务机关报送预缴企业所得税纳税申报表，预缴税款。企业应当自年度终了之日起五个月内，向税务机关报送年度企业所得税纳税申报表，并汇算清缴，结清应缴应退税款。企业在报送企业所得税纳税申报表时，应当按照规定附送财务会计报告和其他有关资料。"

《企业所得税法实施条例》第一百二十八条规定："企业在纳税年度内无论盈利或者亏损，都应当依照企业所得税法第五十四条规定的期限，向税务机关报送预缴企业所得税纳税申报表、年度企业所得税纳税申报表、财务会计报告和税务机关规定应当报送的其他有关资料。"

据此，企业即使亏损无应纳税款，也应当进行企业所得税的纳税申报。

三、其他税种

依据土地增值税、契税、消费税、关税、资源税、环境保护税、城镇土地使用税和耕地占用税、房产税、车辆购置税和车船税等税种的法律法规，发生相关税种的纳税义务应当进行纳税申报，如果存在减税、免税情况的，在减税、免税期间也应当按照规定办理纳税申报。

本案纳税人与兖州市人民政府签订《国有土地使用权出让合同》，并以安置房屋价款抵顶土地出让金，依法发生纳税义务，应当进行纳税申报。其辩解土地出让金的数额尚未最终确定，并不免除其纳税申报义务。

法条链接

1.《税收征收管理法实施细则》

第三十二条 纳税人在纳税期内没有应纳税款的，也应当按照规定办理纳税申报。

纳税人享受减税、免税待遇的，在减税、免税期间应当按照规定办理纳税申报。

002. 纳税人不进行纳税申报导致未缴或少缴税款是否要缴滞纳金？

——深圳雪威制衣有限公司诉深圳市南山区地方税务局等行为上诉案①

裁判要旨

纳税人不进行纳税申报造成不缴或少缴应纳税款的情形不属于偷税、抗税、骗税，其追征期按照《税收征收管理法》第五十二条规定的精神，一般为三年，特殊情况可以延长至五年。由于《税收征收管理法》第五十二条第二款规定："因纳税人、扣缴义务人计算错误等失误，未缴或者少缴税款的，税务机关在三年内可以追征税款、滞纳金；有特殊情况的，追征期可以延长到五年。"据此，纳税人不进行纳税申报造成不缴或少缴应纳税款的，应比照《税收征收管理法》第五十二条第二款的规定追征滞纳金。

基本案情

深圳雪威制衣有限公司（以下简称雪威公司）于2012年12月7日购买名称为×花园1栋29B的商品房一套，2012年12月11日，该房地产登记在雪威公司名下；雪威公司于2013年12月18日购买名称为×花园1栋13E的商品房一套，2013年12月24日，该房地产登记在雪威公司名下；雪威公司于2014年8月11

① 广东省深圳市中级人民法院（2016）粤03行终167号行政判决书

日购买名称为×花园1栋9D的商品房一套，2014年8月15日，该房地产登记在雪威公司名下。

2015年3月26日，雪威公司向深圳市南山区地方税务局（以下简称南山地税局）填报了《房产税基础信息登记表》及《城镇土地使用税信息登记表》。

2015年4月10日，南山地税局对雪威公司作出深地税南事通［2015］6018号《税务事项通知书》，称雪威公司拥有的房产×花园1栋29B、1栋13E、1栋9D未按规定申报缴纳房产税、城镇土地使用税，要求雪威公司自收到该通知之日起15日内进行申报缴纳，否则将按《中华人民共和国税收征收管理法》第六十三条之规定予以处理。该份《税务事项通知书》于2015年4月14日送达雪威公司。

2015年7月15日，南山地税局对雪威公司再次作出深地南事［2015］6022号《税务事项通知书》，以雪威公司拥有房产未及时申报缴纳房产税和城镇土地使用税为由，要求雪威公司于2015年7月29日前申报缴纳税款及滞纳金（从滞纳税款之日起按日加收滞纳税款万分之五）。该份《税务事项通知书》于2015年7月16日送达雪威公司，雪威公司对该份《税务事项通知书》所认定的涉案房产原值、应缴税款及滞纳金数额均无异议，但称未及时缴纳税款的责任不在于其本人。

雪威公司不服南山地税局作出的征收欠缴税款滞纳金的行为，遂于2015年8月4日向深圳市地方税务局（以下简称市地税局）邮寄行政复议申请材料，市地税局于2015年8月6日收到前述复议申请。

2015年8月9日，市地税局作出深地税复答［2015］06号《行政复议答复通知书》，要求南山地税局作出书面答复并提交作出具体行政行为的证据、依据和其他相关资料，并将行政复议申请书副本发送给南山地税局。

后南山地税局按市地税局要求在规定期限内提交深地税南复答［2015］03号《行政复议答复书》和当初作出具体行政行为的证据材料。

市地税局经过复议审查，于2015年9月24日作出深地税复决字［2015］6号《复议决定书》，并于2015年9月28日向雪威公司法定代表人邮寄送达，该复议决定维持了南山地税局作出的深地南事［2015］6022号《税务事项通知书》。

另查，雪威公司从2015年7月14日开始缴纳涉案房产的相关税款及滞纳金，截至2015年12月10日，雪威公司已缴清涉案房产的相关税款及滞纳金

（缴至2015年第三季度）。

雪威公司对上述《税务事项通知书》不服，遂提起行政诉讼，要求：1. 撤销南山地税局作出的深地南事［2015］6022号《税务事项通知书》中要求雪威公司缴纳滞纳金的具体行政行为；2. 南山地税局赔偿雪威公司因诉讼而导致的经济损失9,454元。

法院审理

原审法院认为，关于被诉征收滞纳金的行为是否合法的问题。《中华人民共和国税收征收管理法》第二十五条第一款规定，纳税人必须依照法律、行政法规规定或者税务机关依照法律、行政法规的规定确定的申报期限、申报内容如实办理纳税申报，报送纳税申报表、财务会计报表以及税务机关根据实际需要要求纳税人报送的其他纳税资料。第三十一条规定第一款规定，纳税人、扣缴义务人按照法律、行政法规规定或者税务机关依照法律、行政法规的规定确定的期限，缴纳或者解缴税款。第三十二条规定，纳税人未按照规定期限缴纳税款的，扣缴义务人未按照规定期限解缴税款的，税务机关除责令限期缴纳外，从滞纳税款之日起，按日加收滞纳税款万分之五的滞纳金。第五十二条第一款规定，因税务机关的责任，致使纳税人、扣缴义务人未缴或者少缴税款的，税务机关在三年内可以要求纳税人、扣缴义务人补缴税款，但是不得加收滞纳金。综上，纳税人具有纳税申报义务，并应当按照法律、行政法规规定或者税务机关依照法律、行政法规的规定确定的期限申报缴纳税款，因税务机关的责任致使纳税人未在规定期限内缴纳税款的，税务机关才不得加收滞纳金。另，《中华人民共和国房产税暂行条例》《深圳经济特区房产税实施办法》《中华人民共和国城镇土地使用税暂行条例》《广东省城镇土地使用税实施细则》《深圳市地方税务局关于开征城镇土地使用税的通告》以及《深圳市地方税务局关于电子税务管理升级改造系统上线的通告》等法规、规章或规范性文件对房产税和城镇土地使用税的申报缴纳期限均作出了明确规定。本案中，南山地税局依法向雪威公司征收其拥有涉案房产应缴税款的相应滞纳金，并无不妥。我国相关法律法规并未设定税务机关有及时告知纳税人缴款的义务，即向纳税人发出限期缴纳税款通知书并不是南山地税局征收滞纳金的法定前置程序。本案中，雪威公司逾期缴纳税款是由其自身原因造成的，其情况不符合《中华人民共和国税收征收管理法》中关于“不得加收滞纳金”所规定的情形。南山地税局对雪威公司从滞纳税款之日起加收滞纳金，符合相关法律法规的规定，并无不妥。

原审法院驳回雪威公司的全部诉讼请求。

上诉人雪威公司不服原审判决，向二审法院提出上诉，理由：1. 国家对房产及土地使用须予征税是于二十多年前立的法，执行征税，收税及管理，指导纳税人纳税是行政机关税务局的责任，纳税是纳税人的责任义务。因此整个征税行为及申报行为及纳税义务行为是一个互动关联的操作，必先有征税行为通知在先，纳税人得知后才能配合进行申报及履行纳税义务。2. 征管法例有列明申报是纳税人责任没有异议，但有关法例未有订定负责征税的行政机关是须要或应该或不须要或不应该通知纳税人申报成为争议疑点。而雪威公司人认为根据上述第1点事实，争议疑点利益应归于雪威公司，恳请法官在合法、合情、合理的情况下，裁定南山地税局应有通知责任。3. 在根据主席令第49号第五十二条（2001年5月施行）因税务机关的责任，致使纳税人、未缴或者少缴税款的，税务机关在三年内可以要求纳税人、补缴税款，但是不得加收滞纳金是明确的。请南山地税局解说是如何理解的？该法例未有列明负责征收税管理的税局有通知纳税人须申报是有或没有责任，由于法例未有明确列明税务机关何等行为是税务局责任而成为争议疑点，在根据上述第1点的实际情况下，恳请法官裁定疑点利益归于雪威公司，判令南山地税局应有向纳税人作出通知申报纳税责任，一审判决书并无针对法例49号第五十二条提出意见。期待二审能获得相关法例的意见。

二审法院驳回上诉，维持原判。

点评

本案的争议焦点是纳税人不进行纳税申报，待税务机关发现后追缴，是否应当缴纳滞纳金。

首先要明确的是，税务机关和司法机关通常认为滞纳金类似于利息，并不是对纳税人的处罚，与罚款存在本质区别。因此，滞纳金只出现在税务处理决定书中，而罚款则出现在税务处罚决定书中。缴纳滞纳金类似支付利息，依货币的时间价值理论，纳税人未依税法规定的纳税期限缴纳税款，等于纳税人占用了国家的税款，故在缴纳税款之外，还应缴纳滞纳金。

纳税人未依法申报纳税导致未缴或少缴税款，其是否应当在补缴税款之外缴纳滞纳金缺乏明确的法律依据。《税收征收管理法》第五十二条第一款规定：“因税务机关的责任，致使纳税人、扣缴义务人未缴或者少缴税款的，税务机关在三年内可以要求纳税人、扣缴义务人补缴税款，但是不得加收滞纳金。”第二款规定：“因纳税人、扣缴义务人计算错误等失误，未缴或者少缴税款的，税务机关在三年内可以追征税款、滞纳金；有特殊情况的，追征期可以延长到五年。”第三款规定：“对偷税、抗税、骗税的，税务机关追征其未缴或者少缴的税款、滞纳金或者所骗取的税款，不受前款规定期限的限制。”据此，是否缴纳滞纳金有三种情况：第一，因税务机关的责任导致纳税人、扣缴义务人未缴或者少缴税款的，不缴纳滞纳金。第二，因纳税人、扣缴义务人计算错误等失误，未缴或者少缴税款的，必须缴纳滞纳金。第三，对偷税、抗税、骗税的，必须缴纳滞纳金。从形式上看，纳税人不进行纳税申报不属于上述三种情况，但是，依据税法解释学分析，这可归入第二种情况，即纳税人不进行纳税申报违反法定义务，存在失误，必须缴纳滞纳金。另外，《国家税务总局关于未申报税款追缴期限问题的批复》明确规定：“税收征管法第六十四条第二款规定的纳税人不进行纳税申报造成不缴或少缴应纳税款的情形不属于偷税、抗税、骗税，其追征期按照税收征管法第五十二条规定的精神，一般为三年，特殊情况可以延长至五年。”因此，纳税人不进行纳税申报造成不缴或少缴应纳税款的追征期适用第五十二条第二款，理由也是认为纳税人不进行纳税申报属于其失误，而该款明确规定纳税人必须缴纳滞纳金。

需要注意的是，纳税人依据税收法律法规在法定的纳税期限申报纳税是其法定义务，税务机关没有通知纳税人申报的法定义务。因此，纳税人不依法进行纳税申报是违法行为，不论其是否知道相关税收法律法规的规定，其过错不言自明。

法条链接

1. **《税收征收管理法》**

第五十二条 因税务机关的责任，致使纳税人、扣缴义务人未缴或者少缴税款的，税务机关在三年内可以要求纳税人、扣缴义务人补缴税款，但是不得加收滞纳金。

因纳税人、扣缴义务人计算错误等失误，未缴或者少缴税款的，税务机关在三年内可以追征税款、滞纳金；有特殊情况的，追征期可以延长到五年。

对偷税、抗税、骗税的，税务机关追征其未缴或者少缴的税款、滞纳金或者所骗取的税款，不受前款规定期限的限制。

2.《国家税务总局关于未申报税款追缴期限问题的批复》

新疆维吾尔自治区地方税务局：

你局《关于明确未申报税款追缴期限的请示》（新地税发〔2009〕156号）收悉。经研究，批复如下：

税收征管法第五十二条规定：对偷税、抗税、骗税的，税务机关可以无限期追征其未缴或者少缴的税款、滞纳金或者所骗取的税款。税收征管法第六十四条第二款规定的纳税人不进行纳税申报造成不缴或少缴应纳税款的情形不属于偷税、抗税、骗税，其追征期按照税收征管法第五十二条规定的精神，一般为三年，特殊情况可以延长至五年。

003. 税务机关能否对用人单位未按规定申报应当缴纳的社会保险费数额的劳动违法行为进行查处？

——黄某等诉广州市越秀区地方税务局社会保险行政管理案①

裁判要旨

用人单位未按规定申报应当缴纳的社会保险费数额，由劳动保障行政部门责令改正，并处瞒报工资数额一倍以上三倍以下的罚款。

基本案情

2013年3月22日，原告黄某通过广东省地方税务局门户网站局长信箱递交一份《关于社保投诉受理的问题》，要求就相关问题给予指引协助。被告广州市越秀区地方税务局收到广东省地方税务局转办的上述材料后，经与原告联系，原告方再提交《瞒报工资、不足额缴纳社会保险费的投诉、举报》等材料，要求：1. 第三人北京时代鼎典工程咨询有限公司广州分公司为其补缴2005年12月1日至2012年12月31日期间违法少缴的所有社会养老保险、医疗保险、失业保险、生育保险及工伤保险等保险费；2. 责令第三人限期补足全部企业职工的相关社会保险费，并予以加收相应的滞纳金和处罚。经过被告询问与调查，原告与第三人于2013年5月15日共同签字确认了原告在职期间相关工资清单。

① 广东省广州市中级人民法院（2014）穗中法行终字第572号行政判决书

2013年6月26日，被告广州市越秀区地方税务局向原告作出越税社诉告字（2013）14002号《社保事项告知书》，其中内容为：北京时代鼎典咨询有限公司广州分公司为你缴纳的社会保险费存在缴费基数不足的情况。该公司已表示同意按规定为你补缴在职期间其应承担的社会保险费，补缴时段：2006年2月至2013年1月。根据你与北京时代鼎典咨询有限公司广州分公司共同确认后的缴费基数计算，补缴金额为94,920.30元。依照《中华人民共和国社会保险法》《社会保险费征缴暂行条例》及《广东省社会养老保险条例》等法律法规的有关规定，个人应按规定的比例承担个人部分的社会保险费。按照各险种有关规定比例计算，你应缴纳养老保险24,198.83元，失业保险2,266.93元，医疗保险5,009.85元，合计31,475.61元。请你收到本告知书后15天内，与北京时代鼎典咨询有限公司广州分公司共同按规定办理上述款项的缴纳事宜。缴费单位和个人如有违反法律规定，不依法履行社会保险义务的，按法律法规的有关规定处理。并告知原告就其投诉的其他问题，建议向企业注册地的社保经办机构进行反映和投诉。被告另就相关内容向第三人发出了越税社诉告字（2013）14001号《社保事项告知书》。

2013年7月29日，第三人缴纳了上述告知书中单位应承担部分的社会保险费共63,444.69元。9月24日，第三人以需支付原告经济补偿金为由代扣代缴了原告黄某个人应承担部分的社会保险费合共31,475.61元。

原告不服向广州市地方税务局申请行政复议，该局于2013年9月5日作出穗地税复决字（2013）第12号《行政复议决定书》，维持了被告作出的越税社诉告字（2013）14002号《社保事项告知书》。

在原审法院审理过程中，原告陈述表示对被告在告知书中计算的金额无异议，但不同意由原告承担。此外，第三人也无权用经济补偿金抵扣原告方应补缴的社会保险费。

法院审理

原审法院认为，《中华人民共和国社会保险法》第十条规定：“职工应当参加基本养老保险，由用人单位和职工共同缴纳基本养老保险费。……”《广东省社会保险费地税全责征收实施办法（暂行）》规定：“……（二）申报。社会保险费当月申报当月缴纳，按月计征。地方税务机关负责受理参保单位和个人的缴费基数调整、增减变动和基本信息变更申报，包括参保单位因撤销、合并、分立及其他原因提出的信息变更或注销申报，并将申报信息传递到社会保险经办机构。社会保险经办机构依据地方税务机关传递的明细信息进行登记。……”根据上述规定，被告作为本地社会保险费征收的主管部门，就原告反映的事项在向双方核实后结合双方确认的情况发出告知书并无不妥。原告认为全部应由第三人承担的意见，缺乏相应的依据，.原审法院不予接纳；至于原告对第三人履行告知书内容产生的争议则不属本案审查范围。按照《中华人民共和国行政诉讼法》第四十一条规定：“提起诉讼应当符合下列条件：（一）原告是认为具体行政行为侵犯其合法权益的公民、法人或者其他组织……”《最高人民法院关于执行〈中华人民共和国行政诉讼法〉若干问题的解释》第十二条规定：“与具体行政行为有法律上利害关系的公民、法人或者其他组织对该行为不服的，可以依法提起行政诉讼。”就原告要求被告查处其反映的第三人还存在欠缴其他职工社会保险费等问题，其既未提供相关的证据，也不能证明其与所要求查处事项之间存在法律上的利害关系，原告该项意见，原审法院不予支持。综上所述，依照《最高人民法院关于执行〈中华人民共和国行政诉讼法〉若干问题的解释》第五十六条第（四）项的规定，原审法院判决驳回原告黄某的诉讼请求。

上诉人黄某不服原审判决，提起上诉称：本案的实际情况是，原审第三人在社保缴费义务过程中存在故意瞒报工资、偷漏缴纳社保费的违法行为。对于原审第三人存在的违法行为，相关法律法规都有明确的条款进行规定，如《中华人民共和国社会保险法》第八十六条，《社会保险费征缴暂行条例》第十三条，《实施〈中华人民共和国社会保险法〉若干规定》第二十条。二、被上诉人作为国家行政机关，有权利和义务对其所监管的社保费征收责任范围内存在的违法行为进行依法查处，而被上诉人在案件的查处过程中却对原审第三人的违法行为不予查处，其辩称对该违法行为的查处“不属于地税部门职责”，目的只是为了掩盖自身的行政不作为。综上所述，请求二审法院判决：1. 撤销原审判决；2. 责令被上诉人更正其在查处原审第三人违法欠缴漏缴社会保险费案件中的错误行为；3. 责令被上诉人履行法定行政职责，对原审第三人在社保缴费过程中存在的违法行为依法进行查处。

被上诉人广州市越秀区地方税务局答辩称：用人单位瞒报工资或职工人数，未按规定申报社会保险费的查处不属地税部门职责，被上诉人不能越权行政。

二审法院驳回上诉，维持原判。

点评

本案争议焦点有二：一是职工是否应当负担社会保险费用；二是税务机关能否对用人单位未按规定申报应当缴纳的社会保险费数额的劳动违法行为进行查处。

一、职工是否应当负担社会保险费用

《社会保险法》第十条第一款规定："职工应当参加基本养老保险，由用人单位和职工共同缴纳基本养老保险费。"第二十三条第一款规定："职工应当参加职工基本医疗保险，由用人单位和职工按照国家规定共同缴纳基本医疗保险费。"第四十四条规定："职工应当参加失业保险，由用人单位和职工按照国家规定共同缴纳失业保险费。"据此，基本养老保险费、基本医疗保险费、失业保险费应当由用人单位和职工共同负担缴纳。《社会保险法》第三十三条规定："职工应当参加工伤保险，由用人单位缴纳工伤保险费，职工不缴纳工伤保险费。"第五十三条规定："职工应当参加生育保险，由用人单位按照国家规定缴纳生育保险费，职工不缴纳生育保险费。"据此，工伤保险费和生育保险费由用人单位缴纳，职工无需缴纳。

本案被告广州市越秀区地方税务局向原告黄某作出越税社诉告字（2013）14002号《社保事项告知书》，要求黄某缴纳其应当负担的养老保险24, 198. 83元，失业保险2, 266. 93元，医疗保险5, 009. 85元，合计31, 475. 61元。此种做法符合《社会保险法》。

二、税务机关能否对用人单位未按规定申报应当缴纳的社会保险费数额的违法行为进行查处

《实施〈中华人民共和国社会保险法〉若干规定》第二十七条第二款规定："职工认为用人单位有未按时足额为其缴纳社会保险费等侵害其社会保险权益行为的，也可以要求社会保险行政部门或者社会保险费征收机构依法处理。社会保险行政部门或者社会保险费征收机构应当按照社会保险法和《劳动保障监察条例》等相关规定处理。在处理过程中，用人单位对双方的劳动关系提出异议的，社会保险行政部门应当依法查明相关事实后继续处理。"《劳动保障监察条例》第二十七条第一款规定："用人单位向社会保险经办机构申报应缴纳的社会保险费数额时，瞒报工资总额或者职工人数的，由劳动保障行政部门责令改正，并处瞒报工资数额1倍以上3倍以下的罚款。"《社会保险费征缴暂行条例》第二十三条规定："缴费单位未按照规定办理社会登记、变更登记或者注销登记，或者未按照规定申报应缴纳的社会保险费数额的，由劳动保障行政部门责令限期改正；情节严重的，对直接负责的主管人员和其他责任人员处1,000元以上5,000元以下的罚款；情节特别严重的，对直接负责的主管人员和其他责任人员可以处5,000元以上10,000元以下的罚款。"依据上述规定，用人单位未按规定申报应当缴纳的社会保险费数额，应当由劳动保障行政部门责令改正，并处罚款。

本案原告黄某要求税务机关对用人单位未按规定申报应当缴纳的社会保险费数额的违法行为进行查处，由于税务机关并无查处的法定权力，故未对用人单位进行查处。

三、引申问题：社会保险费由谁征收

《社会保险费征缴暂行条例》第六条规定："社会保险费实行三项费集中、统一征收。社会保险费的征收机构由省、自治区、直辖市人民政府规定，可以由税务机关征收，也可以由劳动保障行政部门按照国务院规定设立的社会保险经办机构（以下简称社会保险经办机构）征收。"据此，我国各省、自治区、直辖市一部分规定由税务机关征收社会保险费，一部分规定由劳动保障行政部门征收社会保险费。但是，2018年7月，中共中央办公厅、国务院办公厅印发的《国税地税征管体制改革方案》明确规定："从2019年1月1日起，将基本养老保险费、基本医疗保险费、失业保险费、工伤保险费、生育保险费等各项社会保险费交由税务部门统一征收"。因此，从2019年1月1日起，各项社会保险费应当由税务部门统一征收，不再由劳动保障行政部门征收。但是，赋予税务机关社会保险费征收权，理应同时赋予其对社会保险费缴纳违法行为的查处权，这有待将来的立法进行完善。

法条链接

1.《社会保险法》

第二条　国家建立基本养老保险、基本医疗保险、工伤保险、失业保险、生育保险等社会保险制度，保障公民在年老、疾病、工伤、失业、生育等情况下依法从国家和社会获得物质帮助的权利。

第十条第一款　职工应当参加基本养老保险，由用人单位和职工共同缴纳基本养老保险费。

第二十三条第一款　职工应当参加职工基本医疗保险，由用人单位和职工按照国家规定共同缴纳基本医疗保险费。

第三十三条 职工应当参加工伤保险，由用人单位缴纳工伤保险费，职工不缴纳工伤保险费。

第四十四条 职工应当参加失业保险，由用人单位和职工按照国家规定共同缴纳失业保险费。

第五十三条 职工应当参加生育保险，由用人单位按照国家规定缴纳生育保险费，职工不缴纳生育保险费。

第八十四条 用人单位不办理社会保险登记的，由社会保险行政部门责令限期改正；逾期不改正的，对用人单位处应缴社会保险费数额一倍以上三倍以下的罚款，对其直接负责的主管人员和其他直接责任人员处五百元以上三千元以下的罚款。

第八十六条 用人单位未按时足额缴纳社会保险费的，由社会保险费征收机构责令限期缴纳或者补足，并自欠缴之日起，按日加收万分之五的滞纳金；逾期仍不缴纳的，由有关行政部门处欠缴数额一倍以上三倍以下的罚款。

2.《实施〈中华人民共和国社会保险法〉若干规定》

第二十七条第二款 职工认为用人单位有未按时足额为其缴纳社会保险费等侵害其社会保险权益行为的，也可以要求社会保险行政部门或者社会保险费征收机构依法处理。社会保险行政部门或者社会保险费征收机构应当按照社会保险法和《劳动保障监察条例》等相关规定处理。在处理过程中，用人单位对双方的劳动关系提出异议的，社会保险行政部门应当依法查明相关事实后继续处理。

3.《劳动保障监察条例》

第二十七条 用人单位向社会保险经办机构申报应缴纳的社会保险费数额时，瞒报工资总额或者职工人数的，由劳动保障行政部门责令改正，并处瞒报工资数额1倍以上3倍以下的罚款。

骗取社会保险待遇或者骗取社会保险基金支出的，由劳动保障行政部门责令退还，并处骗取金额1倍以上3倍以下的罚款；构成犯罪的，依法追究刑事责任。

4.《社会保险费征缴暂行条例》

第六条 社会保险费实行三项费集中、统一征收。社会保险费的征收机构由省、自治区、直辖市人民政府规定，可以由税务机关征收，也可以由劳动保障行政部门按照国务院规定设立的社会保险经办机构（以下简称社会保险经办机构）

征收。

第二十三条　缴费单位未按照规定办理社会登记、变更登记或者注销登记，或者未按照规定申报应缴纳的社会保险费数额的，由劳动保障行政部门责令限期改正；情节严重的，对直接负责的主管人员和其他责任人员处1,000元以上5,000元以下的罚款；情节特别严重的，对直接负责的主管人员和其他责任人员可以处5,000元以上10,000元以下的罚款。

第二节　核定征收纠纷

004. 税务机关对不具备法定条件的企业实行核定征收如何处理？

——江西怡馨置业有限公司与萍乡经济技术开发区地方税务局税务纠纷案①

裁判要旨

税务机关对企业实行核定征收必须严格按照法律法规规定的条件执行，不得为了减轻自己的工作量违法批准对企业实行核定征收，一旦发生此类问题，税务机关自己应当及时纠正，不能由下级税务机关来纠正，否则会发生超越职权的后果。

基本案情

2012年2月10日，江西怡馨置业有限公司（以下简称“怡馨公司”）向萍乡经济技术开发区地方税务局（以下简称“开发区地税局”）提交“关于圣陶沙项目企业所得税征收方式变为核定征收”的申请报告。

2012年3月29日，开发区地税局向怡馨公司送达了对怡馨公司企业所得税采取核定应税所得率征收，土地增值税采取核定征收的“萍开一地税通字（2012）第002号”税务事项通知书。该税务事项通知书送达怡馨公司后按此执行税务征收。

2013年6月25日，开发区地税局作出萍开地税字（2013）第29号《关于

① 江西省萍乡市中级人民法院（2015）萍行终字第26号行政判决书

萍乡市汇丰投资有限公司等201户企业2013年度企业所得税征收方式的批复》，批复确定怡馨公司等部分企业2013年度企业所得税征收方式为核定应税所得率征收。

2014年4月28日，萍乡市地方税务局对被上诉人进行日常行政执法督察，督察中发现开发区地税局在执行税收政策方面存在一些问题。萍乡市地方税务局于同年4月30日向开发区地税局下达《税收督察处理意见书》（即“萍地税督意（2014）1号”文），该意见书指出，江西怡馨置业有限公司2012年和2013年度的企业所得税征收方式鉴定为核定应税所得率征收，与企业申报提供的附列资料不符，违反了《国家税务总局关于印发〈企业所得税核定征收办法〉（试行）的通知》的有关规定。该意见书最后责成开发区地税局按有关规定限期改正，并在接到税收督察处理意见书之日起30日内以书面形式向萍乡市地方税务局报告执行结果。开发区地税局以此为依据，于同年4月30日向其派出机构开发区地税局一分局下达整改通知，要求开发区地税局一分局针对萍乡市地方税务局《督察处理意见书》中提出的整改意见尽快整改，对怡馨公司下达相应的纳税事项通知书。

2014年9月15日，开发区地税局一分局作出“萍开一地税通字（2014）第56号”税务事项通知书，通知内容：1. 撤销“萍开地税字（2013）第29号”文件中对怡馨公司企业所得税征收鉴定。2. 怡馨公司2013年度的企业所得税征收方式鉴定为查账征收。

怡馨公司签收该通知书后向萍乡市地方税务局申请行政复议，请求撤销“萍开地税字（2014）第56号”税务事项通知书。

2014年12月18日萍乡市地方税务局作出“萍地税复决字（2014）第3号”行政复议决定书，决定维持开发区地税局作出的“萍开一地税通字（2014）第56号”税务事项通知书。

怡馨公司不服，提起行政诉讼。

法院审理

一审认为，法律、行政法规规定县级以上人民政府税务管理部门具有对辖区内工商户、企业等的税收、检查及作出处理的法定职责。本案审理中，开发区地税局在法定举证期限内虽未提供法律、法规或规范性文件证明其具有税收管理职权，怡馨公司认可开发区地税局具有税收管理的法定职责。故应依法确认开发区地税局享有对辖区内企业有税务征收管理的法定职权。关于怡馨公司在庭审中提出开发区地税局在签收应诉通知书等法律文书后未在法定期限内向法院提供其作出具体行政行为的法律、行政法规或规范性文件的问题。一审认为，开发区地税局于2014年9月15日作出“萍开一地税通字（2014）第56号”税务事项通知书，该通知书中已经引用了法律、行政法规或规范性文件，被告虽未在法定举证期限内向法院提供法律依据，并不意味没有法律、法规或规范性文件，本案因涉及国家利益或社会共同利益，法院应当依职权依法进行司法认知，确认开发区地税局作出的具体行政行为是否合法，适用的法律、法规或规范性文件是否正确，而不能简单地视为作出具体行政行为没有法律依据。本案中，开发区地税局针对怡馨公司作出的具体行政行为合法，适用法律正确，故怡馨公司该主张，不予支持。关于开发区地税局的派出机构一分局可否下达撤销本局机关作出的具体行政行为的问题。一审认为，开发区地税局对怡馨公司作出“萍开一地税通字（2012）第002号”税务事项通知书以及“萍开地税字（2014）第29号”文件后，开发区地税局的派出机构一分局对怡馨公司下达了“萍开一地税通字（2014）第56号”税务事项通知书。该税务事项通知书的下达是开发区地税局整改纠错的决定，该决定由一分局向怡馨公司下达，并非一分局作出撤销本局即被告作出的税务事项通知书，不存在超越职权的问题。综上，开发区地税局对怡馨公司于2014年9月15日作出的“萍开一地税通字（2014）第56号”税务事项通知书，认定事实清楚、证据确凿、程序合法、适用法律正确，应予以支持。怡馨公司诉请理由不成立，应不予支持。根据修改前的《中华人民共和国行政诉讼法》第五十四条第一款第（一）项之规定，判决：一、维持开发区地税局在2014年9月15日作出的“萍开一地税通字（2014）第56号”税务事项通知书；二、驳回怡馨公司的其他诉讼请求。

怡馨公司不服一审判决，提起上诉称，开发区地税局一分局以“萍开一地税通字（2014）第56号”税务事项通知书，撤销被上诉人2013年6月25日作出的萍开地税字（2013）第29号《关于萍乡市汇丰投资有限公司等201户企业2013年度企业所得税征收方式的批复》中关于上诉人企业所得税的鉴定（2013年征收方式鉴定为核定应税所得率征收），该税务行为既没有事实依据，也没有法律依据。相反，被上诉人作出的“萍开地税字（2013）第29号”文件中对上诉人企业所得税的鉴定（即2013年征收方式鉴定为核定应税所得率征收）于法有据，被上诉人不应当随意撤销。另外，被上诉人下设机构一分局作出“萍开一地税通字（2014）第56号”税务事项通知书，程序也不合法，明显超越职权。因“萍开地税字（2013）第29号”文是上诉人作出的行政行为，作为被上诉人的下设机构一分局，无权撤销本级法人即被上诉人所作出的上诉人企业所得税征收方式鉴定的决定，亦无权作出决定上诉人2013年度企业所得税方式为查账征收这一与被上诉人决定相悖的行政行为。故一审判决维持“萍开一地税通字（2014）第56号”税务事项通知书是错误的，既无事实依据，也无法律依据，请求二审法院撤销一审判决。

开发区地税局答辩称，开发区地税局一分局是被上诉人的派出机构，上诉人的税收征缴是一分局的主管范围。以一分局名义对外下达税务事项通知属被上诉人授权委托，其法律后果由被上诉人承担，不存在超越职权。被上诉人作出的“萍开一地税通字（2014）第56号”税务事项通知书事实清楚，证据充分，程序合法，适用法律正确。该具体涉税行政行为的作出是被上诉人知错能改、依法治税的体现。一审判决正确，请求二审法院维持一审判决，驳回上诉人的全部上诉请求。

二审法院认为，本案被诉行政行为是“萍开一地税通字（2014）第56号”税务事项通知，应审查的内容是该税务事项通知行为是否合法。本案中，“萍开地税字（2013）第29号”批复是被上诉人作出的行政行为，怡馨公司2013年度企业所得税采用核定应税所得率征收方式系该批复中的一个税务事项。如被上诉人认为该批复涉及的怡馨公司2013年度企业所得税征收方式存在错误，依法应自行纠正。但本案被上诉人对其作出的批复并非自行纠正，而是要求其派出机构即开发区地税局一分局越权作出税务事项通知，由开发区地税局一分局以“萍开一地税通字（2014）第56号”税务事项通知书撤销被上诉人作出的行政行为，故被上诉人违反了法定程序。上诉人认为被上诉人程序违法理由成立，“萍开一地税通字（2014）第56号”税务事项通知书依法应予撤销。

综上所述，一审判决认定“萍开一地税通字（2014）第56号”税务事项通知未超越职权、程序合法是错误的，且一审适用法律错误。依照修改前的《中华人民共和国行政诉讼法》第五十四条第一款第（二）项第3目，第六十一条第一款第（二）项之规定，判决如下：

一、撤销萍乡市安源区人民法院作出的（2015）安行初字第6号行政判决；

二、撤销“萍开一地税通字（2014）第56号”税务事项通知书。

点评

依照《税收征收管理法》，税务机关对纳税人可以采取查账征收与核定征收两种方式征税，前者是通常的做法，后者必须符合法定条件。账册准确反映了纳税人的财务情况和税负担能力，符合税收公平原则的要求，故查账征收是各国通行的征税方式。但是，当纳税人没有账册或账册无法准确反映其税负担能力时，为了避免国家税收的流失，税务机关可以核定纳税人的应纳税额。《税收征收管理法》第三十五条第一款规定："纳税人有下列情形之一的，税务机关有权核定其应纳税额：（一）依照法律、行政法规的规定可以不设置帐簿的；（二）依照法律、行政法规的规定应当设置帐簿但未设置的；（三）擅自销毁帐簿或者拒不提供纳税资料的；（四）虽设置帐簿，但帐目混乱或者成本资料、收入凭证、费用凭证残缺不全，难以查帐的；（五）发生纳税义务，未按照规定的期限办理纳税申报，经税务机关责令限期申报，逾期仍不申报的；（六）纳税人申报的计税依据明显偏低，又无正当理由的。"但是，税收征管实务中，一些税务机关为了减轻自己的工作量，避免税收征管中的各种麻烦，对符合查账征收条件的纳税人大面积采取核定征收办法，在纳税人中造成不良的影响，严重损害了税务部门的执法形象，违反了依法治税原则。由于税务机关在核定征收中存在很大的自由裁量空间，这也给权力寻租提供了机会，导致一系列税务腐败行为。为此，国家税务总局曾于 2005 年发布《国家税务总局关于严格按照税收征管法确定企业所得税核定征收范围的通知》，该通知要求：第一，各地主管税务机关要严格按照"征管法"第三十五条和《国家税务总局关于印发〈核定征收企业所得税暂行办法〉的通知》（国税发〔2000〕38 号）规定的范围，掌握实行核定征收企业所得税的标准，不得违规扩大核定征收范围。要坚决杜绝不论是否符合查账征收条件，对销售（营业）收入额在一定数额以下或者对某一行业的纳税人一律实行核定征收的做法。第二，对符合查账征收企业所得税条件的纳税人，要一律实行查账征收，严禁采取各种形式的核定征收。对已实行核定征收的纳税人，一旦其具备查账征收条件，要及时改为查账征收；对新办企业，主管税务机关要进行深入调查了解，符合查账征收条件的要坚决实行查账征收。第三，对确不符合查账征收条件的，方可采取核定征收办法。要禁止在企业生产经营开始之前采取事先核定的办法。此通知虽然于 2011 年被宣告失效，但《税收征收管理法》第三十五条并未失效。

本案纳税人怡馨公司被开发区地税局批准同意实行核定征收，但是，其并不符合《税收征收管理法》第三十五条规定的核定征收条件。开发区地税局发现上述工作错误后，主动进行纠错，但其并不是以自己的名义纠错，而是通过派出机构开发区地税局一分局，派出机构做出的相关行政行为明显超越了职权，故二审法院判决税务机关败诉。

法条链接

1.《税收征收管理法》

第三十五条 纳税人有下列情形之一的，税务机关有权核定其应纳税额：

（一）依照法律、行政法规的规定可以不设置帐簿的；

（二）依照法律、行政法规的规定应当设置帐簿但未设置的；

（三）擅自销毁帐簿或者拒不提供纳税资料的；

（四）虽设置帐簿，但帐目混乱或者成本资料、收入凭证、费用凭证残缺不全，难以查帐的；

（五）发生纳税义务，未按照规定的期限办理纳税申报，经税务机关责令限期申报，逾期仍不申报的；

（六）纳税人申报的计税依据明显偏低，又无正当理由的。

税务机关核定应纳税额的具体程序和方法由国务院税务主管部门规定。

005. 税务机关对房产拍卖成交价核定征收应纳税额是否有理？

——广州德发房产建设有限公司与广东省广州市地方税务局第一稽查局税务处理决定纠纷上诉案①

裁判要旨

纳税人申报的计税依据明显偏低，又无正当理由的，税务机关有权核定应纳税额。因此，如果税务机关有充分证据证明纳税人以房产拍卖成交价作为计税依据明显偏低，且纳税人无正当理由，税务机关有权核定征收应纳税额。但纳税人的理由是否正当，税务机关不能主观认定，而应当有充分的理由和证据。

① 中华人民共和国最高人民法院（2015）行提字第13号

基本案情

2004年11月30日，广州德发房产建设有限公司（以下简称德发公司）与广州穗和拍卖行有限公司（以下简称穗和拍卖行）签订委托拍卖合同，委托穗和拍卖行拍卖其自有的位于广州市人民中路555号“美国银行中心”的房产。委托拍卖的房产包括地下负一层至负四层的车库（199个），面积13,022.4678m^2；首层至第三层的商铺，面积7,936.7478m^2；四至九层、十一至十三层、十六至十七层、二十至二十八层部分单位的写字楼，面积共计42,285.5788m^2。德发公司在拍卖合同中对上述总面积为63,244.7944m^2的房产估值金额为530,769,427.08港元。

2004年12月2日，穗和拍卖行在信息时报C16版刊登拍卖公告，公布将于2004年12月9日举行拍卖会。穗和拍卖行根据委托合同的约定，在拍卖公告中明确竞投者须在拍卖前将拍卖保证金港币6,800万元转到德发公司指定的银行账户内。

2004年12月19日，盛丰实业有限公司（香港公司）通过拍卖，以底价1.3亿港元（按当时的银行汇率，兑换人民币为1.38255亿元）竞买了上述部分房产，面积为59,907.0921m^2。

上述房产拍卖后，德发公司按1.38255亿元的拍卖成交价格，先后向税务部门缴付了营业税6,912,750元及堤围防护费124,429.5元，并取得了相应的完税凭证。

2006年间，广东省广州市地方税务局第一稽查局（以下简称广州税稽一局）在检查德发公司2004年至2005年地方税费的缴纳情况时，发现德发公司存在上述情况，展开调查。经向广州市国土资源和房屋管理局调取德发公司委托拍卖房产所在的周边房产的交易价格情况进行分析，广州税稽一局得出当时德发公司委托拍卖房产的周边房产的交易价格，其中写字楼为5,500－20,001元/m^2，商铺为10,984－40,205元/m^2，地下停车位为89,000－242,159元/个。因此，广州税稽一局认为德发公司以1.38255亿元出售上述房产，拍卖成交单价格仅为2,300元/m^2，不及市场价的一半，价格严重偏低。遂于2009年8月11日根据《中华人民共和国税收征收管理法》（以下简称税收征管法）第三十五条及《中华人民共和国税收征收管理法实施细则》（以下简称税收征管法实施细则）第四十七条的规定，作出税务检查情况核对意见书，以停车位85,000元/个、商场

10,500 元/m^2、写字楼 5,000 元/m^2 的价格计算，核定德发公司委托拍卖的房产的交易价格为 311,678,775 元（车位收入 85,000 元/个 ×199 个 + 商铺收入 10,500 元/m^2 ×7,936.75m^2 + 写字楼收入 5,000 元/m^2 ×42,285.58m^2），并以 311,678,775 元为标准核定应缴纳营业税及堤围防护费。德发公司应缴纳营业税 15,583,938.75 元（311,678,775 元 ×5% 的税率），扣除已缴纳的 6,912,750 元，应补缴 8,671,188.75 元（15,583,938.75 元 −6,912,750 元）；应缴纳堤围防护费 280,510.90 元，扣除已缴纳的 124,429.50 元，应补缴 156,081.40 元。该意见书同时载明了广州税稽一局将按规定加收滞纳金及罚款的情况。

德发公司于 2009 年 8 月 12 日收到上述税务检查情况核对意见书后，于同月 17 日向广州税稽一局提交了复函，认为广州税稽一局对其委托拍卖的房产价值核准为 311,678,775 元缺乏依据。

广州税稽一局没有采纳德发公司的陈述意见。

2009 年 9 月 14 日，广州税稽一局作出穗地税稽一处［2009］66 号税务处理决定，认为德发公司存在违法违章行为并决定：

一、根据税收征管法第三十五条、税收征管法实施细则第四十七条、《中华人民共和国营业税暂行条例》（以下简称营业税条例）第一条、第二条、第四条的规定，核定德发公司于 2004 年 12 月取得的拍卖收入应申报缴纳营业税 15,583,938.75 元，已申报缴纳 6,912,750 元，少申报缴纳 8,671,188.75 元；决定追缴德发公司未缴纳的营业税 8,671,188.75 元，并根据税收征管法第三十二条的规定，对德发公司应补缴的营业税加收滞纳金 2,805,129.56 元。

二、根据广州市人民政府《广州市市区防洪工程维护费征收、使用和管理试行办法》（穗府［1990］88 号）第二条、第三条、第七条及广州市财政局、广州市地方税务局、广州市水利局《关于征收广州市市区堤围防护费有关问题的补充通知》（财农［1998］413 号）第一条规定，核定德发公司 2004 年 12 月取得的计费收入应缴纳堤围防护费 280,510.90 元，已申报缴纳 124,429.50 元，少申报缴纳 156,081.40 元，决定追缴少申报的 156,081.40 元，并加收滞纳金 48,619.36 元。

德发公司不服广州税稽一局的处理决定，向广州市地方税务局申请行政复议。

广州市地方税务局经复议后于 2010 年 2 月 8 日作出穗地税行复字〔2009〕8 号行政复议决定，维持了广州税稽一局的处理决定。

德发公司遂向广州市天河区人民法院提起行政诉讼，请求撤销广州税稽一局的税务处理决定，并退回已缴税款、滞纳金以及堤围防护费、滞纳金，并判决广州税稽一局赔偿德发公司因缴纳税款、滞纳金以及堤围防护费、滞纳金所产生的利息损失、案件诉讼费。

法院审理

广州市天河区人民法院作出（2010）天法行初字第26号行政判决，驳回德发公司的诉讼请求。

德发公司不服，向广州市中级人民法院提起上诉。

广州市中级人民法院作出（2010）穗中法行终字第564号行政判决，驳回上诉，维持原判。

德发公司不服，向广东省高级人民法院申请再审，广东省高级人民法院作出（2012）粤高法行申字第264号驳回再审申请通知，驳回德发公司再审申请。

德发公司向最高人民法院申请再审称：

1. 被申请人广州税稽一局不是适格行政主体。1999年10月21日最高人民法院对福建省高级人民法院《关于福建省地方税务局稽查分局是否具有行政主体资格的请示报告》的答复意见（行他［1999］25号）认为："地方税务局稽查分局以自己的名义对外作出行政处理决定缺乏法律依据"。根据上述意见，广州税稽一局并非独立行政主体，自然不能作为本案的诉讼主体。

2. 被申请人超越职权，无权核定纳税人的应纳税额。税收征管法实施细则第九条第一款规定："稽查局专司偷税、逃避追缴欠税、骗税、抗税案件的查处"。本案不属于"偷税、逃避追缴欠税、骗税、抗税"的情形，不属于稽查局的职权范围，被申请人无权对再审申请人拍卖收入核定应纳税额。被诉税务处理决定超出被申请人的职权范围，应属无效决定。

3. 被诉税务处理决定认定德发公司申报纳税存在"申报的计税依据明显偏低"和"无正当理由"的证据明显不足。本案中从委托拍卖合同签订，到刊登拍卖公告，再到竞买人现场竞得并签署成交确认单，整个过程均依法进行，成交价格1.3亿港元亦未低于拍卖保留价。拍卖价格是市场需求与拍卖物本身价值互相作用的结果。拍卖前，申请人银行债务1.3亿港元已全部到期，银行已多次发出律师函追收，本案拍卖是再审申请人为挽救公司而不得已采取的措施。但拍卖遵循的是市场规律，成交价的高低完全不是再审申请人所能控制，本案拍卖成交价虽然不尽如人意，但不影响拍卖效力，再审申请人只能也只应以拍卖成交价作为应纳税额申报缴纳税款。

4. 再审申请人已经按照拍卖成交价足额申报纳税并取得主管税务机关出具的完税凭证，没有任何税法违法违章行为，被申请人无权重新核定应纳税额。本案物业拍卖成交后，2005 年 3 月至 7 月，申请人按照全部 1.3 亿港元拍卖收入，申报和缴纳营业税款 6, 912, 750 元，以及堤围防护费 124, 429.5 元，并取得荔湾区地方税务局出具的完税凭证。期间，主管税务机关从未提出核定应纳税额，申请人不可能知晓税务机关会对拍卖价进行何种调整，只能也只应按照全部拍卖成交价纳税。在缴纳上述税款后，申请人的纳税义务已全部完成，不存在被诉税务处理决定和原审判决认定的“未按税法规定足额申报缴纳营业税”和“未足额申报缴纳堤围防护费”等所谓“违法违章行为”。

5. 即使再审申请人存在“申报的计税依据明显偏低”和“无正当理由”的情况，被申请人也应当依照税收征管法第五十二条行使职权，其在再审申请人申报纳税 4 年多后进行追征税款和滞纳金，超过了税收征管法第五十二条关于税款和滞纳金追征期限的规定。税务机关追征税款和滞纳金，除法定的其他前提条件外，需受到三年追征期限的限制。本案被申请人的被诉税务处理决定对申请人纳税行为没有认定为偷税、抗税、骗税的情形，没有认定是编造虚假计税依据的情形，也没有认定是存在因纳税人计算错误等法定特殊情形，如果追征税款必须在 3 年以内即 2008 年 1 月 15 日以前提出处理意见，并不得加收滞纳金，而不能没有任何理由将追征期限无限制延长，或者延长至 5 年。本案即使存在少缴税款的情形，也是因被申请人和主管税务机关违法不作为及适用法律不当造成的。

综上，请求最高人民法院：

1. 依法撤销广州市天河区人民法院（2010）天法行初字第 26 号行政判决和广州市中级人民法院（2010）穗中法行终字第 564 号行政判决；

2. 依法撤销被申请人于 2009 年 9 月 16 日作出的穗地税稽一处［2009］66 号《税务处理决定书》；

3. 判令被申请人退回违法征收的申请人营业税 8, 671, 188.75 元及滞纳金人民币 2, 805, 129.56 元，退回违法征收的申请人堤围防护费 156, 081.40 元及滞纳金人民币 48, 619.36 元，以及上述款项从缴纳之日起至实际返还之日止按同期银行贷款利率计算的利息。

广州税稽一局答辩称：

1. 关于答辩人独立执法资格及职权范围的问题。

（1）执法资格。根据税收征管法第十四条以及税收征管法实施细则第九条的规定，答辩人具有独立执法资格。

（2）职权范围。根据税收征管法实施细则第九条第二款，《国家税务总局关于稽查局职责问题的通知》（国税函［2003］140 号）、《转发广东省机构编制委员会办公室、广东省地方税务局关于重新印发广州等市区地方税务局职能配置、内设机构和人员编制规定的通知》（穗地税发［2004］89 号）等文件规定，稽查局的现行主要职责是指：稽查业务管理、税务检查和税收违法案件查处；凡需要对纳税人、扣缴义务人进行账证检查或者调查取证，并对其税收违法行为进行税务行政处理（处罚）的执法活动，仍由各级稽查局负责。答辩人不存在越权执法的问题。

（3）核定权限。根据税收征管法第三十五条规定，税款核定的主体是税务机关，而税收征管法所称的"税务机关"包括省以下税务局的稽查局。

2. 关于答辩人对拍卖成交价格不予认可的问题。

（1）答辩人质疑拍卖成交价的法律依据。税收征管法第三十五条第一款第六项所称的"纳税人申报的计税依据明显偏低，又无正当理由的"情形，并没有将拍卖成交价格明显偏低的情形排除在外。

（2）答辩人认为计税依据明显偏低的主要理由：一是拍卖价格与历史成交价相比悬殊。根据再审申请人提供的广州市东方会计师事务所有限公司 2005 年 6 月 23 日出具的《专项审计报告》显示，再审申请人全部物业的收入为 7.17 亿元，再审申请人约八成的收入是由约三成的物业销售产生，其余约二成的收入 1.38 亿元，是由再审申请人本次拍卖约七成的物业产生。二是本次拍卖成交价格明显偏低，明显偏离同期、同类、同档次物业的市场成交价格。该物业是位于广州市城市中心的高档写字楼，拍卖成交均价仅为 2,300 余元/m^2。答辩人根据至少 8 个相近楼盘大量数据（2003 年至 2005 年期间的交易成交价格）进行分析比对，最终认定本次拍卖的成交价明显低于市场价格（写字楼仅为四成，商铺不到三成，停车场甚至不到一成）。三是拍卖成交价格远低于再审申请人自行提供的评估价和成本价。再审申请人委托拍卖的估价，均价约为 8,400 元/m^2；再审申请人委托会计师事务所审计确认的成本均价约为 7,100 元/m^2。

（3）关于计税依据明显偏低，无正当理由的依据。一是只有唯一竞买人。根据现行拍卖行规及《中华人民共和国拍卖法》的规定，拍卖应当公开竞价。

只有两个或两个以上的竞买人才能进行竞价，没有竞买人竞争的不能称为拍卖，在仅有一位竞买人的情况下，应当中止拍卖。二是拍卖保证金门槛设置过高。本次拍卖保证金占拍卖保留价的比例高达 50%，但再审申请人一直未对其拍卖前设立高额保证金门槛的具体理由，作出令人信服的解释，过高的保证金比例限制了其他潜在的竞买人参与拍卖竞买。三是拍卖保留价设置过低。依据《最高人民法院关于人民法院民事执行中拍卖、变卖财产的规定》第八条、《最高人民法院关于人民法院委托评估、拍卖工作的若干规定》第十三条的规定，拍卖保留价应参照财产评估价确定，本案申请人第一次拍卖就将拍卖保留价，设置约为其自行确定房产评估价的 20%，明显不符合财产拍卖的惯常做法。四是拍卖的房产已办抵押，拍卖未征询全部抵押权人银行的同意。再审申请人在拍卖前并未按照《中华人民共和国担保法》等法律规定将本次拍卖的时间、地点等拍卖信息书面通知银行债权人，甚至个别债权人对此一无所知。五是竞买人拍卖前知道拍卖底价，交易双方有诚信问题。委托拍卖前，唯一竞买人曾私下接触拍卖行，拍卖行向其透露底价，违反公平交易原则。答辩人调查取证时，交易双方均否认拍卖前相识。事实上，交易双方法定代表人曾经是夫妻关系。

3. 关于核定程序是否合法、核定价格是否合理等问题。

答辩人有权进行核定。一、二审法院根据答辩人提供的相关举证材料，对核定程序是否合法，核定价格是否合理进行审核和审查，并有结论。

4. 关于追征税款、滞纳金问题。

（1）税务机关查补税款是法定的职责，再审申请人的房产于 2004 年 12 月 9 日拍卖成交，答辩人于 2006 年 9 月 18 日依法对再审申请人送达《税务检查通知书》，历经三年税务检查，并于 2009 年 9 月 16 日依法作出税务处理决定，系依法履行职责，本案也不属于税收征管法第五十二条第一款的情形，根据税收征管法实施细则第八十条规定，税务机关的责任是指税务机关适用法律、行政法规不当或者执法行为违法，本案不存在此类情形。

（2）加收税收滞纳金的法律依据。一是税收滞纳金加收的起始日期的依据。根据税收征管法第二十二条的规定，申请人少缴税款，是从滞纳税款之日起算。二是营业税纳税义务时间。按照营业税条例第九条、第十三条的规定，应当在收款之日起的次月 15 日（2005 年 1 月 15 日）内向税务机关申报缴纳其应缴税款。三是申请人申报纳税的义务。根据税收征管法第二十五条第一款规定，再审申请人必须依照法律、行政法规规定或者税务机关依照法律、行政法规的规定确定的申报期限、申报内容如实办理纳税申报。再审申请人以其自认为合理的价格进行纳税申报，应对其未能如实、依法纳税申报的行为承担法律责任。

综上，一、二审法院判决认定事实清楚，证据充分，适用法律正确，程序合法，请求维持原判。

最高人民法院再审查明事实与原审查明事实基本一致。

最高人民法院认为：本案争议的焦点问题是德发公司将涉案房产拍卖形成的拍卖成交价格作为计税依据纳税后，广州税稽一局在税务检查过程中能否以计税依据价格明显偏低且无正当理由为由重新核定应纳税额补征税款并加收滞纳金。

（一）关于广州税稽一局是否具有独立的执法主体资格的问题

2001 年修订前的税收征管法未明确规定各级税务局所属稽查局的法律地位，2001 年修订后的税收征管法第十四条规定："本法所称税务机关是指各级税务局、税务分局、税务所和按照国务院规定设立的并向社会公告的税务机构。"2002 年施行的税收征管法实施细则第九条进一步明确规定："税收征管法第十四条所称按照国务院规定设立的并向社会公告的税务机构，是指省以下税务局的稽查局。"据此，相关法律和行政法规已经明确了省以下税务局所属稽查局的法律地位，省级以下税务局的稽查局具有行政主体资格。因此，广州税稽一局作为广州市地方税务局所属的稽查局，具有独立的执法主体资格。

虽然最高人民法院 1999 年 10 月 21 日作出的《对福建省高级人民法院〈关于福建省地方税务局稽查分局是否具有行政主体资格的请示报告〉的答复意见》（行他［1999］25 号）明确"地方税务局稽查分局以自己的名义对外作出行政处理决定缺乏法律依据"，但该答复是对 2001 年修订前的税收征管法的理解和适用，2001 年税收征管法修订后，该答复因解释的对象发生变化，因而对审判实践不再具有指导性。

德发公司以该答复意见主张广州税稽一局不具有独立执法资格，无权作出被诉税务处理决定的理由不能成立。

（二）关于广州税稽一局行使税收征管法第三十五条规定的应纳税额核定权是否超越职权的问题

此问题涉及税收征管法实施细则第九条关于税务局和所属稽查局的职权范围划分原则的理解和适用。税收征管法实施细则第九条除明确税务局所属稽查局的法律地位外，还对税务稽查局的职权范围作出了原则规定，即专司偷税、逃避追缴欠税、骗税、抗税案件的查处，同时授权国家税务总局明确划分税务局和稽查局的职责，避免职责交叉。国家税务总局据此于2003年2月28日作出的《国家税务总局关于稽查局职责问题的通知》（国税函［2003］140号）进一步规定："《中华人民共和国税收征管法实施细则》第九条第二款规定'国家税务总局应当明确划分税务局和稽查局的职责，避免职责交叉。'为了切实贯彻这一规定，保证税收征管改革的深化与推进，科学合理地确定稽查局和其他税务机构的职责，国家税务总局正在调查论证具体方案。

在国家税务总局统一明确之前，各级稽查局现行职责不变。稽查局的现行职责是指：稽查业务管理、税务检查和税收违法案件查处；凡需要对纳税人、扣缴义务人进行账证检查或者调查取证，并对其税收违法行为进行税务行政处理（处罚）的执法活动，仍由各级稽查局负责。"从上述规定可知，税务稽查局的职权范围不仅包括偷税、逃避追缴欠税、骗税、抗税案件的查处，还包括与查处税务违法行为密切关联的稽查管理、税务检查、调查和处理等延伸性职权。虽然国家税务总局没有明确各级稽查局是否具有税收征管法第三十五条规定的核定应纳税额的具体职权，但稽查局查处涉嫌违法行为不可避免地需要对纳税行为进行检查和调查。特别是出现税收征管法第三十五条规定的计税依据明显偏低的情形时，如果稽查局不能行使应纳税款核定权，必然会影响稽查工作的效率和效果，甚至对税收征管形成障碍。因此，稽查局在查处涉嫌税务违法行为时，依据税收征管法第三十五条的规定核定应纳税额是其职权的内在要求和必要延伸，符合税务稽查的业务特点和执法规律，符合《国家税务总局关于稽查局职责问题的通知》关于税务局和稽查局的职权范围划分的精神。在国家税务总局对税务局和稽查局职权范围未另行作出划分前，各地税务机关根据通知确立的职权划分原则，以及在执法实践中形成的符合税务执法规律的惯例，人民法院应予尊重。

本案中，广州税稽一局根据税收征管法第三十五条规定核定应纳税款的行为是在广州税稽一局对德发公司销售涉案房产涉嫌偷税进行税务检查的过程中作出的，不违反税收征管法实施细则第九条的规定。德发公司以税收征管法实施细则第九条规定"稽查局专司偷税、逃避追缴欠税、骗税、抗税案件的查处"，本案不属于"偷税、逃避追缴欠税、骗税、抗税"的情形为由，认为广州税稽一局无权依据税收征管法第三十五条的规定对德发公司拍卖涉案不动产的收入重新核定应纳税额，被诉税务处理决定超出广州税稽一局的职权范围，应属无效决定的理由不能成立。

（三）关于德发公司以涉案房产的拍卖成交价格作为计税依据申报纳税是否

存在“计税依据明显偏低，又无正当理由”情形的问题

根据税收征管法第三十五条第一款第六项规定，税务机关不认可纳税义务人自行申报的纳税额，重新核定应纳税额的条件有两个：一是计税依据价格明显偏低，二是无正当理由。德发公司委托拍卖的涉案房产包括写字楼、商铺和车位面积共计63,244.7944m²，成交面积为59,907.0921m²，拍卖实际成交价格1.3亿港元，明显低于德发公司委托拍卖时的5.3亿港元估值；涉案房产2,300元/m²的平均成交单价，也明显低于广州税稽一局对涉案房产周边的写字楼、商铺和车库等与涉案房产相同或类似房产抽样后确定的最低交易价格标准，即写字楼5,000元/m²、商铺10,500元/m²、停车场车位85,000元/个；更低于德发公司委托的广州东方会计师事务所有限公司对涉案房产项目审计后确认的7,123.95元/m²的成本价。因此，广州税稽一局认定涉案房产的拍卖价格明显偏低并无不当。

营业税条例第四条和《广州市市区防洪工程维护费征收、使用和管理试行办法》第三条第一款规定销售不动产的营业额是营业税的计税依据。拍卖是销售不动产的方式之一，不动产的公开拍卖价格就是销售不动产的营业额，应当作为营业税等税费的计税依据。就本案而言，广东省和广州市的地方税务局有更为明确的规范性文件可以参考，《广东省地方税务局关于拍卖行拍卖房地产征税问题的批复》（粤地税函［1996］215号）和《广州市地方税务局关于明确拍卖房地产税收征收问题的通知》（穗地税发［2003］34号）明确规定拍卖房地产的拍卖成交额可以作为征收营业税的计税价格；《广东省财政厅、广东省地方税务局关于规范我省二手房屋交易最低计税价格管理的指导性意见》（粤财法［2008］93号）规定，通过法定程序公开拍卖的房屋，以拍卖价格为最低计税价格标准。

拍卖价格的形成机制较为复杂，因受到诸多不确定因素的影响，相同商品的拍卖价格可能会出现较大差异。影响房地产价格的因素更多，拍卖价格差异可能会更大。依照法定程序进行的拍卖活动，由于经过公开、公平的竞价，不论拍卖成交价格的高低，都是充分竞争的结果，较之一般的销售方式更能客观地反映商品价格，可以视为市场的公允价格。如果没有法定机构依法认定拍卖行为无效或者违反拍卖法的禁止性规定，原则上税务机关应当尊重作为计税依据的拍卖成交价格，不能以拍卖价格明显偏低为由行使核定征收权。广州市地方税务局2013年修订后的《存量房交易计税价格异议处理办法》就明确规定，通过具有合法资质的拍卖机构依法公开拍卖的房屋权属转移，以拍卖对价为计税价格的，可以

作为税务机关认定的正当理由。该规范性文件虽然在本案税收征管行为发生后施行，但文件中对拍卖价格本身即构成正当理由的精神，本案可以参考。因此，对于一个明显偏低的计税依据，并不必然需要税务机关重新核定；尤其是该计税依据是通过拍卖方式形成时，税务机关一般应予认可和尊重，不宜轻易启动核定程序，以行政认定取代市场竞争形成的计税依据。

但应当明确，拍卖行为的效力与应纳税款核定权，分别受民事法律规范和行政法律规范调整，拍卖行为有效并不意味税务机关不能行使应纳税额核定权，另行核定应纳税额也并非否定拍卖行为的有效性。保障国家税收的足额征收是税务机关的基本职责，税务机关对作为计税依据的交易价格采取严格的判断标准符合税收征管法的目的。如果不考虑案件实际，一律要求税务机关必须以拍卖成交价格作为计税依据，则既可能造成以当事人意思自治为名排除税务机关的核定权，还可能因市场竞价不充分导致拍卖价格明显偏低而造成国家税收流失。因此，有效的拍卖行为并不能绝对地排除税务机关的应纳税额核定权，但税务机关行使核定权时仍应有严格限定。

具体到本案，广州税稽一局在被诉税务处理决定中认定拍卖价格明显偏低且无正当理由的主要依据是，涉案房产以底价拍卖给唯一参加竞买的盛丰实业有限公司，而一人竞买不符合拍卖法关于公开竞价的规定，扭曲拍卖的正常价格形成机制，导致实际成交价格明显偏低。

此问题的关键在于，在没有法定机构认定涉案拍卖行为无效，也没有充分证据证明涉案拍卖行为违反拍卖法的禁止性规定，涉案拍卖行为仍然有效的情况下，税务机关能否以涉案拍卖行为只有一个竞买人参加竞买即一人竞拍为由，不认可拍卖形成的价格作为计税依据，直接核定应纳税额。一人竞拍的法律问题较为特殊和复杂，拍卖法虽然强调拍卖的公开竞价原则，但并未明确禁止一人竞拍行为，在法律或委托拍卖合同对竞买人数量没有作出限制性规定的情况下，否定一人竞买的效力尚无明确法律依据。但对于拍卖活动中未实现充分竞价的一人竞拍，在拍卖成交价格明显偏低的情况下，即使拍卖当事人对拍卖效力不持异议，因涉及国家税收利益，该拍卖成交价格作为计税依据并非绝对不能质疑。本案中，虽然履行拍卖公告的一人竞拍行为满足了基本的竞价条件，但一人竞拍因仅有一人参与拍卖竞价，可能会出现竞价程度不充分的情况，特别是本案以预留底价成交，而拍卖底价又明显低于涉案房产估值的情形，即便德发公司对拍卖成交价格无异议，税务机关基于国家税收利益的考虑，也可以不以拍卖价格作为计税依据，另行核定应纳税额。同时，“计税依据明显偏低，又无正当理由”的判断，具有较强的裁量性，人民法院一般应尊重税务机关基于法定调查程序作出的专业认定，除非这种认定明显不合理或者滥用职权。广州税稽一局在被诉税务处理决定中认定涉案拍卖行为存在一人竞拍、保留底价偏低的情形，广州市地方税务局经复议补充认为，涉案拍卖行为保证金设置过高、一人竞拍导致拍卖活动缺乏竞争，以较低的保留底价成交，综合判定该次拍卖成交价格不能反映正常的市场价格，且德发公司未能合理说明上述情形并未对拍卖活动的竞价产生影响的情况下，广州税稽一局行使核定权，依法核定德发公司的应纳税款，并未违反法律规定。

（四）关于广州税稽一局核定应纳税款后追征税款和加征滞纳金是否合法的问题

税收征管法对税务机关在纳税人已经缴纳税款后重新核定应纳税款并追征税款的期限虽然没有明确规定，但并不意味税务机关的核定权和追征权没有期限限制。税务机关应当在统筹兼顾保障国家税收、纳税人的信赖利益和税收征管法律关系的稳定等因素的基础上，在合理期限内核定和追征。在纳税义务人不存在违反税法和税收征管过错的情况下，税务机关可以参照税收征管法第五十二条第一款规定确定的税款追征期限，原则上在三年内追征税款。本案核定应纳税款之前的纳税义务发生在 2005 年 1 月，广州税稽一局自 2006 年对涉案纳税行为进行检查，虽经三年多调查后，未查出德发公司存在偷税、骗税、抗税等违法行为，但依法启动的调查程序期间应当予以扣除，因而广州税稽一局 2009 年 9 月重新核定应纳税款并作出被诉税务处理决定，并不违反上述有关追征期限的规定。德发公司关于追征税款决定必须在 2008 年 1 月 15 日以前作出的主张不能成立。

根据依法行政的基本要求，没有法律、法规和规章的规定，行政机关不得作出影响行政相对人合法权益或者增加行政相对人义务的决定；在法律规定存在多种解释时，应当首先考虑选择适用有利于行政相对人的解释。有权核定并追缴税款，与加收滞纳金属于两个不同问题。根据税收征管法第三十二条、第五十二条第二款、第三款规定，加收税收滞纳金应当符合以下条件之一：纳税人未按规定期限缴纳税款；自身存在计算错误等失误；或者故意偷税、抗税、骗税的。本案中德发公司在拍卖成交后依法缴纳了税款，不存在计算错误等失误，税务机关经过长期调查也未发现德发公司存在偷税、抗税、骗税情形，因此德发公司不存在缴纳滞纳金的法定情形。被诉税务处理决定认定的拍卖底价成交和一人竞买拍卖行为虽然能证明税务机关对成交价格未形成充分竞价的合理怀疑具有正当理由，但拍卖活动和拍卖价格并非德发公司所能控制和决定，广州税稽一局在依法进行的调查程序中也未能证明德发公司在拍卖活动中存在恶意串通等违法行为。同时本案还应考虑德发公司基于对拍卖行为以及地方税务局完税凭证的信赖而形成的信赖利益保护问题。在税务机关无法证明纳税人存在责任的情况下，可以参考税收征管法第五十二条第一款关于“因税务机关的责任，致使纳税人、扣缴义务人未缴或者少缴税款的，税务机关在三年内可以要求纳税人、扣缴义务人补缴税款，但是不得加收滞纳金”的规定，作出对行政相对人有利的处理方式。因此，广州税稽一局重新核定德发公司拍卖涉案房产的计税价格后新确定的应纳税额，纳税义务应当自核定之日发生，其对德发公司征收该税款确定之前的滞纳金，没有法律依据。此外，被诉税务处理决定没有明确具体的滞纳金起算时间和截止时间，也属认定事实不清。

综上，广州税稽一局核定德发公司应纳税额，追缴 8, 671, 188. 75 元税款，符合税收征管法第三十五条、税收征管法实施细则第四十七条的规定；追缴 156, 081. 40 元堤围防护费，符合《广州市市区防洪工程维护费征收、使用和管理试行办法》的规定；广州税稽一局认定德发公司存在违法违章行为没有事实和法律依据；责令德发公司补缴上述税费产生的滞纳金属于认定事实不清且无法律依据。据此，依照《中华人民共和国行政诉讼法》第七十条第一项、第二项，第八十九条第一款第二项的规定，《中华人民共和国国家赔偿法》第三十六条第一项、第七项的规定，参照《最高人民法院关于审理民事、行政诉讼中司法赔偿案件适用法律若干问题的解释》第十五条第一款的规定，判决如下：

一、撤销广州市中级人民法院（2010）穗中法行终字第 564 号行政判决和广州市天河区人民法院（2010）天法行初字第 26 号行政判决；

二、撤销广州市地方税务局第一稽查局穗地税稽一处［2009］66 号税务处理决定中对广州德发房产建设有限公司征收营业税滞纳金 2, 805, 129. 56 元和堤围防护费滞纳金 48, 619. 36 元的决定；

三、责令广州市地方税务局第一稽查局在本判决生效之日起三十日内返还已经征收的营业税滞纳金 2, 805, 129. 56 元和堤围防护费滞纳金 48, 619. 36 元，并按照同期中国人民银行公布的一年期人民币整存整取定期存款基准利率支付相应利息；

四、驳回广州德发房产建设有限公司其他诉讼请求。

点评

本案争议焦点颇多，但关键的争议焦点是税务机关认为纳税人以房产拍卖成交价作为计税依据偏低，是否有权核定应纳税额。对此，《税收征收管理法》第三十五条第一款第（六）项规定："纳税人有下列情形之一的，税务机关有权核定其应纳税额：（六）纳税人申报的计税依据明显偏低，又无正当理由的"。因此，只有纳税人申报的计税依据明显偏低且无正当理由时，税务机关才有权核定其应纳税额，两个条件缺一不可。

具体到本案，纳税人德发公司于2004年11月30日委托拍卖行拍卖其自有的位于广州市人民中路555号"美国银行中心"的房产。2004年12月19日，盛丰实业有限公司（香港公司）通过拍卖，以底价1.3亿港元（按当时的银行汇率，兑换人民币为1.38255亿元）竞买了上述部分房产，面积为59,907.0921m^2。2006年间，广州税稽一局在检查德发公司2004年至2005年地方税费的缴纳情况时，认为德发公司以1.38255亿元出售上述房产，拍卖成交单价格仅为2,300元/m^2，不及市场价的一半，价格严重偏低。可见，德发公司申报的计税依据明显偏低成立。

但是，德发公司是否有正当理由呢？德发公司认为有，理由是：从委托拍卖合同签订，到刊登拍卖公告，再到竞买人现场竞得并签署成交确认单，整个过程均依法进行，成交价格1.3亿港元亦未低于拍卖保留价。拍卖价格是市场需求与拍卖物本身价值互相作用的结果。拍卖前，申请人银行债务1.3亿港元已全部到期，银行已多次发出律师函追收，本案拍卖是再审申请人为挽救公司而不得已采取的措施。但拍卖遵循的是市场规律，成交价的高低完全不是其所能控制，本案拍卖成交价虽然不尽如人意，但不影响拍卖效力，其只能也只应以拍卖成交价作为应纳税额申报缴纳税款。笔者认为德发公司的正当理由可以成立，因为德发公司遵循了合法的拍卖程序，最终成交价不由其控制，且其也只收到与拍卖成交价相等的收入。

对于纳税人提出的正当理由，税务机关有权认为其理由不正当，但是，其必须要有足够的证据支持，不能仅仅主观认定。税务机关的反驳证据是：涉案房产以底价拍卖给唯一参加竞买的盛丰实业有限公司，而一人竞买不符合《拍卖法》关于公开竞价的规定，扭曲拍卖的正常价格形成机制，导致实际成交价格明显偏低。笔者认为，税务机关的反驳证据不足以否定德发公司提出的正当理由。《拍卖法》虽然强调拍卖的公开竞价原则，但并未明确禁止一人竞拍行为，在法律或委托拍卖合同对竞买人数量没有作出限制性规定的情况下，否定一人竞买的效力无明确法律依据。换言之，拍卖应当严格依法进行，只要程序合法，结果就应当得到尊重。

最高人民法院支持了税务机关的观点，认为德发公司提出的理由不正当。从判决的社会效果来看，影响深远。该判决实际上鼓励税务机关可以不尊重合法的商业交易价格，而以其认定的交易价格作为计税依据，体现了保障国家税收收入和保护纳税人权利两种价值取向的冲突。从保护纳税人权利的角度看，税务机关应当尊重拍卖成交价格；从保障国家税收收入的角度看，税务机关应当否定拍卖成交价格，提高计税依据。《税收征收管理法》第一条规定："为了加强税收征收管理，规范税收征收和缴纳行为，保障国家税收收入，保护纳税人的合法权益，促进经济和社会发展，制定本法。"可见，保障国家税收收入是优先于保护纳税人的合法权益的，两者发生冲突时，保障国家税收收入胜出。因此，最高人民法院解决上述争议焦点的最终依据在此，在《税收征收管理法》不对前述立法目的进行修改调整之前，类似案例的判决结果可以预见。

法条链接

1. **《税收征收管理法》**

第一条　为了加强税收征收管理，规范税收征收和缴纳行为，保障国家税收收入，保护纳税人的合法权益，促进经济和社会发展，制定本法。

第三十五条　纳税人有下列情形之一的，税务机关有权核定其应纳税额：

（一）依照法律、行政法规的规定可以不设置帐簿的；

（二）依照法律、行政法规的规定应当设置但未设置帐簿的；

（三）擅自销毁帐簿或者拒不提供纳税资料的；

（四）虽设置帐簿，但帐目混乱或者成本资料、收入凭证、费用凭证残缺不全，难以查帐的；

（五）发生纳税义务，未按照规定的期限办理纳税申报，经税务机关责令限期申报，逾期仍不申报的；

（六）纳税人申报的计税依据明显偏低，又无正当理由的。

006. 企业无法提供账簿及其他纳税资料如何纳税？

——张某某诉泰州地方税务局第五税务分局核定征收纠纷案①

裁判要旨

企业无法提供账簿及其他纳税资料，如果有证据证明其属于擅自销毁账簿的，依法核定征收。如果无证据证明其属于擅自销毁账簿的，可直接认定为拒不提供纳税资料，也应当核定征收。

基本案情

泰州市消防技术服务事务所（以下简称消防事务所）系由原告张某某于1999年1月11日投资注册的个人独资企业，于2012年9月5日注销登记。

2012年10月18日，被告泰州地方税务局第五税务分局（以下简称泰州地税五分局）通知消防事务所对其2009年1月1日至2011年12月31期间涉税情况进行检查。后被告分别对该事务所负责人及财务负责人进行了询问。原告陈述2011年及以前年度的账册报表凭证等相关资料都不能提供，2012年5月搬迁过程中部分丢失，其他部分卖给收废品的。会计朱某某陈述其自2005年受聘为消防事务所会计后，均按要求设立各类会计账簿，并在每年汇算清缴后将当年的会计账册凭证交予原告，并告知其妥善保管，不能遗失。

2012年11月8日，被告对原告及消防事务所在中国工商银行泰州分行开设的存款账户情况进行了检查。

2012年11月22日，被告对原告的委托人张某铭进行了询问。

2012年12月4日，消防事务所向被告说明因单位迁址所遗失材料的范围和内容。

2013年3月7日，被告通知消防事务所限期提交包括涉税资料遗失详细情况说明在内的相关资料。

2013年3月11日，原告就会计账簿、凭证遗失情况进行了说明。

2013年3月12日，被告向消防事务所送达责令限期改正通知书，要求其限

---

① 泰州医药高新技术产业开发区人民法院（2013）泰高新行初字第0014号行政判决书

期建立、健全会计档案管理制度，并按规定保管涉税资料。

2013年3月22日，被告向消防事务所送达税务行政处罚事项告知书，拟对该所处以6,000元罚款的行政处罚。

2013年4月1日，被告向消防事务所送达处罚决定。

2013年4月9日，消防事务所缴纳了罚款6,000元。

2013年5月9日，被告向消防事务所送达泰地税五处（2013）19号税务处理决定书。

2013年7月4日，被告以该处理决定中认定的处理对象存在瑕疵及对事实与依据表述过于简单为由作出书面撤销决定，并重新作出本案讼争的税务处理决定，决定采用核定征收的方式计征消防事务所投资者生产经营所得个人所得税，具体内容如下：2009年度经营收入为3,386,798.83元，全年应纳税所得额为846,699.71元，应缴纳投资者生产经营所得个人所得税289,594.9元，已缴纳10,466.74元，应补缴279,128.16元；2010年度经营收入为2,895,230.29元，全年应纳税所得额为723,807.57元，应缴纳投资者生产经营所得个人所得税246,582.65元，已缴纳6,600.6元，应补缴239,982.05元；2011年度经营收入为8,156,097.98元，全年应纳税所得额为2,039,024.50元，2011年1－8月投资者生产经营所得个人所得税471,272.38元；2011年9－12月投资者生产经营所得个人所得税232,969.53元，已缴纳12,708.21元，应补缴691,533.70元。被告根据《税收征管法》第六十三条第一款之规定，决定追缴消防事务所擅自销毁账簿而采取核定方式计征的上述投资者生产经营所得个人所得税合计1,210,643.91元，并限原告自收到决定书之日起15日内到江苏省泰州地方税务局第一税务分局将上述税款缴纳入库。逾期未缴或未缴清的，除将依照《税收征管法》第三十二条规定从滞纳税款之日起，按日加收滞纳税款万分之五的滞纳金以外，还将依照《税收征管法》第四十条之规定强制执行。

原告不服被告作出的处理决定，向被告提供了纳税担保，并向泰州市人民政府申请行政复议。泰州市人民政府作出（2013）泰行复第98号复议决定书，维持了被告作出的泰地税五处（2013）20号税务处理决定。

原告张某某不服被告泰州地税五分局于2013年7月4日作出的泰地税五处（2013）20号税务处理决定，向法院提起行政诉讼。

另查明，消防事务所2009年、2010年、2011年主营业务收入分别为3,386,798.83元、2,895,230.29元、8,156,097.98元。消防事务所2009年、

2010 年、2011 年已清缴的税款数额分别为 10,466.74 元、6,600.6 元、12,708.1 元。

法院审理

法院认为：

一、关于原告的行为是否构成擅自销毁账簿。原、被告对涉案会计账簿、凭证灭失的事实无异议。根据原告最初在被告于 2012 年 10 月 18 日对其所作的询问笔录中关于“2012 年 5 月搬迁过程中部分丢失，其他部分卖于收废品的”之陈述，消防事务所的会计资料确实存在出卖的情形，通过对该陈述一般认知程度的意思解释，可以推知原告对出卖之事实亦是知情的，故原告的行为明显构成擅自销毁账簿。企业会计账簿的妥善保管是企业经营过程中应履行的法定强制性义务，原告作为消防事务所负责人对该义务理当明知，且单位会计亦就该义务向其作出过告知。原告现关于遗失的说明系争议发生后形成，其证明效力当然不及最初的陈述。原告既明知会计资料所在，其在搬迁时任由他人出卖，主观上显然存在一种对账簿予以销毁的放任的故意，由此被告作出的关于原告擅自销毁账簿事实的认定亦无错误。

二、关于被告同时认定原告“会计账簿、凭证遗失”与“擅自销毁会计账簿、凭证”是否冲突。从原告“2012 年五月搬迁过程中部分丢失，其他部分卖于收废品的”之陈述及原告保管会计资料的实际情况分析，被告认定原告在保管会计资料过程中同时存在上述两种情形并无矛盾。而原泰地税五处（2013）19 号税务处理决定已由被告依法撤销而失效，故在该决定中认定的事实并不发生任何法律效力。

原告擅自销毁会计账簿、凭证，被告根据《税收征管法》第三十五条“纳税人有下列情形之一的，税务机关有权核定其应纳税额：……（三）擅自销毁账簿或者拒不提供纳税资料的……”，决定对消防事务所采用核定征收的方式计征个人所得税。因法律、法规或规章对核定征收的方式并无强制性规定，被告根据《实施细则》第四十七条“纳税人有税收征管法第三十五条或者第三十七条所列情形之一的，税务机关有权采用下列任何一种方法核定其应纳税额：……（二）按照营业收入或者成本加合理的费用和利润的方法核定……”之规定，确定了核定方法，并根据《关于中介机构查账征收的通知》中第三条“对照税收征管法第 35 条的规定确实无法实行查账征收的律师事务所，经地市级地方税务局批准……应税所得率不低于25%”、第五条“会计师事务所、税务师事务所、审计师事务所以及其他中介机构的个人所得税征收管理，也应按照上述有关原则进行处理”，以及泰州市地方税务局在上述规定范围内制定的裁量文件《泰地税转发通知》关于“……中介机构的个人所得税应税所得率按25%执行”之规定，确定对消防事务所适用25%的应税所得率。被告再根据消防事务所2009年、2010年、2011年三个纳税年度的营业收入分别计算出应纳税所得额。消防事务所系个人独资企业，原告张某某系投资人，被告根据《关于投资者个税的规定》第三条“个人独资企业以投资者为纳税义务人……”之规定，确定原告为纳税义务人，并根据《2008年个税法》第三条、个人所得税税率表二、《2011年个税法》第三条、个人所得税税率表二、《个税法实施条例》第四十六条等规定，计算出2009年、2010年、2011年每个纳税年度原告应缴的个人所得税税额，扣除每一年度已缴的税额确定其最终需补缴税款1,210,643.91元。综上，法院认为，被告作出的税务处理决定，认定的事实清楚、证据确凿。

法院判决如下：驳回原告张某某要求撤销被告江苏省泰州地方税务局第五税务分局于2013年7月4日作出的泰地税五处（2013）20号税务处理决定的诉讼请求。

点评

税务机关需要依据纳税人提供的账簿和其他纳税资料才能查明应纳税额，因为税收行政执法与其他行政执法不同，前者税务机关并不掌握第一手的纳税资料，而由纳税人控制，后者其他行政机关可以掌握第一手的行政执法资料。可见，税收行政执法过程中存在严重的信息不对称，这不仅影响到税务机关的行政执法工作，也影响行政诉讼中的举证责任分配。不同于由行政机关对其行政行为举证的一般举证规则，税务行政诉讼中纳税人对税务机关无法掌握的资料需要承担举证责任，否则会承担举证不利的后果。为了解决税收行政执法中账簿及其他纳税资料引发的信息不对称问题，《税收征收管理法》第三十五条规定了核定征收的几种情形：第一，依照法律、行政法规的规定可以不设置账簿的；第二，依照法律、行政法规的规定应当设置但未设置账簿的；第三，擅自销毁账簿或者拒不提供纳税资料的；第四，虽设置账簿，但账目混乱或者成本资料、收入凭证、费用凭证残缺不全，难以查账的。上述几种情形皆由账簿及其他纳税资料的缺陷引发税务机关无法准确查明纳税人的应纳税额，其中第三种情形需要进一步分析：首先，账簿与纳税资料不能等同。账簿只是纳税资料的组成部分，包括总账、明细账、日记账、固定资产卡片、辅助账簿，而纳税资料是指税务机关在征税过程中需要纳税人提供的所有资料。其次，擅自销毁账簿是指纳税人采取积极的行为使账簿物理上灭失，即主观上是直接故意，也可以是纳税人采取放任的行为导致账簿毁灭，即主观上是间接故意。最后，据不提供纳税资料应当以无法提供纳税资料的结果作为判断依据，而不考虑纳税人无法提供纳税资料的具体原因和主观状态。比如纳税人因纳税资料被盗、遗失无法提供，与纳税人有纳税资料但坚决不提供，实际结果并无二致，税务机关在上述两种情形中皆不能准确查明纳税人的应纳税额，而纳税人的纳税义务并不能因纳税资料被盗、遗失而免除或减轻。因此，无论纳税人基于何种原因，只要其无法提供纳税资料，税务机关皆可核定征收。否则，税务机关在纳税人的纳税资料被盗、遗失时无法对其征税，纳税人据此可以免除纳税义务。

本案原告是自然人，为个人独资企业的投资者，依《关于个人独资企业和合伙企业投资者征收个人所得税的规定》第三条，个人独资企业以投资者为纳税义务人。依据税务机关的调查资料，个人独资企业的账簿部分遗失，部分以废纸出售。《国家税务总局关于强化律师事务所等中介机构投资者个人所得税查账征收的通知》第三条规定："对按照税收征管法第35条的规定确实无法实行查账征收的律师事务所，经地市级地方税务局批准，应根据《财政部国家税务总局关于印发〈关于个人独资企业和合伙企业投资者征收个人所得税的规定〉的通知》（财税（2000）91号）中确定的应税所得率来核定其应纳税额。各地要根据其雇员人数、营业规模等情况核定其营业额，并根据当地同行业的盈利水平从高核定其应税所得率，应税所得率不得低于25%。对实行核定征税的律师事务所，应督促其建账建制，符合查账征税条件后，应尽快转为查账征税。"第五条规定："会计师事务所、税务师事务所、审计师事务所以及其他中介机构的个人所得税征收管理，也应按照上述有关原则进行处理。"据此，税务机关依据25%的最低税率对个人独资企业的投资者核定征收个人所得税。

法条链接

1. **《税收征收管理法》**

第三十五条 纳税人有下列情形之一的，税务机关有权核定其应纳税额：

（一）依照法律、行政法规的规定可以不设置帐簿的；

（二）依照法律、行政法规的规定应当设置但未设置帐簿的；

（三）擅自销毁帐簿或者拒不提供纳税资料的；

（四）虽设置帐簿，但帐目混乱或者成本资料、收入凭证、费用凭证残缺不全，难以查帐的；

（五）发生纳税义务，未按照规定的期限办理纳税申报，经税务机关责令限期申报，逾期仍不申报的；

（六）纳税人申报的计税依据明显偏低，又无正当理由的。

税务机关核定应纳税额的具体程序和方法由国务院税务主管部门规定。

第六十三条 纳税人伪造、变造、隐匿、擅自销毁帐簿、记帐凭证，或者在帐簿上多列支出或者不列、少列收入，或者经税务机关通知申报而拒不申报或者进行虚假的纳税申报，不缴或者少缴应纳税款的，是偷税。对纳税人偷税的，由税务机关追缴其不缴或者少缴的税款、滞纳金，并处不缴或者少缴的税款百分之五十以上五倍以下的罚款；构成犯罪的，依法追究刑事责任。

扣缴义务人采取前款所列手段，不缴或者少缴已扣、已收税款，由税务机关追缴其不缴或者少缴的税款、滞纳金，并处不缴或者少缴的税款百分之五十以上五倍以下的罚款；构成犯罪的，依法追究刑事责任。

2.《关于个人独资企业和合伙企业投资者征收个人所得税的规定》

第三条 个人独资企业以投资者为纳税义务人，合伙企业以每一个合伙人为纳税义务人（以下简称投资者）。

3.《税收征收管理法实施细则》

第四十七条 纳税人有税收征管法第三十五条或者第三十七条所列情形之一的，税务机关有权采用下列任何一种方法核定其应纳税额：

（一）参照当地同类行业或者类似行业中经营规模和收入水平相近的纳税人的税负水平核定；

（二）按照营业收入或者成本加合理的费用和利润的方法核定；

（三）按照耗用的原材料、燃料、动力等推算或者测算核定；

（四）按照其他合理方法核定。

采用前款所列一种方法不足以正确核定应纳税额时，可以同时采用两种以上的方法核定。

纳税人对税务机关采取本条规定的方法核定的应纳税额有异议的，应当提供相关证据，经税务机关认定后，调整应纳税额。

4.《国家税务总局关于强化律师事务所等中介机构投资者个人所得税查账征收的通知》

第三条　对按照税收征管法第35条的规定确实无法实行查账征收的律师事务所，经地市级地方税务局批准，应根据《财政部国家税务总局关于印发〈关于个人独资企业和合伙企业投资者征收个人所得税的规定〉的通知》（财税（2000）91号）中确定的应税所得率来核定其应纳税额。各地要根据其雇员人数、营业规模等情况核定其营业额，并根据当地同行业的盈利水平从高核定其应税所得率，应税所得率不得低于25%。对实行核定征税的律师事务所，应督促其建账建制，符合查账征税条件后，应尽快转为查账征税。

第五条　会计师事务所、税务师事务所、审计师事务所以及其他中介机构的个人所得税征收管理，也应按照上述有关原则进行处理。

007. 纳税人未按照规定的期限办理纳税申报，税务机关能否直接核定应纳税额？

——滑县牧星科技饲料有限公司等诉滑县人民政府征收案①

裁判要旨

纳税人未按照规定期限进行纳税申报的，税务机关应责令其限期申报，纳税人在税务机关规定的期限内仍未申报的，税务机关有权核定其应纳税额，并通知其限期缴纳。因此，税务机关不能直接核定纳税人的应纳税额。

基本案情

2009年8月20日，滑县牧星科技饲料有限公司（以下简称牧星公司）取得滑国用（新2009）第083号《国有土地使用证》。

2014年4月11日，牧星公司向原滑县地税局道口分局办理纳税申报，填写《河南省地方税（费）综合申报表》，该表记载：税种土地使用税、征收品目土地面积、税款所属期2013、计税依据16666.67M^2、税率6元/M^2、本期应纳税额100,000.00元、主管税务机关滑县地税局道口分局（加盖公章）。

① 河南省安阳市中级人民法院（2017）豫05行终52号行政判决书

同日，原滑县地税局道口分局分两次收取牧星公司城镇土地使用税100,000.00元、滞纳金4,300元（完税证明1. 豫地征［2014］00961644：税款55,000元、滞纳金2,365元；2. 豫地征［2014］00961645：税款45,000元、滞纳金1,935元）。

2015年10月22日，原滑县地税局道口分局作出滑地税通〔2015〕1010号《税务事项通知书》，认定牧星公司未按照规定申报缴纳2013年1－12月土地使用税89,394.38元，2014年1－12月土地使用税189,394元，共计278,788.76元。原滑县地税局道口分局根据《中华人民共和国税收征收管理法》第二十五条、第三十一条、第三十二条的规定，限该公司于2015年10月26日前到滑县地方税务局办税服务厅办理纳税申报并缴纳税款及滞纳金。

牧星公司依法向滑县人民政府申请行政复议。滑县人民政府经书面审理，于2016年3月8日作出滑政复决字〔2015〕35号《行政复议决定书》，维持原滑县地税局道口分局税务事项通知，于3月14日送达牧星公司。

2015年12月9日，牧星公司向滑县地方税务局办理纳税申报，并缴纳2013年城镇土地使用税93,450.38元、滞纳金32,333.83元，2014年城镇土地使用税193,450.38元、滞纳金30,274.98元。

法院审理

原审法院认为：

一、根据《中华人民共和国税收征收管理法》第五条、第十四条，《中华人民共和国城镇土地使用税暂行条例》第十三条，《河南省城镇土地使用税实施办法》第十一条的规定，城镇土地使用税由土地所在地的地税部门负责征收，本案原滑县地税局道口分局具有对本行政区域内城镇土地使用税征收管理的法定职责。根据《中华人民共和国城镇土地使用税暂行条例》第二条的规定，牧星公司于2009年8月20日取得《国有土地使用证》，属于城镇土地使用税的纳税人。

二、根据《中华人民共和国税收征收管理法》第二章、第三章和第二十五条“纳税人必须依照法律、行政法规规定或者税务机关依照法律、行政法规的规定确定的申报期限、申报内容如实办理纳税申报，报送纳税申报表、财务会计报表以及税务机关根据实际需要要求纳税人报送的其他纳税资料……”、第三十一条“纳税人、扣缴义务人按照法律、行政法规规定或者税务机关依照法律、行政法规的规定确定的期限，缴纳或者解缴税款……”、第三十二条“纳税人未按照规定期限缴纳税款的，扣缴义务人未按照规定期限解缴税款的，税务机关除责令限期缴纳外，从滞纳税款之日起，按日加收滞纳税款万分之五的滞纳金”的规定，纳税申报和税款征收是两个不同的税收征收管理程序。

根据上述规定，本案中，原滑县地税局道口分局作出的《税务事项通知书》中包含两部分内容，涉及两个行政行为，第一部分是认定牧星公司未办理2013年1－12月、2014年1－12月城镇土地使用税纳税申报，通知牧星公司限期办理纳税申报的税务行政管理行为；第二部分是认定牧星公司少缴纳2013年1－12月城镇土地使用税和未缴纳2014年1－12月城镇土地使用税，责令限期缴纳税款及滞纳金的税务行政征收行为。

关于《税务事项通知书》第一部分，根据《中华人民共和国城镇土地使用税暂行条例》第八条“土地使用税按年计算、分期缴纳。缴纳期限由省、自治区、直辖市人民政府确定”和《河南省城镇土地使用税实施办法》第十条“土地使用税按年计算、分季缴纳，具体缴纳时间由省辖市、县（市）地税局确定”的规定，原滑县地税局道口分局在本案中未提供法律、行政法规规定的或者税务机关依照法律、行政法规的规定确定的申报期限、申报内容等相关证据材料，故该部分内容应认定为其依据《中华人民共和国税收征收管理法》第二十五条的规定，根据牧星公司未办理纳税申报的情形，依法确定了申报期限、申报内容，并作出《税务事项通知书》，将依法确定的申报期限、申报内容告知牧星公司，该行为属于正常的税务行政管理行为，符合法律规定，应予支持。牧星公司在2014年4月11日《河南省地方税（费）综合申报表》中申报的计税依据与牧星公司《国有土地使用证》记载土地面积明显不符，但原滑县地税局道口分局作为税务管理机关，未能及时予以处理。牧星公司称2014年纳税申报时原滑县地税局道口分局工作人员让牧星公司适用倒推法计算出计税依据，并不是牧星公司故意不如实申报，牧星公司未能提供相关证据材料，牧星公司该主张不予采信。

关于《税务事项通知书》第二部分，根据《中华人民共和国税收征收管理法》第三十二条和第八十八条“纳税人、扣缴义务人、纳税担保人同税务机关在纳税上发生争议时，必须先依照税务机关的纳税决定缴纳或者解缴税款及滞纳金或者提供相应的担保，然后可以依法申请行政复议；对行政复议决定不服的，可以依法向人民法院起诉……”的规定，本案原滑县地税局道口分局作出的《税务事项通知书》中，虽然以通知的形式作出，但明确告知牧星公司“如对本通知不服，可自收到本通知之日起六十日内按照本通知要求缴纳税款，然后依法向滑县人民政府或滑县地方税务局申请行政复议”的法律救济途径，且确定了牧星公司应缴纳税款和滞纳金具体数额及期限的义务，结合牧星公司在诉讼中主张其已经提出过纳税异议，故《税务事项通知书》第二部分内容应视为纳税决定，即税务行政征收决定。

三、关于《税务事项通知书》第二部分内容税务行政征收决定。根据《中华人民共和国城镇土地使用税暂行条例》第三条“土地使用税以纳税人实际占用的土地面积为计税依据，依照规定税额计算征收。前款土地占用面积的组织测量工作，由省、自治区、直辖市人民政府根据实际情况确定”，《河南省城镇土地使用税实施办法》第七条“纳税人实际占用土地面积的确定，以土地管理部门核发的土地使用证书确认的土地占用面积为依据。尚未核发土地使用证书的，由纳税人据实申报占用土地面积，经地税部门核实确定，待核发土地使用证书后再根据证书确认的占用土地面积予以调整”，国土资源部《土地登记办法》第三十九条“依法以出让、国有土地租赁、作价出资或者入股方式取得的国有建设用地使用权转让的，当事人应当持原国有土地使用证和土地权利发生转移的相关证明材料，申请国有建设用地使用权变更登记”，《国家税务总局关于未办理土地使用权证转让土地有关税收问题的批复》“土地使用者转让、抵押或置换土地，无论其是否取得了该土地的使用权属证书，无论其在转让、抵押或置换土地过程中是否与对方当事人办理了土地使用权属证书变更登记手续，只要土地使用者享有占有、使用、收益或处分该土地的权利，且有合同等证据表明其实质转让、抵押或置换了土地并取得了相应的经济利益，土地使用者及其对方当事人应当依照中华人民共和国税收征收管理法规定缴纳营业税、土地增值税和契税等相关税收”的规定，本案中，牧星公司土地证记载面积 33, 433. 33m^2，滑县新区管理委员会土地建设科出具的《情况说明》中显示牧星公司土地 1, 191. 6m^2 已经转让并办理到别人名下，但该情况明显与《土地登记办法》第三十九条关于土地使用权变更登记的规定不符。牧星公司的《申请》中显示另有院墙外土地面积 676m^2 应从原土地使用税计税面积 32, 241. 73m^2 中减去，但牧星公司提供的纳税申报材料中并无相应的证据材料予以印证，也未提供相应的依据。原滑县地税局道口分局作出的《税务事项通知书》中，仅依据牧星公司提供的纳税资料，即将牧星公司转让土地面积 1, 191. 6m^2 从计税依据中去掉，未考虑土地使用权变更登记的情况，未对牧星公司是否办理土地变更登记和土地使用权受让人是否办理土地登记进行调查取证，未能对牧星公司要求减去的土地面积 676m^2 进行必要的调查取证和核实，且未能提供上年度同期纳税申报及缴纳税款证据材料并进行必要的比对，直接确定从牧星公司的土地证记载面积 33,433.33m^2 中去掉计税面积，明显缺乏事实依据，且缺乏法律、法规依据。

牧星公司在诉讼中称已将另外一部分土地转让给他人，并称已告知原滑县地税局道口分局工作人员，原滑县地税局道口分局对此虽予以否认，但其也应对该情况予以核实。

综上分析，原滑县地税局道口分局作出的《税务事项通知书》中以牧星公司计税土地使用面积 31,565.73m^2 而认定应纳税款并作出纳税决定，属主要证据不足。滑县地方税务局实际收取牧星公司的税款及滞纳金，与原滑县地税局道口分局作出的《税务事项通知书》中确定的牧星公司应缴纳税款及相应的滞纳金数额也不符。

四、根据《中华人民共和国税收征收管理法》第八条第四款“纳税人、扣缴义务人对税务机关所作出的决定，享有陈述权、申辩权；依法享有申请行政复议、提起行政诉讼、请求国家赔偿等权利”的规定，本案原滑县地税局道口分局作为地方人民政府具有行政执法权的税收征收管理机关，其对牧星公司作出的限期缴纳税款及滞纳金税务行政征收决定，应当保障牧星公司的陈述权、申辩权。本案中，原滑县地税局道口分局未能对牧星公司纳税申报提交的资料进行相应的审核，未能对牧星公司申报资料与纳税申报不相符的情形进行相应的调查取证，未能就不相符的情形对牧星公司进行必要的询问，未能告知牧星公司享有陈述权、申辩权，未能听取牧星公司的陈述和申辩，属违反法定程序。原滑县地税局道口分局辩称其行为属税款征收行为，不是对牧星公司违法行为的处理，不需要调查取证，不需要告知陈述权、申辩权，该主张明显不符合税收征管的相关程序规定，不予采信。五、原滑县地税局道口分局《税务事项通知书》中认定的牧星公司未申报缴纳 2013 年 1 – 12 月土地使用税 89,394.38 元、2014 年 1 – 12 月土地使用税 189,394 元与税款总额 278,788.76 元计算不相符，属误算，原滑县地税局道口分局应予以纠正。

综上所述，原审法院认为原滑县地税局道口分局《税务事项通知书》中第一部分内容将依法确定的申报期限、申报内容通知牧星公司的税务行政管理行为，符合税务行政法律、法规的规定，予以支持，应驳回牧星公司该项请求；第二部分内容中要求牧星公司限期缴纳税款及滞纳金的税务行政征收行为，主要证据不足，违反法定程序，依法应予撤销。为解决税务行政争议，保障税款准确、及时征收入库，原滑县地税局道口分局应重新作出行政行为。滑县人民政府的行政复议决定应一并作出裁判。纳税申报通知和税款征收决定属不同的税收征收管理程序，所依据的事实和适用的法律规定不同，法律后果也不同，故不宜在同一税收执法文书中作出。

原审法院判决：一、撤销原滑县地税局道口分局于2015年10月22日作出的滑地税通〔2015〕1010号《税务事项通知书》中要求牧星公司限期缴纳税款及滞纳金的税务行政征收决定，即“限你单位应于2015年10月26日前到滑县地方税务局办税服务厅缴纳税款及滞纳金”；二、撤销滑县人民政府于2016年3月8日作出的滑政复决字〔2015〕35号《行政复议决定书》中关于维持原滑县地税局道口分局滑地税通〔2015〕1010号《税务事项通知书》要求牧星公司限期缴纳税款及滞纳金的行政复议决定；三、责令原滑县地税局道口分局就牧星公司2013年、2014年应缴纳土地使用税及滞纳金重新作出行政行为；四、驳回牧星公司的其他诉讼请求。

牧星公司和滑县地税局第四分局（原滑县地税局道口分局）不服原审判决，皆提起上诉。

二审法院判决：驳回上诉人滑县牧星科技饲料有限公司和上诉人滑县地方税务局第四税务分局的上诉，维持原判。

点评

《税收征收管理法》第二十五条第一款规定：“纳税人必须依照法律、行政法规规定或者税务机关依照法律、行政法规的规定确定的申报期限、申报内容如实办理纳税申报，报送纳税申报表、财务会计报表以及税务机关根据实际需要要求纳税人报送的其他纳税资料。”第六十二条规定：“纳税人未按照规定的期限办理纳税申报和报送纳税资料的，或者扣缴义务人未按照规定的期限向税务机关报送代扣代缴、代收代缴税款报告表和有关资料的，由税务机关责令限期改正，可以处二千元以下的罚款；情节严重的，可以处二千元以上一万元以下的罚款。”第三十五条第一款第五项规定：“纳税人有下列情形之一的，税务机关有权核定其应纳税额：（五）发生纳税义务，未按照规定的期限办理纳税申报，经税务机关责令限期申报，逾期仍不申报的。”第三十二条规定：“纳税人未按照规定期限缴纳税款的，扣缴义务人未按照规定期限解缴税款的，税务机关除责令限期缴纳外，从滞纳税款之日起，按日加收滞纳税款万分之五的滞纳金。”据此，纳税人未按照规定期限进行纳税申报的，税务机关应责令其限期申报，纳税人在税务机关规定的期限内仍未申报的，税务机关有权核定其应纳税额，并通知其限期缴纳。本案纳税人牧星公司未办理2013年1－12月、2014年1－12月城镇土地使用税纳税申报，即未按照规定期限进行纳税申报，原滑县地税局道口分局在未责令其限期改正的情况下，直接作出《税务事项通知书》，核定牧星公司应纳税额并责令其限期缴纳，明显违反法定程序，应予撤销。税务机关正确的程序应当是先责令牧星公司限期申报，如果牧星公司在税务机关规定期限内仍未申报的，由税务机关核定牧星公司应纳税额，并通知其限期缴纳。

法条链接

1.《税收征收管理法》

第二十五条　纳税人必须依照法律、行政法规规定或者税务机关依照法律、行政法规的规定确定的申报期限、申报内容如实办理纳税申报，报送纳税申报表、财务会计报表以及税务机关根据实际需要要求纳税人报送的其他纳税资料。

扣缴义务人必须依照法律、行政法规规定或者税务机关依照法律、行政法规的规定确定的申报期限、申报内容如实报送代扣代缴、代收代缴税款报告表以及税务机关根据实际需要要求扣缴义务人报送的其他有关资料。

第六十二条　纳税人未按照规定的期限办理纳税申报和报送纳税资料的，或者扣缴义务人未按照规定的期限向税务机关报送代扣代缴、代收代缴税款报告表和有关资料的，由税务机关责令限期改正，可以处二千元以下的罚款；情节严重的，可以处二千元以上一万元以下的罚款。

第三十五条　纳税人有下列情形之一的，税务机关有权核定其应纳税额：

（一）依照法律、行政法规的规定可以不设置帐簿的；

（二）依照法律、行政法规的规定应当设置但未设置帐簿的；

（三）擅自销毁帐簿或者拒不提供纳税资料的；

（四）虽设置帐簿，但帐目混乱或者成本资料、收入凭证、费用凭证残缺不全，难以查帐的；

（五）发生纳税义务，未按照规定的期限办理纳税申报，经税务机关责令限期申报，逾期仍不申报的；

（六）纳税人申报的计税依据明显偏低，又无正当理由的。

税务机关核定应纳税额的具体程序和方法由国务院税务主管部门规定。

第三十二条　纳税人未按照规定期限缴纳税款的，扣缴义务人未按照规定期限解缴税款的，税务机关除责令限期缴纳外，从滞纳税款之日起，按日加收滞纳税款万分之五的滞纳金。

第三节　减免税与税收奖励纠纷

008. 法律规定减免税的纳税人应当先办理减免税手续才能享受减免税吗？

——江苏悦达卡特新能源有限公司与常州市国家税务局稽查局复议决定上诉案①

裁判要旨

《税收征收管理法实施细则》第四十三条第一款规定："法律、行政法规规定或者经法定的审批机关批准减税、免税的纳税人，应当持有关文件到主管税务机关办理减税、免税手续。"但是，为了依法推进简政放权、放管结合、优化服务改革，2016 年 2 月国务院将上述条款删除，依据依法行政和税收法定原则，此后法律规定减免税的纳税人不需要先办理减免税手续才能享受减免税。

基本案情

江苏悦达卡特新能源有限公司（以下简称悦达卡特公司）系一家新能源生产企业，经营范围包括生物柴油、副产燃料油（甘油）、硫酸钠（无水）的制造，非食用废弃油脂的回收，生物柴油、副产燃料油（甘油）、硫酸钠（无水）、橡胶、塑胶、塑料制品、化工原料（除危险品）的销售。

2014 年 9 月 3 日，常州市国家税务局稽查局（以下简称市国税稽查局）依据江苏省国家税务局稽查局《关于开展石化产品消费税专项检查工作的通知》，确定悦达卡特公司为待查对象，对该公司进行立案检查。

次日，市国税稽查局向悦达卡特公司送达了税务检查通知书。

同年 9 月 22 日，市国税稽查局工作人员赴悦达卡特公司现场检查。

---

① 江苏省常州市中级人民法院（2017）苏 04 行终 6 号行政判决书

同年9月28日和10月8日，市国税稽查局分别向悦达卡特公司会计和采购部经理发送询问通知书，并制作了询问笔录。

2014年10月21日，为进一步收集证据及咨询政策，市国税稽查局将检查时限延长至2015年5月29日。

经调查，市国税稽查局向悦达卡特公司发送税务事项通知书，要求其进行陈述申辩。悦达卡特公司在规定期限内向市国税稽查局提出了书面陈述申辩意见书。

2015年8月7日，市国税稽查局认定悦达卡特公司在2011年1月至2013年12月月生产销售“生物重油”14,767.426吨，未作消费税应税产品申报纳税，作出常国税稽处［2015］80号《税务处理决定书》，要求该公司按燃料油消费税税率补缴消费税11,991,149.91元。

悦达卡特公司不服，申请行政复议。

2015年11月10日，常州市国家税务局（以下简称市国税局）作出行政复议决定，维持了市国税稽查局的税务处理决定。

悦达卡特公司仍不服，诉至原审法院。

法院审理

原审法院认为，市国税稽查局将涉案“生物重油”归类于成品油并无不当。《成品油市场管理办法》第四条规定，本办法所称成品油是指汽油、煤油、柴油及其它符合国家产品质量标准、又有相同用途的乙醇汽油和生物柴油等替代燃料。因此，生物柴油亦属于成品油的范畴。《中华人民共和国消费税暂行条例》第一条规定，在中华人民共和国境内生产、委托加工和进口本条例规定的消费品的单位和个人，以及国务院确定的销售本条例规定的消费品的其他单位和个人为消费税的纳税人，应当依照本条例缴纳消费税。第二条第一款规定，消费税的税目、税率，依照本条例所附的《消费税税目税率表》执行。第四条第一款规定，纳税人生产的应税消费品，于纳税人销售时纳税。成品油系消费税的应税商品，在销售时应当缴纳消费税。国税总局并未将“废弃的动物油和植物油”生产的各类油排除在成品油的范畴之外。财税［2008］167号《财政部国家税务总局关于提高成品油消费税税率的通知》附件2成品油消费税征收范围注释七“燃料油”，也称重油、渣油，是用原油或其他原料加工生产，主要用作电厂发电、锅炉用燃料、加热炉燃料、冶金和其他工业炉燃料。悦达卡特公司以生物重油的名义对外销售涉案油品，市国税稽查局按燃料油税率计算应缴消费税款并无不当。

悦达卡特公司应就其免税主张承担举证责任。《税收征管法实施细则》第三十二条规定，纳税人在纳税期内没有应纳税款的，也应当按照规定办理纳税申报。纳税人享受减税、免税待遇的，在减税、免税期间应当按照规定办理纳税申报。第四十三条规定，法律、行政法规规定或者经法定的审批机关批准减税、免税的纳税人，应当持有关文件到主管税务机关办理减税、免税手续。因此，悦达卡特公司应当就其免税主张承担举证责任。财税［2010］118 号《财政部国家税务总局关于对利用废弃的动植物油生产纯生物柴油免征消费税的通知》规定，从 2009 年 1 月 1 日起，对同时符合下列条件的纯生物柴油免征消费税：（一）生产原料中废弃的动物油和植物油用量所占比重不低于 70%。（二）生产的纯生物柴油符合国家《柴油机燃料调和用生物柴油（BD100）》标准。在市国税稽查局实施的税务检查过程中以及原审庭审中，悦达卡特公司均未能提供同时满足上述两项条件的证据，应承担举证不能的法律后果。市国税稽查局所作税务处理决定程序合法、事实清楚、法律适用正确。市国税局作出行政复议决定的程序合法。

原审法院判决驳回悦达卡特公司的诉讼请求。

上诉人悦达卡特公司上诉称，一、原审认定悦达卡特公司生产销售的生物重油属于燃料油，应征收消费税，没有依据。消费税的征收范围为包括汽柴油、燃料油在内的成品油，与涉案生物重油是完全不同的产品。市国税稽查局和市国税局将悦达卡特公司自行命名的生物重油混同为应征消费税的燃料油，没有事实依据。悦达卡特公司利用废弃的动植物油脂生产包括生物重油在内的生物柴油，是对废弃物的无害化、资源化利用，在减少环境污染、维护食品安全、减轻国家能源供给压力等方面都具有重要意义。对利用废弃油脂生产包括生物重油在内的生物柴油征收消费税与消费税的立法宗旨相悖。《中华人民共和国消费税暂行条例》也未将生物重油列入消费税的征收范围。悦达卡特公司既不是石油炼化企业，也没有变换名称对外销售，该公司生产的包括生物重油在内的生物柴油不属消费税的征收范围。根据财政部、国家税务总局的相关批复及规范性文件，悦达卡特公司生产的包括生物重油在内的生物柴油与汽柴油、燃料油无论原料还是结构都是不同的。经查，市国税稽查局处理决定和市国税局复议决定援引的规范性文件不存在。二、原审认定应由悦达卡特公司承担举证责任于法无据。悦达卡特公司生产销售的生物重油是否符合免税标准，应由市国税稽查局和市国税局承担举证责任。综上，请求撤销原判，撤销市国税稽查局的税务处理决定和市国税局的行政复议决定，一、二审诉讼费用由被上诉人承担。

二审法院驳回上诉，维持原判。

点评

我国税收法律法规规章及其他规范性文件经常依据经济发展情况出台纳税人减税、免税的优惠措施。问题是，符合减税、免税条件的纳税人是否应当先办理减免税手续才能享受减免税呢？关于此问题，我国税收法律法规的态度可划分为两个阶段。

一、必须先办理手续的阶段

《税收征收管理法实施细则》（国务院令第 362 号）第四十三条规定："法律、行政法规规定或者经法定的审批机关批准减税、免税的纳税人，应当持有关文件到主管税务机关办理减税、免税手续。减税、免税期满，应当自期满次日起恢复纳税。享受减税、免税优惠的纳税人，减税、免税条件发生变化的，应当自发生变化之日起 15 日内向税务机关报告；不再符合减税、免税条件的，应当依法履行纳税义务；未依法纳税的，税务机关应当予以追缴。"据此，即使法律、行政法规规定纳税人可以享受减税、免税待遇，也应当向税务机关办理减税、免税手续。为了进一步明确纳税人减免税必须向税务机关提出申请并经税务机关批准，《国家税务总局关于贯彻〈中华人民共和国税收征收管理法〉及其实施细则若干具体问题的通知》（国税发［2003］47 号）第八条规定："除法律、行政法规规定不需要经税务机关审批的减免税外，纳税人享受减税、免税的应当向主管税务机关提出书面申请，并按照主管税务机关的要求附送有关资料，经税务机关审核，按照减免税的审批程序经由法律、行政法规授权的机关批准后，方可享受减税、免税。"

二、无需先办理手续的阶段

2016 年 2 月，国务院发布了《国务院关于修改部分行政法规的决定》（国务院令 666 号），该决定明确规定："为了依法推进简政放权、放管结合、优化服务改革，国务院对取消和调整行政审批项目、价格改革和实施普遍性降费措施涉及的行政法规进行了清理。经过清理，国务院决定：对 66 部行政法规的部分条款予以修改。"其中，对《税收征收管理法实施细则》（国务院令第 362 号）第四十三条进行了修订。此次修改的内容是将第四十三条第一款删除，同时对第二款进行了微调。四十三条修改前后内容对比如下：

修订前	修订后
法律、行政法规规定或者经法定的审批机关批准减税、免税的纳税人，应当持有关文件到主管税务机关办理减税、免税手续。减税、免税期满，应当自期满次日起恢复纳税。	
享受减税、免税优惠的纳税人，减税、免税条件发生变化的，应当自发生变化之日起15日内向税务机关报告；不再符合减税、免税条件的，应当依法履行纳税义务；未依法纳税的，税务机关应当予以追缴。	享受减税、免税优惠的纳税人，减税、免税期满，应当自期满次日起恢复纳税；减税、免税条件发生变化的，应当在纳税申报时向税务机关报告；不再符合减税、免税条件的，应当依法履行纳税义务；未依法纳税的，税务机关应当予以追缴。

据此，依法享有减税、免税待遇的纳税人，不再需要先到主管税务机关办理减税、免税手续。

《国家税务总局关于进一步深化税务系统“放管服”改革优化税收环境的若干意见》第二条明确规定税务机关进一步深化简政放权，改进纳税人优惠备案和合同备案，即“改进各税种优惠备案方式，基本实现税收优惠资料由报送税务机关改为纳税人留存备查，减轻纳税人备案负担。简化建筑业企业选择简易计税备案事项。取消非居民企业源泉扣缴合同备案环节，优化对外支付备案程序。”为了贯彻《税收征收管理法实施细则》的修订内容和《国家税务总局关于进一步深化税务系统“放管服”改革优化税收环境的若干意见》的指导精神，《企业所得税优惠政策事项办理办法》第四条也规定：“企业享受优惠事项采取‘自行判别、申报享受、相关资料留存备查’的办理方式。企业应当根据经营情况以及相关税收规定自行判断是否符合优惠事项规定的条件，符合条件的可以按照《目录》列示的时间自行计算减免税额，并通过填报企业所得税纳税申报表享受税收优惠。同时，按照本办法的规定归集和留存相关资料备查”。

本案争议发生于2015年，此时，《税收征收管理法实施细则》第四十三条并未修改，故本案纳税人应当向主管税务机关提出书面申请，并按照主管税务机关的要求附送有关资料，经税务机关审核，按照减免税的审批程序经由法律、行政法规授权的机关批准后，方可享受减税、免税。因其未依法提出申请，故不能享受减税、免税。

法条链接

1. **《税收征收管理法实施细则》**

第四十三条 享受减税、免税优惠的纳税人，减税、免税期满，应当自期满次日起恢复纳税；减税、免税条件发生变化的，应当在纳税申报时向税务机关报告；不再符合减税、免税条件的，应当依法履行纳税义务；未依法纳税的，税务机关应当予以追缴。

2. **《国家税务总局关于进一步深化税务系统“放管服”改革优化税收环境的若干意见》**

二、主要任务

（一）进一步深化简政放权

4. 改进纳税人优惠备案和合同备案。改进各税种优惠备案方式，基本实现税收优惠资料由报送税务机关改为纳税人留存备查，减轻纳税人备案负担。简化建筑业企业选择简易计税备案事项。取消非居民企业源泉扣缴合同备案环节，优化对外支付备案程序。

009. 破产企业出售财产是否要纳税？

——贵州劳克斯科技有限公司破产管理人与播州区地方税务局税务纠纷案①

裁判要旨

我国税收法律法规未规定破产企业出售财产可以享受税收减免优惠，依据税收法定原则，破产企业应当依据税收实体法和税收程序法纳税。

基本案情

2014年5月8日，遵义县人民法院裁定受理贵州劳克斯科技有限公司破产案。

2014年11月5日，遵义县人民法院裁定宣告贵州劳克斯科技有限公司破产。原告贵州劳克斯科技有限公司破产管理人被遵义县人民法院指定为该公司破产管理人。

---

① 贵州省习水县人民法院（2016）黔0330行初210号行政判决书

2015年3月26日，原告委托拍卖公司拍卖了破产企业的财产，成交价为3,845万元，遵义县地方税务局三分局作出税务事项通知书，要求缴纳各项税款3,927,565.98元。

2016年2月19日，遵义县地方税务局三分局作出遵县地税三通［2016］4号《税务事项通知书》，认定破产人破产财产拍卖收入38,400,000.00元，不动产及土地使用权收入32,323.787.00元，要求破产人缴纳营业税及附加1,826,293.97元、土地增值税2,101,272.01元，总计3,927,565.98元。

原告不服申请复议，因未缴清税款，也未提供担保，被告决定不予受理。

之后，原告提供担保并再次申请复议。被告受理后于2016年5月16日作出涉诉复议决定，认定不动产及土地拍卖所得为房屋建筑物6,685,757.14元、构筑物887,462.23元、在建工程8,586,851.86元、土地15,915,358.58元，应缴营业税1,603,771.49元、城市维护建设税80,188.57元、教育附加48,113.14元、地方教育附加32,075.43元、价格调节基金32,075.43元、印花税19,225.00元、土地增值税2,030,018.33元，共计税款3,845,467.39元，为此认为《税务事项通知书》的征税行为适用依据正确，程序合法，但在税额的认定存在错误，遂作出复议决定，对应缴税款变更为3,845,467.39元。

原告不服行政复议决定，向法院起诉，要求撤销上述行政复议决定，判令被告不征收贵州劳克斯科技有限公司破产清算中的营业税及附加、土地增值税和印花税。

法院审理

原告认为，本案破产财产拍卖不是纳税人的自主行为，也不是人民法院的执行活动，不符合《国家税务总局关于人民法院强制执行被执行人财产有关税收问题的复函》的相关规定，不应当征收本案各项税款。《破产法》的立法目的在于保护债权人和债务人的合法权益，处置破产财产如还需纳税，债权人的受偿将减少；且处置破产财产时一般价格都较低，再行征税不利于保护债权人的合法权益，《财政部、国家税务总局关于大连证券破产及财产处置过程中有关税收政策问题的通知》及山东、青海、安徽等地均不征收破产企业土地增值税、营业税等税费。同时，本案整体实物资产拍卖，应适用《国家税务总局关于纳税人资产重组有关增值税问题的公告》，不征收相关税费。

被告遵义县地方税务局辩称：原告委托拍卖破产人财产属于处置破产财产，

属于应税行为。原告处置破产财产不是资产重组，不适用《国家税务总局关于纳税人资产重组有关增值税问题的公告》。依据《中华人民共和国营业税暂行条例》第一条、《贵州省人民政府关于修改〈贵州省教育经费筹措管理办法〉的决定》第九条和《国家税务总局关于人民法院强制执行被执行人财产有关税收问题的复函》的具体规定，原告破产人建筑物、构筑物、在建工程和土地的行为应缴纳营业税及附加。依据《中华人民共和国土地增值税暂行条例》第二条和《国家税务总局关于人民法院强制执行被执行人财产有关税收问题的复函》，本案应缴纳土地增值税。依据《中华人民共和国印花税暂行条例》第一条、第二条规定，本案也应缴纳印花税。《财政部、国家税务总局关于大连证券破产及财产处置过程中有关税收政策问题的通知》及山东、青海、安徽等地的有关规定，属于外省的规范性文件，不能作为贵州省征税与否的法律依据。为此，被告所作决定事实清楚，证据充分，适用法律正确，请求驳回原告诉讼请求。

法院认为：《中华人民共和国营业税暂行条例》第一条规定，在中华人民共和国境内提供本条例规定的劳务、转让无形资产或者销售不动产的单位和个人，为营业税的纳税人，应当依照本条例缴纳营业税。同时本案不属于第八条规定免征营业税项目。《中华人民共和国印花税暂行条例》第一条规定，在中华人民共和国境内书立、领受本条例所列举凭证的单位和个人，都是印花税的纳税义务人，应当按照本条例规定缴纳印花税。第二条规定产权转移书据属于应纳税凭证。《中华人民共和国城市维护建设税暂行条例》第二条规定，凡缴纳产品税、增值税、营业税的单位和个人，都是城市维护建设税的纳税义务人，都应当依照本条例的规定缴纳城市维护建设税。《中华人民共和国土地增值税暂行条例》第二条规定转让国有土地使用权、地上的建筑物及其附着物并取得收入的单位和个人，为土地增值税的纳税义务人，应当依照本条例缴纳土地增值税。《征收教育费附加的暂行规定》第二条规定，凡缴纳消费税、增值税、营业税的单位和个人，除按照《国务院关于筹措农村学校办学经费的通知》的规定，缴纳农村教育事业费附加的单位外，都应当依照本规定缴纳教育费附加。《价格法》第二十七条规定，政府可以建立重要商品储备制度，设立价格调节基金，调控价格，稳定市场。《遵义市价格调节基金征集使用管理办法》第四条规定，凡在本市行政区域内从事生产经营活动，缴纳增值税、消费税、营业税的各类企业、事业单位、个体工商户和其他有经营收入的单位，均应按月缴纳价格调节基金。本案破产管理人处置破产财产，均属于上述应征收税费范围，故被告认定应征收涉案财物营业税、城市维护建设税、教育附加、地方教育附加、价格调节基金、印花税、土地增值税符合法律规定。

关于本案是否符合《国家税务总局关于人民法院强制执行被执行人财产有关税收问题的复函》的规定问题，该《复函》第二条规定，无论拍卖、变卖财产的行为是纳税人的自主行为，还是人民法院实施的强制执行活动，对拍卖、变卖财产的全部收入，纳税人均应依法申报缴纳税款。故本案应适用该规定，也应进行纳税。

关于本案应否适用《国家税务总局关于纳税人资产重组有关增值税问题的公告》问题，因本案不是资产重组，不应适用该规定。

关于应否适用《财政部、国家税务总局关于大连证券破产及财产处置过程中有关税收政策问题的通知》（以下称《通知》）及外省有关税费征收相关规定的问题，因《通知》明确的事项属于经有权机关国务院批准的针对特定事项的行政法规的具体适用，其效力仅及于特定事项，因此在本案不应适用，同时外省的相关规定效力仅及于其相应的行政区域，故本案也不应适用。

法院驳回原告的诉讼请求。

点评

是否应该对破产企业进行税收减免一直存在争议。支持对其进行税收减免的理由主要是破产企业已经资不抵债，经营困难，如果不对破产企业进行税收减免，不仅会减少债权人可以获得的清偿金额，还会给破产企业的拯救工作造成经济上的困难。反对的理由包括对破产企业进行税收减免实际上是对债权人进行财政补贴，即用纳税人的钱对全体债权人进行分配，这对非破产企业的债权人不公平。另外，商业交易或投资风险应当由当事人自己承担，国家不应当分担其风险。依据税收法定原则，破产企业能否享受税收减免必须严格依据税收法律法规，凡是没有法律依据的，税务机关皆不能违法操作。可见，破产企业的税收减免问题不是税务机关执法层面上的问题，而是立法层面上的问题。为此，全国人大、国家税务总局、财政部需要针对破产企业的税收减免问题进行专门研究，并出台相关的法律法规和规章。在上述立法机关未完成相关立法工作之前，破产企业出售财产只能依据现行的税收法律法规和规章缴纳税款。

本案所涉破产企业进入了破产清算程序，即将破产企业资产全部拍卖变现，再将所得向全体债权人按法定清偿顺位和债权比例分配。破产管理人为了增加全体债权人可以分配的金额，要求税务机关不征收贵州劳克斯科技有限公司破产清算中的营业税及附加、土地增值税和印花税。但是，破产管理人的上述要求缺乏法律依据，违反税收法定原则，故法院未支持其诉讼请求。

法条链接

1.《国家税务总局关于人民法院强制执行被执行人财产有关税收问题的复函》

最高人民法院：

你院《关于人民法院依法强制执行拍卖、变卖被执行人财产后，税务部门能否直接向人民法院征收营业税的征求意见稿》（〔2005〕执他字第12号）收悉。经研究，函复如下：

一、人民法院的强制执行活动属司法活动，不具有经营性质，不属于应税行为，税务部门不能向人民法院的强制执行活动征税。

二、无论拍卖、变卖财产的行为是纳税人的自主行为，还是人民法院实施的强制执行活动，对拍卖、变卖财产的全部收入，纳税人均应依法申报缴纳税款。

三、税收具有优先权。《中华人民共和国税收征收管理法》第四十五条规定，税务机关征收税款，税收优先于无担保债权，法律另有规定的除外；纳税人欠缴的税款发生在纳税人以其财产设定抵押、质押或者纳税人的财产被留置之前的，税收应当先于抵押权、质权、留置权执行。

四、鉴于人民法院实际控制纳税人因强制执行活动而被拍卖、变卖财产的收入，根据《中华人民共和国税收征收管理法》第五条的规定，人民法院应当协助税务机关依法优先从该收入中征收税款。

010. 地方政府的税收奖励承诺有效吗？

——宿迁市旌然物流有限公司与宿迁市宿豫区关庙镇人民政府税收奖励纠纷①

裁判要旨

地方政府的税收奖励承诺属于行政允诺，虽无法律、法规明确规定，但只要

① 江苏省宿迁市宿城区人民法院（2016）苏1302行初14号行政判决书

允诺内容及程序不违反法律、法规，且相对人已达到允诺的奖励条件，为了保护相对人的信赖利益，地方政府应当遵循诚实信用原则履行承诺。

基本案情

原告宿迁市旌然物流有限公司（下简称旌然公司）于2012年11月29日成立，入库税收为500万元以下物流企业。

2013年3月29日，中共宿迁市宿豫区关庙镇委员会经集体研究，就2013年度新引进企业入库税收奖励政策印发会议纪要，决定将2013年度物流企业入库税收地方留成部分的80%奖励给企业。

2013年2月至2014年10月原告共计缴纳税款3,645,461元，其中增值税（营改增）3,241,081.31元、印花税14,834.7元、城市维护建设税226,889.55元、教育附加96,830.44元、地方教育附加费65,230.5元、企业所得税594.5元。

2013年3月6日至2014年9月18日，被告宿迁市宿豫区关庙镇人民政府（下简称关庙镇政府）共计支付原告税收奖励款1,728,100元。

原告于2015年12月向被告提出口头申请，要求被告支付该公司2013年2月至2014年10月税收奖励款1,188,268.84元，但被告拒绝再予奖励。

原告起诉要求被告立即支付原告2013年2月至2014年10月税收奖励款1,188,268.8元。诉讼过程中，原告将诉讼请求明确为：要求被告按照原告所缴纳增值税地方留成部分的75%向原告支付税收奖励款，共计702,710.98元。

另查明，2011年6月21日，中共宿迁市委、宿迁市人民政府联合出台《宿迁市鼓励投资优惠政策》（宿发〔2011〕10号），其中规定："对年入库税收在500万元（含500万元）以下物流企业，自投产年度起，由同级财政将企业实际缴纳的企业所得税市以下留成部分前五年全部奖励给企业，后五年减半奖励给企业；三年内营业税市以下留成部分的75%奖励给企业，实行先征后奖"。

再查明，2014年11月27日，国务院发布《关于清理规范税收等优惠政策的通知》（国发〔2014〕62号），要求各地区和部门对违法或者影响公平竞争的政策进行清理，既要规范税收、非税等收入优惠政策，又要规范与企业缴纳税收或者非税收入挂钩的财政支出优惠政策。2015年5月10日，国务院发布《关于税收等优惠政策相关事项的通知》（国发［2015］25号），要求各地区、各部门已经出台的优惠政策，有规定期限的，按规定期限执行；没有规定期限又确需调整的，由地方政府和相关部门按照把握节奏、确保稳妥的原则设立过渡期，在过渡期内继续执行。各地与企业已签订合同中的优惠政策，继续有效；对已兑现的部分，不溯及既往。《国务院关于清理规范税收等优惠政策的通知》（国发〔2014〕62号）规定的专项清理工作，待今后另行部署后再进行。

法院审理

被告辩称：1. 该镇党委在2013年3月29日形成的《关庙镇2013年度税收奖励政策会议纪要》内容违反了“税收法定”的原则和《税收征收管理法》第三条的强制性规定，应属无效，原告不能据此主张权利。该“会议纪要”是地方党委、政府共同协商形成的会议记录，不是法律法规和规章，也不是规范性文件，不能作为原告诉讼的依据。2. 从会议纪要适用的时间来看，应该是2013年度新引进的企业，仅适用于2013年度的税改返还。从2013年度原告完税额看，该镇返还的数额已经超出了会议纪要规定的数额，对已返还的税款该镇将另行起诉追还。综上，请求法院驳回原告的诉讼请求。

法院认为，本案系原告旌然公司要求被告关庙镇政府兑现之前确定的物流企业税收奖励政策引发的行政争议，主要有三个争议焦点：1. 被告是否应当按照镇党委2013年3月29日会议纪要和宿迁市人民政府宿发〔2011〕10号《宿迁市鼓励投资优惠政策》兑现对物流企业的税收奖励允诺？2. 原告是否符合税收奖励条件？3. 被告是否存在未履行义务的情形？是否应继续支付原告税收奖励？

关于第一个焦点，法院认为，2015年5月10日国务院发布的《关于税收等优惠政策相关事项的通知》（国发［2015］25号）明确，2014年11月27日发布的《国务院关于清理规范税收等优惠政策的通知》（国发〔2014〕62号）规定的专项清理工作，待今后另行部署后再进行。根据上述通知精神可以看出，《宿迁市鼓励投资优惠政策》是在国务院发布清理规范收税等优惠政策通知之前制定的规范性文件，且一直在全市范围内执行。从文件内容看《宿迁市鼓励投资优惠政策》是针对宿迁市辖区内不特定的企业设定，对符合条件的企业进行奖励，体现了宿迁市政府鼓励投资的政策导向。从性质上看，属于政府为公益目的单方向不特定相对人发出的投资奖励允诺，虽无法律、法规明确规定，但在行为内容和程序上均具有自由裁量性，只要允诺内容及程序不违反法律、法规，且相对人已达到允诺的奖励条件，本着建设诚信政府的要求，被告应当履行兑付奖励的承诺。根据《宿迁市鼓励投资优惠政策》规定，在文件有效期内，应由同级财政机构对具备奖励条件的企业在三年内营业税市以下留成部分的75%奖励给企业，实行先征后奖，该政策并不违反《税收征收管理法》等法律、法规的规定，被告作为宿迁市范围内基层一级人民政府，应按照上级文件来执行兑现行政允诺。中共宿迁市宿豫区关庙镇委员会会议纪要，系关庙镇为贯彻落实市政府《宿迁市鼓励投资优惠政策》而制定，该纪要是党委的内部会议记录，不是一级政府的文件，不是行政案件审查的内容，且确定的返税奖励标准突破了市政府文件标准，不能作为被告兑现税收奖励的依据。

关于第二、第三两个争议焦点，法院认为，行政允诺法律关系的成立，应以允诺所设定的要求达成为条件。财政部、中国人民银行、国家税务总局《关于营业税改增值税试点有关预算管理问题的通知》（财预［2013］275号）要求："试点期间收入归属保持不变，原来归属地方的营业税收入，改增值税后仍全部归属地方，改征增值税税款滞纳金、罚款收入也全部归属地方"。根据上述通知要求，试点期间营业税改增值税后，税收收入归属保持不变，改增值税后仍全部归属地方。因此，2013年2月至2014年10月期间，原告所缴纳的增值税（营改增）应全部归属地方税收。本案中，原告是2012年12月在宿迁市宿豫区关庙镇政府辖区内设立的入库税收为500万元以下的物流企业，从2013年起正常纳税，已达成《宿迁市鼓励投资优惠政策》所允诺的奖励条件。2013年2月至2014年10月，原告共缴纳增值税（营改增）3,241,081.31元，按照《宿迁市鼓励投资优惠政策》规定，被告应给付原告的奖励款为2,430,810.98元（3,241,081.31元×75%）。2013年2月至2014年10月被告实际已给付原告奖励款1,728,100元，双方已形成行政允诺法律关系，被告还应给付原告奖励款702,710.98元（2,430,810.98元-1,728,100元）。

被告在原告口头申请要求返还剩余税收奖励时，明确拒绝兑付奖励，其行为已构成不履行允诺义务，对原告要求其继续支付税收奖励款的主张，法院应予支持。

因《税收征管法》是规范税收征收和缴纳行为等方面的法律，本案涉及的税收奖励资金是用于奖励给纳税企业的地方财政资金，并不违反《税收征管法》第三条的规定，因此法院对被告关于《宿迁市鼓励投资优惠政策》违反《税收征管法》第三条，应属无效的抗辩理由不予采纳。综上，依照《中华人民共和国行政诉讼法》第七十三条之规定，判决如下：

被告宿迁市宿豫区关庙镇人民政府于本判决生效后60日内向原告宿迁市旌

然物流有限公司给付奖励款702,710.98元。

点评

地方政府为了招商引资，或者统一出台税收奖励政策，或者对个别企业特别承诺税收奖励，无论哪种形式，皆是地方政府对企业的税收奖励承诺。但是，在上述税收奖励承诺履行过程中，因地方政府领导人的更换或相关政策的改变等原因，地方政府可能拒绝履行先前作出的税收奖励承诺。此时，企业应当如何维护自己的合法权益呢？以下逐一分析。

一、行政纠纷还是民事纠纷

企业与地方政府就税收奖励承诺发生争议时，首先应当明确该种争议的性质。实务中，地方政府与个别企业在招商引资合同中单独约定税收奖励条款时，企业常常会依据《合同法》提起地方政府违约之诉。但是，根据最高人民法院的判例和观点来看，此种争议不属于民商事纠纷，而应当提起行政诉讼。比如在深圳市尚昆投资发展有限公司与河南省卫辉市人民政府投资合同纠纷一案中，最高人民法院认为："从河南省卫辉市人民政府与深圳市尚昆投资发展有限公司签订的投资协议内容看，有关政策优惠以及为项目制定各项特事特办的行政措施等内容，均属于政府行使行政权的范畴，河南省卫辉市人民政府发布的《关于处理深圳市尚昆投资发展有限公司投资开发建设文化旅游生态新区项目有关事宜的通知》，更是政府具体行政行为的体现。因此，双方签订的投资协议的签订人身份、协议内容与《中华人民共和国合同法》第二条规定的'合同是平等主体的自然人、法人、其他组织之间设立、变更、终止民事权利义务的协议'的定义明显不符。深圳市尚昆投资发展有限公司诉争的纠纷，不属于平等民事主体之间具有民事权利义务内容的法律纠纷，不属于人民法院民商事案件受案范围。"

二、地方政府的税收奖励承诺是否有效

一般而言，地方政府的税收奖励承诺应当有效。理由如下：第一，依据信赖利益保护原则，应当保护企业的信赖利益。企业来当地投资的一个重要原因是相信地方政府会兑现其税收奖励承诺，即企业对地方政府的税收奖励承诺产生了信赖利益，这种信赖利益因其具有正当性而得到保护时，行政机关应该信守自己的承诺。第二，依据诚实信用原则，地方政府应当履行自己的承诺。政府和普通民众一样，都要遵守诚实信用原则，切实履行自己作出的承诺。否则，与建设诚信政府的要求相悖。第三，只要税收奖励承诺未违反法律、法规，也应当认定有效。《税收征收管理法》第三条规定："税收的开征、停征以及减税、免税、退税、补税，依照法律的规定执行；法律授权国务院规定的，依照国务院制定的行政法规的规定执行。任何机关、单位和个人不得违反法律、行政法规的规定，擅自作出税收开征、停征以及减税、免税、退税、补税和其他同税收法律、行政法规相抵触的决定。"据此，地方政府常常以此作为税收奖励承诺无效的抗辩。但是，税收奖励承诺的主体是地方政府，不是税务机关；税收奖励承诺动用的资金是地方政府的财政资金，不是税务机关征收的税款；税收奖励承诺是地方政府与企业之间的行政允诺法律关系，并不是税务机关与企业之间的税收征纳关系。因此，地方政府的上述抗辩理由无法成立。第四，国务院的相关规范性文件也在一定条件下承认地方政府税收奖励承诺的有效性。《国务院关于税收等优惠政策相关事项的通知》第二条规定："各地区、各部门已经出台的优惠政策，有规定期限的，按规定期限执行；没有规定期限又确需调整的，由地方政府和相关部门按照把握节奏、确保稳妥的原则设立过渡期，在过渡期内继续执行。"第三条规定："各地与企业已签订合同中的优惠政策，继续有效；对已兑现的部分，不溯及既往。"据此，地方政府已经作出的税收优惠政策（包括税收奖励承诺）继续执行。但是，出台新的税收优惠政策则需要规范。其第四条规定："各地区、各部门今后制定出台新的优惠政策，除法律、行政法规已有规定事项外，涉及税收或中央批准设立的非税收入的，应报国务院批准后执行；其他由地方政府和相关部门批准后执行，其中安排支出一般不得与企业缴纳的税收或非税收入挂钩。"

法条链接

1. **《税收征收管理法》**

第三条 税收的开征、停征以及减税、免税、退税、补税，依照法律的规定执行；法律授权国务院规定的，依照国务院制定的行政法规的规定执行。

任何机关、单位和个人不得违反法律、行政法规的规定，擅自作出税收开征、停征以及减税、免税、退税、补税和其他同税收法律、行政法规相抵触的决定。

2. **《国务院关于税收等优惠政策相关事项的通知》**

各省、自治区、直辖市人民政府，国务院各部委、各直属机构：

现就《国务院关于清理规范税收等优惠政策的通知》（国发〔2014〕62号）中涉及的相关事项通知如下：

一、国家统一制定的税收等优惠政策，要逐项落实到位。

二、各地区、各部门已经出台的优惠政策，有规定期限的，按规定期限执行；没有规定期限又确需调整的，由地方政府和相关部门按照把握节奏、确保稳妥的原则设立过渡期，在过渡期内继续执行。

三、各地与企业已签订合同中的优惠政策，继续有效；对已兑现的部分，不溯及既往。

四、各地区、各部门今后制定出台新的优惠政策，除法律、行政法规已有规定事项外，涉及税收或中央批准设立的非税收入的，应报国务院批准后执行；其他由地方政府和相关部门批准后执行，其中安排支出一般不得与企业缴纳的税收或非税收入挂钩。

五、《国务院关于清理规范税收等优惠政策的通知》（国发〔2014〕62号）规定的专项清理工作，待今后另行部署后再进行。

第四节　退税纠纷

011. 生产企业逾期未申报出口退（免）税的如何处理？

——天津然也工艺品有限公司与天津市津南区国家税务局稽查局出口退税纠纷案①

裁判要旨

生产企业自营或委托出口货物未在报关出口90日内申报办理退（免）税手续的，征税部门应视同内销货物予以征税。如果其到期之日超过了当月的“免、抵、退”税申报期，税务机关可暂不按国税发〔2004〕64号文件第七条规定视同内销货物予以征税。但生产企业应当在次月“免、抵、退”税申报期内申报“免、抵、退”税，如仍未申报，税务机关应当视同内销货物予以征税。

① 天津市第二中级人民法院（2016）津02行终84号行政判决书

基本案情

被告天津市津南区国家税务局稽查局于2014年12月26日至2015年5月26日对原告天津然也工艺品有限公司2012年1月1日至2015年4月30日的纳税情况进行了检查，发现原告（曾用名天津赫航国际贸易有限公司）2012年8月至被告作出行政处罚前，共出口38笔货物，均未到被告处办理过《代理出口货物证明》且未申报出口退税，除2014年8月3日出口10,671美元外，其他数据全部逾期未申报出口退税、未在规定期限内申报办理免税，按税法规定应视同内销货物征税。被告经调查核实，认定原告未如实申报销售收入，对原告作出了津南国税罚（2015）47号《税务行政处罚决定书》。

原告认为被告作出的行政处罚认定事实错误、处罚依据不足，遂提起行政诉讼，要求撤销津南国税罚（2015）47号《税务行政处罚决定书》；诉讼费由被告承担。

法院审理

原审法院认为，依据《中华人民共和国税收征收管理法》第五条第一款、第十四条以及《中华人民共和国税收征收管理法实施细则》第九条之规定，被告具有查处本辖区内偷税、逃避追缴欠税、骗税、抗税案件的主体资格和法定职权。本案中，原告对被告作出津南国税罚（2015）47号《税务行政处罚决定书》适用的法律、程序以及以原告作为被处罚的主体并无异议。原告认为被告所作行政处罚认定事实错误、处罚依据不足，被告所认定的未办理《代理出口货物证明》、逾期未申报退税、未在规定期限内申报办理免税的37笔出口业务并非原告所为，但对于上述主张原告未能提供充足的证据和依据予以证明，难以支持。被告提供的证据能够证明其所作出的津南国税罚（2015）47号《税务行政处罚决定书》证据确凿、适用法律正确、符合法定程序。原审法院判决驳回原告天津然也工艺品有限公司的诉讼请求。

上诉人天津然也工艺品有限公司不服原审法院判决提起上诉，请求撤销（2015）南行初字第37号行政判决；依法改判撤销被上诉人作出的津南国税罚（2015）47号《税务行政处罚决定书》；诉讼费用由被上诉人承担。理由是：被上诉人提供的证据不能证明上诉人存在违法事实，上诉人没有实施37笔出口业务，被诉税务处罚决定认定事实不清，原审判决认定事实错误。

被上诉人天津市津南区国家税务局稽查局辩称，其依据海关报关单及海关出口信息认定上诉人存在出口行为，但未在规定时间内申报，被上诉人作出的被诉税务处罚决定认定事实清楚、适用法律正确，原审判决认定事实清楚、适用法律正确，故请求驳回上诉人的上诉，维持原审判决。

二审法院认为，本案的争议焦点是上诉人是否存在逾期未申报退税的 37 笔出口业务的违法事实。被上诉人提供的海关报关单及纳税申报表等证据能够证明上诉人自 2012 年 8 月至今出口的 37 笔货物，逾期未申报出口退税，且未在规定期限内申报办理免税，其作出的被诉处罚决定认定事实清楚、证据充分。上诉人虽然予以否认但没有提供充分的证据和依据予以证明。被上诉人作出的被诉处罚决定认定事实清楚、适用法律正确、程序合法，原审判决驳回上诉人的诉讼请求并无不当，应予维持。

二审法院驳回上诉，维持原判。

点评

本案涉及生产企业逾期未申报出口退税的法律后果问题。为了鼓励本国企业出口，增强本国企业在国际贸易中的竞争力，我国规定了出口退税制度，即将出口商品在上一交易环节缴纳的增值税和消费税全部或大部分退还给出口企业，同时免征出口环节的增值税，让出口商品以低税负的状态参与国际贸易竞争。但是，出口退税必须严格按照税收主管部门的要求在规定的时间内进行申报，待税收主管部门审核通过后才能退税，如果不遵循相关的程序要求，不仅不能享受出口退税待遇，反而会加重税收负担。

《国家税务总局关于出口货物退（免）税管理有关问题的通知》（国税发［2004］64 号）第三条第一款规定："出口企业应在货物报关出口之日（以出口货物报关单〈出口退税专用〉上注明的出口日期为准，下同）起 90 日内，向退税部门申报办理出口货物退（免）税手续。逾期不申报的，除另有规定者和确有特殊原因经地市级以上税务机关批准者外，不再受理该笔出口货物的退（免）税申报。"其第七条进一步规定："生产企业自营或委托出口货物未按本通知第三条规定期限申报退（免）税的，主管其征税部门应视同内销货物予以征税。"

《国家税务总局关于发布〈出口货物劳务增值税和消费税管理办法〉的公告（一）》的相关规定废止了《国家税务总局关于出口货物退（免）税管理有关问题的通知》的相关规定，该公告第四条第（一）项规定："企业当月出口的货物须在次月的增值税纳税申报期内，向主管税务机关办理增值税纳税申报、免抵退税相关申报及消费税免税申报。企业应在货物报关出口之日（以出口货物报关单〈出口退税专用〉上的出口日期为准，下同）次月起至次年4月30日前的各增值税纳税申报期内收齐有关凭证，向主管税务机关申报办理出口货物增值税免抵退税及消费税退税。逾期的，企业不得申报免抵退税。”因此，依增值税和消费税原理，如果企业逾期未申报免抵退税，则只能自己负担上一交易环节中的增值税和消费税，同时，出口环节也不能免征增值税。

为了缓和出口退（免）税逾期申报制度的刚性，国家出台了延期申报制度。《国家税务总局关于出口退（免）税申报有关问题的公告》第七条规定：“出口企业或其他单位出口货物劳务、发生增值税跨境应税行为，由于以下原因未收齐单证，无法在规定期限内申报的，应在出口退（免）税申报期限截止之日前，向负责管理出口退（免）税的主管税务机关报送《出口退（免）税延期申报申请表》（附件3）及相关举证资料，提出延期申报申请。主管税务机关自受理企业申请之日起20个工作日内完成核准，并将结果告知出口企业或其他单位。（一）自然灾害、社会突发事件等不可抗力因素；（二）出口退（免）税申报凭证被盗、抢，或者因邮寄丢失、误递；（三）有关司法、行政机关在办理业务或者检查中，扣押出口退（免）税申报凭证；（四）买卖双方因经济纠纷，未能按时取得出口退（免）税申报凭证；（五）由于企业办税人员伤亡、突发危重疾病或者擅自离职，未能办理交接手续，导致不能按期提供出口退（免）税申报凭证；（六）由于企业向海关提出修改出口货物报关单申请，在出口退（免）税申报期限截止之日前海关未完成修改，导致不能按期提供出口货物报关单；（七）有关政府部门在出口退（免）税申报期限截止之日前未出具出口退（免）税申报所需凭证资料；（八）国家税务总局规定的其他情形。”

本案生产企业天津然也工艺品有限公司自2012年8月起出口的37笔货物，逾期未申报出口退税，也未在规定期限内申报办理免税，法院依据《国家税务总局关于出口货物退（免）税管理有关问题的通知》，认为应当视同内销货物予以征税。虽然《国家税务总局关于发布〈出口货物劳务增值税和消费税管理办法〉的公告》（国家税务总局公告2012年第24号）已经废止了《国家税务总局关于出口货物退（免）税管理有关问题的通知》的有关条款，但依其规定出口企业逾期未申报出口退免税则不得申报退免税，故本案生产企业依此仍然需要缴纳出口环节的增值税。

法条链接

1.《国家税务总局关于发布〈出口货物劳务增值税和消费税管理办法〉的公告（一）》

四、生产企业出口货物免抵退税的申报

（一）申报程序和期限

企业当月出口的货物须在次月的增值税纳税申报期内，向主管税务机关办理增值税纳税申报、免抵退税相关申报及消费税免税申报。

企业应在货物报关出口之日（以出口货物报关单〈出口退税专用〉上的出口日期为准，下同）次月起至次年4月30日前的各增值税纳税申报期内收齐有关凭证，向主管税务机关申报办理出口货物增值税免抵退税及消费税退税。逾期的，企业不得申报免抵退税。

012. 挂靠企业、借权企业的出口退税如何处理？

——浙江诚盛实业集团有限公司与绍兴县国家税务局出口退税纠纷案①

裁判要旨

以自营名义出口，其出口业务实质上是由本企业及其投资的企业以外的单位或个人借该出口企业名义操作完成的，不适用增值税退（免）税和免税政策，而应当征收增值税。

基本案情

原告浙江诚盛实业集团有限公司（简称诚盛公司）于1999年5月27日成立。经营范围是：针纺织品、印染定型整理、浆纱、服装生产、加工；对外实业投资、纺织印染技术咨询。经营本企业自产产品及技术的出口业务；经营本企业生产所需的原辅材料、仪器仪表、机械设备、零配件及技术的进口业务；经营进料加工和“三来一补”。经营方式为加工、制造、进出口。诚盛公司本部及下属公司具有自主生产能力。诚盛公司在进出口业务中含有自产产品的出口业务。诚盛公司的所有外贸业

① 浙江省绍兴市中级人民法院（2006）绍中行初字第6号行政判决书

务员统一以诚盛公司名义出口，统一以诚盛公司名义享受外贸出口货物退（免）税收政策。对外以诚盛公司名义承担出口货物的质量、结汇或退税风险等责任。

2005 年 3 月 9 日至 7 月 26 日，江苏省绍兴县国家税务局（简称县国税局）对诚盛公司 2004 年 1 月 1 日至 2004 年 12 月 30 日的纳税情况进行检查后，认为诚盛公司在 2003 年至 2004 年间将进出口经营权和出口退税资格借由其他企业或个人使用，由他人挂靠外贸出口业务，违规取得出口退税款 21, 779, 087. 65 元（其中 2003 年 13, 773, 513. 64 元，2004 年 8, 005, 574. 01 元），违规免抵税额 6, 707, 461. 77 元，（其中 2003 年 1, 865, 384. 29 元，2004 年 4, 842, 077. 48 元）。根据财政部、国家税务总局《关于出口货物税收若干问题的补充通知》（财税字（1997）014 号）第五条第二款及《关于进一步推进出口货物实行免抵退税办法的通知》规定，县国税局作出绍县国稽处（2005）第 0100 号税务行政处理决定，追缴诚盛公司 2003 年至 2004 年违规取得出口退税款 21, 779, 087. 65 元及免抵税额 6, 707, 461. 77 元，共计 28, 486, 549. 42 元。税务行政处理决定送达后，诚盛公司不服，向浙江省绍兴市国家税务局申请行政复议。

2006 年 1 月 10 日，浙江省绍兴市国家税务局作出税复决字（2006）第 1 号税务行政复议决定，维持浙江省绍兴县国家税务局的绍县国稽处（2005）第 0100 号税务行政处理决定。诚盛公司不服提起行政诉讼。

法院审理

原告诚盛公司诉称：（1）被告认定原告存在挂靠、借权问题与事实不符。①原告与业务员之间只是在计算报酬上有别于其他生产线上的职工，但这是外贸业务的特殊性及外贸业务员的相对独立性决定的，也是外贸业普遍做法。部分业务员实质是原告员工，是从原告处领取工资，享有劳动保险，受原告管理，出口的是原告自产产品，是原告或原告的下属公司生产或加工的，被告没有证据证明业务员的货全部是从其他单位购买或加工的。因此，被告认定原告的业务员与原告没有任何关系，业务员是自带货源，挂靠在原告公司与事实不符合；②徐某账户的设立是为了整个公司资金进出方便，不是为从事外贸业务而特地设立账户，除极小部分定金外，大部分进出都与外贸无关；③至于填开码单的问题，被告至法庭调查结束，都未提供充分有效的证据予以证明原告未反映货物的情况，也未能确定补开码单有几张，数额有多少。原告所有业务进出都是事实，补填码单的数量极小，但没有达到被告推定的几千万美元的程度。补填原因一是有些货物打卷时，打卷店的白纸不规范，需要重新补填，二是税务部门要求较严，为财务上的需要才补填。被告补填码单与自产产品之间没有必然联系，被告以此来认定原告出口货物不是自产产品是错误的，而且，长期以来，被告稽查时就认可原告是自产产品出口的事实；④诚盛公司本部拥有织机30台，日产布料8000米，其下属公司浙江绍兴骏发纺织有限公司，拥有142台意大利进口剑杆织机，日产布料4-5万米；绍兴市佳成丝绸服装有限公司，拥有140台日产喷气织机，日产布料6-7万米；绍兴县成板桥饰品有限公司，拥有118台喷水织机、剑杆织机40台，日产布料5万米。合计各类织机470台，日生产布料能力15-17万米。还有部分向其他纺织企业购买白坯布后，由诚盛公司进行印染加工后外销。诚盛公司在进出口业务中绝大部分是自产产品的出口。（2）被告对数额认定证据不足。被告只对三个业务员进行调查，9名相关业务员的协议，就直接认定原告2003、2004年所有外贸业务都是挂靠方式，对此，原告不能认同，在总的数额上被告根本没有搜集证据，完全是一种推定。（3）被告适用法律错误。①财政部、国家税务总局《关于出口货物税收若干问题的补充通知》（财税字（1997）014号）不能作为税务处理决定的法律依据。法律位阶上它属于规章，财政部、国家税务总局只有在2000年7月1日《中华人民共和国立法法》实施后才有权制定规章。因此，不能作为被告作出税务处理决定应适用的法律依据；②原告不符合该“通知”第五条第二款规定的主体条件，该条款规定的违法行为的主体是挂靠企业、借权企业，而原告是被挂靠企业，主体明显不符合；③《关于进一步推进出口货物实行免抵退税办法的通知》同样不能作为被告作出税务处理决定应适用的法律依据。（4）被告程序违法。本案应当由稽查局查处，国家税务总局的国税函（2003）140号通知，十分明确地规定了对税务违法案件的查处应当由稽查局。未告知原告申辩权利。原告请求撤销被告浙江省绍兴县国家税务局的绍县国稽处（2005）第0100号税务行政处理决定。

被告县国税局辩称：（一）认定原告将进出口经营权和出口退税资格借给他人，让他人开展外贸出口业务，有事实依据：1. 外贸业务员操作程序。2003年、2004年原告挂在账上从事外贸的业务员有谢某梁、刘某义等多人。轻纺城的个体户胡某泉、胡某梅、沈某锋、王某堂、魏某生、徐某华等挂靠在原告名下，采取自带客户、自带货源、自行报关的方式办理外贸业务，享受了出口退税政策。基本流程是业务员将收取的外汇汇入原告账户，以原告取得专用发票，然后，业务员以原告名义办理出口，报关资料由业务员交给原告外贸部经理姒某霞，姒某霞收齐单据后交给原告财务部，由财务部经理傅某珍向税务机关申请出口退税。原告与这些业务员结算时按业务员汇进外汇和提供的单证结算，2004 年按每美元 9. 1 元左右人民币结算给业务员，2003 年按每美元 9. 3 元左右人民币结算给业务员。这种操作过程表明原告与业务员之间不存在直接的隶属关系，而是挂靠关系。2. 资金运作程序。原告资金部经理徐某在绍兴市农行东浦支行以个人名义设立一个储蓄存款账户，2003 年 5 月至 2004 年 12 月共存入现金 41, 648, 064. 80 元，支取现金 37, 955, 687. 22 元。其中大部分是业务员汇入原告的资金。外贸业务资金运作方式主要有两种，一是业务员如果购买原告的涤布出口，必须先将买布定金汇到徐某账户上，然后，原告才提供涤布给业务员，业务员出口后的外汇汇到原告的账户上，原告再将相应的货款现金退还给业务员，其货款在与业务员再结算按每美元 9. 1 或 9. 3 元人民币时扣除。二是业务员在其他公司购货外销，为了做到票款一致，原告约定业务员必须先将货款打到原告的账户上，再以原告的名义向销货方汇出货款，销货方再向原告开具增值税专用发票。如果需要原告垫付货款，原告则要收取利息。货款及利息由原告在汇回的外汇中扣除。以上可以看出，业务员与原告是买卖关系，是原告的客户，其外销是借权出口。3. 货物的移动程序。外销货物码单是财务记账的原始凭证，用于证明出口货物是公司的自产产品。调查中，发现原告补填码单。这样，原告的会计账簿和记账凭证不能真实反映货物交易情况，货物是否真正出口原告也没有真实的凭证证明，货物的流向只有业务员确定，出口货物的控制权不属于原告，所有权归业务员，不是原告的自产产品。4. 虚开发票，绍兴县中国轻纺城温馨布业有限公司的法人代表胡齐梅（也是原告的业务员）为了取得原告按每美元支付的 9. 1 元，通过其公司向原告开具增值税专用发票，2004 年价税合计 3, 137, 279. 30 元。以上情况说明，原告将进出口经营权和出口退税资格借由其他企业或个人使用，由他人挂靠外贸出口业务，违规取得出口退税款 21, 779, 087. 65 元。（二）关于退税数额。被告在检查中发现问题，制作了《税务稽查事实确认书》，被告也签署了意见。至于滞纳金，在对原告的处理中，追回了其已违规取得的出口退税款部分是不加收滞纳金的，但追回原告违规取得的免抵税款，属于原告未在规定期限缴纳的税款，在中国税收征管信息系统中是自动加收滞纳金的。（三）被告根据财政部、国家税务总局《关于出口货物税收若干问题的补充通知》（财税字（1997）014 号）第五条第二款及《关于进一步推进出口货物实行免抵退税办法的通知》规定，对原告作出行政处理决定适用法律正确。（四）被告所作行政行为程序合法。被告已听取了原告的申辩的意见。综上，被告所作税务处理决定事实清楚，证据确实，请求驳回原告的诉讼请求。

法院认为，被告县国税局针对原告诚盛公司将外贸进出口权由他人挂靠，并取得出口退税款及免抵税额，据此认定原告属借权、挂靠的行为，并为证明其行政行为的合法性提供原告法定代表人王某祥的笔录及部分业务员的笔录等，虽然这些证据能够证明原告有借权、挂靠的事实，但未调查核实在2003年至2004年原告取得出口退税款及免抵税额的所有业务都属于将进出口经营权和出口退税资格借由其他企业或个人使用、由他人挂靠外贸出口业务的事实。原告的法定代表人虽然陈述自己公司没有外贸业务，但该陈述需要有证据来印证与事实是否相符。被告在已经知道原告有19名业务员的情况下，仅调查其中的7名业务员，并对个别业务员在原告单位领取工资是否仍属于借权、挂靠未作进一步审查。另外，被告提供的证据从内容看，大部分仅涉及原告2004年的业务情况。因此，被告提供的证据对证明原告2003年至2004年违法取得出口退税款及免抵税额只具有部分证明力，就全部而言证据并不充分，被告所举证据未能达到行政案件被告举证应达到的证明标准。被告作出具体行政行为的证据尚不充分，致认定事实部分不清。据此，依据《中华人民共和国行政诉讼》第五十四条第（二）项第1目之规定，判决如下：

撤销被告浙江省绍兴县国家税务局绍县国稽处（2005）第0100号税务行政处理决定。

点评

本案的争议焦点有二：一是挂靠企业、借权企业的出口退税问题；二是税务机关的证明责任问题。

一、挂靠企业、借权企业的出口退税问题

外贸实务中，企业出口应当有进出口经营权，否则，只有委托具有进出口经营权的企业出口。当出口企业委托出口时，出口退税款是退还给出口企业，而不是受托代理出口的企业，因为出口货物的所有权属于出口企业，出口企业与受托企业之间并不存在买卖合同，而是委托代理法律关系。出口退税制度的原理是将出口商品在国内缴纳的税收（我国是增值税和消费税）退还给纳税人，降低出口商品的成本，增强其在国际市场上的竞争力。因此，出口货物所有权归谁出口退税款就应退给谁。另外，自然人和个体工商户如果委托具有出口经营权的企业出口，因其无法取得增值税专用发票，故无法申请出口退税。但是，为了获得出口退税款，有些不合规的企业、自然人或个体工商户采用挂靠的方式，借用具有进出口经营权和出口退税权的企业的名义和资质出口，先由被挂靠企业以合法方式获得出口退税款，然后再与挂靠企业、自然人或个体工商户结算，并收取相关费用。这与建设工程领域的挂靠模式类似。为了打击出口退税领域中的挂靠行为，《财政部、国家税务总局关于出口货物税收若干问题的补充通知》第五条第（二）项规定："具有下列情况之一的货物，不予办理退税：（二）挂靠企业、借权企业出口的货物……"上述文件被《财政部、国家税务总局关于出口货物劳务增值税和消费税政策的通知》废止，该通知第七条规定，以自营名义出口，其出口业务实质上是由本企业及其投资的企业以外的单位或个人借该出口企业名义操作完成的，不适用增值税退（免）税和免税政策，而应当征收增值税。

二、税务机关的证明责任与证明标准问题

税务行政诉讼与其他行政诉讼的最大区别是：前者税务机关存在严重的信息不对称，后者其他行政机关通常不存在信息不对称问题。但是，我国税收法律法规和规章并未就税务行政诉讼中的税务机关举证责任问题进行专门规定，以区别于其他行政诉讼中的举证责任分配。当然，此问题非常复杂，不是本案例分析所能解决。本案税务机关在证据搜集过程中并未尽到应有的注意义务，即未能穷尽一切方法搜集相关证据，未在税务机关能力范围内完成举证责任。具体而言，本案税务机关搜集的证据虽然能证明纳税人存在接收其他企业或个人挂靠的行为，但是，其未能搜集充分的证据证明挂靠企业或挂靠个人到底出口了哪些货物，数额为多少，价值几何。由于挂靠出口的货物与本案纳税人自己出口的货物混在一起，如果无法区分，就无法确定应当追回的出口退税款。就本案而言，税务机关实际上应当全面取证，不但要对全部业务员调查，还应当依据相关线索调查业务员的上下游企业。这些取证工作税务机关皆未完成。本案给税务机关的最大启示是取证工作应当严格以事实是否清楚为标准，凡是相关证据无法形成完整的证据链条，无法全面清晰证明相关事实的，都可能会在行政诉讼中以事实不清为由被法院判决败诉。

法条链接

1.《财政部、国家税务总局关于出口货物劳务增值税和消费税政策的通知》

七、适用增值税征税政策的出口货物劳务

下列出口货物劳务，不适用增值税退（免）税和免税政策，按下列规定及视同内销货物征税的其他规定征收增值税（以下称增值税征税）：

(一) 适用范围。

适用增值税征税政策的出口货物劳务，是指：

……

7. 出口企业或其他单位具有以下情形之一的出口货物劳务：

……

(2) 以自营名义出口，其出口业务实质上是由本企业及其投资的企业以外的单位或个人借该出口企业名义操作完成的。

013. 税务机关无限期地暂停办理退税是否构成不履行法定职责？

——济南丰宁食品有限公司与山东省章丘市国家税务局不履行法定职责案[①]

裁判要旨

行政机关在行政裁量时要遵循及时裁量的原则，不能无限期地拖延。税务机关暂停纳税人的出口退税，应当在合理期限内进行行政裁量，对是否允许纳税人出口退税作出决定。因此，税务机关长期暂停办理出口退税构成不履行法定职责。

基本案情

原告济南丰宁食品有限公司（以下简称丰宁公司）是在工商部门注册登记的企业法人单位，从事生产、加工谷物果实代用茶业务。

2009 年迁至章丘市相公庄镇十九郎村。

2010 年重新启动对日出口贸易。

2010 年 6 月起向被告山东省章丘市国家税务局（以下简称章丘市国税局）申报出口货物应退税款。被告先后于 2012 年 1 月、2 月为原告办理出口退税共计 34 万余元，剩余 42, 843. 84 元被告以原告提供了虚假发票为由没有退回。

原告不服，于 2012 年 4 月 19 日向济南市国家税务局提起行政复议。

复议过程中，双方达成和解协议，约定：申请人（原告）自觉配合被申请人（被告）对出口退税相关事项的调查、检查；被申请人及时组织人员进行调查、检查，并将结果向申请人反馈。

---

① 山东省高级人民法院（2014）鲁行再终字第 4 号再审行政判决书

原告撤回复议申请。

被告在审查过程中认为出售人为杨某兰、张某铨的33份发票存在疑点，涉嫌虚开农产品收购发票，向章丘市公安局进行了通报。章丘市公安局立案后派员到江苏省射阳县千秋镇找杨某兰、张某铨进行了调查，杨某兰、张某铨二人否认2010年和2011年与原告发生过农产品买卖业务。

原告不服，诉至法院，请求法院判令被告立即退还出口货物应退税42,843.84元，利息3,602元，共计人民币46,445.84元。

章丘市人民法院一审认为：《中华人民共和国增值税暂行条例》第八条规定，"纳税人购进货物或者接受应税劳务（以下简称购进货物或者应税劳务）支付或者负担的增值税额，为进项税额。下列进项税额准予从销项税额中抵扣：……（三）购进农产品，除取得增值税专用发票或者海关进出口增值税缴款书外，按照农产品收购发票或者销售发票上注明的农产品买价和13%的扣除率计算的进项税额。进项税计算公式：进项税额=卖价×扣税率……"本案中，出售人为杨某兰、张某铨的33份发票总额为329,658元，依据该计算公式其进项税为329,658×13%=42,843.84元。即原告要求退税的部分。《中华人民共和国发票管理办法实施细则》（国家税务总局令2011年第25号）第二十六条规定："填开发票的单位和个人必须在发生经营业务确认营业收入时开具发票，未发生经营业务一律不准开具发票。"《山东省国家税务局转发〈国家税务总局关于加强以农产品为主要原料生产的出口货物退税管理的通知〉的通知》（鲁国税函（2006）220号文件）第二条规定："凡发现其购、产、销、运输、报关、收汇等环节存在疑点、不能确定其业务真实性的，一律先暂停办理退税，并按有关规定落实和处理。"根据上述规定，被告在审查原告提供的相关资料进行出口退税的过程中，发现原告提供的出售人为杨某兰、张某铨33份发票存在疑点后，对其产生的进项额暂停计算退税。《国家税务总局关于开展打击制售假发票和非法开发票专项整治行动有关问题的通知》（国税发（2008）40号）第三条规定："……整治不合法发票的买方市场，是专项整治行动的重要方面，对于不符合规定的发票和其他凭证，包括虚假发票和非法代开发票，均不得用以税前扣除、出口退税、抵扣税款。"根据上述规定，被告将存在疑点的发票通报公安机关，公安机关受理后找相关人员进行了调查，杨某兰、张某铨否认与原告发生相应的农产品买卖业务。被告根据自身和公安机关的证据材料对该33份发票的进项税不予退还并无不当。因此，原告要求被告退还出口货物应退税款42,843.84元，利息3,602元的请求于法无据，不予支持。原审法院判决驳回原告丰宁公司要求被告退还出口货物应退税款42,843.84元，利息3,602元的诉讼请求。

丰宁公司不服，向济南市中级人民法院提起上诉。

济南市中级人民法院二审查明丰宁公司向章丘市国税局提出退税申请的时间是2011年6月，其他事实认定与一审判决无异。济南市中级人民法院二审认为：《中华人民共和国发票管理办法实施细则》（国家税务总局令2011年第25号）第二十六条规定，“填开发票的单位和个人必须在发生经营业务确认营业收入时开具发票，未发生经营业务一律不准开具发票。”《山东省国家税务局转发〈国家税务总局关于加强以农产品为主要原料生产的出口货物退税管理的通知〉的通知》（鲁国税函（2006）220号文件）第二条规定，“凡发现其购、产、销、运输、报关、收汇等环节存在疑点、不能确定其业务真实性的，一律先暂停办理退税，并按有关规定落实和处理。”本案中，被上诉人在审核上诉人的退税业务中发现涉案33张农产品收购发票存在疑点。经被上诉人及公安机关的调查，该宗发票载明的农产品出售人杨某兰、张某铨均否认存在经营业务。被上诉人据此暂不办理上诉人涉案33份存在疑点发票的进项税退税并无不当。原审法院判决驳回济南丰宁食品有限公司要求被告退还出口货物应退税款42,843.84元，利息3,602元的诉讼请求，认定事实基本清楚，适用法律正确，程序合法，依法应予维持。二审法院判决驳回上诉，维持原判。

丰宁公司申请再审称：1. 申请再审人提供的证据可以证明申请再审人所开具的33张发票是真实的，不存在虚开的情况。被申请再审人不提交对周国昌取证的证据，不提交除杨某兰、张某铨两人以外对其他9人调查取证的证据，仅凭杨某兰、张某铨两人的笔录为本案定性，缺乏证据的全面性。

2. 章丘市公安局出具结论是不予立案，否定了本案是经济犯罪案件。申请再审人的农产品收购发票和增值税普通发票都被核销完毕，按照法律规定不存在违法行为。3. 二审法院判决没有对申请再审人出口货物业务的真实性进行审核，适用法律及审判程序上存在错误。一、二审判决适用了两个法律条文，即《中华人民共和国发票管理办法实施细则》（国家税务总局令2011年第25号）第二十六条和《山东省国家税务局转发〈国家税务总局关于加强以农产品为主要原料生产的出口货物退税管理的通知〉的通知》（鲁国税函（2006）220号文件）第二条，上述法律条文都没有不退税的规定。

而且法律规定的是“先暂停办理退税，并按有关规定落实和处理”。二审法院判决并未审查被申请再审人暂不退税的期限以及在何期限内按有关规定落实和处理的意见，事实上将暂不退税演变成实际的不退税。请求撤销原审判决，支持丰宁公司的原诉讼请求。

再审法院认为：本案的主要争议焦点系丰宁公司所诉章丘市国税局暂停办理退税是否构成不履行法定职责。依据《中华人民共和国行政诉讼法》第五十四条第（三）项、《最高人民法院关于执行〈中华人民共和国行政诉讼法〉若干问题的解释》第七十八条之规定，判决如下：一、撤销济南市中级人民法院（2012）济行终字第208号行政判决；二、撤销章丘市人民法院（2012）章行初字第17号行政判决；三、章丘市国税局于本判决生效之日起60日内针对丰宁公司的申请作出是否退税的处理决定。

点评

我国现行的暂停办理出口退税制度存在重大缺陷，即未对暂停办理出口退税的期限进行规定。《国家税务总局关于〈出口货物劳务增值税和消费税管理办法〉有关问题的公告》第五条第（五）项规定："主管税务机关发现出口企业或其他单位的出口业务有以下情形之一的，该笔出口业务暂不办理出口退（免）税。已办理的，主管税务机关可按照所涉及的退税额对该企业其他已审核通过的应退税款暂缓办理出口退（免）税，无其他应退税款或应退税款小于所涉及退税额的，可由出口企业提供差额部分的担保。待税务机关核实排除相应疑点后，方可办理退（免）税或解除担保。1. 因涉嫌骗取出口退税被税务机关稽查部门立案查处未结案；2. 因涉嫌出口走私被海关立案查处未结案；3. 出口货物报关单、出口发票、海运提单等出口单证的商品名称、数量、金额等内容与进口国家（或地区）的进口报关数据不符；4. 涉嫌将低退税率出口货物以高退税率出口货物报关；5. 出口货物的供货企业存在涉嫌虚开增值税专用发票等需要对其供货的真实性及纳税情况进行核实的疑点。"该条实际上允许税务机关无限期地暂停办理出口退税。税收实务中，有些纳税人被税务机关暂停办理出口退税达八年之久而不给予最终的结论。问题是税务机关的此种做法是否构成行政不作为，即不履行法定职责。首先，我们要明确办理出口退税业务是否为税务机关的法定职责。依据国家税务总局官网（http：//www. chinatax. gov. cn/index. html），国家税务总局的主要职责包括办理进出口商品的税收及出口退税业务。因此，办理出口退税业务是各级国税局的法定职责。其次，国税局能否无限期地暂停办理出口退税。依据《国家税务总局关于〈出口货物劳务增值税和消费税管理办法〉有关问题的公告》（国家税务总局公告2013年第12号）第五条第（五）项，国税局确实可以无限期地暂停办理出口退税。最后，国税局无限期地暂停办理出口退税是否构成不履行法定职责。依行政法原理，行政机关在行政裁量时要遵循及时裁量的原则，不能无限期地拖延。因此，国税局暂停办理出口退税应当在一定期限内给予最终的处理结果，或者不给予出口退税，并给予相应的税务处理（处罚）措施，或者继续办理出口退税，而不能长期悬而不决。本案税务机关暂停纳税人的出口退税长达三年多，一直未对是否退税给予结论。山东省高级人民法院在再审程序中依据行政法的基本原理和基本原则，判定税务机关长期暂停办理出口退税构成不履行法定职责，并直接判定“章丘市国税局于本判决生效之日起60日内针对丰宁公司的申请作出是否退税的处理决定”。山东省高级人民法院的上述判决值得肯定。此案例也提醒法院在判决税务纠纷案件时应当站在客观独立的立场，充分发挥司法权对行政权的监督，而不能将自己与税务机关混同。

法条链接

1. **《行政诉讼法》**

第七十二条 人民法院经过审理，查明被告不履行法定职责的，判决被告在一定期限内履行。

2. **《国家税务总局关于〈出口货物劳务增值税和消费税管理办法〉有关问题的公告》**

五、其他补充规定

（五）主管税务机关发现出口企业或其他单位的出口业务有以下情形之一的，该笔出口业务暂不办理出口退（免）税。已办理的，主管税务机关可按照所涉及的退税额对该企业其他已审核通过的应退税款暂缓办理出口退（免）税，无其他应退税款或应退税款小于所涉及退税额的，可由出口企业提供差额部分的担保。待税务机关核实排除相应疑点后，方可办理退（免）税或解除担保。

1. 因涉嫌骗取出口退税被税务机关稽查部门立案查处未结案；

2. 因涉嫌出口走私被海关立案查处未结案；

3. 出口货物报关单、出口发票、海运提单等出口单证的商品名称、数量、金额等内容与进口国家（或地区）的进口报关数据不符；

4. 涉嫌将低退税率出口货物以高退税率出口货物报关；

5. 出口货物的供货企业存在涉嫌虚开增值税专用发票等需要对其供货的真实性及纳税情况进行核实的疑点。

014. 纳税人多缴的税款是否可以申请退还？

——范某某与广东省罗定市地方税务局税务行政处理纠纷案①

裁判要旨

纳税人超过应纳税额缴纳的税款，税务机关发现后应当立即退还；纳税人自结算缴纳税款之日起三年内发现的，可以向税务机关要求退还多缴的税款并加算银行同期存款利息，税务机关及时查实后应当立即退还；涉及从国库中退库的，依照法律、行政法规有关国库管理的规定退还。

基本案情

1996年4月12日，罗定市置业房地产建筑工程公司出具《法人授权委托书》，委托范某某为其公司签订经济合同代理人，权限为承建罗定发电厂土石方、道路、围墙工程。后经广东省高级人民法院生效文书确认，该工程的实际施工人为范某某和案外人卢某某、段某某。该工程中，已完成的土石方工程的工程款为8,336,509.65元，挡土墙工程款为844,765.86元，工程款合计共9,181,275.51元。

2013年5月22日，范某某称案外人段某某所获取的工程款9,550,000元涉嫌偷税已被依法征收税款，段某某缴纳的计税金额已大于法院生效法律文书所确认的工程款的总额，则范某某另外按10,989,103.03元的工程款缴纳的601,299元的税款（其中包括科技教育治安基金18,877.12元）应属于超过应纳税款的部分，范某某遂向广东省罗定市地方税务局（下称罗定市地方税务局）申请退还税款601,299元。

2013年7月1日，罗定市地方税务局作出罗地税函（2013）13号《罗定市地方税务局关于范某某申请退还多交税款问题的复函》（以下简称：《复函》），以范某某退税的申请日2013年5月22日距离税款的结算缴纳日2004年2月12日已经超过法定的三年期间为由，不予退税。

范某某不服，向云浮市地方税务局申请复议，云浮市地方税务局于2013年9

① 广东省云浮市中级人民法院（2014）云中法行终字第14号行政判决书

月2日作出云地税行复（2013）1号《行政复议决定书》，维持了罗定市地方税务局作出的不予退税的决定，对于科技教育治安基金18,877.12元，云浮市税务局告知范某某可依法向该基金的征收机关提出退还申请。

范某某向法院起诉，诉讼请求是：1. 撤销罗定市地方税务局作出的罗地税函（2013）13号《罗定市地方税务局关于范某某申请退还多交税款问题的复函》；2. 判决罗定市地方税务局如数返还多征收范某某的税款601,299元；3. 本案诉讼费由罗定市地方税务局承担。

法院审理

原审法院认为，对范某某提出的申请退税的第一项、第三项理由，罗定市地方税务局有全面答复的法定职责，罗定市地方税务局仅对范某某提出申请退税的第二项理由作出《复函》，但并未就范某某申请退税的第一项、第三项理由在《复函》中予以明确回复，因第一项、第三项理由是范某某基于罗定市地方税务局发现多缴纳税款的情况如何处理而向罗定市地方税务局提出的请求理由，该请求属于范某某向罗定市地方税务局主张返还财产的两项理由，与范某某第二项理由并不重复，罗定市地方税务局应作出明确答复，但罗定市地方税务局无正当理由怠于履行答复这一法定职责，是行政不作为，应属违法。由于罗定市地方税务局违法的行政行为并未以明确内容的形式体现在《复函》中，故罗定市地方税务局的不作为行为在《复函》中并不存在可撤销的内容，根据《最高人民法院关于执行〈中华人民共和国行政诉讼法〉若干问题的解释》第五十七条第二款第（二）项："有下列情形之一的，人民法院应当作出确认被诉具体行政行为违法或者无效的判决：……（二）被诉具体行政行为违法，但不具有可撤销内容的……"的规定，罗定市地方税务局于2013年7月1日作出的罗地税函（2013）13号《罗定市地方税务局关于范某某申请退还多交税款问题的复函》，应确认违法。

对范某某提出申请退税的第二项理由，自结算缴纳税款之日起超过三年，税务机关仍应依纳税人申请退还多缴纳的税款的主张。原审法院认为，根据《中华人民共和国税收征收管理法》第五十一条规定"……纳税人自结算缴纳税款之日起三年内发现的，可以向税务机关要求退还多缴的税款并加算银行同期存款利息，税务机关及时查实后应当立即退还……"，范某某申请退还多缴税款应自结算缴纳税款之日起三年内，本案中，范某某所申请退还的税款已于2004年2月

12日结算缴纳税款，其本应于2007年2月12日前向税务机关提出退还税款的申请，但范某某是于2013年5月22日才提出申请，已超过法定的三年期限，且《中华人民共和国税收征收管理法》中对于申请退税期限并没有中止、中断的相关法律规定，范某某主张的依据不足，原审法院不予支持。罗定市地方税务局针对范某某的第二项理由在《复函》中作出的回复，是正确的。

对于范某某提出的第二项诉讼请求，因法院没有直接作出具体行政行为的职权，范某某该诉讼请求应予驳回。

原审法院判决：一、确认罗定市地方税务局于2013年7月1日作出的罗地税函（2013）13号《罗定市地方税务局关于范某某申请退还多交税款问题的复函》违法；二、驳回范某某的其他诉讼请求。

上诉人范某某不服原审判决，提起上诉。

上诉人罗定市地方税务局不服原审判决，提起上诉，请求：1. 撤销原审判决第一项，维持罗定市地方税务局作出的《罗定市地方税务局关于范某某申请退还多交税款问题的复函》，并驳回范某某的诉讼请求。2. 本案受理费由范某某承担。

二审法院认为，关于罗定市地方税务局作出的罗地税函（2013）13号《罗定市地方税务局关于范某某申请退还多交税款问题的复函》是否已就范某某提出退税的申请作出答复的问题。范某某向罗定市地方税务局递交《申请书》的请求是：退还申请人多交纳的税款人民币601,299元。对范某某的请求是否成立，罗定市地方税务局已在罗地税函（2013）13号《罗定市地方税务局关于范某某申请退还多交税款问题的复函》中，以范某某提出退税申请的时间已超过三年的期限为由，答复不予退税。原审法院以范某某申请退税的理由有三点，罗定市地方税务局在罗地税函（2013）13号《罗定市地方税务局关于范某某申请退还多交税款问题的复函》中没有一一作出答复为由，而认定罗定市地方税务局行政不作为不当，且范某某起诉时亦没有以罗定市地方税务局行政不作为为由提起诉讼。因此，原审法院确认罗定市地方税务局作出的罗地税函（2013）13号《罗定市地方税务局关于范某某申请退还多交税款问题的复函》违法不当，依法应予撤销。

对于范某某起诉的第二项请求：判决罗定市地方税务局如数返还多征收范某某的税款601,299元。因该请求不属于行政审判的职权范围，原审法院判决驳回范某某该诉讼请求正确，二审法院予以维持。

二审法院判决如下：

一、维持罗定市人民法院（2013）云罗法行初字第14号行政判决第二项；

二、撤销罗定市人民法院（2013）云罗法行初字第14号行政判决第一项；

三、维持广东省罗定市地方税务局2013年7月1日作出的罗地税函（2013）13号《罗定市地方税务局关于范某某申请退还多交税款问题的复函》。

点评

纳税人向税务机关纳税过程中，可能会因自己或税务机关的原因导致超过法律规定的应纳税额多纳税款。问题是纳税人是否可以申请税务机关退还呢？从民法原理讲，纳税人超过税法规定的应纳税额向国家缴纳的税款属于不当得利，国家应当退还。我国《税收征收管理法》第五十一条规定："纳税人超过应纳税额缴纳的税款，税务机关发现后应当立即退还；纳税人自结算缴纳税款之日起三年内发现的，可以向税务机关要求退还多缴的税款并加算银行同期存款利息，税务机关及时查实后应当立即退还；涉及从国库中退库的，依照法律、行政法规有关国库管理的规定退还。"据此，纳税人超过应纳税额缴纳的税款，分两种情况：第一，税务机关发现的，应当立即退还。至于期限，字面理解是税务机关任何时候发现都要退还，没有期限限制。第二，纳税人自结算缴纳税款之日起三年内发现的，可以向税务机关要求退还多缴的税款并加算银行同期存款利息。上述三年期限未规定中止、中断，故属于除斥期间，因此，纳税人可以申请税务机关退税。

本案纳税人范某某结算缴纳601,299.58元税款（其中包括科技教育治安基金18,877.12元）的最后时间为2004年2月12日，但范某某在2013年5月22日才向罗定市地方税务局提出退还税款的申请，从2004年2月12日起算已经九年多，远远超过三年期限，不符合申请退还税款的法定条件。

法条链接

1.《**税收征收管理法**》

第五十一条 纳税人超过应纳税额缴纳的税款，税务机关发现后应当立即退还；纳税人自结算缴纳税款之日起三年内发现的，可以向税务机关要求退还多缴的税款并加算银行同期存款利息，税务机关及时查实后应当立即退还；涉及从国库中退库的，依照法律、行政法规有关国库管理的规定退还。

015. 股权转让合同被法院判决撤销，税务机关是否应当退还已经缴纳的所得税？

——天长市天琴医药包装有限公司与安徽省天长市地方税务局退税纠纷案①

裁判要旨

《税收征收管理法》第三条规定："税收的开征、停征以及减税、免税、退税、补税，依照法律的规定执行；法律授权国务院规定的，依照国务院制定的行政法规的规定执行。任何机关、单位和个人不得违反法律、行政法规的规定，擅自作出税收开征、停征以及减税、免税、退税、补税和其他同税收法律、行政法规相抵触的决定。"由于我国现行法律或行政法规并未对股权转让合同被法院判决撤销，税务机关应当退还已经缴纳的所得税作出规定，故税务机关不能退税。

基本案情

2012年9月5日，天长市天琴医药包装有限公司（以下简称天琴公司）、北京市金数码投资有限公司（以下简称金数码公司）及科瑞欣（香港）实业有限公司在安徽省天长市签订《股权收购协议书》等文件，约定天琴公司将其所持有的安徽天洋药业有限公司（以下简称天洋公司）70%股权转让给金数码公司。同时金数码公司将其所持有的新药左旋奥硝唑氯化钠（葡萄糖）注射液的批准文号等所有的知识产权变更到天洋公司名下。

2012年9月21日，双方在工商行政主管部门办理了股权转让变更登记手续后。

2012年9月25日，金数码公司给付了天琴公司3,566万元股权转让金。

天长地税局依据《国家税务总局关于贯彻落实企业所得税法若干税收问题的通知》（国税函［2010］79号）的规定，征收天琴公司股权转让企业所得税及滞纳金7,147,289.45元。

后天琴公司以金数码公司违反《股权收购协议书》的约定，认为其对所谓的新药左旋奥硝唑氯化钠（葡萄糖）注射液并无任何的知识产权，其行为显属

① 安徽省滁州市琅琊区人民法院（2016）皖1102行初3号行政判决书

欺诈为由，向天长法院提起诉讼，要求撤销天琴公司与金数码公司签订的《股权收购协议书》。

安徽省天长市人民法院（以下简称天长法院）以该股权转让显失公平为由，于2014年3月4日作出（2013）天民一初字第01606号民事判决，判决撤销了天琴公司与金数码公司于2012年9月5日签订的《股权收购协议书》。

宣判后，天琴公司与金数码公司均未上诉。

天琴公司按照与金数码公司于2014年2月27日签订的《协议书》约定，于2014年3月17日支付4,300万元给金数码公司。

2015年7月14日，天琴公司以天长法院判决撤销了天琴公司与金数码公司于2012年9月5日签订的《股权收购协议书》为由，向天长市地税局提出退税申请。

天长市地税局于2015年9月16日作出《关于不能退还企业所得税的批复》，天琴公司不服，向滁州市地税局申请行政复议，滁州市地税局于2015年12月31日作出滁地税复决字［2015］1号《行政复议决定书》，复议决定维持《批复》。

法院审理

法院认为，根据《中华人民共和国税收征管法》的规定，各级地税机关负责其征收范围内的地方税收征收管理工作。

税收的开征、停征、以及减税、免税、退税、补税，依照法律法规的规定执行。在中华人民共和国境内，企业和其他取得收入的组织为企业所得税的纳税人。本案天琴公司、金数码公司及科瑞欣（香港）实业有限公司签订了《股权收购协议书》，约定天琴公司将其所持有的天洋公司70%股权转让给金数码公司。金数码公司也按约定支付了3,566万元股权转让价款给天琴公司，天长市地税局向天琴公司征收股权转让企业所得税及滞纳金7,147,289.45元，事实清楚，符合法律规定。后天长法院判决撤销了天琴公司与金数码公司于2012年9月5日签订的《股权收购协议书》，天琴公司向天长市地税局提出退税申请。该请求是否属于天长市地税局退还天琴公司已缴纳的企业所得税的法定情形？《中华人民共和国税收征收管理法》第二条规定：税收的开征、停征、以及减税、免税、退税、补税，依照法律的规定执行；法律授权国务院规定的，依照国务院制定的行政法规的规定执行。

目前税收征收管理法律法规规定的退税情形中也没有关于股权转让协议被撤

销后，应退回之前所缴纳的企业所得税的规定。本案中，虽然天长法院判决撤销了天琴公司与金数码公司签订的《股权收购协议书》，从合同法规定上来看，该协议以及股权转让行为自始无效。就股权收购双方应互相返还，或向对方赔偿损失。但从行政法律关系上来讲，合同被撤销或有效无效不是决定税款是否退还的关键，退税要于法有据。天琴公司向天长市地税局书面提出退还企业所得税的申请，天长地税局作出《批复》，其答复在合理期限内。滁州市地税局收到天琴公司的行政复议申请，作出行政复议决定并依法送达，该行政复议符合法定程序。天琴公司在庭审中阐述的国家税务总局国税函［2005］130号《关于纳税人收回转让的股权征收个人所得税问题的批复》中所述的退税，不符合本案的情形。

法院驳回原告天长市天琴医药包装有限公司的诉讼请求。

点评

股权转让中的转让方应当依法缴纳企业所得税或个人所得税。但是，在股权转让完成后，如果股权转让合同被撤销或被解除或被判决无效，转让方已经缴纳的企业所得税或个人所得税是否应当退还呢？

一、法理分析

无论企业所得税或个人所得税，其原理皆是针对企业或个人的所得征税，此种所得既可是货币形式，也可是非货币形式。因此，纳税人有所得才征税，无所得不应当征税。在股权转让中，转让方应当缴纳企业所得税或个人所得税也是因为转让方有所得（转让股权收入扣除为取得该股权所发生的成本）。但是，在股权转让完成后，如果股权转让合同被撤销、被解除或被判决无效，一般发生恢复原状的法律效果，即转让方退还股权转让款，受让方将股权变更回转让方名下。此时，股权转让实际上未发生，转让方最终未实现股权转让收入。因此，其不应当为股权转让缴纳所得税。否则，有违企业所得税或个人所得税原理。

二、我国现行的法律法规

1. 个人所得税的退税

依据《国家税务总局关于纳税人收回转让的股权征收个人所得税问题的批复》，分情况处理：第一，股权转让合同履行完毕、股权已作变更登记，且所得已经实现的，转让人取得的股权转让收入应当依法缴纳个人所得税。转让行为结束后，当事人双方签订并执行解除原股权转让合同、退回股权的协议，是另一次股权转让行为，对前次转让行为征收的个人所得税款不予退回。第二，股权转让合同未履行完毕，因执行仲裁委员会作出的解除股权转让合同及补充协议的裁决、停止执行原股权转让合同，并原价收回已转让股权的，由于其股权转让行为尚未完成、收入未完全实现，随着股权转让关系的解除，股权收益不复存在，根据个人所得税法和征管法的有关规定，以及从行政行为合理性原则出发，纳税人不应缴纳个人所得税。

2. 企业所得税的退税

我国现行法律、法规、规章及其他规范性文件没有关于纳税人收回已经转让的股权征收企业所得税问题的专门规定。

3. 《税收征收管理法》的一般规定

《税收征收管理法》第三条规定："税收的开征、停征以及减税、免税、退税、补税，依照法律的规定执行；法律授权国务院规定的，依照国务院制定的行政法规的规定执行。任何机关、单位和个人不得违反法律、行政法规的规定，擅自作出税收开征、停征以及减税、免税、退税、补税和其他同税收法律、行政法规相抵触的决定。"据此，退税应当以法律或者行政法规为依据。显然《国家税务总局关于纳税人收回转让的股权征收个人所得税问题的批复》并不是法律或行政法规，只是其他规范性文件，其与上位法明显冲突，应当无效。

综上，股权转让合同被撤销或被解除或被判决无效，从税法原理上分析，税务机关应当退还所得税，但是，依据我国现行法律法规，税务机关退税缺乏法律依据。

法条链接

1. 《税收征收管理法》

第三条　税收的开征、停征以及减税、免税、退税、补税，依照法律的规定执行；法律授权国务院规定的，依照国务院制定的行政法规的规定执行。

任何机关、单位和个人不得违反法律、行政法规的规定，擅自作出税收开征、停征以及减税、免税、退税、补税和其他同税收法律、行政法规相抵触的决定。

2. 《国家税务总局关于贯彻落实企业所得税法若干税收问题的通知》

三、关于股权转让所得确认和计算问题

企业转让股权收入，应于转让协议生效、且完成股权变更手续时，确认收入的实现。转让股权收入扣除为取得该股权所发生的成本后，为股权转让所得。企业在计算股权转让所得时，不得扣除被投资企业未分配利润等股东留存收益中按该项股权所可能分配的金额。

3.《国家税务总局关于纳税人收回转让的股权征收个人所得税问题的批复》

四川省地方税务局：

你局《关于纳税人收回转让的股权是否退还已纳个人所得税问题的请示》(川地税发〔2004〕126号)收悉。经研究，现批复如下：

一、根据《中华人民共和国个人所得税法》(以下简称个人所得税法)及其实施条例和《中华人民共和国税收征收管理法》(以下简称征管法)的有关规定，股权转让合同履行完毕、股权已作变更登记，且所得已经实现的，转让人取得的股权转让收入应当依法缴纳个人所得税。转让行为结束后，当事人双方签订并执行解除原股权转让合同、退回股权的协议，是另一次股权转让行为，对前次转让行为征收的个人所得税款不予退回。

二、股权转让合同未履行完毕，因执行仲裁委员会作出的解除股权转让合同及补充协议的裁决、停止执行原股权转让合同，并原价收回已转让股权的，由于其股权转让行为尚未完成、收入未完全实现，随着股权转让关系的解除，股权收益不复存在，根据个人所得税法和征管法的有关规定，以及从行政行为合理性原则出发，纳税人不应缴纳个人所得税。

第五节　纳税义务转移纠纷

016. 应纳税额分担协议是否导致纳税义务转移？

——苏某滨等诉龙岩市新罗区地方税务局白沙分局税务行政决定案①

裁判要旨

税法是公法，合同法是私法，税法规定的纳税人及纳税义务是行政法律范畴，应纳税额分担协议是民事法律范畴，因此，应纳税额分担协议不会导致纳税义务转移。

---

① 福建省龙岩市中级人民法院(2015)岩行终字第74号行政判决书

基本案情

2011 年 2 月 28 日，福建省高级人民法院在审理苏某滨与杨某良、苏某兴、水鸭科煤炭公司承包合同纠纷一案过程中经主持调解，苏某兴同意将其占有的水鸭科煤炭公司的全部股权以 3,000 万元的价格转让给苏某滨。该转让款于公司营业执照恢复之日支付 1,000 万元，余款于本股权转让协议生效后分两期支付：第一期 1,000 万元于协议生效之日起一年内支付，第二期 1,000 万元于协议生效之日起二年内付清。同时，上述余款的支付按月息 1.5% 按月支付（利息按该月未支付的转让款余额计算）。苏某滨、杨某良、苏某兴三股东共同配合办理恢复水鸭科煤炭公司正常生产所需的所有相关证照，共同办理事项履行完毕后，股权转让条款开始生效履行，但支付给苏某兴的第一期转让款 1,000 万元应在公司营业执照恢复之日起支付，如本协议规定的股权转让条款生效之日迟于 2013 年 2 月 24 日，苏某滨应在生效之日向杨某良、苏某兴支付转让款。省院以（2011）闽民初字第 3 号民事调解书予以确认。

苏某兴以苏某滨未全部履行调解书的义务为由，申请执行，省高院指定龙岩中院执行。2013 年 9 月 29 日，龙岩中院作出（2013）岩执行字第 145－1 号执行裁定书。苏某滨不服，向省高院申请复议，2014 年 3 月 8 日，省高院作出（2013）闽执复字第 33 号执行裁定书，认为股权转让协议生效时间为 2013 年 6 月 18 日，苏某滨应在该日支付股权转让款余款，调解书生效后，从 2011 年 6 月 14 日起至 2013 年 6 月 20 日，苏某滨通过银行向苏某兴支付了 7 笔计 2,709.25 万元，并声明代扣个人所得税及印花税 290.75 万元（合计 3,000 万元）。苏某滨承诺由其代苏某兴缴纳股权转让应缴纳的税费，并已实际从应支付给苏某兴的股权转让款中扣除，为此，如缴纳数额不足以及未及时支付股权转让款产生的利息应纳税费和滞纳金由苏某滨承担。遂裁定苏某滨于 2013 年 6 月 18 日前支付给苏某兴的款项应为股权转让款，之后支付的剩余款项应按调解书的约定支付利息（利息计至支付之日止），苏某兴缴纳的税费以及未及时支付股权转让款产生的利息应纳税费和滞纳金由苏某滨承担。

2014 年 5 月 30 日，被告作出龙新地税通催（2014）2 号《税务事项通知书》，认定：苏某滨逾期未缴纳苏某兴个人所得税（财产转让所得）。一、1. 纳税义务人苏某兴股权转让行为应纳个人所得税＝（股权转让收入 3,000 万－注册资本份额 55 万－交易印花税 1.5 万）×20%＝588.70 万元；2. 税款缴纳情况：

2013年6月6日入库495,665.37元，2013年10月9日入库2,396,834.63元，共计入库2,892,500元；3. 扣缴义务人苏某滨逾期未缴纳2,994,500元个人所得税；4. 逾期未缴纳2,994,500元个人所得税应自2013年7月16日起至实际入库之日止按日加收万分之五滞纳金。二、扣缴义务人苏某滨逾期至2013年10月9日缴纳入库个人所得税2,396,834.63元，滞纳86天入库，产生滞纳金103,063.89元。(注：2013年7月16日至2013年10月9日)。根据《中华人民共和国税收征收管理法》第32条、第68条等相关规定，限苏某滨于2014年6月13日前缴纳以上欠税及滞纳金。

苏某滨不服，向龙岩市新罗区地方税务局申请行政复议，2015年1月13日，复议机关作出维持的复议决定。

另查明，2011年2月24日，苏某滨与苏某兴签订《补充协议》，约定苏某兴向苏某滨转让水鸭科煤炭公司的股权应缴纳的税收，双方各承担50%。

2015年1月27日，苏某滨向原审法院起诉，诉请撤销被告作出的龙新地税通催（2014）2号《税务事项通知书》。

法院审理

原审认为，苏某兴在工商登记的出资额为55万元，2007年度检验时，水鸭科煤炭公司资产总额减去负债总额后尚有1,700余万元，苏某滨提供的水鸭科煤炭公司交纳的矿山生态环境恢复治理保证金中2007年5月交纳的1,074,582元，属于企业生产经营性支出，并不能证明是由各股东另行出资交纳，其余从2011年7月15日至2014年交纳的系在省高院调解书生效后交纳，不能作为财产原值。从2005年至2010年水鸭科煤炭公司交纳的采矿权出让价款4,261万元，亦属于企业生产经营性支出，并不能说明是由各股东另行出资交纳。2005年扩建工程设计说明书中记载矿井建设总投资2,145.98万元，并不能说明该工程已实际建设且支付了相应款项。水鸭科煤炭公司、苏某滨及苏某兴均未能提供从2005年8月5日变更出资至股权转让期间，苏某兴有追加投资的证据，被告以苏某兴工商登记的出资额55万元作为财产苏某滨并无不当。《中华人民共和国个人所得税法》第九条规定“扣缴义务人每月所扣的税款，应当在次月十五日内缴入国库”，国家税务总局《关于纳税人收回转让的股权征收个人所得税问题的批复》(国税（2005）130号）规定“股权转让合同履行完毕、股权已作变更登记，且所得已经实现的，转让取得的股权转让收入应当依法缴纳个人所得税”。苏某滨在2013年6月20日汇款140.25万元时在汇款凭据上注明：代扣代缴个人所得税及印花税290.75万元，其声明也已得到省高院执行裁定的确定，因此，可以认定至2013年6月20日苏某滨将股权转让款3,000万元支付完毕，其已扣未足额缴纳税款事实成立，其应于2013年7月15日前将苏某兴股权转让个人所得税向被告申报解缴。

原审法院驳回苏某滨的诉讼请求。

宣判后，苏某滨不服，向二审法院上诉称，1. 原审判决认定“本案主要争议焦点在于被告按注册资本份额55万元作为财产原值是否合法；被告决定从2013年7月16日起计算滞纳金是否正确”错误。本案争议焦点还应包括：上诉人是否已经履行了扣缴义务人的义务，被上诉人要求上诉人缴纳原审苏某兴的欠税是否有事实和法律依据。2. 上诉人已严格依照法律规定履行了扣缴义务人的义务，被诉《税务事项通知书》要求上诉人缴纳原审苏某兴的欠税没有事实与法律依据。上诉人与苏某兴签订的《补充协议》及省高院（2013）闽执复字第33号执行裁定涉及的税费及滞纳金，都是对上诉人与原审苏某兴之间民事权利义务的界定。根据税法等有关规定，上述民事协议及执行裁定不能改变税收法定的规定，本案以上诉人与原审苏某兴的协议及执行裁定书认定上诉人已扣税款既没有事实依据，也没有法律依据。请求撤销原审判决，撤销被上诉人作出的龙新地税通催（2014）2号《税务事项通知书》。

经审理查明，苏某滨及苏某兴对原审查明的事实无异议，被上诉人龙岩市新罗区地方税务局白沙分局对原审查明的“2013年10月9日，苏某滨向被告申报入库了苏某兴股权转让个人所得税289.25万元，印花税1.5万元，合计290.75万元”提出异议，认为应是：截止2013年10月9日，苏某滨向被告申报入库了苏某兴股权转让个人所得税289.25万元，印花税1.5万元，合计290.75万元。经审查，被上诉人提出的该异议成立，二审法院予以确认。

二审法院认为，本案的主要争议焦点是：在苏某滨向苏某兴支付2,709.25万元股权转让款，并代扣个人所得税及印花税290.75万元后，被上诉人于2014年5月30日作出被诉税务事项通知书，要求苏某滨继续履行缴纳纳税义务人剩余未缴个人所得税及滞纳金是否有事实和法律依据。根据被上诉人提供的证据，被上诉人作出被诉税务事项通知书要求苏某滨继续纳税的主要认定事实依据是福建省高级人民法院（2013）闽执复字第33号执行裁定、2011年2月24日苏某兴与苏某滨签订的《补充协议》及2013年6月20日苏某滨转账给苏某兴的《福建省人民币个人统称跨行转账专用凭证》(注明代扣个人所得税及印花税 290.75 万元)。被上诉人认为:(2013) 闽执复字第 33 号执行裁定已明确裁定应由苏某兴缴纳的税费以及未及时支付股权转让款产生的利息应纳税费和滞纳金由苏某滨承担;《补充协议》及《福建省人民币个人统称跨行转账专用凭证》能够证明苏某滨已按《补充协议》双方各承担 50% 税收的约定,代扣下苏某兴应负担的个人所得税及印花税 290.75 万元,而苏某滨自愿承担的剩下约 50% 税款属于其已扣税款,应由苏某滨缴纳。但根据二审法院查明的事实,(2013) 闽执复字第 33 号执行裁定已被 (2014) 闽执监字第 58 号执行裁定所撤销,并且其后作出的 (2015) 闽执复字第 45 号执行裁定并未对股权转让个人所得税及滞纳金的承担主体再作出规定,故被上诉人以 (2013) 闽执复字第 33 号执行裁定作为认定苏某滨应继续履行缴纳纳税义务人剩余未缴个人所得税及相应滞纳金的依据的事实基础已经不存在。同时,《税收征收管理法》第三条第一款规定,税收的开征、停征以及减税、免税、退税、补税,依照法律的规定执行。本案中,被上诉人以苏某滨自愿承担本案 50% 税款为由要求苏某滨继续履行,但无法提供该认定所适用的法律依据,二审法院亦未发现相关法律对此有作出规定,且上诉人苏某滨对被上诉人的该行为也明确提出了异议,故被上诉人以《补充协议》的约定来认定苏某滨应继续履行缴纳纳税义务人剩余未缴个人所得税及相应滞纳金违背前述法律规定的税收法定原则,《补充协议》的约定属另一民事法律关系,不能成为被上诉人的执法依据。

二审法院判决:

一、撤销龙岩市新罗区人民法院 (2015) 龙新行初字第 33 号行政判决;

二、撤销被上诉人龙岩市新罗区地方税务局白沙分局于 2014 年 5 月 30 日作出的龙新地税通催 (2014) 2 号《税务事项通知书》。

点评

民事交易当事人经常约定对应纳税额进行重新分担,减轻或免除一方当事人的纳税负担。比如,二手房交易中买卖双方通常约定全部应纳税额由购房人承担。此种做法并不具有税法上的效力,即应纳税额分担协议并不会导致纳税义务的转移。理由如下:第一,民事法律关系与税收法律关系不能混同。民事交易当事人约定的应纳税额分担协议属于民事合同,只具有民法效力,并不能影响税法对纳税义务的规定。第二,税收法定原则要求税务机关严格依照税法规定征税。

税收法定原则是指税法主体的权利义务必须由法律规定，税法的各类构成要素必须由法律规定。税收法定原则在立法领域表现为税收要件法定原则，即有关纳税人、课税对象、课税标准等税收要件必须以法律形式规定，且有关课税要素的规定必须明确。在执法领域表现为税务合法性原则，即税务机关必须依法征税，不得随意减征、停征或免征。据此，即使民事交易当事人达成了应纳税额分担协议，税务机关也不能按照该分担协议征税，否则违反税收法定原则。第三，公法义务不能通过民事协议转移。税法调整纳税人和征税机关之间的权利义务，双方是管理与被管理的关系，具有不平等性，故税法属于公法，不是私法，而公法义务不能交易，即不能通过民事合同改变。

就本案而言，苏某滨与苏某兴签订《补充协议》，约定苏某兴向苏某滨转让水鸭科煤炭公司的股权应缴纳的税收，双方各承担50%。因交易的股权价格3,000万元，税务机关计算股权转让行为应纳个人所得税=（股权转让收入3000万－注册资本份额55万－交易印花税1.5万）×20%＝588.70万元，扣缴义务人苏某滨已缴纳2,892,500元，故剩余的2,994,500元个人所得税及相关滞纳金应当由扣缴义务人苏某滨继续缴纳。税务机关作出上述行政行为的主要依据是股权交易当事人的应纳税额分担协议，法院对税务机关依据民事交易当事人的应纳税额分担协议征税持否定意见，认为违反税收法定原则，缺乏税法依据。当然，应纳税额分担协议作为民事合同只要不具备合同无效要件，应当有效，法院不宜以违反税法规定认定无效。一方违约，另一方可以向其主张违约责任。

法条链接

1.《税收征收管理法》

第三条 税收的开征、停征以及减税、免税、退税、补税，依照法律的规定执行；法律授权国务院规定的，依照国务院制定的行政法规的规定执行。

任何机关、单位和个人不得违反法律、行政法规的规定，擅自作出税收开征、停征以及减税、免税、退税、补税和其他同税收法律、行政法规相抵触的决定。

第四条 法律、行政法规规定负有纳税义务的单位和个人为纳税人。

法律、行政法规规定负有代扣代缴、代收代缴税款义务的单位和个人为扣缴义务人。

纳税人、扣缴义务人必须依照法律、行政法规的规定缴纳税款、代扣代缴、代收代缴税款。

第二十八条 税务机关依照法律、行政法规的规定征收税款，不得违反法律、行政法规的规定开征、停征、多征、少征、提前征收、延缓征收或者摊派税款。

农业税应纳税额按照法律、行政法规的规定核定。

017. 司法拍卖公告规定交易过程中产生的税费皆由买受人承担是否有效？

——浙江艾尔派克包装材料有限公司诉绍兴厚德包装材料有限公司对外追收债权纠纷案①

裁判要旨

我国税收法律法规虽然明确了纳税主体，但并未禁止他人以纳税主体的名义实际缴纳税款。司法拍卖公告规定交易过程中产生的税费皆由买受人承担，可理解为买受人以纳税主体的名义支付税金，纳税主体仍是原来的纳税人，并未违反国家强制性法律、法规的规定。

基本案情

2012年，浙江省绍兴市越城区人民法院委托拍卖原告浙江艾尔派克包装材料有限公司位于袍江越东路以东地段的房地产、地上建筑物及设备（含车辆）。拍卖会资料特别规定第2条写明：涉及标的相关资产详情、案件情况、标的目前使用情况及交易税、费等相关信息，由竞买人在拍卖前自行或委托专人向委托法院、本案当事人、产权登记机关、财产管理者等了解确认并实地踏勘标的的现状（包括瑕疵）；第10条第（2）款写明：标的在权属转移或办证过程中所涉及的（包括拍卖前、后）由原产权人、买受人（即产权受让人）双方所应缴纳的所有税、费［包括了产权变更费用及水、电、物业等其他标的自身可能隐含存在的其他一起欠缴（或补交）费用］均由买受人承担及支付。

2012年11月19日，法院在委托举行第三次拍卖，其中房地产、地上建筑物

① 浙江省绍兴市越城区人民法院（2015）绍越袍商初字第189号民事判决书

在再次降价后，取整保留价为5,117万元，设备因该规定只能拍卖两次不再降价，仍按第二次拍卖保留价2,561万元捆绑于房地产拍卖，总保留价为7,678万元。被告绍兴厚德包装材料有限公司在第三次公开拍卖中竞得上述资产，成交价为7,678万元。

2013年2月5日，法院作出（2011）绍越执民字第358－2号执行裁决书，裁定上述资产归被告所有，相应的财产权利自裁定送达被告时转移。

因艾尔派克（中国）有限公司管理人绍兴宏泰会计师事务所有限公司申请，法院于2013年10月8日作出（2013）绍越商破字第1－3号民事裁定书，裁定终结对艾尔派克（中国）有限公司的破产清算程序，受理管理人对艾尔派克（中国）有限公司及其关联企业浙江艾尔派克包装材料有限公司的合并破产申请。法院于同日又作出（2013）绍越商破字第3－1号民事裁定书，指定绍兴宏泰会计师事务所有限公司担任艾尔派克（中国）有限公司及其关联企业浙江艾尔派克包装材料有限公司的合并破产清算申请一案管理人。

2013年12月20日、2014年3月12日，绍兴市国家税务局、绍兴市地方税务局第二税务分局分别针对原告的上述资产拍卖，申报设备资产应缴增值税及滞纳金的债权（包括账存无货固定资产）。法院分别于2013年12月25日、2014年5月10日作出（2013）绍越商破字第3—2、3－4、3－5号民事裁定书（后两份裁定书系同一日作出），确认了包括绍兴市国家税务局、绍兴市地方税务局第二税务分局在内的债权。原告清偿了上述两单位的债权后，两单位于2014年6月开具了相应的税收缴款书。原告于2014年9月通知被告承担原告缴纳的上述费用。被告于同月回函原告明确表示不予承担。同时查明，原告清偿被告竞得的机器设备（扣除账存无货固定资产）拍卖转让所涉及的增值税及滞纳金，绍兴市国家税务局部分分别为431,059.3元、1,216.35元，绍兴市地方税务局第二税务分局分别为51,727.11元、85.14元，总计484,087.9元。

原告认为，税法未限制交易双方将一方依法应承担税费约定由某一方承担，执行拍卖规则确定买受人全部承担权属转移税费（包税条款）不违反国家法律、法规的强制性规定。现原告在承担后向被告追偿，符合法律规定。故诉至法院，判令被告向原告清偿代付的机器设备拍卖转让所涉增值税、城建税及附加等款项合计484,087.90元；本案诉讼费由被告承担。

法院审理

法院认为，本案第一个争议焦点是确认国税、地税的税金及滞纳金债权是否有依据。两个单位是依据法律、法规对原告机器设备转让征税及收取滞纳金。被告提供国家税务总局关于纳税人资产重组有关增值税问题的公告 2 份、国家税务总局关于转让企业全部产权不增收增值税问题的批复 1 份，要求证明企业转让全部资产国税总局不征收增值税的事实。但被告提供的公告、批复针对的是企业全部或部分实物资产以及相关联的债权、负责和劳动力一并转让，本案仅涉及企业实物资产转让，故上述公告和批复不适用本案。被告的抗辩不能成立，且因拍卖成立后相应的增值税一直未缴纳，因此税金及滞纳金的债权有法有据。本案第二个焦点是被告是否应承担上述税金及滞纳金。我国税收法律规定纳税主体，明确的是向国家、地方应缴纳税款的主体。但纳税主体将这部分税金与他人约定，由他人承担，可理解为他人以纳税主体的名义支付税金，纳税主体仍是原来的纳税人，并未违反国家强制性法律、法规的规定，故被告抗辩将原告应缴的税费约定由其承担，违法国家强制性规定，依据不足，不予采纳。拍卖会资料中的特别规定已提醒竞买人提前了解标的情况，包括税、费。特别规定同时写明标的在权属转移或办证过程中所涉及的（包括拍卖前、后）由原产权人、买受人（即产权受让人）双方所应缴纳的所有税、费［包括了产权变更费用及水、电、物业等其他标的自身可能隐含存在的其他一起欠缴（或补交）费用］均由买受人承担及支付。而拍卖会资料系针对不特定的竞买人公示的材料，应作为拍卖的条件认定。对于机器设备这些动产而言，拍卖及法院出具（2011）绍越执民字第 358－2 号执行裁决书即为动产的权属转移行为，税务部门因为拍卖而征税也是因为有权属转移的事实，故本案国税、地税所征的税应属于拍卖会资料中的特别规定关于买受人应承担税费的范围。因被告作为买受人未及时承担而代为缴纳税款，且在原告告知后已明确拒绝，故税及滞纳金应由被告承担。计税的机器设备等动产的成交价以法院说明为准。原告管理人已就国税、地税两单位申报的债权审核，最终由法院民事裁定书确认，原告也依确认结果支付，现原告要求被告按照约定清偿，符合法律规定，法院予以支持。依照《中华人民共和国合同法》第六十条、《中华人民共和国企业破产法》第二十五条之规定，判决如下：

被告浙江厚德包装材料有限公司支付给原告浙江艾尔派克包装材料有限公司人民币 484, 087. 9 元，此款于本判决生效之日起三十日内履行。

点评

司法拍卖过程中，法院通常会在拍卖公告等类似文书中规定交易过程中发生的税费皆由买受人承担。实务中经常发生的争议是拍卖成交后，买受人在缴纳税款后质疑上述税费约定的合法性，或者在拍卖标的交付后拒绝按税费约定支付相关税费。理由是买受人不是税收法律法规规定的纳税人，没有纳税义务，由其代出卖人纳税的规定违反税收法律法规，应当认定为无效。对于此争议，从各地法院的判决来看，都认为拍卖公告等类似文书中规定交易过程中发生的税费由买受人承担有效，理由是我国税收法律法规虽然明确了纳税主体，但并未禁止他人以纳税主体的名义实际缴纳税款。司法拍卖公告规定交易过程中产生的税费皆由买受人承担，可理解为买受人以纳税主体的名义支付税金，纳税主体仍是原来的纳税人，并未违反国家强制性法律、法规的规定。

本案原告浙江艾尔派克包装材料有限公司破产清算，管理人将原告位于袍江越东路以东地段的房地产、地上建筑物及设备（含车辆）拍卖，被告绍兴厚德包装材料有限公司在第三次公开拍卖中竞得上述资产，成交价为7,678万元。拍卖会资料特别规定第10条第（2）款写明：标的在权属转移或办证过程中所涉及的（包括拍卖前、后）由原产权人、买受人（即产权受让人）双方所应缴纳的所有税、费［包括了产权变更费用及水、电、物业等其他标的自身可能隐含存在的其他一起欠缴（或补交）费用］均由买受人承担及支付。原告浙江艾尔派克包装材料有限公司缴纳了相关税费之后，通知被告承担原告缴纳的上述费用，但被告回函原告明确表示不予承担。因拍卖会资料特别规定第10条第（2）款关于税费皆由买受人承担的规定有效，故被告违约，依法应当承担违约责任，法院据此判决被告向原告支付原告已经缴纳的税费484,087.9元。

法条链接

1.《合同法》

第五十二条　有下列情形之一的，合同无效：

（一）一方以欺诈、胁迫的手段订立合同，损害国家利益；

（二）恶意串通，损害国家、集体或者第三人利益；

（三）以合法形式掩盖非法目的；

（四）损害社会公共利益；

（五）违反法律、行政法规的强制性规定。

第六节　发票纠纷

018. 领购发票的条件为何？

——徐州市建伟二手车交易市场有限公司与徐州市国家税务局车辆购置税征收管理分局发票领购纠纷案①

裁判要旨

需要领购发票的单位和个人，应当持税务登记证件、经办人身份证明、按照国务院税务主管部门规定式样制作的发票专用章的印模，向主管税务机关办理发票领购手续。主管税务机关根据领购单位和个人的经营范围和规模，确认领购发票的种类、数量以及领购方式，在5个工作日内发给发票领购簿。

基本案情

徐州市建伟二手车交易市场有限公司（以下简称建伟公司）成立于2010年1月27日，注册资本1,260万元整，营业期限至2030年1月26日。营业执照载明的经营范围为：二手车销售，市场设施租赁；农用机械销售，汽车信息咨询服务。公司成立后，开始向车税分局领取二手车销售统一发票，并正常经营。

因徐州市国家税务局车辆购置税征收管理分局（以下简称车税分局）开展二手车交易市场清查整治工作，车税分局停止向建伟公司发放二手车销售统一发票。

2015年10月26日，建伟公司通过快件形式向车税分局邮寄了《领购二手车销售统一发票申请书》，要求车税分局按二手车交易市场经营者资格发放给建伟公司二手车销售统一发票。

2015年11月3日，车税分局向建伟公司作出了徐国税车通（2015）1号

---

① 江苏省徐州市中级人民法院（2016）苏03行终118号行政判决书

《税务事项通知书》。通知内容为，请自收到通知之日起15日内向我局如实提供你二手车交易市场固定场所和设施、市场交易服务手续条件有关证件、资料，我局根据你二手车交易市场具备的固定场所和设施及手续条件情况核定供票资格。

后车税分局以建伟公司未提供上述相关材料为由，拒绝向建伟公司供应发票。

建伟公司认为车税分局给其设置了前置条件，施加了新的义务，车税分局的行为属于违法行政行为，侵犯了建伟公司的合法权利，遂向法院提起行政诉讼。

另查明，建伟公司与徐州润通机动车检测有限公司在2015年3月1日签订了租赁合同，约定由徐州润通机动车检测有限公司将场地201,00平方米、大厅720平方米、房屋1,200平方米出租给建伟公司使用，租赁期为2015年3月1日至2019年2月28日。经组织建伟公司、车税分局现场勘验，并询问徐州润通机动车检测有限公司法定代表人郭继宏，证实建伟公司只是与徐州润通机动车检测有限公司约定好周六、周日使用场地，建伟公司现在从徐州润通机动车检测有限公司的服务大厅隔出约300平方米场地放置了办公桌、打印机等物品，但未实际使用，建伟公司亦未付租金给徐州润通机动车检测有限公司。

法院审理

原审法院认为，首先，车税分局作出的徐国税车通（2015）1号《税务事项通知书》，其以该税务事项通知书要求的事项，作为按照二手车交易市场经营者资格核发二手车销售统一发票的条件，拒绝向建伟公司供应发票，对建伟公司的权利义务产生了实际影响，且车税分局作出的徐国税车通（2015）1号《税务事项通知书》明确告知如对通知不服，可自收到通知之日起六十日内依法向徐州市国家税务局申请行政复议，或者自收到通知之日起三个月内依法向人民法院起诉，因此建伟公司可以对车税分局作出的《税务事项通知书》提起行政诉讼。其次，根据《中华人民共和国发票管理办法》第十五条规定“需要领购发票的单位和个人，应当持税务登记证件、经办人身份证、按照国务院税务主管部门规定样式制作的发票专用章的印模、向主管税务机关办理发票领购手续。主管税务机关根据领购单位和个人的经营范围和规模，确认领购发票的种类、数量以及领购方式，在5个工作日内发给发票领购簿。”和《二手车流通管理办法》第二十六条“二手车交易市场经营者应当为二手车经营主体提供固定场所和设施，并为客户提供办理二手车鉴定评估、转移登记、保险、纳税等手续的条件”的规定，建伟公司营业执照没有载明二手车交易、二手车市场管理服务的经营范围，车税分局为防止税收的流失和扰乱二手车行业的市场交易秩序的行为，应当在其职责范围内通过对税收、发票的管理对二手车流通进行监管，因建伟公司没有提供材料证明其具有二手车交易市场经营的条件，车税分局据此拒绝按照二手车交易市场经营者资格核发给建伟公司二手车销售统一发票，不构成行政不作为，车税分局适用法律正确，未违反相关法律、法规的规定，建伟公司要求车税分局履行向其发售二手车销售统一发票法定职责的请求亦无事实和法律依据，不予支持。依照《中华人民共和国行政诉讼法》第六十九条的规定，遂判决：驳回徐州市建伟二手车交易市场有限公司的诉讼请求。

建伟公司上诉称：一、行政行为须严格依照职权法定原则作出，无明确的法律规定，则不得行使。被上诉人的涉案行政行为明显违背了这一原则。被上诉人向上诉人发出的《税务事项通知书》，其事由为二手车交易市场设立条件、行为规范遵从情况核定供票。其相应的法律依据为《中华人民共和国发票管理办法》第十二条、第十五条和《二手车流通管理办法》第三条、第七条、第八条、第二十六条、第三十一条。首先，被上诉人引用《中华人民共和国发票管理办法》第十二条、第十五条的内容与通知内容严重不符，属适用法律错误。上述条款没有规定领取发票的主体必须提供《税务事项通知书》要求的资料，也未规定《税务事项通知书》所载事项能够作为拒绝发放发票的理由。其次，依照法律规定，二手车交易市场设立条件是工商行政机关管辖的事项，并非是税务机关审查及作为的依据。上诉人在申请领取发票时，只要提供该条款所列举的资料，被上诉人就应根据所提供的资料发放发票，被上诉人的《税务事项通知书》明显超越法律规定的范围。被上诉人所依据《二手车流通管理办法》的相关规定，适用法律错误。尤其是该办法第七条明确规定，商务部门、工商部门、税务部门在各自的职责范围内负责二手车流通有关监督管理工作，可以看出，《二手车流通管理办法》不是行政授权的依据，被上诉人不能将《二手车流通管理办法》所有内容作为自己行政的依据，而只能依照税收法律、法规明确的范畴行使自己的职权。《税务事项通知书》要求上诉人提供的资料和审核的内容显然超越税收法律法规的范畴。《二手车流通管理办法》第二十六条、第三十一条归属该办法的第三章，是对经营者经营行为的规范和要求，不是对经营者纳税行为的规范，第二十六条属于工商管理部门职权范畴的管理内容，而不是税务部门管理的内容。第三十一条属于行政规划的规定，更不是税务机关行政行为所需要的法律依据。

可见，被上诉人的《税务事项通知书》法律依据不足，适用法律错误，其内容超越职权范围，显属违法，依法应予以撤销。

二、行政行为必须具备合理性原则，被上诉人的行政行为明显存在职权滥用和显失公正，在对待行政相对人上，采取了选择性执法的行政方式。被上诉人在实施管理过程中，对上诉人要求领取发票的行为，作出了《税务事项通知书》，并以此拒绝发放发票。但上诉人注意到被上诉人 2013 年 12 月 27 日与徐州市二手车流通商会签订《委托代开普通发票协议书》，该协议书委托商会代开《二手车销售统一发票》，该商会完全不具备《二手车流通管理办法》规定的相关条件，被上诉人竟然给其发放发票至今，这非常令人费解。符合领取发票的主体无法领取发票，不符合领取发票的主体却能够毫无障碍的与被上诉人堂而皇之签订协议，并领取发票。而且协议内容竟然没有《税务事项通知书》所规定的任何内容，更是令人匪夷所思。这种差别巨大的行政方式，明显存在权力滥用和显失公正，是违反法律规定的。

三、被上诉人在答辩过程中，承认《税务事项通知书》存在明显的瑕疵，为不可诉对象。作为行政机关的法律公文，如果存在瑕疵，理应予以撤销，不得作为行政的依据。被上诉人不仅没有撤销，而且依据此通知，作出拒绝发放发票的行为。法律对行政行为的要求，不仅仅要求其内容合法，而且程序也必须合法。根据相关规定，该文书依据《中华人民共和国税收征收管理法》及其《实施细则》设置。适用范围为：税务机关对纳税人、扣缴义务人通知有关税务事项时使用。而拒绝核发发票的行政行为必须有认定及处罚的文书在先，该文书很显然不能作为认定及处罚文书。被上诉人没有向法庭提供制作该规范文书的相关规定，判决书也没有就此予以必要的审查，就认定其是可诉对象，并认为其合法，也违背一般常理。行政机关认为自己的规范文书有瑕疵，那么据此作出的行为就不正当，这是一般的逻辑。很显然，判决书显然存在错误。

四、判决书适用法律不当。作为行政案件，首先审查的是程序的合法性，而本案的审理中，没有就行政主体是否适格进行调查，被上诉人职权范围、有无权力作出涉案的行政行为，作出相关的行政行为的程序是否符合法律规定等没有依法确认。其次是审查行政行为的合法性，被上诉人下达的《税务事项通知书》内容不仅违反了《中华人民共和国发票管理办法》第十五条的规定，而且也未就法律后果、时间限制告知上诉人，因而存在诸多瑕疵。对此判决书却对上诉人是否具备申领发票资格进行了不恰当的调查，这种替代被诉行政机关进行调查的方式，违背了行政诉讼法的基本原则。再次，判决书没有对行政行为的合理性审查也是错误的。由于没有正确适用行政诉讼法，导致判决书出现认定错误。上诉人是依法成立的企业，在被上诉人下达《税务事项通知书》之前正常经营，在依照法律规定申领发票时，也依照《中华人民共和国发票管理办法》第十五条的规定提交了相关资料，但判决书依据法庭调查，认定被上诉人可以以“防止税收流失和扰乱二手车行业的市场交易秩序”为由，在上诉人未按被上诉人要求提交法律规定之外的资料情况下，可以拒绝核发发票。这一认定，显然违背了行政诉讼法立法宗旨。

综上，行政判决应严格遵循法律规定，审查行政主体的行政行为是否有法律依据，是否符合法律程序。判决书在没有严格对照相关法律条款的情况下，认定被上诉人为“防止税收流失和扰乱二手车行业的市场交易秩序的行为”，就有权实施涉案具体行政行为，在没有引用具体法律条款的情形下，认定被上诉人有权“在职权范畴内通过对税收、发票的管理对二手车流通进行监管”，从而认定被上诉人拒绝核发发票不构成行政不作为，认定被上诉人适用法律正确，确定上诉人请求核发发票的请求无事实和法律依据，违背了行政诉讼法的基本原则，一审判决适用法律错误。请求二审法院依法审理，予以改判。

二审法院驳回上诉，维持原判。

点评

本案争议焦点是纳税人是否符合法定的发票领购条件。《发票管理办法》第十五条第一款规定：“需要领购发票的单位和个人，应当持税务登记证件、经办人身份证、按照国务院税务主管部门规定式样制作的发票专用章的印模，向主管税务机关办理发票领购手续。主管税务机关根据领购单位和个人的经营范围和规模，确认领购发票的种类、数量以及领购方式，在5个工作日内发给发票领购簿。”据此，税务登记证、经办人身份证、按照国务院税务主管部门规定式样制作的发票专用章的印模是明确规定的领购发票的条件。但是，其又规定“主管税务机关根据领购单位和个人的经营范围和规模，确认领购发票的种类、数量以及领购方式”，这隐含了纳税人还需要提供其他有助于税务机关确定其经营范围和规模的资料，否则，税务机关无法确认领购发票的种类、数量以及领购方式。进一步分析，纳税人领购发票的条件应当还包括经营的真实性与合法性，换言之，税务机关对虚假和违法经营的纳税人不应当办理发票领购手续。

本案纳税人徐州市建伟二手车交易市场有限公司要求按照二手车交易市场经营者资格领取二手车销售统一发票，税务机关作出的《税务事项通知书》要求其如实提供二手车交易市场的有关证件、资料以核定供票资格，此种要求有助于税务机关确定其经营范围和规模，符合法律规定。另外，本案纳税人以二手车交易市场经营者领购发票，但是，其经营范围是二手车销售，并不包括二手车交易市场经营，故其超越经营范围从事营业活动，存在违法性。

法条链接

1. **《发票管理办法》**

第十五条 需要领购发票的单位和个人，应当持税务登记证件、经办人身份证明、按照国务院税务主管部门规定式样制作的发票专用章的印模，向主管税务机关办理发票领购手续。主管税务机关根据领购单位和个人的经营范围和规模，确认领购发票的种类、数量以及领购方式，在5个工作日内发给发票领购簿。

单位和个人领购发票时，应当按照税务机关的规定报告发票使用情况，税务机关应当按照规定进行查验。

019. 不符合规定的发票不得作为财务报销凭证

——南通市通州区国家税务局稽查局与江苏格雷特起重机械有限公司税务行政管理案①

裁判要旨

不符合规定的发票，不得作为财务报销凭证。所谓不符合规定的发票是指开具或取得的发票是应经而未经税务机关监制，或填写项目不齐全，内容不真实，字迹不清楚，没有加盖财务印章或发票专用章，伪造、作废以及其他不符合税务机关规定的发票。但是，《发票管理办法实施细则》修订后，不再对“不符合规定的发票”直接定义，因此，凡是不符合税收法律、法规和规章的发票都是“不符合规定的发票”，但不符合其他规范性文件的发票需要具体判断。

---

① 江苏省南通市中级人民法院通中行终字第0072号行政判决书

基本案情

2011年5月18日，南通市通州区国家税务局稽查局（以下简称国税稽查局）向江苏格雷特起重机械有限公司（以下简称格雷特公司）送达了税务稽查查前告知书及执法承诺书，同年6月国税稽查局在向格雷特公司送达税务检查通知书后，依法调取了格雷特公司账簿资料。在稽查过程中，国税稽查局将格雷特公司账簿中的部分发票送至江苏省南通地方税务局核实鉴别，通过该局征管和科技发展处电脑系统的查询和核实，发现格雷特公司取得的共计19张发票中部分与系他人代开，部分与系统信息不符，部分系伪造的发票。

2011年8月8日，国税稽查局将在稽查过程中发现格雷特公司上列“未按规定取得发票”的具体情况，与格雷特公司财务负责人顾某见面，在进一步询问调查的同时分别予以告知。

2011年8月11日，国税稽查局对格雷特公司作出了限期责令改正通知书。

2011年10月27日，格雷特公司向国税稽查局发送了一份信函，要求国税稽查局明确哪些票据不符合规定及改正的具体方式。

法院审理

原审法院认为，责令限期改正通知书认定格雷特公司“2008—2009年度存在未按规定取得发票的行为（2008—2009年度以不符合规定的发票税前列支成本）”。《发票管理办法实施细则》第四十九条第（二）项规定，取得不符合规定的发票属于未按规定取得发票的行为。所谓不符合规定的发票是指开具或取得的发票是应经而未经税务机关监制，或者填写项目不齐全、内容不真实、字迹不清楚，没有加盖财务印章或发票专用章、伪造、作废以及其他不符合税务机关规定的发票。《发票管理办法》（修改前）第二十二条规定“不符合规定的发票，不得作为财务报销凭证，任何单位和个人有权拒收。”格雷特公司取得“不符合规定的发票”具体表现在三方面，一是伪造的发票。经税务机关的鉴定，格雷特公司取得的收款人为南京固延建筑工程有限公司的发票属于伪造的发票。二是委托他人代开的发票。南通旭东劳务服务部出具的情况反映及案外人翁某、王某、范某的陈述均证实了格雷特公司取得的收款人为南通旭东劳务服务部、南通航海金属构件厂、通州市旺发建筑安装工程有限公司的发票系委托他人代开。三是经查询“与系统信息不符”的发票。南通地方税务局的系统查证结果证实了格雷特公司取得的收款人为南通航海金属构件厂、通州市旺发建筑安装工程有限公司、通州市虹业劳务技术有限公司的发票与系统信息不符。国税稽查局认定上述发票属于不符合规定的发票，事实清楚，证据确凿。庭审中格雷特公司提出南通地方税务局的查询结果不能作为认定发票不符合规定的依据。对此原审法院认为，我国发票管理采取国家统一管理的模式，地方税务机关的征管查询系统显示的结果也是辨别发票真伪及是否符合规定的方法之一。按照电脑系统的程序设定，只要在查询系统中输入发票的代码及号码后，系统显示的发票信息是唯一的、确定的。南通地方税务局按国税稽查局的委托在查询系统中录入十五份发票的代码及号码，系统显示的发票实际使用人与领购人都不相符，如格雷特公司方取得的收款单位为南通航海金属构件厂的二张发票，该票的真实领购单位却是南通百缘人力资源有限公司，此种情形的发票均属于不符合规定的发票。因此，格雷特公司认为不能将查询结果作为事实依据的观点不予采纳。

《发票管理办法》（修改前）第三十六条规定，对未按照规定取得发票的单位和个人，由税务机关责令限期改正，没收违法所得，可以并处一万元以下的罚款。本案中，格雷特公司财务账册中确实存在不符合规定的发票，国税稽查局在已经告知格雷特公司财务凭证中存在不符合规定的发票后，依据本条规定发出责令限期改正通知书符合程序规定。需要指出的是国税稽查局作出的责令限期改正通知书，其格式不符合国家税务总局规定的要求，文书内容不够具体明确。格雷特公司收到责令限期改正通知书后，发函给国税稽查局要求国税稽查局明确哪些票据不符合规定及改正的具体方式，至此国税稽查局应及时作为，帮助、指导格雷特公司及时进行整改，但国税稽查局未能予以告知，此种做法欠妥。据此，原审法院依照《最高人民法院关于执行〈中华人民共和国行政诉讼法〉若干问题的解释》第五十六条第（四）项之规定，判决驳回格雷特公司的诉讼请求。

格雷特公司不服，向二审法院提起上诉称：原审法院陈述与判决相互矛盾，显失公平。原审法院认为国税稽查局所作改正通知书不符合法律规定，但仍然判决驳回格雷特公司的诉讼请求相互矛盾。请求二审法院撤销原审判决，撤销限期改正通知书。

二审法院驳回上诉，维持原判。

点评

本案税务机关认为纳税人的账册中有不符合规定的发票，依法不能作为财务报销凭证。《发票管理办法》第二十一条规定："不符合规定的发票，不得作为财务报销凭证，任何单位和个人有权拒收。"但何谓"不符合规定的发票"呢？国家税务总局1993年制定发布的《发票管理办法实施细则》第三十二条规定，不符合规定的发票是指开具或取得的发票是应经而未经税务机关监制，或填写项目不齐全，内容不真实，字迹不清楚，没有加盖财务印章或发票专用章，伪造、作废以及其他不符合税务机关规定的发票。但是，国家税务总局2011年重新发布的《发票管理办法实施细则》删除了第三十二条，未再对"不符合规定的发票"进行明确。那是否"不符合规定的发票"就无法判断了呢？非也。

首先，我们应当依据《税收征收管理法》进行判断。《税收征收管理法》是我国税收征管的基本大法，其第二十一条规定："税务机关是发票的主管机关，负责发票印制、领购、开具、取得、保管、缴销的管理和监督。单位、个人在购销商品、提供或者接受经营服务以及从事其他经营活动中，应当按照规定开具、使用、取得发票。发票的管理办法由国务院规定。"第二十二条规定："增值税专用发票由国务院税务主管部门指定的企业印制；其他发票，按照国务院税务主管部门的规定，分别由省、自治区、直辖市国家税务局、地方税务局指定企业印制。未经前款规定的税务机关指定，不得印制发票。"

其次，我们应当依据《发票管理办法》进行判断。《发票管理办法》是对发票的印制、领购、开具、取得、保管、缴销进行专门规定的行政法规，其立法依据源自《税收征收管理法》的授权。

第三，我们应当依据《发票管理办法实施细则》进行判断。《发票管理办法实施细则》是对《发票管理办法》进一步细化的部门规章。

第四，税务机关的其他规范性文件可以作为参考。但是，应当严格遵循下位法不得违反上位法的原则，如果其他规范性文件与法律、法规和规章冲突，则不能依照规范性文件进行判断。最高人民法院发布的《关于审理行政案件适用法律规范问题的座谈会纪要》规定："下位法的规定不符合上位法的，人民法院原则上应当适用上位法。当前许多具体行政行为是依据下位法作出的，并未援引和适用上位法。在这种情况下，为维护法制统一，人民法院审查具体行政行为的合法性时，应当对下位法是否符合上位法一并进行判断。经判断下位法与上位法相抵触的，应当依据上位法认定被诉具体行政行为的合法性。从审判实践看，下位法不符合上位法的常见情形有：下位法缩小上位法规定的权利主体范围，或者违反上位法立法目的扩大上位法规定的权利主体范围；下位法限制或者剥夺上位法规定的权利，或者违反上位法立法目的扩大上位法规定的权利范围；下位法扩大行政主体或其职权范围；下位法延长上位法规定的履行法定职责期限；下位法以参照、准用等方式扩大或者限缩上位法规定的义务或者义务主体的范围、性质或者条件；下位法增设或者限缩违反上位法规定的适用条件；下位法扩大或者限缩上位法规定的给予行政处罚的行为、种类和幅度的范围；下位法改变上位法已规定的违法行为的性质；下位法超出上位法规定的强制措施的适用范围、种类和方式，以及增设或者限缩其适用条件；法规、规章或者其他规范文件设定不符合行政许可法规定的行政许可，或者增设违反上位法的行政许可条件；其他相抵触的情形。法律、行政法规或者地方性法规修改后，其实施性规定未被明文废止的，人民法院在适用时应当区分下列情形：实施性规定与修改后的法律、行政法规或者地方性法规相抵触的，不予适用；因法律、行政法规或者地方性法规的修改，相应的实施性规定丧失依据而不能单独施行的，不予适用；实施性规定与修改后的法律、行政法规或者地方性法规不相抵触的，可以适用。”该纪要的上述规定对如何判断下位法是否符合上位法可作参考。

本案纳税人涉及的不符合规定的发票有三种：一是伪造的发票，因我国以发票控税，《税收征收管理法》明确规定税务机关是发票的主管机关，负责发票印制、领购、开具、取得、保管、缴销的管理和监督，故任何单位和个人不得伪造发票；二是委托他人代开的发票，此类发票的开票方与真实交易方不一致；三是经查询“与系统信息不符”的发票。南通地方税务局按国税稽查局的委托在查询系统中录入十五份发票的代码及号码，系统显示的发票实际使用人与领购人都不相符，这也违反发票管理法律法规和规章。据此，法院认定纳税人确实有不符合规定的发票，故税务机关的处理决定符合法律规定。

法条链接

1.《发票管理办法》

第二十一条 不符合规定的发票，不得作为财务报销凭证，任何单位和个人有权拒收。

2.《关于审理行政案件适用法律规范问题的座谈会纪要》

二、关于法律规范冲突的适用规则

……

（一）下位法不符合上位法的判断和适用

下位法的规定不符合上位法的，人民法院原则上应当适用上位法。当前许多具体行政行为是依据下位法作出的，并未援引和适用上位法。在这种情况下，为维护法制统一，人民法院审查具体行政行为的合法性时，应当对下位法是否符合上位法一并进行判断。经判断下位法与上位法相抵触的，应当依据上位法认定被诉具体行政行为的合法性。从审判实践看，下位法不符合上位法的常见情形有：下位法缩小上位法规定的权利主体范围，或者违反上位法立法目的扩大上位法规定的权利主体范围；下位法限制或者剥夺上位法规定的权利，或者违反上位法立法目的扩大上位法规定的权利范围；下位法扩大行政主体或其职权范围；下位法延长上位法规定的履行法定职责期限；下位法以参照、准用等方式扩大或者限缩上位法规定的义务或者义务主体的范围、性质或者条件；下位法增设或者限缩违反上位法规定的适用条件；下位法扩大或者限缩上位法规定的给予行政处罚的行为、种类和幅度的范围；下位法改变上位法已规定的违法行为的性质；下位法超出上位法规定的强制措施的适用范围、种类和方式，以及增设或者限缩其适用条件；法规、规章或者其他规范文件设定不符合行政许可法规定的行政许可，或者增设违反上位法的行政许可条件；其他相抵触的情形。

法律、行政法规或者地方性法规修改后，其实施性规定未被明文废止的，人民法院在适用时应当区分下列情形：实施性规定与修改后的法律、行政法规或者地方性法规相抵触的，不予适用；因法律、行政法规或者地方性法规的修改，相应的实施性规定丧失依据而不能单独施行的，不予适用；实施性规定与修改后的法律、行政法规或者地方性法规不相抵触的，可以适用。

020. 消费者投诉商家不开发票，税务机关如何处理？

——吴某某与杭州市江干区国家税务局等税务其他行政行为上诉案[①]

裁判要旨

消费者投诉商家不开发票，税务机关应当责令商家依法改正，如涉嫌偷税，还应当追究商家的法律责任。

基本案情

吴某某在杭州外海家友超市有限公司（以下简称外海家友超市）新塘路店使用电子卡消费结算时，被告知其所有门店均不开具发票，遂向杭州市江干区国家税务局（以下简称江干国税局）举报认为此为逃税行为。江干国税局表示，根据浙国税函（2009）75号《浙江省国家税务局关于纳税人销售购物卡（券）行为征收增值税问题的通知》的规定，超市在销售购物卡（券）时即确认纳税义务的发生。经对被举报单位调查了解，该单位在销售购物卡（券）的同时均依法收取的货款确认销售收入并按适用税率缴纳税款（不论是否开具发票）。因此，暂未发现举报人反映的偷逃税款行为。同时，要求被举报单位在消费者提出开具发票时，做好宣传解释工作，避免产生误会，造成类似的投诉。

2013年7月24日，吴某某向原审法院提起行政诉讼，请求：1. 依法撤销江干国税局认定外海家友超市不开发票行为合法的决定；2. 责令江干国税局依法确认外海家友超市不开发票行为违法；3. 责令江干国税局撤销《杭州联华华商集团有限公司发票开具规定》；4. 责令江干国税局履行法定职责对外海家友超市作出行政处罚；5. 要求法院附带性审查浙国税函（2009）75号《浙江省国家税务局关于纳税人销售购物卡（券）行为征收增值税问题的通知》的合法性。

法院审理

原审法院认为，《信访条例》第二条规定“本条例所称信访，是指公民、法

---

① 浙江省杭州市中级人民法院（2013）浙杭行终字第327号行政裁定书

人或者其他组织采用书信、电子邮件、传真、电话、走访等形式，向各级人民政府、县级以上人民政府工作部门反映情况，提出建议、意见或者投诉请求，依法由有关行政机关处理的活动。采用前款规定的形式，反映情况，提出建议、意见或者投诉请求的公民、法人或者其他组织，称信访人。”《全国税务机关信访工作规则》第二条规定“本规则所称信访，是指公民、法人或者其他组织采用书信、电子邮件、传真、电话、走访等形式，向各级税务机关反映情况，提出建议、意见或者投诉请求，依法由各级税务机关处理的活动。采用前款规定的形式，反映情况，提出建议、意见或者投诉请求的公民、法人或者其他组织，称信访人。”本案中，吴某某以“吴宇”的名义通过网络电子邮件、电话的形式投诉外海家友超市新塘路店拒绝开发票的行为，举报其存在偷逃税款的问题，上述行为符合信访的法定形式，吴某某属于信访人。最高人民法院《关于不服县级以上人民政府信访行政管理部门、负责受理信访事项的行政管理机关以及镇（乡）人民政府作出的处理意见或者不再受理决定而提起的行政诉讼人民法院是否受理的答复》第二条规定“对信访事项有权处理的行政机关依据《信访条例》作出的处理意见、复查意见、复核意见和不再受理决定，信访人不服提起行政诉讼的，人民法院不予受理。”本案中，江干国税局对吴某某反映的情况和投诉请求进行了调查核实，以网络电子邮件的形式予以了回复，该回复属于行政机关对信访事项作出的处理意见。吴某某对该处理意见不服提起的诉讼，不属于人民法院行政诉讼的受案范围。据此，依据最高人民法院《关于执行〈中华人民共和国行政诉讼法〉若干问题的解释》第四十四条第一款第（一）项、第六十三条第一款第（二）项的规定，裁定驳回吴某某的起诉。

上诉人吴某某不服一审裁定，上诉称：一、一审法院根据《信访条例》第二条，认定上诉人行为符合信访法定形式，因而认定上诉人为信访人是错误的。1. 上诉人并未通过电子邮件、电话的形式进行投诉，而是留言形式，并不符合信访形式要件。此外，书信、电子邮件、传真、电话等仅为权利行使的方式和途径，不是认定信访的专门先决依据。2. 受理机构不是信访专项机构。本案上诉人投诉后，由杭州市国税局稽查局、杭州市国税局第一稽查局转办至被上诉人，而杭州市国税局稽查局、杭州市国税局第一稽查局并非负责信访工作的专门机构，转办机构也不是根据《全国税务机关信访工作规则》进行处理，上诉人后经杭州市国税局行政复议，也表明被上诉人、复议机关均不认为争议具体行政行为是信访事项。3. 本案行政机关并未按照《信访条例》《全国税务机关信访工作规则》程序要求进行信访事项的受理、办理和督办等。二、一审法院关于被上诉人的回复属于行政机关对信访事项作出的处理意见的认定是错误的。根据《信访条例》第三十二条、《全国税务机关信访工作规则》第三十三条的规定，信访的处理结果应当书面向投诉者答复，而本案中上诉人不属于信访人，被上诉人也未依据《信访条例》《全国税务机关信访工作规则》进行办理，且未向上诉人作书面答复。综上所述，请求撤销一审裁定，由被上诉人江干国税局承担一、二审诉讼费用。

被上诉人江干国税局答辩称：一、1. 根据《信访条例》第二条、《全国税务机关信访工作规则》第二条的规定，上诉人的举报投诉行为是信访行为，上诉人是信访人。上诉人通过网络、电话投诉的事实其本人始终是认可的，上诉人辩解留言形式不成立。2. 上诉人认为受理机构不是信访专项机构不能成立，且是对法条的误解。受理信访并不必须是负责信访工作的专门机构，政府职能部门也可受理。针对上诉人的举报投诉，被上诉人派两位工作人员进行调查核实、并出具书面回复，完全符合法条规定。3. 被上诉人是完全根据《信访条例》《全国税务机关信访工作规则》的程序要求受理上诉人的投诉的。二、本案不属于行政诉讼受案范围。被上诉人对上诉人的举报投诉给予的回复意见对上诉人不具有强制力，对上诉人的实体权利义务不产生影响，不属于行政诉讼规定的具体行政行为。因此本案不属于行政诉讼法第十一条的受案范围。最高人民法院关于不服信访工作机构依据《信访条例》处理信访事项的行为提起行政诉讼人民法院是否受理的复函（2005 行立他字第 4 号）答复第二条“对信访事项有权处理的行政机关依据《信访条例》作出的处理意见，复查意见，复核意见和不再受理决定，信访人不服提起行政诉讼的，人民法院不予受理。”上述规定表明上诉人对处理意见不服的，可向被上诉人的上级行政机关请求复查。对复查意见不服可向上一级机关要求复核。但明确上诉人的行为不属于法院受案范围。请求二审维持原裁定。

二审法院驳回上诉，维持原裁定。

点评

日常生活中消费者经常碰到商家拒绝开具发票的情形，原因何在？我国税收征管长期依赖“以票控税”，即通过严格管理发票来管税，防止商家偷逃税。因此，商家少开具一张发票就少缴纳一部分税收。但是，消费者有时需要发票报账，这与商家拒绝开具发票的做法产生冲突。此时消费者如何应对呢？第一，向法院提起民事诉讼。消费者和商家之间存在买卖合同，开具发票可以认定为商家的附随义务。此种方法耗时太长且费力。第二，向税务机关投诉举报，即打12366纳税服务热线举报，或者通过所在省国/地税局官网举报。《发票管理办法》第十九条规定："销售商品、提供服务以及从事其他经营活动的单位和个人，对外发生经营业务收取款项，收款方应当向付款方开具发票；特殊情况下，由付款方向收款方开具发票。"第三十五条第（一）项规定："违反本办法的规定，有下列情形之一的，由税务机关责令改正，可以处1万元以下的罚款；有违法所得的予以没收：（一）应当开具而未开具发票，或者未按照规定的时限、顺序、栏目，全部联次一次性开具发票，或者未加盖发票专用章的；"据此，税务机关应当责令商家向消费者开具发票，同时可以处1万元以下的罚款；有违法所得的予以没收。此外，商家拒绝开具发票的行为可能涉嫌偷逃税。《税收征收管理法》第六十三条规定："纳税人伪造、变造、隐匿、擅自销毁帐簿、记帐凭证，或者在帐簿上多列支出或者不列、少列收入，或者经税务机关通知申报而拒不申报或者进行虚假的纳税申报，不缴或者少缴应纳税款的，是偷税。对纳税人偷税的，由税务机关追缴其不缴或者少缴的税款、滞纳金，并处不缴或者少缴的税款百分之五十以上五倍以下的罚款；构成犯罪的，依法追究刑事责任。扣缴义务人采取前款所列手段，不缴或者少缴已扣、已收税款，由税务机关追缴其不缴或者少缴的税款、滞纳金，并处不缴或者少缴的税款百分之五十以上五倍以下的罚款；构成犯罪的，依法追究刑事责任。"可见，商家给消费者开具发票是法定义务，税务机关应根据商家拒开发票的线索查明商家是否存在偷税行为。

本案消费者吴某某向税务机关偷税举报商家拒开发票，税务机关进行了实地检查，回复吴某某商家不存在偷税行为。但是，商家的行为违反了《发票管理办法》，税务机关应当依法责令其改正违法行为。因此，本案税务机关存在不履行法定职责的行为，消费者吴某某应当以税务机关不作为起诉。但是，消费者吴某某是以税务机关认定商家不存在偷逃税的行为起诉。由于商家偷逃税与消费者不存在实际利益关系，故不属于行政诉讼的受案范围。当然，本案法院以《信访条例》《全国税务机关信访工作规则》《最高人民法院关于不服县级以上人民政府信访行政管理部门、负责受理信访事项的行政管理机关以及镇（乡）人民政府作出的处理意见或者不再受理决定而提起的行政诉讼人民法院是否受理的答复》为依据认定消费者的起诉不属于行政诉讼受案范围也能自圆其说。

法条链接

1.《发票管理办法》

第十九条　销售商品、提供服务以及从事其他经营活动的单位和个人，对外发生经营业务收取款项，收款方应当向付款方开具发票；特殊情况下，由付款方向收款方开具发票。

第三十五条　违反本办法的规定，有下列情形之一的，由税务机关责令改正，可以处1万元以下的罚款；有违法所得的予以没收：

（一）应当开具而未开具发票，或者未按照规定的时限、顺序、栏目，全部联次一次性开具发票，或者未加盖发票专用章的；

（二）使用税控装置开具发票，未按期向主管税务机关报送开具发票的数据的；

（三）使用非税控电子器具开具发票，未将非税控电子器具使用的软件程序说明资料报主管税务机关备案，或者未按照规定保存、报送开具发票的数据的；

（四）拆本使用发票的；

（五）扩大发票使用范围的；

（六）以其他凭证代替发票使用的；

（七）跨规定区域开具发票的；

（八）未按照规定缴销发票的；

（九）未按照规定存放和保管发票的。

第七节　偷税纠纷

021. 偷税包括哪些情形？

——贵州凯里银福有色合金制造有限公司与黔东南州国家税务局稽查局处罚决定上诉案①

裁判要旨

纳税人或扣缴义务人伪造、变造、隐匿、擅自销毁账簿、记账凭证，或者在账簿上多列支出或者不列、少列收入，或者经税务机关通知申报而拒不申报或者进行虚假的纳税申报，不缴或者少缴应纳税款的，是偷税。其中，纳税人、扣缴义务人已经依法办理税务登记或者扣缴税款登记，并不能视为税务机关已经通知申报。

基本案情

原告贵州银福有色合金制造有限公司（以下称银福公司）于2006年5月注册登记，生产经营范围为有色合金制造、回收废旧阳极板、阴极板。税务机关对原告采取的是查账征收的税款征收方式。

2011年8月29日，被告黔东南州国税局稽查局通知原告，对其2009年1月1日至2010年12月31日期间涉税情况进行检查，如检查发现此期间以外明显的税收嫌疑或线索不受此限。被告在稽查工作中，询问了废品收购方段某元及原告的法定代表人宋某福，调取了宋某福的个人账户及谢某云在公安机关的询问笔录，由谢某云和段某元对宋某福的个人账户转款金额及转款用途进行确认，后在宋某福对其个人账户上转款金额及转款用途均系废品交易进行确认的情况下，确定了原告的废品销售收入金额及未纳税数额，原告对被告制作的《税务检查签证》和《税务稽查工作底稿（二）》上认定其废品销售收入金额予以确认，但提出废品销售收入中的一部分原告方用于开支购进原材料和销售产品中产生的运输

① 贵州省黔东南苗族侗族自治州中级人民法院（2014）黔东行终字第89号行政判决书

费用，未取得发票未入账的意见。

案经听证，被告对于原告提出废品收购方谢某云、段某元向宋某福的个人账户上转款有借款，不纯粹是销售收入的意见，因为未能举证证明，不予采纳；对于原告提出的废品销售收入中的一部分原告方用于开支购进原材料和销售产品中产生的运输费用，未取得发票未入账，应当在收入中作为成本扣除的意见，被告于2012年8月20日依据《中华人民共和国企业所得税法》第五条、第八条及《中华人民共和国税收征收管理法》第十九条的规定，作出《税务事项通知书》，要求原告在2012年8月24日前将其公司2009年至2011年实际发生的、按照税收规定应当在企业所得税前扣除而未扣除或者少扣除的，与取得收入有关的、合法有效的支出凭证提交。因原告未能在规定的时间内提交运输发票，被告遂于2012年9月12日作出黔东南国税稽处（2012）38号《税务处理决定书》，认定原告在2009年11月至2011年12月期间取得货物销售收入7,381,478.00元（含税）未计销售收入，未申报纳税，少缴增值税1,072,522.44元，少缴2010年及2011年企业所得税1,182,453.63元，决定向原告追缴少缴的增值税和少缴企业所得税，并同时作出黔东南国税稽罚（2012）41号《税务行政处罚决定书》，对原告少缴增值税和少缴企业所得税的行为处以少缴税款百分之七十的罚款1,578,483.25元；对原告2009年少申报企业所得税应纳税所得额的行为，处以罚款45,000.00元。

原告不服申请复议，黔东南州国家税务局行政复议委员会经复议，维持了被告作出的处罚决定，原告仍不服，遂提起诉讼，要求撤销被告作出的处罚决定。

法院审理

原审法院认为，依法征税是税务机关的职责，依法纳税是原告的义务。根据《中华人民共和国税收征收管理法》第十四条、《税务稽查工作规程》第二条第二款规定，被告黔东南州国家税务局稽查局具有执行稽查职务、查处税收违法行为的职责，被告主体适格。被告进行税务检查时，依法向原告送达了《税务检查通知书》，在检查过程中，询问了当事人及证人，调取了与案件相关银行凭证及证据材料，经调查核算后，将检查情况通知了原告方，并听取了原告方的意见，且告知原告拟处罚的事实，听取了原告方的陈述，进行听证，其作出处罚的程序符合规定。被告提交的对宋某福的询问笔录、公安机关对废品收购方段某元的询问笔录、被告调查段某元的询问笔录、公安机关对废品收购方谢某云的询问笔录、银行凭证以及宋某福、谢某云、段某元对宋某福的个人银行账户转款金额及转款用途均系废品交易的确认，原告对《税务检查签证》和《税务稽查工作底稿（二)》的签署意见等证据能相互印证，被告认定原告在2009年11月至2011年12月期间取得货物销售收入7,381,478.00元（含税）的事实清楚，主要证据充分。对于原告提出宋某福与谢某云和段某元之间转款凭证的资金上有一部分资金系借款资金的意见，因原告在被告向其送达《税务检查签证》和《税务稽查工作底稿（二)》时签署意见为对废品销售收入为7,381,478.00元（含税）均予以认可，且之后在行政程序和诉讼程序中，原告均未提交能证明宋某福与谢某云、段某元之间有借贷关系的证据，故原告的意见不予采纳。原告在行政处理程序中提出其销售收入中有一部分用于开支购进原材料和销售产品中产生的运输费用，未取得发票未入账，应当作为成本予以扣除的意见，被告在举行听证后要求原告在一定期限内提交合法有效的支出凭证，但原告未能在规定的时间内向被告提交运输成本开支合法有效凭证，被告以其销售废品收入作为应纳税所得额并没有违反相关法律规定。关于原告提出被告未根据《中华人民共和国税收征收管理法》第三十五条、《中华人民共和国税收征收管理法实施细则》第四十七条规定的方式征收税款的问题，经查，原告实施的是“不列、少列收入”偷税手段，并不在《中华人民共和国税收征收管理法》第三十五条所列的可以通过核定征收的六种情形之列，且该法第三十五条规定的是“税务机关有权核定其应纳税额”，并不排除税务机关可以通过调查和检查等其他合法的方式确定其应纳税额，故原告的意见不予采纳。关于被告对原告的处罚是否违反一事不再罚原则的问题，因被告对原告的第二项处罚是依据《中华人民共和国税收征收管理法》第六十四条第一款的规定作出的，原告在2009年存在少列收入的行为，该行为也属于编造虚假计税依据的范畴，故被告没有违反一事不再罚的原则。

原审法院判决维持黔东南州国家税务局稽查局2012年9月12日作出的黔东南国税稽罚（2012）41号《税务行政处罚决定书》。

上诉人银福公司上诉称：1. 被上诉人采取的税款征收方式没有法律依据，违反了税收立法原则，原审判决错误。上诉人在经营活动中确实有废料销售行为，废料销售收入未入账的原因是用以抵销经营活动中没有运输发票的运输成本。为了公司内部各个生产车间的核算和股东的红利分配，上诉人建有备查账，根据备查账，2009年至2011年，上诉人废料销售收入是1,348,246.7元。被上诉人既没有根据上诉人提供的帐簿反映的废料销售收入征税，也未依照《中华人民共和国税收征收管理法》第三十五条、《中华人民共和国税收征收管理法实施细则》第四十七条规定的方式征税，而是按照上诉人的法定代表人宋某福个人账户上的资金流量及宋某福个人、收购方的证词确认的废料销售额征收税款没有法律依据；2. 被上诉人作出的处罚决定认定事实不清，证据不足，原审判决认定证据采取双重标准，均应予以撤销。宋某福个人银行账户记录的只是个人资金来往的数据，不能证明宋某福银行账户资金性质。事实上，宋某福个人银行账户资金不全是废料销售款，还有个人借贷款、个人积蓄等正常资金往来。被上诉人在没有查清宋某福个人银行账户资金来源属性的情况下，仅凭证人证言认定宋某福个人银行账户资金系上诉人销售废料收入违背了法律法规的规定。上诉人在经营过程中，的确会产生边角废料，但因合金板材涉及商业秘密，市场收购价格不稳定。被上诉人不经实地取样，根据产生废料的数量、销售价格等进行科学测算，认定上诉人2009年至2011年销售废料所得款项共计7,381,478元与客观事实不符；3. 被上诉人作出的处罚决定违背“一事不再罚”原则。被上诉人作的处罚决定第一项已对上诉人从2009年至2011年未计销售收入和申报纳税行为予以了处罚，但在处罚决定的第二项又单独对2009年少申报纳税行为予以处罚，处罚决定违背了《中华人民共和国行政处罚法》第二十四条的规定，处罚决定应予撤销。

二审法院认为：上诉人提出“2009年至2011年其废料销售收入是1,348,246.70元，宋某福个人银行账户资金不全是废料销售款，还有个人借贷款、个人积蓄等正常资金往来，公安机关以暴力手段对证人实施精神强制”的上诉理由，因上诉人不能提供相关有效证据证实，本院不予采纳。上诉人提出，其在经营活动中，用部分废品销售收入开支了运输费用，应当作为经营成本予以扣除的意见，经查，被上诉人在处理本案期间，已给予了上诉人时间提供相关依据，但上诉人至今未能提供相关票据，故该上诉理由不能成立。上诉人在废品销售过程中，销售收入不经过公司账户，也没有在公司经营账簿中列支，属于《中华人民共和国税收征收管理法》第六十三条第一款规定的在账簿上不列收入的偷税行为，不符合《中华人民共和国税收征收管理法》第三十五条规定税务机关核定纳税额的情形，上诉人提出被上诉人应当依照《中华人民共和国税收征收管理法》第三十五条、《中华人民共和国税收征收管理法实施细则》第四十七条规定的方式征税的上诉理由亦不能成立。上诉人采取不列、少列收入的方式，对2009年11月至2011年12月废品销售收入不申报纳税，少缴增值税

1, 072, 522. 44 元、企业所得税 1, 182, 453. 63 元，共计 2, 254, 976. 07 元。黔东南州国家税务局稽查局作出的处罚决定第一项对上诉人处以少缴税款 70% 的罚款，计 1, 578, 483. 25 元，符合《中华人民共和国税收征收管理法》第六十三条第一款的规定，应予维持。根据《中华人民共和国税收征收管理法实施细则》第三十二条第二款“纳税人享受减税、免税待遇的，在减税、免税期间应当按照规定办理纳税申报”的规定，虽然上诉人在 2009 年享受免除企业所得税的优惠，但仍应当办理纳税申报。被诉的处罚决定第一项并未对上诉人不申报 2009 年企业所得税问题予以处罚，故上诉人提出被上诉人重复处罚的上诉理由不能成立。但是，被上诉人作出的处罚决定第二项依据《中华人民共和国税收征收管理法》第六十四条第一款的规定，以上诉人编造虚假计税依据对上诉人少申报 2009 年废品销售收入 20 万元的应纳税额作出处罚，尽管上诉人在 2009 年有 20 万元的废品销售款没有计入公司经营收入的事实存在，但因黔东南州国家税务局稽查局并没有提供上诉人编造虚假计税依据的证据材料，故处罚决定的第二项对上诉人处以 45, 000 元罚款的证据不足。

二审法院判决如下：

一、撤销凯里市人民法院（2014）凯行初字第 2 号行政判决；

二、撤销黔东南州国家税务局稽查局 2012 年 9 月 12 日作出的黔东南国税稽罚（2012）41 号《税务行政处罚决定书》的第二项，即“根据《中华人民共和国税收征收管理法》第六十四条第一款的规定，决定对上诉人 2009 年少申报企业所得税应纳税额的行为，处以罚款 45, 000 元”。

三、维持黔东南州国家税务局稽查局 2012 年 9 月 12 日作出的黔东南国税稽罚（2012）41 号《税务行政处罚决定书》的第一项，即“根据《中华人民共和国税收征收管理法》第六十三条第一款的规定，决定对上诉人少缴增值税 1, 072, 522. 44 元、企业所得税 1, 182, 453. 63 元的行为，处以少缴税款百分之七十的罚款 1, 578, 483. 25 元”。

点评

本案涉及的第一个问题是纳税人是否偷税。《税收征收管理法》第六十三条规定，“纳税人伪造、变造、隐匿、擅自销毁帐簿、记帐凭证，或者在帐簿上多列支出或者不列、少列收入，或者经税务机关通知申报而拒不申报或者进行虚假的纳税申报，不缴或者少缴应纳税款的，是偷税”。据此，偷税包括以下几种情况：第一，伪造、变造、隐匿、擅自销毁账簿、记账凭证，不缴或者少缴应纳税款；第二，在账簿上多列支出或者不列、少列收入，不缴或者少缴应纳税款；第三，经税务机关通知申报而拒不申报或者进行虚假的纳税申报，不缴或者少缴应纳税款。可见，偷税的认定是行为加结果，即偷税行为与不缴或者少缴应纳税款的结果并存。问题是何谓“经税务机关通知申报而拒不申报”。《最高人民法院关于审理偷税抗税刑事案件具体应用法律若干问题的解释》第二条第二款规定：“具有下列情形之一的，应当认定为刑法第二百零一条第一款规定的‘经税务机关通知申报’：（一）纳税人、扣缴义务人已经依法办理税务登记或者扣缴税款登记的；（二）依法不需要办理税务登记的纳税人，经税务机关依法书面通知其申报的；（三）尚未依法办理税务登记、扣缴税款登记的纳税人、扣缴义务人，经税务机关依法书面通知其申报的。”但是，该司法解释是对《刑法》的解释，不是对《税收征收管理法》的解释，故不能直接引用。《税收征收管理法》第六十四条第二款规定：“纳税人不进行纳税申报，不缴或者少缴应纳税款的，由税务机关追缴其不缴或者少缴的税款、滞纳金，并处不缴或者少缴的税款百分之五十以上五倍以下的罚款。”分析该款，纳税人不进行纳税申报，不缴或者少缴应纳税款，与偷税类似，但是，《税收征收管理法》并未将此种情况列入偷税范围，而是另行特别规定。因此，纳税人不进行纳税申报且税务机关并未通知申报的，应当按《税收征收管理法》第六十四条第二款的规定进行处理，不能将其列入偷税范畴而适用《税收征收管理法》第六十三条。如果纳税人经税务机关通知申报而拒不申报，则适用《税收征收管理法》第六十三条。可见，纳税人办理了税务登记并不能视为税务机关已经通知申报。否则，《税收征收管理法》第六十三条和第六十四条就会发生适用混乱。综上，纳税人办理了税务登记，其有义务主动向税务机关申报纳税，如果其不向税务机关进行纳税申报，则依《税收征收管理法》第六十四条第二款处理。如果税务机关主动通知其进行纳税申报，其仍然拒不申报，则应依据《税收征收管理法》第六十三条以偷税处理。本案纳税人采取不列、少列收入的方式，对 2009 年 11 月至 2011 年 12 月废品销售收入不申报纳税，少缴增值税 1,072,522.44 元、企业所得税 1,182,453.63 元，显然是偷税。

本案涉及的第二个问题是纳税人是否编造虚假计税依据。编造虚假计税依据经常导致的结果是不缴或少缴应纳税款，此时，应当按偷税处理。但是，《税收征收管理法》单独将编造虚假计税依据规定在第六十四条第一款，并未规定于第六十三条，故此处所说的编造虚假计税依据应当是单纯的编造虚假计税依据但未导致不缴或少缴应纳税款的情形。如果导致不缴或少缴应纳税款，则应当按第六十三条规定的偷税情形处理。二审法院认为税务机关没有提供纳税人编造虚假计税依据的证据材料，故对纳税人处以45,000元罚款的证据不足，此观点不妥，因为本案纳税人在2009年有20万元的废品销售款没有计入公司经营收入，属于少列收入的行为，显然是编造虚假计税依据，但是，该行为导致不缴或少缴应纳税款，应当按照《税收征收管理法》第六十三条处罚，不能再适用第六十四条处理。

需要重点说明的是，偷税的说法是不科学的，因为税款未缴纳给国家之前皆是纳税人的财产，从法理上讲自己不能偷窃自己的财物，因此，国际税法惯例皆不称偷税，而称逃税。

法条链接

1. **《税收征收管理法》**

第六十三条 纳税人伪造、变造、隐匿、擅自销毁帐簿、记帐凭证，或者在帐簿上多列支出或者不列、少列收入，或者经税务机关通知申报而拒不申报或者进行虚假的纳税申报，不缴或者少缴应纳税款的，是偷税。对纳税人偷税的，由税务机关追缴其不缴或者少缴的税款、滞纳金，并处不缴或者少缴的税款百分之五十以上五倍以下的罚款；构成犯罪的，依法追究刑事责任。

扣缴义务人采取前款所列手段，不缴或者少缴已扣、已收税款，由税务机关追缴其不缴或者少缴的税款、滞纳金，并处不缴或者少缴的税款百分之五十以上五倍以下的罚款；构成犯罪的，依法追究刑事责任。

第六十四条 纳税人、扣缴义务人编造虚假计税依据的，由税务机关责令限期改正，并处五万元以下的罚款。

纳税人不进行纳税申报，不缴或者少缴应纳税款的，由税务机关追缴其不缴或者少缴的税款、滞纳金，并处不缴或者少缴的税款百分之五十以上五倍以下的罚款。

022. 偷税不受追征期限制

——开平市荣鹏进出口贸易有限公司与开平市地方税务局稽查局处罚纠纷上诉案①

裁判要旨

对偷税、抗税、骗税的，税务机关追征其未缴或者少缴的税款、滞纳金或者所骗取的税款，不受法定的追征期限制。但是，纳税人不进行纳税申报造成不缴或少缴应纳税款的情形不属于偷税、抗税、骗税，其追征期按照《税收征收管理法》第五十二条规定的精神，一般为三年，特殊情况可以延长至五年。

基本案情

2015年2月12日至2015年4月8日，开平市地方税务局稽查局（以下简称“开平地税稽查局”）对开平市荣鹏进出口贸易有限公司（以下简称“荣鹏公司”）2004年8月1日至2014年7月31日的纳税情况进行了检查，并于2015年4月20日向荣鹏公司作出及送达开地税稽处（2015）8号《税务处理决定书》。荣鹏公司在收到上述《税务处理决定书》后，未依照上述《税务处理决定书》中决定的期限内缴纳上述税费及滞纳金或者提供相应的担保，也未申请行政复议。

2015年8月6日，开平地税稽查局根据上述《税务处理决定书》认定的事实，对荣鹏公司作出开地税稽罚（2015）8号《税务行政处罚决定书》，认定荣鹏公司于2004年8月1日至2014年7月31日经营期间：（1）少缴印花税。荣鹏公司记载资金账簿未申报印花税，少缴印花税37,501.25元。（2）少缴城建税。荣鹏公司补缴增值税329,952.74元未补缴城建税，少缴城建税23,096.69元。（3）少缴企业所得税。荣鹏公司应缴未缴，用不合法凭证列支成本及多列费用，进行虚假纳税申报，少缴企业所得税2,111,539.30元。以上少缴税款合计2,172,137.24元。根据《税收征收管理法》第六十三条和《广东省税务局规范税务行政处罚裁量权实施办法》第八条及附件《广东省税务局规范税务行政

① 广东省江门市中级人民法院行政判决书（2016）粤07行终112号

处罚裁量基准》第（七）条43项的规定，对荣鹏公司处以少缴的税款1.4倍的罚款，即3,040,992.14元。

荣鹏公司收到前述《税务行政处罚决定书》后不服，遂向原审法院提起本案行政诉讼。

另查明：开平市国家税务局稽查局于2007年8月10日作出开国税稽处(2007) 8号《税务处理决定书》，认定荣鹏公司2006年6月至2006年12月的经营期间，采购原材料业务取得由茂名×××××运输站开具的8份《公路、内河货物运输业统一发票》，申报抵扣税款并已抵扣完毕，经广州市地方税务局证实该8份运输发票是伪造发票，根据《中华人民共和国增值税暂行条例》第九条规定，其未按照规定取得的增值税抵扣凭证，其进项税额不得从销项税额中抵扣，追缴其已抵扣增值税税款329,952.74元并按日加收滞纳税款万分之五的滞纳金。

法院审理

原审法院认为，本案的争议焦点是：开平地税稽查局作出的开地税稽罚(2015) 8号《税务行政处罚决定书》是否合法。

《税收征收管理法》第二十五条第一款规定："纳税人必须依照法律、行政法规规定或者税务机关依照法律、行政法规的规定确定的申报期限、申报内容如实办理纳税申报，报送纳税申报表、财务会计报表以及税务机关根据实际需要要求纳税人报送的其他纳税资料。"第六十三条规定："纳税人伪造、变造、隐匿、擅自销毁帐簿、记帐凭证，或者在帐簿上多列支出或者不列、少列收入，或者经税务机关通知申报而拒不申报或者进行虚假的纳税申报，不缴或者少缴应纳税款的，是偷税。对纳税人偷税的，由税务机关追缴其不缴或者少缴的税款、滞纳金，并处不缴或者少缴的税款百分之五十以上五倍以下的罚款；构成犯罪的，依法追究刑事责任。"开平地税稽查局根据前述《税务处理决定书》认定荣鹏公司经营期间，公司资金账簿未申报印花税；补缴增值税未补缴城建税；应缴未缴，用不合法凭证列支成本及多列费用，进行虚假纳税申报，少缴企业所得税，少缴税款合计2172137.24元。同时，该《税务处理决定书》中认定该公司在2006年6月至2006年12月取得由茂名×××××运输站开具的8份《公路、内河货物运输业统一发票》系伪造发票的事实已在开平市国家税务局稽查局于2007年作出的开国税稽处（2007）8号《税务处理决定书》中发现并认定。故开平地税稽查局据此作出的涉案行政处罚决定认定事实清楚。

原审法院判决驳回荣鹏公司的诉讼请求。

荣鹏公司不服原审判决，向二审法院提起上诉。请求：1. 依法撤销原审判决，改判撤销开平地税稽查局2015年8月6日作出的开地税稽罚（2015）8号《税务行政处罚决定书》；2. 判令开平地税稽查局承担本案一、二审全部诉讼费用。主要事实与理由：开平地税稽查局2015年8月6日作出的开地税稽罚（2015）8号《税务行政处罚决定书》违反《税收征收管理法》的相关规定。《税收征收管理法》第八十六条规定："违反税收法律、行政法规应当给予行政处罚的行为，在五年内未被发现的，不再给予行政处罚"。荣鹏公司被指控少缴部分税款的行为发生在2006年至2007年间，早已超过5年法定的期限，按该法规定，不应给予行政处罚，开平地税稽查局作出开地税稽罚（2015）8号《税务行政处罚决定书》，对荣鹏公司处以相应罚款处罚显然违反《税收征收管理法》第八十六条的规定。

二审法院驳回上诉，维持原判。

点评

税收征纳过程中，税务机关能否及时准确地征收税款，很大程度上依赖于纳税人，因为税务机关征收税款所依据的纳税人的财务会计资料和其他纳税资料皆为纳税人制作、控制并提供。据此，税收法律法规皆要求纳税人如实制作并提供财务会计资料和其他纳税资料。《税收征收管理法》第六条第二款规定："纳税人、扣缴义务人和其他有关单位应当按照国家有关规定如实向税务机关提供与纳税和代扣代缴、代收代缴税款有关的信息。"第二十五条规定："纳税人必须依照法律、行政法规规定或者税务机关依照法律、行政法规的规定确定的申报期限、申报内容如实办理纳税申报，报送纳税申报表、财务会计报表以及税务机关根据实际需要要求纳税人报送的其他纳税资料。扣缴义务人必须依照法律、行政法规规定或者税务机关依照法律、行政法规的规定确定的申报期限、申报内容如实报送代扣代缴、代收代缴税款报告表以及税务机关根据实际需要要求扣缴义务人报送的其他有关资料。"当纳税人违反上述法定义务，导致未缴或少缴税款，则为偷税。《税收征收管理法》第六十三条第一款规定："纳税人伪造、变造、隐匿、擅自销毁帐簿、记帐凭证，或者在帐簿上多列支出或者不列、少列收入，或者经税务机关通知申报而拒不申报或者进行虚假的纳税申报，不缴或者少缴应纳税款的，是偷税。对纳税人偷税的，由税务机关追缴其不缴或者少缴的税款、滞纳金，并处不缴或者少缴的税款百分之五十以上五倍以下的罚款；构成犯罪的，依法追究刑事责任。”基于偷税的社会危害性，我国《刑法》专门规定了逃税罪，同时《税收征收管理法》明确纳税人偷税的，税务机关追缴未缴或少缴的税款不受追征期的限制，其第五十二条规定：“因税务机关的责任，致使纳税人、扣缴义务人未缴或者少缴税款的，税务机关在三年内可以要求纳税人、扣缴义务人补缴税款，但是不得加收滞纳金。因纳税人、扣缴义务人计算错误等失误，未缴或者少缴税款的，税务机关在三年内可以追征税款、滞纳金；有特殊情况的，追征期可以延长到五年。对偷税、抗税、骗税的，税务机关追征其未缴或者少缴的税款、滞纳金或者所骗取的税款，不受前款规定期限的限制。”

需要注意的问题是，如果纳税人不申报导致未缴或少缴税款是否属于偷税。税务机关税收征收管理流程一般是新企业向税务机关申请税务登记，然后依据各税收实体法和程序法规定的纳税期限进行纳税申报，再由税务机关对申报资料进行审核。可见，我国的税收征管非常依赖于纳税人的主动申报。由于《税收征收管理法》第六十三条定义的偷税并不包括纳税人不申报的情形，依税收法定原则，不能扩大解释或类推适用将不申报纳入偷税范围。对此，《国家税务总局关于未申报税款追缴期限问题的批复》明确答复：“税收征管法第五十二条规定：对偷税、抗税、骗税的，税务机关可以无限期追征其未缴或者少缴的税款、滞纳金或者所骗取的税款。税收征管法第六十四条第二款规定的纳税人不进行纳税申报造成不缴或少缴应纳税款的情形不属于偷税、抗税、骗税，其追征期按照税收征管法第五十二条规定的精神，一般为三年，特殊情况可以延长至五年”。

法条链接

1.《税收征收管理法》

第二十五条 纳税人必须依照法律、行政法规规定或者税务机关依照法律、行政法规的规定确定的申报期限、申报内容如实办理纳税申报，报送纳税申报表、财务会计报表以及税务机关根据实际需要要求纳税人报送的其他纳税资料。

扣缴义务人必须依照法律、行政法规规定或者税务机关依照法律、行政法规的规定确定的申报期限、申报内容如实报送代扣代缴、代收代缴税款报告表以及税务机关根据实际需要要求扣缴义务人报送的其他有关资料。

第五十二条 因税务机关的责任，致使纳税人、扣缴义务人未缴或者少缴税款的，税务机关在三年内可以要求纳税人、扣缴义务人补缴税款，但是不得加收滞纳金。

因纳税人、扣缴义务人计算错误等失误，未缴或者少缴税款的，税务机关在三年内可以追征税款、滞纳金；有特殊情况的，追征期可以延长到五年。

对偷税、抗税、骗税的，税务机关追征其未缴或者少缴的税款、滞纳金或者所骗取的税款，不受前款规定期限的限制。

第六十三条第一款　纳税人伪造、变造、隐匿、擅自销毁帐簿、记帐凭证，或者在帐簿上多列支出或者不列、少列收入，或者经税务机关通知申报而拒不申报或者进行虚假的纳税申报，不缴或者少缴应纳税款的，是偷税。对纳税人偷税的，由税务机关追缴其不缴或者少缴的税款、滞纳金，并处不缴或者少缴的税款百分之五十以上五倍以下的罚款；构成犯罪的，依法追究刑事责任。

2.《国家税务总局关于未申报税款追缴期限问题的批复》

新疆维吾尔自治区地方税务局：

你局《关于明确未申报税款追缴期限的请示》（新地税发〔2009〕156号）收悉。经研究，批复如下：

税收征管法第五十二条规定：对偷税、抗税、骗税的，税务机关可以无限期追征其未缴或者少缴的税款、滞纳金或者所骗取的税款。税收征管法第六十四条第二款规定的纳税人不进行纳税申报造成不缴或少缴应纳税款的情形不属于偷税、抗税、骗税，其追征期按照税收征管法第五十二条规定的精神，一般为三年，特殊情况可以延长至五年。

3.《税收征收管理法实施细则》

第八十二条　税收征管法第五十二条所称特殊情况，是指纳税人或者扣缴义务人因计算错误等失误，未缴或者少缴、未扣或者少扣、未收或者少收税款，累计数额在10万元以上的。

023. 主观故意是认定偷税的要件吗?

——山西平定古州东升阳胜煤业有限公司与阳泉市国家税务局稽查局等处罚上诉案①

裁判要旨

依据《税收征收管理法》第六十三条的规定，认定偷税应当包括主观故意要件。

基本案情

原告山西平定古州东升阳胜煤业有限公司成立于2003年7月9日。原告山西平定古州东升阳胜煤业有限公司、山西东升煤业集团有限公司、山西东升恒泰商贸有限公司三者为关联企业，同时山西东升煤业集团有限公司对原告山西平定古州东升阳胜煤业有限公司财务、供应、销售派人直接管理。山西东升煤业集团有限公司原财务部副部长石销、山西东升恒泰商贸有限公司贾昆在王伸授意下将原告山西平定古州东升阳胜煤业有限公司销售煤炭款现金122,480,000元转移到山西东升恒泰商贸有限公司，造成原告山西平定古州东升煤业有限公司在账簿上少计销售收入104,683,760.69元（其中：2009年11月7,820,512.82元；2010年1月27,051,282.05元；3月2,615,384.62元；2011年5月1,709,401.71元；8月12,820,512.82元；9月4,017,094.36元；2012年1月11,965,811.97元；2月4,358,974.36元；3月8,547,008.55元；6月9,230,769.23元；7月10,854,700.85元；2014年1月3,692,307.69元）。造成2009年11月至2014年1月少申报缴纳增值税17,796,239.31元（其中2009年11月1,329,487.18元；2010年1月4,071,501.70元；2010年3月176,811.28元；2010年5月795,020.35元；2011年6月290,598.29元；2011年8月2,179,487.18元；2011年10月682,905.98元；2012年1月2,034,188.03元；2012年2月741,025.64元；2012年3月1,452,991.45元；2012年6月1,350,893.46元；2012年7月1,338,253.46元；2013年1月476,011.82元；2013年2月249,371.18元；2014

① 山西省阳泉市中级人民法院（2018）晋03行终9号行政判决书

年1月627,692.31元)。

2016年10月14日被告阳泉市国家税务局稽查局举行了税务行政处罚听证。

2016年11月22日被告阳泉市国家税务局稽查局作出阳国税稽罚外[2016]600001号税务行政处罚决定书。

2017年1月13日,原告向山西省国家税务局申请行政复议,被告山西省国家税务局于2017年3月6日作出晋国税复决字[2017]1号行政复议决定书。维持被告阳泉市国家税务局稽查局阳国税稽罚外[2016]600001号税务行政处罚决定。

2017年3月28日原告提起行政诉讼。

法院审理

原审法院认为,被告阳泉市国家税务局稽查局对原告作出的税务行政处罚,履行了调查、听证、重大税务案件审理等行政程序,事实清楚,证据确凿,适用法律依据正确,程序合法。被告山西省国家税务局作出的行政复议决定,程序合法,适用法律、法规依据正确。《中华人民共和国税收征收管理法》第六十三条第一款"纳税人伪造、变造、隐匿、擅自销毁账簿、记账凭证,或者在账簿上多列支出或者不列、少列收入,或者经税务机关通知申报而拒不申报或者进行虚假的纳税申报,不缴或者少缴应纳税款的,是偷税。对纳税人偷税的,由税务机关追缴其不缴或者少缴的税款、滞纳金,并处不缴或者少缴的税款百分之五十以上五倍以下的罚款;构成犯罪的依法追究刑事责任"。依据该条款,原告具有独立的主体资格,独立的行为能立,自然对行为后果承担责任。将煤炭调拨单、过磅单等有关票据全部销毁。被告通过收集到的证据,核实证据,运用证据作出的结论,已经充分证明原告在账簿上少计销售收入104,683,760.69元,少申报缴纳增值税17,796,239.31元。这些行为本身就是主观为之而产生的结果,原告诉称的自己没有偷税的主观故意的理由并不成立且主观故意不是判定纳税人偷税的核心要件,因此原告的诉讼请求二审法院不予支持。依照《中华人民共和国行政诉讼法》第六十九条之规定,判决驳回原告山西平定古州东升阳胜煤业有限公司的诉讼请求。

上诉人山西平定古州东升阳胜煤业有限公司上诉人称,一、一审判决认定事实不清、证据不足。1. 上诉人没有偷逃税款的主观故意;2. 上诉人没有事实偷逃税款的行为;3. 偷逃税款的数额计算不准确。二、一审判决适用法律错误。

综上，为维护上诉人的合法权益，特诉请法院：1. 撤销阳泉市郊区人民法院(2017) 晋0311行初17号行政判决书，查清事实依法改判；2. 本案一审、二审诉讼费由被上诉人承担。

二审法院认为，《中华人民共和国税收征收管理法》第五条第一款规定，国务院税务主管部门主管全国税收征收管理工作。各地国家税务局和地方税务局应当按照国务院规定的税收征收管理范围分别进行征收管理。《中华人民共和国税收征收管理法实施细则》第八十五条第三款规定，税务检查工作的具体办法，由国家税务总局制定。国家税务总局《税务稽查工作流程》第二条第二款规定，税务稽查由税务局稽查局依法实施。稽查局主要职责，是依法对纳税人、扣缴义务人和其他涉税当事人履行纳税义务、扣缴义务情况及涉税事项进行检查处理，以及围绕检查处理开展的其他相关工作。第十条第一款规定，稽查局应当在所属税务局的征收管理范围内实施税务稽查。

本案中阳泉市国家税务局稽查局具有对山西平定古州东升阳胜煤业有限公司纳税情况依法进行查处的职责。根据现有证据查明，上诉人山西平定古州东升阳胜煤业有限公司确有偷逃税款的行为，且被上诉人计算其偷逃税款数额准确、明晰。故原审法院认定被上诉人阳泉市国家税务局稽查局对上诉人处以罚款17,796,239.31元并无不当。

另上诉人诉称的自己没有偷税的主观故意不构成偷税的上诉理由，因纳税人是否具有主观故意不是判定纳税人偷税的核心要件，其上诉请求于法无据，故二审法院对该项上诉请求亦不予支持。

二审法院驳回上诉，维持原判。

点评

本案二审法院认为纳税人是否具有主观故意不是判定纳税人偷税的核心要件，此观点是否正确呢？下面逐一分析。

一、证明主观故意的方法

从认知哲学来讲，我们无法知道他人的主观状态，也无法知道他人的所思所想。因此，我们无法直接证明他人的主观故意。但是，为了解决法律责任的追究问题，立法者在法律层面上采取了间接证明的方法，即根据他人的外在行为来推断其主观故意。因此，所谓证明他人主观故意，就转换为根据他人外在行为推断其主观故意。

二、我国现行立法规定的偷税行为是否包括了主观故意要件

《税收征收管理法》第六十三条规定："纳税人伪造、变造、隐匿、擅自销毁帐簿、记帐凭证，或者在帐簿上多列支出或者不列、少列收入，或者经税务机关通知申报而拒不申报或者进行虚假的纳税申报，不缴或者少缴应纳税款的，是偷税。对纳税人偷税的，由税务机关追缴其不缴或者少缴的税款、滞纳金，并处不缴或者少缴的税款百分之五十以上五倍以下的罚款；构成犯罪的，依法追究刑事责任。扣缴义务人采取前款所列手段，不缴或者少缴已扣、已收税款，由税务机关追缴其不缴或者少缴的税款、滞纳金，并处不缴或者少缴的税款百分之五十以上五倍以下的罚款；构成犯罪的，依法追究刑事责任。"据此，下列行为只要导致不缴或少缴应纳税款的，就属于偷税：第一，伪造、变造、隐匿、擅自销毁账簿、记账凭证。此类行为是直接针对征纳税的原始依据，因此，只要有证据证明纳税人存在伪造、变造、隐匿、擅自销毁账簿、记账凭证的行为，就可推断出纳税人的主观故意。可见，此类行为的存在已经证明了主观故意。第二，在账簿上多列支出或者不列、少列收入。纳税人存在此类行为既可能是故意，也可能是过失，比如工作失误，专业知识水平低下。如果对过失和故意的行为处以相同法律责任，显违法治精神与原则。因此，单纯证明纳税人存在上述行为还不足以认定其构成偷税，还需要证明纳税人的主观故意。当然，证明的方式仍然是依据证据推断。第三，经税务机关通知申报而拒不申报或者进行虚假的纳税申报。此类行为已经表明纳税人的主观故意，因此，只要税务机关证明纳税人存在此类行为即可证明其主观故意。依据上述分析，构成偷税的行为事实皆包括了纳税人的主观故意要件。

三、从法律责任的具体内容可以推断出偷税包含主观故意

《税收征收管理法》第六十三条规定偷税的法律责任是"由税务机关追缴其不缴或者少缴的税款、滞纳金，并处不缴或者少缴的税款百分之五十以上五倍以下的罚款；构成犯罪的，依法追究刑事责任。"首先，偷税的行政责任是追缴不缴或者少缴的税款、滞纳金，并处罚款。追缴税款和滞纳金不是对纳税人的惩罚，只是要求其履行税法规定的纳税义务，但罚款是对纳税人的惩罚，很大程度上是对纳税人主观故意的惩罚。其次，追究刑事责任显然也包括了主观故意要件，可参见刑法规定的逃税罪要件。因此，从《税收征收管理法》规定偷税的法律责任也能看出主观故意是构成偷税的必备要件。

四、本案的分析

本案山西东升煤业集团有限公司、山西东升恒泰商贸有限公司将原告山西平定古州东升阳胜煤业有限公司销售煤炭款现金122,480,000元转移到山西东升恒泰商贸有限公司，造成原告山西平定古州东升煤业有限公司在账簿上少计销售收入104,683,760.69元。上述行为属于《税收征收管理法》第六十三条规定的在帐簿上少列收入的行为，税务机关应当搜集相关证据证明偷税的主观故意。需要注意的是，原告少列收入实际上转变为其关联企业山西东升恒泰商贸有限公司多列收入，从形式上看，原告少缴的税收已经由其关联企业缴纳，整体上看，国家税收并未减少。

五、纳税人的抗辩理由

在偷税纠纷中，纳税人经常提出的抗辩理由是其主观上并不存在偷税的故意。但从现行的案例来看，税务机关和法院通常不理会纳税人的上述抗辩理由，即税务机关和法院还是倾向于认为偷税的构成不包括主观故意。因此，纳税人在日常经营中要防范偷税的法律风险，做好日常的财务会计工作和税务申报工作，而不能心存侥幸。

六、立法机关应当明确认定偷税必须具备主观故意

由于《税收征收管理法》规定得比较模糊，导致税务机关在判断纳税人是否构成偷税时经常将主观故意排除在构成要件之外。此种做法虽然便利了税务机关的工作，但也损害了纳税人的合法权益。鉴于此，建议立法机关明确规定主观故意是构成偷税的必备要件。

法条链接

1. **《税收征收管理法》**

第六十三条 纳税人伪造、变造、隐匿、擅自销毁帐簿、记帐凭证，或者在帐簿上多列支出或者不列、少列收入，或者经税务机关通知申报而拒不申报或者进行虚假的纳税申报，不缴或者少缴应纳税款的，是偷税。对纳税人偷税的，由税务机关追缴其不缴或者少缴的税款、滞纳金，并处不缴或者少缴的税款百分之五十以上五倍以下的罚款；构成犯罪的，依法追究刑事责任。

扣缴义务人采取前款所列手段，不缴或者少缴已扣、已收税款，由税务机关追缴其不缴或者少缴的税款、滞纳金，并处不缴或者少缴的税款百分之五十以上五倍以下的罚款；构成犯罪的，依法追究刑事责任。

024. 购货方从销售方取得第三方开具的增值税专用发票是否构成偷税？

——瑞安市乐登鞋业有限公司与瑞安市国家税务局稽查局处罚案[①]

裁判要旨

在货物交易中，购货方从销售方取得第三方开具的增值税专用发票，向税务机关申报抵扣税款的，应当按偷税处理，依照《税收征收管理法》及有关规定追缴税款，处以偷税数额五倍以下的罚款。

基本案情

2009年期间，原告瑞安市乐登鞋业有限公司向潘某购买丁酯和石蜡，并取得出票单位为杭州更化化工有限公司的增值税专用发票1份、出票单位为宁波镇洋化工发展有限公司的增值税专用发票2份、出票单位为浙江建德建业有机化工有限公司的增值税专用发票4份。上述7份发票共计金额856,708.53元，税额145,640.47元，价税合计1,002,349元。进项税额145,640.47元已于2009年1至5月份予以申报抵扣。

2013年1月25日，被告瑞安市国家税务局稽查局予以立案。

2013年1月28日，被告向原告送达《税务检查通知书》，并调取了原告2010年至2011年的账簿、记账凭证等有关资料。

2014年2月18日，被告向原告出具《税务稽查签证》，载明经调查，认定原告于2009年1月至5月期间，向联合塑化公司购买货物，取得杭州更化化工有限公司、宁波镇洋化工发展有限公司和浙江建德建业有机化工有限公司七份发票及税款已经抵扣的事实，告知如有异议，应如实申辩，同时提供证据。原告的实际负责人丁某和在该《税务稽查签证》上签字盖章确认，明确表示无异议。

2014年2月27日，被告向原告提取涉案7张发票，并对原告的实际负责人丁某和、法定代表人丁金木、出纳丁某利等人进行调查询问。

2014年4月16日，被告检查部门将该案移交至审理部门。因案情复杂，被

① 浙江省瑞安市人民法院（2017）浙0381行初28号行政判决书

告在检查期间及审理期间多次延长时限，具体为：于2013年3月26日经审批延长案件检查时限至2013年4月30日，于2013年4月27日经审批延长案件检查时限至2013年5月30日，于2013年5月30日经审批延长案件检查时限至2013年8月30日，于2013年8月28日经审批延长案件检查时限至2013年12月20日，于2013年12月20日经审批延长案件检查时限至2014年6月30日。于2014年4月22日经审批延长案件审理时限至2014年7月1日，于2014年7月3日经审批延长案件审理时限至2014年7月16日。

2015年2月5日，被告作出《税务行政处罚事项告知书》。原告于同年3月9日提出书面听证申请。同年3月20日，被告组织举行了听证。

2015年6月30日，被告作出瑞国税稽处［2015］7号税务处理决定书和瑞国税稽罚［2015］9号税务行政处罚决定书，认定原告向联合塑化公司购买货物并向第三人取得增值税发票，决定对原告的偷税行为处以补缴增值税145, 640. 47元及缴纳滞纳金；对已抵扣的增值税145, 640. 47元的一倍罚款计145, 640. 47元。

2015年8月18日原告申请复议。

2015年10月22日，瑞安市国税局作出瑞国税复决字（2015）第1号税务行政复议决定书，以证据不足为由撤销瑞国税稽罚［2015］9号税务行政处罚决定书，并要求被告重新作出决定。

因原告的行为可能涉及刑事犯罪，故公安机关予以立案，经侦查后认为原告犯罪情节显著轻微、危害不大，不认为是犯罪，故于2016年4月8日作出《撤销案件决定书》。

2016年12月13日，被告再次作出《税务行政处罚事项告知书》并于当日向原告送达。

2016年12月19日，被告作出瑞国税稽处［2016］24号《税务处理决定书》和瑞国税稽罚［2016］18号《税务行政处罚决定书》，并于2016年12月28日向原告送达。

2017年3月12日，原告申请复议，同年3月15日瑞安市国税局以原告超过复议期限为由决定不予受理。

2017年3月23日，原告向法院起诉。

法院审理

法院认为，本案的争议焦点在于：1. 涉案处罚认定事实是否清楚。原告实际负责人丁某和销售方潘某的陈述、税务稽查签证、涉案七份发票、银行转账凭证能相互印证，证明原告向潘某购买货物，从第三方取得增值税发票，以及涉案七张发票已经抵扣，造成原告少缴税款145,640.47元的事实，故涉案处罚决定书事实认定清楚、依据充分。原告抗辩称被告未取得第三方企业的证言及票款循环流向的证据，潘某打回给原告的款项系退还“押金”而非票款回流，但与询问笔录中丁某和及潘某的陈述相矛盾，故原告的该项抗辩意见不予采纳。2. 涉案处罚决定法律适用是否正确。根据国税发［1997］134号文件《国家税务总局关于纳税人取得虚开的增值税专用发票处理问题的通知》第二项规定：“在货物交易中，购货方从销售方取得第三方开具的专用发票，或者从销货地以外的地区取得专用发票，向税务机关申报抵扣税款或者申请出口退税的，应当按偷税、骗取出口退税处理，依照《中华人民共和国税收征收管理法》及有关规定追缴税款，处以偷税、骗税数额五倍以下的罚款。”原告从购买方以外的第三方取得增值税发票，符合上述规定之情形，故被告认定原告偷税并予以处罚应属法律适用正确。原告认为《公函》载明其没有逃税的故意，应适用财税［2000］187号《国家税务总局关于纳税人善意取得虚开的增值税专用发票处理问题的通知》第一项之规定：“购货方与销售方存在真实的交易，销售方使用的是其所在省（自治区、直辖市和计划单列市）的专用发票，专用发票注明的销售方名称、印章、货物数量、金额及税额等全部内容与实际相符，且没有证据表明购货方知道销售方提供的专用发票是以非法手段获得的，对购货方不以偷税或者骗取出口退税论处。”首先，检察院出具的《公函》是对原告涉刑事案件犯罪构成要件的意见，本案系行政处罚案件，不能以此类推适用；其次，本案原告的情形不符合该项规定，因为原告获取的发票注明的销售方名称系第三方企业，并非实际销售方潘某，故原告的该项抗辩意见不予采纳。3. 被告处罚程序是否合法。被告依照《税务稽查工作规程》的规定，进行立案、稽查、审理、告知、听证、处罚等一系列程序，符合法律规定。原告抗辩被告多次延期无法律依据，但该规程并未规定不能多次延期，且该案案情复杂，多次延期并无不当，亦不影响原告的实体权利，该抗辩理由不予采纳。原告抗辩被告非法取得丁某和的笔录，存在非法留置和恐吓的行为，在听证期间剥夺了其律师阅卷的权利，均未提供证据予以证明，其抗辩意见不予采纳。

法院驳回原告瑞安市乐登鞋业有限公司的诉讼请求。

点评

实务中，因销售方不具有开具增值税专用发票的资格，而购货方又有取得增值税专用发票用作进项税额抵扣的客观要求，双方可能会找第三方开具增值税专用发票，此时，购货方取得开票单位为第三方的增值税专用发票。税务机关对此种做法一般认定为偷税。《国家税务总局关于纳税人取得虚开的增值税专用发票处理问题的通知》第二项规定："在货物交易中，购货方从销售方取得第三方开具的专用发票，或者从销货地以外的地区取得专用发票，向税务机关申报抵扣税款或者申请出口退税的，应当按偷税、骗取出口退税处理，依照《中华人民共和国税收征收管理法》及有关法规追缴税款，处以偷税、骗税数额五倍以下的罚款。"由于偷税是税收行政法律法规中的概念，不是刑法中的逃税概念，故刑法逃税罪理论不能直接用于偷税行为的认定。比如刑法理论认为逃税罪是危险犯，如果纳税人的行为不存在造成国家税收流失的危险，不成立逃税罪。如果将刑法中的危险犯理论引入本案，则不应当认定购货方构成偷税，理由是销售方被其上游交易方收取了增值税，必然会转嫁给购货方，故销售方与购货方之间的交易价格包含增值税，即销售方通过收取货款的方式向购货方收取了增值税，此部分增值税作为进项税额应当进行抵扣。但是，销售方无法提供以其名义开具的增值税专用发票，而第三方依据购销双方真实交易信息以自己名义向购货方开具增值税专用发票，实际上并未导致国家税收的减少。但是，税收行政法律法规没有关于偷税行为危险犯的理论，而是遵循传统的"三流一致"理论，认为第三方与购货方无真实的交易关系，"货、款、票"不一致，当然构成偷税。此案例再次给纳税人敲响警钟，增值税专用发票一定要依据真实的交易信息由销售方以其名义开具，不能借第三方开具，否则会有偷税风险。

法条链接

1. **《税收征收管理法》**

第六十三条 纳税人伪造、变造、隐匿、擅自销毁帐簿、记帐凭证，或者在帐簿上多列支出或者不列、少列收入，或者经税务机关通知申报而拒不申报或者进行虚假的纳税申报，不缴或者少缴应纳税款的，是偷税。对纳税人偷税的，由税务机关追缴其不缴或者少缴的税款、滞纳金，并处不缴或者少缴的税款百分之五十以上五倍以下的罚款；构成犯罪的，依法追究刑事责任。

扣缴义务人采取前款所列手段，不缴或者少缴已扣、已收税款，由税务机关追缴其不缴或者少缴的税款、滞纳金，并处不缴或者少缴的税款百分之五十以上五倍以下的罚款；构成犯罪的，依法追究刑事责任。

2.《国家税务总局关于纳税人取得虚开的增值税专用发票处理问题的通知》

二、在货物交易中，购货方从销售方取得第三方开具的专用发票，或者从销货地以外的地区取得专用发票，向税务机关申报抵扣税款或者申请出口退税的，应当按偷税、骗取出口退税处理，依照《中华人民共和国税收征收管理法》及有关法规追缴税款，处以偷税、骗税数额五倍以下的罚款。

025. 让他人为自己虚开增值税专用发票并抵扣税款应负何种行政责任？

——北京盛强达贸易有限责任公司与北京市海淀区国家税务局稽查局行政处罚上诉案[①]

裁判要旨

让他人为自己虚开增值税专用发票并抵扣税款，是偷税，由税务机关追缴其不缴或者少缴的税款、滞纳金，并处不缴或者少缴的税款百分之五十以上五倍以下的罚款；构成犯罪的，依法追究刑事责任。另外，对虚开发票的行为，由税务机关没收违法所得；虚开金额在1万元以下的，可以并处5万元以下的罚款；虚开金额超过1万元的，并处5万元以上50万元以下的罚款；构成犯罪的，依法追究刑事责任。

基本案情

2013年6月，北京市海淀区国家税务局稽查局（以下简称海淀国税稽查局）收到案件协查基本情况表，该表显示，上海盈百经贸有限公司（以下简称盈百公

① 北京市第一中级人民法院行政判决书（2014）一中行终字第6309号

司）涉嫌虚开增值税专用发票，要求对受票单位进行协查并依法查处，同时提供了相关增值税抵扣凭证信息。海淀国税稽查局经确认，北京盛强达贸易有限责任公司（以下简称盛强达公司）取得了7张该公司开具的增值税专用发票，并于2013年4月予以抵扣进项税。海淀国税稽查局于同年8月22日予以立案，于8月23日向盛强达公司送达了税务检查通知书，进行了调查核实，制作了询问笔录，并于10月12日向盛强达公司送达了税务行政处罚事项告知书，告知其听证的权利。2013年10月22日，海淀国税稽查局作出被诉处罚决定，认定盛强达公司取得盈百公司7张发票，并于2013年4月抵扣进项税118,273.5元。发票代码3100113140，发票号码27181277至27181283，金额共计695,726.5元，税额共计118,273.5元，价税合计814,000元。盛强达公司与盈百公司实际没有业务往来，没有支付过货款；上述发票是盛强达公司向卖发票人莫某提供开票信息，盛强达公司按票面价税合计总额814,000元的4.5%向莫某的个人账号转账支付开票费共计36,630元。盛强达公司未入账、未税前列支。根据《税收征管法》第六十三条第一款、国税发（1997）134号《国家税务总局关于纳税人取得虚开的增值税专用发票处理问题的通知》（以下简称134号文）的规定，决定对盛强达公司处以偷税数额1倍罚款118,273.5元。根据《中华人民共和国发票管理办法》（以下简称《发票管理办法》）第二十二条第二款、第三十七条的规定，决定对盛强达公司虚开发票的行为处以罚款5万元。以上应缴罚款共计168,273.5元。该决定于次日送达盛强达公司。现上述罚款未缴纳。盛强达公司不服，诉至一审法院，请求撤销被诉处罚决定。

法院审理

一审法院经审理认为，《中华人民共和国税收征收管理法》（以下简称《税收征管法》）第十四条、《中华人民共和国税收征收管理法实施细则》（以下简称《税收征管细则》）第九条规定，按照国务院规定设立的并向社会公告的税务机构，是指省以下税务局的稽查局。稽查局专司偷税、逃避追缴欠税、骗税、抗税案件的查处。《发票管理办法》第四条规定，国务院税务主管部门统一负责全国的发票管理工作。省、自治区、直辖市国家税务局和地方税务局依据各自的职责，共同做好本行政区域内的发票管理工作。依据上述规定，海淀国税稽查局作为区一级税务机构，有权对本行政区域内的税务违法行为进行查处。

依据《税收征管法》第六十三条第一款、国税发（1997）134号《国家税务总局关于纳税人取得虚开的增值税专用发票处理问题的通知》（以下简称134号文）第一条的规定，纳税人进行虚假的纳税申报，不缴或者少缴应纳税款的，是偷税；受票方利用他人虚开的专用发票，向税务机关申报抵扣税款进行偷税的，应当按照《税收征管法》及有关规定追缴税款，处以偷税数额5倍以下的罚款。本案中，海淀国税稽查局认定盛强达公司持其购买的7张增值税专用发票在办理纳税申报时作为进项税进行了抵扣，未发生真实交易，盛强达公司已构成偷税行为，并对盛强达公司处以偷税数额1倍的罚款，该认定事实清楚、证据确凿，适用法律恰当，处罚额度适当。同时，依据《发票管理办法》第二十二条第二款第（二）项、第三十七条第一款的规定，让他人为自己开具与实际经营业务情况不符的发票，属于虚开发票的行为；虚开金额超过1万元的，处5万元以上50万元以下的罚款。本案中，海淀国税稽查局认定盛强达公司从他人手中开具没有真实交易的发票并支付相应费用的行为，已构成虚开发票的行为，并据此对盛强达公司处以5万元的罚款，该认定事实清楚、证据确凿，适用法律恰当，处罚额度适当。此外，海淀国税稽查局在对盛强达公司作出税务行政处罚的过程中，履行了立案、调查、审批、告知权利、决定及送达的程序，符合《中华人民共和国行政处罚法》（以下简称《行政处罚法》）和相关税收法律、法规的规定，程序合法。

盛强达公司主张，其取得发票支付的是发票税点而非开票费，以及海淀国税稽查局进行处罚时适用的法律有重大滞后错误的主张，缺乏事实和法律依据，法院不予支持。

一审法院依据最高人民法院《关于执行〈中华人民共和国行政诉讼法〉若干问题的解释》第五十六条第（四）项之规定，判决驳回了盛强达公司的诉讼请求。

盛强达公司不服，上诉至二审法院，其主要上诉意见为：1. 涉案发票经过海淀国税稽查局的认证部门认证通过，如有不妥，应由认证部门负责。2. 海国税稽罚（2013）238号税务行政处罚决定（以下简称被诉处罚决定）认定的开票费实为上诉人用对公账户支付的发票税点。3. 134号文严重滞后，为1997年发布，按照当时的法律，上诉人不应为一般纳税人。2011年上诉人被迫核定为一般纳税人。4. 海淀国税稽查局违反《行政处罚法》第四条、第五条和第六条，一审法院违反《中华人民共和国行政诉讼法》第四条。两者均忽视了现实中上诉人基于经营市场现状和税收政策不完善的无奈，且《中华人民共和国刑法》

中偷税罪要求为主观故意，因此上诉人从未偷税，亦未从中获利。5. 海淀国税稽查局未向上诉人送达税收检查签证，其提交的证据中由上诉人签署的文件均为被威逼签署。综上，上诉人请求二审法院撤销一审判决，依法改判。

二审法院驳回上诉，维持一审判决。

点评

本案的争议焦点是让他人为自己虚开增值税专用发票如何处理。虚开增值税专用发票通常包括四种情况：为他人虚开增值税专用发票；为自己虚开增值税专用发票；让他人为自己虚开增值税专用发票；介绍他人虚开增值税专用发票。本案所涉情况是让他人为自己虚开增值税专用发票。

《国家税务总局关于纳税人取得虚开的增值税专用发票处理问题的通知》第一条规定："受票方利用他人虚开的专用发票，向税务机关申报抵扣税款进行偷税的，应当依照《中华人民共和国税收征收管理法》及有关规定追缴税款，处以偷税数额五倍以下的罚款；进项税金大于销项税金的，还应当调减其留抵的进项税额。利用虚开的专用发票进行骗取出口退税的，应当依法追缴税款，处以骗税数额五倍以下的罚款。"本案的纳税人盛强达公司从盈百公司取得 7 张虚开的增值税专用发票，并向税务机关申报抵扣了增值税。据此，应当依照《税收征收管理法》追缴税款，并处罚款。

《税收征收管理法》第六十三条第一款规定："纳税人伪造、变造、隐匿、擅自销毁帐簿、记帐凭证，或者在帐簿上多列支出或者不列、少列收入，或者经税务机关通知申报而拒不申报或者进行虚假的纳税申报，不缴或者少缴应纳税款的，是偷税。对纳税人偷税的，由税务机关追缴其不缴或者少缴的税款、滞纳金，并处不缴或者少缴的税款百分之五十以上五倍以下的罚款；构成犯罪的，依法追究刑事责任。"由于本案的纳税人盛强达公司利用虚开的增值税专用发票向税务机关进行虚假申报，并抵扣了增值税，此行为是偷税，依法应当追缴其不缴或者少缴的税款、滞纳金，并处不缴或者少缴的税款百分之五十以上五倍以下的罚款。本案税务机关依法对盛强达公司处以偷税数额 1 倍罚款 118, 273. 5 元。另外，《发票管理办法》第二十二条第二款规定："任何单位和个人不得有下列虚开发票行为：（一）为他人、为自己开具与实际经营业务情况不符的发票；（二）让他人为自己开具与实际经营业务情况不符的发票；（三）介绍他人开具与实际经营业务情况不符的发票。"第三十七条第一款规定："违反本办法第二十二条第二款的规定虚开发票的，由税务机关没收违法所得；虚开金额在1万元以下的，可以并处5万元以下的罚款；虚开金额超过1万元的，并处5万元以上50万元以下的罚款；构成犯罪的，依法追究刑事责任。”本案的税务机关依据《发票管理办法》的上述条款对盛强达公司虚开发票的行为处以罚款5万元。

综上，本案的税务机关对纳税人作出的行政处罚符合法律规定。

法条链接

1. **《国家税务总局关于纳税人取得虚开的增值税专用发票处理问题的通知》**

各省、自治区、直辖市和计划单列市国家税务局：

最近，一些地区国家税务局询问，对纳税人取得虚开的增值税专用发票（以下简称专用发票）如何处理。经研究，现明确如下：

一、受票方利用他人虚开的专用发票，向税务机关申报抵扣税款进行偷税的，应当依照《中华人民共和国税收征收管理法》及有关规定追缴税款，处以偷税数额五倍以下的罚款；进项税金大于销项税金的，还应当调减其留抵的进项税额。利用虚开的专用发票进行骗取出口退税的，应当依法追缴税款，处以骗税数额五倍以下的罚款。

二、在货物交易中，购货方从销售方取得第三方开具的专用发票，或者从销货地以外的地区取得专用发票，向税务机关申报抵扣税款或者申请出口退税的，应当按偷税、骗取出口退税处理，依照《中华人民共和国税收征收管理法》及有关规定追缴税款，处以偷税、骗税数额五倍以下的罚款。

三、纳税人以上述第一条、第二条所列的方式取得专用发票未申报抵扣税款，或者未申请出口退税的，应当依照《中华人民共和国发票管理办法》及有关规定，按所取得专用发票的份数，分别处以1万元以下的罚款；但知道或者应当知道取得的是虚开的专用发票，或者让他人为自己提供虚开的专用发票的，应当从重处罚。

四、利用虚开的专用发票进行偷税、骗税，构成犯罪的，税务机关依法进行追缴税款等行政处理，并移送司法机关追究刑事责任。

2. **《税收征收管理法》**

第六十三条　纳税人伪造、变造、隐匿、擅自销毁帐簿、记帐凭证，或者在帐簿上多列支出或者不列、少列收入，或者经税务机关通知申报而拒不申报或者进行虚假的纳税申报，不缴或者少缴应纳税款的，是偷税。对纳税人偷税的，由税务机关追缴其不缴或者少缴的税款、滞纳金，并处不缴或者少缴的税款百分之五十以上五倍以下的罚款；构成犯罪的，依法追究刑事责任。

扣缴义务人采取前款所列手段，不缴或者少缴已扣、已收税款，由税务机关追缴其不缴或者少缴的税款、滞纳金，并处不缴或者少缴的税款百分之五十以上五倍以下的罚款；构成犯罪的，依法追究刑事责任。

3. **《发票管理办法》**

第二十二条 开具发票应当按照规定的时限、顺序、栏目，全部联次一次性如实开具，并加盖发票专用章。

任何单位和个人不得有下列虚开发票行为：

（一）为他人、为自己开具与实际经营业务情况不符的发票；

（二）让他人为自己开具与实际经营业务情况不符的发票；

（三）介绍他人开具与实际经营业务情况不符的发票。

第三十七条 违反本办法第二十二条第二款的规定虚开发票的，由税务机关没收违法所得；虚开金额在1万元以下的，可以并处5万元以下的罚款；虚开金额超过1万元的，并处5万元以上50万元以下的罚款；构成犯罪的，依法追究刑事责任。

非法代开发票的，依照前款规定处罚。

026. 纳税人和扣缴义务人已经办理税务登记或扣缴税款登记是否视为税务机关已经通知申报纳税？

——深圳市地方税务局第一稽查局与深圳市天诚交通发展有限公司征收上诉案①

裁判要旨

比较《税收征收管理法》第六十三条和第六十四条第二款，第六十三条所说的“（纳税人不进行纳税申报）经税务机关通知申报而拒不申报，不缴或者少缴应纳税款”，属于第六十四条“纳税人不进行纳税申报，不缴或者少缴应纳税款”的一种特殊情形。《税收征收管理法》立法者的原意并未将依法办理了税务

① 广东省深圳市中级人民法院（2014）深中法行终字第538号行政判决书

登记或者扣缴税款登记的行为视为税务机关已经通知申报纳税。

基本案情

深圳市天诚交通发展有限公司（以下简称天诚公司）于1993年至1996年期间陆续与多名个人签订《承包经营出租小汽车合同》或《关于出租的士及出租牌融资合同》等一系列合同，约定由个人向天诚公司投入资金，该司承诺将一定期限内经营特定出租车的预期营运收益分配给个人。

2003年11月13日，天诚公司作为甲方、多名个人作为乙方签订《补充协议》，该协议约定新车下地后，甲方从2003年12月起每月26日前付给乙方当月投资收益人民币7××0元，每逾期1日按日3‰支付滞纳金；其他一切税费由甲方承担。

2006年，多名个人与天诚公司发生纠纷诉至法院，请求天诚公司支付出租小汽车租金、滞纳金及利息。

2007年1月24日，深圳市地方税务局第四稽查局向天诚公司发出深地税四稽责字（2007）第4001号《责令限期代扣代缴税款通知书》，以天诚公司2004年1月1日至2004年12月31日期间向罗某东等32人支付承包费，但未代扣代缴其个人所得税人民币54×××8.1元为由责成天诚公司于2007年1月30日前将应扣未扣税款人民币54×××8.1元扣缴入库。

2007年1月24日，深圳市地方税务局第四稽查局向天诚公司发出深地税四稽责字（2007）第4002号《责令限期代扣代缴税款通知书》，责成天诚公司将罗某东等32人2005年度个人所得税扣缴入库。

2007年3月21日，深圳市地方税务局第四稽查局向天诚公司发出深地税四发（2007）2号《关于撤销〈责令限期代扣代缴税款通知书〉的通知》，以深圳市地方税务局机构及征管职能调整，不能继续稽查工作，需将天诚公司的涉税案件交由地税第一稽查局检查处理为由撤销深地税四稽责字（2007）第4001、4002号《责令限期代扣代缴税款通知书》。

2007年5月15日，天诚公司致函深圳市地方税务局第四稽查局及深圳市地方税务局第一稽查局（以下简称地税第一稽查局），询问撤销深地税四稽责字（2007）第4001、4002号《责令限期代扣代缴税款通知书》是否可理解为无必要履行承包经营取得所得征税的义务。

地税第一稽查局未明确其及深圳市地方税务局第四稽查局是否针对天诚公司

上述致函予以回复。

2010年5月10日，广东省高级人民法院作出（2009）粤高法民四终字第74－120号《民事判决书》，认定天诚公司与多名个人之间签订的合同虽名为承包经营或融资合同，但实质内容系个人以一次性缴交承包金的方式向天诚公司提供投资款，由该司营运出租车，双方在营运收入中共同分配收益，遂判令天诚公司向各投资人补足相应的投资收益差额及逾期付款违约金。

2010年6月7日，天诚公司致函地税第一稽查局，希望明示其是否需要履行代扣代缴义务。

2010年6月11日，地税第一稽查局向天诚公司发出深地税一事通（2010）20005号《税务事项通知书》，告知天诚公司向投资人支付投资收益时应按利息、股息、红利所得履行代扣代缴个人所得税的义务。

天诚公司因担心向深圳市中级人民法院支付执行款，该款项被投资人领取后，其无法履行代扣代缴义务，将被税务机关追责，于2010年11月22日通过EMS方式向深圳市地方税务局盐田分局邮寄《关于恳请向深圳市中级人民法院发〈税务协助执行通知书〉防止巨额国家税款流失的再次紧急请示报告》，后分别于2010年12月10日、2014年12月24日通过EMS方式向地税第一稽查局邮寄《关于纳税的再次紧急报告》《关于恳请扣缴个人所得税的再次紧急请示》。天诚公司在上述报告中均表示希望深圳市地方税务局盐田分局、地税第一稽查局向深圳市中级人民法院发出《税务协助执行通知书》，扣划投资者在深圳市中级人法院的执行款，作为天诚公司代扣代缴投资者个人所得税的应纳税款，从而避免国家税款的流失。

2011年2月15日，深圳市中级人民法院作出（2010）深中法执字第626－651号《结案通知书》，该通知书载明因地税第一稽查局函请协助划缴投资人所收投资收益的个人所得税，故深圳市中级人民法院协助深圳市地方税务局盐田分局、地税第一稽查局共扣缴经广东省高级人民法院判决天诚公司应向投资人补足投资收益差额的个人所得税款共人民币63×××9.91元。

2011年2月22日，深圳市地方税务局盐田分局向深圳市中级人民法院发函表示已收到周某豪等14名投资人的投资收益执行款的个人所得税人民币26×××8.94元，并开具完税凭证。

2012年2月22日，地税第一稽查局发函给深圳市地方税务局盐田分局，要求其为深圳市中级人民法院协助扣缴的天诚公司应扣缴的个人所得税人民币36

×××0.97 元开具完税凭证。

得知地税第一稽查局未全部扣缴投资人应缴税款，天诚公司于 2011 年 4 月 20 日向深圳市地方税务局盐田分局邮寄《关于恳请贵局及时征缴巨额国家税款的紧急请示》，要求税务机关继续扣缴天诚公司已向投资人支付的人民币 2××0 多万元投资收益所涉及的个人所得税。

2011 年 6 月 16 日，天诚公司向地税第一稽查局递交《承诺函》，称广东省高级人民法院认定天诚公司与投资人之间是投资关系，并判决在已支付约人民币 2××0 万元投资收益的基础上再支付约人民币 4××万元投资收益，合计为约人民币 2××0 万元投资收益，按税率 20% 计算需征缴税款约人民币 4××万元；经协调地税第一稽查局已于 2011 年 6 月 9 日明确表示全力支持扣缴投资收益个人所得税，故天诚公司承诺在深圳市地方税务局盐田分局向法院发出扣缴投资收益个人所得税公函后向法院指定账号全额交纳执行款以确保税款足额扣缴，即视为天诚公司已完成代扣代缴义务。地税第一稽查局的工作人员张某灵已于 2011 年 6 月 16 日签收天诚公司递交的《承诺函》。

2012 年 7 月 9 日，地税第一稽查局向天诚公司发出《税务检查通知书》，以对天诚公司涉税情况进行检查为由要求其提供 2003 年 1 月 1 日至 2008 年 12 月 31 日期间的相关资料。

经调查，2013 年 11 月 25 日，地税第一稽查局向天诚公司发出深地税一稽处（2013）46 号《税务处理决定书》，认定周某豪等 33 名投资人因出租车投资合同所产生的投资收益所得的税费按约定应由天诚公司承担，天诚公司系投资人投资收益个人所得税的扣缴义务人，且因天诚公司书面承诺代投资人（纳税人）支付税款，故无论天诚公司向投资人支付投资收益时是否代扣税款，均视为其已扣税款，天诚公司应在法定申报期限内将已扣税款缴入国库，经查实天诚公司 2003 年 12 月至 2008 年 8 月期间已支付周某豪等 33 名投资人投资收益共计人民币 12××××02.84元，已扣未缴利息、股息、红利所得个人所得税共计人民币 31××××0.71元，依据《中华人民共和国税收征收管理法》第六十三条第二款及参照《国家税务总局转发〈最高人民法院关于审理偷税抗税刑事案件具体应用法律若干问题的解释〉的通知》第一条第二款规定，天诚公司在法定申报期限内经税务机关通知申报而拒不申报，未按规定期限解缴已扣税款的行为已构成偷税，遂依据《中华人民共和国税收征收管理法》第三十二条及第六十三条第二款规定，决定向天诚公司追缴 2003 年 12 月至 2008 年 8 月期间已扣未缴利息、股息、红利所得个人所得税人民币31××××0.71元及加收滞纳金人民币38××××0.61元，共计为人民币69××××1.32元。

法院审理

原审认为，本案的争议焦点是天诚公司的行为是否构成偷税，地税第一稽查局对天诚公司作出行政处罚是否符合法律规定。《中华人民共和国税收征收管理法》(2001 年版）第六十三条规定，偷税的行为方式是伪造、变造、隐匿、擅自销毁帐簿、记帐凭证；在帐簿上多列支出或不列、少列收入；经税务机关通知申报而拒不申报或进行虚假的纳税申报。从上述行为方式来看，均为故意违反有关税法不缴或少缴应纳税款的行为，行为人主观故意性明显。因天诚公司与投资人是否处于民事诉讼期间不构成地税第一稽查局不对天诚公司的涉税行为进行处理的理由，若地税第一稽查局认为因处于民事诉讼期间而无法确定天诚公司应缴纳何种税款及缴纳税款的总额，那么天诚公司作为非税务专业人士理应更不知道是否有扣缴投资人个人所得税的义务，在天诚公司不知晓是否应当履行扣缴投资人个人所得税的情形下，地税第一稽查局对天诚公司的疑问又不答复，导致天诚公司最终未履行代扣代缴的义务，从这个角度来看，天诚公司无偷税的主观故意。此外，天诚公司早在 1993 年至 1996 年期间与多名投资人签订《承包经营出租小汽车合同》《转承包协议》《融资车辆补充协议》《补充协议》等一系列合同，2006 年因与投资人发生纠纷诉至法院，经法院最终认定为投资合同关系，天诚公司才知晓投资人取得的投资收益应缴纳个人所得税，其作为扣缴义务人应对其税款进行扣缴。天诚公司在民事诉讼中以代扣代缴税款为由主张停止支付投资收益，广东省高级人民法院对天诚公司提出的抗辩不予采纳，在终审判决中亦未对税款问题作出处理。多年来，天诚公司已向投资人支付大笔投资收益，却从未代扣代缴个人所得税。在广东省高级人民法院作出终审判决判令天诚公司向投资人补足相应的投资收益差额及逾期付款违约金约人民币 4 × ×多万元后，天诚公司倍感焦虑，因一旦天诚公司向深圳市中级人民法院支付执行款，而该款项又被投资人领走，就意味着天诚公司无法履行代扣代缴义务，将被税务机关追责，但若天诚公司不将该笔款项交给深圳市中级人民法院，而改交给税务机关作为其代扣代缴投资人收益个人所得税的款项，深圳市中级人民法院将以天诚公司不履行生效判决为由对其强制执行。为此，经与深圳市中级人民法院沟通后，天诚公司多次向深圳市地方税务局盐田分局、地税第一稽查局请示，要求深圳市地方税务局盐田分局、地税第一稽查局向深圳市中级人民法院发出《税务协助执行通知书》，扣划投资人在深圳市中级人民法院的执行款权益，作为天诚公司代扣代缴投资人个人所得税的应纳税款。2011 年 2 月 21 日，深圳市地方税务局盐田分局、天诚公司共计扣缴投资人投资收益的个人所得税款人民币 63 × × ×9. 91 元。也就是说，税务机关只扣缴了天诚公司应付投资人而未支付的投资收益差额应缴纳的税款，对于天诚公司已向投资人支付的约人民币 2 × ×0 多万元投资收益所涉及的个人所得税未予以扣缴。依据《中华人民共和国税收征收管理法实施细则》（2002 年版）第九十四条规定，纳税人拒绝代扣、代收税款的，扣缴义务人应向税务机关报告，由税务机关直接向纳税人追缴税款、滞纳金。天诚公司作为扣缴义务人，在已经不可能控制投资人的投资收益的情形下，多次致函要求地税第一稽查局直接向投资人追缴，并已提供投资人的财产线索，天诚公司的行为符合法律规定。且从天诚公司不断发函请求地税第一稽查局扣划投资人个人所得税的举动看，天诚公司亦无偷税的故意。综上，天诚公司的行为不属于经通知申报而拒不申报的行为，其不构成偷税，地税第一稽查局作出行政处罚适用法律错误。

原审法院判决撤销地税第一稽查局作出深地税一稽处（2013）46 号《税务处理决定书》的具体行政行为。

上诉人地税第一稽查局不服原审判决上诉称，依据《最高人民法院关于审理偷税抗税刑事案件具体应用法律若干问题的解释》第二条第二款规定，天诚公司已办理《税务登记证》，该证上载明扣缴义务为依法确定，故天诚公司属已依法办理扣缴税款登记的情形，即属经税务机关通知申报。税务机关已向天诚公司先后发出《责令限期代扣代缴税款通知书》《税务事项通知书》等相关文书，天诚公司一直未依法进行合格有效的纳税申报，其亦从未提交有关办妥扣缴税款登记后向主管税务机关申报缴纳 2003 年至 2008 年投资人个人所得税和经地税第一稽查局通知及稽查后向该局申报缴纳 2003 年至 2008 年投资人个人所得税的有效证据材料，其所提交的数次致函也仅仅是推卸扣缴义务、要求税务机关予以协助配合的请求和单方承诺，并非纳税申报，故天诚公司显然存在拒不申报的情形。鉴于作为扣缴义务人的天诚公司与作为纳税人的投资人之间存在扣缴义务人代纳税人支付税款的书面承诺，故依据《最高人民法院关于审理偷税抗税刑事案件具体应用法律若干问题的解释》第一条第二款规定，直接认定扣缴义务人即天诚公司已扣、已收税款，至于其事实上是否在支付或未支付投资收益时已代为扣除投资人应缴纳的个人所得税，在所不问，均视为天诚公司已扣税款，天诚公司应对其实际上未扣未收税款与法律意义上已扣已收税款的脱节承担责任，这是天诚公司故意曲解投资合同性质、对出租车经营模式和投资收益支付方式不合理设置、消极懈怠履行代扣代缴义务、意图将其代扣代缴的法定义务移转至税务机关等原因造成的，天诚公司事实上已造成税款流失和无法及时扣缴入库的法律后果，符合偷税的结果要件。

因已认定天诚公司已扣已收税款，故地税第一稽查局没必要再向纳税人追缴税款，直接要求代扣代缴义务人将已扣已收的税款解缴至税务机关即可。

二审法院驳回上诉，维持原判。

点评

本案税务机关认为天诚公司构成偷税，理由是《最高人民法院关于审理偷税抗税刑事案件具体应用法律若干问题的解释》第二条第二款规定："具有下列情形之一的，应当认定为刑法第二百零一条第一款规定的'经税务机关通知申报'：（一）纳税人、扣缴义务人已经依法办理税务登记或者扣缴税款登记的；（二）依法不需要办理税务登记的纳税人，经税务机关依法书面通知其申报的；（三）尚未依法办理税务登记、扣缴税款登记的纳税人、扣缴义务人，经税务机关依法书面通知其申报的。"由于天诚公司已经办理了税务登记，故视为税务机关已经通知其申报纳税，加之导致不缴或少缴应纳税款，应依《税收征收管理法》第六十三条按偷税处理。法院认为天诚公司不构成偷税，理由是天诚公司主观上无偷税的故意。两方的观点皆存在问题。理由如下：

第一，已经依法办理税务登记或者扣缴税款登记的，并不能视为税务机关已经通知申报纳税。《税收征收管理法》第六十三条规定："纳税人伪造、变造、隐匿、擅自销毁帐簿、记帐凭证，或者在帐簿上多列支出或者不列、少列收入，或者经税务机关通知申报而拒不申报或者进行虚假的纳税申报，不缴或者少缴应纳税款的，是偷税。对纳税人偷税的，由税务机关追缴其不缴或者少缴的税款、滞纳金，并处不缴或者少缴的税款百分之五十以上五倍以下的罚款；构成犯罪的，依法追究刑事责任。扣缴义务人采取前款所列手段，不缴或者少缴已扣、已收税款，由税务机关追缴其不缴或者少缴的税款、滞纳金，并处不缴或者少缴的税款百分之五十以上五倍以下的罚款；构成犯罪的，依法追究刑事责任。"第六十四条第二款规定："纳税人不进行纳税申报，不缴或者少缴应纳税款的，由税务机关追缴其不缴或者少缴的税款、滞纳金，并处不缴或者少缴的税款百分之五十以上五倍以下的罚款。”比较上述两条规定，第六十三条所说的“（纳税人不进行纳税申报）经税务机关通知申报而拒不申报，不缴或者少缴应纳税款”，属于第六十四条“纳税人不进行纳税申报，不缴或者少缴应纳税款”的一种特殊情况。双方关系如下图所示：

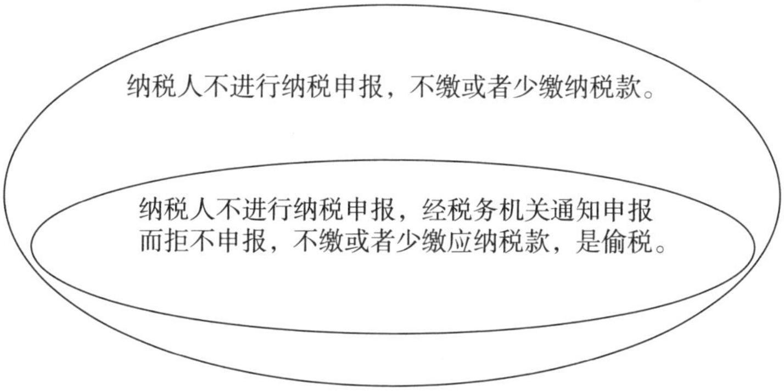

据此，纳税人或扣缴义务人不论是否依法办理了税务登记或者扣缴税款登记，只要不进行纳税申报，不缴或者少缴应纳税款，都可依据《税收征收管理法》第六十四条第二款处理。但是，如果纳税人或扣缴义务人不进行纳税申报，经税务机关通知申报而拒不申报，不缴或者少缴应纳税款，则应按《税收征收管理法》第六十三条的偷税处理。另外，比较《税收征收管理法》第六十三条和第六十四条规定的法律责任，都是“由税务机关追缴其不缴或者少缴的税款、滞纳金，并处不缴或者少缴的税款百分之五十以上五倍以下的罚款”，唯一不同的是偷税如涉及刑事责任，会被移送司法机关，而第六十四条单纯的不申报纳税导致不缴或少缴应纳税额不会涉及刑事责任，也不会被移送司法机关。因此，《税收征收管理法》立法者的原意并未将依法办理了税务登记或者扣缴税款登记的行为视为税务机关已经通知申报纳税。

第二，《最高人民法院关于审理偷税抗税刑事案件具体应用法律若干问题的解释》是对《刑法》的解释，并不是对《税收征收管理法》的解释，不能直接适用于税务行政案件。

第三，《最高人民法院关于审理偷税抗税刑事案件具体应用法律若干问题的解释》第二条第二款的规定存在逆向激励问题。其第二条第二款规定：“具有下列情形之一的，应当认定为刑法第二百零一条第一款规定的‘经税务机关通知申报’：（一）纳税人、扣缴义务人已经依法办理税务登记或者扣缴税款登记的；

（二）依法不需要办理税务登记的纳税人，经税务机关依法书面通知其申报的；（三）尚未依法办理税务登记、扣缴税款登记的纳税人、扣缴义务人，经税务机关依法书面通知其申报的。”据此，凡是依法办理了税务登记、扣缴税款登记的纳税人、扣缴义务人，无需税务机关另外通知申报纳税，即可认定为偷税，凡是不依法办理税务登记、扣缴税款登记的纳税人、扣缴义务人，反而不能直接认定为偷税，必须由税务机关另外通知申报纳税。此种规定不但激励纳税人、扣缴义务人不依法办理税务登记、扣缴税款登记，也有违公平。

第四，就本案而言，天诚公司虽然办理了税务登记，但并未办理扣缴税款登记，即使适用《最高人民法院关于审理偷税抗税刑事案件具体应用法律若干问题的解释》第二条第二款，也不属于经税务机关通知申报的情形。

就本案而言，不论天诚公司与多名个人之间是何种法律关系，只要前者向后者支付了收入，皆应缴纳个人所得税，天诚公司皆有代扣代缴义务。由于税务机关并未通知天诚公司申报纳税，故不能依据《税收征收管理法》第六十三条认定天诚公司偷税。

法条链接

1.《税收征收管理法》

第六十三条 纳税人伪造、变造、隐匿、擅自销毁帐簿、记帐凭证，或者在帐簿上多列支出或者不列、少列收入，或者经税务机关通知申报而拒不申报或者进行虚假的纳税申报，不缴或者少缴应纳税款的，是偷税。对纳税人偷税的，由税务机关追缴其不缴或者少缴的税款、滞纳金，并处不缴或者少缴的税款百分之五十以上五倍以下的罚款；构成犯罪的，依法追究刑事责任。

扣缴义务人采取前款所列手段，不缴或者少缴已扣、已收税款，由税务机关追缴其不缴或者少缴的税款、滞纳金，并处不缴或者少缴的税款百分之五十以上五倍以下的罚款；构成犯罪的，依法追究刑事责任。

第六十四条 纳税人、扣缴义务人编造虚假计税依据的，由税务机关责令限期改正，并处五万元以下的罚款。

纳税人不进行纳税申报，不缴或者少缴应纳税款的，由税务机关追缴其不缴或者少缴的税款、滞纳金，并处不缴或者少缴的税款百分之五十以上五倍以下的罚款。

027. 不进行纳税申报的纳税人经税务机关通知申报而少申报的如何处理?

——陕西中成工贸有限公司与旬阳县地方税务局税务行政处罚案[①]

裁判要旨

不进行纳税申报的纳税人经税务机关通知申报而少申报的，对于其少申报的部分，符合《税收征收管理法》第六十三条规定的“经税务机关通知申报而拒不申报的”情形，应当按偷税处理；对于其申报的部分，属于“纳税人不进行纳税申报，不缴或者少缴应纳税款的”情形，应当按《税收征收管理法》第六十四条第二款进行处理。

基本案情

“太极大厦”建设用地位于旬阳县城区祝尔慷大道以南，中心集贸市场以北。2003 年 7 月旬阳县人民政府将该宗国有土地使用权向社会公开出让，陕西中成工贸有限公司（以下简称中成公司）以 145 万元取得土地使用权，并于 2003 年 12 月 4 日取得旬阳县人民政府的批复，批准作为中成公司“太极大厦”建设用地。

2009 年 5 月 23 日，中成公司与陕西巨隆置业有限公司（以下简称巨隆公司）签订了联合开发合同和土地过户协议。合同约定：一、两公司合作开发“太极大厦”项目，中成公司提供“太极大厦”2251 平方米建设用地，巨隆公司独立提供资金完成建设项目。二、工程完成后，中成公司享有 30% 的“股权”、巨隆公司享有 70% 的“股权”。三、中成公司在合同签订后将土地使用权过户到巨隆公司名下，过户相关费用由巨隆公司承担。

当日，两公司还签订了土地过户协议，约定中成公司将 2,251 平方米“太极大厦”建设用地过户至巨隆公司。

2009 年 6 月 23 日，中成公司与巨隆公司签订了股权转让协议，合同约定：一、中成公司将“太极大厦”联合开发合同中约定的 30%“股权”转让给巨隆

① 陕西省安康市中级人民法院（2015）安中行终字第 00037 号行政判决书

公司，转让价款1,000万元。协议生效后三日内，支付转让费500万元（以联合开发合同中巨隆公司已交纳的履约保证金冲抵）；项目基础工程正负零完成时，支付500万元余款。二、鉴于中成公司原与重庆建安公司签订的和解协议、施工协议有一定的补偿条件，巨隆公司在重庆建安公司完成主体工程时，巨隆公司一次性补偿中成公司200万元。

2009年7月29日，巨隆公司与中成公司协商，中成公司支付巨隆公司50万元，用于解决外围环境和村民挡工问题。同日，巨隆公司取得了旬阳县人民政府旬政地发（2009）2号土地审批件。2010年5月31日，巨隆公司办理了土地使用证，取得了2251平方米土地的使用权。2010年下半年，“太极大厦”基础工程正负零完成。2011年下半年，主体工程完工。

2009年5月25日、5月26日，巨隆公司分别向中成公司支付“履约保证金”300万元、200万元，共计500万元；2011年1月13日，巨隆公司向中成公司支付“股权转让款”400万元；2012年6月15日，巨隆公司向中成公司支付“补偿金”200万元。

2013年1月23日，旬阳县地方税务局（以下简称旬阳地税局）向巨隆公司发出询问通知书、税务事项通知书。1月24日，旬阳地税局下属的菜湾税务所向中成公司发出询问通知书，通知其法定代表人于1月31日到旬阳县地方税务局就涉税事宜接受询问。1月29日，菜湾税务所向中成公司发出税务检查通知书，对中成公司2009年以来有关地方税收情况进行检查。2月16日，菜湾税务所向中成公司发出税务事项通知书和调取账簿资料通知书，通知中成公司于2月19日前上报“太极大厦”的相关资料和2002年1月1日至2012年12月31日的账簿等有关资料。中成公司以本公司遭受2010年7月18日洪水为由，仅提供了部分财务资料。经旬阳地税局、菜湾税务所税务检查，发现中成公司向巨隆公司出具的收款收据时，未出具税务发票，将建设用地过户到巨隆公司取得的款项记录在账册中的“履约保证金”名下，未在会计报表中计入收入，2005年的部分票据原件未向菜湾税务所提供。

2013年3月4日，菜湾税务所以中成公司在2009年至2012年期间未依法申报纳税为由，向中成公司发出责令限期改正通知书，限期于2013年3月10日前到旬阳县地方税务局纳税服务中心办理纳税申报。后中成公司到旬阳县地方税务局申报营业税525,000元、城市建设维护税26,250元、教育费附加15,750元、地方教育费附加10,500元、水利基金8,400元、印花税3,150元（购销合同）、印花税（营业账簿）5,000元、企业所得税105,000元，合计699,050元，并于2013年3月11日向旬阳地税局缴纳营业税、城市维护建设税、教育费附加、地方教育费附加、水利建设基金、印花税、企业所得税，共计699,050元；于2013年4月26日向旬阳县地税局缴纳营业税（含滞纳金）、企业所得税（含滞纳金）、城市维护建设税（含滞纳金）、教育费附加、土地增值税、印花税（含滞纳金），共计1,035,358.50元；于2013年5月31日向旬阳地税局缴纳城镇土地使用税87,011.84元。

2013年4月11日，旬阳地税局向中成公司送达了旬地税罚告（2013）1号税务行政处罚事项告知书，拟对中成公司处以罚款470,957.60元。经中成公司申请，于4月26日举行了听证会。2013年5月15日，菜湾税务所作出旬税菜处（2013）2号税务处理决定书，决定向中成公司追缴税款736,495.50元，加收滞纳金377,374.84元。同日，旬阳地税局作出旬地税罚（2013）1号税务行政处罚决定书。该决定书载明：一、2005年1月至2009年7月，中成公司在持有“太极商城”土地使用权期间，未按照规定申报、缴纳城镇土地使用税46,145.50元。二、2009年5月、6月，中成公司先后与巨隆公司签署“联合开发合同”、“股权转让协议”，实质是转让土地使用权行为。在此行为中，中成公司未按照规定申报缴纳营业税600,000元、企业所得税120,000元、城市维护建设税30,000元、印花税6,000元、教育费附加18,000元、地方教育费附加2,000元。未按照规定进行土地增值税清算，少缴纳土地增值税600,000元。2013年3月4日，旬阳地税局责令其限期改正后，中成公司于2013年3月12日申报缴纳了营业税525,000元、企业所得税105,000元、城市维护建设税26,250元、印花税3,150元、教育费附加15,750元，多申报缴纳地方教育费附加10,500元。未申报缴纳城镇土地使用税46,145.50元，少申报缴纳营业税75,000元、企业所得税15,000元、城市维护建设税3,750元、印花税2,850元、教育费附加2,250元，多申报缴纳地方教育费附加8,500元。中成公司采取《税收征收管理法》第六十三条叙述的手段，造成少缴税款142,745.50元（土地增值税除外），已构成偷税。依据《税收征收管理法》第六十三条之规定，决定对中成公司处以少缴税款117,984.50元1倍的罚款，即117,984.50元；依据《税收征收管理法》第六十四条之规定，对于不进行申报（税款所属期限）的营业税、城市维护建设税、企业所得税、印花税处以0.5倍的罚款，即329,700元，上述两项合计447,684.50元。

该处罚决定作出后，中成公司不服，依法提起行政诉讼。

经陕西省白河县人民法院审理后，于2014年5月12日作出（2013）白河行初字第00012号行政判决，判决：一、撤销旬阳县地方税务局于2013年5月15日作出旬地税罚（2013）1号税务行政处罚决定书；二、责令旬阳县地方税务局重新作出税务处罚决定。

该判决生效后，旬阳地税局于2014年7月18日作出旬地税罚（2014）1号税务行政处罚决定书，认定：一、2005年1月至2009年7月，中成公司持有"太极商城"土地使用权期间，未按照规定申报、缴纳城镇土地使用税46,145.50元。二、2009年5月、6月，中成公司先后与巨隆公司签署"联合开发合同"、"股权转让协议"，实质是转让土地使用权行为。中成公司在此行为中少申报缴纳营业税2,500元。三、中成公司少申报缴纳企业所得税15,000元。四、中成公司少缴纳土地增值税600,000元。五、中成公司少申报缴纳城市维护建设税125元。六、中成公司少申报缴纳印花税2,850元。七、中成公司少申报缴纳教育费附加75元。八、中成公司多申报缴纳地方教育费附加8,500元。根据《税收征收管理法》第六十三条之规定，中成公司的行为已构成偷税。依据《税收征收管理法》第六十三条之规定，决定对中成公司处以少缴税款41,859.50元（营业税2,500元，城建税125元，企业所得税15,000元，印花税2,850元，2008年至2009年城镇土地使用税21,384.50元）一倍的罚款，即罚款41,859.50元。根据《税收征收管理法》第六十四条规定对于中成公司不进行申报（税款所属限期）的营业税、城建税、企业所得税、印花税（责令限改后申报缴纳）处以0.5倍的罚款，即罚款329,700.00元。以上罚款合计371,559.50元，中成公司已于2013年5月31日前将上述款项缴清。

中成公司对该税务行政处罚决定书不服，遂诉至法院。

法院审理

原审认为，一、2009年5月23日，中成公司、巨隆公司签订了以中成公司提供出让土地使用权、巨隆公司提供资金作为共同投资、分享份额为基本内容的"联合开发合同"。2009年6月23日，中成公司、巨隆公司又签订了以中成公司出让约定份额给巨隆公司，巨隆公司支付价款为基本内容的"股权转让协议"，形成了中成公司、巨隆公司通过"股权转让"形式进行土地使用权转让的事实。即中成公司出让土地使用权予巨隆公司并收取价款，巨隆公司受让土地使用权并支付价款的事实。二、中成公司在经营活动中，在取得、持有土地使用权后，又将土地使用权转让巨隆公司，按照税务法律、法规的规定，应依法缴纳城镇土地使用税、营业税、企业所得税、土地增值税、城市维护建设税、印花税、教育费附加、地方教育费附加。但中成公司在纳税义务发生后，未在税务法律、法规规定的期限内进行申报纳税。在土地使用权转让中，收取巨隆公司的转让款，未向巨隆公司出具税务发票。在账册中将取得的土地转让款记录在“履约保证金”名下，不在会计报表中将其计入收入。在税务机关进行税务检查时，以中成公司遭受洪水侵害为由未向税务机关提供全部会计账簿、资料。在税务机关责令改正的情况下，不申报城镇土地使用税、土地增值税，少申报营业税、企业所得税、城市维护建设税、印花税、教育费附加。中成公司的上述行为符合《税收征收管理法》第六十三条规定的情形，属于偷税。三、《中华人民共和国行政处罚法》（以下简称《行政处罚法》）第二十四条规定：“对当事人的同一个违法行为，不得给予两次以上罚款的行政处罚。”中成公司前后相连的违法行为属于“偷税”这一个违法行为，对“偷税”这一个违法行为只能适用《税收征收管理法》第六十三条进行处罚，不能适用《税收征收管理法》第六十四条再次罚款。综上所述，旬阳地税局作出的税务行政处罚决定适用法律、法规错误，同时也违背了《行政处罚法》之相关规定，故对该决定应予以撤销。

原审判决：一、撤销旬阳县地方税务局于2014年7月18日作出的旬地税罚（2014）1号税务行政处罚决定；二、责令旬阳县地方税务局重新作出税务行政处罚决定。

旬阳县地税局不服，向二审法院提起上诉。其上诉称：原审判决适用法律错误。上诉人根据《中华人民共和国税收征收管理法》第六十三条规定，对被上诉人中成公司在菜湾税务所向其发出限期整改通知后，被上诉人补缴了部分税款，但仍还少申报缴纳税款66,620.5元（土地增值税除外）。故上诉人对被上诉人仍少申报缴纳的这部分税款行为，认定为偷税，即对被上诉人少申报缴纳税款中的41,859.5元（营业税2,500元、城建税125元，企业所得税15,000元，印花税2,850元，2008年至2009年城镇土地使用税21,384.50元）处以1倍的罚款，即罚款41,859.50元。另上诉人根据《中华人民共和国税收征收管理法》第六十四条规定，对被上诉人未在法定纳税期限内进行纳税申报部分（企业所得税为纳税义务发生年度终了的5个月内汇算清缴；其他税种为纳税义务发生的次月15日内），即限期整改已整改部分税款659,400元处以0.5倍的罚款，即罚款

329,700.00 元。也就是说，上诉人对被上诉人所作的行政处罚，将被上诉人的不进行申报纳税的行为分两部分，一部分是责令期限改正，被上诉人已申报缴纳部分，另一部分是责令限期改正，其仍未申报缴纳部分。上诉人对被上诉人责令缴纳，其已缴纳部分，属于未在法定所属纳税期限内申报纳税，依据《税收征管法》第六十四条规定，处以 0.5 倍罚款；对责令缴纳，仍不缴纳部分，按偷税论，依据《税收征管法》第六十三条规定，处以 1 倍的罚款。上诉人在税收行政执法过程中，既从违法行为的性质上考虑，又从违法行为的结果上考虑，更能体现税收行政执法的公平性原则，根本不存在原审法院认定的一事二罚问题。

二审法院认为，因中成公司在旬阳地税局菜湾税务所 2013 年 3 月 4 日发出责令限期整改通知后，仅申报补缴了部分税款，仍有部分税款未依法申报缴纳。旬阳地税局在查清中成公司上述违法事实的基础上，根据《中华人民共和国税收征收管理法》的规定，将其违法事实区分为性质不同的两部分：一部分为经菜湾税务所限期改正后，其仍未申报缴纳部分，对该仍未申报缴纳部分，依法认定为偷税；另一部分为限期改正后，中成公司已缴纳部分，对该已整改缴纳部分，认定为未在法定所属纳税期限内申报纳税。针对以上两种不同的违法事实，旬阳县地税局依据《中华人民共和国税收征收管理法》不同的条款规定，分别予以处罚，该处罚决定认定事实清楚，适用法律正确，处罚适当。

二审法院判决如下：

一、撤销陕西省白河县人民法院（2015）白河行初字第 00001 号行政判决；

二、驳回原审原告陕西中成工贸有限公司的诉讼请求。

点评

本案的争议焦点是税务机关对不进行纳税申报的纳税人在税务机关通知申报后少申报时，分别依据《税收征收管理法》第六十三条和第六十四条处罚，是否违反《行政处罚法》第二十四条关于一事不再罚的规定。

《行政处罚法》第二十四条规定："对当事人的同一个违法行为，不得给予两次以上罚款的行政处罚。"据此，一个违法行为，只能给予一次罚款，不能多次罚款。本案纳税人中成公司不进行纳税申报，经税务机关检查后通知其申报纳税，但其只申报了部分应纳税款。此时，纳税人的违法行为事实上不是一个，而是两个。分述如下：

第一，纳税人不进行纳税申报，经税务机关通知申报拒不申报。此行为对应的应纳税款是其少申报的应纳税款。具体而言，纳税人少申报应纳税款41,859.50元（营业税2,500元，城建税125元，企业所得税15,000元，印花税2,850元，2008年至2009年城镇土地使用税21,384.50元）。对于此违法行为，符合《税收征收管理法》第六十三条关于偷税的规定，故应按此规定处罚。

第二，纳税人不进行纳税申报，经税务机关通知申报后申报了部分应纳税款。具体而言，纳税人申报了659,400元应纳税款。此行为不是拒不申报，故不是偷税，但仍然是违法行为，依据是《税收征收管理法》第六十四条第二款，即“纳税人不进行纳税申报，不缴或者少缴应纳税款的，由税务机关追缴其不缴或者少缴的税款、滞纳金，并处不缴或者少缴的税款百分之五十以上五倍以下的罚款”。

法条链接

1.《税收征收管理法》

第六十三条 纳税人伪造、变造、隐匿、擅自销毁帐簿、记帐凭证，或者在帐簿上多列支出或者不列、少列收入，或者经税务机关通知申报而拒不申报或者进行虚假的纳税申报，不缴或者少缴应纳税款的，是偷税。对纳税人偷税的，由税务机关追缴其不缴或者少缴的税款、滞纳金，并处不缴或者少缴的税款百分之五十以上五倍以下的罚款；构成犯罪的，依法追究刑事责任。

扣缴义务人采取前款所列手段，不缴或者少缴已扣、已收税款，由税务机关追缴其不缴或者少缴的税款、滞纳金，并处不缴或者少缴的税款百分之五十以上五倍以下的罚款；构成犯罪的，依法追究刑事责任。

第六十四条 纳税人、扣缴义务人编造虚假计税依据的，由税务机关责令限期改正，并处五万元以下的罚款。

纳税人不进行纳税申报，不缴或者少缴应纳税款的，由税务机关追缴其不缴或者少缴的税款、滞纳金，并处不缴或者少缴的税款百分之五十以上五倍以下的罚款。

028. 为逃避纳税义务签订的股权转让合同的效力如何判定？

——四川京龙建设集团有限公司等与深圳市合众万家房地产投资顾问有限公司等股权确认纠纷上诉案①

裁判要旨

为逃避纳税义务的股权转让合同是以逃税为目的，损害国家税收征管权，导致国家税款流失，属于"恶意串通，损害国家、集体或者第三人利益"，依据《合同法》第五十二条应当认定为无效。

基本案情

2009年7月22日，简阳三岔湖旅游快速通道投资有限公司（以下简称三岔湖公司）、刘某良与四川京龙建设集团有限公司（以下简称京龙公司）签订《成都天骋置业咨询有限公司（以下简称天骋公司）、成都星展置业顾问有限公司（以下简称星展公司）、成都锦荣房产经纪有限公司（以下简称锦荣公司）、成都锦云置业咨询有限公司（以下简称锦云公司）、成都思珩置业顾问有限公司（以下简称思珩公司）之股权转让协议》（以下简称《股权转让协议》），协议约定：刘某良将其持有的天骋公司、星展公司、锦荣公司、锦云公司和思珩公司各90%的股权转让给京龙公司，三岔湖公司将其持有的天骋公司、星展公司、锦荣公司、锦云公司和思珩公司各10%的股权转让给京龙公司。

2009年7月22日，三岔湖公司、刘某良与京龙公司签订《天骋公司股权转让协议》，三岔湖公司、刘某良将持有天骋公司100%的股权转让给京龙公司，该协议未约定转让价格。

2010年4月10日，三岔湖公司与深圳市鼎泰嘉业房地产投资管理有限公司（以下简称鼎泰公司）签订《锦荣和星展公司股权转让协议》，约定：三岔湖公司将持有的锦荣公司、星展公司各10%的股权转让给鼎泰公司；第三条第四款载明锦荣公司、星展公司分别向星河置业公司负债42,551,203.50元和40,200,117.34元；第四条约定，鼎泰公司应于本协议签订之日起10日内向三岔

---

① 中华人民共和国最高人民法院（2013）民二终字第29号民事判决书

湖公司付清股权转让总价款1,000万元。同日，三岔湖公司向鼎泰公司出具代收款授权委托书，委托成都汇日置业有限公司收取前述股权转让价款1,000万元，并提供成都汇日置业有限公司在中国银行四川省分行的12526296O922账户。鼎泰公司委托深圳市奥维达科技发展有限公司代其支付股权转让价款1,000万元。2011年4月20日，深圳市奥维达科技发展有限公司通过银行汇款方式向成都汇日置业有限公司汇款1,000万元，同日，三岔湖公司向鼎泰公司出具1,000万元的收据。

2010年11月23日，三岔湖公司与鼎泰公司签订《锦荣公司股权转让协议》，双方约定：三岔湖公司将其持有的锦荣公司10%的股权即1万元出资以货币方式转让给鼎泰公司。

2010年11月25日，三岔湖公司与鼎泰公司签订《星展公司股权转让协议》，三岔湖公司将持有的星展公司10%的股权即1万元出资以货币方式转让给鼎泰公司。同时修改星展公司章程，并办理工商变更登记，鼎泰公司持有星展公司10%的股份。

2010年7月15日，三岔湖公司、刘某良与深圳市合众万家房地产投资顾问有限公司（以下简称合众公司）签订《锦云公司和思珩公司股权转让协议》，约定：三岔湖公司、刘某良将持有锦云公司、思珩公司各100%的股权转让给合众公司；股权转让总价款141,901,125元，其中锦云公司转让价97,499,250元，思珩公司转让价44,401,875元，合众公司应在三岔湖公司、刘某良交付过户文件后2个工作日内按照本协议支付完毕全部股权转让款。2010年9月15日，双方签订《锦云和思珩公司补充协议》，协议约定：因三岔湖公司、刘某良已经按照约定于2010年8月4日将锦云公司、思珩公司的过户文件交付给合众公司，但合众公司未支付股权转让价款，所以双方一致同意合众公司支付违约金和滞纳金共计16,098,875元，合众公司应在本补充协议签订之日起5个工作日内支付股权转让款和违约金、滞纳金合计15,800万元。

2010年8月4日，合众公司分别与三岔湖公司、刘某良签订《锦云股权转让协议》和《思珩股权转让协议》，约定：刘某良将持有锦云公司、思珩公司各90%的股权即各9万元出资转让给合众公司；三岔湖公司将其持有的锦云公司、思珩公司各10%的股权即各1万元出资转让给合众公司，并修改了锦云公司、思珩公司章程，办理了工商登记，合众公司为锦云公司、思珩公司的唯一股东。

受呼和浩特市华仁世纪房地产开发有限责任公司（以下简称华仁公司）的

委托，北京中瑞诚联合会计师事务所四川分所对锦云公司和思珩公司截止到2010年8月17日的财务状况进行尽职调查。2010年8月18日，该会计师事务所向华仁公司分别提交了对锦云公司和思珩公司截止到2010年8月17日的财务状况所作出的尽职调查报告。两份报告分别对锦云公司和思珩公司的财务状况、资产情况、负债情况、所有者权益情况、银行查询情况等事项向华仁公司进行了报告。

2010年9月8日，合众公司与华仁公司签订《锦云和思珩公司股权转让协议1》，约定：合众公司将其持有的锦云公司和思珩公司各100%的股权转让给华仁公司，股权转让总价为317,858,520元，其中：支付给合众公司的股权转让总价款为258,377,689.58元，代锦云公司和思珩公司向星河置业公司清偿59,480,830.42元债务。同日，为保证股权转让价款的安全和按时支付顺畅，合众公司、华仁公司和哈尔滨银行股份有限公司成都分行签订《资金托管协议》，由合众公司和华仁公司共同委托哈尔滨银行股份有限公司成都分行管理股权转让价款。2010年9月8日，哈尔滨银行股份有限公司成都分行开始托管317,858,520元的股权转让价款。

2010年9月9日，合众公司与华仁公司签订《锦云公司股权转让协议1》和《思珩公司股权转让协议1》，合众公司分别将锦云公司、思珩公司各100%的股权即各10万元出资转让给华仁公司，并修改了锦云公司、思珩公司章程，办理了工商变更登记手续。

2010年12月22日，京龙公司在知道刘某良、三岔湖公司再次转让星展公司、锦荣公司、锦云公司、思珩公司股权后，向四川省高级人民法院提起(2011)川民初字第2号民事诉讼，请求：1. 三岔湖公司、刘某良、星展公司、锦荣公司、锦云公司、思珩公司继续履行《股权转让协议》约定的义务；2. 由三岔湖公司、刘某良、星展公司、锦荣公司、锦云公司、思珩公司承担本案诉讼费。

2011年4月7日，三岔湖公司、刘某良向该院提出反诉，请求确认案涉《股权转让协议》及其《补充协议》已经解除。

2011年8月9日，京龙公司增加诉讼请求，请求确认三岔湖公司、刘某良解除《股权转让协议》及其《补充协议》无效。

2011年1月27日，京龙公司向四川省高级人民法院提起（2011）川民初字第3号民事诉讼（即本案），要求：1. 确认三岔湖公司将星展公司、锦荣公司各10%的股权再次转让给鼎泰公司的转让行为无效，判决该转让股权恢复至三岔湖公司持有；2. 确认三岔湖公司、刘某良将锦云公司和思珩公司各100%的股权转让给合众公司的转让行为以及合众公司又将该股权再次转让给华仁公司的转让行为无效，判决该转让股权恢复至刘某良和三岔湖公司持有；3. 由三岔湖公司、刘某良、合众公司、鼎泰公司、华仁公司承担该案的诉讼费。

2011年3月31日，三岔湖公司、刘某良在（2011）川民初字第2号案件中，对京龙公司提出反诉，请求确认案涉《股权转让协议》及其《补充协议》已经解除，同时要求京龙公司承担违约责任。

法院审理

四川省高级人民法院经审理认为：（一）三岔湖公司、刘某良与京龙公司之间的《股权转让协议》及其《补充协议》合法有效，且并未解除。1. 案涉三岔湖公司、刘某良分别与京龙公司、鼎泰公司、合众公司以及合众公司与华仁公司签订的《星展公司股权转让协议》《锦荣公司股权转让协议》《锦云公司股权转让协议》《锦云公司股权转让协议1》《思珩公司股权转让协议》《思珩公司股权转让协议1》以及《天骋公司股权转让协议》共七份合同，系为办理工商变更登记、逃避股权转让纳税而订立，不是合同当事人的真实意思表示，根据《合同法》第五十二条第（二）项关于“恶意串通，损害国家、集体、或者第三人利益”的合同无效的规定，此七份“阴合同”属无效合同。2. 三岔湖公司、刘某良与京龙公司签订的《股权转让协议》及其《补充协议》以及三岔湖公司、刘某良与鼎泰公司签订的《锦荣和星展公司股权转让协议》，与合众公司签订的《锦云和思珩公司股权转让协议》《锦云和思珩公司补充协议》以及合众公司与华仁公司签订的《锦云和思珩公司股权转让协议1》系当事人的真实意思表示，不违反法律、行政法规的强制性规定，依照《最高人民法院关于适用〈中华人民共和国合同法〉若干问题的解释（二）》第十五条关于“出卖人就同一标的物订立多重买卖合同，合同均不具有合同法第五十二条规定的无效情形，买受人因不能按照合同约定取得标的物所有权，请求追究出卖人违约责任的，人民法院应予支持”的规定，上述“阴合同”均合法有效。3. 京龙公司未按照协议的约定支付完毕股权转让价款，构成违约，但三岔湖公司、刘某良接受京龙公司后续支付案涉股权转让价款且不持异议，故《股权转让协议》及其《补充协议》在三岔湖公司、刘某良与京龙公司之间还在继续履行。4. 三岔湖公司、刘某良在享有合同解除权的情况下，未行使合同解除权，反而将已经转让的案涉股权进行再次转让并办理工商变更登记，阻碍案涉合同的继续履行，属于根本违约。三岔湖公司、刘某良在本案一审诉讼中行使合同解除权，有违诚信原则，构成权利滥用，违反《合同法》第六条“当事人行使权利、履行义务应当遵守诚实信用原则”的规定，不能达到解除案涉合同的法律效果。

（二）鼎泰公司、合众公司在受让案涉股权时非善意，未支付合理的对价，不能善意取得已经进行变更登记的案涉股权。1. 鼎泰公司、合众公司在分别受让星展公司、锦荣公司、锦云公司和思珩公司股份时，就已经知道或应当知道京龙公司已经受让了该公司的股权。2. 鼎泰公司、合众公司在受让案涉股权时未支付合理的对价。

（三）华仁公司合法取得锦云公司和思珩公司的案涉股权。1. 华仁公司受让锦云公司和思珩公司的股权系善意。华仁公司在受让前，委托会计师事务所对锦云公司、思珩公司进行了尽职调查，采取由第三方银行托管股权价款且按华仁公司指示付款的方式来支付股权转让价款，同时还要求合众公司就锦云公司、思珩公司的重大事宜进行了披露和对转让股权的合法性等事宜进行了一系列的陈述和保证，已尽一般的注意义务。因合众公司不披露三岔湖公司、刘某良与京龙公司之间有案涉股权转让协议正在履行，及合众公司向其转让的股权系京龙公司已经受让的股权等信息，导致华仁公司不知其受让的股权系有争议、权属不稳定的股权，但华仁公司无过错。2. 合众公司处分锦云公司和思珩公司股权的行为在被确认无效前，系有权处分。合众公司受让锦云公司和思珩公司股权的《锦云和思珩公司股权转让协议》及其《补充协议》本身不具有法定的无效情形，在京龙公司主张确认三岔湖公司、刘某良再次处分该股权行为无效之前，对合众公司和三岔湖公司、刘某良均具有法律约束力，且在确认无效之前，合众公司对已经受让的股权进行处分时应是有权处分。当京龙公司提出该协议损害其权益要求确认该股权行为无效后，使得三岔湖公司、刘某良的该处分行为的效力不确定，当该处分行为被确认无效时，不当然的溯及到合众公司有权处分的期间。3. 该处分行为被确认为无效后，京龙公司有权要求三岔湖公司、刘某良以及合众公司承担折价补偿的民事责任。4. 即使合众公司在处分案涉股权时属无处分权，华仁公司也已善意取得了锦云公司和思珩公司的股权。华仁公司在受让案涉股权时已尽了审慎的注意义务，无过错，并同时支付了合理的对价，完成了锦云公司和思珩公司股权的工商变更登记手续，实际行使锦云公司和思珩公司的股东权利以及管理公司的生产经营活动，符合《物权法》第一百零六条规定的善意取得的条件。

综上，四川省高级人民法院判决：一、确认简阳三岔湖旅游快速通道投资有限公司将持有的成都星展置业顾问有限公司、成都锦荣房产经纪有限公司各10%的股权转让给深圳市鼎泰嘉业房地产投资管理有限公司的处分行为无效，深圳市鼎泰嘉业房地产投资管理有限公司在本判决生效后10内向简阳三岔湖旅游快速通道投资有限公司返还成都星展置业顾问有限公司、成都锦荣房产经纪有限公司各10%的股权，并办理工商变更登记，恢复至简阳三岔湖旅游快速通道投资有限公司持有状态；二、驳回四川京龙建设集团有限公司的其他诉讼请求。

京龙公司、三岔湖公司、刘某良、鼎泰公司均不服上述判决，提起上诉。

最高人民法院驳回上诉，维持原判决。

点评

股权转让实务中，当事人为了减轻税务负担，经常会签订两份股权转让合同，一份用于变更工商登记和纳税，即所谓的“阳合同”，另一份各自持有以证明真实的股权转让条件，即所谓的“阴合同”。为了最大程度地降低税收负担及避免税务机关的怀疑，用于工商登记和纳税的“阳合同”约定的股权转让价款一般为原股东的出资额。此种做法存在巨大的税务风险。第一，此种行为已经构成偷税。《税收征收管理法》第六十三条规定：“纳税人伪造、变造、隐匿、擅自销毁帐簿、记帐凭证，或者在帐簿上多列支出或者不列、少列收入，或者经税务机关通知申报而拒不申报或者进行虚假的纳税申报，不缴或者少缴应纳税款的，是偷税。对纳税人偷税的，由税务机关追缴其不缴或者少缴的税款、滞纳金，并处不缴或者少缴的税款百分之五十以上五倍以下的罚款；构成犯罪的，依法追究刑事责任。扣缴义务人采取前款所列手段，不缴或者少缴已扣、已收税款，由税务机关追缴其不缴或者少缴的税款、滞纳金，并处不缴或者少缴的税款百分之五十以上五倍以下的罚款；构成犯罪的，依法追究刑事责任。”股权转让方或者是在账簿上不列、少列收入，或者是不申报纳税或进行虚假的纳税申报，无论哪种情况，其已经构成偷税，税务机关一旦查实，股权转让方将面临最高五倍的罚款。第二，股权转让当事人用于工商登记和纳税的“阳合同”无效。《合同法》第五十二条规定：“有下列情形之一的，合同无效：（一）一方以欺诈、胁迫的手段订立合同，损害国家利益；（二）恶意串通，损害国家、集体或者第三人利益；（三）以合法形式掩盖非法目的；（四）损害社会公共利益；（五）违反法律、行政法规的强制性规定。”股权转让双方签订的“阳合同”是以逃税为目的，损害国家税收征管权，导致国家税款流失，显然属于“恶意串通，损害国家、集体或者第三人利益”。本案股权转让各方当事人为了配合股权转让方的偷税，皆签订了用于变更工商登记和纳税的“阳合同”，该合同约定的股权转让价款为原股东的出资额，股权转让无增值，因此股权转让方无需缴纳个人所得税和企业所得税。四川省高级人民法院和最高人民法院皆认为本案所涉七份“阳合同”（《星展公司股权转让协议》《锦荣公司股权转让协议》《锦云公司股权转让协议》《锦云公司股权转让协议1》《思珩公司股权转让协议》《思珩公司股权转让协议1》以及《天骋公司股权转让协议》）为无效合同。

法条链接

1.《合同法》

第五十二条　有下列情形之一的，合同无效：

（一）一方以欺诈、胁迫的手段订立合同，损害国家利益；

（二）恶意串通，损害国家、集体或者第三人利益；

（三）以合法形式掩盖非法目的；

（四）损害社会公共利益；

（五）违反法律、行政法规的强制性规定。

2.《税收征收管理法》

第六十三条　纳税人伪造、变造、隐匿、擅自销毁帐簿、记帐凭证，或者在帐簿上多列支出或者不列、少列收入，或者经税务机关通知申报而拒不申报或者进行虚假的纳税申报，不缴或者少缴应纳税款的，是偷税。对纳税人偷税的，由税务机关追缴其不缴或者少缴的税款、滞纳金，并处不缴或者少缴的税款百分之五十以上五倍以下的罚款；构成犯罪的，依法追究刑事责任。

扣缴义务人采取前款所列手段，不缴或者少缴已扣、已收税款，由税务机关追缴其不缴或者少缴的税款、滞纳金，并处不缴或者少缴的税款百分之五十以上五倍以下的罚款；构成犯罪的，依法追究刑事责任。

第八节 纳税担保、税收保全与强制执行纠纷

029. 被查封的财产能否抵押进行纳税担保？

——海南国托科技有限公司与海南省地方税务局第一稽查局纳税担保复函纠纷上诉案①

裁判要旨

《担保法》第三十七条规定依法被查封、扣押、监管的财产不得抵押。《纳税担保试行办法》第十七条也规定依法被查封、扣押、监管的财产不得抵押进行纳税担保。

基本案情

2012年8月14日，海南省地方税务局第一稽查局（以下简称省地税第一稽查局）向海南国托科技有限公司（以下简称海南国托公司）送达琼地税一稽处[2012] 13号《税务处理决定书》，要求其自收到处理决定书之日起15日内补缴税费48,766,553.12元、加收滞纳金44,139,672.77元，合计92,906,225.89元。

2012年8月24日，省地税第一稽查局向海南国托公司送达琼地税一稽清缴[2012] 2号《土地增值税清算税款缴纳通知书》，限其于2012年9月10日前到税务机关补缴土地增值税31,974,638.39元。因海南国托公司均未依照期限缴纳上述应缴税款及滞纳金，亦未提供相应担保，省地税第一稽查局于2012年9月17日作出琼地税一稽通[2012] 2号《税务事项通知书》，要求该公司必须依法执行税务处理决定，缴清所有税款，并告知其截至9月8日止已超过缴纳税款的期限，该局将按照《中华人民共和国税收征收管理法》第四十条规定采取强制执行措施。该通知书于同年9月19日送达给海南国托公司。

2012年10月16日，省地税第一稽查局作出琼地税一稽保封[2012] 1号《税收保全措施决定书》，决定从2012年10月15日起对海南国托公司的海口市

① 海南省高级人民法院（2013）琼行终字第209号行政判决书

国用（2007）第009175号《国有土地使用证》项下土地使用权及其地上建筑物（工程名称“八里银海”项目）予以查封，并告知该公司如纳税限期期满仍未缴纳税款，将依法拍卖查封的财产抵缴税款，同时告知如不服该决定可自收到决定之日起六十日内依法向海南省地方税务局申请行政复议，或者三个月内依法向人民法院起诉。该决定于同月17日送达海南国托公司并同时送达给各相关协助执行部门。海南国托公司未对琼地税一稽保封［2012］1号《税收保全措施决定书》申请行政复议，亦未提起行政诉讼。

另查明，因海南国托公司提出听证申请，省地税第一稽查局经组织听证后，于2013年3月14日作出琼地税一稽变处［2013］1号《变更税务处理决定书》，对已作出的琼地税一稽处［2012］13号《税务处理决定书》中有关企业所得税的部分内容进行了变更。

2013年3月21日，海南国托公司向省地税第一稽查局递交《纳税担保申请》，称目前情况无法以现金方式缴纳所欠税款，故拟用其现开发建设的“八里银海”项目的第六号楼整栋就上述税务处理决定书确认的应补缴税款及滞纳金提供纳税担保。省地税第一稽查局于同月28日向海南国托公司作出［2013］1号复函，回复称其提供的上述纳税担保抵押物在2012年10月16日已被该局查封，其提供的纳税担保抵押物不符合条件，不予受理其提出的纳税担保申请。海南国托公司不服该复函，向海南省地方税务局申请行政复议，该局于2013年7月30日作出琼地税复决字［2013］12号《行政复议决定书》，决定维持省地税第一稽查局作出的［2013］1号复函。海南国托公司仍不服，遂成讼。

法院审理

原审认为：根据《纳税担保试行办法》［国家税务总局令（第11号）］第十七条第（五）项的规定，依法被查封、扣押、监管的财产，不得抵押进行纳税担保。海南国托公司于2013年3月21日向省地税第一稽查局提出纳税担保申请，拟以其开发建设的“八里银海”项目中的第六号楼作为抵押担保，但“八里银海”项目早在2012年10月16日就已被省地税第一稽查局作出琼地税一稽保封［2012］1号《税收保全措施决定书》予以全部查封，至该公司提出纳税担保申请时，包括第六号楼在内“八里银海”项目仍处于被查封状态，根据上述《纳税担保试行办法》的相关规定，该第六号楼不得抵押进行担保。省地税第一稽查局据此作出［2013］1号复函，认为海南国托公司提供的担保物不符合条件，不予受理其纳税担保申请，并无不当。另外，本案被诉的具体行政行为是省地税第一稽查局作出的［2013］1号复函，至于该公司提出省地税第一稽查局无权查封“八里银海”项目、超标的查封以及查封无效等问题，是关于税收保全措施这一具体行政行为是否合法的问题，不属于本案审理的范围。综上所述，省地税第一稽查局作出的［2013］1号复函认定事实清楚，适用法律正确，处理结果并无不当。海南国托公司的诉讼主张理由不能成立，不予支持。原审法院驳回海南国托公司的诉讼请求。

上诉人海南国托公司上诉称：一、省地税第一稽查局作出的琼地税一稽保封［2012］1号《税收保全措施决定书》因事实认定不清，适用法律不当，导致其对“八里银海”项目查封自始无效，海南国托公司有权以“八里银海”项目六号楼提供纳税担保。《税收征管法》第五十五条规定，税务机关只有在发现纳税人有逃避纳税义务行为，并有明显的转移、隐匿其应纳税的商品、货物以及其他财产或者应纳税的收入迹象时，税务机关才有权采取税收保全措施，且采取税收保全措施时应当查封与应纳税款价值相当的财产。但本案中，省地税第一稽查局在没有提供证据证明海南国托公司存在逃避纳税义务或明显转移财产的情况下，非法采取税收保全措施，查封了价值远远超过应纳税款的“八里银海”整个项目，应当依法认定琼地税一稽保封［2012］1号《税收保全措施决定书》自始无效。省地税第一稽查局依据《税收征管法》第四十条规定作出上述决定对“八里银海”项目实施查封，但该条是针对税收强制执行措施的规定，并不是税收保全措施的规定，故上述决定书适用法律不当。二、查封“八里银海”项目系省地税第一稽查局作出的，为维护海南国托公司合法权益，省地税第一稽查局应当受理海南国托公司提出的纳税担保申请。《纳税担保试行办法》第十七条规定被依法查封的财产不得抵押，但本案中，“八里银海”项目系省地税第一稽查局为避免此前认定的税款流失而予以查封的，而非被其他行政机关或司法机关因其他事由予以查封。海南国托公司依据《纳税担保试行办法》第十四条规定将“八里银海”项目六号楼作为纳税担保，亦是为了保证国家税款不会流失的前提下积极维护自身合法权益，能够依法对琼地税一稽处［2012］13号《税务处理决定书》及琼地税一稽变处［2013］1号《变更税务处理决定书》提起行政复议。省地税第一稽查局对“八里银海”项目查封与海南国托公司将“八里银海”六号楼作为纳税担保的本质是相同的，均是为保障国家税收不被侵害。恳请法院依据实质重于形式原则，在不损害国家及其他组织和个人利益前提下支持海南国托公司的诉讼请求。此外，由于本次就纳税担保提起的行政诉讼事关海南国托公司能否就琼地税一稽处［2012］13号《税务处理决定书》及琼地税一稽变处［2013］1号《变更税务处理决定书》提起行政复议，并对《税务处罚决定书》进行申辩，故请求法院支持海南国托公司的诉讼请求。综上，请求判令撤销原判决，撤销［2013］1号复函。

省地税第一稽查局辩称：一、本案审理的对象是［2013］1号复函这一具体行政行为，而非其他具体行政行为，如海南国托公司对其他具体行政行为有异议，应当另行提起诉讼。二、［2013］1号复函符合法律规定，原判决认定事实清楚，适用法律正确。海南国托公司于2013年申请以其开发建设的“八里银海”项目第六号楼整栋提供纳税担保，但该项目已于2009年2月24日因海南国托公司向中国银行海口龙珠支行贷款2.1亿而设立抵押，为了保证税款能够及时有效征收，我局于2012年10月16日作出琼地税一稽保封［2012］1号《税收保全措施决定书》全部查封该项目。根据《纳税担保试行办法》第十七条第（五）项的规定，“八里银海”项目第六号楼因已被查封而不能作为纳税抵押的财产。我局认为海南国托公司所提供的纳税担保抵押物不符合条件，不予受理，符合上述规定。三、［2013］1号复函符合行政合理原则。海南国托公司所提供的纳税担保物设立有高达2.1亿的抵押，已丧失了保证税款征收的价值。我局出于保护税款征收的目的，不同意海南国托公司所提供的抵押担保，符合行政合理的原则。综上，请求驳回上诉，维持原判。

二审查明：2007年11月15日，海南国托公司与中国银行海口龙珠支行签订《人民币借款合同（中期）》，约定海南国托公司向中国银行龙珠支行借款2.1亿元。2008年12月1日，双方又就贷款展期、利率计算及还款条件等事项签订了《人民币借款合同补充协议》。2009年2月24日，海南国托公司就“八里银海”项目的土地使用权和地上建筑物向中国银行海口龙珠支行办理借款抵押，即担保前述的借款2.1亿元，海口市国土环境资源局于2009年3月2日给中国银行海口龙珠支行办理了土地他项权利登记。

二审法院驳回上诉，维持原判。

点评

纳税担保，是指经税务机关同意或确认，纳税人或其他自然人、法人、经济组织以保证、抵押、质押的方式，为纳税人应当缴纳的税款及滞纳金提供担保的行为。可见，纳税担保实际上是担保制度在税收征管程序中的进一步运用。从法理上讲，纳税担保制度不得与担保法律制度相违背。《担保法》第三十七条规定："下列财产不得抵押：（一）土地所有权；（二）耕地、宅基地、自留地、自留山等集体所有的土地使用权，但本法第三十四条第（五）项、第三十六条第三款规定的除外；（三）学校、幼儿园、医院等以公益为目的的事业单位、社会团体的教育设施、医疗卫生设施和其他社会公益设施；（四）所有权、使用权不明或者有争议的财产；（五）依法被查封、扣押、监管的财产；（六）依法不得抵押的其他财产。"《纳税担保试行办法》第十七条规定："下列财产不得抵押：（一）土地所有权；（二）土地使用权，但本办法第十六条规定的除外；（三）学校、幼儿园、医院等以公益为目的的事业单位、社会团体、民办非企业单位的教育设施、医疗卫生设施和其他社会公益设施；（四）所有权、使用权不明或者有争议的财产；（五）依法被查封、扣押、监管的财产；（六）依法定程序确认为违法、违章的建筑物；（七）法律、行政法规规定禁止流通的财产或者不可转让的财产；（八）经设区的市、自治州以上税务机关确认的其他不予抵押的财产。"比较《担保法》第三十七条与《纳税担保试行办法》第十七条，后者完全遵守前者。因此，在纳税担保中，依法被查封、扣押、监管的财产不得抵押。《担保法》和《纳税担保试行办法》为何作出上述规定呢？原因是被查封、扣押、监管的财产丧失了"可让与性"，权利人无法处分该财产。当然，如果查封、扣押、监管期限届满，该财产可以设定抵押。

本案纳税人海南国托公司开发建设的"八里银海"项目被省地税第一稽查局全部查封，其以"八里银海"项目中的第六号楼作为抵押担保物向省地税第一稽查局提出纳税担保申请，显然违反了《担保法》和《纳税担保试行办法》。

法条链接

1. **《纳税担保试行办法》**

第三条 纳税人有下列情况之一的，适用纳税担保：

（一）税务机关有根据认为从事生产、经营的纳税人有逃避纳税义务行为，在规定的纳税期之前经责令其限期缴纳应纳税款，在限期内发现纳税人有明显的转移、隐匿其应纳税的商品、货物以及其他财产或者应纳税收入的迹象，责成纳税人提供纳税担保的；

（二）欠缴税款、滞纳金的纳税人或者其法定代表人需要出境的；

（三）纳税人同税务机关在纳税上发生争议而未缴清税款，需要申请行政复议的；

（四）税收法律、行政法规规定可以提供纳税担保的其他情形。

第十七条 下列财产不得抵押：

（一）土地所有权；

（二）土地使用权，但本办法第十六条规定的除外；

（三）学校、幼儿园、医院等以公益为目的的事业单位、社会团体、民办非企业单位的教育设施、医疗卫生设施和其他社会公益设施；

（四）所有权、使用权不明或者有争议的财产；

（五）依法被查封、扣押、监管的财产；

（六）依法定程序确认为违法、违章的建筑物；

（七）法律、行政法规规定禁止流通的财产或者不可转让的财产；

（八）经设区的市、自治州以上税务机关确认的其他不予抵押的财产。

2.《担保法》

第三十七条 下列财产不得抵押：

（一）土地所有权；

（二）耕地、宅基地、自留地、自留山等集体所有的土地使用权，但本法第三十四条第（五）项、第三十六条第三款规定的除外；

（三）学校、幼儿园、医院等以公益为目的的事业单位、社会团体的教育设施、医疗卫生设施和其他社会公益设施；

（四）所有权、使用权不明或者有争议的财产；

（五）依法被查封、扣押、监管的财产；

（六）依法不得抵押的其他财产。

030. 股权是否可以用于纳税担保？

——湖北荆大精密钢管实业有限公司与荆州市地方税务局稽查局等复议上诉案①

裁判要旨

依据《纳税担保试行办法》，纳税担保中的纳税质押包括动产质押和权利质押。权利质押包括汇票、支票、本票、债券、存款单等，特点是权利凭证的占有和权利的行使不可分离。至于股权，单纯的权利凭证占有并不会影响股权的行使，只有经过质押登记后，质权人才有可能处分股权，故无法用于纳税担保。

基本案情

被告荆州市地方税务局稽查局对原告湖北荆大精密钢管实业有限公司2009年1月1日至2011年12月31日地方税费申报缴纳情况进行了检查，2014年11月26日依法作出（荆地税稽处［2014］19号）税务处理决定，依法向原告下达税款追缴通知，原告应补缴（扣缴）：1. 营业税20,587.04元；2. 城市维护建设税115,856.21元；3. 印花税12,035.20元；4. 房产税14,563.97元；5. 城镇土地使用税160,595.80元；6. 企业所得税15,585,031.52元；7. 个人所得税781,215.44元；8. 地方教育附加124,160.98元；9. 堤防维护费165,541.44元；10. 教育附加费49,652.65元。同时被告告知原告，若同被告在纳税上有争议，必须先依照本决定缴纳或者解缴税款及滞纳金或者提供相应的纳税担保，然后可以依法在六十日内向荆州市地方税务局或荆州市人民政府申请行政复议。

同日，被告向原告送达［2014］19号《税务处理决定书》。

2014年12月6日，原告向被告提交了《关于荆大公司退城进郊有关企业所得税稽查情况沟通》。

2014年12月9日，被告荆州市地方税务局稽查局《关于对荆大精密钢管实业有限公司退城进郊有关企业所得税稽查情况沟通的反馈意见》没有向原告送达，只是口头进行了表述。

① 湖北省荆州市中级人民法院（2016）鄂10行终75号行政判决书

原告收到［2014］19号《税务处理决定书》60日后，于2015年2月3日至9日，向税务机关缴纳了《税务处理决定书》通知追缴的除企业所得税15,585,031.52元以外的所有应缴税费1,444,208.58元和滞纳金126,057.08元，合计1,570,265.66元，对应缴企业所得税15,585,031.52元没有缴纳。

2015年6月23日，被告作出《税收强制执行决定书》，并向原告送达。

2015年8月18日，原告向荆州市人民政府申请行政复议，《行政复议申请书》的请求，1. 撤销被告2014年11月26日作出的19号《税务处理决定书》；2. 撤销2015年6月23日作出的荆地税稽强扣［2015］《税收强制执行决定书》；3. 责令被告返还扣划的16,100元税款。

被告荆州市人民政府收到复议申请后，于2015年8月19日，向原告作出《补正行政复议申请通知书》，原告于2015年8月26日，向被告荆州市人民政府提交了补正复议材料，被告荆州市人民政府作出荆政复函（2015）20号《行政复议告知书》，告知原告不符合行政复议的受理条件，原告于8月26日再次向被告荆州市人民政府提交了补正材料，被告荆州市人民政府于2015年9月10日作出荆政复函（2015）23号《行政复议告知书》，再次向原告告知不符合行政复议受理条件。被告荆州市人民政府两次作出不予受理条件的告知，其理由均认为，原告提交的股权担保材料，不符合《中华人民共和国税收征收管理法实施细则》第六十二条之规定。

2015年10月20日，被告荆州市人民政府决定中止对撤销《税收强制执行决定书》行政复议的审理。

2015年9月3日，原告向被告邮寄《纳税担保书》，纳税担保人为原告公司的44名股东，担保形式为“股权担保”。被告于同年9月7日收到。

2015年9月24日，被告作出《对〈纳税担保书〉的回复》，不同意接受原告提供的纳税担保。

2015年10月9日，原告对被告作出的不同意接受原告提供的纳税担保决定的行政行为不服，向被告荆州市人民政府申请行政复议，被告荆州市人民政府依法予以受理。被告在规定期限内提交了行政复议答复书以及相关证据材料。因案情复杂，决定延期30日审理。

被告荆州市人民政府于2016年1月13日作出荆政复［2015］31号行政复议决定，维持了被告所作行政行为，并送达给双方当事人。

原告对被告荆州市人民政府荆［2015］31号行政复议决定不服，提起行政诉讼，诉讼请求为：1. 依法撤销被告荆州市人民政府［2015］31号《行政复议决定书》；2. 判令被告荆州市地方税务局稽查局重新作出核定许可原告以其股权为涉及税款提供担保的行政行为；3. 一审诉讼费由两被告负担。

法院审理

原审认为，一、原告申请纳税担保的时间是否符合法律规定。1. 根据《中华人民共和国税收征收管理法》第八十八条“纳税人、扣缴义务人、纳税担保人同税务机关在纳税上发生争议时，必须依照税务机关的纳税决定缴纳或者解缴税款及滞纳金或者提供相应的担保，然后可以依法申请行政复议；对行政复议决定不服的，可以依法向人民法院起诉”的规定，被告荆州市地方税务局稽查局于2014年11月26日向原告送达［2014］19号《税务处理决定书》，并在决定书中告知原告，若同被告荆州市地方税务局稽查局在纳税上有争议，必须先依照本决定缴纳或者解缴税款及滞纳金或者提供相应的纳税担保，然后可以依法在六十日内向荆州市地方税务局或荆州市人民政府申请行政复议。原告于2015年8月18日向被告荆州市人民政府提出行政复议申请，距原告收到［2014］19号《税务处理决定书》的时间（2014年11月26日），已经超过行政复议申请期限六十日；在提交行政复议申请后，原告向被告荆州市地方税务局稽查局邮寄了《纳税担保书》，落款时间为2015年9月3日，被告荆州市地方税务局稽查局于2015年9月7日收到，因此，原告的纳税担保申请，属先申请行政复议，再提供纳税担保。2. 关于原告收到［2014］19号《税务处理决定书》后，于2014年12月6日向被告荆州市地方税务局稽查局提出过情况沟通，所以没有超过行政复议申请期限六十日的辩论意见。法院认为，原告向被告荆州市地方税务局稽查局提交了沟通意见，因被告荆州市地方税务局稽查局不是复议机关，被告荆州市地方税务局稽查局是否作出了反馈意见和是否将其送达到原告，均不能视为原告在法定期限内向复议机关提出了行政复议申请，也与原告就［2014］19号《税务处理决定书》，向被告荆州市人民政府申请行政复议是否超过法定期限没有因果关系，故对原告调取《反馈意见》原件的请求不予准许，亦对原告的此辩意见不予支持。3. 关于原告认为收到［2014］19号《税务处理决定书》后，在法定期限内，向被告荆州市地方税务局稽查局的上级机关荆州市地方税务局反映过情况，也应视为在法定期限内提出了复议申请的辩论意见。法院认为，荆州市地方税务局和被告荆州市人民政府皆有权受理针对被告荆州市地方税务局稽查局提出的复议申请，但原告只能向其中一个复议机关提出行政复议申请，原告在收到［2014］19号《税务处理决定书》后，既然向被告荆州市人民政府书面申请行政复议，被告荆州市人民政府也已经收到行政复议申请，并作出了不符合行政复议受理条件的决定，证明原告已经放弃了向荆州市地方税务局提出行政复议申请的权利，故对原告的此辩论意见不予支持。4. 关于原告认为被告荆州市人民政府既然作出荆政复函（2015）20号和23号《行政复议告知书》，就应该视为被告荆州市人民政府受理了原告提出的复议申请的问题。法院认为，被告荆州市人民政府两次向原告作出不符合行政复议受理条件的决定，是被告荆州市人民政府对原告的行政复议申请是否受理进行审查后的决定，因此，不能视为是对原告提出的行政复议申请已经受理。故对原告的此辩论意见不予支持。综上，原告申请纳税担保的时间不符合法律规定。

二、原告申请纳税担保的担保形式是否符合法律规定。纳税担保的财产必须便于变现，具有可执行性。《纳税担保试行办法》第二十五条对纳税质押进行了规定，第一款规定，纳税质押是指经税务机关同意，纳税人或纳税担保人将其动产或权利凭证移交税务机关占有，将该动产或权利凭证作为税款及滞纳金的担保。纳税人逾期未缴清税款及滞纳金的，税务机关有权依法处置该动产或权利凭证以抵缴税款及滞纳金。纳税质押分为动产质押和权利质押。与《担保法》的质押规定相比较，《纳税担保试行办法》对纳税质押只规定了质押物交付的质押情形，没有规定出质登记的质押情形，根据《担保法》的规定，股份、股票可以质押，但要依法办理出质登记，属于出质登记的质押情形，所以，需要办理出质登记的质押不在《纳税担保试行办法》规定的纳税质押之列。《纳税担保试行办法》第二十五条第三款对纳税质押中的权利质押作了明确规定，汇票、支票、本票、债券、存款单等权利凭证可以质押，这些权利凭证都是可以移交税务机关占有，而依法需要办理出质登记的股票、股份不在之列。原告提交的《纳税担保书》载明，纳税担保人为原告公司的44名股东，担保形式为"股权担保"，股权不是权利凭证，更不能作为权利凭证进行交付，股权可以质押但需要办理股权质押登记。所以，原告提交的纳税担保（股权担保）不符合《纳税担保试行办法》第二十五条第三款的规定。故对原告的该诉讼主张不予支持。

原审法院判决：驳回原告湖北荆大精密钢管实业有限公司的诉讼请求。

上诉人湖北荆大精密钢管实业有限公司不服一审判决，提起上诉称，1. 原审判决适用法律错误；2. 被上诉人荆州市人民政府作出的荆政复（2015）31号行政复议决定书，超出其行政职权范围；3. 上诉人提供的纳税担保方式符合相关规定，应当予以确认并采纳，原审判决不支持上诉人的纳税担保，明显不当；4. 原审判决遗漏上诉人的诉讼请求，对上诉人的全部诉讼请求未全面审查，违反法定程序，致使上诉人的合法权益不能得到全面维护；5. 原审法院对上诉人调取《反馈意见》原件的申请，不予准许，违反程序规定；6. 被上诉人荆州市地方税务局稽查局作出的荆地税稽处［2014］19 号《税务处理决定书》应予撤销。请求：1. 依法撤销原审判决，依法改判或者发回重审；2. 依法撤销被上诉人荆州市人民政府作出的荆政复（2015）31 号行政复议决定；3. 依法判令被上诉人荆州市地方税务局稽查局撤销其于 2015 年 9 月 24 日对上诉人作出的《对〈纳税担保书〉的回复》，并对上诉人提供的纳税担保予以确认并采纳；4. 依法撤销被上诉人荆州市地方税务局稽查局作出的荆地税稽处（2014）19 号税务处理决定；5. 本案一、二审案件受理费由两被上诉人承担。

二审法院驳回上诉，维持原判。

点评

本案的争议焦点之一为股权是否可以用于纳税担保。《纳税担保试行办法》规定的纳税担保方式为纳税保证、纳税抵押和纳税质押。因此，如果股权用于纳税担保，应当属于纳税质押。

一、《担保法》和《物权法》对质押的相关规定

《担保法》和《物权法》规定的质押可分为动产质押和权利质押。

1. 动产质押。《物权法》第二百一十二条规定：“质权自出质人交付质押财产时设立。”

2. 权利质押。《物权法》第二百二十三条规定：“债务人或者第三人有权处分的下列权利可以出质：（一）汇票、支票、本票；（二）债券、存款单；（三）仓单、提单；（四）可以转让的基金份额、股权；（五）可以转让的注册商标专用权、专利权、著作权等知识产权中的财产权；（六）应收账款；（七）法律、行政法规规定可以出质的其他财产权利。”其第二百二十四条规定：“以汇票、支票、本票、债券、存款单、仓单、提单出质的，当事人应当订立书面合同。质权自权利凭证交付质权人时设立；没有权利凭证的，质权自有关部门办理出质登记时设立。”据此，第一，有权利凭证的，质权自权利凭证交付时设立，这主要适用于权利凭证的持有和权利的行使不可分离的权利，如果质权人丧失对权利凭证的占有，其也失去行使权利的资格。汇票、支票、本票、债券、存款单、仓单、提单等权利凭证是典型。第二，无权利凭证的，质权自登记时设立。可以转让的基金份额、股权、可以转让的注册商标专用权、专利权、著作权等知识产权中的财产权、应收账款等是典型。

二、《纳税担保试行办法》的相关规定

《纳税担保试行办法》第二十五条规定："纳税质押，是指经税务机关同意，纳税人或纳税担保人将其动产或权利凭证移交税务机关占有，将该动产或权利凭证作为税款及滞纳金的担保。纳税人逾期未缴清税款及滞纳金的，税务机关有权依法处置该动产或权利凭证以抵缴税款及滞纳金。纳税质押分为动产质押和权利质押。动产质押包括现金以及其他除不动产以外的财产提供的质押。汇票、支票、本票、债券、存款单等权利凭证可以质押。对于实际价值波动很大的动产或权利凭证，经设区的市、自治州以上税务机关确认，税务机关可以不接受其作为纳税质押。"据此，纳税质押包括动产质押和权利质押。其中，权利质押只限于有权利凭证的情形。结合《物权法》第二百二十三条和第二百二十四条，纳税担保中的权利质押肯定包括汇票、支票、本票、债券、存款单。至于仓单和提单，由于其是权利凭证，且权利凭证的占有与权利的行使不可分离，也可认为属于纳税担保的形式。至于股权，单纯权利凭证的占有并不会影响股权的行使，只有经过质押登记后，质权人才有可能处分股权，故无法用于纳税担保。本案纳税人向税务机关提供的纳税担保形式为股权担保，不符合《纳税担保试行办法》规定的纳税质押方式，故复议机关不认可其纳税担保。

法条链接

1.《纳税担保试行办法》

第二十五条 纳税质押，是指经税务机关同意，纳税人或纳税担保人将其动产或权利凭证移交税务机关占有，将该动产或权利凭证作为税款及滞纳金的担保。纳税人逾期未缴清税款及滞纳金的，税务机关有权依法处置该动产或权利凭证以抵缴税款及滞纳金。纳税质押分为动产质押和权利质押。

动产质押包括现金以及其他除不动产以外的财产提供的质押。

汇票、支票、本票、债券、存款单等权利凭证可以质押。

对于实际价值波动很大的动产或权利凭证，经设区的市、自治州以上税务机关确认，税务机关可以不接受其作为纳税质押。

第二十六条 纳税人提供质押担保的，应当填写纳税担保书和纳税担保财产清单并签字盖章。纳税担保书应当包括以下内容：

（一）担保的税款及滞纳金数额、所属期间、税种名称、税目；

（二）纳税人履行应缴纳税款、滞纳金的期限；

（三）质物的名称、数量、质量、价值、状况、移交前所在地、所有权权属或者使用权权属；

（四）质押担保的范围及担保责任；

（五）纳税担保财产价值；

（六）税务机关认为需要说明的其他事项。

纳税担保财产清单应当写明财产价值及相关事项。

纳税质押自纳税担保书和纳税担保财产清单经税务机关确认和质物移交之日起生效。

第二十七条 以汇票、支票、本票、公司债券出质的，税务机关应当与纳税人背书清单记载“质押”字样。以存款单出质的，应由签发的金融机构核押。

第二十八条 以载明兑现或者提货日期的汇票、支票、本票、债券、存款单出质的，汇票、支票、本票、债券、存款单兑现日期先于纳税义务履行期或者担保期的，税务机关与纳税人约定将兑现的价款用于缴纳或者抵缴所担保的税款及滞纳金。

031. 适用税收保全需要符合哪些法定条件？

——银川市国家税务稽查局与银川盛升物资有限公司税务保全纠纷案①

裁判要旨

税务机关有根据认为从事生产、经营的纳税人有逃避纳税义务行为的，可以在规定的纳税期之前，责令限期缴纳应纳税款；在限期内发现纳税人有明显的转移、隐匿其应纳税的商品、货物以及其他财产或者应纳税的收入的迹象的，税务机关可以责成纳税人提供纳税担保。如果纳税人不能提供纳税担保，经县以上税务局（分局）局长批准，税务机关可以采取下列税收保全措施：（一）书面通知

① 宁夏回族自治区银川市中级人民法院（2016）宁01行终34号行政判决书

纳税人开户银行或者其他金融机构冻结纳税人的金额相当于应纳税款的存款；（二）扣押、查封纳税人的价值相当于应纳税款的商品、货物或者其他财产。

税务机关对从事生产、经营的纳税人以前纳税期的纳税情况依法进行税务检查时，发现纳税人有逃避纳税义务行为，并有明显的转移、隐匿其应纳税的商品、货物以及其他财产或者应纳税的收入的迹象的，可以按法定的批准权限采取税收保全措施或者强制执行措施。

基本案情

2014 年 12 月 31 日至 2015 年 2 月 4 日期间，被告银川市国家税务稽查局（以下简称税务稽查局）对原告银川盛升物资有限公司（以下简称盛升公司）2007 年 12 月 1 日至 2014 年 12 月 31 日的纳税情况进行检查，于 2015 年 3 月 25 日作出银国税稽处［2015］33 号《税务处理决定书》。

2015 年 7 月 15 日，宁夏回族自治区国家税务局作出宁国税复决字［2015］1 号《行政复议决定书》，撤销被告作出的银国税稽处［2015］33 号《税务处理决定书》，并责令银川市国税局在收到复议决定书之日起 60 日内重新作出具体行政行为。

2015 年 8 月，被告稽查人员前往原告工商注册经营地进行检查，发现该注册经营地点已另行出租他人从事茶艺、棋牌服务，结合 2015 年 2 月 26 日原告实际经营人毛某出具的"关于毛某于 2013 年 3 月 1 日后不再对公司实际经营，公司由股东储某实际经营"情况说明，2015 年 2 月 28 日原告法定代表人董某出具的"关于董某本人从未参与公司经营"情况说明，以及 2015 年 8 月 1 日公安机关对储某的刑事拘留证，被告认定原告公司既无经营场地，又无可执行财产，存有明显的转移、隐匿其应纳税的商品、货物以及其他财产或者应纳税收入的迹象。

2015 年 8 月 28 日，经被告稽查人员申请，银川市国税局局长批准，被告作出银国税稽冻［2015］11 号《冻结存款决定书》，决定从 2015 年 8 月 28 日起冻结原告在中国建设银行银川北门支行的存款 730,000 元。同日，被告向银行送达该决定书，并制作现场笔录，对原告账户资金实施冻结。同日，被告向原告送达该决定书。

2015 年 9 月 9 日，被告作出银国税稽处［2015］133 号《税务处理决定书》，责令原告限期缴纳企业所得税 384,526.82 元，从滞纳税款之日起按日加收滞纳税款万分之五的滞纳金。

2015年11月2日，被告作出银国税强扣［2015］002号《税收强制执行决定书》，扣缴原告在中国建设银行银川北门支行的存款600，848.94元。原告不服［2015］133号《税务处理决定书》，于2015年12月1日向宁夏回族自治区国家税务局申请行政复议。

另查明，原告公司于2015年10月12日变更注册住所地和法定代表人。

法院审理

原审法院认为，《中华人民共和国税收征收管理法》第十四条、第五十五条、《中华人民共和国税收征收管理法实施细则》第九条规定，按照国务院规定设立的并向社会公告的税务机构，是指省以下税务局的稽查局。稽查局专司偷税、逃避追缴欠税、骗税、抗税案件的查处，同时，按照规定的批准权限有权采取税收保全措施或者强制执行措施。被告税务稽查局依法具有对辖区内涉税违法行为进行查处和采取税收保全措施的职权。

根据《中华人民共和国税收征收管理法》第五十五条规定，税务机关对从事生产、经营的纳税人以前纳税期的纳税情况依法进行税务检查时，发现纳税人有逃避纳税义务行为，并有明显的转移、隐匿其应纳税的商品、货物以及其他财产或者应纳税的收入的迹象的，可以按照本法规定的批准权限采取税收保全措施或者强制执行措施。本案被告提交的证据表明，被告对原告进行税务检查期间，原告公司状况为：1. 工商注册经营地点出租给他人经营其他业务；2. 原告法定代表人董某不参与实际经营，实际控制人储某已被公安机关刑事拘留。被告据此认定原告有逃避纳税义务行为，并有明显的转移、隐匿其应纳税的商品、货物以及其他财产或者应纳税的收入的迹象，证据充分。

根据《税务稽查工作规程》第三十五条的规定，及《中华人民共和国税收征收管理法实施细则》第一百零一条、一百零三条的规定，稽查局对纳税人以前纳税期的税款采取税收保全措施，应经所属税务局局长批准，采取税收保全措施时，应向纳税人送达《税收保全措施决定书》，告知其采取税收保全措施的内容、理由、依据，并依法告知其申请行政复议和提起行政诉讼的权利，采取冻结纳税人在开户银行的存款措施时，应向该开户银行送达《冻结存款通知书》，冻结其相当于应纳税款的存款。税务机关送达法律文书，应当直接送交受送达人。受送达人是法人的，应当由法人的法定代表人、或者该法人的财务负责人、负责收件的人签收。受送达人或者其他签收人拒绝签收税务文书的，送达人在送达回证上记明拒收理由和日期，并由送达人和见证人签名或者盖章，将税务文书留在受送达人处，即视为送达。本案中，被告作出的涉案税收保全措施，由银川市国税局局长批准，向原告送达《冻结存款决定书》时，原告法定代表人董秀玲拒绝签收，送达回证上注明见证人及稽查人员的签字，该批准及送达行为符合上述法律规定。《冻结存款决定书》中虽未告知原告申请行政复议或者提起行政诉讼的权利，但原告应补缴税款的事实存在，鉴于原告已经对该税收保全措施提起本案行政诉讼，故该瑕疵并未对有关的救济权利造成实质影响。

综上，涉诉税收保全措施决定事实清楚，证据充分，适用法律正确，文书中虽然存在瑕疵，但被告采取税收保全措施既是其法定职责，也是为保障国家税款及时、足额入库所采取的必要措施，也未对原告的权利产生实质影响，故被告的行政行为合法。原告主张赔偿的诉求，法院不予支持。依照《中华人民共和国行政诉讼法》第六十九条，《中华人民共和国国家赔偿法》第三十六条之规定，判决：驳回原告银川盛升物资有限公司的诉讼请求。

宣判后，盛升公司不服，提起上诉。

上诉人盛升公司上诉称，一、在执法和司法领域，没有瑕疵的概念，只有“依法”与“违法”的概念。一审法院认定被上诉人执法上的“瑕疵”，从行政执法的角度看，就是违法。二、被上诉人依据《中华人民共和国税收征收管理法》的规定，对上诉人实行税收保全，冻结上诉人的银行账户，其性质属于《中华人民共和国行政强制法》规范的行政强制措施、根据《中华人民共和国行政强制法》第十八条第（五）项的规定，被上诉人对上诉人实施的行政强制措施违反了该条的规定。三、根据《中华人民共和国行政诉讼法》第七十四条第一款第（二）项的规定，一审法院判决错误。请求撤销宁夏回族自治区银川市金凤区人民法院（2015）金行初字第137号行政判决书，并改判确认被上诉人冻结上诉人银行账户的税收保全决定违法。

二审法院驳回上诉。

点评

《税收征收管理法》第三十八条第一款规定：“税务机关有根据认为从事生产、经营的纳税人有逃避纳税义务行为的，可以在规定的纳税期之前，责令限期缴纳应纳税款；在限期内发现纳税人有明显的转移、隐匿其应纳税的商品、货物以及其他财产或者应纳税的收入的迹象的，税务机关可以责成纳税人提供纳税担保。如果纳税人不能提供纳税担保，经县以上税务局（分局）局长批准，税务机关可以采取下列税收保全措施：（一）书面通知纳税人开户银行或者其他金融机构冻结纳税人的金额相当于应纳税款的存款；（二）扣押、查封纳税人的价值相当于应纳税款的商品、货物或者其他财产。”该条款明确了采取税收保全的法定条件：

第一，税务机关有根据认为从事生产、经营的纳税人有逃避纳税义务行为。“有根据认为”是指依据一定的线索作出的符合逻辑的判断。根据不是证据。证据是能够全面证明纳税人逃避纳税义务的证明资料。税收保全是对纳税人的财产采取的一种紧急处理措施，故不需要税务机关全面搜集证明纳税人逃避纳税义务的各种证据，只要对纳税人逃避纳税义务形成合理怀疑即可作出。

第二，税务机关责令限期缴纳应纳税款。依据税收法律法规的相关规定，纳税人应当在法定的纳税期限内缴纳税款。但是，如果税务机关有根据认为从事生产、经营的纳税人有逃避纳税义务行为的，可以要求纳税人在法定的纳税期限之前缴纳税款。

第三，纳税人在限期内有明显的转移、隐匿其应纳税的商品、货物以及其他财产或者应纳税的收入的迹象。“迹象”是指痕迹和现象，故税务机关只要发现纳税人有上述行为的苗头，就可以采取下一步的措施。

第四，税务机关责令纳税人提供纳税担保。税法的基础法律是民商法和行政法，故纳税担保的依据是《担保法》和《物权法》。担保的方式主要有保证、抵押、质押、留置、定金等，但纳税担保一般只包括保证、抵押和质押。

第五，纳税人不能提供纳税担保。

可见，依据《税收征收管理法》第三十八条第一款，税收保全不是税务机关保证税收债权的首选方式，税务机关首先应当责令纳税人在法定的纳税期限之前限期缴纳税款，其次才能要求其提供纳税担保，最后才能采取税收保全措施。但是，如果严格按照上述三部曲采取税收保全措施，在特殊情况下可能无法保证税收债权的实现。为此，《税收征收管理法》第五十五条规定：“税务机关对从事生产、经营的纳税人以前纳税期的纳税情况依法进行税务检查时，发现纳税人有逃避纳税义务行为，并有明显的转移、隐匿其应纳税的商品、货物以及其他财产或者应纳税的收入的迹象的，可以按照本法规定的批准权限采取税收保全措施或者强制执行措施。”据此，税务机关可以直接采取税收保全措施，而不是像第三十八条规定的一样，需要依次采取限期缴纳、纳税担保和税收保全。

本案的税务机关在对纳税人以前纳税期的纳税情况依法检查时，发现纳税人工商登记的经营场所已经出租给他人，但工商登记信息并未改变，且法定代表人董某不参与实际经营，实际控制人储某已被公安机关刑事拘留，无可供执行的财产，故采取税收保全措施，法院认定税务机关的税收保全措施符合法律规定。

需要注意的是，依据《税收征收管理法》第三十八条第一款采取的税收保全措施有限制。《税收征收管理法》第三十八条第二款规定："纳税人在前款规定的限期内缴纳税款的，税务机关必须立即解除税收保全措施；限期期满仍未缴纳税款的，经县以上税务局（分局）局长批准，税务机关可以书面通知纳税人开户银行或者其他金融机构从其冻结的存款中扣缴税款，或者依法拍卖或者变卖所扣押、查封的商品、货物或者其他财产，以拍卖或者变卖所得抵缴税款。"《税收征收管理法》第三十八条第三款规定："个人及其所扶养家属维持生活必需的住房和用品，不在税收保全措施的范围之内。"另外，《税收征收管理法》第五十五条规定的税收保全措施也有限制。《税收征收管理法实施细则》第八十八条规定："依照税收征管法第五十五条规定，税务机关采取税收保全措施的期限一般不得超过6个月；重大案件需要延长的，应当报国家税务总局批准。"

法条链接

1.《税收征收管理法》

第三十八条 税务机关有根据认为从事生产、经营的纳税人有逃避纳税义务行为的，可以在规定的纳税期之前，责令限期缴纳应纳税款；在限期内发现纳税人有明显的转移、隐匿其应纳税的商品、货物以及其他财产或者应纳税的收入的迹象的，税务机关可以责成纳税人提供纳税担保。如果纳税人不能提供纳税担保，经县以上税务局（分局）局长批准，税务机关可以采取下列税收保全措施：

（一）书面通知纳税人开户银行或者其他金融机构冻结纳税人的金额相当于应纳税款的存款；

（二）扣押、查封纳税人的价值相当于应纳税款的商品、货物或者其他财产。

纳税人在前款规定的限期内缴纳税款的，税务机关必须立即解除税收保全措施；限期期满仍未缴纳税款的，经县以上税务局（分局）局长批准，税务机关可以书面通知纳税人开户银行或者其他金融机构从其冻结的存款中扣缴税款，或者依法拍卖或者变卖所扣押、查封的商品、货物或者其他财产，以拍卖或者变卖所得抵缴税款。

个人及其所扶养家属维持生活必需的住房和用品，不在税收保全措施的范围之内。

第五十五条 税务机关对从事生产、经营的纳税人以前纳税期的纳税情况依法进行税务检查时，发现纳税人有逃避纳税义务行为，并有明显的转移、隐匿其应纳税的商品、货物以及其他财产或者应纳税的收入的迹象的，可以按照本法规定的批准权限采取税收保全措施或者强制执行措施。

2. **《税收征收管理法实施细则》**

第八十八条 依照税收征管法第五十五条规定，税务机关采取税收保全措施的期限一般不得超过6个月；重大案件需要延长的，应当报国家税务总局批准。

032. 税务机关采取行政强制执行措施的前提条件是哪些？

——原告王某新等不服被告鸡西市鸡冠区地方税务局税务行政强制案①

裁判要旨

从事生产、经营的纳税人、扣缴义务人未按照规定的期限缴纳或者解缴税款，纳税担保人未按照规定的期限缴纳所担保的税款，由税务机关责令限期缴纳，逾期仍未缴纳的，经县以上税务局（分局）局长批准，税务机关可以采取下列强制执行措施：（一）书面通知其开户银行或者其他金融机构从其存款中扣缴税款；（二）扣押、查封、依法拍卖或者变卖其价值相当于应纳税款的商品、货物或者其他财产，以拍卖或者变卖所得抵缴税款。

基本案情

×房地产开发有限公司是依法登记的企业法人。2013年10月30日，经工商行政管理部门批准，注销了企业法人工商登记。原告王某新、杨某芝、王某、孙某远系×房地产开发有限公司出资人。2014年9月3日，被告鸡西市鸡冠区地方税务局以×房地产开发有限公司于2008年至2011年经营期间欠缴土地增值税6,716,952元、滞纳金2,686,780.80元为由，向黑龙江省×信用社（×营业部）下达了编号为X的扣划通知书，分别从×房地产开发有限公司在该金融机构活期

① 黑龙江省鸡西市鸡冠区人民法院（2016）黑0302行初43号行政判决书

存款账户资金中扣划 2,686,780.80 元和 6,716,952 元；并于次日向×房地产开发有限公司送达了《关于税务强制执行的通知》。四位原告不服，提出行政复议申请，行政复议机关正式受理前组织双方进行协商。经协商，四位原告将申请行政复议材料撤回，并继续与鸡西市鸡冠区地方税务局及其上级主管部门协商。经多次协商未果，遂诉至法院。

法院审理

王某新、杨某芝、王某、孙某远诉称，其是×房地产开发有限公司的出资人，现该公司已注销登记。×房地产开发有限公司于 2007 年 9 月和 2008 年 11 月分别开发“×名城”和“×花园”住宅项目。达到清算条件后，该公司按税务机关制定的预征率预缴了土地增值税。后税务机关于 2010 年 3 月 15 日向该公司下达了《土地增值税核定征收通知书》，但一直未按规定向公司下达《土地增值税清算结论通知书》，告知核定清算后公司应缴土地增值税的税额及期限。在此情况下，即使公司欠税，被告鸡西市鸡冠区地方税务局也没有按照《中华人民共和国税收征收管理法》第四十条规定履行“责令限期缴纳”法定程序，便于 2014 年 9 月 3 日进行税务强制执行，扣划公司账户资金 9,403,732.80 元，并于 2014 年 9 月 4 日向公司送达了《税务事项通知书》和《司法扣划凭证》。后鸡西市鸡冠区地方税务局怕因违反法定程序而败诉，又伪造了 2012 年 6 月 10 日的“催缴税款通知书”及没有送达地址、时间、受送达人和见证人签字的送达回证。综上，因鸡西市鸡冠区地方税务局的强制执行没有履行法定“责令限期缴纳”告知义务，也没有告知诉权，严重损害了公司及王某新、杨某芝、王某、孙某远的合法权益。为此，四位原告曾提出过行政复议申请，但复议机关在未受理的情况下组织双方协商，四位原告便撤回了行政复议申请。后一直与鸡西市鸡冠区地方税务局及其上级主管部门协商此事。经多次协商无果，四位原告才诉至法院，请求法院判决撤销行政强制执行行为。

被告鸡西市鸡冠区地方税务局辩称，鸡西市鸡冠区地方税务局是以 2012 年税收检查表中计算的×房地产开发有限公司所欠土地增值税为依据，对×房地产开发有限公司采取的行政强制执行措施。在采取强制措施前，确实没有向×房地产开发有限公司下达缴纳税收通知。向×房地产开发有限公司送达税务执行事项通知书时，也没有告知×房地产开发有限公司应享有的诉权和起诉期限。行政强制行为确实存在瑕疵。

法院认为，2013 年 6 月 29 日修改的《中华人民共和国税收征收管理法》第四十条第一款第（一）项规定：“从事生产、经营的纳税人、扣缴义务人未按照规定的期限缴纳或者解缴税款，纳税担保人未按照规定的期限缴纳所担保的税款，由税务机关责令限期缴纳，逾期仍未缴纳的，经县以上税务局（分局）局长批准，税务机关可以采取下列强制执行措施：（一）书面通知其开户银行或者其他金融机构从其存款中扣缴税款”；第二款规定：“税务机关采取强制执行措施时，对前款所列纳税人、扣缴义务人、纳税担保人未缴纳的滞纳金同时强制执行”。由上述规定可以看出，对于纳税人采取扣缴税款行政强制行为的，必须同时具备以下条件：一是纳税人未按照规定的期限缴纳或解缴税款，二是由税务机关责令限期缴纳，逾期仍未缴纳的。而被告鸡西市鸡冠区地方税务局未提供确凿证据，证明其对×房地产开发有限公司采取被诉扣缴税款及滞纳金的行政强制行为具备上述法定条件。故该行政强制行为因事实不清、证据不足、适用法律错误，应认定为违法行政行为。四位原告的诉讼请求应予支持。

法院判决如下：

撤销被告鸡西市鸡冠区地方税务局于 2014 年 9 月 3 日作出的扣划×房地产开发有限公司在黑龙江省×信用社（×营业部）账户上存储资金 6, 716, 952 元和 2, 686, 780. 80 元的行政强制行为。

点评

为了保证国家税收，法律赋予了税务机关行政强制执行权。《税收征收管理法》第四十条规定：“从事生产、经营的纳税人、扣缴义务人未按照规定的期限缴纳或者解缴税款，纳税担保人未按照规定的期限缴纳所担保的税款，由税务机关责令限期缴纳，逾期仍未缴纳的，经县以上税务局（分局）局长批准，税务机关可以采取下列强制执行措施：（一）书面通知其开户银行或者其他金融机构从其存款中扣缴税款；（二）扣押、查封、依法拍卖或者变卖其价值相当于应纳税款的商品、货物或者其他财产，以拍卖或者变卖所得抵缴税款。税务机关采取强制执行措施时，对前款所列纳税人、扣缴义务人、纳税担保人未缴纳的滞纳金同时强制执行。个人及其所扶养家属维持生活必需的住房和用品，不在强制执行措施的范围之内。”但是，税务机关采取行政强制执行措施必须具备前提条件：第一，纳税人、扣缴义务人和纳税担保人负有纳税义务的事实清楚。第二，纳税人、扣缴义务人未按照规定的期限缴纳或者解缴税款，纳税担保人未按照规定的期限缴纳所担保的税款。第三，税务机关先责令纳税人、扣缴义务人和纳税担保人限期缴纳税款。第四，纳税人、扣缴义务人和纳税担保人超过税务机关指定的期限仍未缴纳税款。因此，税务机关采取行政强制执行措施必须严格按照法律规定，不得肆意妄为。

本案税务机关以×房地产开发有限公司于2008年至2011年经营期间欠缴土地增值税6,716,952元、滞纳金2,686,780.80元为由，向黑龙江省×信用社（×营业部）下达了编号为×的扣划通知书，分别从×房地产开发有限公司在该金融机构活期存款账户资金中扣划2,686,780.80元和6,716,952元；并于次日向×房地产开发有限公司送达了《关于税务强制执行的通知》。但是，税务机关并未查实纳税人具体应缴纳的土地增值税数额，也未规定纳税人具体的纳税期限，而是直接书面通知其开户银行从其存款中扣缴税款，违反《税收征收管理法》，故法院判决撤销税务机关于2014年9月3日作出的扣划×房地产开发有限公司在黑龙江省×信用社（×营业部）账户上存储资金6,716,952元和2,686,780.80元的行政强制行为。

法条链接

1.《行政诉讼法》

第七十条 行政行为有下列情形之一的，人民法院判决撤销或者部分撤销，并可以判决被告重新作出行政行为：

（一）主要证据不足的；

（二）适用法律、法规错误的；

（三）违反法定程序的；

（四）超越职权的；

（五）滥用职权的；

（六）明显不当的。

2.《税收征收管理法》

第四十条 从事生产、经营的纳税人、扣缴义务人未按照规定的期限缴纳或者解缴税款，纳税担保人未按照规定的期限缴纳所担保的税款，由税务机关责令限期缴纳，逾期仍未缴纳的，经县以上税务局（分局）局长批准，税务机关可以采取下列强制执行措施：

（一）书面通知其开户银行或者其他金融机构从其存款中扣缴税款；

（二）扣押、查封、依法拍卖或者变卖其价值相当于应纳税款的商品、货物或者其他财产，以拍卖或者变卖所得抵缴税款。

税务机关采取强制执行措施时，对前款所列纳税人、扣缴义务人、纳税担保人未缴纳的滞纳金同时强制执行。

个人及其所扶养家属维持生活必需的住房和用品，不在强制执行措施的范围之内。

第九节　税务检查、税务处理、税务处罚与送达纠纷

033. 税务局与稽查局的职责如何划分？

——江苏省南通地方税务局与南通新景置业有限公司复议上诉案①

裁判要旨

税务局负责日常的税收征管工作，不负责对税收违法行为的查处，如果其在征管工作中发现纳税人有违法行为，应当移送稽查局。稽查局专司偷、逃、抗、骗税等税收违法行为的查处。如果属于重大税务案件，稽查局应当提交重大税务案件审理委员会审理，并按照重大税务案件审理意见书制作税务处理处罚决定等相关文书，加盖稽查局印章后送达执行。

基本案情

2013 年 7 月 15 日，江苏省南通地方税务局稽查局（以下简称南通地税局稽查局）制作《税务稽查立案审批表》，认为南通新景置业有限公司（以下简称新景公司）税负较低，根据《税务稽查工作规程》第十九条的规定，立案检查。

2013 年 7 月 17 日，南通地税局稽查局作出并向新景公司送达通地税稽检通一（2013）25007 号《税务检查通知书》，告知新景公司自 2013 年 7 月 15 日起对其 2010 年 1 月 1 日至 2012 年 12 月 31 日期间涉税情况进行检查，并向新景公司的法定代表人出示了检查人员陈兴林、薛俊杰的税务检查证件。当天，南通地

① 江苏省南京市中级人民法院（2017）苏 01 行终 131 号行政判决书

税局稽查局向新景公司送达了《调取账簿资料通知书》，调取了新景公司的账簿资料，后江苏省南通地方税务局（以下简称南通地税局）作出通地税处［2014］24号《税务处理决定书》。新景公司不服，向江苏省地方税务局（以下简称省地税局）申请行政复议。

2015年7月27日，省地税局以部分事实不清为由，决定撤销通地税处［2014］24号《税务处理决定书》。

2015年9月2日，南通地税局稽查局向新景公司作出《税务事项通知书》，将税收稽查的《检查发现问题清单》送达新景公司，要求新景公司将核对情况予以反馈。

2015年9月8日，新景公司作出书面陈述意见；同日，南通地税局稽查局经审理后，将新景公司税案作为重大税务案件提请南通地税局重大案件审理委员会讨论；次日，南通地税局重大税务案件审理委员会作出审理意见书。

2015年12月23日，南通地税局作出并向新景公司送达通地税处［2015］2号《税务处理决定书》（以下简称《税务处理决定书》），决定对新景公司追缴及补征税费合计20,189,508.54元，加收滞纳金307,965.45元。

新景公司不服，向省地税局申请行政复议。

2016年5月17日，省地税局作出苏地税复决字［2016］2号《税务行政复议决定书》（以下简称《税务行政复议决定书》），维持《税务处理决定书》。

新景公司向原审法院提起诉讼，请求：1. 撤销《税务处理决定书》；2. 撤销《税务行政复议决定书》；3. 南通地税局、省地税局承担本案诉讼费用。

法院审理

原审法院认为，关于南通地税局是否具有作出《税务处理决定书》的职权问题，需要厘清税务局与南通地税局稽查局之间的职权划分。《中华人民共和国税收征管法》（以下简称税收征管法）规定，税务机关有权进行税务检查。该法第十四条规定，“本法所称税务机关是指各级税务局、税务分局、税务所和按照国务院规定设立的并向社会公告的税务机构”。2002年10月实施的《中华人民共和国税收征收管理法实施细则》（以下简称税收征管法实施细则）第九条规定，“税收征管法第十四条所称按照国务院规定设立的并向社会公告的税务机构，是指省以下税务局的稽查局。稽查局专司偷税、逃避追缴欠税、骗税、抗税案件的查处。国家税务总局应当明确划分税务局和稽查局的职责，避免职责交叉”。

为了落实税收征管法实施细则中“国家税务总局应当明确划分税务局和稽查局的职责，避免职责交叉”的要求，国家税务总局于2003年2月下发《国家税务总局关于稽查局职责问题的通知》（国税函［2003］140号），要求在国家税务总局统一明确稽查局和其它税务机构的职责之前，各级稽查局现行职责不变，稽查局现行职责是“稽查业务管理、税务检查和税收违法案件查处，凡需要对纳税人、扣缴义务人进行账证检查或调查取证，并对其税收违法行为进行税务行政处理（处罚）的执法活动，仍由稽查局负责”。2009年12月，国家税务总局下发《税务稽查工作规程》（国税发（2009）157号），该规程第二条第二款规定，“税务稽查由税务局稽查局依法实施。稽查局主要职责，是依法对纳税人、扣缴义务人和其他涉税当事人履行纳税义务、扣缴义务情况及涉税事项进行检查处理，以及围绕检查处理开展的其他相关工作。稽查局具体职责由国家税务总局依照税收征管法、税收征管法实施细则有关规定确定”；第四条第一款规定，“稽查局在所属税务局领导下开展税务稽查工作”。2015年2月1日，修订后的《重大税务案件审理办法》（国家税务总局令第34号）开始实施，该办法第五条第一款规定，省以下各级税务局设立重大税务案件审理委员会；第六条规定，审理委员会履行审理重大税务案件等职责；第三十四条规定，稽查局应当按照重大税务案件审理意见书制作税务处理处罚决定等相关文书，加盖稽查局印章后送达执行。从上述法律法规及规章可以看出，各级税务局与稽查局的职责划分有一个逐步清晰和明确的过程。对于重大税务案件，修订后的《重大税务案件审理办法》明确规定由审理委员会进行审理，稽查局按照审理委员会的审理意见制作税务处理处罚决定，加盖稽查局印章后送达执行。因此，对于本案所涉的税务行政处理的职责划分是明确的，只能由南通地税局稽查局作出处理决定，根据“避免职责交叉”的法律要求，南通地税局不应当再具有同样的职权。

南通地税局认为，《重大税务案件审理办法》对税务局和稽查局的职责划分只是税务机关内部的工作指引，稽查局要在所属税务局领导下开展工作，由税务局作出行政处理决定并无不当。对此，原审法院认为，《重大税务案件审理办法》的性质属于部门规章，其中关于税务局和稽查局的职责分工，是对税收征管法和税收征管法实施细则要求的落实，有明确的上位法依据。这一规定不仅调整税务机关内部不同部门之间的工作分工，更重要的是明确了税务局和稽查局之间的职权划分，是强化内部权力制约，完善内部控制机制的重要举措，有利于监督、规范各级税务局稽查局的行政执法权。这一规定不仅符合行政行为中“避免职责交叉”的目的，也符合行政程序的基本原则，应当作为法定程序来遵守。税务局对稽查局的领导，主要是组织和方向上的领导，目的在于有效落实既定的工作目标和任务，不代表税务局可以代行稽查局的法定职权。因此，南通地税局认为职责划分只是税务机关内部的工作指引，对纳税相对人的权利义务不产生实质影响的意见，不予采纳。

南通地税局还认为，通地税处［2014］24号《税务处理决定书》被复议机关撤销后，南通地税局未重新立案，而是沿用了2013年7月15日的立案审批材料和前期调查取得的证据，故应适用修订前的《重大税务案件审理办法》（试行）（国税发［2001］21号）第十三条第六款的规定，由审理委员会所在机关，即南通地税局的名义制作税务处理决定书。对此，原审法院认为，2015年2月1日修订后的《重大税务案件审理办法》开始施行，修订前的《重大税务案件审理办法》（试行）同时废止。通地税处［2014］24号《税务处理决定书》于2015年7月27日经复议后被撤销，南通地税局将新景公司所涉税务案件作为重大税务案件进行审理，并于2015年12月23日作出新的《税务处理决定书》的行为系独立的行政行为，根据“实体从旧，程序从新”的法律适用原则，应当适用修订后的《重大税务案件审理办法》，由南通地税局稽查局作出税务处理决定，不能适用已废止的《重大税务案件审理办法》（试行）。因此，南通地税局提出本案应适用修订前的《重大税务案件审理办法》（试行）的意见，不予采纳。根据《中华人民共和国行政复议法》第二十八条的规定，复议机关应当对被申请人作出的具体行政行为进行审查，省地税局在复议程序中未对南通地税局是否具有作出案涉《税务处理决定书》的职权进行依法审查，故其决定维持《税务处理决定书》亦不符合法律规定。综上，南通地税局作出《税务处理决定书》超越法定职权，新景公司提出南通地税局作出案涉《税务处理决定书》不具有法定职权的意见，予以采纳。由于南通市地税局不具有法定职权，故对本案所涉的其他认定事实、适用法律、行政程序、处理结果亦不再评判。依照《中华人民共和国行政诉讼法》第七十条第（四）项、《最高人民法院关于适用〈中华人民共和国行政诉讼法〉若干问题的解释》第十条第一款的规定，判决撤销南通地税局作出的《税务处理决定书》；撤销省地税局作出的《税务行政复议决定书》。

上诉人南通地税局上诉称，一、一审判决认定税务局不具有税务检查和对税收违法案件查处的权力，并认定南通地税局不具有税务行政处理的职权属于适用法律错误。按照《关于进一步规范国家税务局系统机构设置明确职责分工的意见》规定，各级地方税务局为全职能局，有权进行税务检查和对税收违法案件进行查处。《税务处理决定书》的立案、检查、审理、作出等程序跨越了新老办法，从2015年12月23日上诉人南通地税局重新作出《税务处理决定书》至今，省地税局尚未就修订后的《重大税务案件审理办法》制定具体实施办法，上诉人南通地税局作为原行政法律关系的行政机关就原行政相对人新景公司作出新的税务处理决定具有法律依据。二、一审判决认定案涉行政行为系独立的行政行为，并根据“实体从旧，程序从新”的法律适用原则，认定本案税务处理决定应适用修订后的《重大税务案件处理办法》属于适用法律错误。南通地税局作出的通地税处［2014］24号《税务处理决定书》被省地税局作出的复议决定撤销后，南通地税局未重新立案，而是沿用了2013年7月15日的立案审批材料、前期大量调查取得的证据，就案件材料进一步核证后重新作出了《税务处理决定书》。该税务处理决定并不是一个独立的行政行为，而是原行政行为的继续和完善。《中华人民共和国行政复议法》及其实施条例均规定行政行为被复议机关撤销后可责令被申请人重新作出具体行政行为。此处的“被申请人”只能是原行政机关，不可能变换一个新的行政主体做出一个新的具体行政行为。税务处理决定应当由南通地税局作出还是由南通地税局稽查局作出属于法律关系主体问题，属于实体内容而非程序范畴，因此应当适用修订前的《重大税务案件审理办法》（试行）。综上，一审判决认定事实错误、适用法律不当，请求依法撤销一审判决并驳回被上诉人新景公司的诉讼请求；一审及二审受理费由新景公司承担。

上诉人省地税局上诉称，一、一审判决扩大稽查局职责范围，未审查《重大税务案件审理办法》的适用范围和情形，将本案错误理解为稽查局专司案件，与税收征管法实施细则第9条的规定相违背，属适用法律错误。涉案《税务处理决定书》涉及偷税、逃避追缴欠税、骗税、抗税四类案件以外的内容，已经超出了稽查局法定职责范围。修订后的《重大税务案件审理办法》第三十四条要求加盖稽查局公章的情形，针对的仅是稽查局职责范围内的处理处罚决定。本案属于由南通地税局办理的需要移送审理委员会审理的案件，仍应当是加盖南通地税局的公章。二、本次《税务处理决定书》是基于前次行政行为被撤销而重新作出，属于南通地税局的自我纠错行为，符合依法行政的要求。综上，上诉人省地税局在本次复议过程中全面审核了南通地税局的职权、程序等问题，其合法性与合理性具有充分的事实和法律依据。上诉人省地税局的复议过程和复议内容符合法律规定和国家税收政策及秩序要求，应予支持。一审法院错误解读法律规范，违背上位法依据，对税务行政管理秩序造成严重影响。请求二审法院正确适用法律，保障上诉人省地税局权益和国家税务行政管理秩序。

二审法院判决如下：驳回上诉，维持原判。

点评

税务局与稽查局的职责划分在实务中经常引发争议。对此，我们需要清理关于他们职责范围的相关规定。

一、《税收征收管理法》及其实施细则

《税收征收管理法》第十四条规定："本法所称税务机关是指各级税务局、税务分局、税务所和按照国务院规定设立的并向社会公告的税务机构。"《税收征收管理法实施细则》第九条规定："税收征管法第十四条所称按照国务院规定设立的并向社会公告的税务机构，是指省以下税务局的稽查局。稽查局专司偷税、逃避追缴欠税、骗税、抗税案件的查处。国家税务总局应当明确划分税务局和稽查局的职责，避免职责交叉。"

上述规定的要点有三：第一，税务机关包括各级税务局、税务分局、税务所以及省以下税务局的稽查局；第二，稽查局专门负责查处偷税、逃避追缴欠税、骗税、抗税案件；第三，税务局与稽查局在职责范围上是并列的。

二、《国家税务总局关于稽查局职责问题的通知》

各省、自治区、直辖市和计划单列市国家税务局、地方税务局：

《中华人民共和国税收征管法实施细则》第九条第二款规定"国家税务总局应当明确划分税务局和稽查局的职责，避免职责交叉。"为了切实贯彻这一规定，保证税收征管改革的深化与推进，科学合理地确定稽查局和其它税务机构的职责，国家税务总局正在调查论证具体方案。在国家税务总局统一明确之前，各级稽查局现行职责不变。稽查局的现行职责是指：稽查业务管理、税务检查和税收违法案件查处；凡需要对纳税人、扣缴义务人进行账证检查或者调查取证，并对其税收违法行为进行税务行政处理（处罚）的执法活动，仍由各级稽查局负责。

该《通知》重申稽查局的职责是稽查业务管理、税务检查和税收违法案件查处。

三、《国家税务总局关于进一步加强税收征管工作的若干意见》

第三条第（四）项规定："日常税务检查与税务稽查的职责范围要按照《国

家税务总局关于进一步加强税收征管基础工作若干问题的意见》（国税发〔2003〕124号）规定的三条原则划分。各级税务机关要根据各地实际情况，制定具体管理办法，从税务检查的对象、范围、性质、时间等方面划清日常税务检查与税务稽查的业务边界。为保持税务稽查选案、检查、审理和执行各环节的完整性，税务稽查案源主要从以下几个方面确定：举报案件；日常管理过程中发现有偷、逃、骗税等税收违法行为嫌疑、需要移送稽查的案件；上级交办的案件；稽查局按规定采取计算机选取或人工随机抽样等办法选取并与税源管理部门协调后确定的案件；外单位（包括国际情报交换）转办的案件等。为保证税务稽查人员集中精力查处案件，以及征收、管理部门及时了解发票交叉稽核情况和有利于管理，增值税专用发票、运输发票、海关代征进口增值税专用缴款书、废旧物资普通发票和农产品收购发票以及税务机关为小规模纳税人代开增值税专用发票等经稽核系统筛选出的异常票，由协查系统转征收、管理部门进行审核，区分不同情况处理。属于采集、填写、打印、传输等一般技术性错误，无需立案查处的，由征收、管理部门进行处理；确有偷逃骗税以及虚开等嫌疑的，移送稽查部门查处。”

该《意见》的上述规定的要点为三：第一，日常税务检查与税务稽查是并列的；第二，税务征收、管理部门是与稽查部门并列的；第三，税务稽查案源来自：举报案件；日常管理过程中发现有偷、逃、骗税等税收违法行为嫌疑、需要移送稽查的案件；上级交办的案件；稽查局按规定采取计算机选取或人工随机抽样等办法选取并与税源管理部门协调后确定的案件；外单位（包括国际情报交换）转办的案件等。

四、《税务稽查工作规程》

第二条规定：“税务稽查的基本任务，是依法查处税收违法行为，保障税收收入，维护税收秩序，促进依法纳税。税务稽查由税务局稽查局依法实施。稽查局主要职责，是依法对纳税人、扣缴义务人和其他涉税当事人履行纳税义务、扣缴义务情况及涉税事项进行检查处理，以及围绕检查处理开展的其他相关工作。稽查局具体职责由国家税务总局依照《税收征管法》《税收征管法细则》有关规定确定。”据此，税务稽查局负责查处税收违法行为，以及围绕检查处理开展的其他相关工作。

五、《重大税务案件审理办法》

第五条规定：“省以下各级税务局设立重大税务案件审理委员会（以下简称

审理委员会）。审理委员会由主任、副主任和成员单位组成，实行主任负责制。审理委员会主任由税务局局长担任，副主任由税务局其他领导担任。审理委员会成员单位包括政策法规、税政业务、纳税服务、征管科技、大企业税收管理、税务稽查、督察内审部门。各级税务局可以根据实际需要，增加其他与案件审理有关的部门作为成员单位。”第十四条规定：“稽查局应当在内部审理程序终结后5日内，将重大税务案件提请审理委员会审理。当事人要求听证的，由稽查局组织听证。”第三十四条规定：“稽查局应当按照重大税务案件审理意见书制作税务处理处罚决定等相关文书，加盖稽查局印章后送达执行。文书送达后5日内，由稽查局送审理委员会办公室备案。”

综上，税务局负责日常的税收征管工作，不负责对税收违法行为的查处，如果其在征管工作中发现纳税人有违法行为，应当移送稽查局。另外，稽查局可对纳税人进行税务检查。稽查局专司偷、逃、抗、骗税等税收违法行为的查处，同时还包括与查处税务违法行为密切相关的税务检查、调查和处理等延伸性职权。如果属于重大税务案件，稽查局应当提交重大税务案件审理委员会审理，并按照重大税务案件审理意见书制作税务处理处罚决定等相关文书，加盖稽查局印章后送达执行。

本案纳税人的税收违法行为先由江苏省南通地方税务局稽查局查处，但最终由江苏省南通地方税务局作出通地税处［2014］24号《税务处理决定书》，依据相关法律、法规、规章及规范性文件，税收违法行为应当由稽查局查处，并作出税收处理处罚决定书。特别是本案所涉税收违法行为属于重大税务案件，依据《重大税务案件审理办法》，也应当由稽查局按照重大税务案件审理意见书制作税务处理处罚决定等相关文书，加盖稽查局印章后送达执行。因此，两级审理法院一致判决税务机关败诉。

本案需要思考的问题是，稽查局在机构设置上隶属于税务局，从行政法理上分析，税务局作为上级机构，其应当拥有下级机构的职责（职权），因为下级机构职责（职权）源自上级机构的授权。从上述法律、法规、规章和规范性文件看，并未明确规定税务局不享有税收违法行为的查处权，只是明确规定稽查局专司税收违法行为的查处。由此可见，上述法律、法规、规章和规范性文件的相关规定与税务机关的机构设置存在内在的冲突与紧张。此问题的根本解决还需要立法机关和税务机关出台专门的规定，特别是当下国地税合并背景下的税务机关内部机构大调整尤显急迫。

法条链接

1.《税收征收管理法》

第十四条 本法所称税务机关是指各级税务局、税务分局、税务所和按照国务院规定设立的并向社会公告的税务机构。

2.《税收征收管理法实施细则》

第九条 税收征管法第十四条所称按照国务院规定设立的并向社会公告的税务机构，是指省以下税务局的稽查局。稽查局专司偷税、逃避追缴欠税、骗税、抗税案件的查处。

国家税务总局应当明确划分税务局和稽查局的职责，避免职责交叉。

3.《国家税务总局关于稽查局职责问题的通知》

各省、自治区、直辖市和计划单列市国家税务局、地方税务局：

《中华人民共和国税收征管法实施细则》第九条第二款规定“国家税务总局应当明确划分税务局和稽查局的职责，避免职责交叉。”为了切实贯彻这一规定，保证税收征管改革的深化与推进，科学合理地确定稽查局和其它税务机构的职责，国家税务总局正在调查论证具体方案。在国家税务总局统一明确之前，各级稽查局现行职责不变。稽查局的现行职责是指：稽查业务管理、税务检查和税收违法案件查处；凡需要对纳税人、扣缴义务人进行账证检查或者调查取证，并对其税收违法行为进行税务行政处理（处罚）的执法活动，仍由各级稽查局负责。

4.《国家税务总局关于进一步加强税收征管工作的若干意见》

（四）明确划分日常税务检查与税务稽查的职责

日常税务检查与税务稽查的职责范围要按照《国家税务总局关于进一步加强税收征管基础工作若干问题的意见》（国税发〔2003〕124号）规定的三条原则划分。各级税务机关要根据各地实际情况，制定具体管理办法，从税务检查的对象、范围、性质、时间等方面划清日常税务检查与税务稽查的业务边界。

为保持税务稽查选案、检查、审理和执行各环节的完整性，税务稽查案源主要从以下几个方面确定：举报案件；日常管理过程中发现有偷、逃、骗税等税收违法行为嫌疑、需要移送稽查的案件；上级交办的案件；稽查局按规定采取计算机选取或人工随机抽样等办法选取并与税源管理部门协调后确定的案件；外单位（包括国际情报交换）转办的案件等。

为保证税务稽查人员集中精力查处案件，以及征收、管理部门及时了解发票交叉稽核情况和有利于管理，增值税专用发票、运输发票、海关代征进口增值税专用缴款书、废旧物资普通发票和农产品收购发票以及税务机关为小规模纳税人代开增值税专用发票等经稽核系统筛选出的异常票，由协查系统转征收、管理部门进行审核，区分不同情况处理。属于采集、填写、打印、传输等一般技术性错误，无需立案查处的，由征收、管理部门进行处理；确有偷逃骗税以及虚开等嫌疑的，移送稽查部门查处。

5.《税务稽查工作规程》

第二条 税务稽查的基本任务，是依法查处税收违法行为，保障税收收入，维护税收秩序，促进依法纳税。

税务稽查由税务局稽查局依法实施。稽查局主要职责，是依法对纳税人、扣缴义务人和其他涉税当事人履行纳税义务、扣缴义务情况及涉税事项进行检查处理，以及围绕检查处理开展的其他相关工作。稽查局具体职责由国家税务总局依照《税收征管法》《税收征管法细则》有关规定确定。

6.《重大税务案件审理办法》

第五条 省以下各级税务局设立重大税务案件审理委员会（以下简称审理委员会）。

审理委员会由主任、副主任和成员单位组成，实行主任负责制。

审理委员会主任由税务局局长担任，副主任由税务局其他领导担任。审理委员会成员单位包括政策法规、税政业务、纳税服务、征管科技、大企业税收管理、税务稽查、督察内审部门。各级税务局可以根据实际需要，增加其他与案件审理有关的部门作为成员单位。

第十四条 稽查局应当在内部审理程序终结后5日内，将重大税务案件提请审理委员会审理。

当事人要求听证的，由稽查局组织听证。

第三十四条 稽查局应当按照重大税务案件审理意见书制作税务处理处罚决定等相关文书，加盖稽查局印章后送达执行。

文书送达后5日内，由稽查局送审理委员会办公室备案。

034. 税务检查可以无限期进行吗？

——佛山鑫城房地产有限公司与佛山市顺德区国家税务局稽查局税务纠纷案①

裁判要旨

我国《税收征收管理法》和其他税收法律法规对税务检查的期限皆无规定。但是，《税务稽查工作规程》第二十二条第四款规定：“检查应当自实施检查之日起60日内完成；确需延长检查时间的，应当经稽查局局长批准。”因《税务稽查工作规程》对延长次数和时间无限制，故税务机关只要依据该规程履行审批手续，税务检查就可无限期进行。

基本案情

2013年6月21日，佛山市顺德区国家税务局稽查局指派两名检查人员对佛山鑫城房地产有限公司进行税务检查，该两名检查人员向佛山鑫城房地产有限公司出示税务检查证和出具并送达顺国税稽检通一（2013）55号《税务检查通知书》，告知佛山鑫城房地产有限公司对其2009年1月1日至2012年12月31日期间涉税情况进行检查。同日，佛山市顺德区国家税务局稽查局向佛山鑫城房地产有限公司出具顺国税稽调（2013）19号《调取帐簿资料通知书》，告知调取佛山鑫城房地产有限公司2009年1月1日至2012年12月31日期间的帐簿、记帐凭证、报表和其他有关资料。佛山鑫城房地产有限公司向佛山市顺德区国家税务局稽查局提交了有关凭证，佛山市顺德区国家税务局稽查局填写了《调取账簿资料清单》交佛山鑫城房地产有限公司核对后签章确认。

2014年4月22日、30日，佛山市顺德区国家税务局稽查局指派两名工作人员对佛山鑫城房地产有限公司负责核算及纳税申报的项目会计师刘海、财务部负责人崔锎分别进行询问调查，并制作了《询问（调查）笔录》。刘海、崔锎在接受询问调查中承认以下事实：依云水岸一期铺位、车位、人防车位都属于18－29号楼，竣工验收备案文件已于2010年2月5日向房地产管理部门报备；依云水

① 广东省佛山市顺德区人民法院（2015）佛顺法行初字第53号行政判决书

岸二期是1－10楼，相应铺位、车位、人防车位具体见竣工验收备案表，该工程的竣工验收备案文件已于2011年7月29日向房地产管理部门报备。

2014年7月7日，佛山市顺德区国家税务局稽查局向佛山鑫城房地产有限公司发出顺国税稽通（2014）11号《税务事项通知书》，告知佛山鑫城房地产有限公司自2014年4月30日起多次要求但至今仍未向佛山市顺德区国家税务局稽查局提供自述材料、申辩材料并确认相关底稿，现责成佛山鑫城房地产有限公司限期提供上述资料并确认相关底稿。该通知书于次日送达给佛山鑫城房地产有限公司。

2014年7月11日，佛山鑫城房地产有限公司向佛山市顺德区国家税务局稽查局提交《税务案件当事人自述材料》，就佛山市顺德区国家税务局稽查局约谈的人防车位收入的确认问题、滞纳金计算区间问题等作出说明。

2014年8月27日，佛山市顺德区国家税务局稽查局再次向佛山鑫城房地产有限公司发出顺国税稽通（2014）16号《税务事项通知书》，再次重申顺国税稽通（2014）11号《税务事项通知书》的内容，并告知佛山鑫城房地产有限公司在2010年1月至2012年12月期间没按规定确定佛山依云水岸一四期、人防车位的销售收、回转预计毛利额及结转销售成本，应调增2010年应纳税所得额20,730,000元，调增2011年应纳税所得额364,497,082.65元，调减2012年应纳税所得额－303,346,765.82元。如有异议，应提供有效的、合法的成本费用及相关的证据资料。该通知书于当日送达给佛山鑫城房地产有限公司。

2014年11月19日，佛山市顺德区国家税务局稽查局指派的两名工作人员在其制作的《税务稽查工作底稿（一）》《税务稽查工作底稿（二）》及其附件、《税务稽查工作底稿附表》《税务稽查工作底稿附表续页》签名。同日，佛山鑫城房地产有限公司出具授权委托书指派其财务负责人担任委托代理人对《税务稽查工作底稿附表》逐页加盖公章及私章确认并在最后2页《税务稽查工作底稿附表续页》中加具意见："以上数据由我司核对提供，内容真实"。《税务稽查工作底稿附表》确认：一期人防工程车位"合同签订时间为2010年11月28日，车位交付使用的日期为2010年12月20日，竣工备案时间为2010年2月5日，2010年销售的总价款已收取并为2010年税务规定确认收入额、2011年销售的总款项已收取并且为2011年税务规定确认收入额"；二期人防工程车位"合同签订日期为2011年11月1日，车位交付使用的日期为2011年12月31日，竣工备案时间为2011年7月29日"，"2011年销售的总价款已收取并为2011年税务规定确认收入额、2012 年销售的总价款已收取并为 2012 年税务规定确认收入额”。《税务稽查工作底稿附表续页》“收款额”一栏确认：“佛山鑫城房地产有限公司于 2010 年收取依云水岸一期人防车位使用款 20,730,000 元，于 2011 年收取依云水岸一期人防车位使用款 14,4252,000 元、收取依云水岸二期人防车位使用款 35,808,000 元，于 2012 年收取人防车位使用款 895,000 元”，“税务规定确认收入额”一栏可确认：“依云水岸一期人防车位 2010 年 20,730,000 元，依云水岸一期人防车位 2011 年 144252000 元、依云水岸二期人防车位 2011 年 35,808,000 元，依云水岸二期人防车位 2012 年 1,060,000 元”。

2014 年 11 月 20 日，佛山市顺德区国家税务局稽查局指派的两名工作人员制作《税务稽查报告》，将检查情况及相关拟办建议向佛山市顺德区国家税务局稽查局作出报告。

2014 年 12 月 4 日，佛山市顺德区国家税务局稽查局对佛山鑫城房地产有限公司作出顺国税稽处（2014）51 号《税务处理决定书》，决定：1. 追缴原告 2010 年少缴企业所得税 5,177,530.50 元，另外从滞纳税款之日起，按日加收滞纳税款万分之五的滞纳金，加收滞纳金的时间自 2010 年度申报期限届满次日（2011 年 6 月 11 日）起至税款实际入库之日止；2. 追缴原告 2011 年少缴企业所得税 90,776,242.61 元，另外从滞纳税款之日起，按日加收滞纳税款万分之五的滞纳金，其中：税款 71,657,438.83 元已在 2011 年度所得税汇算清缴前的 2012 年 4 月 18 日补申报，没有造成滞纳税款，不予加收滞纳金；税款 1,748,373.82 元已在 2012 年 7 月 16 日作 2012 年二季度所得税申报时申报，其加收滞纳金时间自 2011 年度申报期限届满次日（2012 年 6 月 8 日）起至 2012 年 7 月 16 日止；另外原告在 2012 年度多申报人防车位租赁营业收入，因此其中属销售人防车位产生的税款 519,429.48 元的加收滞纳金时间，认定为自 2011 年度申报期限届满次日（2012 年 6 月 8 日）起至办理 2012 年度纳税申报的日期 2013 年 4 月 22 日止；其余税款 16,851,000.48 元的加收滞纳金时间，为 2011 年度申报期限届满次日（2012 年 6 月 8 日）起至税款实际入库之日止；3. 调减原告 2012 年应纳税所得额 29,2342,213.03 元，核实原告 2012 年应纳税所得额 925,035,796.32 元，应纳所得税额 231,258,949.08 元，扣减当年度已申报缴纳的企业所得税额 304,344,502.34 元，当年度没有应补缴企业所得税额。但经调整核实，原告在 2012 年度申报“依云水岸四期”2011 年、2012 年的营业收入时，少计应纳税所得额 24,150,590.13 元，涉及所得税额 6,037,647.53 元，其中 5,197,958.66 元已在上述追缴2011年的税款中加收滞纳金，其余税额839,688.87元应自2012年度申报期限届满次日（2013年6月8日）起加收滞纳金至税款实际入库之日止。

2015年2月6日，佛山鑫城房地产有限公司因不服佛山市顺德区国家税务局稽查局的上述税务处理决定，向佛山市顺德区国家税务局提起行政复议申请。同年4月7日，佛山市顺德区国家税务局作出顺国税复决字（2015）第001号《税务行政复议决定书》，决定维持佛山市顺德区国家税务局稽查局作出的处理决定，同时指出佛山市顺德区国家税务局稽查局在顺国税稽处（2014）51号《税务行政处理决定书》适用《中华人民共和国企业所得税法》第六条第一款规定无误，但适用该条款第（一）项规定不当，而应变更适用该条款第（三）项规定。

2015年4月8日，佛山鑫城房地产有限公司收到行政复议决定，不服该决定而向法院提起本案诉讼。

另查明，佛山鑫城房地产有限公司对于顺国税稽处（2014）51号《税务行政处理决定书》所认定的事实方面的数额没有异议，仅对佛山市顺德区国家税务局稽查局所调整的金额以及滞纳金有异议。佛山市顺德区国家税务局稽查局自2013年6月21日立案检查至2014年12月4日作出税务行政处理决定期间，共办理了8次延长检查时限审批，每次均在届满60天之前办理。

法院审理

法院认为，关于佛山市顺德区国家税务局稽查局对佛山鑫城房地产有限公司进行税务检查从立案到作出税务处理经历一年多是否属于程序违法的争议。经查，对于税务检查的期限，税收征收的法律、法规即《中华人民共和国税收征收管理法》与《中华人民共和国税收征收管理法实施细则》均没有作出具体明确的规定与要求，仅有国家税务总局的规范性文件《税务稽查工作规程》第二十二条第四款规定："检查应当自实施检查之日起60日内完成；确需延长检查时间的，应当经稽查局局长批准。"根据法院查明的事实，佛山市顺德区国家税务局稽查局于2013年6月21日立案对佛山鑫城房地产有限公司进行税务检查，直至2014年12月4日作出税务行政处理决定，佛山市顺德区国家税务局稽查局按规定办理了8次延长检查时限审批，程序上符合上述规定。综合考虑本案税务检查涉税事项的文件资料繁多、工作量大、时间跨度长、案情复杂、涉案金额巨大，而且检查过程中存在佛山鑫城房地产有限公司未及时提供自述材料、申辩材料、确认相关底稿等不配合情形，法院认为佛山市顺德区国家税务局稽查局实际检查期限合理，并不存在违反法律、法规以及故意损害佛山鑫城房地产有限公司合法权益的情形，佛山鑫城房地产有限公司主张佛山市顺德区国家税务局稽查局程序违法的依据不足，法院不予支持。

关于追缴的税款是否应当加滞纳金的争议，即本案是否存在滞纳金因为税务机关的责任导致税款少缴的法定情形。佛山鑫城房地产有限公司主张本案由于佛山市顺德区国家税务局稽查局自身的原因，包括适用税收法律错误、在税收征收及检查过程存在程序不当等，依据《中华人民共和国税收征收管理法》第五十二条第一款“因税务机关的责任，致使纳税人、扣缴义务人未缴或者少缴税款的，税务机关在三年内可以要求纳税人、扣缴义务人补缴税款，但是不得加收滞纳金”及《中华人民共和国税收征收管理法实施细则》第八十条“税收征管法第五十二条所称税务机关的责任，是指税务机关适用税收法律、行政法规不当或者执法行为违法”的规定，不得加收滞纳金。法院认为，根据前面法院对相关证据与事实及法律适用方面、程序方面的认定，本案佛山市顺德区国家税务局稽查局并不存在佛山鑫城房地产有限公司所主张的各种违法情形，佛山鑫城房地产有限公司主张佛山市顺德区国家税务局稽查局程序违法的理由不成立，法院不予采纳。

法院驳回佛山鑫城房地产有限公司的诉讼请求。

点评

本案暴露出的最大问题是我国税务机关的税务检查居然没有期限限制，即税务检查可以无限期地进行。

首先，虽然我国《税收征收管理法》和《税收征收管理法实施细则》都专章规定了税务检查，但是对税务检查的时间期限并未明确。具体而言，《税收征收管理法》第四章税务检查共六条，其中：第五十四条规定税务检查的方式；第五十五条规定税务机关在税务检查过程中可以采用税收保全措施或强制执行措施；第五十六条规定纳税人、扣缴义务人的配合义务；第五十七条规定其他有关单位和个人的配合义务；第五十八条规定税务机关记录、录音、录像、照相和复制资料的权力；第五十九条规定检查人员必须出示税务检查证和税务检查通知书。上述条款皆未涉及税务检查的时间期限。《税收征收管理法实施细则》第六章税务检查共五条，其中：第八十五条规定税务机关严格控制税务检查的次数；

第八十六条细化税务机关调取纳税人账簿、记账凭证、报表和其他有关资料的方式和时间限制；第八十七条细化如何检查存款账户；第八十八条规定税收保全不得超过6个月；第八十九条重申了税务机关和税务人员依法行使税务检查职权。上述条款也未明确税务检查的时间期限。

其次，我国其他税收实体法也未规定税务检查的时间期限。《企业所得税法》《个人所得税法》《增值税暂行条例》《土地增值税暂行条例》等税收实体法主要针对各个税种的征收问题进行规定，未涉及税务检查问题。

第三，国家税务总局制定的《税务稽查工作规程》实际上允许税务机关可以无限期地进行税务检查。该规程第二十二条第四款规定："检查应当自实施检查之日起60日内完成；确需延长检查时间的，应当经稽查局局长批准。"据此，凡是60日内未完成检查的，只要稽查局局长批准，可以再延长。但是，延长的时间和次数空白。

在税务检查实务中，税务机关利用上述规定的漏洞，依据自己的需要频繁延期，导致税务检查程序久拖不决。此种做法对纳税人非常不利，主要有两点：第一，税务检查程序无限期进行会影响纳税人的日常经营活动。为了应付税务机关的检查，纳税人必须安排专门人员接待配合，影响上述人员的本职工作。另外，如果税务机关要调取纳税人账簿、记账凭证、报表和其他有关资料，更会影响纳税人的财务管理工作。第二，会增加纳税人的滞纳金负担。无论是否有问题，纳税人希望税务检查程序尽快结束，因为涉及滞纳金的缴纳。如果税务检查程序很快结束，即使纳税人有问题，其依法需要缴纳的滞纳金就比程序久拖不决需要缴纳的滞纳金少。

从行政法理来讲，税务检查属于行政裁量，而及时裁量原则是行政裁量应当遵循的基本原则之一。税务机关进行税务检查，最终需要给出一个结论性意见，即税务机关根据掌握的证据材料，结合相关法律法规，对纳税人有无违反税法的行为给出定论。如果税务检查程序无限期进行，显然违反了及时裁量的基本原则。与此类似，公安机关在刑事侦查程序中有严格的时间要求，法院在案件审理过程中有严格的审理期限要求，法律皆不允许上述机关无限期地进行侦查和审判，这是法治精神的体现。因此，税务机关检查程序时限规定的漏洞急待填补。

本案的税务检查机关佛山市顺德区国家税务局稽查局按《税务稽查工作规程》办理了8次延长检查时限审批，导致税务检查程序从2013年6月21日立案开始直至2014年12月4日作出税务行政处理决定结束，将近一年半，导致纳税人对缴纳滞纳金有异议，税务机关可以无限期地进行税务检查是重要原因。

法条链接

1.《税务稽查工作规程》

第二十二条 检查前，应当告知被查对象检查时间、需要准备的资料等，但预先通知有碍检查的除外。

检查应当由两名以上检查人员共同实施，并向被查对象出示税务检查证和《税务检查通知书》。

检查应当自实施检查之日起60日内完成；确需延长检查时间的，应当经稽查局局长批准。

035. 因税务机关的责任导致纳税人未缴或少缴纳税款如何处理？

——清远市伟华实业有限公司诉广东省清远市地方税务局税务处理决定案①

裁判要旨

因税务机关的责任，致使纳税人、扣缴义务人未缴或者少缴税款的，税务机关在三年内可以要求纳税人、扣缴义务人补缴税款，但是不得加收滞纳金。

基本案情

广东省清远市地方税务局（以下简称清远市地税局）对清远市伟华实业有限公司（以下简称伟华公司）2006年度至2010年度期间的纳税情况进行检查，认为伟华公司存在少缴税款的行为，遂于2014年9月1日对伟华公司作出清地税处［2014］2号《税务处理决定书》，确认了伟华公司的违法违章事实，认定伟华公司经营运动城少缴营业税费、转让物业少缴营业税费及土地增值税、承建市政工程收入少缴营业税费、2006年至2010年少缴企业所得税，共计11,293,057.66元，限伟华公司于该决定送达之日起15日内补缴，并从滞纳之日起至实际缴纳之日止按日加收滞纳税款万分之五的滞纳金。

伟华公司除对经营运动城收入的处理决定无异议外，不服清地税处［2014］

① 中华人民共和国最高人民法院（2016）最高法行申5121号行政裁定书

2号《税务处理决定书》中的其他处理决定，向广东省地方税务局（以下简称广东省地税局）申请行政复议，广东省地税局于2014年12月19日作出粤地税行复［2014］5号《行政复议决定书》，维持清远市地税局对伟华公司依清地税处［2014］2号《税务处理决定书》做出的税收征收行为。

伟华公司仍不服，向广东省清远市中级人民法院起诉，请求判决撤销清地税处［2014］2号《税务处理决定书》之二“处理依据及决定”第二项至第六项关于追征伟华公司税款11,286,527.62元（11,293,057.66元－运动城少缴营业税6,530.04元）及从滞纳之日起至实际缴纳之日止按日加收滞纳税款万分之五的滞纳金（减去运动城少缴营业税6,530.04元的滞纳金）的处理决定。

经广东省清远市中级人民法院和广东省高级人民法院两级审理后，伟华公司仍不服，遂向最高人民法院申请再审。

法院审理

伟华公司申请再审称：（一）二审判决认定事实的主要证据不足。1. 清远市地税局于2010年11月10日对伟华公司转让物业营业税、土地增值税进行了核查清算，至该局于2014年9月1日作出清地税处［2014］2号《税务处理决定书》，将近四年，超过了法定的三年追征期。清远市地税局关于追征期应从其于2011年4月25日向伟华公司作出《税务检查通知书》和《调取账簿资料通知书》之日起算的主张缺乏证据证明。二审判决认定追征期应从2011年4月25日起算且截至2014年9月1日未超过三年错误。2. 伟华公司无建筑资质，只能挂靠在工程中标公司并以被挂靠公司的名义承建工程，因此，建安工程收入的纳税义务主体应是中标公司，而非伟华公司。生效判决也已经认定伟华公司收取的工程款是受中标公司即被挂靠公司委托而代为收取的，工程收入属于中标公司的收入。二审判决认定中标公司仅是扣缴义务人、伟华公司是建安工程收入的纳税义务人错误。此外，根据中标合同的约定，工程项目未结算时已支付给伟华公司的款项属于“工程预付款项”，不属于伟华公司的营业所得。（二）二审判决适用法律确有错误。1. 根据法不禁则准的原则，伟华公司选择“整体收入减整体成本”的方式申报纳税，并不违反财税（2003）16号《财政部、国家税务总局关于营业税若干政策问题的通知》的规定，该文件并未规定税务机关应“按照每层面积平均计算各层物业单位原价，按每个转让物业所占面积计算购置成本的方法计算确定单个商铺原价”。清远市地税局认定伟华公司转让物业少缴营业税不符合该文件的规定。2. 清远市地税局认定伟华公司转让物业少缴土地增值税，违反国税函（2010）220 号文件以及财税（2006）21 号《财政部、国家税务总局关于土地增值税若干问题的通知》的规定。3. 清远市地税局认定伟华公司是营业税纳税义务人违反《中华人民共和国营业税暂行条例》《中华人民共和国营业税暂行条例实施细则》的规定。4. 清远市地税局认定伟华公司是建安工程营业税纳税义务人违反《清远市地方税务局建筑业税收征收管理试行办法》的规定。清远市地税局编制的《各项工程结算价格及已开票建安收入核对表》记载的发票开具单位、完税单位、建安收入企业所得税缴纳单位均为中标公司，表明清远市地税局已将中标公司确认为纳税主体，即使存在欠缴企业所得税的情况，也应当向中标公司而不是伟华公司追征，不能同时确定两个纳税主体。综上，根据《中华人民共和国行政诉讼法》第九十一条第三项、第四项的规定，请求再审本案。

被申请人清远市地税局陈述意见称：（一）清远市地税局对伟华公司就转让物业少缴税款予以追征并加收滞纳金证据充分，程序合法，适用法律正确。伟华公司未如实进行纳税申报，由此产生的法律责任应由其承担。清远市清城区地方税务局凤城税务分局对伟华公司的申报纳税进行的是形式审查，该局于 2010 年 11 月 10 日向伟华公司退还部分税费也只是对伟华公司错误适用税目予以更正，而非对伟华公司预征税款情况进行审核清算并确认了预征税收事项。伟华公司少缴税款累计在 10 万元以上，属于《中华人民共和国税收征收管理法实施细则》第八十二条规定的特殊情况，根据《中华人民共和国税收征收管理法》第五十二条第二款的规定，本案税款的追征期应为五年，而非三年，且应当加收滞纳金。即使伟华公司转让物业收入少缴税款系因税务机关的原因导致，清远市地税局也已于 2011 年 4 月 25 日向伟华公司送达了《税务检查通知书》和《调取账簿资料通知书》，从开始检查距伟华公司 2010 年 9 月 27 日自行向清远市清城区地方税务局凤城税务分局申报纳税的时间并未超过三年追征期。伟华公司购进物业时，是在不同时间分层购进的，每层的成本价不同。作为二手房卖出时，大部分房屋的卖出时间、价格及受让人均不相同，则每卖出一间房屋就是一项交易，因此，清远市地税局对伟华公司转让物业收入按照每间房屋单独计税正确。（二）清远市地税局对伟华公司就施工市政工程项目少缴税款予以追征并加收滞纳金证据确凿，适用法律正确。虽然伟华公司不是七项市政工程的中标单位，但其实际承建了七项工程，提供了应税劳务，直接取得了收入，而被挂靠的中标公司只是收取工程结算造价一定比例的管理费，因此，伟华公司是纳税义务人。伟华公司实际取得建安工程的未开票收入达35796859.39元，其在账簿上不列上述收入，少缴相应税费，清远市地税局向其追征税款并加收滞纳金符合法律规定。对于已经以中标公司名义缴纳的企业所得税，在计算伟华公司应补缴的税款时已经予以扣除，因此，不存在就同一收入认定两个纳税主体的问题。综上，应驳回伟华公司的再审申请。

最高人民法院认为：本案系当事人申请再审案件，应当围绕伟华公司申请再审的理由是否成立进行审查。

（一）关于伟华公司就转让物业是否存在少缴税款的问题

《中华人民共和国营业税暂行条例》第一条规定："在中华人民共和国境内提供本条例规定的劳务、转让无形资产或者销售不动产的单位和个人，为营业税的纳税人，应当依照本条例缴纳营业税。"第四条第一款规定："纳税人提供应税劳务、转让无形资产或者销售不动产，按照营业额和规定的税率计算应纳税额。应纳税额计算公式：应纳税额=营业额×税率。"《中华人民共和国土地增值税暂行条例》第二条规定："转让国有土地使用权、地上的建筑物及其附着物并取得收入的单位和个人，为土地增值税的纳税义务人，应当依照本条例缴纳土地增值税。"《财政部、国家税务总局关于营业税若干政策问题的通知》第三条第一款第二十项规定："单位和个人销售或者转让其购置的不动产或受让的土地使用权，以全部收入减去不动产或土地使用权的购置或受让原价后的余款为营业额。"本案中，伟华公司分批多次购进和分别转让物业，其采取整体收入减去整体成本的方式计算营业额并进行纳税申报并不恰当，清远市地税局按照每间物业的销售收入减去受让原价的方式计算营业额更符合行业习惯，亦不违反上述规定。营业额的计算方式调整后，伟华公司转让物业的营业额发生变化，其即存在少缴营业税、土地增值税的情形，清远市地税局要求伟华公司补缴这部分税款并无不当。二审判决对此认定正确。伟华公司关于其就转让物业不存在少缴营业税、土地增值税的申请再审理由不能成立。

（二）关于清远市地税局向伟华公司追征转让物业税款是否已过期的问题

2001年5月1日起实施的《中华人民共和国税收征收管理法》第五十二条第一款规定："因税务机关的责任，致使纳税人、扣缴义务人未缴或者少缴税款的，税务机关在三年内可以要求纳税人、扣缴义务人补缴税款，但是不得加收滞纳金。"本案中，伟华公司转让物业少缴税款，并非伟华公司在纳税申报时少申报或虚假申报，而是由于清远市地税局在稽查过程中改变计税方式导致，因此属于“因税务机关的责任，致使纳税人、扣缴义务人未缴或者少缴税款的”情形。根据上述规定，税务机关的追征期限应为三年。虽然清远市地税局对伟华公司作出清地税处［2014］2号《税务处理决定书》是在2014年9月1日，但伟华公司就本案所涉转让物业分别于2009年3月及2010年9月进行纳税申报，清远市地税局在一审期间提交的《税务检查通知书》和《调取账簿资料通知书》表明，清远市地税局于2011年4月25日即已经开始对伟华公司2009及2010年间应补缴的税款追征，可见，清远市地税局追征该税款的行为并未超过三年的期限。二审判决对此认定正确。伟华公司关于清远市地税局就转让物业追征税款已超过三年追征期的申请再审理由不能成立。

（三）关于伟华公司是否系建安工程收入的纳税义务人并存在少缴相应税款的问题

《中华人民共和国营业税暂行条例》第一条规定：“在中华人民共和国境内提供本条例规定的劳务、转让无形资产或者销售不动产的单位和个人，为营业税的纳税人，应当依照本条例缴纳营业税。”《中华人民共和国营业税暂行条例实施细则》第十一条规定：“单位以承包、承租、挂靠方式经营的，承包人、承租人、挂靠人（以下统称承包人）发生应税行为，承包人以发包人、出租人、被挂靠人（以下统称发包人）名义对外经营并由发包人承担相关法律责任的，以发包人为纳税人；否则以承包人为纳税人。”《中华人民共和国企业所得税法》第一条第一款规定：“在中华人民共和国境内，企业和其他取得收入的组织（以下统称企业）为企业所得税的纳税人，依照本法的规定缴纳企业所得税。”本案中，伟华公司自2002年开始承建了清远市七项市政工程，虽然其是通过与工程中标公司签订承包合同的方式承建工程，但其实际取得了建筑安装工程收入，依据上述法律和行政法规的规定，伟华公司负有缴纳营业税、企业所得税的义务。二审判决认定伟华公司为纳税义务人是正确的。伟华公司认为其不是建安工程收入的纳税义务主体，其所挂靠的中标公司应为纳税义务主体，是对相关法律、行政法规规定的错误理解，不能得到支持。

《中华人民共和国税收征收管理法》第三十二条规定：“纳税人未按照规定期限缴纳税款的，扣缴义务人未按照规定期限解缴税款的，税务机关除责令限期缴纳外，从滞纳税款之日起，按日加收滞纳税款万分之五的滞纳金。”第六十三条第一款规定：“纳税人伪造、变造、隐匿、擅自销毁账簿、记账凭证，或者在账簿上多列支出或者不列、少列收入，或者经税务机关通知申报而拒不申报或者进行虚假的纳税申报，不缴或者少缴应纳税款的，是偷税。对纳税人偷税的，由税务机关追缴其不缴或者少缴的税款、滞纳金，并处不缴或者少缴的税款百分之五十以上五倍以下的罚款；构成犯罪的，依法追究刑事责任。”本案中，伟华公司完成建安工程取得收入，除了被挂靠的中标公司就代为收取的工程款代扣代缴了相应税款外，伟华公司对其直接收取的工程款在公司账簿上不列收入，不列成本，明显属于偷税行为。清远市地税局要求伟华公司补缴少缴的营业税、企业所得税税款并从滞纳税款之日起按日加收滞纳税款万分之五的滞纳金，符合法律规定。二审判决对此认定正确。伟华公司关于其不是建安工程收入的纳税义务人，清远市地税局不应向其追征税款并加收滞纳金的申请再审理由不能成立。

最高人民法院驳回清远市伟华实业有限公司的再审申请。

点评

本案的争议焦点之一是税务机关的征税行为是否已经超过法定的税款追征期。所谓税款追征期，是指税务机关可以向纳税人征收税款的期限。在征税过程中，可能因纳税人或税务机关的原因导致纳税人未缴或少缴税款，此时，纳税人的纳税义务并不免除。但是，如果对税务机关的税款追征期不加限制，也有不妥。理由如下：第一，违反过错与责任相匹配的原则。一般而言，有过错才需承担责任，无过错不需承担责任。纳税人未缴或少缴税款有时是税务机关的原因，比如税务机关工作人员的疏忽大意，此时，如果允许税务机关任何时候皆可向纳税人追征税款，既会导致税务机关不为自身的过错承担责任，也不利于激励税务机关加强内部工作管理。第二，会打破稳定的财产关系。纳税人未缴或少缴的税款通常会被纳税人用于各种消费、支出或投资，若干年后，上述新的财产关系已经稳定，如果税务机关任何时候皆可向纳税人追征税款，则会打破上述稳定的财产关系，比如纳税人为了补缴税款不得不收回投资或变卖财产。

类似于民法的诉讼时效和刑法的追诉时效，税法规定的追征期也对税务机关追缴税款的行为进行了时间限制。《税收征收管理法》第五十二条规定：“因税务机关的责任，致使纳税人、扣缴义务人未缴或者少缴税款的，税务机关在三年内可以要求纳税人、扣缴义务人补缴税款，但是不得加收滞纳金。因纳税人、扣缴义务人计算错误等失误，未缴或者少缴税款的，税务机关在三年内可以追征税款、滞纳金；有特殊情况的，追征期可以延长到五年。对偷税、抗税、骗税的，税务机关追征其未缴或者少缴的税款、滞纳金或者所骗取的税款，不受前款规定期限的限制。”据此，我国税法规定的追征期有两类：第一，三年。此种情况是税务机关的责任导致纳税人未缴或少缴税款，即纳税人无过错。所谓税务机关的责任，是指税务机关适用税收法律、行政法规不当或者执法行为违法。第二，三到五年。如果是纳税人、扣缴义务人计算错误等失误，未缴或者少缴税款的，税务机关在三年内可以追征税款、滞纳金；有特殊情况的，追征期可以延长到五年。所谓纳税人、扣缴义务人计算错误等失误，是指非主观故意的计算公式运用错误以及明显的笔误。所谓特殊情况，是指纳税人或者扣缴义务人因计算错误等失误，未缴或者少缴、未扣或者少扣、未收或者少收税款，累计数额在 10 万元以上的。需要注意的是上述两类追征期的起算时间。《税收征收管理法实施细则》第八十三条规定：“税收征管法第五十二条规定的补缴和追征税款、滞纳金的期限，自纳税人、扣缴义务人应缴未缴或者少缴税款之日起计算。”税法规定了纳税义务发生时间和纳税期限，纳税义务发生并不意味纳税人必须马上纳税，纳税人可以在法定的纳税期限内申报纳税，但是，如果超过纳税期限未缴纳或少缴纳税款，则开始计算追征期。另外，《税收征收管理法》还对不受追征期限制的情况进行了规定，即对偷税、抗税、骗税的，税务机关何时发现何时追征。

就本案而言，最高人民法院认为纳税人伟华公司少缴税款的原因是清远市地税局在稽查过程中改变计税方式所致，应当适用三年的追征期。加之纳税人纳税义务发生于 2009 年及 2010 年，而税务机关于 2011 年开始对伟华公司 2009 及 2010 年间应补缴的税款追征，未超过三年追征期。最高人民法院依据清远市地税局发出《税务检查通知书》的时间（2011 年 4 月 25 日）作为税务机关发现纳税人少缴税款的时间，此观点值得商榷。税务机关发出《税务检查通知书》并不等于其已经发现纳税人有少缴税款的情形，只有在后续检查过程中才可能发现。发现后，税务机关一般会发出《税务事项通知书》。《全国统一税收执法文书式样》规定，《税务事项通知书》适用范围：税务机关对纳税人、扣缴义务人通知有关税务事项时使用。除法定的专用通知书外，税务机关在通知纳税人缴纳税款、滞纳金，要求当事人提供有关资料，办理有关涉税事项时均可使用此文书。因此，将税务机关发出《税务事项通知书》的时间作为其发现纳税人少缴或未缴税款的时间为宜。

法条链接

1.《税收征收管理法》

第五十二条 因税务机关的责任，致使纳税人、扣缴义务人未缴或者少缴税款的，税务机关在三年内可以要求纳税人、扣缴义务人补缴税款，但是不得加收滞纳金。

因纳税人、扣缴义务人计算错误等失误，未缴或者少缴税款的，税务机关在三年内可以追征税款、滞纳金；有特殊情况的，追征期可以延长到五年。

对偷税、抗税、骗税的，税务机关追征其未缴或者少缴的税款、滞纳金或者所骗取的税款，不受前款规定期限的限制。

2.《税收征收管理法实施细则》

第八十条 税收征管法第五十二条所称税务机关的责任，是指税务机关适用税收法律、行政法规不当或者执法行为违法。

第八十一条 税收征管法第五十二条所称纳税人、扣缴义务人计算错误等失误，是指非主观故意的计算公式运用错误以及明显的笔误。

第八十二条 税收征管法第五十二条所称特殊情况，是指纳税人或者扣缴义务人因计算错误等失误，未缴或者少缴、未扣或者少扣、未收或者少收税款，累计数额在10万元以上的。

第八十三条 税收征管法第五十二条规定的补缴和追征税款、滞纳金的期限，自纳税人、扣缴义务人应缴未缴或者少缴税款之日起计算。

036. 个人独资企业投资人发生变更，税务机关对变更前的税务违法行为应当处罚企业还是原投资人？

——重庆市秀山县鑫发电解锰厂与秀山土家族苗族自治县国家税务局稽查局处罚上诉案①

裁判要旨

如果是所得税方面的违法行为，因个人独资企业不是所得税的纳税人，其投

① 重庆市第四中级人民法院（2016）渝04行终147号行政判决书

资人才是，故只能处罚原投资人；如果是其他税种方面的违法行为，因个人独资企业是法定的纳税人，投资人的变更不影响其纳税人的资格，故税务机关只能处罚个人独资企业。

基本案情

2015年10月13日，秀山土家族苗族自治县国家税务局稽查局（以下简称秀山县国税局稽查局）立案受理湖南省湘西土家族苗族自治州国家税务局稽查局转办重庆市秀山县鑫发电解锰厂（以下简称秀山县鑫发厂）涉嫌增值税发票违法一案。

随后，秀山县国税局稽查局查明秀山县鑫发厂的投资人已经由原陈某魁变更为周某奎，向秀山县鑫发厂发送了《税务检查通知书》《询问通知书》，请周某奎到秀山县国税局稽查局办公室接受了询问，并由秀山县鑫发厂及湖南省泸溪县国家税务局稽查局对秀山县国税局稽查局收集的记账凭证等证据进行核对，认定2014年6月、7月、8月、9月，秀山县鑫发厂利用湖南瑞丰工贸有限公司虚开增值税专用发票7张，用于抵扣增值税销项税额，造成少缴增值税834,599.40元属偷税（该行为系陈某魁为投资人经营管理期间发生的）。

2015年12月14日，经秀山县国税局稽查局及秀山土家族苗族自治县国税局集体审理，拟追缴秀山县鑫发厂所偷税款834,599.40元，处所偷税款0.5倍的罚款，罚款金额为417,299.70元。

2015年12月14日，秀山县国税局稽查局制作出《税务行政处罚事项告知书》，载明秀山县国税局稽查局拟于2015年12月21日作出行政处罚，告知秀山县鑫发厂应当在秀山县国税局稽查局作出行政处罚决定前提出陈述、申辩，逾期不提出，视同放弃权利，同时告知秀山县鑫发厂享有听证的权利。

2015年12月24日，秀山县国税局稽查局向秀山县鑫发厂送达了该《税务行政处罚事项告知书》。

2015年12月28日，秀山县国税局稽查局作出秀山国税稽罚〔2015〕19号《税务行政处罚决定书》，次日向秀山县鑫发厂送达。

2015年12月29日，秀山县鑫发厂的投资人周某奎向秀山县国税局稽查局提出陈述申辩意见，称“以前不是我的法人，2015年1月才任法人，以前事情我不清楚，对处理无异议”。

另查明，秀山县鑫发厂系个人独资企业，投资人为陈某魁。因秀山县鑫发厂在原投资人陈某魁经营期间，欠周某奎等人货款，2015 年 1 月 13 日，将秀山县鑫发厂的厂房、机械设备资产评估 600 万，陈某占股份 600 万的 41.087%，周某奎以秀山县鑫发厂欠的货款折成股份，占股份 600 万的 23.916%……共同经营秀山县鑫发厂，同时约定投资人由陈某魁变更为周某奎，陈某魁经营期间所欠债务由陈某所持股份中扣除偿还。

2015 年 1 月 14 日，陈某魁与周某奎签订《重庆市秀山县鑫发电解锰厂转让协议》，随后工商行政管理部门依照秀山县鑫发厂申请进行了变更登记，秀山县鑫发厂的投资人由陈某魁变更为周某奎。

法院审理

一审法院认为，本案的争议焦点为：秀山县国税局稽查局处罚对象是否正确，即秀山县国税局稽查局应当处罚秀山县鑫发厂还是周某奎所称的陈某魁；秀山县鑫发厂的性质为个人独资企业，有自己的名称、住所，以秀山县鑫发厂的名义对外进行活动、参加诉讼，能独立承担相应责任；《中华人民共和国个人独资企业法》规定，个人独资企业的财产不足以清偿债务的，投资人应当以其个人的其他财产予以清偿，意即虽然个人独资企业的投资人对企业的债务承担无限连带责任，但前提是个人独资企业的财产不足以清偿债务，投资人承担的是一种补充责任，个人独资企业与投资人相对独立。因而，个人独资企业具有相对独立的人格，在债务承担上也具有相对的独立性；个人独资企业的投资人的变更只需要办理变更登记手续，并不需要企业注销或重新登记手续，并不导致企业解散、注销。因此，个人独资企业转让后企业主体前后具有延续性。本案中，虽然原投资人陈某魁经营的秀山县鑫发厂因欠周某奎等人货款，原投资人陈某魁将秀山县鑫发厂的资产作价 600 万，将其部分资产抵偿所欠货款（债权转股权的方式），剩余部分资产转为股权后由其女占有，原投资人陈某魁完全退出秀山县鑫发厂，并将投资人进行了工商变更登记为周某奎，但是秀山县鑫发厂个人独资企业的性质并未发生改变。虽然偷税这一违法行为是发生在原投资人陈某魁经营期间，实施违法行为的是转让前的秀山县鑫发厂，但原投资人陈某魁经营的秀山县鑫发厂与现投资人周某奎经营的秀山县鑫发厂具有延续性，投资人的变更并非秀山县鑫发厂的注销或解散。另外，秀山县鑫发厂投资人变更的前后，其纳税人身份并未改变。《中华人民共和国税收征收管理法》第六十三条规定，“对纳税人偷税的，由税务机关追缴其不缴或者少缴的税款、滞纳金，并处不缴或者少缴的税款百分之五十以上五倍以下的罚款”。从该条看，法律规定的承担法律责任的是纳税人，而非纳税人的投资人。故，秀山县鑫发厂的诉讼理由不予采纳，其诉讼请求不予支持。秀山县国税局稽查局作出的秀山国税稽罚〔2015〕19号《税务行政处罚决定书》事实清楚、证据确凿，适用法律正确。

一审法院判决：驳回秀山县鑫发厂的诉讼请求。

上诉人秀山县鑫发厂上诉称：1. 一审判决认定事实错误。被上诉人作出的涉案《税务行政处罚决定书》系针对陈某魁经营期间的偷税行为作出的处罚，其责任应当由陈某魁承担，而非由上诉人及周某奎承担。2. 一审判决适用法律错误。陈某魁经营期间的偷税行为，已经严重侵害了上诉人及周某奎的合法权利，本案应当适用《中华人民共和国公司法》第二十条之规定，由陈某魁对税务行政处罚承担连带责任。综上，请求二审法院撤销一审判决，改判撤销被上诉人秀山县国税局稽查局作出的秀山国税稽罚〔2015〕19号《税务行政处罚决定书》，一、二审诉讼费用由被上诉人承担。

被上诉人秀山县国税局稽查局答辩称，一审判决适用法律正确。税务处罚只针对纳税主体，上诉人是纳税主体，周某奎并不是上诉人的唯一股东，上诉人的股东之间签订的合同不影响纳税主体的认定。综上，请求二审法院驳回上诉，维持原判。

二审法院驳回上诉，维持原判。

点评

《个人独资企业法》第二条规定：“本法所称个人独资企业，是指依照本法在中国境内设立，由一个自然人投资，财产为投资人个人所有，投资人以其个人财产对企业债务承担无限责任的经营实体。”第四条第二款规定：“个人独资企业应当依法履行纳税义务。”可见，个人独资企业虽然只有一个自然人作为投资人，但其依然是法定的纳税人。《税收征收管理法》第六十三条规定：“纳税人伪造、变造、隐匿、擅自销毁帐簿、记帐凭证，或者在帐簿上多列支出或者不列、少列收入，或者经税务机关通知申报而拒不申报或者进行虚假的纳税申报，不缴或者少缴应纳税款的，是偷税。对纳税人偷税的，由税务机关追缴其不缴或者少缴的税款、滞纳金，并处不缴或者少缴的税款百分之五十以上五倍以下的罚款；构成犯罪的，依法追究刑事责任。扣缴义务人采取前款所列手段，不缴或者少缴已扣、已收税款，由税务机关追缴其不缴或者少缴的税款、滞纳金，并处不缴或者少缴的税款百分之五十以上五倍以下的罚款；构成犯罪的，依法追究刑事责任。”据此，如果纳税人构成偷税，依法应当承担法律责任。

本案所涉个人独资企业投资人发生变更，税务机关在投资人变更后发现个人独资企业在投资人变更前存在虚开增值税发票偷税的违法行为。由于个人独资企业是法定的增值税纳税人，依据《税收征收管理法》第六十三条，个人独资企业构成偷税，应当承担法律责任。如果本案的个人独资企业是所得税方面的违法行为，则与个人独资企业无关，因为个人独资企业不是所得税的纳税人，只有个人独资企业的投资人才是个人所得税的纳税人。此时，税务机关不得依据《税收征收管理法》第六十三条处罚个人独资企业，而应当处罚以前的投资人。因此，虽然本案的个人独资企业发生投资人变更，但不影响企业作为增值税纳税人的资格，企业应当对增值税违法行为承担法律责任。税务机关只处罚个人独资企业而未处罚以前的投资人符合法律规定。

法条链接

1.《税收征收管理法》

第六十三条 纳税人伪造、变造、隐匿、擅自销毁帐簿、记帐凭证，或者在帐簿上多列支出或者不列、少列收入，或者经税务机关通知申报而拒不申报或者进行虚假的纳税申报，不缴或者少缴应纳税款的，是偷税。对纳税人偷税的，由税务机关追缴其不缴或者少缴的税款、滞纳金，并处不缴或者少缴的税款百分之五十以上五倍以下的罚款；构成犯罪的，依法追究刑事责任。

扣缴义务人采取前款所列手段，不缴或者少缴已扣、已收税款，由税务机关追缴其不缴或者少缴的税款、滞纳金，并处不缴或者少缴的税款百分之五十以上五倍以下的罚款；构成犯罪的，依法追究刑事责任。

2.《个人独资企业法》

第四条 个人独资企业从事经营活动必须遵守法律、行政法规，遵守诚实信用原则，不得损害社会公共利益。

个人独资企业应当依法履行纳税义务。

第十条 个人独资企业设立申请书应当载明下列事项：

（一）企业的名称和住所；

（二）投资人的姓名和居所；

（三）投资人的出资额和出资方式；

（四）经营范围。

第十五条 个人独资企业存续期间登记事项发生变更的，应当在作出变更决定之日起的十五日内依法向登记机关申请办理变更登记。

037. 纳税人未将全部银行账号向税务机关报告是否需要承担法律责任？

——金浩集团有限公司与北京市朝阳区国家税务局税务纠纷案[①]

裁判要旨

从事生产、经营的纳税人应当自开立基本存款账户或者其他存款账户之日起15日内，向主管税务机关书面报告其全部账号；发生变化的，应当自变化之日起15日内，向主管税务机关书面报告。未按照规定将其全部银行账号向税务机关报告的，由税务机关责令限期改正，可以处二千元以下的罚款；情节严重的，处二千元以上一万元以下的罚款。

基本案情

2009年9月10日，北京市朝阳区国家税务局（以下称区国税局）接举报经审批决定对原告金浩集团有限公司涉税问题进行立案调查。当日，区国税局制发朝国税稽检通－［2009］324号《税务检查通知书》并送达原告，决定对原告自2007年1月1日至2007年12月31日期间涉税情况进行检查，请该公司依法接受检查、如实反映情况并提供有关材料。此后根据办案需要，区国税局又将稽查期间拓展至2008年12月31日，并向原告送达朝国税稽检通－［2009］332号《税务检查通知书》，通知原告上述情况。

2009年9月10日，区国税向原告送达朝国税稽调［2009］21号《调取账簿资料通知书》，决定调取该公司2007年1月1日至2008年12月31日的账簿、记账凭证、报表和其他有关资料到税务机关进行检查，请该公司于2009年9月17日前送至指定地点。

2009年10月14日和10月26日，区国税局向中国农业银行北京分行崇文区

① 北京市朝阳区人民法院（2015）朝行初字第869号行政判决书

支行营业室出具朝国稽税许［2009］283号、285号《检查存款账户许可证明》，查询原告与湖北博盈投资股份有限公司（以下简称湖北博盈公司）的资金往来。

2009年11月19日，区国税局向原告制发朝国税稽限改［2009］5号《责令限期改正通知书》，限该公司于2009年11月20日前提供在北京农业银行崇文支行的账号及资金交易情况的相关资料。

在向原告、湖北博盈公司、银行、工商行政管理机关等收集相关证据材料后，区国税局于2010年5月21日根据检查情况制作《税务检查签证》，将检查查实的主要问题向原告通报并征求原告意见。原告签署签证意见“情况属实同意”。

此后，区国税局为查清涉案事实办理了延长案件检查时限的审批，延长审批时限直至2014年8月10日。

2014年7月31日，该案由检查部门移转审理部门提请审理。区国税局对该案进行了集体审理并制作审理纪要。

2015年3月6日，区国税局制作朝国税罚告［2015］11号《税务行政处罚事项告知书》，告知原告税务行政处罚的事实依据、法律依据及拟作出的处罚决定，同时告知其有陈述、申辩及要求听证的权利。上述告知书于2015年3月23日向原告送达。

2015年3月26日，原告递交《听证申请》及对告知书的复函。

2015年4月15日，区国税局举行听证会，听取了原告陈述申辩意见并收取了该公司补充提交的证据材料。

2015年6月3日，区国税局作出朝国税罚［2015］16号《税务行政处罚决定书》和朝国税处［2015］21号《税务处理决定书》。处罚决定书认定原告存在如下违法事实：1. 原告在中国农业银行北京市崇文区支行开立账户，账号为11－200801040006701，未向税务机关报告。原告开立上述账号未向税务机关报告的行为，违反了《税收征管法》第十七条第一款的规定；2. 原告取得股权转让收益未进行纳税申报。具体情况为：2004年度原告与北京市隆华商贸公司（以下简称隆华商贸）分别投入12,000,000元、8,000,000元，合计20,000,000元，成立北京金浩华置业有限公司（以下简称北京金华浩公司）。2004年12月15日，北京金浩华经股东会决议，决定注册资本由20,000,000元增至25,000,000元。增加的5,000,000元全部由原告以货币方式投入。同时，另一股东隆华商贸将拥有的8,000,000元股份中的500,000元转让给原告。至此原告对北京金浩华的长期投资达17,500,000，占实收资本的70%。2007年12月3日，原告与湖北博盈投资股份有限公司（以下简称湖北博盈公司）签订《股权转让协议》约定，原告向湖北博盈公司转让其持有的北京金浩华公司20%的股权及其全部相关权益；股权转让价格依湖北众联资产评估有限公司对转让标的的评估价格51,332.79万元计算，确定双方的股权转让标的的转让价款为10,266.56万元。湖北博盈公司已将协议约定的全部转让价款汇入原告未向税务机关报告的中国农业银行北京市崇文区支行开立的账户（账号11－200801040006701）。该笔业务取得的资金未汇入税务机关备案的账户中，未在账上反映，未进行纳税申报。原告取得上述收入不纳税申报属于《税收征管法》第六十三条第一款所述的偷税行为。根据《企业所得税暂行条例》第一条、第四条、第五条第（二）项、《企业所得税暂行条例实施细则》第七条第二款的规定，原告取得股权转让收入减除成本后，应于当期计算补缴企业所得税。应补缴税款29,451,698.68元。根据《税收征管法》第六十三条第一款的规定，决定对原告上述偷税行为处以所偷税款百分之五十的罚款14,725,849.34元。根据《税收征管法》第六十条第一款第（四）项的规定，决定对原告未将全部银行账号向税务机关报告的行为处以2,000元的罚款。

原告不服，就上述两份决定书分别向北京市国家税务局（以下简称市国税局）申请行政复议。市国税局作出京国税复决字［2015］13号《行政复议决定书》，维持了区国税局作出的前述《税务行政处罚决定书》。目前，鉴于原告提起本次行政诉讼，市国税局对区国税局作出《税务行政处理决定书》的复议程序已中止。

原告不服上述税务行政处罚及复议决定诉称，2007年12月3日原告与湖北博盈公司签订《股权转让协议》，约定原告向湖北博盈公司转让其持有的北京金浩华公司20%的股权及全部相关权益。依湖北众联资产评估有限公司评估报告，确定股权转让价格为10,266.56万元。区国税局认定原告上述股权转让收益为97,665,684.98元，因此认定该次股权转让应该纳税并据此作出罚款处罚。事实上，原告的实际投资共计378,800,000元，因此该股权转让没有收益。区国税局在核算原告的投资成本时存在漏项。据此，原告向市国税局提出行政复议。市国税局维持了原行政处罚决定。原告认为二被告在未核实清楚事实的情况下作出行政处罚决定和复议决定是错误的。鉴于原告接受区国税局认定公司未将银行账号向税务机关报告并据此作出罚款2,000元的处罚，故诉请法院：1. 撤销被告区国税局于2015年6月3日作出的朝国税罚［2015］16号《税务行政处罚决定书》中关于对偷税行为处以的罚款处罚；2. 撤销被告市国税局于2015年11月13日作出的京国税复决字［2015］13号《行政复议决定书》；3. 诉讼费由被告承担。

法院审理

法院认为，本案在对二被告作出的行政行为进行全面的合法性审查基础上，重点审查被告认定原告的行为构成偷税是否有充分的事实依据、定性是否准确、原告应纳税款的计算是否正确。

首先，关于原告行为的客观表现。区国税局收集、调取的证据能够证明原告与湖北博盈公司签订了《股权转让协议》，约定了转让价款并通过银行账户实际收取了转让费用，并在工商部门办理股权转让和股东的变更登记。但此笔业务取得的资金并未汇入税务机关备案的账户中，亦未在账簿资料上予以记载，也未进行纳税申报。区国税局对上述事实的认定证据确凿。对于原告否认区国税局提交的《股权转让协议》及相关交易公告和银行对账单的真实性和证明目的主张，法院认为：1. 区国税局提交的《股权转让协议》并非单方证据，其中加盖有原告和湖北博盈公司的公章，且原告在区国税局对其征询签证意见时对此并未提出质疑，故在无相反证据否认其真实性的情况下法院对该协议的客观真实性应予认可；2. 原告以在工商部门办理股权变更登记时提交的《股权转让协议》作为证据否定前述协议的效力，法院认为，根据在工商部门办理相关变更登记时提交的《股权转让协议》的内容看，该协议是在北京金浩华公司原注册资本及资本构成比例的基础上，为办理工商登记手续订立的，与股权转让费用支付的银行凭证亦不具有一致性，不具有否定区国税局提交的《股权转让协议》的效力；3. 关于银行对账单与湖北博盈公司的记账凭证，与原告与湖北博盈公司签订的《股权转让协议》约定的支付日期、价款金额均能相互印证，能够证明股权转让款支付的事实。原告仅提交其与湖北博盈公司之间往来款项的部分单据，不足以否定前述证据的证明力。

其次，关于偷税行为的定性。《税收征管法》第六十三条第一款规定，纳税人伪造、变造、隐匿、擅自销毁账簿、记账凭证，或者在账簿上多列支出或者不列、少列收入、或者经税务机关通知申报而拒不申报或者进行虚假的纳税申报，不缴或者少缴应纳税款的，是偷税。据此，不缴或者少缴税款是偷税行为的结果，而采取的手段包括法定的表现形式，其中在账簿上不列收入是偷税行为的表现形式之一。本案原告与湖北博盈公司存在真实的股权转让行为并收取了转让费，其不将该笔交易收入记入账簿，且转让费的收取使用了未在税务机关备案的银行账号，最终导致少缴纳税款的结果。原告的行为构成偷税，区国税局作出偷税的定性是准确的，法院应予支持。现原告以其股权转让行为属于资产重组的商业行为，在该项目的实施过程中没有所得为由否定其具有纳税义务，法院认为，原告将企业在经营活动中自行界定该项商业行为的收益、企业利润，等同于税收法律规定中企业收入、应税所得额概念的界定，属于对企业所得税的纳税义务发生理解错误，法院不予支持。

第三，关于原告应纳税款的计算。法院认为，根据《企业所得税暂行条例》第一条、第三条、第四条、第五条、第六条和《企业所得税暂行条例实施细则》第五条、第六条、第七条、第八条并执行有效实施的《关于查增应纳税所得额弥补以前年度亏损处理问题的公告》的规定，企业所得税的应税所得额是纳税人每一纳税年度的收入总额减去法定准予扣除的项目后的余额，税率为33%，即应纳税额为应纳税所得额的33%。计算应纳税所得额是应扣减与纳税人取得收入有关的成本、费用、损失。区国税局根据原告成立北京金浩华公司时注资、资本构成比例、增资等资本变动情况的证据，确定了其对北京金浩华公司长期投资额。再结合原告与湖北博盈公司股权转让的有关证据确定本次股权转让的成本及股权转让收益。同时执行国税总局的前述公告并依据原告自行申报的2004年至2007年度企业所得税纳税申报表弥补了期间的亏损，从而计算出2007年度应补缴的企业所得税款额。区国税局对款额的计算事实依据充分、法律适用正确，法院予以支持。

《税收征管法》第六十三条第一款规定，对纳税人偷税的，由税务机关追缴其不缴或者少缴的税款、滞纳金，并处不缴或者少缴的税款百分之五十以上五倍以下的罚款。区国税局根据原告的行为性质、情节处以原告所偷税款百分之五十的罚款，属于在法律规定的处罚幅度范围内，法院不持异议。

法院驳回原告金浩集团有限公司全部诉讼请求。

点评

本案涉及三个问题，下面逐一分析。

一、纳税人是否应当将全部银行账号向税务机关报告

税务机关进行税收征收管理的重要手段之一是查询纳税人全部银行账户及资

金往来明细，因此，税务机关需要全面及时地知晓纳税人的全部银行账户。《税收征收管理法》第十七条第一款规定：“从事生产、经营的纳税人应当按照国家有关规定，持税务登记证件，在银行或者其他金融机构开立基本存款帐户和其他存款帐户，并将其全部帐号向税务机关报告。”《税收征收管理法实施细则》第十七条规定：“从事生产、经营的纳税人应当自开立基本存款账户或者其他存款账户之日起15日内，向主管税务机关书面报告其全部账号；发生变化的，应当自变化之日起15日内，向主管税务机关书面报告。”《税收征收管理法》第六十条第一款第（四）项规定：“纳税人有下列行为之一的，由税务机关责令限期改正，可以处二千元以下的罚款；情节严重的，处二千元以上一万元以下的罚款：（四）未按照规定将其全部银行帐号向税务机关报告的。”本案纳税人未依法将全部银行账号向税务机关报告，故税务机关对其处以二千元罚款。

二、股权转让应纳税所得额的计算是否由纳税人自由决定

《国家税务总局关于贯彻落实企业所得税法若干税收问题的通知》第三条规定：“企业转让股权收入，应于转让协议生效、且完成股权变更手续时，确认收入的实现。转让股权收入扣除为取得该股权所发生的成本后，为股权转让所得。企业在计算股权转让所得时，不得扣除被投资企业未分配利润等股东留存收益中按该项股权所可能分配的金额。”本案纳税人承认其收到股权转让款为10,266.56万元，但认为自己的实际投资共计378,800,000元，即取得转让的股权的成本为378,800,000元，因上述股权转让款远低于历史成本，故无所得，无需缴纳企业所得税。但是，税务机关并未认同纳税人关于转让股权的历史成本核算，认定原告上述股权转让收益为97,665,684.98元。由此可见，股权转让应纳税所得额的计算必须严格依照法律法规，并不由纳税人自由取舍计算。

三、股权转让不依法进行纳税申报是否构成偷税

依据《税收征收管理法》第六十三条，偷税的构成必须有不缴或者少缴应纳税款的结果，因此，纳税人单纯地不依法进行纳税申报不能直接认定其偷税。

法条链接

1. 《税收征收管理法》

第十七条 从事生产、经营的纳税人应当按照国家有关规定，持税务登记证件，在银行或者其他金融机构开立基本存款帐户和其他存款帐户，并将其全部帐号向税务机关报告。

银行和其他金融机构应当在从事生产、经营的纳税人的帐户中登录税务登记证件号码，并在税务登记证件中登录从事生产、经营的纳税人的帐户帐号。

税务机关依法查询从事生产、经营的纳税人开立帐户的情况时，有关银行和其他金融机构应当予以协助。

第六十条　纳税人有下列行为之一的，由税务机关责令限期改正，可以处二千元以下的罚款；情节严重的，处二千元以上一万元以下的罚款：

（一）未按照规定的期限申报办理税务登记、变更或者注销登记的；

（二）未按照规定设置、保管帐簿或者保管记帐凭证和有关资料的；

（三）未按照规定将财务、会计制度或者财务、会计处理办法和会计核算软件报送税务机关备查的；

（四）未按照规定将其全部银行帐号向税务机关报告的；

（五）未按照规定安装、使用税控装置，或者损毁或者擅自改动税控装置的。

纳税人不办理税务登记的，由税务机关责令限期改正；逾期不改正的，经税务机关提请，由工商行政管理机关吊销其营业执照。

纳税人未按照规定使用税务登记证件，或者转借、涂改、损毁、买卖、伪造税务登记证件的，处二千元以上一万元以下的罚款；情节严重的，处一万元以上五万元以下的罚款。

2.《税收征收管理法实施细则》

第十七条　从事生产、经营的纳税人应当自开立基本存款账户或者其他存款账户之日起15日内，向主管税务机关书面报告其全部账号；发生变化的，应当自变化之日起15日内，向主管税务机关书面报告。

3.《国家税务总局关于贯彻落实企业所得税法若干税收问题的通知》

三、关于股权转让所得确认和计算问题

企业转让股权收入，应于转让协议生效、且完成股权变更手续时，确认收入的实现。转让股权收入扣除为取得该股权所发生的成本后，为股权转让所得。企业在计算股权转让所得时，不得扣除被投资企业未分配利润等股东留存收益中按该项股权所可能分配的金额。

038. 税务机关送达税务文书能否直接公告送达？

——广州市桥澳船舶修造工程有限公司与广州市黄埔区国家税务局征收上诉案[1]

裁判要旨

依据《税收征收管理法实施细则》第一百零一条、第一百零二条、第一百零三条和第一百零六条，税务机关送达税务文书的方式分三个层次：首先，税务机关应当直接送达。其次，如果直接送达有困难，可以委托送达或邮寄送达。最后，如果直接送达、委托送达及邮寄送达都无法送达税务文书，或者同一送达事项的受送达人众多，则可以公告送达。因此，通常情况下税务机关不能直接公告送达税务文书，除非同一送达事项的受送达人众多。

基本案情

2013年8月21日，广州市国家税务局东区稽查局（以下简称东区稽查局）作出穗国税东稽处［2013］112号《税务处理决定书》，责令上诉人广州市桥澳船舶修造工程有限公司补缴2008年1月至2008年4月期间少缴的增值税45,623.93元，补缴2008年度少缴的企业所得税639,857.40元，合计应补缴税额685,481.33元，并缴纳从滞纳之日起至2012年7月3日止的滞纳金394,400.67元，限上诉人应在收到上述决定书之日起15日内到被上诉人处缴纳上述税款及滞纳金。

2013年8月26日，东区稽查局前往上诉人住所地直接送达涉案《税务处理决定书》，发现上诉人住所地已无人员办公，无法送达。

2013年9月9日，东区稽查局通过在该局网站发布公告以及在被上诉人的办税服务厅公告栏张贴公告的方式向上诉人公告送达涉案《税务处理决定书》，公告期为30日，至2013年10月8日期满。

2013年10月9日，被上诉人工作人员在东区稽查局出具的《税务文书送达回证》见证人栏签名，并加盖被上诉人的公章予以确认。因上诉人在公告期满后

① 广东省广州市中级人民法院（2014）穗中法行终字第1443号行政判决书

仍未缴纳欠税，被上诉人于2013年12月17日根据东区稽查局作出的涉案税务处理决定书，向上诉人发出穗黄国税通［2013］9480号《税务事项通知书》，限上诉人在2013年12月22日前缴纳2008年3月1日到2008年3月31日期间应缴税款4, 358.98元，同时按规定缴纳自滞纳之日起至缴款之日止的滞纳金。

2014年2月13日，上诉人不服被上诉人作出的上述《税务事项通知书》，向广州市国家税务局申请行政复议，该局于2014年4月3日作出穗国税复决字［2014］第4号《行政复议决定书》，维持被上诉人作出的上述《税务事项通知书》。

上诉人仍不服，向原审法院提起行政诉讼。一审诉讼期间，上诉人就东区稽查局作出的穗国税东稽处［2013］112号《税务处理决定书》向广州市国家税务局申请行政复议，该局于2014年6月17日作出穗国税复不受字［2014］第10号《不予受理决定书》，以上诉人未依法缴纳税款及滞纳金，也未能提供相应担保为由，不予受理上诉人提出的复议申请。

另查：被上诉人向原审法院提供的收寄日期为2013年8月26日的邮政特快专递邮件详情单记载：收件人为“广州市桥澳船舶修造工程有限公司颜通灵”，收件地址为“广州市黄埔区长洲金洲北路一街101号”，邮件内容未填写，该邮件因收件人手机关机无法送达被退回。

法院审理

原审法院认为：一、东区稽查局作出穗国税东稽处［2013］112号《税务处理决定书》后，因原告公司人员已全部撤离，在采取直接送达等方式均无法送达的情况下，采取公告送达方式送达，符合《税收征收管理法实施细则》第一百零六条的规定。公告的方式有多种，既可以在本单位公告栏张贴公告，也可以在相对人住所张贴公告或在报纸、网络等媒体发布公告。东区稽查局通过在被告服务厅公告栏张贴公告，同时在东区稽查局网站发布公告的方式进行公告送达，并无不当。《税务处理决定书》公告期满后，即视为送达。原告在法定期限内没有行使救济权，该《税务处理决定书》已发生法律效力，且原告在诉讼期间，对东区稽查局作出的《税务处理决定书》提起行政复议，2014年6月17日，广州市国家税务局作出《不予受理决定书》，决定不予受理，原告对该不予受理决定书没有提起诉讼，进一步说明东区稽查局作出的《税务处理决定书》发生了法律效力。二、被告根据已生效的《税务处理决定书》向原告发出《税务事项通知书》，是履行追缴欠税义务的行为，符合《税收征收管理法实施细则》第七十三条规定，该行政行为并非行政处罚，不适用《行政处罚法》第二十九条规定的两年时效。

原审法院判决：一、维持被告广州市黄埔区国家税务局作出的穗黄国税通［2013］9480号《税务事项通知书》。二、驳回原告广州市桥澳船舶修造工程有限公司的诉讼请求。

上诉人广州市桥澳船舶修造工程有限公司不服原审判决，提起上诉称：被上诉人作出被诉《税务事项通知书》的依据是东区稽查局的穗国税东稽处［2012］112号《税务处理决定书》，但该《税务处理决定书》没有依法送达而未生效，故被上诉人作出的被诉《税务事项通知书》没有依据。

二审法院认为：被上诉人向上诉人发出被诉《税务事项通知书》的依据是东区稽查局的穗国税东稽处［2013］112号《税务处理决定书》，故该《税务处理决定书》是否已有效送达并发生法律效力属于本案审查范围，也是本案的争议焦点。

根据《中华人民共和国税收征收管理法实施细则》第八章关于“文书送达”的规定，税务文书的送达可以采取直接送达、留置送达、委托送达、邮寄送达等方式，在前述送达方式无法送达的情况下可以采取公告送达。本案中，东区稽查局作出穗国税东稽处［2013］112号《税务处理决定书》后，虽然采取过直接送达的方式，但尚未穷尽其他合理送达方式的情况下，于2013年9月9日通过在该局网站发布公告以及在被上诉人的办税服务厅公告栏张贴公告的方式向上诉人公告送达该《税务处理决定书》，不符合上述送达程序规定。虽然被上诉人提交了邮政特快专递详情单以证实东区稽查局在公告送达之前已向上诉人邮寄送达穗国税东稽处［2013］112号《税务处理决定书》，但该邮政特快专递详情单的收件人为“颜通灵”，与上诉人法定代表人的姓名“颜建灵”不符，且邮件内容也未填写，不能证实东区稽查局已向上诉人邮寄送达穗国税东稽处［2013］112号《税务处理决定书》。因此，东区稽查局作出的穗国税东稽处［2013］112号《税务处理决定书》不能视为已有效送达。被上诉人在穗国税东稽处［2013］112号《税务处理决定书》尚未有效送达，并未发生法律效力的情况下，据此作出被诉《税务事项通知书》，既缺乏事实根据，亦违反法定程序，依法应予撤销。

二审法院判决如下：

一、撤销广州市黄埔区人民法院（2014）穗黄法行初字第38号行政判决；

二、撤销被上诉人广州市黄埔区国家税务局作出的穗黄国税通［2013］9480号《税务事项通知书》。

点评

《税收征收管理法实施细则》第一百零一条规定："税务机关送达税务文书，应当直接送交受送达人。受送达人是公民的，应当由本人直接签收；本人不在的，交其同住成年家属签收。受送达人是法人或者其他组织的，应当由法人的法定代表人、其他组织的主要负责人或者该法人、组织的财务负责人、负责收件的人签收。受送达人有代理人的，可以送交其代理人签收。"第一百零二条规定："送达税务文书应当有送达回证，并由受送达人或者本细则规定的其他签收人在送达回证上记明收到日期，签名或者盖章，即为送达。"第一百零三条规定："受送达人或者本细则规定的其他签收人拒绝签收税务文书的，送达人应当在送达回证上记明拒收理由和日期，并由送达人和见证人签名或者盖章，将税务文书留在受送达人处，即视为送达。"第一百零四条规定："直接送达税务文书有困难的，可以委托其他有关机关或者其他单位代为送达，或者邮寄送达。"第一百零五条规定："直接或者委托送达税务文书的，以签收人或者见证人在送达回证上的签收或者注明的收件日期为送达日期；邮寄送达的，以挂号函件回执上注明的收件日期为送达日期，并视为已送达。"第一百零六条规定："有下列情形之一的，税务机关可以公告送达税务文书，自公告之日起满30日，即视为送达：(一)同一送达事项的受送达人众多；(二)采用本章规定的其他送达方式无法送达。"

据此，税务机关送达税务文书的方式分三个层次：首先，税务机关应当直接送达。其次，如果直接送达有困难，可以委托送达或邮寄送达。最后，如果直接送达、委托送达及邮寄送达都无法送达税务文书，或者同一送达事项的受送达人众多，则可以公告送达。因此，通常情况下税务机关不能直接公告送达税务文书。

本案税务机关东区稽查局首先采取直接送达的方式向纳税人广州市桥澳船舶修造工程有限公司送达《税务处理决定书》，未果。然后，税务机关采取邮政特快专递送达，但该邮政特快专递详情单的收件人为"颜通灵"，与纳税人法定代表人的姓名"颜建灵"不符，且邮件内容也未填写，不能证实东区稽查局已向纳税人邮寄送达《税务处理决定书》。最后，税务机关公告送达《税务处理决定书》。由于税务机关未能证明其以符合法律规定的邮寄送达方式向纳税人送达了《税务处理决定书》，故不能证明其已经穷尽其他送达方式，据此，二审法院认为《税务处理决定书》尚未有效送达，并未发生法律效力，税务机关据此作出被诉《税务事项通知书》，既缺乏事实根据，亦违反法定程序，依法应予撤销。

法条链接

1.《税收征收管理法实施细则》

第一百零一条 税务机关送达税务文书，应当直接送交受送达人。

受送达人是公民的，应当由本人直接签收；本人不在的，交其同住成年家属签收。

受送达人是法人或者其他组织的，应当由法人的法定代表人、其他组织的主要负责人或者该法人、组织的财务负责人、负责收件的人签收。受送达人有代理人的，可以送交其代理人签收。

第一百零二条 送达税务文书应当有送达回证，并由受送达人或者本细则规定的其他签收人在送达回证上记明收到日期，签名或者盖章，即为送达。

第一百零三条 受送达人或者本细则规定的其他签收人拒绝签收税务文书的，送达人应当在送达回证上记明拒收理由和日期，并由送达人和见证人签名或者盖章，将税务文书留在受送达人处，即视为送达。

第一百零四条 直接送达税务文书有困难的，可以委托其他有关机关或者其他单位代为送达，或者邮寄送达。

第一百零五条 直接或者委托送达税务文书的，以签收人或者见证人在送达回证上的签收或者注明的收件日期为送达日期；邮寄送达的，以挂号函件回执上注明的收件日期为送达日期，并视为已送达。

第一百零六条 有下列情形之一的，税务机关可以公告送达税务文书，自公告之日起满30日，即视为送达：

（一）同一送达事项的受送达人众多；

（二）采用本章规定的其他送达方式无法送达。

第十节　税务行政复议和行政诉讼纠纷

039. 纳税人与税务机关在纳税上发生争议能否直接申请行政复议？

——常山兴隆废旧物资回收有限公司与浙江省国家税务局税务行政复议上诉案[①]

裁判要旨

纳税人、扣缴义务人、纳税担保人同税务机关在纳税上发生争议时，必须先依照税务机关的纳税决定缴纳或者解缴税款及滞纳金或者提供相应的担保，然后可以依法申请行政复议。

基本案情

2013年5月14日，衢州市国家税务局作出衢国税处（2013）2号《税务处理决定书》，认定常山兴隆废旧物资回收有限公司（以下简称兴隆公司）从婺源县隆泰电子科技有限公司取得虚开增值税专用发票29份，金额23,480,659元，税额3,991,712.03元，价税合计27,472,371.03元的行为是偷税，决定追缴兴隆公司已抵扣的税款3,991,712.03元，并从税款滞纳之日起，按日加收万分之五的滞纳金。

兴隆公司不服该处理决定书，向浙江省国家税务局（以下简称省国税局）申请行政复议。

2013年7月16日，省国税局作出浙国税复补（2013）1号《行政复议申请补正通知书》，认为兴隆公司的行政复议申请材料不齐全，需要补正以下材料：（1）申请人的营业执照复印件；（2）法定代表人的身份证明；（3）若有委托代理人的，须提交授权委托书和代理人的单位及身份证明；（4）对税务行政处理决定不服的，应提交已缴清税款和滞纳金的完税凭证。

兴隆公司收到上述补正通知书后，向省国税局补充提交了上述第（1）至

---

① 浙江省杭州市中级人民法院（2013）浙杭行终字第334号行政判决书

(3) 项材料，并提交由兴隆公司、常山兴宇电子科技有限公司、常山自强太阳能电子科技有限公司、浙江常山三都贸易有限责任公司、衢州国友进出口贸易有限公司盖章的函件。该函件主要载明：兴隆公司、常山兴宇电子科技有限公司、常山自强太阳能电子科技有限公司、浙江常山三都贸易有限责任公司、衢州国友进出口贸易有限公司已经就衢国税处（2013）2-5号《税务处理决定书》向省国税局提出复议，由于常山兴宇电子科技有限公司目前所有的固定资产和账户、个人固定资产和账户都已被衢州市国家税务局冻结，暂时确无能力按国税的规定交纳相关费用，以启动复议程序，请求省国税局能同意以设备厂房做质押担保物，让申请复议人行使行政复议的权利。

2013年7月25日，省国税局作出浙国税复不受（2013）1号《税务行政复议不予受理决定书》，并送达兴隆公司。

兴隆公司不服，提起行政诉讼，请求依法撤销省国税局作出的浙国税复不受（2013）1号《税务行政复议不予受理决定书》。

法院审理

一审法院认为：《中华人民共和国行政复议法》第十七条第一款规定，行政复议机关收到行政复议申请后，应当在五日内进行审查，对不符合本法规定的行政复议申请，决定不予受理，并书面告知申请人。省国税局作为衢州市国家税务局的上一级主管部门，对兴隆公司不服衢州市国家税务局的《税务处理决定书》提起的行政复议申请进行审查，是其法定职责。《中华人民共和国税收征收管理法》第八十八条第一款规定，纳税人、扣缴义务人、纳税担保人同税务机关在纳税上发生争议时，必须先依照税务机关的纳税决定缴纳或者解缴税款及滞纳金或者提供相应的担保，然后可以依法申请行政复议；对行政复议决定不服的，可以依法向人民法院起诉。

本案中，兴隆公司申请行政复议时，未依照衢州市国家税务局的《税务处理决定书》缴纳税款及滞纳金，也未提供相应的担保，省国税局据此作出《税务行政复议不予受理决定书》，实体处理并无不当。兴隆公司主张，该公司及公司实际控制人所有的固定资产和账户都已被衢州市国家税务局冻结，无法按照《税务处理决定书》缴纳相关费用，省国税局应依据《税务行政复议规则》第三十三条的规定，同意兴隆公司的担保申请，并受理其复议申请。《税务行政复议规则》第三十三条规定："申请人对本规则第十四条第（一）项规定的行为不服的，应当先向行政复议机关申请行政复议；对行政复议决定不服的，可以向人民法院提起行政诉讼。申请人按照前款规定申请行政复议的，必须依照税务机关根据法律、法规确定的税额、期限，先行缴纳或者解缴税款和滞纳金，或者提供相应的担保，才可以在缴清税款和滞纳金以后或者所提供的担保得到作出具体行政行为的税务机关确认之日起60日内提出行政复议申请。申请人提供担保的方式包括保证、抵押和质押。作出具体行政行为的税务机关应当对保证人的资格、资信进行审查，对不具备法律规定资格或者没有能力保证的，有权拒绝。作出具体行政行为的税务机关应当对抵押人、出质人提供的抵押担保、质押担保进行审查，对不符合法律规定的抵押担保、质押担保，不予确认。”

本案中，《税务处理决定书》系由衢州市国家税务局作出，根据上述规定，应由衢州市国家税务局对兴隆公司的担保申请进行审查，省国税局并无审查兴隆公司担保申请的职权。兴隆公司在申请行政复议时，并未提供其提供的担保得到衢州市国家税务局确认的材料，也未提供缴清税款和滞纳金的凭证，并不符合行政复议的受理条件，省国税局据此作出《税务行政复议不予受理决定书》，符合上述规定。至于兴隆公司有无向衢州市国家税务局提出担保申请，衢州市国家税务局有无依照上述规定对兴隆公司的担保申请进行审查，是否确认该担保，并非本案审理范围。

综上，省国税局作出的《税务行政复议不予受理决定书》认定事实清楚，适用法律正确，程序合法。对兴隆公司的诉讼请求，不予支持。依照《最高人民法院关于执行〈中华人民共和国行政诉讼法〉若干问题的解释》第五十六条第（四）项之规定，判决驳回兴隆公司的诉讼请求。

上诉人兴隆公司上诉称：一、被上诉人应当依法受理上诉人的行政复议申请。由于上诉人目前所有公司固定资产和账户、个人固定资产和账户都已经被衢州市国家税务局冻结，根本无法按衢州市国家税务局的规定缴纳相关费用。为此，上诉人在向被上诉人提出行政复议时，向被上诉人及衢州市国家税务局提出以上诉人设备厂房做抵押和质押，该资产完全能保证衢州市国家税务局决定书要求缴纳的税款和滞纳金。衢州市国家税务局不可能同意上诉人提出的担保申请，但被上诉人理应依据《税务行政复议规则》第三十三条规定，同意上诉人的担保申请。二、原审判决对事实认定部分错误，法律适用不当，导致判决错误。一审判决认定应由衢州市国家税务局对兴隆公司的担保申请进行审查，省国税局并无审查担保申请的职权，该认定显然不当。

综上，请求依法撤销杭州市拱墅区人民法院（2013）杭拱行初字第45号行政判决，改判由被上诉人受理上诉人的行政复议申请。

二审法院驳回上诉，维持原判。

点评

本案的争议焦点实际上是纳税人不服税务机关对其作出的具体行政行为，能否直接申请行政复议。从行政法原理来讲，申请行政复议应当是行政相对人的基本权利。《行政复议法》第六条规定："有下列情形之一的，公民、法人或者其他组织可以依照本法申请行政复议：（一）对行政机关作出的警告、罚款、没收违法所得、没收非法财物、责令停产停业、暂扣或者吊销许可证、暂扣或者吊销执照、行政拘留等行政处罚决定不服的；（二）对行政机关作出的限制人身自由或者查封、扣押、冻结财产等行政强制措施决定不服的；（三）对行政机关作出的有关许可证、执照、资质证、资格证等证书变更、中止、撤销的决定不服的；（四）对行政机关作出的关于确认土地、矿藏、水流、森林、山岭、草原、荒地、滩涂、海域等自然资源的所有权或者使用权的决定不服的；（五）认为行政机关侵犯合法的经营自主权的；（六）认为行政机关变更或者废止农业承包合同，侵犯其合法权益的；（七）认为行政机关违法集资、征收财物、摊派费用或者违法要求履行其他义务的；（八）认为符合法定条件，申请行政机关颁发许可证、执照、资质证、资格证等证书，或者申请行政机关审批、登记有关事项，行政机关没有依法办理的；（九）申请行政机关履行保护人身权利、财产权利、受教育权利的法定职责，行政机关没有依法履行的；（十）申请行政机关依法发放抚恤金、社会保险金或者最低生活保障费，行政机关没有依法发放的；（十一）认为行政机关的其他具体行政行为侵犯其合法权益的。"该条规定了行政复议的范围，特别是第十一项，其作为兜底条款，明确了只要行政相对人认为行政机关的具体行政行为侵犯其合法权益的，都可以申请行政复议。

但是，涉及税务行政复议问题，还需要考察《税收征收管理法》有无特殊规定，因为《行政复议法》是关于行政复议的一般法，而《税收征收管理法》是关于税务行政复议的特殊法。《税收征收管理法》第八十八条第一款规定："纳税人、扣缴义务人、纳税担保人同税务机关在纳税上发生争议时，必须先依照税务机关的纳税决定缴纳或者解缴税款及滞纳金或者提供相应的担保，然后可以依法申请行政复议；对行政复议决定不服的，可以依法向人民法院起诉。"该条款实际上明确了两个问题：

第一，纳税人、扣缴义务人、纳税担保人与税务机关在纳税上发生争议，必须先依照税务机关的纳税决定缴纳或者解缴税款及滞纳金或者提供相应的担保(即《纳税担保试行办法》所谓的纳税担保)，然后才可以申请行政复议。所谓“在纳税上发生争议”，是指对税务机关的征税行为有异议。依据《税务行政复议规程》第十四条，征税行为包括确认纳税主体、征税对象、征税范围、减税、免税、退税、抵扣税款、适用税率、计税依据、纳税环节、纳税期限、纳税地点和税款征收方式等具体行政行为，征收税款、加收滞纳金，扣缴义务人、受税务机关委托的单位和个人作出的代扣代缴、代收代缴、代征行为等。税务机关除了作出征税行为，还作出其他具体行政行为，比如行政许可、行政审批行为，发票管理行为，税收保全措施、强制执行措施，行政处罚行为，不依法颁发税务登记，不依法开具、出具完税凭证、外出经营活动税收管理证明，行政赔偿，行政奖励，资格认定行为，不依法确认纳税担保行为，政府信息公开工作中的具体行政行为，纳税信用等级评定行为，通知出入境管理机关阻止出境行为，纳税人对征税行为之外的具体行政行为发生争议，可以直接提起行政诉讼，无需先申请行政复议。

第二，纳税人、扣缴义务人、纳税担保人必须先申请行政复议，然后才能提起行政诉讼，而不能不经行政复议程序直接提起行政诉讼。

就本案而言，兴隆公司不服衢州市国家税务局作出的《税务处理决定书》，向浙江省国家税务局申请行政复议。但是，兴隆公司并未依照《税务处理决定书》补缴税款和滞纳金，而是向浙江省国家税务局申请行政复议时一并提供担保，而不是先提供担保再申请行政复议。《税务行政复议规则》第三十三条规定：“申请人对本规则第十四条第（一）项规定的行为不服的，应当先向行政复议机关申请行政复议；对行政复议决定不服的，可以向人民法院提起行政诉讼。申请人按照前款规定申请行政复议的，必须依照税务机关根据法律、法规确定的税额、期限，先行缴纳或者解缴税款和滞纳金，或者提供相应的担保，才可以在缴清税款和滞纳金以后或者所提供的担保得到作出具体行政行为的税务机关确认之日起60日内提出行政复议申请。申请人提供担保的方式包括保证、抵押和质押。作出具体行政行为的税务机关应当对保证人的资格、资信进行审查，对不具备法律规定资格或者没有能力保证的，有权拒绝。作出具体行政行为的税务机关应当对抵押人、出质人提供的抵押担保、质押担保进行审查，对不符合法律规定的抵押担保、质押担保，不予确认。”第十四条第（一）项规定：“行政复议机关受理申请人对税务机关下列具体行政行为不服提出的行政复议申请：（一）征税行为，包括确认纳税主体、征税对象、征税范围、减税、免税、退税、抵扣税款、适用税率、计税依据、纳税环节、纳税期限、纳税地点和税款征收方式等具体行政行为，征收税款、加收滞纳金，扣缴义务人、受税务机关委托的单位和个人作出的代扣代缴、代收代缴、代征行为等。”由于本案的纳税人与税务机关是就税务机关的征税行为发生争议，故税务行政复议申请人不仅要先行提供担保，而且必须由作出具体行政行为的税务机关对担保进行审查并予以同意。否则，不得申请行政复议。本案行政复议申请人兴隆公司在申请行政复议之前并未向作出具体行政行为的衢州市国家税务局提供担保，更未获得后者对担保的认可，故其不得申请行政复议。据此，本案行政复议机关浙江省国家税务局根据相关法律作出《税务行政复议不予受理决定书》。

另外，本案涉及纳税担保问题。《纳税担保试行办法》第三条规定：“纳税人有下列情况之一的，适用纳税担保：（一）税务机关有根据认为从事生产、经营的纳税人有逃避纳税义务行为，在规定的纳税期之前经责令其限期缴纳应纳税款，在限期内发现纳税人有明显的转移、隐匿其应纳税的商品、货物以及其他财产或者应纳税收入的迹象，责成纳税人提供纳税担保的；（二）欠缴税款、滞纳金的纳税人或者其法定代表人需要出境的；（三）纳税人同税务机关在纳税上发生争议而未缴清税款，需要申请行政复议的；（四）税收法律、行政法规规定可以提供纳税担保的其他情形。”本案中的纳税担保属于该条第（三）项规定的情况。如果税务机关对纳税人提供的纳税担保不予确认，依据《税务行政复议规则》第十四条第一款第（八）项，纳税人可以直接申请行政复议。

法条链接

1. **《税收征收管理法》**

第八十八条第一款 纳税人、扣缴义务人、纳税担保人同税务机关在纳税上发生争议时，必须先依照税务机关的纳税决定缴纳或者解缴税款及滞纳金或者提供相应的担保，然后可以依法申请行政复议；对行政复议决定不服的，可以依法向人民法院起诉。

2. **《税务行政复议规则》**

第十四条 行政复议机关受理申请人对税务机关下列具体行政行为不服提出

的行政复议申请：

（一）征税行为，包括确认纳税主体、征税对象、征税范围、减税、免税、退税、抵扣税款、适用税率、计税依据、纳税环节、纳税期限、纳税地点和税款征收方式等具体行政行为，征收税款、加收滞纳金，扣缴义务人、受税务机关委托的单位和个人作出的代扣代缴、代收代缴、代征行为等。

（二）行政许可、行政审批行为。

（三）发票管理行为，包括发售、收缴、代开发票等。

（四）税收保全措施、强制执行措施。

（五）行政处罚行为：

1. 罚款；

2. 没收财物和违法所得；

3. 停止出口退税权。

（六）不依法履行下列职责的行为：

1. 颁发税务登记；

2. 开具、出具完税凭证、外出经营活动税收管理证明；

3. 行政赔偿；

4. 行政奖励；

5. 其他不依法履行职责的行为。

（七）资格认定行为。

（八）不依法确认纳税担保行为。

（九）政府信息公开工作中的具体行政行为。

（十）纳税信用等级评定行为。

（十一）通知出入境管理机关阻止出境行为。

（十二）其他具体行政行为。

第三十三条　申请人对本规则第十四条第（一）项规定的行为不服的，应当先向行政复议机关申请行政复议；对行政复议决定不服的，可以向人民法院提起行政诉讼。

申请人按照前款规定申请行政复议的，必须依照税务机关根据法律、法规确定的税额、期限，先行缴纳或者解缴税款和滞纳金，或者提供相应的担保，才可以在缴清税款和滞纳金以后或者所提供的担保得到作出具体行政行为的税务机关确认之日起60日内提出行政复议申请。

申请人提供担保的方式包括保证、抵押和质押。作出具体行政行为的税务机关应当对保证人的资格、资信进行审查，对不具备法律规定资格或者没有能力保证的，有权拒绝。作出具体行政行为的税务机关应当对抵押人、出质人提供的抵押担保、质押担保进行审查，对不符合法律规定的抵押担保、质押担保，不予确认。

3. **《纳税担保试行办法》**

第三条 纳税人有下列情况之一的，适用纳税担保：

（一）税务机关有根据认为从事生产、经营的纳税人有逃避纳税义务行为，在规定的纳税期之前经责令其限期缴纳应纳税款，在限期内发现纳税人有明显的转移、隐匿其应纳税的商品、货物以及其他财产或者应纳税收入的迹象，责成纳税人提供纳税担保的；

（二）欠缴税款、滞纳金的纳税人或者其法定代表人需要出境的；

（三）纳税人同税务机关在纳税上发生争议而未缴清税款，需要申请行政复议的；

（四）税收法律、行政法规规定可以提供纳税担保的其他情形。

040. 纳税争议未经行政复议程序实体审查，纳税人是否享有诉权？

——茂名市国家税务局第一稽查局与茂名市天普药业有限公司税务纠纷案①

裁判要旨

《最高人民法院关于适用〈中华人民共和国行政诉讼法〉的解释》第五十六条规定："法律、法规规定应当先申请复议，公民、法人或者其他组织未申请复议直接提起诉讼的，人民法院裁定不予立案。依照行政诉讼法第四十五条的规定，复议机关不受理复议申请或者在法定期限内不作出复议决定，公民、法人或者其他组织不服，依法向人民法院提起诉讼的，人民法院应当依法立案。"因此，即使纳税争议未经行政复议程序实体审查，纳税人也享有诉权，可要求法院对原具体行政行为进行裁判。

① 广东省茂名市中级人民法院（2015）茂中法行终字第50号行政判决书

基本案情

原告茂名市天普药业有限公司是具备中成药、化学药制剂、抗生素制剂等医药批发经营资质的企业法人，曾通过招投标方式竞得高州市人民医院的医药供应合同。当时因医院所需的部分药品由医药代表垄断，原告无法直接通过厂家拿货，为了能够履行其与医院的供货合同，原告采取医药行业的普遍做法，由医药代表个人挂靠原告茂名市天普药业有限公司向高州市人民医院供货，而原告负责配送药品，收取配送费用作为回报。又查明，本案涉案代开发票的具体发票流程如下：发票开出前由与原告合作的医药代表向茂南区国税局提出开票申请，附上高州市人民医院出具的开票证明作为审批资料，部分开票证明上注明“此笔货款是汇入本人合作方茂名市国阳药业有限公司的账户内”，茂南区国税局的工作人员收到申请和开票证明等资料后，认为开票合法的，原告的合作医药代表才能够以个人名义开出发票。再查明，被告市国税局第一稽查局根据（201322）《税务稽查任务通知书》于2013年7月2日将原告公司确定为待稽查对象并经审批立案，对原告立案检查，并于2013年7月3日发出茂国税一稽检通一［2013］14号《税务检查通知书》，对原告2009年1月1日至2011年12月31日期间涉税情况进行检查。被告稽查局根据高州市人民检察院扣押原告公司有关账册、凭证等有关资料对原告公司2009年1月1日至2011年12月31日的纳税情况进行检查，查实原告如下涉税情况：在2009年1月1日至2011年12月31日之间，原告公司通过杨某等人（××）在茂南区国家税务局代开发票共136份，合计金额197,319,733.86元（含税），该金额与被告查实的原告未按规定缴纳税款的交易金额一致。未按规定缴纳的税款分别有：2009年至2011年增值税合计22,923,211.97元；2009年至2011年企业所得税合计2,112,815.39元。

2014年3月4日，被告稽查局作出茂国税一稽处［2014］4号《税务处理决定书》，限原告在收到决定书之日起十五日内到茂名市茂南区国家税务局办税服务厅将上述税款和滞纳金（上述少缴的税款，从滞纳之日起按日加收万分之五的滞纳金）缴交入库。原告若同被告在纳税上有争议，必须先依照本决定的期限缴纳税款及滞纳金或者提供相应的担保，然后可自上述款项缴清或者提供相应担保被税务机关确认之日起六十日内依法向茂名市国家税务局申请行政复议。

2014年3月4日，被告稽查局对原告作出茂国税一稽罚［2014］3号《税务行政处罚决定书》，认定原告存在《中华人民共和国税收征管法》第六十三条第一款规定的偷税行为，决定对被上诉人处以所偷增值税合计 22, 923, 211. 97 元百分之五十的罚款，罚款金额 11, 461, 605. 98 元；决定对被上诉人处于所偷企业所得税合计 2, 112, 815. 39 元百分之五十的罚款，罚款金额 1, 056, 407. 70 元。罚款金额合计 12, 518, 031. 68 元。限被上诉人自决定书送达之日起十五日内到茂名市茂南区国家税务局办税服务厅缴纳入库。

2014 年 5 月 19 日，原告向茂名市国家税务局申请行政复议，茂名市国家税务局于 2014 年 5 月 22 日以原告未能依照被告根据法律、法规确定的税额、期限，缴纳税款和滞纳金，或者提供相应的担保为由作出茂国税复不受字［2014］第 2 号《不予受理决定书》。

2014 年 6 月 3 日，原告向原审法院提起诉讼。

2014 年 9 月 11 日，茂南区国家税务局从原告的存款账户内划扣了税款 25, 612, 809. 52 元和滞纳金 18, 443, 591. 01 元。

法院审理

原审法院认为，法律、法规规定的行政复议前置程序，仅仅是在程序上要求提起行政诉讼之前先行申请行政复议，穷尽行政救济方式。只要提出了复议的申请，即满足了规定的程序条件。法律及相关司法解释并没有对此作出必须先行经过行政复议实体审查的强制性规定。至于复议机关是否受理复议申请，不影响复议申请人因不服原具体行政行为而提起诉讼。因此对被告主张原告丧失诉权不予认可。

被告主张，2009 年至 2011 年期间高州市人民医院从原告公司购进药品金额合计 334, 980, 077. 22 元（含税），而同期原告公司销售给高州市人民医院的往来账面上只反映金额合计 137, 660, 343. 36 元（含税），原告少列 197, 319, 733. 86 元（含税），原告是这部分收入的纳税义务人。被告提供了分别来源于原告及高州市人民医院的双方往来账簿、原告自己开具的增值税普通发票、通过个人代开加盖原告公司发票专用章和银行账号章的税务机关统一代开发票、付款证明等材料佐证。原告以医药行业特殊性为由，主张原告与杨某等人是协作型联营的关系，代开发票所涉及的收入实际是医药代表的收入，纳税义务人应为杨某等医药代表。对此原告提供《药品暂代保管协议书》《退货签收声明》《货款结清（声明）保证书》、结算签收表、银行进账单、跨系统业务回单、中国工商银行客户存款对账单佐证。原审法院认为双方提供的往来账簿、付款凭证以及相关发票能证实原告与高州市人民医院之间确实存在购销关系，高州市人民医院已将全部货款打入原告茂名市天普药业有限公司在中国银行茂名分行的账户。原告提供的《药品暂代保管协议书》、高州人民医院提交茂南区国税局的《证明》等材料能证明原告、高州市人民医院与邱某等人这三方之间存在交易往来，但不足以证实涉案的交易存在于邱某等医药代表与高州市人民医院之间。因此被告茂名市国家税务局第一稽查局主张原告茂名市天普药业有限公司为涉案发票的纳税义务人依法有据，应予认可。依照《中华人民共和国增值税暂行条例》第一条、第二条第（一）项、第五条、第六条及《中华人民共和国增值税暂行条例实施细则》第十四条、《中华人民共和国企业所得税法》第一条、第四条、第五条、第六条及国家税务总局国税发［2008］30号《企业所得税核定征收办法》（试行）第四条第（一）项、第六条、第八条之规定，原告作为与高州市人民医院购销关系中的纳税义务人，应当补缴少缴部分的税款。根据国税函［2004］1024号《国家税务总局关于加强和规范税务机关代开普通发票工作的通知》第一条的规定，代开发票是指由税务机关根据收款方（或提供劳务服务方）的申请，依照法规、规章以及其他规范性文件的规定，代为向付款方（或接受劳务服务方）开具发票的行为。在本案中，由茂南区国税局提供的《代开发票申请表》可以看出，代开发票的付款人是高州市人民医院，收款方是医药代表个人而非原告，发票品名为药品一批且金额巨大，明显该发票涉及药品销售。茂南区国税局作为税法法规实施和执行的行政机关，对于代开发票申请有全面审查的义务。在医药代表（××）申请代开发票时，茂南区国税局应当清楚个人不能销售药品，但其在长达三年的时间里一直同意医药代表代开发票的申请，开出的发票多达136份，因此茂南区国税局对原告茂名市天普药业有限公司的少缴税款行为负有责任。原告收到被告作出的《税务行政处罚决定书》后，一直积极主动配合税务机关，愿意补缴税款。茂南区国家税务局于2014年9月11日划扣了原告少缴的税款25,612,809.52元和滞纳金18,443,591.01元，原告行为实际未造成国家损失。此外，被告无证据证明原告的少缴税款行为存在主观故意。因此被告认为原告少缴税款的行为构成偷税的主张，属认定事实不清，不予以认可。根据《中华人民共和国税收征收管理法》第五十二条第一款“因税务机关的责任，致使纳税人、扣缴义务人未缴或者少缴税款的，税务机关在三年内可以要求纳税人、扣缴义务人补缴税款，但是不得加收滞纳金”的规定，茂南区国税局对原告茂名市天普药业有限公司的少缴税款行为负有责任，被告市国税第一稽查局对原告少缴税款行为加收滞纳金，缺乏足够的依据，因此被告适用《中华人民共和国税收征收管理法》第三十二条对原告加收滞纳金，属适用法律错误。综上，被告市国税第一稽查局对原告茂名市天普药业有限公司作出茂国税一稽处［2014］4号《税务处理决定书》认定事实不清，适用法律错误，应予撤销。案经原审法院审判委员会讨论决定，依照《中华人民共和国行政诉讼法》第五十四条第二项第1目、第2目的规定，判决：撤销被告茂名市国家税务局第一稽查局于2014年3月4日作出的茂国税一稽处［2014］4号《税务处理决定书》。

上诉人茂名市国家税务局第一稽查局不服原审判决，上诉称：一、一审判决认定“被告主张原告丧失诉权本院不予认可”实属错误，被上诉人未履行税务行政复议前置程序，已丧失诉权，法院应驳回其起诉。上诉人于2014年3月4日对被上诉人作出茂国税一稽处［2014］4号《税务处理决定书》，限被上诉人自收到本决定书之日起十五日内到茂名市茂南区国家税务局办税服务厅缴纳偷税的税款和滞纳金，并按照规定进行相关财务调整。被上诉人没有在《税务处理决定书》确定的期限内缴纳税款和滞纳金，或提供相应的担保，丧失了对税务处理决定提出行政复议的权利，进而丧失提出行政诉讼的权利。1. 被上诉人没有在规定的期限内缴纳税款、滞纳金或提供相应的担保，不符合申请行政复议的条件。根据法律规定，被上诉人应在收到上诉人作出的《税务处理决定书》15日内提供担保，上诉人作出《税务处理决定书》的时间是2014年3月4日，被上诉人当日签收，而被上诉人办理税务担保时间是2014年3月21日，早已超过法定的15天期限，不符合申请行政复议的条件。2. 一审判决称“行政复议前置程序只是程序的要求，不必经过实体审查”没有依据。《中华人民共和国税收征收管理法》第八十八条规定：“纳税人、扣缴义务人、纳税担保人同税务机关在纳税上发生争议时，必须先依照税务机关的纳税决定缴纳或者解缴税款及滞纳金或者提供相应的担保，然后可以依法申请行政复议；对行政复议决定不服的，可以依法向人民法院起诉。”《税务行政复议规则》第三十三条规定：“申请人对本规则第十四条第（一）项规定的行为不服的，应当先向行政复议机关申请行政复议；对行政复议决定不服的，可以向人民法院提起行政诉讼。申请人按照前款规定申请行政复议的，必须依照税务机关根据法律、法规确定的税额、期限，先行缴纳或者解缴税款和滞纳金，或者提供相应的担保，才可以在缴清税款和滞纳金以后或者所提供的担保得到作出具体行政行为的税务机关确认之日起60日内提出行政复议申请。”根据上述法律法规的规定，税务行政复议前置程序不仅要求提起行政诉讼前应先行申请行政复议，还要求必须经过行政复议的实体审查，对实体审查结果不服的，才可以提起行政起诉。被上诉人没有在《税务处理决定书》确定的期限内缴纳税款、滞纳金或提供相应的担保，被上诉人已丧失申请行政复议和提起行政诉讼的权利，法院应驳回其起诉。二、一审判决认定“茂南区国税局对原告的少缴税款行为负有责任，被告认为原告少缴税款的行为构成偷税的主张属认定事实不清，不予以认可”实属错误。1. 茂南区国税局代开发票行为符合法律规定。根据国家税务总局规定，纳税人提供相应资料，报经税务机关审核，符合代开条件的税务机关应当为申请人当场代开相关发票。茂南区国税局在为杨某等人代开136份发票业务过程中，茂南区国家税务局已对杨某等人代开发票的申请资料进行了审查，符合代开条件。根据杨某等人提交给茂南区国税局的所有代开发票申请资料（包括高州市人民医院出具的交易证明）显示，全部都是杨某等个人与高州市人民医院之间的交易，没有任何证据显示杨某等人是挂靠被上诉人与高州市人民医院进行交易的。在代开发票过程中，茂南区国税局完全不知道被上诉人与高州市人民医院存在交易关系。被上诉人故意隐瞒个人不能销售药品的事实，采用变换多个自然人代开发票的手段逃避茂南区国家税务局的核查以达到少缴税款的目的。茂南区国税局已尽审查义务，代开发票行为符合法律规定，不存在任何过错，被上诉人对其少缴税款行为承担完全责任。2. 被上诉人故意偷税的行为显而易见。被上诉人以杨某等人的名义在茂南区国税局代开的发票共136份，在被上诉人取得了上述发票后私自加盖有被上诉人发票专用章和银行账号章，且经高州市人民医院指证，上述发票全部是由被上诉人提供给高州市人民医院，高州市人民医院也将所有货款打入被上诉人的账户，双方发生的业务往来是真实的，一审判决也认定了被上诉人为涉案发票的纳税义务人。而被上诉人作为药品批发企业，在明知应当按照17%税率计征销项税的情况下，通过杨某等人以个人名义代开发票（按3%税率计征），以达到少缴税款的目的。被上诉人的行为显然已构成偷税，应适用《中华人民共和国税收征收管理法》第三十二条及第六十三条规定，对被上诉人追缴少缴的税款和滞纳金。综上所述，一审判决认定事实错误，适用法律错误，上诉请求：1. 撤销广东省茂名市茂南区人民法院（2014）茂南法行初字第31号行政判决；2. 维持上诉人茂名市国家税务局第一稽查局于2014年3月4日作出的茂国税一稽处［2014］4号《税务处理决定书》；3. 本案一、二审诉讼费由被上诉人承担。

二审法院驳回上诉，维持原判。

点评

《税收征收管理法》第八十八条第一款规定："纳税人、扣缴义务人、纳税担保人同税务机关在纳税上发生争议时，必须先依照税务机关的纳税决定缴纳或者解缴税款及滞纳金或者提供相应的担保，然后可以依法申请行政复议；对行政复议决定不服的，可以依法向人民法院起诉。"对此存在两种理解：1. 行政复议程序未对纳税争议实体审查，纳税人不能向法院起诉，即纳税人丧失诉权；2. 行政复议程序未对纳税争议实体审查，纳税人也可以向法院起诉，即纳税人并未丧失诉权。从字面上看，该条并未明确纳税人丧失诉权，只是含糊地规定"对行政复议决定不服的，可以依法向人民法院起诉"，由此又引出两种不同的理解：1. 如果复议机关作出不予受理的行政复议决定，纳税人只能就不予受理的行政复议决定提起诉讼，而不能就争议实体问题提起诉讼，否自，行政复议前置的规定形同虚设；2. 即使复议机关作出不予受理的行政复议决定，纳税人也可以直接就争议实体问题提起诉讼。《最高人民法院办公厅关于印发〈行政审判办案指南（一）〉的通知》采纳了第1种观点，其第十三条规定："行政复议机关作出不予受理决定，并不表明原行政行为经过复议。在复议前置的情况下，当事人起诉不予受理决定的，应当依法受理；起诉原具体行政行为的，应当裁定不予受理。在法律没有规定复议前置的情况下，当事人在不予受理决定和原行政行为之间择一起诉的，应当依法受理。"从法治国家的标准和法治原则的要求来看，上述理解和规定有误。因为法治精神要求法院成为社会纠纷的最后裁决者，任何人都有权接受法院审判。上述理解和规定实际上剥夺了纳税人将纳税争议提交法院裁决的权利。因此，《最高人民法院关于适用〈中华人民共和国行政诉讼法〉的解释》第五十六条规定："法律、法规规定应当先申请复议，公民、法人或者其他组织未申请复议直接提起诉讼的，人民法院裁定不予立案。依照行政诉讼法第四十五条的规定，复议机关不受理复议申请或者在法定期限内不作出复议决定，公民、法人或者其他组织不服，依法向人民法院提起诉讼的，人民法院应当依法立案。"该司法解释并未重复《最高人民法院办公厅关于印发〈行政审判办案指南（一）〉的通知》的规定，而是明确规定"复议机关不受理复议申请或者在法定期限内不作出复议决定，公民、法人或者其他组织不服，依法向人民法院提起诉讼的，人民法院应当依法立案"。

本案纳税人茂名市天普药业有限公司就纳税争议提起行政复议，但复议机关以其未缴纳税款、滞纳金也未提供纳税担保为由作出不予受理的复议决定，纳税人以纳税争议实体问题直接向法院起诉，但税务机关抗辩纳税人依照《税收征收管理法》第八十八条不享有诉权，法院应当驳回其起诉。审理法院并未采纳税务机关的抗辩意见，而是认为“法律、法规规定的行政复议前置程序，仅仅是在程序上要求提起行政诉讼之前先行申请行政复议，穷尽行政救济方式。只要提出了复议的申请，即满足了规定的程序条件。法律及相关司法解释并没有对此作出必须先行经过行政复议实体审查的强制性规定。至于复议机关是否受理复议申请，不影响复议申请人因不服原具体行政行为而提起诉讼。因此对被告主张原告丧失诉权不予认可。”审理法院的观点符合法治原则和《最高人民法院关于适用〈中华人民共和国行政诉讼法〉的解释》第五十六条的规定。

但是，很多法院对此问题的理解仍然坚持《最高人民法院办公厅关于印发〈行政审判办案指南（一）〉的通知》第十三条的观点，认为纳税人与税务机关发生纳税争议必须先缴纳税款或提供纳税担保，然后申请行政复议，如果纳税人未缴纳税款或提供纳税担保申请行政复议，行政机关作出不予受理复议决定的，纳税人就不予受理复议决定或争议实体问题向法院起诉，法院一律驳回。比如海南义丰投资有限公司诉海南省地方税务局第一稽查局撤销行政行为纠纷一案（海口市龙华区人民法院（2013）龙行初字第18号行政裁定书），法院认为：“海南省地方税务局第一稽查局于2012年9月7日作出琼地税一稽处（2012）15号税务处理决定书，并非税务处罚决定书，根据《中华人民共和国税收征收管理法》第八十八条第一款：‘纳税人、扣缴义务人、税收担保人同税务机关在纳税上发生争议时必须依照税务机关纳税决定缴纳或者解缴纳款及滞纳金或者提供相应的担保，然后可以依法申请行政复议；对行政复议不服的，可以依法向人民法院起诉。’的规定，原告已在法定期限内申请复议，如对复议决定不服，可以复议机关为被告提起行政诉讼，现原告对处理决定不服，未经复议，依法不享有诉权。因此，原告的起诉不符合国家法律、法规的规定，依法应予以驳回。”又比如新疆恒诚棉业有限公司诉玛纳斯县地方税务局不予受理行政复议决定一案，法院认为：“根据《中华人民共和国税收征收管理法》第八十八条第一款规定：‘纳税人、扣缴义务人、纳税担保人，同税务机关在纳税上发生争议时，必须先依照税务机关的纳税决定缴纳或者缴清税款及滞纳金，或者提供相应的担保，然后可以依法申请行政复议；对行政复议决定不服的，可以依法向人民法院起诉。’纳税义务人与税务机关纳税上发生争议时，应当先行复议，而复议的前提是必须先依照税务机关的纳税决定缴纳或者缴清税款及滞纳金，或者提供相应的担保。本案中原告系纳税人对税务机关下达的《责令限期改正通知书》不服，申请行政复议，其必须先依照税务机关的纳税决定缴纳或者缴清税款及滞纳金，或者提供相应的担保。但原告并未依照税务机关的纳税决定缴纳或者缴清税款及滞纳金，或者提供相应的担保。被告玛纳斯县税务局决定不予受理复议申请，事实清楚，程序合法，适用法律正确。对原告要求撤销玛地税复不受（2017）2号《行政复议不予受理决定》的诉讼请求，于法无据不予支持。遂判决：驳回原告新疆恒诚棉业有限公司要求撤销被告玛纳斯县地方税务局作出的玛地税复不受（2017）2号《行政复议不予受理决定》的诉讼请求。”

法条链接

1.《药品管理法》

第二条第一款 本法所称药品，是指用于预防、治疗、诊断人的疾病，有目的地调节人的生理机能并规定有适应症或者功能主治、用法和用量的物质，包括中药、化学药和生物制品等。

第五十一条 从事药品批发活动，应当经所在地省、自治区、直辖市人民政府药品监督管理部门批准，取得药品经营许可证。从事药品零售活动，应当经所在地县级以上地方人民政府药品监督管理部门批准，取得药品经营许可证。无药品经营许可证的，不得经营药品。

药品经营许可证应当标明有效期和经营范围，到期重新审查发证。

药品监督管理部门实施药品经营许可，除依据本法第五十二条规定的条件外，还应当遵循方便群众购药的原则。

第一百一十五条 未取得药品生产许可证、药品经营许可证或者医疗机构制剂许可证生产、销售药品的，责令关闭，没收违法生产、销售的药品和违法所得，并处违法生产、销售的药品（包括已售出和未售出的药品，下同）货值金额十五倍以上三十倍以下的罚款；货值金额不足十万元的，按十万元计算。

2.《税收征收管理法》

第八十八条 纳税人、扣缴义务人、纳税担保人同税务机关在纳税上发生争议时，必须先依照税务机关的纳税决定缴纳或者解缴税款及滞纳金或者提供相应的担保，然后可以依法申请行政复议；对行政复议决定不服的，可以依法向人民法院起诉。

当事人对税务机关的处罚决定、强制执行措施或者税收保全措施不服的，可以依法申请行政复议，也可以依法向人民法院起诉。

当事人对税务机关的处罚决定逾期不申请行政复议也不向人民法院起诉、又不履行的，作出处罚决定的税务机关可以采取本法第四十条规定的强制执行措施，或者申请人民法院强制执行。

3. **《最高人民法院关于适用〈中华人民共和国行政诉讼法〉的解释》**

第五十六条 法律、法规规定应当先申请复议，公民、法人或者其他组织未申请复议直接提起诉讼的，人民法院裁定不予立案。

依照行政诉讼法第四十五条的规定，复议机关不受理复议申请或者在法定期限内不作出复议决定，公民、法人或者其他组织不服，依法向人民法院提起诉讼的，人民法院应当依法立案。

041. 税务处罚争议是否需要行政复议前置？

——贵州九方药业有限公司与贵州省毕节市国家税务局稽查局税务行政管理纠纷上诉案①

裁判要旨

纳税争议必须遵守行政复议前置的规定。所谓纳税争议，是指纳税人、扣缴义务人、纳税担保人对税务机关确定纳税主体、征税对象、征税范围、减税、免税及退税、适用税率、计税依据、纳税环节、纳税期限、纳税地点以及税款征收方式等具体行政行为有异议而发生的争议。由于税务处罚并不属于纳税争议，故不需要行政复议前置，可直接向法院起诉。

基本案情

被告贵州省毕节市国家税务局稽查局（以下简称：毕节国税稽查局）于2016年8月30日作出毕市国税稽处［2016］15号《税务处理决定书》，认定原告贵州九方药业有限公司（以下简称：九方公司）在2013年4月至2015年6月期间虚抵税款5,525,157.85元，少缴增值税5,525,157.85元的违法事实。被告

① 贵州省毕节市中级人民法院（2017）黔05行终152号行政裁定书

依据增值税暂行条例第九条、增值税暂行条例实施细则第十九条、发票管理办法第二十二条、税收征收管理法第六十三条第一款的规定，定性原告的行为为偷税。根据税收征收管理法第三十二条、税收征收管理法实施细则第七十五条之规定，决定对原告追缴增值税5,525,157.85元，从滞纳税款之日起，按日加收滞纳税款万分之五的滞纳金，限期将上述税款及滞纳金缴纳入库，并按规定进行账务调整。

原告不服，以其行为涉嫌犯罪，由被告移送公安机关后，在司法机关未作出最后裁决前作出处理决定的行政处罚程序违法，原告已被纳入免征增值税企业，被告要求原告补缴增值税、认定原告虚开发票及数额事实不清为由提起行政诉讼，请求撤销毕市国税稽处［2016］15号《税务处理决定书》。

原审法院认为：《中华人民共和国行政诉讼法》第四十四条第二款规定“法律、法规规定应当先向行政机关申请复议，对复议决定不服再向人民法院提起诉讼的，依照法律、法规的规定。”由此，当事人提起行政诉讼，若法律、法规规定须先申请行政复议的，应先向行政机关申请复议，对复议决定不服的，方可向人民法院提起行政诉讼。依据被告毕节国税稽查局于2016年8月30日作出的毕市国税稽处［2016］15号《税务处理决定书》，其认定的是原告九方公司虚抵税款、少缴增值税的违法事实，并将原告的行为定性为偷税。被告以查明的事实为依据，根据法律法规的规定对原告追缴增值税5525157.85元，从滞纳税款之日起，按日加收滞纳税款万分之五的滞纳金。可见，该决定书是以实现税款缴纳为目的，督促纳税人履行纳税义务，而不是对纳税人的违法行为予以惩戒。故，被告对原告作出税务处理决定的行为应是一种征税行为。原告认为被告作出处罚《决定书》程序违法的诉讼理由，依法不予采纳。而原告认为，其已被纳入免征增值税企业，不存在补缴增值税问题。被告认定原告虚开的发票并非全部虚开，虚开发票数额和是否存在虚开发票未经司法会计审计。被告认定事实不清，其税务处理决定应予撤销。该理由实质是原告对被告确认其为增值税的纳税主体和被告确定的计税依据、征税对象、征税范围和原告不享受免税有异议，即对被告的征税行为以及被告要求其纳税有争议。《中华人民共和国行政诉讼法》第六十三条规定：“人民法院审理行政案件，以法律和行政法规、地方性法规为依据……参照规章。”《中华人民共和国税收征收管理法》第八十八条第一款规定：“纳税人、扣缴义务人、纳税担保人同税务机关在纳税上发生争议时，必须先依照税务机关的纳税决定缴纳或者解缴税款及滞纳金或者提供相应的担保，然后可以依法申请行政复议，对行政复议决定不服的，可以依法向人民法院提起诉讼。”《中华人民共和国税收征收管理法实施细则》第一百条规定：“税收征收管理法第八十八条规定的纳税争议，是指纳税人、扣缴义务人、纳税担保人对税务机关确定纳税主体、征税对象、征税范围、减税、免税及退税、适用税率、计税依据、纳税环节、纳税期限、纳税地点以及税款征收方式等具体行政行为有异议而发生的争议。”以及国家税务总局《税务行政复议规则》第十四条第（一）项规定：“行政复议机关受理申请人对税务机关下列具体行政行为不服提出的行政复议申请：（一）征税行为，包括确认纳税主体、征税对象、征税范围、减税、免税、退税、抵扣税款、适用税率、计税依据、纳税环节、纳税期限、纳税地点和税款征收方式等具体行政行为，征收税款、加收滞纳金……”；第三十三条第一款规定：“申请人对本规则第十四条第（一）项规定的行为不服的，应当先向行政复议机关申请复议；对行政复议决定不服的，可以向人民法院提起行政诉讼”。综上，原告九方公司请求判决撤销被告毕节国税稽查局作出的《税务处理决定书》，依法应当先向复议机关申请行政复议，对复议决定不服，才能向法院提起行政诉讼。据此，依照《中华人民共和国行政诉讼法》第四十四条第二款、《最高人民法院关于适用〈中华人民共和国行政诉讼法〉若干问题的解释》（法释［2015］9号）第三条第（五）项“有下列情形之一，已经立案的，应当裁定驳回起诉：（五）未按照法律、法规规定先向行政机关申请复议的。”的规定，裁定驳回原告贵州九方药业有限公司的起诉。

宣判后，九方公司不服，向二审法院提起上诉称：一、《税收征管实施细则》第一百条规定的税收争议归纳起来是：谁交税，交多少，怎么交，减、免、补、退等问题。被上诉人以行政处理决定名义对上诉人实施行政处罚，原审认为被上诉人作出的毕市国税稽处［2016］15号《决定书》系征税行为而非行政处罚，属于认定事实错误，依法应当撤销。二、《决定书》并非征税行为，本质上是行政处罚行为，不存在复议前置程序。原审适用《税收征收管理法》第八十八条规定，以上诉人未进行行政复议为由驳回上诉人起诉，适用法律错误。三、被上诉人将本案以涉嫌犯罪移送公安机关后，司法机关对该违法犯罪行为未作出最后处理之前，对上诉人作出处理决定，违反《中华人民共和国行政处罚法》第七条第二款、第二十八条和国务院《行政执法机关移送涉嫌犯罪案件的规定》第三条、第五条、第八条、第十一条之规定，程序违法，依法应予以撤销。四、被上诉人作出的《决定书》中认定上诉人以陈东梅等农民的名义虚开发票2121

份的事实不清，2121份发票中并不是全部为虚开，其中大部分的药物上诉人是实际向当地农民购买药材并支付了相应的货款。故被上诉人认定该2121份发票全部为虚开的事实不清楚，依法应予以撤销。五、被上诉人作出的《决定书》中认定上诉人收受亳州市十九里飞运汽车运输有限公司虚开的增值税发票16张的事实不清。上诉人从十九里飞运汽车运输有限公司获得增值税发票，都是真实发生的货物运输，上诉人支付相应运费后，由十九里飞运汽车运输有限公司向上诉人出具，并非虚开。六、根据《七星关区国家税务局税务事项通知书》（七星国税通（2014）153号）规定，上诉人于2014年8月1日起被纳入免征增值税的企业范畴，故上诉人不存在补缴增值税的问题。请求：撤销大方县人民法院作出的（2017）黔0521行初53号行政裁定书，指令一审进行实体审理。

被上诉人答辩称：被上诉人作出的《决定书》系行政处理行为，而非行政处罚，被上诉人系对上诉人偷税部分进行追缴，依照法律推定应当复议前置。请求法院驳回上诉人的上诉请求。

二审法院驳回上诉，维持原裁定。

点评

税务稽查局在查实纳税人存在税收违法行为时，会作出《税务处理决定书》和《税务处罚决定书》，前者的主要内容是要求纳税人补缴税款和滞纳金，后者的主要内容是对纳税人处以不缴或者少缴的税款百分之五十以上五倍以下的罚款。从行为性质上分析，要求纳税人补缴税款和滞纳金不属于行政处罚，而对纳税人处以罚款则属于行政处罚，原因是纳税人补缴税款和滞纳金是依法履行纳税义务，并未增加纳税人的税务负担，但罚款显然超出其纳税义务范围，是税务机关对其税收违法行为的惩罚。由于《税务处理决定书》和《税务处罚决定书》反映的具体行政行为的性质区别，相关立法对两者发生争议时是否需要行政复议前置采取了不同立场。

《税收征收管理法》第八十八条第一款规定："纳税人、扣缴义务人、纳税担保人同税务机关在纳税上发生争议时，必须先依照税务机关的纳税决定缴纳或者解缴税款及滞纳金或者提供相应的担保，然后可以依法申请行政复议；对行政复议决定不服的，可以依法向人民法院起诉。"该款明确纳税人与税务机关在纳税上发生争议，必须行政复议前置，不得直接起诉。但是，《税收征收管理法》并未对纳税争议的范围进行明确。对此，《税收征收管理法实施细则》和《税务行政复议规程》进行了明确。《税收征收管理法实施细则》第一百条规定："税收征管法第八十八条规定的纳税争议，是指纳税人、扣缴义务人、纳税担保人对税务机关确定纳税主体、征税对象、征税范围、减税、免税及退税、适用税率、计税依据、纳税环节、纳税期限、纳税地点以及税款征收方式等具体行政行为有异议而发生的争议。"《税务行政复议规程》第十四条规定："行政复议机关受理申请人对税务机关下列具体行政行为不服提出的行政复议申请：（一）征税行为，包括确认纳税主体、征税对象、征税范围、减税、免税、退税、抵扣税款、适用税率、计税依据、纳税环节、纳税期限、纳税地点和税款征收方式等具体行政行为，征收税款、加收滞纳金，扣缴义务人、受税务机关委托的单位和个人作出的代扣代缴、代收代缴、代征行为等。（二）行政许可、行政审批行为。（三）发票管理行为，包括发售、收缴、代开发票等。（四）税收保全措施、强制执行措施。（五）行政处罚行为：1. 罚款；2. 没收财物和违法所得；3. 停止出口退税权。（六）不依法履行下列职责的行为：1. 颁发税务登记；2. 开具、出具完税凭证、外出经营活动税收管理证明；3. 行政赔偿；4. 行政奖励；5. 其他不依法履行职责的行为。（七）资格认定行为。（八）不依法确认纳税担保行为。（九）政府信息公开工作中的具体行政行为。（十）纳税信用等级评定行为。（十一）通知出入境管理机关阻止出境行为。（十二）其他具体行政行为。"第三十三条第一款规定："申请人对本规则第十四条第（一）项规定的行为不服的，应当先向行政复议机关申请行政复议；对行政复议决定不服的，可以向人民法院提起行政诉讼。"据此，《税收征收管理法》第八十八条第一款所说的"纳税上发生争议"是指"征税行为，包括确认纳税主体、征税对象、征税范围、减税、免税、退税、抵扣税款、适用税率、计税依据、纳税环节、纳税期限、纳税地点和税款征收方式等具体行政行为，征收税款、加收滞纳金，扣缴义务人、受税务机关委托的单位和个人作出的代扣代缴、代收代缴、代征行为等"，其并不包括罚款。因此，税务处罚争议无需行政复议前置，纳税人可直接就税务处罚争议向法院起诉。

本案纳税人贵州九方药业有限公司被税务机关发现存在偷税行为，税务机关作出《税务处理决定书》，要求其补缴税款和滞纳金，但并未对其作出《税务处罚决定书》。因此，其对《税务处理决定书》不服，应当先申请行政复议，不得直接起诉。

法条链接

1. **《税收征收管理法》**

第八十八条第一款 纳税人、扣缴义务人、纳税担保人同税务机关在纳税上发生争议时，必须先依照税务机关的纳税决定缴纳或者解缴税款及滞纳金或者提供相应的担保，然后可以依法申请行政复议；对行政复议决定不服的，可以依法向人民法院起诉。

2. **《税收征收管理法实施细则》**

第一百条 税收征管法第八十八条规定的纳税争议，是指纳税人、扣缴义务人、纳税担保人对税务机关确定纳税主体、征税对象、征税范围、减税、免税及退税、适用税率、计税依据、纳税环节、纳税期限、纳税地点以及税款征收方式等具体行政行为有异议而发生的争议。

3. **《税务行政复议规则》**

第十四条 行政复议机关受理申请人对税务机关下列具体行政行为不服提出的行政复议申请：

（一）征税行为，包括确认纳税主体、征税对象、征税范围、减税、免税、退税、抵扣税款、适用税率、计税依据、纳税环节、纳税期限、纳税地点和税款征收方式等具体行政行为，征收税款、加收滞纳金，扣缴义务人、受税务机关委托的单位和个人作出的代扣代缴、代收代缴、代征行为等。

（二）行政许可、行政审批行为。

（三）发票管理行为，包括发售、收缴、代开发票等。

（四）税收保全措施、强制执行措施。

（五）行政处罚行为：

1. 罚款；

2. 没收财物和违法所得；

3. 停止出口退税权。

（六）不依法履行下列职责的行为：

1. 颁发税务登记；

2. 开具、出具完税凭证、外出经营活动税收管理证明；

3. 行政赔偿；

4. 行政奖励；

5. 其他不依法履行职责的行为。

（七）资格认定行为。

（八）不依法确认纳税担保行为。

（九）政府信息公开工作中的具体行政行为。

（十）纳税信用等级评定行为。

（十一）通知出入境管理机关阻止出境行为。

（十二）其他具体行政行为。

第三十三条　申请人对本规则第十四条第（一）项规定的行为不服的，应当先向行政复议机关申请行政复议；对行政复议决定不服的，可以向人民法院提起行政诉讼。

申请人按照前款规定申请行政复议的，必须依照税务机关根据法律、法规确定的税额、期限，先行缴纳或者解缴税款和滞纳金，或者提供相应的担保，才可以在缴清税款和滞纳金以后或者所提供的担保得到作出具体行政行为的税务机关确认之日起60日内提出行政复议申请。

申请人提供担保的方式包括保证、抵押和质押。作出具体行政行为的税务机关应当对保证人的资格、资信进行审查，对不具备法律规定资格或者没有能力保证的，有权拒绝。作出具体行政行为的税务机关应当对抵押人、出质人提供的抵押担保、质押担保进行审查，对不符合法律规定的抵押担保、质押担保，不予确认。

042. 税务机关内设机构不得以自己的名义作出行政复议决定

——湖南省双牌县地方税务局与永州市宏宇房地产开发有限公司税务行政管理上诉案①

裁判要旨

行政机关的内设机构除非有法律、法规或者规章的授权，否则不得以自己的名义执法，只能以所属行政机关的名义在法律、法规或者规章授权范围内执法。

---

① 湖南省永州市中级人民法院（2017）湘11行终4号行政判决书

基本案情

2006年12月19日，刘海斌在永州市工商行政管理局注册登记成立“永州市宏宇房地产开发有限责任公司”，公司类型为有限责任公司（自然人独资），法定代表人为刘海斌，并领取了营业执照、组织机构代码证、税务登记证。

2012年7月12日，宏宇公司将自己开发的双牌县紫金国际项目A区一层、二层、负一层总面积为6102m^{2}的商铺无偿过户至刘海斌名下。

2013年8月29日，宏宇公司将紫金国际项目B区商铺共17间门，面积872.04m^{2}无偿过户至刘海斌名下。

湖南省双牌县地方税务局稽查局（以下简称双牌地税稽查局）于2015年11月16日起对宏宇公司开发的紫金国际项目履行地方税收纳税义务情况进行了检查，发现宏宇公司已经出租A区商铺6102m^{2}给步步高商业连锁有限公司经营，认定宏宇公司欠缴营业税40,440元、城市维护建设税2,022元、教育费附加及地方教育附加2,022元、印花税808.8元、房产税97,056元。因此，双牌地税稽查局于2016年3月17日作出双牌地税稽处［2016］9－2号税务处理决定书，处理决定的主要内容如下：1. 根据《中华人民共和国税收征收管理法》第六十四条第二款及《中华人民共和国税收征收管理法实施细则》第七十九条的规定，对宏宇公司出租A区商铺少申报缴纳的地方各税140,326.8元（其中营业税40,440元、城市维护建设税2022元、印花税808.8元、房产税97,056元）责令限期缴纳入库；2. 根据《中华人民共和国税收征收管理法》第三十二条的规定，对宏宇公司上述少缴地方各税140,326.8元应按日加收万分之五的滞纳金；3. 根据《征收教育费附加的暂行规定》（国发［1986］50号）和《湖南省教育附加和地方教育附加征收管理办法》（湖南省人民政府令218号）的规定，宏宇公司少缴的教育费附加及地方教育附加2,022元，责令限期缴纳入库。以上税款及滞纳金，限宏宇公司在接到本决定之日起十五日内向双牌地税局办税服务厅缴纳入库，并按照规定进行相关财务调整。逾期未缴清的，将按照《中华人民共和国税收征收管理法》第四十条的规定采取强制执行措施。宏宇公司如在纳税上有争议，必须先依照本决定缴纳或者解缴税款及滞纳金或者提供相应的担保，然后可以在收到税务机关填发的缴纳凭证或提供相应担保被税务机关确认之日起六十日内向双牌地税局或者双牌县人民政府申请行政复议。

2016年3月17日，双牌地税稽查局将其作出的双牌地税稽处［2016］9－1

号税务处理决定书，以互联网公告形式送达给宏宇公司。

2016年5月6日，宏宇公司向双牌地税局申请行政复议。宏宇公司于2016年5月20日向双牌地税稽查局提交纳税担保书和担保财产清单。2016年6月7日，双牌地税稽查局作出双牌地税检通［2016］9－4号税务事项通知书，以宏宇公司提供用作担保的房屋产权证明办证程序不合法，部分已由他人先行占用或另行出租给他人经营为由，不予确认为纳税担保抵押物。

2016年6月14日，湖南省双牌县地方税务局（以下简称双牌地税局）以宏宇公司没有在规定时间内提供缴纳相应税款证明或者提供相应税务担保为由，作出［2016］0002号不予受理行政复议申请决定书，但没有加盖行政复议机关的印章或者行政复议机关行政复议专用章，加盖的则是湖南省双牌地税局税政法规科的印章。

2016年6月27日，宏宇公司向法院提起行政诉讼，要求：1. 撤销双牌地税稽查局作出的双牌地税稽处［2016］9－1号税务处理决定书及双牌地税局作出的［2016］0002号不予受理行政复议申请决定书；2. 判决双牌地税稽查局将违法扣收的税款3,989,883.14元退回给宏宇公司。

法院审理

原审法院认为：双牌地税局作为行政复议机关在收到宏宇公司的复议申请后，加盖其不具有行政主体资格的内设机构税政法规科的印章作出［2016］0002号不予受理行政复议申请决定书，该行政行为明显不当，应当依法予以撤销，因此，对宏宇公司要求撤销双牌地税局作出的［2016］0002号不予受理行政复议申请决定书的诉讼请求法院予以支持，双牌地税局应当依法重新作出行政行为。原审法院判决：一、撤销双牌地税局作出的［2016］0002号不予受理行政复议申请决定书，由双牌地税局自本判决生效后在法定期限内依法重新作出行政行为；二、驳回宏宇公司的其他诉讼请求。

宣判后，上诉人双牌地税局及上诉人宏宇公司不服，均提起上诉。上诉人双牌地税局的主要上诉理由是：《中华人民共和国税务征收管理法》规定了有关追缴欠税款及加收滞纳金的行政复议，必须以缴纳清欠税款及滞纳金或提供担保的情况下才能申请，上诉人作出的不予受理的决定正确，加盖公章错误只是程序瑕疵，不影响结论的正确。请求判决驳回被上诉人的全部诉讼请求。上诉人宏宇公司的主要上诉理由是：被上诉人双牌地税稽查局违法扣收的税款合计390万余元应当予以退还。请求二审对该项诉讼请求予以支持。

二审法院驳回上诉，维持原判。

点评

《行政复议法》第十二条规定："对县级以上地方各级人民政府工作部门的具体行政行为不服的，由申请人选择，可以向该部门的本级人民政府申请行政复议，也可以向上一级主管部门申请行政复议。对海关、金融、国税、外汇管理等实行垂直领导的行政机关和国家安全机关的具体行政行为不服的，向上一级主管部门申请行政复议。"据此，凡是对地税作出的具体行政行为不服的，既可以向地税所属人民政府申请行政复议，也可以向上一级地税申请行政复议；如果是对国税作出的具体行政行为不服的，则只能向上一级国税申请行政复议，因为国税属于垂直管理，故地方政府不是复议机关。复议机关应当对申请复议事项作出复议决定。此项权力专属于复议机关。问题是，复议机关的内设机构能够以自己的名义作出复议决定吗？从行政法理来讲，行政机关的内设机构除非有法律、法规或者规章的授权，否则不得以自己的名义执法，只能以所属行政机关的名义在法律、法规或者规章授权范围内执法。本案复议机关湖南省双牌县地方税务局受理了纳税人宏宇公司的复议申请，并以宏宇公司没有在规定时间内提供缴纳相应税款证明或者提供相应税务担保为由，作出［2016］0002号不予受理行政复议申请决定书，但没有加盖湖南省双牌县地方税务局的印章或者湖南省双牌县地方税务局行政复议章，而是加盖湖南省双牌地税局税政法规科的印章，即复议机关的内设机构税政法规科以自己的名义作出行政复议决定。由于该内设机构没有法律法规和规章的授权，其作出的具体行政行为缺乏法律依据。因此，法院判决撤销税务机关作出的不予受理行政复议决定。需要注意的是，法院只对复议机关作出的不予受理行政复议决定进行审理，对纳税人要求退还税款的要求并未审理，事实上，法院应当一并审理。《最高人民法院关于适用〈中华人民共和国行政诉讼法〉的解释》第五十六条规定："法律、法规规定应当先申请复议，公民、法人或者其他组织未申请复议直接提起诉讼的，人民法院裁定不予立案。依照行政诉讼法第四十五条的规定，复议机关不受理复议申请或者在法定期限内不作出复议决定，公民、法人或者其他组织不服，依法向人民法院提起诉讼的，人民法院应当依法立案。"据此，法院应当对程序与实体问题一并审理。

法条链接

1.《行政复议法》

第十二条 对县级以上地方各级人民政府工作部门的具体行政行为不服的，由申请人选择，可以向该部门的本级人民政府申请行政复议，也可以向上一级主管部门申请行政复议。

对海关、金融、国税、外汇管理等实行垂直领导的行政机关和国家安全机关的具体行政行为不服的，向上一级主管部门申请行政复议。

2.《最高人民法院关于适用〈中华人民共和国行政诉讼法〉的解释》

第五十六条 法律、法规规定应当先申请复议，公民、法人或者其他组织未申请复议直接提起诉讼的，人民法院裁定不予立案。

依照行政诉讼法第四十五条的规定，复议机关不受理复议申请或者在法定期限内不作出复议决定，公民、法人或者其他组织不服，依法向人民法院提起诉讼的，人民法院应当依法立案。

043. 房地产管理部门向购房人出具《房屋销售（转让）税收证明书》的行为是否属于行政诉讼受案范围？

——卢某泉等诉化州市地方税务局确认违法纠纷再审案①

裁判要旨

房地产管理部门向购房人出具的《房屋销售（转让）税收证明书》，不等于《完税证》，如果《房屋销售（转让）税收证明书》记载的内容与购房人实际缴纳的税款数额不符，则对购房人的权利义务产生实际影响，应当属于行政诉讼的受案范围。

基本案情

2009年4月至2011年4月间，卢某泉等七人分别向化州市宏泽房地产有限公司购买了商品房各一套。购房时，卢某泉等七人分别与化州市宏泽房地产有限

① 广东省茂名市中级人民法院（2016）粤09行再1号行政裁定书

公司签订了《商品房买卖合同》及《补充合同》。按照双方签订的《商品房买卖合同》第二十条及《补充合同》第1条的约定：在办理房地产权证给业主时的费用，化州市宏泽房地产有限公司“按总房价的5%收取，该价为包干价”。《合同》注明“现行办理房产证的收费项目有：契税、代理费、评估费、交易手续费、房产证明费、登记费、印花税、合同备案、转移测绘费、工本费等。”随后，化州市宏泽房地产有限公司代卢某泉等七人向化州市地方税务局缴交了房屋销售（转让）的税费。

2012年6月8日，化州市人民政府印发《化州市涉税信息交换与共享实施办法（试行）》。化州市地方税务局根据《化州市涉税信息交换与共享实施办法（试行）》第四条第（三）项规定“市房地产管理局必须凭市地税局出具的《房屋销售（转让）税收证明书》及《完税证》才能办理《房地产权证》，并留存《房屋销售（转让）税收证明书》原件及《完税证》复印件入档案资料”，为需办理《房地产权证》的业主向化州市房地产管理局出具《房屋销售（转让）税收证明书》。

2013年6月27日，化州市地方税务局向化州市房产管理局出具了第三人销售房屋给原告的《房屋销售（转让）税收证明书》[购买受让方梁某通的《证明书》编号为：（2012）0002612；购买受让方王某锋的《证明书》编号为：（2012）0002601；购买受让方谭某丹的《证明书》编号为：（2012）0002622；购买受让方劳某的《证明书》编号为：（2012）0002780；购买受让方卢某泉的《证明书》编号为：（2012）0002797；购买受让方李某锋的《证明书》编号为：（2012）0002718；购买受让方苏某芳的《证明书》编号为：（2012）0002771)]。化州市房产局凭被告开出的证明书，并根据第三人提供的其他材料，办理了七原告的《房地产权证》。

七原告事后认为“第三人按合同约定的单价收取了原告的契税费用，却没有如数向地税缴交。因此，被告在收取第三人代为缴交的契税时存在违法行为”，七原告为此具状再审法院提起诉讼，请求确认被告为第三人化州市宏泽房地产开发有限公司向化州市房地产管理局出具的《房屋销售（转让）税收证明书》的具体行政行为违法。

法院审理

化州市人民法院一审认为，本案被告为第三人向化州市房产局出具的《房屋销售（转让）税收证明书》，属行政机关一种内部管理公函。这种《证明书》，只是作为“证明”当事人向有关机关已实施了某种行为的事实。该证明书只证明纳税人已申报缴纳的税款，并不是对行政相对人作出的具体行政行为。该证明行为不符合《中华人民共和国行政诉讼法》第十一条中任何一项受案范围。本案中，第三人只是依双方约定收取代原告办房产证的包干办证费用，该费用虽含税款，但第三人已统一向税务部门缴交。按我国《契税暂行条例》第一条规定：在中华人民共和国境内转移土地、房屋权属承受的单位和个人为契税的纳税人，应当依照本条例的规定缴纳契税。因此，向税务部门缴纳税费的应是房屋买受人，由于第三人是按原告总房价的收取5%费用，作为第三人代原告办证的费用，第三人并已向税务机关缴纳了有关税费，所以，被告根据第三人的缴费情况，向其出具有关缴税的证明书，并无损害原告的合法权益，同时也与原告没有存在法律上的利害关系。根据最高人民法院《关于执行〈中华人民共和国行政诉讼法〉若干问题的解释》第四十四条第（十一）项、第六十三条第（十五）项之规定，裁定：驳回原告卢某泉、王某锋、李某锋、苏某芳、梁某通、谭某丹、劳某等七人的起诉。

卢某泉、王某锋、李某锋、苏某芳、梁某通、谭某丹、劳某等七人不服一审判决，提起上诉。

二审法院驳回卢某泉等七人的上诉。

之后，卢某泉等七人申请再审称，原一、二审法院认为原审第三人代为办证之需要，被申请人化州市地方税务局向化州市房地产管理局出具《房屋销售（转让）税收证明书》以证明原审第三人已完税之事实，对申请人未产生权利义务上的影响，属事实认定和法律适用错误。一、被申请人收取了申请人的契税，应当依法向申请人出具国家规定的、标准的契税完税证，不能以向房地产管理局出具税收证明书免除其向申请人出具契税完税证的义务，其向房管局出具完税证明的行为本身就是违法。二、原一、二审法院认为被申请人向化州市房地产管理局出具《税收证明书》对申请人未产生任何权利义务关系明显错误。本案中的税收证明书中所记载的申请人所缴纳契税税款的基数、金额均与合同约定、与申请人实际缴纳的金额、实际缴纳的事件明显不符。被申请人有义务提供其作出此决定的事实和法律依据。申请人对被申请人的决定有权利提起行政诉讼。请求撤销广东省茂名市中级人民法院（2014）茂中法行终字第12号行政裁定。

再审法院再审认为，化州市地方税务局出具的《房屋销售（转让）税收证明书》是在卢某泉、王某锋、李某锋、苏某芳、梁某通、谭某丹、劳某需办理房产证时，向房地产管理部门出具的对卢某泉等七名再审申请人缴税情况进行确认的行政行为，该行为是化州房地产管理局是否为上述七人办理《房地产权证》的事实依据。该行政行为对卢某泉、王某锋、李某锋、苏某芳、梁某通、谭某丹、劳某的权利义务产生了实质影响，应当具有可诉性，依法属于行政诉讼的受案范围，卢某泉、王某锋、李某锋、苏某芳、梁某通、谭某丹、劳某对该行为不服提起诉讼，人民法院应依法立案受理。对于再审申请人提出对相关规范性文件进行合法性审查的问题。由于本案主要就被诉行政行为是否属于行政诉讼受案范围的程序问题进行审理，尚未进入实体审理阶段，因此，对于行政行为所依据的规范性文件的合法性问题，本案不予处理。

再审法院裁定如下：

一、撤销再审法院（2015）茂中法行终字第12号行政裁定和广东省化州市人民法院（2014）茂化法行初字第50号行政裁定书。

二、指令广东省化州市人民法院对本案进行审理。

点评

房地产开发商通常在商品房销售时向购房人预先收取购房人需要缴纳的房屋购买税费，并代购房人向行政机关缴纳。上述税费一般包括契税、印花税、登记费、工本费等。此种做法一是方便购房人顺利办理房屋登记手续，二是使房地产开发商可以占用购房人的资金。之后，房地产开发商将预先收缴的税费代购房人向行政机关缴纳后，行政机关才会依法为购房人办理房屋登记事宜。如果房地产开发商并未依约代购房人缴纳预先收取的税费，房地产管理部门则不会为购房人办理土地房屋权证。在土地房屋权证办理实务中，房地产管理部门需要申请人提供税务机关出具的完税证明资料，如果税务机关拒绝出具，房地产管理部门不会办理土地房屋权证，这直接影响购房人的权益。

本案房地产开发商向购房人代收相关税费，并代为缴纳，税务机关遂向房地产管理部门出具《房屋销售（转让）税收证明书》，房地产管理部门依据该证明书为七名购房人办理了《房地产权证》。从形式上看，税务机关出具《房屋销售（转让）税收证明书》并未影响购房人办理《房地产权证》。但问题是，税务机关只出具《房屋销售（转让）税收证明书》，并未出具《完税证》，且《房屋销售（转让）税收证明书》记载的购房人所缴纳契税税款的基数、金额均与合同约定、购房人实际缴纳的金额明显不符，这无法证明购房人已经依法履行了纳税义务，可见，税务机关的上述行为对购房人的权利义务产生了实际影响。因此，化州市地方税务局出具《房屋销售（转让）税收证明书》属于行政诉讼的受案范围。

法条链接

1.《行政诉讼法》

第十二条 人民法院受理公民、法人或者其他组织提起的下列诉讼：

（一）对行政拘留、暂扣或者吊销许可证和执照、责令停产停业、没收违法所得、没收非法财物、罚款、警告等行政处罚不服的；

（二）对限制人身自由或者对财产的查封、扣押、冻结等行政强制措施和行政强制执行不服的；

（三）申请行政许可，行政机关拒绝或者在法定期限内不予答复，或者对行政机关作出的有关行政许可的其他决定不服的；

（四）对行政机关作出的关于确认土地、矿藏、水流、森林、山岭、草原、荒地、滩涂、海域等自然资源的所有权或者使用权的决定不服的；

（五）对征收、征用决定及其补偿决定不服的；

（六）申请行政机关履行保护人身权、财产权等合法权益的法定职责，行政机关拒绝履行或者不予答复的；

（七）认为行政机关侵犯其经营自主权或者农村土地承包经营权、农村土地经营权的；

（八）认为行政机关滥用行政权力排除或者限制竞争的；

（九）认为行政机关违法集资、摊派费用或者违法要求履行其他义务的；

（十）认为行政机关没有依法支付抚恤金、最低生活保障待遇或者社会保险待遇的；

（十一）认为行政机关不依法履行、未按照约定履行或者违法变更、解除政府特许经营协议、土地房屋征收补偿协议等协议的；

（十二）认为行政机关侵犯其他人身权、财产权等合法权益的。

除前款规定外，人民法院受理法律、法规规定可以提起诉讼的其他行政案件。

2.《最高人民法院关于适用〈中华人民共和国行政诉讼法〉的解释》

第一条 公民、法人或者其他组织对行政机关及其工作人员的行政行为不服，依法提起诉讼的，属于人民法院行政诉讼的受案范围。

下列行为不属于人民法院行政诉讼的受案范围：

（一）公安、国家安全等机关依照刑事诉讼法的明确授权实施的行为；

（二）调解行为以及法律规定的仲裁行为；

（三）行政指导行为；

（四）驳回当事人对行政行为提起申诉的重复处理行为；

（五）行政机关作出的不产生外部法律效力的行为；

（六）行政机关为作出行政行为而实施的准备、论证、研究、层报、咨询等过程性行为；

（七）行政机关根据人民法院的生效裁判、协助执行通知书作出的执行行为，但行政机关扩大执行范围或者采取违法方式实施的除外；

（八）上级行政机关基于内部层级监督关系对下级行政机关作出的听取报告、执法检查、督促履责等行为；

（九）行政机关针对信访事项作出的登记、受理、交办、转送、复查、复核意见等行为；

（十）对公民、法人或者其他组织权利义务不产生实际影响的行为。

044. 税务行政诉讼中纳税人能否请求法院对规范性文件进行审查？

——福建汇鑫资源再生利用有限公司与福建省漳州市国家税务局复议上诉案[①]

裁判要旨

公民、法人或者其他组织认为行政行为所依据的国务院部门和地方人民政府及其部门制定的规范性文件不合法，在对行政行为提起诉讼时，可以一并请求对该规范性文件进行审查。

---

① 福建省漳州市中级人民法院（2016）闽06行终89号行政判决书

基本案情

福建汇鑫资源再生利用有限公司（以下简称“福建汇鑫公司”）向福建省招商局漳州开发区国家税务局（以下简称“开发区国家税务局”）申请办理2009年至2010年的出口退税款，开发区国家税务局于2015年6月30日作出《税务事项通知书》，内容如下：“根据国税函［2012］248号《关于开展银制品出口退税核查工作的通知》规定，有关须向上游企业及往上追溯三个生产或流转环节的要求，我局先后几次对你单位生产银制品在进货环节上游企业发函协查，根据收到回函情况，仍存在疑点未排除，根据税发总［2014］155号《出口退税管理工作规范1.0》规定暂缓办理出口退税。”

福建汇鑫公司不服，于2015年8月31日向漳州市国家税务局申请行政复议，请求：（一）责令开发区国家税务局及时办理2009年—2010年应退未退的出口退税款人民币8,384,315.7元；（二）撤销开发区国家税务局于2015年6月30日作出的《税务事项通知书》或者确认其违法。

2015年9月6日，漳州市国家税务局作出《受理行政复议申请通知书》，并于2015年9月7日送达给福建汇鑫公司。

2015年9月7日，漳州市国家税务局作出《行政复议答复通知书》，并于2015年9月9日送达给开发区国家税务局。

开发区国家税务局于2015年9月18日提交答复书及相关证据材料。

2015年10月19日，漳州市国家税务局作出漳国税复决字［2015］2号《行政复议决定书》：“经审理查明：一、开发区国家税务局不具备退税审批的权限……（一）根据国税发［2005］51号《国家税务总局关于印发〈出口货物退（免）税管理办法（试行）〉的通知》第十六条规定，出口货物退（免）税应当由设区的市、自治州以上（含本级）税务机关根据审核结果按照有关规定进行审批。税务机关在审批后应当按照有关规定办理退库或调库手续。（二）闽国税函［2015］154号《福建省国家税务局关于明确出口货物劳务退（免）税审批权限有关问题的通知》第三条规定，各设区市国家税务局对下放审批权已受理的出口企业出口退（免）税申报，仍按原规定进行审核审批。对下放审批权前尚未办理的出口退税清理和排查工作，仍由原审批单位负责。二、开发区国家税务局作出暂缓办理出口退税的政策依据不当。开发区国家税务局作出《税务事项通知书》的政策之一是税总发［2014］155号《国家税务总局关于印发〈全国税务机关出口退（免）税管理工作规范（1.0版）〉的通知》，该文件的执行日期是自2015年2月1日起，不适用福建汇鑫公司2009年—2010年申请出口退税的情形，且该份文件为内部工作流程规范，并不具备税收规范性文件的法律效力。本机关认为，本机关决定如下：对开发区税务局作出的暂缓出口退税决定的行为以及发出《税务事项通知书》的行为均予以撤销，并责成开发区国家税务局按出口退（免）税管理工作规定和流程办理福建汇鑫公司相关出口退税事宜。”并分别于2015年10月21日、22日送达行政复议决定书给福建汇鑫公司和开发区国家税务局。

福建汇鑫公司不服，起诉至法院，请求判令：一、撤销漳州市国家税务局作出的漳国税复决字〔2015〕2号《行政复议决定书》；二、责令漳州市国家税务局重新作出行政复议决定，及时办理出口退税。

另查明，2016年4月23日，福建汇鑫公司向原审法院邮寄《一并审查规范性文件合法性申请书》，申请对福建省国家税务局闽国税函［2015］154号《关于明确出口货物劳务退（免）税审批权限有关问题的通知》第三条规定的合法性进行审查。

法院审理

原审判决认为，根据《中华人民共和国行政复议法》第二十八条第（三）项规定：“具体行政行为有下列情形之一的，决定撤销、变更或者确认该具体行政行为违法；决定撤销或者确认该具体行政行为违法的，可以责令被申请人在一定期限内重新作出具体行政行为：1. 主要事实不清、证据不足的；2. 适用依据错误的……”国税发［2005］51号《国家税务总局关于印发〈出口货物退（免）税管理办法（试行）〉的通知》第十六条规定：“出口货物退（免）税应当由设区的市、自治州以上（含本级）税务机关根据审核结果按照有关规定进行审批。税务机关在审批后应当按照有关规定办理退库或调库手续。”福建汇鑫公司向开发区国家税务局申报2009年—2010年的出口退税款，开发区国家税务局根据国家税务总局税总发［2014］155号《关于印发〈全国税务机关出口退（免）税管理工作规范（1.0版）〉的通知》规定，于2015年6月30日作出《税务事项通知书》：暂缓办理出口退税。国家税务总局税总发［2014］155号《关于印发〈全国税务机关出口退（免）税管理工作规范（1.0版）〉的通知》规范的是2015年2月1日之后的企业出口退（免）税审批权限问题，对于福建汇鑫公司申报的2009年—2010年的出口退税款的事宜，开发区国家税务局不具备福建汇鑫公司申报的2009年—2010年出口退税款的退税审批权，不得对外作出暂缓办理退税的通知。漳州市国家税务局根据国税发［2005］51号《国家税务总局关于印发〈出口货物退（免）税管理办法（试行）〉的通知》第十六条及《中华人民共和国行政复议法》第二十八条第（三）项的规定，对开发区国家税务局于2015年6月30日作出的《税务事项通知书》予以撤销，并无不当。

国家税务总局税总发［2014］155号《关于印发〈全国税务机关出口退（免）税管理工作规范（1.0版）〉的通知》第二条第（三）项规定“省国家税务局按下放出口退（免）税审批权的规定确定的县（区）国家税务局”、第九十二条规定“各省国家税务局应根据本规范，结合本地区的实际情况，制定具体操作办法”、第九十三条规定“本规范自2015年2月1日起实施”。从2015年2月1日起，生产企业出口退（免）税审批由县（区）国家税务局负责，各省根据实际情况制定具体办法。福建省国家税务局《关于明确出口货物劳务退（免）税审批权限有关问题的通知》第三条规定：“各设区市国税局对下放审批权前已受理的出口企业出口退（免）税申报，仍按原规定进行审核审批。对下放审批权前尚未办理的出口退税清理和排查工作，仍由原审批单位负责。”国家税务总局《关于印发〈全国税务机关出口退（免）税管理工作规范（1.0版）〉的通知》第二条是对出口退（免）税审批权下放问题的规定，规范的是对2015年2月1日之后申报的出口退税事宜。福建省国家税务局《关于明确出口货物劳务退（免）税审批权限有关问题的通知》第三条是对审批权下放之前尚未处理的出口退（免）税事宜所作出的规定，两者所规范的范围、内容均不同，不存在冲突的问题。福建汇鑫公司认为《福建省国家税务局关于明确出口货物劳务退（免）税审批权限有关问题的通知》第三条实际上擅自延长了各设区市国税局仍可审批出口退税的期限，缺乏依据，于法无据，不予采纳。审批权下放的时间为2015年2月1日，本案涉及的是福建汇鑫公司2009年—2010年申请出口退税的事宜，漳州市国家税务局根据《福建省国家税务局关于明确出口货物劳务退（免）税审批权限有关问题的通知》第三条的规定，责成开发区国家税务局按照出口退（免）税管理工作规定和流程办理福建汇鑫公司相关出口退税事宜，并无不妥。规范性文件的制定主体是国务院部门和地方人民政府及其部门，规范性文件的内容涉及的是不特定的公民、法人或其他组织的权利义务的外部行政事项，规范性文件具有规范性和普遍约束力。国家税务总局税总发［2014］155号《关于印发

〈全国税务机关出口退（免）税管理工作规范（1.0版）〉的通知》属于规范性文件，对税收相对人有普遍约束力，漳州市国家税务局作出的行政复议决定书中认为国家税务总局税总发［2014］155号《关于印发〈全国税务机关出口退（免）税管理工作规范（1.0版）〉的通知》系内部工作流程规范，并不具备税收规范性文件的法律效力的表述不当，属于文书的瑕疵，但不影响行政复议决定书的实质内容与最终裁决，福建汇鑫公司以此为由请求撤销漳州市国家税务局作出的行政复议决定书，不予采纳。进出口税收及税收管理工作系国家税务局的职能权限，本案是对漳州市国家税务局作出的行政复议决定书的合法性进行审查，而不是对是否办理出口退税的问题进行审理，办理出口退税属于另一行政行为，因此，福建汇鑫公司主张的判决责令漳州市国家税务局及时办理出口退税，不属于本案的审理范围。福建汇鑫公司以漳州市国家税务局适用的福建省国家税务局《关于明确出口货物劳务退（免）税审批权限有关问题的通知》第三条违法、开发区国家税务局对福建汇鑫公司申请的2009年—2010年出口退税事宜有审批权等为由请求撤销漳州市国家税务局作出的行政复议决定书，于法无据，不予采纳。

原审法院驳回福建汇鑫公司的诉讼请求。

福建汇鑫公司不服原审判决，向二审法院提起上诉称：一、《国家税务总局关于印发〈全国税务机关出口退（免）税管理工作规范（1.0版）〉的通知》（税总发［2014］155号）第二条规定，出口退税审批权限要下放到县（区）国家税务局，国税发〔2005〕51号《国家税务总局关于印发〈出口货物退（免）税管理办法（试行）〉的通知》第十六条规定与其相抵触，没有法律效力。本案只要审查《福建省国家税务局关于明确出口货物劳务退（免）税审批权限有关问题的通知》（闽国税函〔2015〕154号）是否合法，上诉人认为闽国税函〔2015〕154号文违法的理由是：根据税总发［2014］155号文第二条和第九十三条规定，从2015年2月1日起由省国家税务局按下放出口退（免）税审批权的规定，确定下放审批权的县（区）国家税务局，以及《国家税务总局关于抓好〈全国税务机关出口退（免）税管理工作规范（1.0版）〉落实工作的通知》（税总函〔2015〕29号）第二条第（一）项规定，对生产企业的出口退（免）税审批权限，省国税局全部下放至县（区）国家税务局，并且应在2015年4月1日前到位，各设区市国税局不再审批生产出口退税。上诉人在《一并审查规范性文件合法性申请书》、2016年4月26日庭审和4月28日邮寄给法庭的《福建汇鑫资源再生利用有限公司庭审补充意见》中，均反复强调闽国税函〔2015〕154号文与税总函〔2015〕29号相抵触，一审故意隐瞒本案重要事实，只字不提税总函〔2015〕29号文。二、一审判决将属于程序问题的审批权当作实体问题解释。审批权限属于程序规定，并不是实体规定。税总发［2014］155号文规定从2015年2月1日起生产企业出口退（免）税审批由县（区）国家税务局负责，应当包括新申请的出口退税，也包括已申请但尚未审批的出口退税。闽国税函〔2015〕154号文直接规定之前受理尚未审批的，仍然由原审批机关审批的规定，显然违反“程序从新、实体从旧”的法律适用基本原则，明显与上位法——税总发［2014］155号、税总函〔2015〕29号文相抵触。三、被上诉人在复议决定书中撤销开发区国家税务局暂缓退税决定，并要求开发区国家税务局按出口退（免）税管理工作规定和流程办理申请人相关出口退税事宜。对新申报出口退税的审批问题，应当按照税总发［2014］155号及税总函〔2015〕29号文有关下放审批权的规定执行，不是由县级国税机关呈报地市一级国税机关审批。一审判决维持对新申报的出口退税仍然由被上诉人审批或者由其直接决定是否同意办理出口退税的复议决定，属适用法律错误。

被上诉人漳州市国家税务局辩称：一、一审认定开发区国家税务局不具备上诉人申报2009－2010年出口退税的退税审批权，不得对外作出暂缓退税的通知是正确的。上诉人第一、二点上诉理由认为闽国税函〔2015〕154号文与税总发［2014］155号及税总函〔2015〕29号文抵触，理由不能成立：1.《国家税务总局关于印发〈出口货物退（免）税管理办法（试行）〉的通知》（国税发〔2005〕51号）第十六条规定：“出口货物退（免）税应当由设区的市、自治州以上（含本级）税务机关根据审核结果按照有关规定进行审批。税务机关在审批后应当按照有关规定办理退库或调库手续。”2.《国家税务总局关于印发〈全国税务机关出口退（免）税管理工作规范（1.0版）〉的通知》（税总发［2014］155号）第二条第（三）项规定：“出口退（免）税审批由以下机构负责：（三）省国家税务局按下放出口退（免）税审批权的规定确定的县（区）国家税务局。”第九十二条规定：“各省国家税务局应当根据本规范，结合本地区的实际情况，制定具体操作办法。”第九十三条规定：“本规范自2015年2月1日起实施。”即从2015年2月1日起，生产企业出口退税（免）税审批由县（区）国家税务局负责，各省可根据国家税务总局授权，结合本地区的实际情况制定具体办法，且该文件规范的是对2015年2月1日之后申报的出口退税事宜。3.《国家税务总局关于抓好〈全国税务机关出口退（免）税管理工作规范（1.0版）〉落实工作的通知》（税总函〔2015〕29号）第二条第（一）项规定："各省、自治区、直辖市、计划单列市国家税务局对生产企业的出口退（免）税审批权限要全部下放至县（区）国家税务局——该项工作应于2015年4月1日前完成。"而如前所述，税总发［2014］155号规范的是2015年2月1日之后申报的出口退税事宜，即从2015年2月1日起，生产企业出口退（免）税审批由县（区）国家税务局负责，各省根据实际情况制定具体办法。因此，作为落实税总发［2014］155号文的税总函〔2015〕29号文内容也仅是规范2015年2月1日之后申报的出口退税事宜。4. 闽国税函〔2015〕154号文第一条规定，各设区市国税局应将生产企业的出口退（免）税审批权限全面下放至所辖县（市、区）国税局，各设区市国税局不再审批。第三条规定，各设区市国税局对下放审批权前已受理的出口企业出口退（免）税申报，仍按原规定进行审核审批。对下放审批权前尚未办理的出口退税清理和排查工作，仍由原审批单位负责。第五条规定，本通知从文到之日起执行。因此，税总发［2014］155号文、税总函〔2015〕29号文和闽国税函〔2015〕154号文所规范的范围、内容均不同，不存在冲突的问题。

二审法院驳回上诉，维持原判。

点评

本案的纳税人在提起行政诉讼过程中同时向法院提交《一并审查规范性文件合法性申请书》，申请对福建省国家税务局闽国税函［2015］154号《关于明确出口货物劳务退（免）税审批权限有关问题的通知》第三条规定的合法性进行审查。首先，我们分析福建省国家税务局闽国税函［2015］154号《关于明确出口货物劳务退（免）税审批权限有关问题的通知》是否为规范性文件。在行政诉讼法中，所谓规范性文件是指法律、法规和规章以外的由各级政府及其部门制定颁布的有普遍约束力的文件。福建省国家税务局闽国税函［2015］154号《关于明确出口货物劳务退（免）税审批权限有关问题的通知》是由福建省国家税务局制定颁布，且具有普遍约束力，故该通知属于规范性文件。其次，我们需要分析税务行政诉讼中纳税人能否请求法院对规范性文件进行审查。《行政诉讼法》第五十三条规定："公民、法人或者其他组织认为行政行为所依据的国务院部门和地方人民政府及其部门制定的规范性文件不合法，在对行政行为提起诉讼时，可以一并请求对该规范性文件进行审查。前款规定的规范性文件不含规章。”据此，纳税人提起行政诉讼的同时，可以一并请求对规范性文件进行审查。再次，我们需要分析如何确定规范性文件的合法性。《最高人民法院关于适用〈中华人民共和国行政诉讼法〉的解释》第一百四十八条规定：“人民法院对规范性文件进行一并审查时，可以从规范性文件制定机关是否超越权限或者违反法定程序、作出行政行为所依据的条款以及相关条款等方面进行。有下列情形之一的，属于行政诉讼法第六十四条规定的‘规范性文件不合法’：（一）超越制定机关的法定职权或者超越法律、法规、规章的授权范围的；（二）与法律、法规、规章等上位法的规定相抵触的；（三）没有法律、法规、规章依据，违法增加公民、法人和其他组织义务或者减损公民、法人和其他组织合法权益的；（四）未履行法定批准程序、公开发布程序，严重违反制定程序的；（五）其他违反法律、法规以及规章规定的情形。”最后，我们需要分析规范性文件之间发生冲突如何确定其合法性。规范性文件与法律、法规及规章发生冲突，其合法性一目了然。但是，当规范性文件之间发生冲突时，哪一个合法呢？《行政诉讼法》及其司法解释并未作出规定。对此，可以参照《最高人民法院关于适用〈中华人民共和国行政诉讼法〉的解释》第一百四十八条，同时结合法理进行判断。①上级政府及其部门的规范性文件不合法，下级政府及其部门的规范性文件需要依据《最高人民法院关于适用〈中华人民共和国行政诉讼法〉的解释》第一百四十八条进行合法性判断，并不能直接得出后者合法的结论。②下级政府及其部门的规范性文件与上级政府及其部门的规范性文件相冲突的，前者不合法。③下级政府及其部门的规范性文件超越上级政府及其部门的规范性文件的授权范围，前者不合法。

就本案而言，《国家税务总局关于印发〈全国税务机关出口退（免）税管理工作规范（1.0版）〉的通知》第二条规定：“出口退（免）税审批由以下机构负责：（一）地市以上（含本级）国家税务局。（二）省、自治区、直辖市、计划单列市国家税务局（以下简称省国家税务局）直管的县（区）国家税务局。（三）省国家税务局按下放出口退（免）税审批权的规定确定的县（区）国家税务局。”《国家税务总局关于抓好〈全国税务机关出口退（免）税管理工作规范（1.0版）〉落实工作的通知》第二条第（一）项规定：“各省、自治区、直辖市、计划单列市国家税务局对生产企业的出口退（免）税审批权限要全部下放至县（区）国家税务局；对承接出口退（免）税审批权限的县（区）国家税务局，应要求其按《退税规范》设置岗位。该项工作应于2015年4月1日前完成，并在4月10日前将情况上报税务总局。”据此，最迟至2015年4月1日，出口退（免）税审批权限应全部下放到县（区）国家税务局。但是，福建省国家税务局于2015年5月19日发布《关于明确出口货物劳务退（免）税审批权限有关问题的通知》。该通知第三条规定：“各设区市国税局对下放审批权前已受理的出口企业出口退（免）税申报，仍按原规定进行审核审批。对下放审批权前尚未办理的出口退税清理和排查工作，仍由原审批单位负责。”可见，闽国税函〔2015〕154号第三条擅自延长了履行法定职责的期限。《最高人民法院关于印发〈关于审理行政案件适用法律规范问题的座谈会纪要〉的通知》第二条第（一）项规定，下位法延长上位法规定的履行法定职责期限的情形属于下位法违法。因此，闽国税函〔2015〕154号第三条不合法，审理法院的判决有待商榷。

法条链接

1.《行政诉讼法》

第五十三条 公民、法人或者其他组织认为行政行为所依据的国务院部门和地方人民政府及其部门制定的规范性文件不合法，在对行政行为提起诉讼时，可以一并请求对该规范性文件进行审查。

前款规定的规范性文件不含规章。

2.《最高人民法院关于印发〈关于审理行政案件适用法律规范问题的座谈会纪要〉的通知》

一、关于行政案件的审判依据

根据行政诉讼法和立法法有关规定，人民法院审理行政案件，依据法律、行政法规、地方性法规、自治条例和单行条例，参照规章。在参照规章时，应当对规章的规定是否合法有效进行判断，对于合法有效的规章应当适用。根据立法法、行政法规制定程序条例和规章制定程序条例关于法律、行政法规和规章的解释的规定，全国人大常委会的法律解释，国务院或者国务院授权的部门公布的行政法规解释，人民法院作为审理行政案件的法律依据；规章制定机关作出的与规章具有同等效力的规章解释，人民法院审理行政案件时参照适用。

考虑建国后我国立法程序的沿革情况，现行有效的行政法规有以下三种类型：一是国务院制定并公布的行政法规；二是立法法施行以前，按照当时有效的行政法规制定程序，经国务院批准、由国务院部门公布的行政法规。但在立法法施行以后，经国务院批准、由国务院部门公布的规范性文件，不再属于行政法规；三是在清理行政法规时由国务院确认的其他行政法规。

行政审判实践中，经常涉及有关部门为指导法律执行或者实施行政措施而作出的具体应用解释和制定的其他规范性文件，主要是：国务院部门以及省、市、自治区和较大的市的人民政府或其主管部门对于具体应用法律、法规或规章作出的解释；县级以上人民政府及其主管部门制定发布的具有普遍约束力的决定、命令或其他规范性文件。行政机关往往将这些具体应用解释和其他规范性文件作为具体行政行为的直接依据。这些具体应用解释和规范性文件不是正式的法律渊源，对人民法院不具有法律规范意义上的约束力。但是，人民法院经审查认为被诉具体行政行为依据的具体应用解释和其他规范性文件合法、有效并合理、适当的，在认定被诉具体行政行为合法性时应承认其效力；人民法院可以在裁判理由中对具体应用解释和其他规范性文件是否合法、有效、合理或适当进行评述。

二、关于法律规范冲突的适用规则

调整同一对象的两个或者两个以上的法律规范因规定不同的法律后果而产生冲突的，一般情况下应当按照立法法规定的上位法优于下位法、后法优于前法以及特别法优于一般法等法律适用规则，判断和选择所应适用的法律规范。冲突规范所涉及的事项比较重大、有关机关对是否存在冲突有不同意见、应当优先适用的法律规范的合法有效性尚有疑问或者按照法律适用规则不能确定如何适用时，依据立法法规定的程序逐级送请有权机关裁决。

（一）下位法不符合上位法的判断和适用

下位法的规定不符合上位法的，人民法院原则上应当适用上位法。当前许多具体行政行为是依据下位法作出的，并未援引和适用上位法。在这种情况下，为维护法制统一，人民法院审查具体行政行为的合法性时，应当对下位法是否符合上位法一并进行判断。经判断下位法与上位法相抵触的，应当依据上位法认定被诉具体行政行为的合法性。从审判实践看，下位法不符合上位法的常见情形有：下位法缩小上位法规定的权利主体范围，或者违反上位法立法目的扩大上位法规定的权利主体范围；下位法限制或者剥夺上位法规定的权利，或者违反上位法立法目的扩大上位法规定的权利范围；下位法扩大行政主体或其职权范围；下位法延长上位法规定的履行法定职责期限；下位法以参照、准用等方式扩大或者限缩上位法规定的义务或者义务主体的范围、性质或者条件；下位法增设或者限缩违反上位法规定的适用条件；下位法扩大或者限缩上位法规定的给予行政处罚的行为、种类和幅度的范围；下位法改变上位法已规定的违法行为的性质；下位法超出上位法规定的强制措施的适用范围、种类和方式，以及增设或者限缩其适用条件；法规、规章或者其他规范文件设定不符合行政许可法规定的行政许可，或者增设违反上位法的行政许可条件；其他相抵触的情形。

法律、行政法规或者地方性法规修改后，其实施性规定未被明文废止的，人民法院在适用时应当区分下列情形：实施性规定与修改后的法律、行政法规或者地方性法规相抵触的，不予适用；因法律、行政法规或者地方性法规的修改，相应的实施性规定丧失依据而不能单独施行的，不予适用；实施性规定与修改后的法律、行政法规或者地方性法规不相抵触的，可以适用。

3.《国家税务总局关于印发〈全国税务机关出口退（免）税管理工作规范（1.0版）〉的通知》

第二条 出口退（免）税审批由以下机构负责：

（一）地市以上（含本级）国家税务局。

（二）省、自治区、直辖市、计划单列市国家税务局（以下简称省国家税务局）直管的县（区）国家税务局。

（三）省国家税务局按下放出口退（免）税审批权的规定确定的县（区）国家税务局。

第九十三条 本规范自2015年2月1日起实施。

4.《国家税务总局关于抓好〈全国税务机关出口退（免）税管理工作规范（1.0版）〉落实工作的通知》

第二条第（一）项 各省、自治区、直辖市、计划单列市国家税务局对生产企业的出口退（免）税审批权限要全部下放至县（区）国家税务局；对承接出口退（免）税审批权限的县（区）国家税务局，应要求其按《退税规范》设置岗位。该项工作应于2015年4月1日前完成，并在4月10日前将情况上报税务总局。

5.《福建省国家税务局关于明确出口货物劳务退（免）税审批权限有关问题的通知》

第三条 各设区市国税局对下放审批权前已受理的出口企业出口退（免）税申报，仍按原规定进行审核审批。对下放审批权前尚未办理的出口退税清理和排查工作，仍由原审批单位负责。

045. 企业支出的举证责任应当由税务机关承担吗？

——苏州工业园区娄建电力建设发展有限公司与江苏省苏州工业园区国家税务局稽查局行政处罚案①

裁判要旨

《企业所得税法》第八条规定："企业实际发生的与取得收入有关的、合理的支出，包括成本、费用、税金、损失和其他支出，准予在计算应纳税所得额时扣除。"虽然我国税收法律法规并未明确规定税务行政诉讼中的举证责任分配问题，但由于税务机关处于严重的信息不对称，应当由企业举证证明支出的真实合法。

基本案情

苏州工业园区娄建电力建设发展有限公司（以下简称娄建电力公司）系企业所得税的纳税义务主体。2014年7月至8月，江苏省苏州工业园区人民检察院（以下简称园区检察院）在办理犯罪嫌疑人张某等涉嫌滥用职权一案中，发现相关犯罪嫌疑人滥用职权、非法获取增值税普通发票后虚假开具予娄建电力公司使用（共计584张，票面金额32,249,303元），即将该案件线索函告江苏省苏州工业园区国家税务局稽查局（以下简称园区国税稽查局），并附具了相关发票、财务凭证、询问笔录等材料。园区国税稽查局接函后于2014年8月1日对娄建电力公司立案检查，向其送达了税务检查通知书，并对其企业负责人陈某民、财务负责人陆某芳进行了调查并制作了询问笔录。经核实确认，2008年1月1日至2011年12月31日期间，娄建电力公司通过支付手续费的方式向犯罪嫌疑人张某购买了其以苏州工业园区娄葑镇斜塘奇盛装饰装潢材料店、车坊华泰物资商行、新磊物资商行、秋实装饰建材批发部等四家个体工商户名义开具的增值税普通发票共计584份，票面金额32,249,303元，并在相应年度进行了税前列支，造成少缴企业所得税税款8,062,325.75元（按25%的企业所得税税率计算）。依据《中华人民共和国税收征收管理法》（以下简称《税收征管法》）第六十三条第一

① 江苏省苏州市中级人民法院（2015）苏中行终字第00225号行政判决书

款的规定，园区国税稽查局认为娄建电力公司少缴企业所得税的行为构成偷税，于2014年8月13日对娄建电力公司作出苏园国税稽告［2014］24号税务行政处罚事项告知书，告知娄建电力公司拟作出的处罚决定依据、内容及其享有的陈述、申辩、申请听证的权利。2014年9月12日，园区国税稽查局召开听证会听取了娄建电力公司的陈述、申辩意见，并在会后形成了听证处理意见报告。2014年9月16日，园区国税稽查局在调查核实基础上，作出苏园国税稽罚［2014］29号税务行政处罚决定，对娄建电力公司处少缴的企业所得税税款0.5倍罚款共计4,031,162.88元（8,062,325.75元×0.5）。娄建电力公司对该处罚决定不服，申请行政复议，江苏省苏州工业园区国家税务局于2015年2月5日作出复议决定予以维持。娄建电力公司不服，提起诉讼。

另查明，园区国税稽查局于2014年9月16日对娄建电力公司作出苏园国税稽处［2014］36号税务处理决定，认定娄建电力公司2008年至2011年以支付手续费方式购买增值税普通发票584张（内容与本案所涉584张发票一致）用于所得税税前列支，依据《中华人民共和国发票管理办法》（以下简称《发票管理办法》）《税收征管法》《中华人民共和国企业所得税法》（以下简称《企业所得税法》）的相关规定，决定追缴娄建电力公司2008至2011年度企业所得税8,062,325.75元，并加收滞纳金4,976,340.25元。娄建电力公司对该税务处理决定未提出行政复议或诉讼。

法院审理

原审法院认为，依据《税收征管法》第五条、第十四条及《税收征收管理法实施细则》第九条的规定，省以下税务局的稽查局系按照国务院规定设立的并向社会公告的税务机构，专司偷税、逃避追缴欠税、骗税、抗税案件的查处。园区国税稽查局作为省以下税务局的稽查局对辖区内企业所得税纳税人的纳税行为进行监督管理系履行法定职责。本案争议焦点在于，园区国税稽查局所作税务行政处罚决定是否正确、合法。《税收征管法》第十九条规定，纳税人、扣缴义务人按照有关法律、行政法规和国务院财政、税务主管部门的规定设置账簿，根据合法、有效凭证记账，进行核算。根据《发票管理办法》第二十一条、二十二条的规定，让他人为自己开具与实际经营业务情况不符的发票是虚开发票行为；不符合规定的发票，不得作为财务报销凭证。本案中，娄建电力公司账簿中所列584份发票系以支付手续费方式向他人购买，均无与发票对应的真实交易发生，故娄建电力公司构成前述规定的虚开发票行为。《税收征管法》第六十三条第一款规定，纳税人伪造、变造、隐匿、擅自销毁帐簿、记帐凭证，或者在帐簿上多列支出或者不列、少列收入，或者经税务机关通知申报而拒不申报或者进行虚假的纳税申报，不缴或者少缴应纳税款的，是偷税。对纳税人偷税的，由税务机关追缴其不缴或者少缴的税款、滞纳金，并处不缴或者少缴的税款百分之五十以上五倍以下的罚款；构成犯罪的，依法追究刑事责任。本案娄建电力公司将584份虚开的发票全部计入企业成本，并在企业所得税纳税申报前进行抵扣，造成少缴应纳税款的客观结果，符合上述法律规定的在账簿上多列支出进行虚假的纳税申报、少缴应纳税款的情形，构成《税收征管法》规定的偷税行为，依法应予处罚。在对相关证据材料及人员进行调查核实的基础上，园区国税稽查局向娄建电力公司进行了处罚前告知，并组织听证会听取了娄建电力的陈述申辩意见，后在法律规定的少缴税款50%以上五倍以下的处罚幅度内，对娄建电力公司处以少缴税款50%的罚款，事实认定及处罚幅度方面均无不当。娄建电力公司对584份发票系虚开并已税前列支的事实不予否认，但强调发票抵扣金额系企业真实成本、符合行业惯例，不构成偷税。对此，首先，娄建电力584份发票系虚开，依法不能作为财务报销凭证入账；其次，企业税前列支的成本应当有与之对应的财务凭证，而在本案行政处罚程序及诉讼过程中，娄建电力公司对其强调的企业“真实成本”均未能提供有效证据予以证实，故其上述不构成偷税的观点不能成立。综上，经对被诉行政行为全面审查，园区国税稽查局所作苏园国税稽罚［2014］29号税务行政处罚决定事实清楚，证据确凿，适用法律、法规正确，程序合法，罚责适当，娄建电力公司以虚开发票抵扣的系企业真实成本、不构成偷税为由，请求撤销被诉税务处罚决定，缺乏事实和法律依据，不予支持。依照《中华人民共和国行政诉讼法》第六十九条之规定，判决驳回娄建电力公司的诉讼请求。

上诉人娄建电力公司诉称，被上诉人不应直接根据虚开发票金额认定偷逃税款金额，可以通过鉴定工程项目成本或者评估公司的利润来确定应缴企业所得税的金额，也可以通过核定征收的办法来确定应缴企业所得税的金额。根据《企业所得税法》第八条的规定，企业实际发生的与取得收入有关的、合理的支出，包括成本、费用、税金、损失和其他支出，准予在计算应纳税所得额时扣除。被上诉人直接以虚开发票金额乘以企业所得税税率得出偷逃税款金额，据此作出行政处罚决定，违反上述法律规定。综上，请求二审法院依法撤销一审判决，发回重审。

二审法院驳回上诉，维持原判。

点评

本案纳税人娄建电力公司 2008 年至 2011 年以支付手续费方式购买增值税普通发票 584 张用于所得税税前列支，票面金额 32, 249, 303 元，造成少缴企业所得税税款 8, 062, 325. 75 元（按 25% 的企业所得税税率计算）。依据《税收征收管理法》第六十三条，其行为构成偷税。但是，《企业所得税法》第八条规定："企业实际发生的与取得收入有关的、合理的支出，包括成本、费用、税金、损失和其他支出，准予在计算应纳税所得额时扣除。"据此，如果有证据证明纳税人娄建电力公司确实发生了与取得收入有关的、合理的支出，即使没有发票，也可以税前扣除。进一步说，如果有证据证明纳税人发生了 32, 249, 303 元支出，则其行为不构成偷税。问题的关键是上述支出的证明责任归纳税人还是税务机关。本案纳税人认为应当由税务机关承担，但审理法院认为应当由纳税人承担。这其实是税务行政诉讼中经常碰到的举证责任分配问题。由于我国税收法律法规并未对税务行政诉讼中的举证责任进行专门规定，故造成各地各级法院在个案审判中的理解混乱。就本案而言，举证责任应当由纳税人承担。理由如下：第一，税务机关处于严重的信息不对称状态。纳税人是实际的经营主体，其从事何种业务，发生多少支出，只有纳税人才清楚。税务机关作为外部人，并不掌握上述信息。如要税务机关来举证，则强人所难。第二，如果让税务机关来举证，会激励纳税人偷税。由于税务机关很难证明纳税人的真实成本，当举证责任转移至税务机关后，纳税人会肆无忌惮地虚列支出，从而造成国家税款的流失。第三，会导致以惩罚为目的的核定征收方式成为常态。如果举证责任转移至税务机关，税务机关在无法取得纳税人真实支出资料的情况下，只有核定征收。我国税法规定的征税方式包括查账征收与核定征收。前者是正常的征税方式，后者则带有惩罚性。这导致税务机关以具有惩罚功能的核定征收方式运用于日常的税收征管工作。综上，纳税人企业支出的举证责任不应当由税务机关承担。本案审理法院在纳税人娄建电力公司以《企业所得税法》第八条抗辩时，直接要求纳税人举证证明其支出。当纳税人无法证明时，判决税务机关直接以虚开增值税普通发票票面金额 32, 249, 303 元乘以 25% 计算偷税金额的做法合法。

法条链接

1.《企业所得税法》

第八条 企业实际发生的与取得收入有关的、合理的支出，包括成本、费用、税金、损失和其他支出，准予在计算应纳税所得额时扣除。

2.《税收征收管理法》

第六十三条 纳税人伪造、变造、隐匿、擅自销毁帐簿、记帐凭证，或者在帐簿上多列支出或者不列、少列收入，或者经税务机关通知申报而拒不申报或者进行虚假的纳税申报，不缴或者少缴应纳税款的，是偷税。对纳税人偷税的，由税务机关追缴其不缴或者少缴的税款、滞纳金，并处不缴或者少缴的税款百分之五十以上五倍以下的罚款；构成犯罪的，依法追究刑事责任。

扣缴义务人采取前款所列手段，不缴或者少缴已扣、已收税款，由税务机关追缴其不缴或者少缴的税款、滞纳金，并处不缴或者少缴的税款百分之五十以上五倍以下的罚款；构成犯罪的，依法追究刑事责任。

第十一节 税务检举与信息公开纠纷

046. 税务机关对税收违法行为的检举人一定要给予奖励吗？

——林某与广州市地方税务局稽查局税务奖励纠纷案①

裁判要旨

对单位和个人实名向税务机关检举税收违法行为并经查实的，税务机关根据其贡献大小给予奖励。但有下列情形之一的，不予奖励：（一）匿名检举税收违法行为，或者检举人无法证实其真实身份的；（二）检举人不能提供税收违法行为线索，或者采取盗窃、欺诈或者法律、行政法规禁止的其他手段获取税收违法行为证据的；（三）检举内容含糊不清、缺乏事实根据的；（四）检举人提供的线索与税务机关查处的税收违法行为无关的；（五）检举的税收违法行为税务机

① 广东省广州市中级人民法院（2015）穗中法行终字第495号行政判决书

关已经发现或者正在查处的；（六）有税收违法行为的单位和个人在被检举前已经向税务机关报告其税收违法行为的；（七）国家机关工作人员利用工作便利获取信息用以检举税收违法行为的；（八）检举人从国家机关或者国家机关工作人员处获取税收违法行为信息检举的；（九）国家税务总局规定不予奖励的其他情形。

基本案情

2013年10月23日，林某向广州市地方税务局稽查局（以下简称市地税稽查局）邮寄关于举报广东省中医院逃税的举报信及相应的举报材料，举报广东省中医院2011年至2012年存在少扣少缴职工个人所得税的情况，要求市地税稽查局依法进行查处并对其身份信息予以保密。

市地税稽查局收到林某的上述举报材料后，于2013年11月12日作出穗地税举交（2013）692号税收违法检举案件交办函，将林某的上述举报转由越秀区地税局调查处理，并要求越秀区地税局于2014年2月10日前向其报告查处情况。

2014年1月9日，越秀区地税局作出穗地税越复（2014）6号答复回复市地税稽查局，主要内容为：2013年9月越秀区地税局已组织开展医院、高校等重点行业2011年1月至2013年8月个人所得税代扣代缴情况专项检查工作，广东省中医院于9月中旬参加个人所得税政策宣讲会后，在企业自查阶段自查补缴了2011年1月至7月个人所得税943,798.71元，后经越秀区地税局多次对广东省中医院进行纳税辅导及政策宣传，至专项检查结束，广东省中医院于2014年1月3日再次补缴了2011年1月至2013年8月个人所得税10,984,617.01元。

市地税稽查局于2014年1月24日向林某出具税收违法检举案件检查情况书面告知书，将上述检查结果告知林某。

林某对市地税稽查局的上述检查结果不服，认为市地税稽查局应对其举报广东省中医院存在税收违法的行为给予举报奖励，遂提起本案诉讼。

另查明，广东省中医院于2013年10月21日填写了个人所得税代扣代缴情况自查表并提交越秀区地税局，向其报告代扣代缴个人所得税期间存在的税收违法情况。

法院审理

原审法院认为：《中华人民共和国税收征收管理法》第五条第一款规定："国务院税务主管部门主管全国税收征收管理工作。各地国家税务局和地方税务局应当按照国务院规定的税收征收管理范围分别进行征收管理。"第十三条规定："任何单位和个人都有权检举违反税收法律、行政法规的行为。收到检举的机关和负责查处的机关应当为检举人保密。税务机关应当按照规定对检举人给予奖励。"《税收违法行为检举管理办法》第四条规定："市（地）及市（地）以上税务机关稽查局设立税收违法案件举报中心（以下简称举报中心），其工作人员由所在机关根据工作需要配备；没有设立举报中心的县（区）税务机关稽查局应当指定专门部门负责税收违法行为检举管理工作，并可挂举报中心牌子。举报中心的主要职责是：（一）受理、处理、管理检举材料；（二）转办、交办、督办、催办检举案件……（七）负责本机检举奖金的发放和对检举人的答复工作。"第九条规定："举报中心受理检举事项的范围是：涉嫌偷税，逃避追缴欠税，骗税，虚开、伪造、非法提供、非法取得发票，以及其他税收违法行为。"《检举纳税人税收违法行为奖励暂行办法》第三条规定："对单位和个人实名向税务机关检举税收违法行为并经查实的，税务机关根据其贡献大小依照本办法给予奖励。但有下列情形之一的，不予奖励：……（五）检举的税收违法行为税务机关已经发现或者正在查处的；（六）有税收违法行为的单位和个人在被检举前已经向税务机关报告其税收违法行为的……"由此，林某有权对其发现的税收违法行为向市地税稽查局检举，市地税稽查局应依法受理并按照法定程序进行处理，根据检举查处结果依法对林某决定给予或不予奖励。本案中，林某向市地税稽查局检举广东省中医院存在税收违法行为的时间为2013年10月23日，而市地税稽查局辩称广东省中医院在林某向其检举前已通过自查方式向税务机关报告其税收违法行为，并提供了广东省中医院于2013年10月21日填写提交的个人所得税代扣代缴自查表等证据予以佐证。林某对此不予认可，但未提供相反的证据。据此，市地税稽查局没有给予林某奖励的行为，符合《检举纳税人税收违法行为奖励暂行办法》第三条第（六）项的规定，其上述答辩意见，原审法院予以采纳。林某的诉请，缺乏事实及法律依据，原审法院不予支持。综上所述，依照《最高人民法院关于执行〈中华人民共和国行政诉讼法〉若干问题的解释》第五十六条第（四）项的规定，原审法院判决驳回原告林某的诉讼请求。

上诉人林某不服原审判决，上诉至本院称：一、原审判决是在认定事实不清，证据不足的情况下作出，理应予以纠正。（一）原审时，对广东省中医院2011年1月至2013年8月的偷税款，被上诉人也分不清是自查出来的还是被查出来的。被上诉人在其《答辩状》中，引用了《检举纳税人税收违法行为奖励暂行办法》（以下简称《奖励暂行办法》）第三条第（五）、（六）款。第（五）款适用于被查，第（六）款适用于自查，可被上诉人一直说是自查。原审判决确认为《奖励暂行办法》第三条第（六）款的情形，也即确认是广东省中医院自查出来的，犯了事实认定上的错误。1. 原审时，被上诉人提交证据以证明广东省中医院自查出了2011年1月至2013年8月的偷税款。庭上、庭后上诉人口述、书面全面分析了这两项证据的不真实，原审法院不阐明理由地拒不接纳。2. 上诉人原审提供的广东省中医院2013年10月23日医院办公会议的内容（与上诉人第二次举报的时间重合）。其中讲到职工个人所得税的部分，是指上诉人第一次举报的情况，跟上诉人第二次的举报无关。该《医院办公会议纪要》说到职工2008年1月至2010年12月少缴的税金由医院先代缴，以后再从职工的工资里扣回给医院。现今已过一年有余的时间，广东省中医院还没有从职工工资里扣回代缴的税金。这有上诉人提交的证据佐证。3. 被上诉人原审时没有提供证据证明，广东省中医院已两次补缴税款合计11,928,415.72元。如果广东省中医院有补缴，理应有相应的银行汇款凭证。这些银行汇款凭证除可证明补缴税款总金额外，还可从时间上推断补缴税款与上诉人举报的关系。上诉人第一次举报查实后，曾在被上诉人处看见过广东省中医院于2013年9月补缴税款的银行汇款凭证。（二）《最高人民法院关于行政诉讼证据若干问题的规定》第七十二条第二款规定："人民法院应当在裁判文书中阐明证据是否采纳的理由。"原审时，上诉人提交了10项证据，被上诉人提交了9项证据。原审判决对证据采取了很模糊的处理，没有列举双方各提交多少项证据佐证，没有记载双方的质证意见，通篇没有阐明这19项证据是否采纳的理由。提交的证据存在诸多错漏的情况，原审判决中"林某对此不予认可，但未提供相反的证据"的表述是交代不了法律规定的阐明要求的。原审法院没有阐明采纳那么多错漏的证据的理由，是故意偏袒、不忠于事实的裁判。《中华人民共和国行政诉讼法》第五十四条第（一）项规定，原审法院认定被上诉人的行政行为符合《奖励暂行办法》第三条第（六）款规定。上诉人对被上诉人行政行为的程序方面的异议并没有纳入诉讼中。原审判决没有根据行政诉讼法第五十四条第（一）款判决，表明原审法院在“证据确凿”方面没底气。因此，原审判决回避了“人民法院应当在裁判文书中阐明证据是否采纳的理由”的法律规定，在认定事实不清，证据不足的情况下作出判决，理应予以纠正。二、原审判决程序违法。不但于开庭后 54 日组织了第二次质证，还采纳了被上诉人逻辑上不能自圆的证据，理应上诉予以纠正。原审法院逾期作出一审判决也是程序违法。三、原审判决适用法律错误。被上诉人向原审法院提交的证据，不能证明广东省中医院在上诉人第二次举报前，已自查出在 2011 年 1 月至 2013 年 8 月期间的税收违法情况，并向税务机关报告。广东省中医院向税务机关填写提交的报表中，没有勾选“自查补报”项，即广东省中医院也不承认 2011 年 1 月至 2013 年 8 月期间的税收违法情况是自查出来的。这说明不存在《奖励暂行办法》第三条第（六）款的情形，被上诉人不给上诉人奖励的行政行为不合法。《行政诉讼若干问题的解释》第五十六条第（四）项适用的前提是行政行为合法。在行政行为不合法的情况下适用该条款，适用法律错误。综上所述，请求二审法院判决：1. 撤销原审判决，依法改判；2. 责令被上诉人对上诉人举报广东省中医院（广州中医药大学第二附属医院）2011 年 1 月至 2013 年 8 月的偷漏税作出奖励决定；3. 一、二审的诉讼费由被上诉人负担。

被上诉人广州市地方税务局稽查局答辩称：1. 上诉人的检举行为不符合发放检举奖金的条件。《检举纳税人税收违法行为奖励暂行办法》（国家税务总局财政部令第 18 号）第三条规定：“对单位和个人实名向税务机关检举税收违法行为并经查实的，税务机关根据其贡献大小依照本办法给予奖励。但有下列情形之一的，不予奖励：……（五）检举的税收违法行为税务机关已经发现或者正在查处的；（六）有税收违法行为的单位和个人在被检举前已经向税务机关报告其税收违法行为的……”上诉人检举时，税务机关正在查处广东省中医院的税收违法行为，且被检举人已经向税务机关报告其税收违法行为，符合《检举纳税人税收违法行为奖励暂行办法》第三条第（五）项、第（六）项规定的不予奖励的情形，因而，上诉人的检举行为不符合奖励条件。2. 上诉人检举前，税务机关正在查处广东省中医院的税收违法行为。2013 年 8 月 28 日，广东省地方税务局组织部署重点行业个人所得税核查工作，明确规定对我省各地三级公立医院的个人所得税纳税情况进行重点核查，广东省中医院作为三级甲等医院被纳入重点检查范围。2013 年 9 月，越秀区地税局根据省、市地税局工作部署，组织开展了医院、高校重点行业个人所得税核查工作。根据日常税收征管情况对广东省中医院个人所得税申报情况进行对比分析，多次对广东省中医院进行纳税辅导和政策宣传，并于2013年9月13日通知广东省中医院参加宣讲会。此外，越秀区地税局还下发个人所得税核查指引，要求广东省中医院按照个人所得税核查指引进行自查。由此可知，在上诉人检举前，广东省中医院作为三级甲等医院被广东省地税局和广州市地税局列为重点核查对象并下发越秀区地税局查处，越秀区地税局也筛选了广东省中医院的纳税疑点并按专项检查规定下发个人所得税核查指引要求广东省中医院先行自查。3. 上诉人检举前，广东省中医院已向税务机关报告其税收违法行为。广东省中医院于2013年9月17日参加广州市地税局举办的个人所得税宣讲会并领取个人所得税自查表，之后按照越秀区局下发的个人所得税核查指引及有关要求进行自查，于2013年10月21日将个人所得税自查表提交越秀区地税局，报告其2011年1月至2013年8月期间代扣代缴个人所得税存在税收违法行为，并先后补代缴了个人所得税税款合计11,928,415.72元。由此可知，上诉人检举前，被检举人已经向税务机关明确报告其税收违法行为。

二审法院驳回上诉，维持原判。

点评

近年来，税收违法行为检举人与税务机关之间的奖励纠纷越来越多。此种纠纷包括两类：一是税务机关是否应当奖励检举人，一是税务机关应当给予检举人多少数额的奖励。下面分别评述。

一、是否应当奖励

给予检举人奖励是为了鼓励检举税收违法行为，降低税务机关的检查成本，增加国家税收。因此，对检举人进行奖励是一般规则。但是，对一些特殊情况，税务机关并不会给予奖励。依据《检举纳税人税收违法行为奖励暂行办法》第三条，下列情况不给予检举人奖励：（一）匿名检举税收违法行为，或者检举人无法证实其真实身份的；（二）检举人不能提供税收违法行为线索，或者采取盗窃、欺诈或者法律、行政法规禁止的其他手段获取税收违法行为证据的；（三）检举内容含糊不清、缺乏事实根据的；（四）检举人提供的线索与税务机关查处的税收违法行为无关的；（五）检举的税收违法行为税务机关已经发现或者正在查处的；（六）有税收违法行为的单位和个人在被检举前已经向税务机关报告其税收违法行为的；（七）国家机关工作人员利用工作便利获取信息用以检举税收违法行为的；（八）检举人从国家机关或者国家机关工作人员处获取税收违法行为信息检举的；(九) 国家税务总局规定不予奖励的其他情形。本案被检举人广东省中医院于2013年9月17日参加广州市地税局举办的个人所得税宣讲会并领取个人所得税自查表，之后按照越秀区地税局下发的个人所得税核查指引及有关要求进行自查，于2013年10月21日将个人所得税自查表提交越秀区地税局。但是，本案检举人林某在2013年10月23日才向市地税稽查局邮寄关于举报广东省中医院逃税的举报信及相应的举报材料。由于检举的税收违法行为税务机关已经发现，故不符合奖励的条件。

二、奖励的具体金额

奖励的具体金额涉及两个方面：第一，税务机关收缴入库税款数额或查获伪造、变造、倒卖、盗窃、骗取相关发票的份数。第二，具体的计算标准。前者需要税务机关公开相关信息，后者需要依据法定的计算标准。依据《检举纳税人税收违法行为奖励暂行办法》第六条，收缴入库税款数额在1亿元以上的，给予10万元以下的奖金；收缴入库税款数额在5,000万元以上不足1亿元的，给予6万元以下的奖金；收缴入库税款数额在1,000万元以上不足5,000万元的，给予4万元以下的奖金；收缴入库税款数额在500万元以上不足1,000万元的，给予2万元以下的奖金；收缴入库税款数额在100万元以上不足500万元的，给予1万元以下的奖金；收缴入库税款数额在100万元以下的，给予5,000元以下的奖金。依据第九条，检举伪造、变造、倒卖、盗窃、骗取增值税专用发票以及可用于骗取出口退税、抵扣税款的其他发票行为的，按照以下标准对检举人计发奖金：(一) 查获伪造、变造、倒卖、盗窃、骗取上述发票10,000份以上的，给予10万元以下的奖金；(二) 查获伪造、变造、倒卖、盗窃、骗取上述发票6,000份以上不足10,000份的，给予6万元以下的奖金；(三) 查获伪造、变造、倒卖、盗窃、骗取上述发票3000份以上不足6,000份的，给予4万元以下的奖金；(四) 查获伪造、变造、倒卖、盗窃、骗取上述发票1,000份以上不足3,000份的，给予2万元以下的奖金；(五) 查获伪造、变造、倒卖、盗窃、骗取上述发票100份以上不足1,000份的，给予1万元以下的奖金；(六) 查获伪造、变造、倒卖、盗窃、骗取上述发票不足100份的，给予5,000元以下的奖金；查获伪造、变造、倒卖、盗窃、骗取前款所述以外其他发票的，最高给予5万元以下的奖金；检举奖金具体数额标准及批准权限，由各省、自治区、直辖市和计划单列市税务局根据本办法规定并结合本地实际情况确定。

法条链接

1. **《检举纳税人税收违法行为奖励暂行办法》**

第三条 对单位和个人实名向税务机关检举税收违法行为并经查实的，税务机关根据其贡献大小依照本办法给予奖励。但有下列情形之一的，不予奖励：

（一）匿名检举税收违法行为，或者检举人无法证实其真实身份的；

（二）检举人不能提供税收违法行为线索，或者采取盗窃、欺诈或者法律、行政法规禁止的其他手段获取税收违法行为证据的；

（三）检举内容含糊不清、缺乏事实根据的；

（四）检举人提供的线索与税务机关查处的税收违法行为无关的；

（五）检举的税收违法行为税务机关已经发现或者正在查处的；

（六）有税收违法行为的单位和个人在被检举前已经向税务机关报告其税收违法行为的；

（七）国家机关工作人员利用工作便利获取信息用以检举税收违法行为的；

（八）检举人从国家机关或者国家机关工作人员处获取税收违法行为信息检举的；

（九）国家税务总局规定不予奖励的其他情形。

第六条 检举的税收违法行为经税务机关立案查实处理并依法将税款收缴入库后，根据本案检举时效、检举材料中提供的线索和证据详实程度、检举内容与查实内容相符程度以及收缴入库的税款数额，按照以下标准对本案检举人计发奖金：

（一）收缴入库税款数额在1亿元以上的，给予10万元以下的奖金；

（二）收缴入库税款数额在5,000万元以上不足1亿元的，给予6万元以下的奖金；

（三）收缴入库税款数额在1,000万元以上不足5,000万元的，给予4万元以下的奖金；

（四）收缴入库税款数额在500万元以上不足1,000万元的，给予2万元以下的奖金；

（五）收缴入库税款数额在100万元以上不足500万元的，给予1万元以下的奖金；

（六）收缴入库税款数额在100万元以下的，给予5,000元以下的奖金。

第九条 检举伪造、变造、倒卖、盗窃、骗取增值税专用发票以及可用于骗取出口退税、抵扣税款的其他发票行为的，按照以下标准对检举人计发奖金：

（一）查获伪造、变造、倒卖、盗窃、骗取上述发票10,000份以上的，给予10万元以下的奖金；

（二）查获伪造、变造、倒卖、盗窃、骗取上述发票6,000份以上不足10000份的，给予6万元以下的奖金；

（三）查获伪造、变造、倒卖、盗窃、骗取上述发票3,000份以上不足6,000份的，给予4万元以下的奖金；

（四）查获伪造、变造、倒卖、盗窃、骗取上述发票1,000份以上不足3,000份的，给予2万元以下的奖金；

（五）查获伪造、变造、倒卖、盗窃、骗取上述发票100份以上不足1,000份的，给予1万元以下的奖金；

（六）查获伪造、变造、倒卖、盗窃、骗取上述发票不足100份的，给予5,000元以下的奖金；

查获伪造、变造、倒卖、盗窃、骗取前款所述以外其他发票的，最高给予5万元以下的奖金；检举奖金具体数额标准及批准权限，由各省、自治区、直辖市和计划单列市税务局根据本办法规定并结合本地实际情况确定。

047. 税务机关是否应当向税务违法行为检举人提供税务处理（处罚）决定书及有关案情资料？

——薛某春与淄博市地方税务局、山东省地方税务局行政复议案①

裁判要旨

税务违法行为检举人不是为了维护自身合法权益，其与后续的税务机关查处行为不具有利害关系。《税收违法行为检举管理办法》第二十条规定，税务机关向检举人告知查办结果时，不得提供税务处理（处罚）决定书及有关案情资料。因此，税务机关不得向检举人提供上述资料。

---

① 山东省淄博市中级人民法院（2016）鲁03行终96号行政判决书

基本案情

2013 年，薛某春等人实名举报淄博市张店区柳杭社区居委会原主任王某明的有关涉税问题。淄博市地方税务局稽查局转张店区分局稽查局进行了查处。

2015 年 5 月 1 日，薛某春以书面邮寄方式向淄博市地方税务局申请信息公开："淄博市地税局稽查局关于柳杭社区原主任及张店区人民政府湖田街道办事处柳杭社区居民委员会班子成员 1998 年至 2007 年偷逃 701, 500 元税款和 2008 年至 2011 年偷逃税款 1, 571, 671. 44 元所作的调查、立案的处罚意见、处罚依据等全部卷宗材料；所作出的税务处理决定书、税务行政处罚决定书；发现违法犯罪移送司法机关的建议和移送材料；薛某春举报王某明偷税漏税请求的回复意见。"

淄博市地方税务局依法受理后，于 2015 年 5 月 13 日作出（2015）第 2 号政府信息公开告知书："薛某春：您向我局提出的政府信息公开申请，我局于 2015 年 5 月 7 日依法予以受理。根据《中华人民共和国信息公开条例》《税收违法行为检举管理办法》的规定，现对您提出的申请答复如下：您申请公开的事项属于涉税举报案件处理，不属于政府信息公开范围。建议您到涉税举报案件的处理单位淄博市地税局稽查局咨询相关情况。特此告知。"

薛某春不服，向山东省地方税务局申请行政复议，复议机关于 2015 年 7 月 3 日作出鲁地税复驳字（2015）1 号驳回行政复议申请决定书，驳回了薛某春的行政复议申请。

薛某春仍不服，诉至法院。

法院审理

原审法院认为：薛某春申请公开的信息属于税收违法检举事项，不属于《中华人民共和国政府信息公开条例》规定的政府信息公开范围。《税收违法行为检举管理办法》第二十条规定："对实名检举案件，举报中心收到承办部门回复的查办结果以后，可以应检举人的要求将与检举线索有关的查办结果简要告知检举人……向检举人告知查办结果时，不得告知其检举线索以外的税收违法行为的查处情况，不得提供税务处理（处罚）决定书及有关案情资料。"淄博市地方税务局收到薛某春的信息公开申请后，依法答复其申请公开的事项属于涉税举报案件处理，不属于政府信息公开范围，并建议其到涉税举报案件的处理单位淄博市地税局稽查局咨询相关情况并无违法或不当之处。

薛某春不服，向山东省地方税务局申请行政复议，复议机关依法受理并作出决定，复议行政程序亦无不当。薛某春诉讼请求缺乏事实与法律依据，不予支持。

原审法院驳回薛某春的诉讼请求。

上诉人薛某春不服原审判决，向二审法院提出上诉称：上诉人向被上诉人淄博市地方税务局提交了政府信息公开申请表，要求被上诉人依法公开淄博市地税局稽查局关于柳杭社区原主任及张店区人民政府湖田街道办事处柳杭社区居民委员会班子成员 1998 年至 2007 年偷逃 701,500 元税款和 2008 年至 2011 年偷逃税款 1,571,671.44 元所作的调查、立案的处罚意见、处罚依据等全部卷宗材料；所作出的税务处理决定书、税务行政处罚决定书；发现违法犯罪移送司法机关的建议和移送材料；薛某春举报王某明偷税漏税请求的回复意见，时至今日，被上诉人一直未向上诉人公开上述文件。被上诉人不履行信息公开职责的行为违反了《政府信息公开条例》有关规定和国务院关于信息公开的一系列要求，侵犯了上诉人的知情权。因此，请求二审法院撤销原审判决，责令被上诉人淄博市地方税务局依法公开上诉人申请公开的事项；诉讼费由被上诉人承担。

二审法院驳回上诉，维持原判。

点评

税务机关经常会收到单位、个人以书信、互联网、传真、电话、来访等形式提供的纳税人、扣缴义务人的税收违法行为线索，此为税收违法行为检举或举报。检举人或举报人在检举或举报后，会要求税务机关就其举报线索提供后续处理的详细信息，包括税务处理（处罚）决定书及有关案情资料。对于此要求，涉及政府信息公开事项。税务机关对税务违法行为的查处信息是否需要向检举人或举报人公开呢？《最高人民法院关于适用〈中华人民共和国行政诉讼法〉的解释》第十二条第（六）项规定：“有下列情形之一的，属于行政诉讼法第二十五条第一款规定的‘与行政行为有利害关系’：（五）为维护自身合法权益向行政机关投诉，具有处理投诉职责的行政机关作出或者未作出处理的……”最高人民法院副院长江必新在《最高人民法院关于适用〈中华人民共和国行政诉讼法〉的解释》新闻发布会上阐释道：“《行诉解释》主要在四个方面作了重点规定：一是，投诉举报者的原告资格。在司法实践中，投诉类行政案件等滋扰性案件数量激增。一些与自身合法权益没有关系或者与被投诉事项没有关联的‘职业打假人’‘投诉专业户’，利用立案登记制度降低门槛之机，反复向行政机关进行投诉。被投诉机关无论作出还是不作出处理决定，‘职业打假人’等都会基于施加压力等目的而提起行政诉讼。这些人为制造的诉讼，既干扰了行政机关的正常管理，也浪费了法院有限的司法资源，也使得其他公民正当的投诉权利受到影响。《行诉解释》明确规定，为维护自身合法权益向行政机关投诉，具有处理投诉职责的行政机关作出或者未作出处理的公民、法人或者其他组织具有原告主体资格。”可见，最高人民法院认为单纯的举报人并不是为了维护自身合法权益，与后续的行政行为不具有利害关系，故不具有原告资格。由此推演，税务违法行为的检举人或举报人并不是为了维护自身合法权益，故与税务机关的后续处理行为不具有利害关系。可见，税务机关对税务违法行为的查处情况并不属于政府信息公开范围。

《税收违法行为检举管理办法》第二十条规定：“对实名检举案件，举报中心收到承办部门回复的查办结果以后，可以应检举人的要求将与检举线索有关的查办结果简要告知检举人；检举案件查结以前，不得向检举人透露案件查处情况。向检举人告知查办结果时，不得告知其检举线索以外的税收违法行为的查处情况，不得提供税务处理（处罚）决定书及有关案情资料。”据此，税务机关可以将与检举线索有关的查办结果简要告知检举人，但不得提供税务处理（处罚）决定书及有关案情资料。

本案举报人要求税务机关提供如下资料：调查、立案的处罚意见、处罚依据等全部卷宗材料；所作出的税务处理决定书、税务行政处罚决定书。因其不是为了维护自身合法权益，与税务机关的查处行为不具有利害关系，税务机关不具有向其公开的义务。加之《税收违法行为检举管理办法》第二十条明确规定不得提供税务处理（处罚）决定书及有关案情资料，故其请求不为法院所支持。

法条链接

1.《税收违法行为检举管理办法》

第二条 本办法所称税收违法行为检举是指单位、个人采用书信、互联网、传真、电话、来访等形式，向税务机关提供纳税人、扣缴义务人税收违法行为线索的行为。

采用前款所述的形式，检举税收违法行为的单位、个人称检举人；被检举的纳税人、扣缴义务人称被检举人。

检举人使用与其营业执照、身份证等符合法律、行政法规和国家有关规定的身份证件上一致的名称、姓名检举的，为实名检举；否则为匿名检举。

第二十条 对实名检举案件，举报中心收到承办部门回复的查办结果以后，可以应检举人的要求将与检举线索有关的查办结果简要告知检举人；检举案件查结以前，不得向检举人透露案件查处情况。

向检举人告知查办结果时，不得告知其检举线索以外的税收违法行为的查处情况，不得提供税务处理（处罚）决定书及有关案情资料。

048. 涉及商业秘密、个人隐私的税务信息如何公开？

——夏某与宁波市地方税务局东钱湖旅游度假区分局税务纠纷案①

裁判要旨

依申请公开的政府信息公开会损害第三方合法权益的，行政机关应当书面征求第三方的意见。第三方应当自收到征求意见书之日起15个工作日内提出意见。第三方逾期未提出意见的，由行政机关依照本条例的规定决定是否公开。第三方不同意公开且有合理理由的，行政机关不予公开。行政机关认为不公开可能对公共利益造成重大影响的，可以决定予以公开，并将决定公开的政府信息内容和理由书面告知第三方。

基本案情

2017年4月20日，原告夏某向被告东钱湖地税分局递交政府信息公开申请表，要求被告东钱湖地税分局公开2009年2月25日第三人宁波市泰鑫建设工程有限公司开具的发票号码0011××为开票依据的申报表和外经证（《外出经营活动税收管理证明》）等相关资料。

2017年5月5日，被告东钱湖地税分局向原告寄送《政府信息依申请公开补正告知书》，要求其于2017年5月26日前提交材料证明其与所需信息存在自身生产、生活、科研等特殊需要。

---

① 浙江省宁波市鄞州区人民法院（2017）浙0212行初246号行政判决书

2017年5月17日，被告东钱湖地税分局收到原告的补正材料。

2017年5月19日，被告东钱湖地税分局向第三人宁波市泰鑫建设工程有限公司寄送《政府信息申请公开征求第三方意见函》，告知第三人在2017年6月6日前书面反馈是否同意公开原告所申请信息。同日被告东钱湖地税分局向原告寄送《政府信息依申请公开延期答复告知书》，书面告知因征求第三方意见需要，本次政府信息公开申请延期到6月12日前答复。

2017年5月25日，被告东钱湖地税分局收到第三人不同意公开上述信息的书面答复函。

2017年6月2日，被告东钱湖地税分局作出《告知书》，并邮寄送达原告。

原告不服该《告知书》，向被告宁波市地税局申请行政复议，宁波市地税局于2017年6月22日受理了原告的行政复议申请，经审查，于2017年8月17日作出甬地税复决字〔2017〕03号行政复议决定，维持了被告东钱湖地税分局作出的《告知书》。

原告仍不服，提起行政诉讼，请求判令：1. 撤销被告东钱湖地税分局于2017年6月2日作出《告知书》的行政行为；2. 撤销被告宁波市地税局于2017年8月17日作出的甬地税复决字〔2017〕03号《行政复议决定书》；3. 判令公开2009年2月25日由第三人代开统一发票号码为00115××××为开票依据的申报表和外经证等相关资料的政府信息。

法院审理

法院认为，本案争议焦点为：原告向被告申请公开的信息是否属于纳税人的涉税保密信息。原告认为其申请公开的信息并不属于涉税保密信息，故认为被告东钱湖地税分局并没有履行信息公开的法定职责。根据《纳税人涉税保密信息管理暂行办法》第二条第一款规定：本办法所称纳税人涉税保密信息，是指税务机关在税收征收管理工作中依法制作或者采集的，以一定形式记录、保存的涉及到纳税人商业秘密和个人隐私的信息。主要包括纳税人的技术信息、经营信息和纳税人、主要投资人以及经营者不愿公开的个人事项。本案中，原告申请公开的相关申报表和外经证涉及第三人的经营信息，依照上述暂行办法规定属于涉税保密信息范围。被告根据《政府信息公开条例》第二十三条的规定“行政机关认为申请公开的政府信息涉及商业秘密、个人隐私，公开后可能损害第三方合法权益的，应当书面征求第三方的意见；第三方不同意公开的，不得公开。但是，行政机关认为不公开可能对公共利益造成重大影响的，应当予以公开，并将决定公开的政府信息内容和理由书面通知第三方”，依法征询第三人是否同意公开，第三人函复明确称不同意公开，故被告东钱湖地税分局作出的《告知书》符合信息公开条例的规定。对于原告主张第三人在代开统一发票中涉嫌违法，涉及公共利益，根据《纳税人涉税保密信息管理暂行办法》第二条规定，对违法税收行为信息不应予以保护，故应公开第三人相关税务信息，法院认为，第三人对涉及商业秘密的政府信息拥有决定其是否公开的权利，但如果该商业秘密与其相对的公共利益相冲突，则允许商业秘密保护权为公共利益让步。但本案中，原告并未提交有效证据证明其申请公开的信息危及公共利益或系违法税收行为信息，故对原告的主张法院不予采纳。被告宁波市地税局在收到原告的复议申请后，依法受理并在法定期限内作出维持《告知书》的复议决定，程序合法。综上，根据《最高人民法院关于审理政府信息公开行政案件若干问题的规定》第十二条第（一）项、《最高人民法院关于适用〈中华人民共和国行政诉讼法〉若干问题的解释》第九条第一款、第十条第一款之规定，判决如下：驳回原告夏某的诉讼请求。

点评

经常有社会公众要求税务机关公开信息。现行立法从正反两方面规范了税务机关的信息公开：一方面，立法明确税务机关应当公开的信息范围；另一方面，也对税务机关的信息公开进行了限制。

一、税务机关应当公开的信息范围

《政府信息公开条例》第十九条规定：“对涉及公众利益调整、需要公众广泛知晓或者需要公众参与决策的政府信息，行政机关应当主动公开。”第二十七条规定：“除行政机关主动公开的政府信息外，公民、法人或者其他组织可以向地方各级人民政府、对外以自己名义履行行政管理职能的县级以上人民政府部门（含本条例第十条第二款规定的派出机构、内设机构）申请获取相关政府信息。”《国家税务总局关于印发〈纳税人涉税保密信息管理暂行办法〉的通知》第四条规定：“根据法律、法规的要求和履行职责的需要，税务机关可以披露纳税人的有关涉税信息，主要包括：根据纳税人信息汇总的行业性、区域性等综合涉税信息、税收核算分析数据、纳税信用等级以及定期定额户的定额等信息。”

二、税务机关信息公开的限制

《政府信息公开条例》第三十二条规定：“依申请公开的政府信息公开会损

害第三方合法权益的，行政机关应当书面征求第三方的意见。第三方应当自收到征求意见书之日起15个工作日内提出意见。第三方逾期未提出意见的，由行政机关依照本条例的规定决定是否公开。第三方不同意公开且有合理理由的，行政机关不予公开。行政机关认为不公开可能对公共利益造成重大影响的，可以决定予以公开，并将决定公开的政府信息内容和理由书面告知第三方。”《国家税务总局关于印发〈纳税人涉税保密信息管理暂行办法〉的通知》第三条规定：“对于纳税人的涉税保密信息，税务机关和税务人员应依法为其保密。除下列情形外，不得向外部门、社会公众或个人提供：（一）按照法律、法规的规定应予公布的信息；（二）法定第三方依法查询的信息；（三）纳税人自身查询的信息；（四）经纳税人同意公开的信息。”第十二条规定：“税务机关对下列单位和个人依照法律、法规规定，申请对纳税人涉税保密信息进行的查询应在职责范围内予以支持。具体包括：（一）人民法院、人民检察院和公安机关根据法律规定进行的办案查询；（二）纳税人对自身涉税信息的查询；（三）抵押权人、质权人请求税务机关提供纳税人欠税有关情况的查询。”

依据上述规定，社会公众要求公开涉及商业秘密、个人隐私的税务信息，应当书面征求第三方的意见；第三方不同意公开的，不得公开。例外的情况如下：第一，行政机关认为不公开可能对公共利益造成重大影响的，应当予以公开，并将决定公开的政府信息内容和理由书面通知第三方；第二，人民法院、人民检察院和公安机关根据法律规定进行的办案查询；第三，纳税人对自身涉税信息的查询；第四，抵押权人、质权人请求税务机关提供纳税人欠税有关情况的查询。

本案原告夏某要求被告东钱湖地税分局公开2009年2月25日第三人宁波市泰鑫建设工程有限公司开具的发票号码0011××为开票依据的申报表和外经证（《外出经营活动税收管理证明》）等相关资料。税务机关认为上述信息属于第三人的商业秘密，在书面征求第三人的意见后，因第三人拒绝公开，税务机关拒绝了夏某的信息公开请求。法院支持了税务机关的上述具体行政行为。

需要注意的是，商业秘密的范围如何确定呢？《反不正当竞争法》第九条第四款规定：“本法所称的商业秘密，是指不为公众所知悉、具有商业价值并经权利人采取相应保密措施的技术信息、经营信息等商业信息。”

法条链接

1.《政府信息公开条例》

第三十二条 依申请公开的政府信息公开会损害第三方合法权益的，行政机关应当书面征求第三方的意见。第三方应当自收到征求意见书之日起15个工作日内提出意见。第三方逾期未提出意见的，由行政机关依照本条例的规定决定是否公开。第三方不同意公开且有合理理由的，行政机关不予公开。行政机关认为不公开可能对公共利益造成重大影响的，可以决定予以公开，并将决定公开的政府信息内容和理由书面告知第三方。

2.《国家税务总局关于印发〈纳税人涉税保密信息管理暂行办法〉的通知》

第二条 本办法所称纳税人涉税保密信息，是指税务机关在税收征收管理工作中依法制作或者采集的，以一定形式记录、保存的涉及到纳税人商业秘密和个人隐私的信息。主要包括纳税人的技术信息、经营信息和纳税人、主要投资人以及经营者不愿公开的个人事项。

纳税人的税收违法行为信息不属于保密信息范围。

第三条 对于纳税人的涉税保密信息，税务机关和税务人员应依法为其保密。除下列情形外，不得向外部门、社会公众或个人提供：

(一) 按照法律、法规的规定应予公布的信息；

(二) 法定第三方依法查询的信息；

(三) 纳税人自身查询的信息；

(四) 经纳税人同意公开的信息。

第四条 根据法律、法规的要求和履行职责的需要，税务机关可以披露纳税人的有关涉税信息，主要包括：根据纳税人信息汇总的行业性、区域性等综合涉税信息、税收核算分析数据、纳税信用等级以及定期定额户的定额等信息。

第十二条 税务机关对下列单位和个人依照法律、法规规定，申请对纳税人涉税保密信息进行的查询应在职责范围内予以支持。具体包括：

(一) 人民法院、人民检察院和公安机关根据法律规定进行的办案查询；

(二) 纳税人对自身涉税信息的查询；

(三) 抵押权人、质权人请求税务机关提供纳税人欠税有关情况的查询。

3.《国家税务总局公告2016年第41号——关于发布〈涉税信息查询管理办法〉的公告》

第二条 本办法所称涉税信息查询，是指税务机关依法对外提供的信息查询服务。可以查询的信息包括由税务机关专属掌握可对外提供查询的信息，以及有助于纳税人履行纳税义务的税收信息。

涉税咨询、依申请公开信息不属于本办法所称涉税信息查询。

第三条 本办法适用于社会公众对公开涉税信息的查询，纳税人对自身涉税信息的查询。

税务部门之外具有社会管理和公共服务职能的有关部门依法对特定涉税信息的查询，以及抵押权人、质权人对欠税信息的查询，由各级税务机关依照相关法律、法规及国家税务总局相关规定组织实施。

第十五条 《国家税务总局关于印发〈纳税人涉税保密信息管理暂行办法〉的通知》(国税发〔2008〕93号) 与本办法有关规定不一致的，适用本办法。

第十二节 税收债权纠纷

049. 税收优先权与担保债权发生冲突如何解决？

——浙江至圣电力成套设备有限公司诉温州市瓯海区国家税务局等执行分配方案异议之诉案①

裁判要旨

税务机关征收税款，税收优先于无担保债权，法律另有规定的除外；纳税人欠缴的税款发生在纳税人以其财产设定抵押、质押或者纳税人的财产被留置之前的，税收应当先于抵押权、质权、留置权执行。但是，在企业破产清算程序中，税收债权后于担保债权受偿。

① 浙江省温州市中级人民法院（2015）浙温执异终字第67号民事判决书

基本案情

2013年7月10日，浙江至圣电力成套设备有限公司（以下简称至圣公司）在龙湾区人民法院委托并在温州产权交易拍卖行有限公司的主持下，以2,530万元拍得温州华奇装饰五金有限公司所有的温州市瓯海区南白象街道鹅湖工业区鹅兴路26号房地产。该院于2014年12月24日作出《关于温州华奇装饰五金有限公司房产拍卖款最终分配方案》，方案中确认“被执行人温州华奇装饰五金有限公司所有的坐落于温州市瓯海区南白象鹅湖工业区鹅兴路26号厂房的拍卖所得2,530万元，抵押权人中国农业银行股份有限公司温州城东支行［（2013）温龙执民字第109号］本案中优先受偿金额为19,109,569.37元，扣除该院已移交立案受理费86,663元，评估费33,300元，执行费85,150.63元，企业欠税1,262,117元，剩余可分配款为4,723,200元。……本次参与分配的债权人的确定，是以分配方案作出当日即2013年9月23日前已取得生效法律文书的债权人为准……”

2014年12月26日，该分配方案送达温州市瓯海区国家税务局（以下简称瓯海国税局），该局于2015年1月4日复函向该院提出异议，后以中国农业银行股份有限公司温州城东支行（以下简称农业银行城东支行）、中国建设银行股份有限公司温州府前支行（以下简称建设银行府前支行）和中国东方资产管理公司杭州办事处为被告提起执行异议之诉。

另查实，根据主拍单位温州产权交易拍卖行有限公司《拍卖物权属、费用负担及手续办理情况告知书》第二大点第1、2小点：“拍卖标的所有（使用）权证转移至买受人名下应由买卖双方交纳的一切税、费（包括……被执行人所得税等）均由买受人承担。”“拍卖标的交付前，被执行人应缴、应退的所有税、费（包括被执行人的所得税、被执行人拖欠的各种税费及拖欠的水电费、滞纳金等）均由买受人承受。相关税费情况竞买人需自行向有关部门进行了解。”该告知书相关告知事项由至圣公司于2013年7月9日签字确认。根据温州市地方税务局瓯海税务分局出具的温州华奇装饰五金有限公司2013年6月期与2015年6月期的企业资产负债表，其中显示温州华奇装饰五金有限公司应缴税金均为0，而根据瓯海国税局2013年8月12日对温州华奇装饰五金有限公司相关税款的检查，确认该公司欠缴所得税为2,798,554.41元、欠缴增值税为2,215,265.74元。

法院审理

对本案存在的争议问题，原审认为：1. 关于本案瓯海国税局的主体问题，根据浙江省高级人民法院执行局《关于多个债权人对同一被执行人申请执行和执行异议处理中若干疑难问题的解答》（七）、（八）第6点规定，对执行标的物享有优先权包括《中华人民共和国税收征收管理法》第四十五条规定的“税收优先权”，瓯海国税局可以作为优先权人参加分配程序及参与诉讼。2. 关于瓯海国税局诉请的税费债权数额及分配顺位问题，（1）根据《中华人民共和国税收征收管理法》第四十五条规定：“税务机关征收税款，税收优先于无担保债权，法律另有规定的除外；纳税人欠缴的税款发生在纳税人以其财产设定抵押、质押或者纳税人的财产被留置之前的，税收应当先于抵押权、质权、留置权执行。”温州华奇装饰五金有限公司应缴纳的2,798,554.41元所得税是基于农业银行城东支行申请对其抵押物强制拍卖所产生的，该行对拍卖抵押物登记时间为2010年12月9日，抵押物拍卖成交日期为2013年7月10日，抵押权先于纳税人欠缴的税款，依法该企业所得税不应优先于抵押权。且依《拍卖物权属、费用负担及手续办理情况告知书》第二大点第1点内容，该所得税应由买受人即至圣公司承担；（2）纳税人华奇装饰五金公司欠缴的增值税2,215,265.74元所属期为2012年1月–12月，应优先于无担保债权，虽依《拍卖物权属、费用负担及手续办理情况告知书》第二大点第2点内容规定，也可由买受人至圣公司承担，但因该增值税系瓯海国税局于2013年8月12日才对温州华奇装饰五金有限公司所欠税款进行调整、检查后得出的结果，与买受人在竞拍前所了解的公司欠税为0的情况不符，买受人其时无法掌握了解公司所欠增值税情况，对公司欠税情况存在误解，此外从瓯海国税局提供的增值税纳税申报表显示，2012年温州华奇装饰五金有限公司销项税额2,215,265.74元，而进项税额抵扣为0，可以显现该公司2012年生产经营处于非正常状态，虽瓯海国税局计算该项增值税方法并无不当，但如因此将温州市瓯海区国家税务局滞后计算出的增值税欠缴部分交由买受人承担显失公平合理，故应在温州华奇装饰五金有限公司拍卖所得款项中受偿，对该笔增值税税款分配顺位在抵押权之后优先于无担保债权受偿；（3）根据最高人民法院法释（2012）9号文件精神，被执行欠缴税款产生的滞纳金应属普通债权，在执行程序中不享有优先受偿权。综上，本案经审判委员会讨论决定，遂判决：一、确认原告温州市瓯海区国家税务局应收增值税款2,215,265.74元，在中国农业银行股份有限公司温州城东支行抵押权之后优先于无担保债权受偿。二、由执行机构重新制作分配方案。

上诉人至圣公司诉称：原审将无独立请求权的第三人即上诉人，在该判决中已经实质性的“判决”了上诉人承担义务，其错误的事实认定，已经侵害了上诉人的权利，故提起上诉。原审判决中的事实认定错误，即瓯海国税局所请求的“所得税”不应由上诉人承担。理由：1. 上诉人在竞拍前已尽谨慎合理的注意义务，瓯海国税局所请求的“所得税”“由买受人承担显失公平合理”；2. 上诉人在原审时提交的温州华奇装饰五金有限公司 2013 年 6 月期的企业资产负债表应为上诉人是否承担“所得税”的计税依据，而不以瓯海国税局在拍卖后所调整的企业资产负债为计税依据；3. 瓯海国税局依据房产拍卖后对温州华奇装饰五金有限公司“调增利润”所计算的“所得税”，不应由上诉人承担。故请求二审撤销原审判决，依法改判所得税不应由上诉人承担，诉讼费用由被上诉人承担。

被上诉人瓯海国税局辩称：根据法律规定，在执行分配中，温州华奇装饰五金有限公司欠缴的所得税 2, 798, 554. 41 元系拍卖债务人标的物产生，应当由该标的物的拍卖款优先偿还。即：标的物拍卖产生的企业所得税应当优先于农业银行城东支行的抵押、建设银行府前支行和招商银行的无担保债权优先受偿。但原审依据主拍单位《拍卖物权属、费用负担及手续办理情况告知书》第二大点第 1、2 点：“拍卖标的所有（使用）权证转移至买受人名下应由买卖双方交纳的一切税、费（包括…被执行人所得税等）均由买受人承担。”“拍卖标的交付前，被执行人应缴、应退的所有税、费（包括被执行人的所得税、被执行人拖欠的各种税费及拖欠的水电费、滞纳金等）均由买受人承受。相关税费情况竞买人需自行向有关部门进行了解”，且买受人已就告知事项签字确认。在事实认定部分认为企业所得税由买受人（上诉人）承担，系法院的认定。请求驳回上诉人关于“诉讼费用由被上诉人承担”的诉讼请，维持原审判决。

二审法院驳回上诉，维持原判。

点评

本案涉及参与分配、税收优先权与担保物权冲突等问题。

一、参与分配

参与分配是指在民事强制执行过程中，被执行人的财产被一个人民法院采取诉讼或强制执行措施，但因多个执行申请人对同一被执行人申请执行，且被执行人可供执行的财产不足以清偿全部债务，由执行申请人向采取扣押等强制措施的法院提出参与分配的申请，法院以被执行人可供执行的财产对各申请执行人按照比例进行清偿。《最高人民法院关于适用〈中华人民共和国民事诉讼法〉的解释》第五百零八条规定："被执行人为公民或者其他组织，在执行程序开始后，被执行人的其他已经取得执行依据的债权人发现被执行人的财产不能清偿所有债权的，可以向人民法院申请参与分配。对人民法院查封、扣押、冻结的财产有优先权、担保物权的债权人，可以直接申请参与分配，主张优先受偿权。"第五百零九条规定："申请参与分配，申请人应当提交申请书。申请书应当写明参与分配和被执行人不能清偿所有债权的事实、理由，并附有执行依据。参与分配申请应当在执行程序开始后，被执行人的财产执行终结前提出。"第五百一十条规定："参与分配执行中，执行所得价款扣除执行费用，并清偿应当优先受偿的债权后，对于普通债权，原则上按照其占全部申请参与分配债权数额的比例受偿。清偿后的剩余债务，被执行人应当继续清偿。债权人发现被执行人有其他财产的，可以随时请求人民法院执行。"第五百一十一条规定："多个债权人对执行财产申请参与分配的，执行法院应当制作财产分配方案，并送达各债权人和被执行人。债权人或者被执行人对分配方案有异议的，应当自收到分配方案之日起十五日内向执行法院提出书面异议。"本案一审原告瓯海国税局对被执行人温州华奇装饰五金有限公司享有税收债权，申请参与分配被执行人财产，但对法院作出的《关于温州华奇装饰五金有限公司房产拍卖款最终分配方案》提出异议，理由是该分配方案规定的税收债权数额少于实际数额，且受偿顺位后于担保物权。

二、税收优先权与担保物权的冲突解决

《税收征收管理法》第四十五条第一款规定："税务机关征收税款，税收优先于无担保债权，法律另有规定的除外；纳税人欠缴的税款发生在纳税人以其财产设定抵押、质押或者纳税人的财产被留置之前的，税收应当先于抵押权、质权、留置权执行。"该款明确税收债权优先于无担保债权，同时，如税收债权发生在纳税人以其财产设定抵押、质押或者纳税人的财产被留置之前的，税收债权也优先。这实际上在一定条件下赋予了税收债权超级优先权的地位。此种规定存在诸多争议，我们暂且不论。另外，《企业破产法》对税收债权在企业破产清算程序中的受偿顺位也进行了规定。第一百零九条规定："对破产人的特定财产享有担保权的权利人，对该特定财产享有优先受偿的权利。"第一百一十三条规定："破产财产在优先清偿破产费用和共益债务后，依照下列顺序清偿：（一）破产人所欠职工的工资和医疗、伤残补助、抚恤费用，所欠的应当划入职工个人账户的基本养老保险、基本医疗保险费用，以及法律、行政法规规定应当支付给职工的补偿金；（二）破产人欠缴的除前项规定以外的社会保险费用和破产人所欠税款；（三）普通破产债权。破产财产不足以清偿同一顺序的清偿要求的，按照比例分配。破产企业的董事、监事和高级管理人员的工资按照该企业职工的平均工资计算。”因此，在企业破产清算程序中，税收债权并不享有《税收征收管理法》第四十五条所赋予的超级优先权地位，不但后于担保债权受偿，也后于劳动债权受偿。

法条链接

1.《税收征收管理法》

第四十五条 税务机关征收税款，税收优先于无担保债权，法律另有规定的除外；纳税人欠缴的税款发生在纳税人以其财产设定抵押、质押或者纳税人的财产被留置之前的，税收应当先于抵押权、质权、留置权执行。

纳税人欠缴税款，同时又被行政机关决定处以罚款、没收违法所得的，税收优先于罚款、没收违法所得。

税务机关应当对纳税人欠缴税款的情况定期予以公告。

2.《最高人民法院关于税务机关就破产企业欠缴税款产生的滞纳金提起的债权确认之诉应否受理问题的批复》

青海省高级人民法院：

你院《关于税务机关就税款滞纳金提起债权确认之诉应否受理问题的请示》（青民他字〔2011〕1号）收悉。经研究，答复如下：

税务机关就破产企业欠缴税款产生的滞纳金提起的债权确认之诉，人民法院应依法受理。依照企业破产法、税收征收管理法的有关规定，破产企业在破产案件受理前因欠缴税款产生的滞纳金属于普通破产债权。

对于破产案件受理后因欠缴税款产生的滞纳金，人民法院应当依照《最高人民法院关于审理企业破产案件若干问题的规定》第六十一条规定处理。

此复。

3.《浙江省高级人民法院执行局关于多个债权人对同一被执行人申请执行和执行异议处理中若干疑难问题的解答》

（七）尚未取得执行依据的优先权人申请参加参与分配程序，主张优先受偿权的，如何处理？

答：对执行标的物享有优先权的债权人，即使未取得执行依据，其申请参加参与分配程序，主张优先受偿的，应予允许。

对该优先权存在与否及其数额，由主持分配法院的执行机构审查认定。对于符合形式要件的优先权，原则上可予认定。

（八）问题（七）中的优先权包括哪些？

答：根据现行法律和司法解释的规定，包括：

1.《中华人民共和国物权法》《中华人民共和国担保法》《中华人民共和国民法通则》规定的“担保物权”；

2.《中华人民共和国海商法》第二十一条和第二十二条规定的“船舶优先权”；

3.《中华人民共和国民用航空法》第十八条和第十九条规定的“民用航空器优先权”；

4.《中华人民共和国合同法》第二百八十六条规定的“建设工程价款优先受偿权”；

5.《中华人民共和国担保法》第五十六条规定的“土地使用权出让金优先权”；

6.《中华人民共和国税收征收管理法》第四十五条规定的“税收优先权”；

7.《中华人民共和国民办教育促进法》第五十九条规定的“应退受教育者学杂费用优先权”；

8.最高人民法院《关于建设工程价款优先受偿权问题的批复》第二条规定的“已交付全部或大部分款项的商品房买受人（消费者）优先权”；

9.最高人民法院《关于人民法院民事执行中查封、扣押、冻结财产的规定》第十八条、第十九条规定的“基于保留所有权或未转移登记而产生的剩余价款优先受偿权”。

4.《企业破产法》

第一百零九条 对破产人的特定财产享有担保权的权利人，对该特定财产享有优先受偿的权利。

第一百一十三条 破产财产在优先清偿破产费用和共益债务后，依照下列顺序清偿：

（一）破产人所欠职工的工资和医疗、伤残补助、抚恤费用，所欠的应当划入职工个人账户的基本养老保险、基本医疗保险费用，以及法律、行政法规规定应当支付给职工的补偿金；

（二）破产人欠缴的除前项规定以外的社会保险费用和破产人所欠税款；

（三）普通破产债权。

破产财产不足以清偿同一顺序的清偿要求的，按照比例分配。

破产企业的董事、监事和高级管理人员的工资按照该企业职工的平均工资计算。

050. 破产财产拍卖产生的税款是否属于破产费用？

——吴忠宁燕塑料工业有限公司破产管理人与吴忠市利通区地方税务局行政强制案①

裁判要旨

破产费用是在破产程序中为全体债权人共同利益而支付的各项费用。破产财产拍卖产生的税款导致全体债权人可分配财产的减少，不符合破产费用的定义。《企业破产法》第四十一条规定："人民法院受理破产申请后发生的下列费用，为破产费用：（一）破产案件的诉讼费用；（二）管理、变价和分配债务人财产的费用；（三）管理人执行职务的费用、报酬和聘用工作人员的费用。"因此，破产财产拍卖产生的税款不属于破产费用。

基本案情

2010年3月5日，原审法院以（2010）吴利民破字第1号民事裁定书裁定受理吴忠宁燕塑料工业有限公司破产一案，并指定宁夏天纪律师事务所为破产管理人。

2011年4月15日，又以（2010）吴利民破字第1-1号《民事裁定书》宣告该公司破产。

2014年8月21日，吴忠宁燕塑料工业有限公司破产管理人（以下简称宁燕管理人）委托宁夏盛世开元拍卖行公开拍卖破产财产，宁夏正豪投资置业有限公

---

① 宁夏回族自治区吴忠市中级人民法院（2017）宁03行终34号行政判决书

司以2,050万元拍得破产财产26.2亩国有工业用地使用权及地上附着物，并于2015年9月28日办理了拍卖破产财产的移交手续。吴忠市利通区地方税务局（以下简称利通地税局）于2016年11月23日前分三次以吴利地税通（2016）001、002、003号税务事项通知书向宁燕管理人发出通知，限期缴纳税款，宁燕管理人在限期内没有缴纳，利通地税局又于2016年11月28日给宁燕管理人发出扣缴税收款通知书，并于当日作出吴利地税强扣（2016）01号税收强制执行决定书，从宁燕管理人在中国银行吴忠分行的存款账户扣划税款4,542,309.83元，缴入国库。

宁燕管理人不服，认为利通地税局强制扣缴税款的行政行为法律依据错误，程序违法，请求依法撤销该行政行为。

法院审理

原审法院认为：双方对强制扣缴税款4,542,309.83元的事实认可，本案争议的焦点是利通地税局作出的吴利地税强扣（2016）01号税收强制执行决定书行政行为的合法性。该税收强制执行决定书根据《中华人民共和国税收征收管理法》第四十条规定于2016年11月28日作出的，并于当日从宁燕管理人在银行的账户中扣缴税款4,542,309.83元。该法第四十条规定："从事生产、经营的纳税人、扣缴义务人未按照规定的期限缴纳或者解缴税款，纳税担保人未按照规定的期限缴纳所担保的税款，由税务机关责令限期缴纳，逾期仍未缴纳的，经县以上税务局（分局）局长批准，税务机关可以采取下列强制执行措施：书面通知其开户银行或者其他金融机构从其存款中扣缴税款。"本案扣缴税款的前提条件是宁燕管理人在处理破产企业吴忠宁燕塑料工业有限公司的破产财产26.2亩国有工业用地使用权及地上附着物时，通过拍卖程序由案外人宁夏正豪投资置业有限公司以2,050万元拍得，并办理了土地过户手续。利通地税局以宁燕管理人作为破产企业的管理人合法取得拍卖成交款，并办理了资产移交手续，应该向税务机关办理申报缴纳税款，但宁燕管理人没有申报缴纳，在此情况下，利通地税局根据《中华人民共和国土地增值税暂行条例》第二、三条，《中华人民共和国营业税暂行条例》第一条、第十二条，《中华人民共和国城市维护建设税暂行条例》第二、三、四条，《中华人民共和国印花税暂行条例》第一、二、三条，（2016）43号《财政部国家税务总局关于营改增后契税房产税土地增值税个人所得税计税依据问题的通知》，国家税务总局关于发布《纳税人转让不动产增值税征收管理办法》第三条,《宁夏回族自治区地方税务局教育附加费征收管理暂行办法》第二、三条,《宁夏回族自治区地方税务局水利建设基金征收管理暂行办法》第二、四条的规定,于2016年11月23日前分三次向宁燕管理人发出税务事项通知书,责令宁燕管理人限期申报缴纳税款,并告知依法享有陈述权和申辩权,但宁燕管理人均未申报和缴纳。2016年11月28日,利通地税局作出(2016)01号税收强制执行决定书,决定从宁燕管理人在银行的账户中扣缴税款4,542,309.83元,并将扣缴税收款项通知书送达宁燕管理人。本案的关键是破产程序清算中宁燕管理人是否存在纳税的职责和义务。根据《中华人民共和国破产法》第四十一条第二款规定:“管理、变价和分配债务人财产的费用”为破产费用。第一百一十二条第一款规定:“变价出售破产财产应当通过拍卖进行。”第一百一十三条规定:“破产财产在优先清偿破产费用和共益债务后,按照下列顺序清偿:一是破产人所欠职工的工资和医疗、伤残补助、抚恤费用,所欠的应当划入职工个人账户的基本养老保险、基本医疗保险费用,以及法律、行政法规规定应当支付给职工的补偿金;二是破产人欠缴的除前项规定以外的社会保险费用和破产人所欠税款;三是普通破产债权。”最高人民法院国税函(2005)869号《关于人民法院强制执行被执行人财产有关税收问题的复函》明确说明:“对拍卖财产的全部收入纳税人均应依法申报缴纳税款,税收具有优先权,人民法院应协助税务机关依法优先从拍卖中征收税款。”破产企业吴忠宁燕塑料工业有限公司破产清算期间通过拍卖方式转让土地及其附着物,根据《中华人民共和国土地增值税暂行条例》《中华人民共和国印花税暂行条例》等上述税收的相关法律规定,破产程序清算拍卖中产生新的税款,属于《中华人民共和国企业破产法》第四十一条规定的管理、变价的破产费用。破产费用应当随时清偿,优先支付。《中华人民共和国企业破产法》第一百一十三条规定,破产财产所得在优先清偿破产费用和共益债务后,按照顺序清偿其他事项。因此,宁燕管理人作为破产企业吴忠宁燕塑料工业有限公司的破产管理人,系纳税主体,应依法缴纳土地增值税等税款。宁燕管理人在利通地税局三次催缴税款后,仍拒绝缴纳,利通地税局依据《中华人民共和国税收征收管理法》第四十条的规定,作出强制扣缴税款执行决定的行政行为,有事实依据和法律依据,并无不当。宁燕管理人主张利通地税局依据《税收征管法》四十条强制扣缴税款适用法律错误,认为该条规定适用对象仅是“从事生产、经营的纳税人”,宁燕管理人系人民法院指定管理、处置破产企业的临时性机构,是法院的委托代理人,本身既不生产、也不经营,当然不是从事生产经营的纳税人，利通税务局适用对象错误。根据《中华人民共和国企业破产法》第四十一条第二款、第一百一十二条、第一百一十三条的规定，宁燕管理人委托拍卖破产财产，取得拍卖所得价款，应以上述相关税法缴纳税款，该税款是在破产清算中变价处理破产财产而产生的，属于破产法中规定的破产费用，而破产费用应优先清偿。因此，破产财产缴纳的税款适用于所有纳税人，不是仅指从事生产经营的纳税人；同时，破产费用不受破产财产分配顺序的限制，也不会导致破产程序无法进行。另外，宁燕管理人认为依据土地增值税暂行条例第十一、十二条的规定，未缴纳土地增值税不得办理土地权属变更手续。原审认为，虽然宁燕管理人与宁夏正豪投资置业公司在竞拍协议书约定破产财产拍卖的税费由买受人承担，拍卖特别声明中也作了声明，属于拍卖财产的税费转嫁，尽管破产法及相关法律对此没有限制性规定，但买受人宁夏正豪投资置业有限公司没有按双方约定缴纳税款，税费转嫁没有实际履行，因而，宁燕管理人的纳税主体性质没有改变，仍为纳税义务人，应履行缴纳税款的义务。综上，宁燕管理人在破产程序中通过拍卖方式处理破产财产土地及附着物，该破产财产已实际交付，依据上述税法及相关规定应当缴纳税费，该税费属于破产费用，应优先清偿，利通地税局强制扣缴破产财产税款的措施并无不当。利通地税局作出的（2016）01号税收强制执行决定书的行政行为事实清楚，证据充分，程序合法，适用法律正确，应予以维持。宁燕管理人主张利通地税局作出强制扣缴税款决定书的行政行为适用法律错误的理由不能成立，对其要求撤销利通地税局吴利地税强扣（2016）01号税收强制执行决定书的诉讼请求不予支持。依照《中华人民共和国行政诉讼法》第六十九条之规定，判决：驳回宁燕管理人的诉讼请求，案件受理费50元，由宁燕管理人承担。

上诉人宁燕管理人不服，上诉请求依法撤销一审判决，支持上诉人的诉讼请求。事实与理由：1. 被上诉人以《中华人民共和国税收征收管理法》第四十条为依据对“非生产经营的纳税人”采取强制错误。破产管理人是依照《中华人民共和国企业破产法》的规定，受人民法院指定，管理处置破产企业的临时性机构，法律意义上属于人民法院的委托代理人，不从事生产经营，不属于从事生产经营的纳税人，不属于税务机关可采取强制措施的对象范围。2. 被上诉人的行为违反了《中华人民共和国企业破产法》第一百一十三条规定。在破产程序中，《中华人民共和国企业破产法》属于特别法，应予首先适用。原审认定处置破产财产产生的税款为破产费用错误。处置破产财产所产生的税款在法律没有明确规定的情况下，只能认定为破产人所欠的税款。即使将处置破产财产的税收列入破产费用，也仍然必须依照破产法规定列入《破产财产分配方案》，根据《中华人民共和国企业破产法》第一百一十五条、第一百一十六条规定，经人民法院裁定认可后，由管理人执行。在破产财产分配方案没有获得通过、没有经过法院裁定认可而产生法律效力前仍然不能支付。除非是属于不支付就无法推进破产程序的或者是管理人提请债权人委员会通过或报请法院认可。提起程序的权利在管理人，决定权在债权人委员会和人民法院，税收显然不具备上述条件。3. 根据《土地增值税暂行条例》第十二条规定，未依法纳税就不能办理土地产权变更，被上诉人给吴忠市国土资源局出具的《未征收土地增值税情况说明》中明确表示，本次国有土地使用权转让行为未产生土地增值，无需缴纳土地增值税。被上诉人于 2016 年 1 月 13 号给上诉人出具《税务事项通知书》要求缴纳土地增值税 4, 523, 093. 31 元；其后于 2016 年 3 月 16 日告知土地部门“未产生土地增值，无须缴纳土地增值税”；2016 年 4 月 13 日又给上诉人出具通知书要求缴纳土地增值税及各种税款 4, 525, 782. 99 元；2016 年 10 月 20 日、11 月 23 日再次分别要求上诉人缴纳 4, 542, 309. 83 元；最后于 2016 年 11 月 28 日强制扣划 4, 542, 309. 83 元。零纳税和纳税 4, 542, 309. 83 元之间差距巨大，非被上诉人工作失误能解释。4. 被上诉人的行为严重违反《中华人民共和国税收征收管理法》第四十五条规定。本案被处置的破产财产早在 2003 年就抵押给中国工商银行宁夏吴忠分行，后该债权已转移给中国长城资产公司，均为担保债权，本息共计 18, 052, 348. 84 元，涉案税收先于担保债权予以扣划于法无据。5. 被上诉人的行为违反《中华人民共和国企业破产法》第十九条有关债务人财产的保全措施应予解除的规定，且因本案系破产程序非民事执行程序，原审在判决中依据“国税函（2005）869 号国家税务总局关于人民法院强制执行被执行人财产有关税收问题的复函”作出判决属于适用法律错误。综上，原判决适用法律错误，认定事实错误，请求二审依法裁判。

二审法院认为，本案的争议焦点主要集中在：1. 上诉人是否应当承担履行缴纳因破产企业的财产变价处置而产生的税费；2. 被上诉人扣缴的税费是否属于法律所规定的破产费用；3. 应缴纳的国家税收应在破产清偿程序的何种环节予以扣缴。针对第一个焦点问题，根据《中华人民共和国企业破产法》第二十五条的规定，上诉人作为接受指定的破产企业管理人，依法必须承担履行缴纳破产人所欠税款的职责和义务。宁夏盛世开元拍卖行与宁夏正豪投资置业有限公司签订的有关拍卖成交后由竞买人承担相关税费的约定属民事权利义务约定，该约定超越法律法规所确定的权利义务，在纳税义务人尚未履行纳税义务前并不能必然导致上诉人丧失作为破产企业管理人应当承担的职责义务。针对第二个焦点问题，根据《中华人民共和国企业破产法》第四十一条第（二）项规定，管理、变价和分配债务人财产的费用属于破产费用。《中华人民共和国企业破产法》规定人民法院受理启动破产程序后，债务人便丧失了对企业财产的管理和处分的权利，而是由人民法院指定的管理人接管债务人的财产，对其财产进行管理、变价和分配，必然要支出相应的费用，这些费用为破产费用。本案被上诉人所扣缴的税费属于破产企业管理人在对企业财产依法进行拍卖、变价后因财产增值而产生的增值税，并不是因变价行为本身而产生的费用，依法不属于《中华人民共和国企业破产法》所规定的破产费用。原审将上述费用认定为破产费用不当，应予纠正。针对第三个焦点问题，根据《中华人民共和国企业破产法》第一百一十三条的规定，破产财产在优先清偿破产费用和共益债务后，依照下列顺序清偿：（一）破产人所欠职工的工资和医疗、伤残补助、抚恤费用，所欠的应当划入职工个人账户的基本养老保险金、基本医疗保险费用，以及法律、行政法规规定应当支付给职工的补偿金；（二）破产人欠缴的除前项规定以外的社会保险费用和破产人所欠税款；（三）普通破产债权。该规定明确了破产人所欠税款在破产清偿程序中的顺序。被上诉人所依据的《中华人民共和国税收征收管理法》《中华人民共和国营业税暂行条例》等法律、法规仅是对被上诉人履行扣缴职责的行为、确定纳税义务主体以及确定纳税数额等事项所提供的法律、法规依据。上述法律、法规虽不与《中华人民共和国企业破产法》相冲突，但并不能作为认定所扣缴的税款属于破产费用并具有符合《中华人民共和国企业破产法》第一百一十三条规定的优先清偿的依据。最高人民法院国税函（2005）869 号《关于人民法院强制执行被上诉人财产有关税收问题的复函》不适用本案，原审法院适用该函认定本案事实不当，二审法院予以纠正。现吴忠宁燕塑料工业有限公司申请破产案件尚未进入《中华人民共和国企业破产法》第一百一十五条、第一百一十六条所规定的分配清偿程序，被上诉人即实施扣缴行为明显违反《中华人民共和国企业破产法》第一百一十三条的规定，该税收强制执行行为违法，原审认定该行政行为合法错误，应予纠正。此外，被上诉人在履行征收行为过程中，在未明确土地权属变更登记前是否应优先确保税收入缴的情况下，向吴忠市国土资源局出具《税务事项通知书》，存在重大瑕疵，该瑕疵不能成为被上诉人转嫁责任承担主体及超越《中华人民共和国企业破产法》第一百一十三条的规定实施扣缴行为的事由。

二审法院判决如下：

一、撤销宁夏回族自治区吴忠市利通区人民法院（2017）宁0302行初13号行政判决；

二、撤销被上诉人吴忠市利通区地方税务局作出的吴利地税强扣［2016］01号税收强制执行决定。

点评

本案涉及税法与破产法的交叉适用问题，下面逐一分析。

一、企业破产清算程序中的纳税人是谁

企业未进入破产清算程序之前，其是当然的纳税人。问题是企业进入破产清算程序之后，法院指定破产管理人全面接管破产企业，这是否导致纳税人的改变呢？答案是否。第一，企业进入破产清算程序，并不等于破产清算程序终结后企业主体资格的最终消灭，企业在破产清算程序中的纳税人资格不受影响。第二，《企业破产法》第二十五条规定："管理人履行下列职责：（一）接管债务人的财产、印章和账簿、文书等资料；（二）调查债务人财产状况，制作财产状况报告；（三）决定债务人的内部管理事务；（四）决定债务人的日常开支和其他必要开支；（五）在第一次债权人会议召开之前，决定继续或者停止债务人的营业；（六）管理和处分债务人的财产；（七）代表债务人参加诉讼、仲裁或者其他法律程序；（八）提议召开债权人会议；（九）人民法院认为管理人应当履行的其他职责。本法对管理人的职责另有规定的，适用其规定。"该条只是规定管理人的职责，并不是规定企业的纳税人资格变更为管理人。第三，纳税人资格的法律依据应当由税法规定，而不是破产法。我国税法并未规定企业在破产清算程序中丧失了纳税人资格，而变更为管理人。第四，地方税务局的规范性文件也明确企业在破产清算程序中仍然是纳税人。《山西省地方税务局关于破产企业清算组变卖或拍卖破产企业的不动产征收营业税的批复》规定："你局《关于破产清算组变卖或拍卖破产企业的不动产是否应缴纳营业税的请示》（运署地税流发（2000）32号）收悉。经请示国家税务总局，现批复如下：企业宣告破产以后，由清算组接管破产企业，但破产企业仍拥有财产所有权。清算组在清算过程中发生变卖或拍卖破产企业不动产的行为，根据《中华人民共和国营业税暂行条例》

第一条及其《实施细则》第四条、第十一条的规定，属于‘销售不动产’营业税税目征税范围，纳税义务人为破产企业。鉴于原企业已宣告破产，因此由清算小组负责缴纳销售不动产营业税税款。”上述地方税务局的规范性文件是请示国家税务总局之后作出的，也可看成是国家税务总局的观点。

二、破产财产拍卖产生的税款是否属于破产费用

第一，从破产法理上讲，破产费用是在破产程序中为全体债权人共同利益而支付的各项费用。破产财产拍卖产生的税款显然与全体债权人共同利益相冲突，因为税款的缴纳只会导致全体债权人可分配财产的减少。因此，税款与破产费用的定义和性质不符。第二，《企业破产法》第四十一条规定：“人民法院受理破产申请后发生的下列费用，为破产费用：（一）破产案件的诉讼费用；（二）管理、变价和分配债务人财产的费用；（三）管理人执行职务的费用、报酬和聘用工作人员的费用。”《中华人民共和国企业破产法释义》（全国人大常务委员会法制工作委员会编）在“管理、变价和分配债务人财产的费用”解释列举中并未将拍卖破产财产产生的税款列入。王欣新教授独著的《破产法》（第三版）对破产费用的解释列举中也未提及税款。

三、应缴纳的国家税款应在破产清偿程序的何种环节予以扣缴

上文已述，破产财产拍卖产生的税款不属于破产费用。问题是其性质为何呢？其应当属于破产人所欠税款。《企业破产法》第一百一十三条第一款规定：“破产财产在优先清偿破产费用和共益债务后，依照下列顺序清偿：（一）破产人所欠职工的工资和医疗、伤残补助、抚恤费用，所欠的应当划入职工个人账户的基本养老保险、基本医疗保险费用，以及法律、行政法规规定应当支付给职工的补偿金；（二）破产人欠缴的除前项规定以外的社会保险费用和破产人所欠税款；（三）普通破产债权。”

法条链接

1.《企业破产法》

第四十一条 人民法院受理破产申请后发生的下列费用，为破产费用：

（一）破产案件的诉讼费用；

（二）管理、变价和分配债务人财产的费用；

（三）管理人执行职务的费用、报酬和聘用工作人员的费用。

第二章　具体税种纠纷

第一节　增值税纠纷

051. 增值税扣税凭证未能按照规定期限办理认证、确认或稽核比对的，能否抵扣其进项税额？

——河南开封得胜锅炉股份有限公司与福建省邵武市国家税务局等增值税纠纷案①

裁判要旨

增值税一般纳税人发生真实交易但由于客观原因造成增值税扣税凭证（包括增值税专用发票、海关进口增值税专用缴款书和机动车销售统一发票）未能按照规定期限办理认证、确认或者稽核比对的，经主管税务机关核实、逐级上报，由省税务局认证并稽核比对后，对比对相符的增值税扣税凭证，允许纳税人继续抵扣其进项税额。

基本案情

2011年4月20日，原告河南开封得胜锅炉股份有限公司（以下简称开封锅炉公司）与第三人福建省邵武市正兴武夷轮胎有限公司（以下简称正兴轮胎公司）签订《购销合同》一份。合同约定，第三人正兴轮胎公司向原告开封锅炉公司购买循环流化床锅炉一台、省煤器一台套、空气预热器一台，总价950,000元（含税、运费），交货地点为第三人指定仓库，签订合同60天交货。合同履行过程中，第三人多次向原告催要增值税专用发票，以便用于抵扣进项税额。但原告于2014年3月17日才将相关增值税发票传递给第三人，且发票开具时间落款

① 福建省邵武市人民法院（2015）邵行初字第6号行政判决书

为2012年5月31日。

2014年3月20日，福建省邵武市公证处出具（2014）闽邵证字第414号公证书一份，确认第三人正兴轮胎公司于2014年3月17日才收到原告开封锅炉公司于2012年5月31日开具的4张购货单位为第三人的增值税专用发票（发票抵扣联单号为00678881、00678882、00678883、00678884）。由于上述4张发票从开具之日（2012年5月31日）至第三人收到之日（2014年3月17日），间隔在180天以上，且不存在国家税务总局2011年第50号公告中规定的六种客观原因，造成第三人无法向税务部门申报抵扣进项税额。

第三人遂向法院提起民事诉讼，要求原告赔偿其经济损失。在上述民事案件诉讼期间，被告邵武国税局应第三人要求于2015年5月7日向第三人出具了“该发票已超过180天期限，无法认证”的确认证明。

原告认为，虽然增值税发票认证抵扣期限为180天，但国家税务总局在2011年第50号公告中又规定，由于经济纠纷原因逾期的，经税务机关审核，逐级上报，经国家税务总局认证，仍然可以认证抵扣。被告邵武国税局向第三人正兴轮胎公司出具了“该发票已超过180天期限，无法认证”的确认证明，将180天作为判断发票能否认证的必要条件，显然违反了行政规章的规定，属于违法行政，且损害了原告的合法权益，故诉请法院判决撤销被告作出的“该发票已超过180天期限，无法认证”的行政行为。

法院审理

被告邵武国税局辩称，1. 原告诉请撤销被告作出的行政行为，没有任何事实和理由。本案中被告并未作出任何行政行为，原告认为“该发票已超过180天期限，无法认证”系被告作出的行政行为，是原告对法律的错误理解和运用。被告在第三人提供抵税的发票上注明“该发票已超过180天期限，无法认证”是防伪税控系统自动生成的提示，仅是一个事实，不是结论，不属于被告作出的行政行为，更不存在撤销一说。2. 退一步来说，即使本案被告在第三人提供的发票上注明“该发票已超过180天期限，无法认证”属于行政行为，也不存在撤销的理由。根据国家税务总局公告2011年第50号规定，对增值税一般纳税人发生真实交易但由于客观原因造成增值税扣税凭证逾期的，经主管税务机关审核、逐级上报，由国家税务总局认证、稽核比对后，对比对相符的增值税扣税凭证，允许纳税人继续抵扣其进项税额。客观原因包括如下类型：1. 因自然灾害、社会突发事件等不可抗力因素造成增值税扣税凭证逾期；2. 增值税扣税凭证被盗、抢，或者因邮寄丢失、误递导致逾期；3. 有关司法、行政机关在办理业务或者检查中，扣押增值税扣税凭证，纳税人不能正常履行申报义务，或者税务机关信息系统、网络故障，未能及时处理纳税人网上认证数据等导致增值税扣税凭证逾期；4. 买卖双方因经济纠纷，未能及时传递增值税扣税凭证，或者纳税人变更纳税地点，注销旧户和重新办理税务登记的时间过长，导致增值税扣税凭证逾期；5. 由于企业办税人员伤亡、突发危重疾病或者擅自离职，未能办理交接手续，导致增值税扣税凭证逾期；6. 国家税务总局规定的其他情形。第三人称发票是由于原告的失误，没有及时将发票寄给第三人而造成增值税扣税凭证逾期，并非是由于经济纠纷导致的，故不属于国家税务总局公告 2011 年第 50 号中所列客观原因的情形，不能进行抵扣。如原告认为是由于经济纠纷的原因而导致逾期的，可按国家税务总局公告 2011 年第 50 号的规定，向主管税务机关申请办理逾期抵扣，由主管税务机关审核，逐级上报，由国家税务总局认证、稽核比对后，比对相符后，允许继续抵扣。

第三人正兴轮胎公司述称，1. 第三人与原告之间没有经济纠纷，货款已按合同约定支付给原告了。2011 年 4 月 20 日，第三人与原告签订循环化锅炉、省煤器、空气预热器购销合同，合同约定含税价款 950, 000 元。合同签订后，第三人按合同约定于 2012 年 5 月 20 日前已经支付原告货款 950, 000 元，第三人与原告之间不存在任何经济纠纷问题。2. 原告主观上的失误，导致增值税发票迟延交付第三人，超过税务法规规定的期限，无法办理认证抵扣。第三人向原告支付货款后，一直向原告催要增值税发票，但原告均未将增值税发票交给第三人。2014 年 3 月，原告告知第三人，由于原告业务员更换变动的原因，人为将已于 2012 年 5 月 31 日开具的增值税发票遗忘在抽屉，直到 2014 年 3 月 17 日，才用特快专递寄给第三人。此时，已超过国家税务局规定的 180 天的抵扣认证期限。第三人一直催原告给予处理和解决，但原告没有理睬，第三人才提起民事诉讼。3. 原告对国家税务总局 2011 第 50 号公告，片面理解，完全是误解和错误的。国家税务总局规定一般增值税抵扣的期限为 180 天内，遇客观原因，可以按照《逾期增值税扣税凭证抵扣管理办法》的规定，申请办理逾期抵扣手续。因原告方系人为遗忘已开具的增值税票据，不存在《逾期增值税扣税凭证抵扣管理办法》的客观原因的情形，但其却以与第三人之间存在经济纠纷为由提起行政诉讼，其诉请不应得到支持。4. 邵武国税局依法行使职权，作出的行政行为程序合法，适用的法律、法规正确，并无不当，邵武国税局就该增值税发票，作出“该发票已超过180天期限，无法认证”的行政行为，完全符合法律法规的规定。

法院判决如下：驳回原告河南开封得胜锅炉股份有限公司要求撤销被告福建省邵武市国家税务局作出的“该发票已超过180天期限，无法认证”的行政行为的诉讼请求。

点评

我国增值税征收实行“以票控税”，即根据增值税扣税凭证（包括增值税专用发票、海关进口增值税专用缴款书和机动车销售统一发票）以进项税额冲抵销项税额，且增值税扣税凭证必须经过税务机关认证后才能抵扣。增值税征管实务中常常发生增值税扣税凭证（包括增值税专用发票、海关进口增值税专用缴款书和机动车销售统一发票）未能按照规定期限办理认证、确认或者稽核比对的情形。对此，《国家税务总局公告2017年第36号——关于进一步优化增值税、消费税有关涉税事项办理程序的公告》第一条第一款规定：“自2018年1月1日起，逾期增值税扣税凭证继续抵扣事项由省税务局核准。允许继续抵扣的客观原因类型及报送资料等要求，按照修改后的《国家税务总局关于逾期增值税扣税凭证抵扣问题的公告》（国家税务总局公告2011年第50号）执行。”

《国家税务总局关于逾期增值税扣税凭证抵扣问题的公告》第一条规定：“增值税一般纳税人发生真实交易但由于客观原因造成增值税扣税凭证（包括增值税专用发票、海关进口增值税专用缴款书和机动车销售统一发票）未能按照规定期限办理认证、确认或者稽核比对的，经主管税务机关核实、逐级上报，由省税务局认证并稽核比对后，对比对相符的增值税扣税凭证，允许纳税人继续抵扣其进项税额。增值税一般纳税人由于除本公告第二条规定以外的其他原因造成增值税扣税凭证逾期的，仍应按照增值税扣税凭证抵扣期限有关规定执行。”第二条规定：“客观原因包括如下类型：（一）因自然灾害、社会突发事件等不可抗力因素造成增值税扣税凭证逾期；（二）增值税扣税凭证被盗、抢，或者因邮寄丢失、误递导致逾期；（三）有关司法、行政机关在办理业务或者检查中，扣押增值税扣税凭证，纳税人不能正常履行申报义务，或者税务机关信息系统、网络故障，未能及时处理纳税人网上认证数据等导致增值税扣税凭证逾期；（四）买卖双方因经济纠纷，未能及时传递增值税扣税凭证，或者纳税人变更纳税地点，注销旧户和重新办理税务登记的时间过长，导致增值税扣税凭证逾期；（五）由于企业办税人员伤亡、突发危重疾病或者擅自离职，未能办理交接手续，导致增值税扣税凭证逾期；（六）国家税务总局规定的其他情形。”

本案原告开封锅炉公司起诉邵武国税局，诉请法院判决撤销被告作出的“该发票已超过180天期限，无法认证”的行政行为，理由是虽然其出具给第三人正兴轮胎公司的增值税专用发票超过了认证期限，但是超期的原因是其与第三人正兴轮胎公司发生经济纠纷，属于法定的客观原因，依法可以继续申请认证。但是，相关证据表明超期认证的原因是原告自身的过错，因为原告2012年5月31日开具4张购货单位为第三人的增值税专用发票，但直到2014年3月17日第三人才收到，并不是原告与第三人发生经济纠纷。故法院判决原告败诉。

需要注意的是，依据《国家税务总局关于进一步优化增值税消费税有关涉税事项办理程序的公告》与《国家税务总局关于逾期增值税扣税凭证抵扣问题的公告》，逾期增值税扣税凭证继续抵扣事项由国家税务总局改为省税务局核准，认证期限也由180天改为360天。

法条链接

1.《国家税务总局关于进一步优化增值税消费税有关涉税事项办理程序的公告》

一、自2018年1月1日起，逾期增值税扣税凭证继续抵扣事项由省税务局核准。允许继续抵扣的客观原因类型及报送资料等要求，按照修改后的《国家税务总局关于逾期增值税扣税凭证抵扣问题的公告》（国家税务总局公告2011年第50号）执行。

各省税务局应在修改后的国家税务总局公告2011年第50号附件《逾期增值税扣税凭证抵扣管理办法》（以下简称《管理办法》）相关规定基础上，按照进一步深化税务系统“放管服”改革、优化税收环境的要求，以方便纳税人、利于税收管理为原则，进一步细化流程、明确时限、简化资料、改进服务。

二、自2017年11月1日起，纳税人同时申请汇总缴纳增值税和消费税的，在汇总纳税申请资料中予以说明即可，不需要就增值税、消费税分别报送申请资料。

三、对《国家税务总局关于逾期增值税扣税凭证抵扣问题的公告》（国家税务总局公告2011年第50号）作如下修改：

（一）第一条第一款修改为：“增值税一般纳税人发生真实交易但由于客观

原因造成增值税扣税凭证（包括增值税专用发票、海关进口增值税专用缴款书和机动车销售统一发票）未能按照规定期限办理认证、确认或者稽核比对的，经主管税务机关核实、逐级上报，由省税务局认证并稽核比对后，对比对相符的增值税扣税凭证，允许纳税人继续抵扣其进项税额”。

（二）删去第一条第三款：“本公告所称增值税扣税凭证，包括增值税专用发票、海关进口增值税专用缴款书和公路内河货物运输业统一发票”。

（三）将《管理办法》第四条第二款修改为：“主管税务机关核实无误后，应向上级税务机关上报，并将增值税扣税凭证逾期情况说明、第三方证明或说明、逾期增值税扣税凭证电子信息、逾期增值税扣税凭证复印件逐级上报至省税务局”。

（四）将《管理办法》第五条修改为：“省税务局对上报的资料进行案头复核，并对逾期增值税扣税凭证信息进行认证、稽核比对，对资料符合条件、稽核比对结果相符的，允许纳税人继续抵扣逾期增值税扣税凭证上所注明或计算的税额”。

2.《国家税务总局关于逾期增值税扣税凭证抵扣问题的公告》

一、增值税一般纳税人发生真实交易但由于客观原因造成增值税扣税凭证（包括增值税专用发票、海关进口增值税专用缴款书和机动车销售统一发票）未能按照规定期限办理认证、确认或者稽核比对的，经主管税务机关核实、逐级上报，由省税务局认证并稽核比对后，对比对相符的增值税扣税凭证，允许纳税人继续抵扣其进项税额。

增值税一般纳税人由于除本公告第二条规定以外的其他原因造成增值税扣税凭证逾期的，仍应按照增值税扣税凭证抵扣期限有关规定执行。

二、客观原因包括如下类型：

（一）因自然灾害、社会突发事件等不可抗力因素造成增值税扣税凭证逾期；

（二）增值税扣税凭证被盗、抢，或者因邮寄丢失、误递导致逾期；

（三）有关司法、行政机关在办理业务或者检查中，扣押增值税扣税凭证，纳税人不能正常履行申报义务，或者税务机关信息系统、网络故障，未能及时处理纳税人网上认证数据等导致增值税扣税凭证逾期；

（四）买卖双方因经济纠纷，未能及时传递增值税扣税凭证，或者纳税人变更纳税地点，注销旧户和重新办理税务登记的时间过长，导致增值税扣税凭证逾期；

（五）由于企业办税人员伤亡、突发危重疾病或者擅自离职，未能办理交接手续，导致增值税扣税凭证逾期；

（六）国家税务总局规定的其他情形。

三、增值税一般纳税人因客观原因造成增值税扣税凭证逾期的，可按照本公告附件《逾期增值税扣税凭证抵扣管理办法》的规定，申请办理逾期抵扣手续。

3.《国家税务总局关于调整增值税扣税凭证抵扣期限有关问题的通知》

一、增值税一般纳税人取得2010年1月1日以后开具的增值税专用发票、公路内河货物运输业统一发票和机动车销售统一发票，应在开具之日起180日内到税务机关办理认证，并在认证通过的次月申报期内，向主管税务机关申报抵扣进项税额。

二、实行海关进口增值税专用缴款书（以下简称海关缴款书）“先比对后抵扣”管理办法的增值税一般纳税人取得2010年1月1日以后开具的海关缴款书，应在开具之日起180日内向主管税务机关报送《海关完税凭证抵扣清单》（包括纸质资料和电子数据）申请稽核比对。

未实行海关缴款书“先比对后抵扣”管理办法的增值税一般纳税人取得2010年1月1日以后开具的海关缴款书，应在开具之日起180日后的第一个纳税申报期结束以前，向主管税务机关申报抵扣进项税额。

三、增值税一般纳税人取得2010年1月1日以后开具的增值税专用发票、公路内河货物运输业统一发票、机动车销售统一发票以及海关缴款书，未在规定期限内到税务机关办理认证、申报抵扣或者申请稽核比对的，不得作为合法的增值税扣税凭证，不得计算进项税额抵扣。

4.《国家税务总局关于进一步明确营改增有关征管问题的公告》

十、自2017年7月1日起，增值税一般纳税人取得的2017年7月1日及以后开具的增值税专用发票和机动车销售统一发票，应自开具之日起360日内认证或登录增值税发票选择确认平台进行确认，并在规定的纳税申报期内，向主管国税机关申报抵扣进项税额。

增值税一般纳税人取得的2017年7月1日及以后开具的海关进口增值税专用缴款书，应自开具之日起360日内向主管国税机关报送《海关完税凭证抵扣清单》，申请稽核比对。

纳税人取得的2017年6月30日前开具的增值税扣税凭证，仍按《国家税务总局关于调整增值税扣税凭证抵扣期限有关问题的通知》（国税函〔2009〕617

号）执行。

除本公告第九条和第十条以外，其他条款自2017年5月1日起施行。此前已发生未处理的事项，按照本公告规定执行。

052. 企业购进货物必须在验收入库或付款后才能申报抵扣增值税进项税额吗？

——杭州萧山凤祥轻纺原料有限公司与嘉兴市昊欣纺织品有限公司买卖合同纠纷上诉案①

裁判要旨

《国家税务总局关于加强增值税征收管理工作的通知》②（国税发［1995］15号）第二条规定：工业生产企业购进货物（包括外购货物所支付的运输费用），必须在购进的货物已经验收入库后，才能申报抵扣进项税额；商业企业购进货物（包括外购货物所支付的运输费用），必须在购进的货物付款后才能申报抵扣进项税额。但是，《国家税务总局关于增值税一般纳税人取得防伪税控系统开具的增值税专用发票进项税额抵扣问题的通知》（国税发［2003］17号）第三条规定："增值税一般纳税人取得防伪税控系统开具的增值税专用发票，其专用发票所列明的购进货物或应税劳务的进项税额抵扣时限，不再执行《国家税务总局关于加强增值税征收管理工作的通知》（国税发［1995］015号）中第二条有关进项税额申报抵扣时限的规定。"

基本案情

嘉兴市昊欣纺织品有限公司（以下简称昊欣公司）自2012年10月23日至2013年4月25日间向杭州萧山凤祥轻纺原料有限公司（以下简称凤祥公司）购买包覆丝86,534.42公斤，凤祥公司向昊欣公司开具了价值1,477,870.08元的增值税发票15份。

昊欣公司曾于2013年4月14日退回凤祥公司包覆丝507.39公斤，故昊欣公

① 浙江省嘉兴市中级人民法院（2015）浙嘉商终字第128号民事判决书

② 本篇法规已被《国家税务总局关于发布已失效或废止有关增值税规范性文件清单的通知》废止。

司实收包覆丝 86,027.03 公斤，价款共计 1,469,290.79 元，昊欣公司已支付货款 1,180,000 元，余款 289,290.79 元未付。遂成讼。

法院审理

原审法院审理认为：本案双方对存在买卖合同关系及昊欣公司已支付货款 1,180,000 元的事实均无异议。本案争议焦点在于昊欣公司尚欠凤祥公司货款的金额。凤祥公司虽未提交货物交付的凭证，但昊欣公司于庭审中自认双方存在买卖关系，且自认收到凤祥公司开具的 15 份增值税发票并已抵扣认证，为此原审法院认为，凤祥公司提交的《浙江增值税专用发票》及双方当事人有关陈述内容已形成证据链，能够证明凤祥公司向昊欣公司供货、昊欣公司已支付部分货款的事实。凤祥公司自认已收到退货 507.39 公斤，其主张的货款总金额应为 1,469,290.79 元，小于 15 份发票票面总金额 1,477,870.08 元，予以确认，昊欣公司实际尚欠凤祥公司 289,290.79 元。

昊欣公司辩称货款已经付清，对此原审法院认为，参考《国家税务总局关于加强增值税征收管理工作的通知》中的有关规定，企业必须在购进的货物已经验收入库后，才能申报抵扣进项税额，对货物尚未到达企业或尚未验收入库的，其进项税额不得作为纳税人当期进项税额予以抵扣；另外，根据双方之前的交易习惯，昊欣公司明知双方在一定时期内有持续业务往来，且已收到凤祥公司供应的部分货物并支付了部分货款，在此情形下，未收到涉诉货物却对凤祥公司开具的 15 份发票并均予以认证抵扣，不合常理，故对昊欣公司的该项辩解意见不予采信。

原审法院判决如下：一、昊欣公司于判决生效后十日内给付凤祥公司货款 289,290.79 元及逾期付款利息损失（以货款 289,290.79 元为基数，自 2014 年 8 月 8 日起按中国人民银行同期同档次贷款基准年利率计算至本判决确定期限内的实际给付之日止）；二、驳回凤祥公司的其他诉讼请求。

宣判后，昊欣公司不服原审判决，向二审法院提出上诉称：

一、原审认定事实错误。首先，双方诉争交易从 2012 年 11 月 7 日开始，至 2013 年 5 月下旬因包覆丝质量问题终止，原审判决认定昊欣公司自 2012 年 10 月 23 日至 2013 年 4 月 25 日向凤祥公司购买包覆丝错误，与事实不符。其次，原审判决认为只要双方存在买卖关系，昊欣公司承认收到 1,180,000 元货物就可依已抵扣增值税发票来认定货物交付数量与事实、逻辑、法律不符：一则，凤祥公司仅收到1,180,000元货物，本案多余发票开具抵扣后，因凤祥公司的货物出现了质量问题，协商未果，中途终止了交易，故实收货物少于发票载明的货物，原审判决不顾交易实况认定昊欣公司收到1,469,290.79元货物犯了以偏概全的逻辑错误；二则，原审判决仅凭凤祥公司提交的已抵扣增值税发票认定昊欣公司实际收到货物，违反了《最高人民法院关于审理买卖合同纠纷案件适用法律问题的解释》第八条的规定。

二、原审判决适用法律错误，原审法院参照的《国家税务总局关于加强增值税征收管理工作的通知》早已被废止，且昊欣公司系商业企业，原审法院将“工业生产企业”参照成“企业”弄错了主体。且因双方有持续业务往来，先开的发票会被后续交易充实，故昊欣公司在未收到货物情况下对收到的发票进行抵扣，该行为完全符合双方的交易习惯和常理。双方后来因产品质量问题协商未果而中途终止了交易，原审法院不能据此否定昊欣公司抵扣税款行为的合理性。

二审法院认为，本案争议的焦点在于此后交易中昊欣公司是否尚欠货款未付。对此，二审法院认为，首先，双方业务系持续交易而非即时结清形式，且昊欣公司并不持有送货单等对账凭证，其在收取并抵扣凤祥公司开具的15份票面总金额为1,477,870.08元的增值税发票后仅收到1,180,000元货物，却从未向凤祥公司要求交付剩余货物，显然不符合常理。更何况，其对已付1,180,000元所对应的货物交付明细无法说明，也无法就双方滚动交易中该款项以何为据进行支付等给出合理解释。其次，2014年3月26日凤祥公司向昊欣公司发送律师函催讨货款，该函明确了欠款金额，但昊欣公司在回函中并未就欠款一事提出异议，反而仅就产品质量问题及如何解决进行了说明，如其在抵扣增值税发票后一直未收到载明的相应货物，则其在凤祥公司催讨货款时的该种反应也显然不符合常理。最后，尽管昊欣公司对凤祥公司提供的大部分出库单不予认可，但其认可的两份出库单所载数量、金额与送货当月经其抵扣的增值税发票所记载的数量、金额一一对应，也可以印证凤祥公司主张其系根据出库单开具发票，双方以发票进行结算的说法。

二审法院驳回上诉，维持原判。

点评

本案虽然是一个买卖合同纠纷案件，但是审理法院为查明法律事实引用并阐释了一份税收规范性文件——《国家税务总局关于加强增值税征收管理工作的通知》（国税发［1995］15号）。审理法院认为依据上述规范性文件，“企业必须在购进的货物已经验收入库后，才能申报抵扣进项税额，对货物尚未到达企业或尚未验收入库的，其进项税额不得作为纳税人当期进项税额予以抵扣”。具体而言，审理法院上述观点所依据的是国税发［1995］15号文第二条：“增值税一般纳税人购进货物或应税劳务，其进项税额申报抵扣的时间，按以下规定执行：（一）工业生产企业购进货物（包括外购货物所支付的运输费用），必须在购进的货物已经验收入库后，才能申报抵扣进项税额，对货物尚未到达企业或尚未验收入库的，其进项税额不得作为纳税人当期进项税额予以抵扣。（二）商业企业购进货物（包括外购货物所支付的运输费用），必须在购进的货物付款后才能申报抵扣进项税额，尚未付款或尚未开出、承兑商业汇票的，其进项税额不得作为纳税人当期进项税额予以抵扣。（三）一般纳税人购进应税劳务，必须在劳务费用支付后，才能申报抵扣进项税额，对接收应税劳务，但尚未支付款项的，其进项税额不得作为纳税人当期进项税额予以抵扣。增值税一般纳税人违反上述规定的，按偷税论处，一经查出，则应从当期进项税额中剔除，并在该进项发票上注明，以后不论其货物到达或验收入库，或支付款项，均不得计入进项税额申报抵扣。”事实上，上述文件于2009年失效，且关于增值税进项税额抵扣的规定已经修改。《国家税务总局关于增值税一般纳税人取得防伪税控系统开具的增值税专用发票进项税额抵扣问题的通知》第三条规定：“增值税一般纳税人取得防伪税控系统开具的增值税专用发票，其专用发票所列明的购进货物或应税劳务的进项税额抵扣时限，不再执行《国家税务总局关于加强增值税征收管理工作的通知》（国税发［1995］015号）中第二条有关进项税额申报抵扣时限的规定。”因此，自2003年开始，企业购进货物就无需在验收入库或付款后才能申报抵扣增值税进项税额，只要取得的增值税专用发票合法，皆可直接申报抵扣。

为了与增值税进项税额抵扣规定的修订相适应，也为了防止法官根据增值税专用发票抵扣的事实直接推定买卖合同标的已经交付，《最高人民法院关于审理买卖合同纠纷案件适用法律问题的解释》第八条第一款规定：“出卖人仅以增值税专用发票及税款抵扣资料证明其已履行交付标的物义务，买受人不认可的，出卖人应当提供其他证据证明交付标的物的事实。”

法条链接

1.《国家税务总局关于增值税一般纳税人取得防伪税控系统开具的增值税专用发票进项税额抵扣问题的通知》

三、增值税一般纳税人取得防伪税控系统开具的增值税专用发票，其专用发票所列明的购进货物或应税劳务的进项税额抵扣时限，不再执行《国家税务总局关于加强增值税征收管理工作的通知》（国税发［1995］015号）中第二条有关进项税额申报抵扣时限的规定。

2.《最高人民法院关于审理买卖合同纠纷案件适用法律问题的解释》

第八条 出卖人仅以增值税专用发票及税款抵扣资料证明其已履行交付标的物义务，买受人不认可的，出卖人应当提供其他证据证明交付标的物的事实。

合同约定或者当事人之间习惯以普通发票作为付款凭证，买受人以普通发票证明已经履行付款义务的，人民法院应予支持，但有相反证据足以推翻的除外。

053. 善意取得虚开的增值税专用发票，能否抵扣进项税额？

——沈阳东管冶金设备有限责任公司与沈阳市国家税务局第二稽查局增值税纠纷案①

裁判要旨

纳税人善意取得虚开的增值税专用发票，如能重新取得合法、有效的专用发票，准许其抵扣进项税款；如不能重新取得合法、有效的专用发票，不准其抵扣进项税款或追缴其已抵扣的进项税款。

基本案情

2012年10月15日，沈阳市国家税务局第二稽查局（以下简称第二稽查局）给沈阳东管冶金设备有限责任公司（以下简称东管公司）下达了第二稽查检通一（2012）226号税务检查通知书，检查原告2008年1月1日至2011年12月31日期间涉税情况。经检查，第二稽查局认为东管公司有涉税违法事实，于2012

① 辽宁省沈阳市中级人民法院（2015）沈中行终字第153号行政判决书

年11月20日作出第二稽查处（2012）155号《税务处理决定书》和第二稽查罚（2012）151号《税务行政处罚决定书》。

东管公司不服，缴纳涉税款后，向沈阳市国家税务局申请行政复议，后撤回了复议申请。

2013年1月31日，第二稽查局撤销了2012年11月20日作出的《税务处理决定书》及《税务行政处罚决定书》。2013年6月4日，第二稽查局认定东管公司取得的诉涉增值税专用发票是虚开的，认为东管公司应补缴增值税及企业所得税，据此作出第二稽查处（2013）4号《税务处理决定书》。东管公司不服，向沈阳市国家税务局再次申请行政复议。

2013年10月16日，该局作出复议决定，维持了被告作出的第二稽查处（2013）4号《税务处理决定书》。

东管公司仍不服，诉至法院。

法院审理

原审认为，根据《中华人民共和国税收征收管理法》第五条、《中华人民共和国税收征收管理法实施细则》第九条、《中华人民共和国发票管理办法》第四条、第三十条的规定，被告具有税收征收管理、发票检查、查处偷税、逃避追缴欠税及作出税务处理决定的法定职权。本案中，东管公司从铁岭经济开发区旭升工业炉有限公司及辽宁宁宝金属物资有限公司所取得的诉涉增值税专用发票已经被国家税务总局稽查局、铁岭市国家税务局稽查局证实为虚开的增值税专用发票。被告根据东管公司取得虚开的增值税专用发票用以抵扣进项税款的事实，根据《中华人民共和国税收征收管理法》《中华人民共和国增值税暂行条例》《中华人民共和国企业所得税法》的相关规定及国税发（1997）134号、国税发（2000）187号、国税函（2007）1240号文件的规定，确定原告为善意取得虚开的增值税专用发票，并对原告作出补缴增值税，补缴企业所得税及滞纳金，对已缴纳增值税的滞纳金111,948.01元予以退回，对应缴增值税罚款167,849.01元予以撤销的被诉税务处理决定，认定事实清楚，适用法律正确，符合法律规定。

关于东管公司提出其存在真实合法的购货交易，合法取得诉涉增值税发票且该发票经过沈阳市和平区国税局认证，合法有效，应予以抵扣进项税款的主张。根据国税发（2000）187号《国家税务总局关于纳税人善意取得虚开的增值税专用发票处理问题的通知》规定，“购货方与销售方存在真实的交易，销售方使用的是其所作省（自治区、直辖市和计划单列市）的专用发票，……且没有证据表明购货方知道销售方提供的专用发票是以非法手段获得的，对购货方不以偷税或骗取出口退税论处。但应按有关规定不予抵扣进项税款或不予出口退税；购货方已经抵扣的进项税款或取得的出口退税，应依法追缴”。国税函（2007）1240号《关于纳税人善意取得虚开增值税专用发票已抵扣税款加收滞纳金问题的批复》规定，“……纳税人善意取得虚开的增值税专用发票，如能重新取得合法、有效的专用发票，准许其抵扣进项税款；如不能重新取得合法、有效的专用发票，不准许其抵扣进项税款或追缴其已抵扣的进项税款”。因东管公司所取得的诉涉增值税专用发票已经被国家税务总局稽查局、铁岭市国家税务局稽查局证实为虚开的增值税专用发票，而且东管公司未能重新取得合法、有效的专用发票，故东管公司要求抵扣进项税款的主张，没有事实及法律依据，不予支持。

关于东管公司主张第二稽查局作出的《税务处理决定》送达方式程序违法的问题。因第二稽查局在可以直接送达的情况下，对东管公司采用公告方式送达显属不当，故程序存在瑕疵。但是，第二稽查局在送达程序上的瑕疵并未影响原告行使其实体权利，故该程序瑕疵并不足以导致被诉税务处理决定被撤销。

依照《最高人民法院关于执行〈中华人民共和国行政诉讼法〉若干问题的解释》第五十六条（四）项之规定，原审法院判决：驳回原告沈阳东管冶金设备有限责任公司要求撤销被告沈阳市国家税务局第二稽查局作出的第二稽查处（2013）4号《税务处理决定书》的诉讼请求。

东管公司不服一审判决，提起上诉。

二审法院驳回上诉，维持原判。

点评

本案的争议焦点是善意取得虚开的增值税专用发票能否抵扣进项税额。所谓善意，是指受票人的主观状态，需要根据客观因素进行判断，主要是指虚开的增值税专用发票所依赖的交易真实，且票面所记载信息与真实交易相符。国家税务总局对善意取得虚开的增值税专用发票此种情况最初并未考虑，而是不分善意恶意，只要取得虚开的增值税专用发票，一律要求严惩。《国家税务总局关于纳税人取得虚开的增值税专用发票处理问题的通知》第一条规定：“受票方利用他人虚开的专用发票，向税务机关申报抵扣税款进行偷税的，应当依照《中华人民共和国税收征收管理法》及有关规定追缴税款，处以偷税数额五倍以下的罚款；进项税金大于销项税金的，还应当调减其留抵的进项税额。利用虚开的专用发票进行骗取出口退税的，应当依法追缴税款，处以骗税数额五倍以下的罚款。”《国家税务总局关于〈国家税务总局关于纳税人取得虚开的增值税专用发票处理问题的通知〉的补充通知》针对上述规范性文件再次强调，只要符合若干条件，无论购货方（受票方）与销售方是否进行了实际的交易，增值税专用发票所注明的数量、金额与实际交易是否相符，购货方向税务机关申请抵扣进项税款或者出口退税的，对其均应按偷税或者骗取出口退税处理。

由于国家税务总局未考虑到维护善意取得虚开的增值税专用发票的纳税人的合法权益，导致税收征管实践中出现众多纳税争议。针对此种情况，国家税务总局又发布了《国家税务总局关于纳税人善意取得虚开的增值税专用发票处理问题的通知》，进一步明确：如果是善意取得虚开的增值税专用发票，对购货方不以偷税或者骗取出口退税论处。但应按有关规定不予抵扣进项税款或者不予出口、退税；购货方已经抵扣的进项税款或者取得的出口退税，应依法追缴。如果购货方能够重新从销售方取得防伪税控系统开出的合法、有效专用发票的，或者取得手工开出的合法、有效专用发票且取得了销售方所在地税务机关或者正在依法对销售方虚开专用发票行为进行查处证明的，购货方所在地税务机关应依法准予抵扣进项税款或者出口退税。之后，《国家税务总局关于纳税人善意取得虚开增值税专用发票已抵扣税款加收滞纳金问题的批复》再次明确：纳税人善意取得虚开的增值税专用发票指购货方与销售方存在真实交易，且购货方不知取得的增值税专用发票是以非法手段获得的。纳税人善意取得虚开的增值税专用发票，如能重新取得合法、有效的专用发票，准许其抵扣进项税款；如不能重新取得合法、有效的专用发票，不准其抵扣进项税款或追缴其已抵扣的进项税款。纳税人善意取得虚开的增值税专用发票被依法追缴已抵扣税款的，不属于税收征收管理法第三十二条“纳税人未按照规定期限缴纳税款”的情形，不适用该条“税务机关除责令限期缴纳外，从滞纳税款之日起，按日加收滞纳税款万分之五的滞纳金”的规定。

结合本案例，因东管公司是善意取得虚开的增值税专用发票，法院依据上述规范性文件，认为税务机关的处理决定合法，并驳回东管公司的起诉。

需要思考的是，国家税务总局的上述规范性文件是否合法合理。第一，我们需要分析增值税的原理。增值税，是对销售的货物、不动产、无形资产、提供的劳务及其他应税行为发生的增值额进行纳税。简言之，有增值税则纳税，反之不纳税。第二，我们进一步分析上述规范性文件是否符合增值税原理。纳税人善意取得虚开的增值税发票，因其交易真实，且发票所载信息与真实交易相符，故其在该项交易中的增值额与增值税发票的真假无关，即其是否取得真实的增值税发票不影响该交易的增值额。因此，即使其取得虚开的增值税专用发票并进行了抵扣，其并未减轻或逃避法定的增值税纳税义务。而国家税务总局的上述规范性文件规定善意取得虚开的增值税专用发票的纳税人，不能抵扣进项税款，如已抵扣，则必须追缴其已抵扣的进项税款，这直接导致受票方多缴纳了增值税，金额为虚开的增值税发票所记载的进项税额。此种结果实际上是纳税人超出了增值额的范围缴纳增值税，与增值税原理相冲突。第三，善意取得虚开的增值税发票的受票方主观为善意，无任何过错，不应当成为责任方，对其进行任何追责是不公平的。真正需要担责的是开票方，因其主观上存在恶意。第四，国家税务总局的上述规范性文件是依据开票方的过错来处罚受票方，实质上是打错了板子。综上，善意取得虚开的增值税发票的受票方主观上善意，客观上并未逃避或减轻其纳税义务，税务机关不应当对其追责，故国家税务总局的相关规范性文件违背增值税法理和原理，应当修改。

法条链接

1.《国家税务总局关于纳税人取得虚开的增值税专用发票处理问题的通知》

最近，一些地区国家税务局询问，对纳税人取得虚开的增值税专用发票（以下简称专用发票）如何处理。经研究，现明确如下：

一、受票方利用他人虚开的专用发票，向税务机关申报抵扣税款进行偷税的，应当依照《中华人民共和国税收征收管理法》及有关规定追缴税款，处以偷税数额五倍以下的罚款；进项税金大于销项税金的，还应当调减其留抵的进项税额。利用虚开的专用发票进行骗取出口退税的，应当依法追缴税款，处以骗税数额五倍以下的罚款。

二、在货物交易中，购货方从销售方取得第三方开具的专用发票，或者从销货地以外的地区取得专用发票，向税务机关申报抵扣税款或者申请出口退税的，应当按偷税、骗取出口退税处理，依照《中华人民共和国税收征收管理法》及有关规定追缴税款，处以偷税、骗税数额五倍以下的罚款。

三、纳税人以上述第一条、第二条所列的方式取得专用发票未申报抵扣税款，或者未申请出口退税的，应当依照《中华人民共和国发票管理办法》及有关规定，按所取得专用发票的份数，分别处以 1 万元以下的罚款；但知道或者应当知道取得的是虚开的专用发票，或者让他人为自己提供虚开的专用发票的，应当从重处罚。

四、利用虚开的专用发票进行偷税、骗税，构成犯罪的，税务机关依法进行追缴税款等行政处理，并移送司法机关追究刑事责任。

2.《国家税务总局关于〈国家税务总局关于纳税人取得虚开的增值税专用发票处理问题的通知〉的补充通知》

为了严格贯彻执行《国家税务总局关于纳税人取得虚开的增值税专用发票处理问题的通知》(国税发〔1997〕134 号，以下简称 134 号文件)，严厉打击虚开增值税专用发票活动，保护纳税人的合法权益，现对有关问题进一步明确如下：

有下列情形之一的，无论购货方（受票方）与销售方是否进行了实际的交易，增值税专用发票所注明的数量、金额与实际交易是否相符，购货方向税务机关申请抵扣进项税款或者出口退税的，对其均应按偷税或者骗取出口退税处理。

一、购货方取得的增值税专用发票所注明的销售方名称、印章与其进行实际交易的销售方不符的，即 134 号文件第二条规定的“购货方从销售方取得第三方开具的专用发票”的情况。

二、购货方取得的增值税专用发票为销售方所在省（自治区、直辖市和计划单列市）以外地区的，即 134 号文件第二条规定的“从销货地以外的地区取得专用发票”的情况。

三、其他有证据表明购货方明知取得的增值税专用发票系销售方以非法手段获得的，即 134 号文件第一条规定的“受票方利用他人虚开的专用发票，向税务机关申报抵扣税款进行偷税”的情况。

3.《国家税务总局关于纳税人善意取得虚开的增值税专用发票处理问题的通知》

近接一些地区反映：在购货方（受票方）不知道取得的增值税专用发票（以下简称专用发票）是销售方虚开的情况下，对购货方应当如何处理的问题不够明确。经研究，现明确如下：

购货方与销售方存在真实的交易，销售方使用的是其所在省（自治区、直辖市和计划单列市）的专用发票，专用发票注明的销售方名称、印章、货物数量、金额及税额等全部内容与实际相符，且没有证据表明购货方知道销售方提供的专用发票是以非法手段获得的，对购货方不以偷税或者骗取出口退税论处。但应按有关规定不予抵扣进项税款或者不予出口、退税；购货方已经抵扣的进项税款或者取得的出口退税，应依法追缴。

购货方能够重新从销售方取得防伪税控系统开出的合法、有效专用发票的，或者取得手工开出的合法、有效专用发票且取得了销售方所在地税务机关或者正在依法对销售方虚开专用发票行为进行查处证明的，购货方所在地税务机关应依法准予抵扣进项税款或者出口退税。

如有证据表明购货方在进项税款得到抵扣、或者获得出口退税前知道该专用发票是销售方以非法手段获得的，对购货方应按《国家税务总局关于纳税人取得虚开的增值税专用发票处理问题的通知》(国税发［1997］134号）和《国家税务总局关于〈国家税务总局关于纳税人取得虚开的增值税专用发票处理问题的通知〉的补充通知》(国税发［2000］182号）的规定处理。

本通知自印发之日起执行。

4.《国家税务总局关于纳税人善意取得虚开增值税专用发票已抵扣税款加收滞纳金问题的批复》

广东省国家税务局：

你局《关于纳税人善意取得增值税专用发票和其他抵扣凭证追缴税款是否加收滞纳金的请示》(粤国税发［2007］188号）收悉。经研究，批复如下：

根据《国家税务总局关于纳税人善意取得虚开的增值税专用发票处理问题的通知》(国税发［2000］187号）规定，纳税人善意取得虚开的增值税专用发票指购货方与销售方存在真实交易，且购货方不知取得的增值税专用发票是以非法手段获得的。纳税人善意取得虚开的增值税专用发票，如能重新取得合法、有效的专用发票，准许其抵扣进项税款；如不能重新取得合法、有效的专用发票，不准其抵扣进项税款或追缴其已抵扣的进项税款。

纳税人善意取得虚开的增值税专用发票被依法追缴已抵扣税款的，不属于税收征收管理法第三十二条“纳税人未按照规定期限缴纳税款”的情形，不适用该条“税务机关除责令限期缴纳外，从滞纳税款之日起，按日加收滞纳税款万分之五的滞纳金”的规定。

054. 出口企业利用虚假的出口货物运输单据向税务机关备案能否取得出口退税？

——常州对外贸易有限公司与常州市国家税务局稽查局、江苏省常州市国家税务局复议决定上诉案①

裁判要旨

出口企业提供虚假的运输单据备案，不适用增值税退（免）税和免税政策，并视同内销货物征收增值税。如果出口企业无法取得原始运输单据，可用具有相似内容或作用的其他单证进行单证备案。为了防范被认定为虚假备案单证的风险，出口企业最好事先与税务机关沟通，请后者明确何谓具有相似内容或作用的其他单证。

基本案情

常州市国家税务局稽查局（以下简称市国税稽查局）于2012年4月17日至2015年2月4日对常州对外贸易有限公司（以下简称外贸公司）2009年1月1日至2012年3月31日期间纳税情况进行检查，经向海运提单开具单位调查核实，取得了相关货代和船公司出具的书面证明，证实外贸公司提供的备案单证（海运提单）中有45份为虚假海运提单。

税务稽查期间，市国税稽查局分别于2013年9月27日和2014年4月11日两次以《税务事项通知书》的形式告知外贸公司其在检查过程中发现的税收违法事实和依据，并要求外贸公司在指定期限内提供真实的海运提单及相关证据。外贸公司分别于2013年10月18日和2014年4月21日出具两份申诉说明，并向市国税稽查局提供了蛇口集装箱码头有限公司和盐田国际集装箱码头有限公司于2013年10月15日开具的两份证明，用于证明本案所涉的45份海运提单对应的货柜已经从上述两码头出口。根据检查情况，市国税稽查局于2015年5月8日作出常国税稽处［2015］34号税务处理决定书，其中第二条认定常州外贸公司提供的备案单证（海运提单）有45份为虚假海运提单，据此依据《国家税务总

① 江苏省常州市中级人民法院（2016）苏04行终30号行政判决书

局关于出口货物退（免）税实行有关单证备案管理制度（暂行）的通知》（国税发［2005］199号，以下简称［2005］199号文）第六条规定，追缴外贸公司已取得的出口退税3,362,650.43元。外贸公司认为市国税稽查局的处理依据不充分且认定有误，于2015年6月18日向市国税局申请行政复议，市国税局于2015年8月13日作出常国税复字决字［2015］1号行政复议决定书，维持了市国税稽查局作出的上述税务处理决定。外贸公司不服，于2015年9月9日诉至原审法院，认为常国税稽处［2015］34号税务处理决定第二条认定事实不清、适用法律错误，请求法院撤销该税务处理决定第二条，并退还已追缴的出口退税款。

法院审理

原审法院认为，本案被诉行政行为是市国税稽查局作出的［2015］34号税务处理决定第二条关于追缴外贸公司取得的出口退税3,362,650.43元的决定。围绕该税务处理决定第二条，本案的争议焦点有二：一是认定海运提单虚假的证据是否充分；二是处理决定适用的法律依据是否正确。

关于认定海运提单虚假的证据是否充分的问题。市国税稽查局在稽查过程中获取了马鲁巴货运代理有限公司等五家公司出具的书面证明，证明本案所涉45份海运提单并非上述五家公司开具。同时，这五家公司还提供了详细的海运提单查询清单，并对部分提单中单号形式不符、营业时间不符、起运港口不符以及不具备开具海运提单资格等问题进行了说明，进一步证明了海运提单虚假的事实。对此外贸公司虽持有异议，但在税务稽查和本案审理过程中均未能提供相应的反证，而其提供的货物离港证明也只能证明相应的货物已经从港口起运的事实，并不能证明上述45份海运提单的真实性。因此，市国税稽查局在作出税务处理决定时根据上述五公司出具的证明，可以确认本案所涉的45份海运提单是虚假的这一事实。

关于税务处理决定适用法律依据是否正确的问题。首先，按照［2005］199号文第一条的规定，海运提单属于应备案的单证。本案中所涉的45份海运提单确系外贸公司提供，且被证明是虚假的，属于［2005］199号文第六条“出口企业提供虚假备案单证”的情形，市国税稽查局依照［2005］199号文第六条的规定作出及时追回已退（免）税款的税务处理决定并无不妥。其次，关于外贸公司主张其并无提供海运提单义务一节。因外贸公司涉案业务的价格条款为FOB，货物的船运环节并不受其掌控，故外贸公司主张应适用《关于〈出口货物劳务增值税和消费税管理办法〉有关问题的公告》（国税总局公告 2013 年第 12 号，以下简称［2013］12 号文）第五条第（八）款之规定，即“因出口货物的成交方式特性，企业没有有关备案单证的情况除外”，免除其涉案 FOB 条款下的单证备案义务。对此原审法院认为，FOB 的成交方式并未被明示免除单证备案义务，且本案所涉出口业务均为 2010 年发生，当时税务部门按照旧的规范性文件要求外贸公司提供单证备案并无不妥，而外贸公司也确实对相应的海运提单进行了备案，并未出现“没有有关备案单证的情况”。

第三，关于［2005］199 号文第六条被废止后能否适用的问题。在溯及力方面，我国的法律体系遵循的是“从旧兼从轻”的溯及既往原则。《税收规范性文件制定管理办法》第十三条规定，税收规范性文件不得溯及既往，但为了更好地保护税务行政相对人权利和利益而作的特别规定除外。［2005］199 号文是由国家税务总局制定和发布的一份规范性文件，其中第六条在 2012 年被《出口货物劳务增值税和消费税管理办法》（国税总局公告 2012 年第 24 号，以下简称［2012］24 号文）的《废止文件目录》废止。同时，［2012］24 号文第十三条第（三）款规定，出口企业提供虚假备案单证的，主管税务机关应按照《税收征管法》第七十条的规定处罚。而根据《财政部、国家税务总局关于出口货物劳务增值税和消费税政策的通知》（财税［2012］39 号，以下简称财税 39 号文）第七条第（一）款第 4 项和第九条第（二）款第 5 项规定，出口企业或其他单位提供虚假备案单证的货物，不适用增值税退（免）税和免税政策；发生增值税、消费税不应退税或免税但已实际退税或免税的，出口企业和其他单位应当补缴已退或已免税款。可见，依据财税 39 号文和［2012］24 号文的规定，出口企业提供虚假备案单证的，仍要补缴已退税款，同时应按照《税收征管法》第七十条的规定处罚，并不存在“为了更好地保护税务行政相对人权利和利益而作的”特别规定。可以说，财税 39 号文和［2012］24 号文的规定实际上是对［2005］199 号文第六条的一种完善和细化，同时并没有“减轻”的条款，在溯及既往时只能“从旧”。本案外贸公司提供虚假海运提单时，［2005］199 号文第六条尚未被废止，理应适用。虽然本案的税务处理决定是在 2015 年作出，但税务机关根据行为发生时应适用的规范性文件作出处理决定，并无不当。

原审法院遂判决：驳回外贸公司的诉讼请求。

上诉人外贸公司上诉称，1. 被诉行政行为适用的法律依据已经被明文废止，违反了有效性原则。国税发［2005］199 号文第六条作为《中华人民共和国税收征收管理法》的一个实施性规定，已经在2012年的《出口货物劳务增值税和消费税管理办法》中被明文废止，市国税稽查局适用该废止的规范性文件处理本案适用法律错误。原审法院滥用“从旧兼从轻”原则，将用被废止的规范性文件作为依据的案涉具体行政行为，论证为适用法律法规正确实属错误。《最高人民法院关于审理行政案件适用法律规范问题的座谈会纪要》反映出来的精神是，如果一项法律依据已被明文废止，不管出现什么情况，都不应再适用，而本案恰恰违背了上述法律精神。2. 被诉行政行为适用的文件不具有合理性。案涉业务的价格条款为FOB，决定了船运环节不受上诉人掌控，定舱和案涉五家货代公司均由国外客户直接指定，外贸公司根本接触不到海运提单。能接触的只有货代公司的货代提单。外贸公司的任务是把出口货物送到指定仓库后向海关申报，因此报关单就能够说明上诉人的出口业务是真实存在，之所以能够拿到提单，是为了满足税务机关备案的要求而向他人索取的，这种索取既没有法律上的依据，也存在对方可给可不给的情况，而且上诉人的备案行为是否合法完全取决于对方提单的真伪，正是这种要求行政相对人提供自己没有的资料的不合理性，国家税务总局2013年底12号公告《关于〈出口货物增值税和消费税管理办法〉有关问题的公告》第五项第（八）条，规定了因出口货物的成交方式特性，企业没有有关备案单证的，仍适用免税政策，这是对以往错误的一种纠正，是一种制度上的进步，本案应当适用该新规定，上诉人不需要提交海运提单，更谈不上虚假的问题。

二审法院驳回上诉，维持原判。

点评

为了防止企业骗取出口退税，国家税务总局出台专门规范性文件要求出口企业将包括运输单据在内的出口货物退（免）税有关单证进行备案。《国家税务总局关于出口货物退（免）税实行有关单证备案管理制度（暂行）的通知》第一条规定，出口企业自营或委托出口属于退（免）增值税或消费税的货物，最迟应在申报出口货物退（免）税后15天内，将下列出口货物单证在企业财务部门备案：（一）外贸企业购货合同、生产企业收购非自产货物出口的购货合同，包括一笔购销合同下签订的补充合同等；（二）出口货物明细单；（三）出口货物装货单；（四）出口货物运输单据（包括：海运提单、航空运单、铁路运单、货物承运收据、邮政收据等承运人出具的货物收据）。第六条规定，出口企业提供虚假备案单证、不如实反映情况，或者不能提供备案单证的，税务机关除按照《中华人民共和国税收征收管理法》第六十四条、第七十条的规定处罚外，应及时追回已退（免）税款，未办理退（免）税的，不再办理退（免）税，并视同内销货物征税。但是，上述文件中第一条、第六条已经被《国家税务总局关于发布〈出口货物劳务增值税和消费税管理办法〉的公告（一）》废止，后者第八条第四款规定："出口企业应在申报出口退（免）税后15日内，将所申报退（免）税货物的下列单证，按申报退（免）税的出口货物顺序，填写《出口货物备案单证目录》，注明备案单证存放地点，以备主管税务机关核查。1. 外贸企业购货合同、生产企业收购非自产货物出口的购货合同，包括一笔购销合同下签订的补充合同等；2. 出口货物装货单；3. 出口货物运输单据（包括：海运提单、航空运单、铁路运单、货物承运单据、邮政收据等承运人出具的货物单据，以及出口企业承付运费的国内运输单证）。若有无法取得上述原始单证情况的，出口企业可用具有相似内容或作用的其他单证进行单证备案。除另有规定外，备案单证由出口企业存放和保管，不得擅自损毁，保存期为5年。视同出口货物及对外提供修理修配劳务不实行备案单证管理。"

本案税务机关对出口企业外贸公司2009年1月1日至2012年3月31日期间纳税情况进行检查，经向海运提单开具单位调查核实，取得了相关货代和船公司出具的书面证明，证实外贸公司提供的备案单证（海运提单）中有45份为虚假海运提单。税务机关依据《关于出口货物退（免）税实行有关单证备案管理制度（暂行）的通知》，追缴外贸公司已取得的出口退税3, 362, 650. 43元符合规定。另外，《财政部、国家税务总局关于出口货物劳务增值税和消费税政策的通知》第七条也规定，出口企业或其他单位提供虚假备案单证的货物，不适用增值税退（免）税和免税政策，而应征收增值税。

本案纳税人外贸公司与买方签订的国际货物买卖合同约定的价格条款是FOB，即买方负责派船接运货物，卖方应在合同规定的装运港和规定的期限内将货物装上买方指定的船只，并及时通知买方。货物在装运港被装上指定船时，风险即由卖方转移至买方。此种情况下，运输单据通常由买方控制，卖方无法取得原始运输单据，如果买方不配合，卖方连运输单据的复印件也无法取得。为了防范被认定为虚假备案单证的税务风险，建议出口企业事先与税务机关进行沟通，让税务机关明确具有相似内容或作用的单证的范围，以替代原始运输单据，并保留相关证据。一旦税务机关进行税务稽查时，全面如实说明情况，提供相关证据，依法维护自身的合法权益。

法条链接

1.《国家税务总局关于发布〈出口货物劳务增值税和消费税管理办法〉的公告（一）》

八、退（免）税原始凭证的有关规定

（四）有关备案单证

出口企业应在申报出口退（免）税后15日内，将所申报退（免）税货物的下列单证，按申报退（免）税的出口货物顺序，填写《出口货物备案单证目录》，注明备案单证存放地点，以备主管税务机关核查。

1. 外贸企业购货合同、生产企业收购非自产货物出口的购货合同，包括一笔购销合同下签订的补充合同等；

2. 出口货物装货单；

3. 出口货物运输单据（包括：海运提单、航空运单、铁路运单、货物承运单据、邮政收据等承运人出具的货物单据，以及出口企业承付运费的国内运输单证）。

若有无法取得上述原始单证情况的，出口企业可用具有相似内容或作用的其他单证进行单证备案。除另有规定外，备案单证由出口企业存放和保管，不得擅自损毁，保存期为5年。

视同出口货物及对外提供修理修配劳务不实行备案单证管理。

2.《财政部、国家税务总局关于出口货物劳务增值税和消费税政策的通知》（财税［2012］39号）

七、适用增值税征税政策的出口货物劳务

下列出口货物劳务，不适用增值税退（免）税和免税政策，按下列规定及视同内销货物征税的其他规定征收增值税（以下称增值税征税）：

（一）适用范围

4. 出口企业或其他单位提供虚假备案单证的货物。

055. 税务机关对纳税人安置残疾人就业的增值税即征即退申请的审批期限是多少？

——北京首实机械加工厂与北京市石景山区国家税务局履行法定职责上诉案①

裁判要旨

我国税收法律、法规、规章及其他规范性文件并未明确规定税务机关对纳税人安置残疾人就业的增值税即征即退申请的审批期限，但是，行政机关作出行政裁量的期限合理性是其基本要求，如果行政机关迟迟不作处理，则属不履行法定职责，法院应当直接判定具体的履行法定职责的期限。

基本案情

2014 年 4 月 23 日，北京首实机械加工厂（以下简称首实加工厂）向北京市石景山区国家税务局第一税务所（以下简称第一税务所）提交所属时间为 2013 年 12 月的残疾人就业增值税即征即退申请，申请退税 414, 167. 14 元。收到首实加工厂的申请后，第一税务所于当日向首实加工厂出具了《税务文书受理回执单》（石一国领取（8140256）号），注明：纳税人识别号：110107783225176；纳税人名称：北京首实机械加工厂；税务文书类型：残疾人即征即退；受理部门：北京市石景山区国家税务局第一税务所；受理日期：2014 年 4 月 23 日；预计领取日期：2014 年 5 月 22 日。

提交申请后，首实加工厂未收到退税款，向石景山国税局申请复议，要求第一税务所支付 2013 年 41 万元。2015 年 1 月 30 日，石景山国税局作出《行政复议决定书》（石国税复决字（2015）1 号），驳回了首实加工厂的复议申请。

首实加工厂不服，以第一税务所为被告提起本案行政诉讼。诉讼过程中，法院告知首实加工厂应以北京市石景山区国家税务局（以下简称石景山国税局）为被告，首实加工厂同意，本案变更被告为石景山国税局。首实加工厂请求法院判决石景山国税局对其于 2014 年 4 月 23 日提出的有关办理所属期 2013 年 12 月

---

① 北京市第一中级人民法院（2015）一中行终字第 1737 号行政判决书

福利企业即征即退税款414,167.14元的申请履行支付的法定职责。

法院审理

原审法院认为，首实加工厂于2014年4月23日向第一税务所提交残疾人就业增值税即征即退申请。第一税务所受理申请后，作出注明预计领取时间的《税务文书受理回执单》，并将申请材料交石景山国税局相关部门进行审核，石景山国税局理应在合理的期限内作出处理。现石景山国税局至今未支付退税款，亦未对首实加工厂的申请作出处理，应认定其存在不履行法定职责的行为。石景山国税局应在合理期限内，对首实加工厂的申请履行裁量处理的职责。

对于首实加工厂要求石景山国税局对其于2014年4月23日提出的申请履行支付职责的诉讼请求，由于首实加工厂提交的申请能否获得批准、退税款能否支付，需要石景山国税局在行政程序中进行裁量判断。故对首实加工厂提出的在本案中直接判决石景山国税局履行支付的法定职责的诉讼请求，法院不予支持。原审法院判决如下：1. 石景山国税局于该判决生效后60日内对首实加工厂于2014年4月23日提出的残疾人就业增值税即征即退申请履行裁量处理的职责；2. 驳回首实加工厂其他诉讼请求。

上诉人首实加工厂不服上诉，其主要上诉理由为：根据国家税务总局公告（2011年第60号）《关于调整增值税即征即退优惠政策管理措施有关问题的公告》的规定，即征即退增值税优惠政策应先退税，税务机关无需裁量，故对于上诉人提交的申请能否获得批准、退税款能否支付，无需石景山国税局在行政程序中裁量，原审法院关于此问题的认定错误。综上，请求二审法院撤销原审判决，判决石景山国税局履行给付退税款义务。

被上诉人石景山国税局辩称：根据相关法律规定，即征即退增值税优惠政策的享受需要首先获得相应资格，之后对于申请人提出的退税申请，税务机关需要审核条件，符合条件的给予退税。石景山国税局对于首实加工厂的申请正在审核过程中，而相关法律法规对于审核期限并无规定。基于实际解决问题的考虑，请求维持原审判决。

二审法院驳回上诉，维持原判。

点评

为了鼓励企业吸收残疾人就业，财政部和国家税务总局出台了诸多规范性文件，对安置残疾人的单位实行由税务机关按单位实际安置残疾人的人数，限额即征即退增值税。具体规范性文件主要包括：《财政部、国家税务总局关于促进残疾人就业增值税优惠政策的通知》《国家税务总局、民政部、中国残疾人联合会关于促进残疾人就业税收优惠政策征管办法的通知》《国家税务总局公告2011年第60号——关于调整增值税即征即退优惠政策管理措施有关问题的公告》《促进残疾人就业增值税优惠政策管理办法》等。问题是，上述文件皆未明确税务机关在接到纳税人的即征即退申请后应当多长时间作出是否退税的决定。这也反映了我国许多税收规范性文件的通病：对税务机关的行政裁量未规定期限。此种作法方便了税务机关，但也间接引发税务机关的怠政，对税务事项久拖不决，严重损害纳税人的权利。因此，法院在裁判此类争议时，不能因税收法律、法规、规章及其他规范性文件未规定期限就支持税务机关拖延处理的作法，而应当依据行政裁量合理期限的行政法理，直接判定税务机关在多少日内作出决定。

本案纳税人首实加工厂于2014年4月23日向税务机关提交增值税即征即退申请，但直到2015年初税务机关未作出任何处理，时间已经过去9个月，而对纳税人的即征即退申请作出决定是税务机关的法定职责。税务机关长达9个月的时间对纳税人的增值税即征即退申请不予处理，超过了行政裁量的合理期限，属于不履行法定职责，故法院直接判定石景山国税局于判决生效后60日内对首实加工厂于2014年4月23日提出的残疾人就业增值税即征即退申请履行裁量处理的职责。

法条链接

1.《财政部、国家税务总局关于促进残疾人就业增值税优惠政策的通知》

一、对安置残疾人的单位和个体工商户（以下称纳税人），实行由税务机关按纳税人安置残疾人的人数，限额即征即退增值税的办法。

安置的每位残疾人每月可退还的增值税具体限额，由县级以上税务机关根据纳税人所在区县（含县级市、旗，下同）适用的经省（含自治区、直辖市、计划单列市，下同）人民政府批准的月最低工资标准的4倍确定。

2.《促进残疾人就业增值税优惠政策管理办法》

第二条 纳税人享受安置残疾人增值税即征即退优惠政策，适用本办法规定。

本办法所指纳税人，是指安置残疾人的单位和个体工商户。

第八条 主管税务机关受理退税申请后，查询纳税人的纳税信用等级，对符合信用条件的，审核计算应退增值税额，并按规定办理退税。

3.《行政诉讼法》

第七十二条 人民法院经过审理，查明被告不履行法定职责的，判决被告在一定期限内履行。

第二节 企业所得税纠纷

056. 企业所得税的纳税期限为何？

——深圳市科拓投资有限公司与深圳市国家税务局稽查局征收行为上诉案①

裁判要旨

企业所得税分月或者分季预缴。企业应当自月份或者季度终了之日起十五日内，向税务机关报送预缴企业所得税纳税申报表，预缴税款。企业应当自年度终了之日起五个月内，向税务机关报送年度企业所得税纳税申报表，并汇算清缴，结清应缴应退税款。

基本案情

2006年7月7日，深圳市福田区国家税务局向原告深圳市科拓投资有限公司发出深国税福企核（2006）第10786号《核定征收通知书》，主要内容：同意认定原告企业所得税实行核定征收。执行日期2006年7月1日起；核定企业行业：其他行业；核定征收方式：核定应税所得率（按收入总额）；应税所得率：10%。

2008年4月11日，深圳市福田区国家税务局向原告发出深国税福企核（2008）第0270号《取消核定征收通知书》，主要内容：同意认定原告申请，企业所得税征收方式由核定征收改为查账征收。执行日期2008年1月1日起。诉讼中原告主张已按核定征收方式缴纳了其2007年度的企业所得税802,573.58元，被告深圳市国家税务局稽查局未否认。原告提交的银行委托收款凭证显示，

① 广东省深圳市中级人民法院（2013）深中法行终字第126号行政判决书

原告于2007年4月9日缴纳2007年第一季度企业所得税3,723.84元，于2007年7月16日缴纳2007年第二季度企业所得税531,728.07元，于2007年10月18日缴纳2007年第三季度企业所得税144,121.22元，于2008年1月15日缴纳2007年第四季度企业所得税123,000.45元，全年合计缴纳企业所得税802,573.58元。

2011年5月13日，被告深圳市国家税务局稽查局作出深国税稽处（2011）0016号《税务处理决定书》，决定追缴原告2007年度少缴的企业所得税7,646,038.20元。

原告不服，申请行政复议。

2011年10月9日，深圳市国家税务局作出深国税复议（2011）17号《税务行政复议决定书》，认为被告主要事实认定不清、证据不足，决定撤销被告的上述税务处理决定行为，并责令被告重新作出处理。

2012年1月5日，被告深圳市国家税务局稽查局作出深国税稽处（2012）W1号《税务处理决定书》，主要内容为：根据《中华人民共和国税收征收管理法》的有关规定，被告于2010年9月17日至2011年11月18日，对原告2006年1月1日至2007年12月31日期间的纳税和经营情况进行了检查。现就检查发现的税务违法行为，依照有关规定对原告作出如下处理：一、税务违法事实。经对原告2006年1月1日至2007年12月31日各相关账簿资料进行检查，查实原告2006年度取得收入4,013,181.48元，扣除项目合计934,797.26元，纳税调整前所得3,078,384.22元，弥补2002－2005年度已申报的亏损2,445,498.22元后，应纳税所得额为632,886.00元，应交企业所得税94,932.90元，已缴企业所得税57,534.66元。2007年度取得收入合计62,361,666.56元，其中，免税的投资收益16,165,996.74元，应税的投资收益为37,188,473.52元，扣除项目合计6,037,588.02元，应纳税所得额为40,158,081.80元，应交企业所得税6,023,712.27元，已缴企业所得税802,573.58元。根据《中华人民共和国企业所得税暂行条例》第一条、第四条、《中华人民共和国企业所得税暂行条例实施细则》第六条和《深圳市人民政府关于深圳特区企业税收政策若干问题的规定》（深府（1988）232号）第六条的规定，查实原告2006年少缴企业所得税37,398.24元，2007年度少缴企业所得税5,221,138.69元。原告上述少缴税款行为违反了《中华人民共和国税收征收管理法》第四条和《中华人民共和国企业所得税暂行条例》第一条之规定。二、处理依据及处理决定。由于相关税务机关在对原告2006－2007年度实行核定征收企业所得税中行政行为中有失当之处，根据《中华人民共和国税收征收管理法》第五十二条，原告2006年度少缴企业所得税已超过三年的税款追征期，不作补税处理；并根据《中华人民共和国税收征收管理法》第五十二条和《中华人民共和国企业所得税暂行条例》第四条的规定，追缴原告2007年度少缴企业所得税5,221,138.69元，不予加收滞纳金。

原告不服，申请行政复议。

2012年5月10日，深圳市国家税务局作出深国税复议（2012）14号《税务行政复议决定书》，维持了被告作出的深国税稽处（2012）W1号《税务处理决定书》的具体行政行为。

原告仍不服，遂向法院提起行政诉讼。

另查，2012年5月10日，深圳市福田区国家税务局向原告发出深国税福发（2012）14号《关于撤销〈核定征收通知书〉（深国税福企核（2006）第10786号）的决定》，决定撤销其2006年7月7日作出的深国税福企核（2006）第10786号《核定征收通知书》，原告不服已另案提起行政诉讼。

法院审理

原审法院认为，《中华人民共和国企业所得税法》第五十四条规定，企业所得税分月或者分季预缴。企业应当自月份或者季度终了之日起十五日内，向税务机关报送预缴企业所得税纳税申报表，预缴税款。企业应当自年度终了之日起五个月内，向税务机关报送年度企业所得税纳税申报表，并汇算清缴，结清应缴应退税款……本案证据显示，深圳市福田区国家税务局已核定，从2006年7月1日起至2007年12月31日止，原告企业所得税实行核定征收，核定征收方式为核定应税所得率（按收入总额），原告按核定征收方式分季缴纳了2007年度的企业所得税802,573.58元。

依照《中华人民共和国税收征收管理法》第五十二条第一款规定，因税务机关责任，致使纳税人、扣缴义务人未缴或少缴税款的，税务机关在三年内可以要求纳税人、扣缴义务人补缴税款，但是不得加收滞纳金。案中，原告缴纳2007年第四季度企业所得税的时间是2008年1月15日，依照上述规定，如认为原告少缴纳企业所得税，应在三年内，即2011年1月15日前要求原告补缴，但被告2011年5月13日才作出深国税稽处（2011）0016号《税务处理决定书》向原告追缴，超过了上述规定的补缴期限。

被告主张依照《中华人民共和国企业所得税法》第五十四条的规定，原告应当自年度终了之日起五个月内报送年度企业所得税纳税申报表，即原告应在2008年5月31日前汇算清缴2007年度企业所得税，因此，其追缴期限应为2008年6月1日起三年内，其于2011年5月13日已作出深国税稽处（2011）0016号《税务处理决定书》，未超过追缴期限。而深国税稽处（2012）W1号《税务处理决定书》的处理范围未超过深国税稽处（2011）0016号《税务处理决定书》的处理范围，因此不存在超过追缴期限问题。法院认为，《中华人民共和国企业所得税法》第五十四条的规定，是对企业缴纳企业所得税时间的宽限规定，是指企业可以在5月31日前清缴上年度企业所得税。本案中，原告是按季度缴纳企业所得税，缴纳2007年第四季度企业所得税的时间是2008年1月15日，依照《中华人民共和国税收征收管理法》第五十二条规定，如认为原告少缴纳企业所得税，应在2011年1月15日前要求原告补缴，但被告2011年5月13日才要求原告补缴，超过了三年补缴期限。因此，被告关于其要求原告补缴2007年度企业所得税未超过追缴期限的主张不成立，不予采纳。

经审判委员会讨论决定，原审法院判决撤销被告深圳市国家税务局稽查局于2012年1月5日作出的深国税稽处（2012）W1号《税务处理决定书》的具体行政行为。

深圳市国家税务局稽查局不服该判决，提起上诉。上诉请求：1. 撤销（2012）深福法行初字第345号行政判决；2. 改判驳回被上诉人的诉讼请求，维持深国税稽处（2012）W1号《税务处理决定书》；3. 由被上诉人承担本案的全部诉讼费用。主要事实与理由：一、原审判决认定事实不清。企业所得税是采取“按年计算，分期预缴，年终汇算清缴”的办法征收的，预缴是为了保证税款均衡入库的一种手段。企业的收入和费用列支要到企业的一个会计年度结束后才能准确计算出来，平时在预缴中无论是采用按纳税期限的实际数预缴，还是按上一年度应纳税所得额的一定比例预缴，或者按其他方法预缴，都存在不能准确计算当期应纳税所得额的问题。原审判决未识别和区分企业所得税“预缴”和“汇算清缴”的概念，笼统地将“预缴”理解并认定为“缴纳”。原审判决仅确认了“预缴”的事实，不关注也未查明“汇算清缴”的事实情况，根据上诉人提供的证据，被上诉人是在2008年5月20日向主管税务机关申报汇算清缴的，原审判决未查明这一重要事实。二、原审判决适用法律错误。原审判决适用《中华人民共和国企业所得税法》第五十四条，认定被上诉人预缴2007年度第四季度企业所得税的时间为补缴期限的起算点错误，具体理由如下：1. 如前所述，企业所得税是“按年计算，分期预缴，年终汇算清缴”，只有到汇算清缴之日才能确定年度的企业所得税。被上诉人按季度缴交的企业所得税仅为预缴性质，是可以在汇算清缴之日进行调整，多退少补的。原审法院将汇算清缴期限认定为“企业缴纳企业所得税时间的宽限期”是错误的。汇算清缴期限应理解为确定并应缴清年度企业所得税的期限。2. 上诉人在国税稽处（2012）W1 号《税务处理决定书》中要求被上诉人补缴的是 2007 年度少缴的企业所得税，而在 2008 年 1 月 15 日，2007 年度的企业所得税仍未确定，上诉人何以要求被上诉人补缴税款？被上诉人是在 2008 年 5 月 20 日才向主管税务机关申报汇算清缴 2007 年度企业所得税，即在 2008 年 5 月 20 日才确定其 2007 年度企业所得税。上诉人已在 2011 年 5 月 13 日作出深国税稽处（2011）0016 号《税务处理决定书》并于 2011 年 5 月 19 日送达该《税务处理决定书》，要求被上诉人补缴 2007 年度少缴的企业所得税，未超过三年的补缴期限。3. 《国家税务总局关于欠税追缴期限有关问题的批复》规定：“税收征管法第 52 条有关追征期限的规定，是指因税务机关或纳税人的责任造成未缴或少缴税款在一定期限内未发现的，超过此期限不再追征。纳税人已申报或税务机关已查处的欠缴税款，税务机关不受该条追征期规定的限制，应当依法无限期追缴税款。”上诉人于 2012 年 1 月 5 日作出的国税稽处（2012）W1 号《税务处理决定书》所查处的欠缴税款已由上诉人于 2011 年 5 月 13 日作出的深国税稽处（2011）0016 号《税务处理决定书》查处，在深国税稽处（2011）0016 号《税务处理决定书》查处的欠缴税款范围之内。因此，上诉人以深国税稽处（2012）W1 号《税务处理决定书》要求被上诉人补缴 2007 年度少缴企业所得税 5, 221, 138. 69 元，未超过法定补缴期限。4. 《中华人民共和国税收征收管理法实施细则》第八十三条规定：“税收征管法第五十二条规定的补缴和追征税款、滞纳金的期限，自纳税人、扣缴义务人应缴未缴或者少缴税款之日起计算。”根据《企业所得税法》第五十四条第三款以及《国家税务总局关于做好 2007 年度内、外资企业所得税汇算清缴工作的通知》（国税函（2008）85 号）第二条第（一）款3［3］规定，5 月 31 日为纳税人应缴上—年度企业所得税税款的期限，在 5 月 31 日前纳税人均可自行申报和调整上一年度的企业所得税。因此，上一年度企业所得税的补缴期限自 5 月 31 日起计算。5. 本案中，被上诉人是在 2008 年 5 月 20 日才向主管税务机关申报汇算清缴，即被上诉人首次确定其 2007 年度企业所得税的时间是在 2008 年 5 月 20 日。根据上述法律规定，被上诉人在2008年5月31日前均可调整其年度企业所得税，应缴年度企业所得税的期限为2008年5月31日。因此，上诉人要求被上诉人补缴税款的期限为自2008年6月1日起三年内。上诉人作出深国税稽处（2012）W1号《税务处理决定书》不存在超出补缴期限的情况，程序合法。综上所述，上诉人不存在超过补缴期限要求被上诉人补缴2007年度少缴企业所得税的情形，上诉人作出深国税稽处（2012）W1号《税务处理决定书》的行为完全是依法行政，不存在违法情形。

二审法院驳回上诉，维持原判。

点评

《企业所得税法》第五十三条第一款规定："企业所得税按纳税年度计算。纳税年度自公历1月1日起至12月31日止。"第五十四条规定："企业所得税分月或者分季预缴。企业应当自月份或者季度终了之日起十五日内，向税务机关报送预缴企业所得税纳税申报表，预缴税款。企业应当自年度终了之日起五个月内，向税务机关报送年度企业所得税纳税申报表，并汇算清缴，结清应缴应退税款。企业在报送企业所得税纳税申报表时，应当按照规定附送财务会计报告和其他有关资料。"据此，企业所得税的征收方式是分月或分季预缴，年度终了汇算清缴，故纳税期限分两种情况：第一，预缴的纳税期限，是自月份或者季度终了之日起十五日内。第二，年度汇算清缴的纳税期限，是自年度终了之日起五个月内。由于企业所得税是按纳税年度计算，其纳税年度自公历1月1日起至12月31日止，故企业所得税是对企业一个会计年度内经营所得征税。企业所得税按月或按季预缴是为了平滑国家税收收入的剧烈波动，且企业一个纳税年度最终需要缴纳多少企业所得税必须等纳税年度终了后才能准确计算，故一个纳税年度内应缴企业所得税的纳税期限应当是年度终了之日起五个月内。

本案纳税人深圳市科拓投资有限公司被税务机关认定对企业所得税实行核定征收，执行日期自2006年7月1日起至2007年12月31日。2011年5月13日，深圳市国家税务局稽查局作出深国税稽处（2011）0016号《税务处理决定书》，决定追缴纳税人2007年度少缴的企业所得税7,646,038.20元。《税收征收管理法》第五十二条第一款规定："因税务机关的责任，致使纳税人、扣缴义务人未缴或者少缴税款的，税务机关在三年内可以要求纳税人、扣缴义务人补缴税款，但是不得加收滞纳金。"本案纳税人少缴企业所得税是税务机关的责任，故税务机关三年内可以要求纳税人补缴。如果纳税人的企业所得税纳税期限是年度终了后五个月内，则从 2008 年 5 月 31 日起算三年的终止日为 2011 年 5 月 31 日，税务机关于 2011 年 5 月 13 日作出《税务处理决定书》，未超过三年，故纳税人应当补缴少缴的企业所得税。《企业所得税核定征收办法（试行）》第十三条规定："纳税人实行核定应税所得率方式的，按下列规定申报纳税：（一）主管税务机关根据纳税人应纳税额的大小确定纳税人按月或者按季预缴，年终汇算清缴。预缴方法一经确定，一个纳税年度内不得改变。（二）纳税人应依照确定的应税所得率计算纳税期间实际应缴纳的税额，进行预缴。按实际数额预缴有困难的，经主管税务机关同意，可按上一年度应纳税额的 1/12 或 1/4 预缴，或者按经主管税务机关认可的其他方法预缴。（三）纳税人预缴税款或年终进行汇算清缴时，应按规定填写《中华人民共和国企业所得税月（季）度预缴纳税申报表（B 类）》，在规定的纳税申报时限内报送主管税务机关。"本案纳税人深圳市科拓投资有限公司被税务机关核定的企业所得税征收方式为核定应税所得率，依据上述规定应当按月或者按季预缴，年终汇算清缴。因此，其纳税期限应当是 2008 年 1 月 1 日至 5 月 31 日。本案法院的判决有待商榷。

法条链接

1.《企业所得税核定征收办法（试行）》

第四条 税务机关应根据纳税人具体情况，对核定征收企业所得税的纳税人，核定应税所得率或者核定应纳所得税额。

具有下列情形之一的，核定其应税所得率：

（一）能正确核算（查实）收入总额，但不能正确核算（查实）成本费用总额的；

（二）能正确核算（查实）成本费用总额，但不能正确核算（查实）收入总额的；

（三）通过合理方法，能计算和推定纳税人收入总额或成本费用总额的。

纳税人不属于以上情形的，核定其应纳所得税额。

第六条 采用应税所得率方式核定征收企业所得税的，应纳所得税额计算公式如下：

应纳所得税额 = 应纳税所得额 × 适用税率

应纳税所得额 = 应税收入额 × 应税所得率

或：应纳税所得额 = 成本（费用）支出额/（1 − 应税所得率）×应税所得率

第十三条 纳税人实行核定应税所得率方式的，按下列规定申报纳税：

（一）主管税务机关根据纳税人应纳税额的大小确定纳税人按月或者按季预缴，年终汇算清缴。预缴方法一经确定，一个纳税年度内不得改变。

（二）纳税人应依照确定的应税所得率计算纳税期间实际应缴纳的税额，进行预缴。按实际数额预缴有困难的，经主管税务机关同意，可按上一年度应纳税额的1/12或1/4预缴，或者按经主管税务机关认可的其他方法预缴。

（三）纳税人预缴税款或年终进行汇算清缴时，应按规定填写《中华人民共和国企业所得税月（季）度预缴纳税申报表（B类）》，在规定的纳税申报时限内报送主管税务机关。

第十四条 纳税人实行核定应纳所得税额方式的，按下列规定申报纳税：

（一）纳税人在应纳所得税额尚未确定之前，可暂按上年度应纳所得税额的1/12或1/4预缴，或者按经主管税务机关认可的其他方法，按月或按季分期预缴。

（二）在应纳所得税额确定以后，减除当年已预缴的所得税额，余额按剩余月份或季度均分，以此确定以后各月或各季的应纳税额，由纳税人按月或按季填写《中华人民共和国企业所得税月（季）度预缴纳税申报表（B类）》，在规定的纳税申报期限内进行纳税申报。

（三）纳税人年度终了后，在规定的时限内按照实际经营额或实际应纳税额向税务机关申报纳税。申报额超过核定经营额或应纳税额的，按申报额缴纳税款；申报额低于核定经营额或应纳税额的，按核定经营额或应纳税额缴纳税款。

2.《企业所得税法》

第五十三条 企业所得税按纳税年度计算。纳税年度自公历1月1日起至12月31日止。

企业在一个纳税年度中间开业，或者终止经营活动，使该纳税年度的实际经营期不足十二个月的，应当以其实际经营期为一个纳税年度。

企业依法清算时，应当以清算期间作为一个纳税年度。

第五十四条 企业所得税分月或者分季预缴。

企业应当自月份或者季度终了之日起十五日内，向税务机关报送预缴企业所得税纳税申报表，预缴税款。

企业应当自年度终了之日起五个月内，向税务机关报送年度企业所得税纳税申报表，并汇算清缴，结清应缴应退税款。

企业在报送企业所得税纳税申报表时，应当按照规定附送财务会计报告和其他有关资料。

057. 企业所得税的应纳税所得额计算是适用收付实现制还是权责发生制？

——台山市千平数控制品有限公司与台山市国家税务局稽查局处罚纠纷上诉案①

裁判要旨

企业应纳税所得额的计算，以权责发生制为原则，属于当期的收入和费用，不论款项是否收付，均作为当期的收入和费用；不属于当期的收入和费用，即使款项已经在当期收付，均不作为当期的收入和费用。

基本案情

台山市千平数控制品有限公司（以下简称千平公司）于2005年1月19日在工商行政管理部门登记成立，是外国自然人独资的有限责任公司，已领取企业法人营业执照并已办理税务登记，营业执照注册号为××。在2009年7月至2011年4月期间，千平公司按里程公司的要求为其加工腔体（散热片）等产品，产品完工后由千平公司运至里程公司指定地点，里程公司工作人员在送货单上签名确认从而完成交付。双方已就2009年7月至2010年6月期间的完工产品进行对账，确认货款金额为1,941,295.83元，其余已交付的完工产品，双方未进行对账。经法院生效判决确认，双方未对账而通过送货单结合相应的订单的货款金额为2,854,200.47元。另外，还确认2009年10月20日起至同年11月26日止期间，千平公司为里程公司加工定做的电池内、外壳样品的货款为19,364.88元。综上，2009年至2011年，千平公司交付给里程公司的完工产品等货款含税金额合计4,814,861.18元。在2010年8月至2011年4月期间，千平公司为里程公司

① 广东省江门市中级人民法院（2017）粤07行终74号行政判决书

开具增值税专用发票22张，发票金额为1,714,113.53元，该部分金额已在会计账账簿销售收入科目上列明并进行了纳税申报，税额合计291,399.30元，价税合计2,005,512.83元。其余完工产品货款金额合计2,809,348.35元未开具发票，也未在会计账簿销售收入科目中列明，亦未进行纳税申报。2013年7月23日，里程公司以银行汇兑方式汇款给千平公司，汇款金额2,030,318.12元（包括偿付千平公司的货款2,002,498.12元及法院案件受理费27,820元），至此，千平公司为里程公司进行加工定做的完工产品的货款全部结算完毕。收到前述款项后，千平公司将该款项记载在会计账簿银行存款科目中，但未在销售收入科目中列明。至本案庭审时，千平公司仍未就余下完工产品货款金额合计2,809,348.35元进行纳税申报并缴纳相应税款。

2014年5月5日，台山国税稽查局向千平公司发出台国税稽检通一〔2014〕8号《税务检查通知书》及台国税稽调〔2014〕8号《调取账簿资料通知书》，决定从2014年5月5日起对千平公司2009年1月1日至2011年12月31日涉税情况进行检查并调取账簿、凭证以及其他有关纳税资料。2015年7月29日，台山国税稽查局向千平公司调取营业执照及账簿等有关纳税资料，千平公司的法定代表人拒绝在前述纳税资料复印件上签名确认并加盖公章，也拒绝在税务稽查工作底稿陈述意见栏中加以说明并签名确认、加盖公章。台山国税稽查局经调查，于2015年8月20日向千平公司作出并送达台国税稽罚告〔2015〕15号《税务行政处罚事项告知书》，告知拟作出行政处罚的事实、依据、陈述、申辩及听证权利。次日，千平公司向台山国税稽查局提交《听证申请书》，台山国税稽查局于同日进行受理并于2015年9月2日组织召开了听证会。2015年9月6日，台山国税稽查局作出《关于台山市千平数控制品有限公司行政处罚听证会的听证报告》，建议维持原处罚。2015年9月29日，台山国税稽查局向千平公司作出台国税稽罚〔2015〕13号《税务行政处罚决定书》，认为千平公司2010年7月至2011年4月期间为里程公司进行加工承揽业务的完工产品货款收入未能按实际收入依法申报纳税，在账簿上少列收入，折不含税金额2,401,152.44元；在账簿上少列收入，没有依法申报应纳税所得额，少计应税收入2,401,152.44元，少申报应纳税所得额2,401,152.44元，遂根据《中华人民共和国税收征收管理法》第六十三条第一款的规定，对千平公司少缴增值税、企业所得税税款的偷税行为，分别处少缴前述税款一倍的罚款408,195.91元、550,984.19元，合计959,180.10元。2015年10月8日，台山国税稽查局将前述决定书送达千平公司。千平公司不服，提起本案行政诉讼。

另查明，2015 年 9 月 29 日，台山国税稽查局还向千平公司作出台国税稽处〔2015〕13 号《税务处理决定书》，认为千平公司 2010 年 7 月至 2011 年 4 月期间为里程公司进行加工承揽业务的完工产品货款收入未能按实际收入依法申报纳税，在账簿上少列收入，折不含税金额 2,401,152.44 元；在账簿上少列收入，没有依法申报应纳税所得额，少计应税收入 2,401,152.44 元，少申报应纳税所得额 2,401,152.44 元，认为千平公司在账簿上少列收入，少缴增值税及企业所得税的行为为偷税行为，决定向千平公司追缴 2010 年至 2011 年期间少缴的增值税 408,195.91 元及所得税 550,984.19 元。2015 年 10 月 8 日，台山国税稽查局将前述决定书送达千平公司。千平公司不服，于 2015 年 12 月 1 日向台山市国家税务局提出行政复议申请，台山市国家税务局作出台国税复〔2015〕1 号《不予受理决定书》，对千平公司提出的复议申请不予受理。千平公司仍不服，向原审法院提起行政诉讼。

法院审理

原审法院认为，本案的争议焦点是台山国税稽查局作出的台国税稽罚〔2015〕13 号《税务行政处罚决定书》是否合法。

本案中，台山国税稽查局在作出涉案处罚决定前告知了千平公司拟作出处罚的事实、理由和依据以及千平公司应享有的听证等权利。之后，依据千平公司的申请，进行了听证，并在听证结束后，作出涉案处罚决定并送达千平公司，台山国税稽查局作出涉案行政处罚程序符合法律规定。其次，纳税人必须按照相关法律、法规的规定或者税务机关依法确定的申报期限、申报内容如实办理纳税申报，不能按期办理的，经税务机关核准，可以延期申报。纳税人在纳税期内没有应纳税款的，也应当按照规定办理纳税申报。销售货物或者应税劳务的，增值税纳税义务发生时间为收讫销售款项或者取得索取销售款项凭据的当天，先开具发票的，为开具发票的当天。企业应纳税所得额的计算，以权责发生制为原则，属于当期的收入和费用，不论款项是否收付，均作为当期的收入和费用。纳税人应在法定的纳税期限内缴纳增值税和企业所得税。企业在纳税年度内无论盈利或者亏损，都应当在法定的期限，向税务机关进行企业所得税的纳税申报。纳税人在帐簿上不列、少列收入，不缴或者少缴应纳税款的，是偷税。对纳税人偷税的，由税务机关追缴其不缴或者少缴的税款、滞纳金，并处不缴或者少缴的税款百分之五十以上五倍以下的罚款。

本案现有证据显示，在2009年7月至2011年4月期间，千平公司为里程公司加工腔体（散热片）等产品，双方已交付的完工产品货款含税金额合计4,814,861.18元。根据上述法律规定，千平公司应按照法律规定的申报期限、申报内容如实办理纳税申报并缴纳相应的税款，但台山国税稽查局经调查后发现千平公司尚有余下完工产品货款金额合计2,809,348.35元未在会计账簿销售收入科目中列明，亦未在法定期限内进行纳税申报并缴纳相应税款，也未有证据显示千平公司具有延期申报及缴纳税款等法定情形，台山国税稽查局据此认定千平公司存在偷税行为并作出涉案行政处罚决定，未违反法律规定。千平公司关于未在会计账簿中列明及未在法定期限申报纳税是由于里程公司未按时支付货款、双方之间的债权债务诉讼未终结以及2013年7月23日收到货款后即在会计账簿银行收入中列明，不存在偷税故意，不应认定为偷税的主张理据不足，原审法院不予采纳。原审法院驳回台山市千平数控制品有限公司的诉讼请求。

千平公司不服原审判决，提起上诉，认为自己不存在偷税故意。

二审法院驳回上诉，维持原判。

点评

本案的争议焦点较多，只讨论两点。

一、企业所得税的应纳税所得额计算是适用收付实现制还是权责发生制？

收付实现制，是指在会计核算中以实际收到或支付款项为确认本期收入和本期费用的标准。权责发生制，是指在会计核算中凡在本期发生应从本期收入中获得补偿的费用，不论是否在本期已实际支付货币资金，均应作为本期的费用处理；凡在本期发生应归属于本期的收入，不论是否在本期已实际收到货币资金，均应作为本期的收入处理。如果企业所得税的应纳税所得额计算适用收付实现制，意味着国家与企业共担商业经营风险；如果适用权责发生制，则意味着企业收入未实现时就需要向国家纳税，但企业必须以货币资金纳税，这给企业造成了很大的现金压力，相比于收付实现制，等于企业提前纳税。因此，比较而言，收付实现制在企业所得税征收过程中对企业更有利，而权责发生制则更有利于国家。我国税收法律法规明确规定企业所得税的应纳税额计算适用权责发生制。《企业所得税法实施条例》第九条规定："企业应纳税所得额的计算，以权责发生制为原则，属于当期的收入和费用，不论款项是否收付，均作为当期的收入和费用；不属于当期的收入和费用，即使款项已经在当期收付，均不作为当期的收入和费用。本条例和国务院财政、税务主管部门另有规定的除外。”本案纳税人千平公司对2009年至2011年间发生的2,809,348.35元销售收入，以未实际收到货款为由，未在会计账簿销售收入科目中列明，亦未进行纳税申报。此种行为显然违反了《企业所得税法实施条例》。

二、税务机关认定纳税人构成偷税需要证明纳税人的主观故意吗？

依据《税收征收管理法》第六十三条的规定，偷税的行为种类包括：（1）纳税人伪造、变造、隐匿、擅自销毁账簿、记账凭证。上述行为足以说明纳税人的主观故意，税务机关在此情形下需要证明纳税人的主观故意。（2）纳税人在账簿上多列支出或者不列、少列收入。上述行为并不能推断出纳税人需要主观故意，属于立法模糊地带。多列支出或不列、少列收入，可能是纳税人会计专业知识水平低，专业技能不强，或者工作粗心，也可能是故意为之。如果不论纳税人主观状态，只以客观行为判断，对税务机关有利，但很不利于纳税人，反之，对纳税人有利，但不利于税务机关。（3）纳税人经税务机关通知申报而拒不申报或者进行虚假的纳税申报。上述行为显然包含主观故意，故税务机关需要证明纳税人的主观故意。可见，纳税人在账簿上多列支出或者不列、少列收入是否包含主观故意并不明确，也是容易引发争议的地方。从立法的内部一致性分析，上述行为应当包含纳税人的主观故意，故税务机关在此情形下，应当证明纳税人的主观故意。

法条链接

1.《企业所得税法实施条例》

第九条 企业应纳税所得额的计算，以权责发生制为原则，属于当期的收入和费用，不论款项是否收付，均作为当期的收入和费用；不属于当期的收入和费用，即使款项已经在当期收付，均不作为当期的收入和费用。本条例和国务院财政、税务主管部门另有规定的除外。

2.《税收征收管理法》

第六十三条 纳税人伪造、变造、隐匿、擅自销毁帐簿、记帐凭证，或者在帐簿上多列支出或者不列、少列收入，或者经税务机关通知申报而拒不申报或者进行虚假的纳税申报，不缴或者少缴应纳税款的，是偷税。对纳税人偷税的，由税务机关追缴其不缴或者少缴的税款、滞纳金，并处不缴或者少缴的税款百分之五十以上五倍以下的罚款；构成犯罪的，依法追究刑事责任。

扣缴义务人采取前款所列手段，不缴或者少缴已扣、已收税款，由税务机关追缴其不缴或者少缴的税款、滞纳金，并处不缴或者少缴的税款百分之五十以上五倍以下的罚款；构成犯罪的，依法追究刑事责任。

058. 房地产开发公司为开发地产项目发生的借款费用应当费用化或资本化？

——北海中南房地产开发有限公司与北海市国家税务局稽查局等税务纠纷案①

裁判要旨

《企业所得税法实施条例》第三十七条规定："企业在生产经营活动中发生的合理的不需要资本化的借款费用，准予扣除。企业为购置、建造固定资产、无形资产和经过12个月以上的建造才能达到预定可销售状态的存货发生借款的，在有关资产购置、建造期间发生的合理的借款费用，应当作为资本性支出计入有关资产的成本，并依照本条例的规定扣除。"

基本案情

被告北海市国家税务局稽查局（以下简称"市稽查局"）于2015年4月至2016年6月对原告北海中南房地产开发有限公司2012年1月1日至2013年12月31日的企业所得税纳税情况进行了检查，发现原告存在如下问题：1. 将2012年向北海市消防支队捐赠不属于公益性的捐款30,000元，在2012年所得税汇算清缴时已作税前扣除。2. 2013年度分摊到一期成本核算对象的土地成本少分摊2,912,185.93元。3. 将防雷装置施工及检测验收费用300,000元、地震技术服务费180,000元、环境评估费130,000元，全部在一期成本核算对象分摊。4. 2013年8月16日，原告与长城公司、民生银行、民生加银资产管理有限公司、邱俐明、蔡淑萍、邱朝睿签订业务合作协议一系列合同，从民生银行取得3亿元人民币的短期贷款用于"中南明珠"项目后续工程建设，并商定3个月后该贷款

① 广西壮族自治区北海市中级人民法院（2017）桂05行终81号行政判决书

由长城公司收购，约定长城公司为原告提供债务重组顾问服务，财务顾问服务费为525万元。2013年12月11日，原告与长城公司签订《财务顾问服务协议》，其中约定长城公司为原告提供债务重组顾问服务，财务顾问服务费为600万元。至2013年12月，原告共向民生银行支付贷款利息共5,425,000.70元。2013年9月至12月期间原告将该贷款利息归并入"开发成本/资本化利息/利息支出"科目核算。2013年12月，该贷款债权被长城公司收购，长城公司共收取了原告1,125万元财务顾问费。2013年9月至12月，原告将该财务顾问费归并入"开发成本/资本化利息/其他费用"科目核算。2013年12月，原告将上述贷款利息及财务顾问费共16,675,000.70元归并入一期住宅销售成本。

综上，北海市国家税务局（以下简称"市国税局"）、市稽查局认定原告违法事实：1. 2012年存在将不能税前扣除的赞助费30,000元，作为公益性捐赠税前扣除，存在编造虚假计税依据的行为；2. 2013年存在税前少分摊土地成本，未按规定分摊防雷装置施工及检测验收费用、地震技术服务费、环境评估费造成在税前多分摊费用，未按照长期贷款的成本核算对象分摊已销售商品房应负担的利息费用造成多结转营业成本，导致2013年度多结转营业成本9,650,074.45元，经弥补以前年度亏损后，少缴纳企业所得税2,420,018.61元，存在虚假纳税申报并造成少缴2013年企业所得税的行为。经报被告市国税局重大税务案件审理委员会审理后，依法以市稽查局的名义于2016年6月2日做出北市国税稽罚［2016］9号《税务行政处罚决定书》，决定对原告2012年度编造虚假计税依据行为处以5,000元罚款，对2013年度企业所得税偷税行为处少缴企业所得税税款2,420,018.61元一倍的罚款，罚款金额为2,420,018.61元。原告不服市稽查局2016年6月2日作出的北市国税稽罚［2016］9号《税务行政处罚决定书》，于2016年8月5日向区国税局申请行政复议，被告区国税局于2016年9月26日作出桂国税复决字［2016］第5号《税务行政复议决定书》，维持市稽查局2016年6月2日作出的北市国税稽罚［2016］9号《税务行政处罚决定书》，并于6月6日送达原告。

2016年11月4日，原告向法院起诉。

法院审理

原审判决认为，根据《企业会计准则第17号——借款费用》（财会［2006］3号）第六条第一款"专门借款，是指为购建或者生产符合资本化条件的资产而专门借入的款项”、第二条第一款“借款费用，是指企业因借款而发生的利息及其他相关成本”和《〈企业会计准则第 17 号——借款费用〉应用指南》第二条第一款第二项“专门借款应当有明确的专门用途，即为购建或者生产某项符合资本化条件的资产而专门借入的款项，通常应有标明专门用途的借款合同”的规定。原告与长城公司及民生银行签订的相关融资贷款合同，均约定“贷款用途为用于‘中南明珠’花园项目后续开发建设，未经委托人的书面同意，借款人不得改变本合同规定的贷款用途”。即原告取得的 3 亿元贷款属于用于“中南明珠”项目后续开发建设的专门借款，因此发生的 16,675,000.70 元利息支出和财务顾问费属于借款费用。根据《中华人民共和国企业所得税法实施条例》第三十七条“企业为购置、建造固定资产、无形资产和经过 12 个月以上的建造才能达到预定可销售状态的存货发生借款的，在有关资产购置、建造期间发生的合理的借款费用，应当作为资本性支出计入有关资产的成本，并依照本条例的规定扣除”和《〈企业会计准则第 17 号——借款费用〉应用指南》第一条“符合借款费用资本化条件的存货：根据本准则规定，企业借款购建或者生产的存货中，符合借款费用资本化条件的，应当将符合资本化条件的借款费用予以资本化。符合借款费用资本化条件的存货，主要包括企业（房地产开发）开发的用于对外出售的房地产开发产品、企业制造的用于对外出售的大型机械设备等”的规定。原告作为房地产企业开发用于对外出售的房地产开发产品而发生的专门借款利息及辅助费用（财务顾问费）应当资本化。本案中，被告市国税局、稽查局认定 16,675,000.70 元利息支出和辅助费用应当资本化，予以支持。原告主张“专门借款”是重组费用不符合《企业会计准则第 12 号——债务重组（2006）》（财会［2006］3 号）第二条“债务重组，是指在债务人发生财务困难的情况下，债权人按照其与债务人达成的协议或者法院的裁定作出让步的事项”的规定。原审法院不予支持。

根据《中华人民共和国税收征收管理法》第六十三条“纳税人伪造、变造、隐匿擅自销毁账簿、记账凭证，或者在账簿上多列支出或者不列、少列收入，或者经税收机关通知申报而拒不申报或者进行虚报的纳税申报，不缴或者少缴应纳税款的，是偷税。对纳税人偷税的，由税务机关追缴其不缴或者少缴的税款、滞纳金，并处不缴或者少缴税的百分之五十以上五倍以下的罚款；构成犯罪的，依法追究刑事责任”的规定，原告将不能税前扣除的赞助费 30,000 元，作为公益性捐赠进行企业所得税税前扣除但未造成少缴税款，属于编造虚假计税依据的行为；将应由整个工程项目共同分摊的防雷装置施工及检测验收费用、地震技术服务费、环境评估费归集到一期成本核算对象，进行虚假纳税申报且造成少缴税款；将用于“中南明珠”项目后续开发建设的专门借款在账册上先行进行资本化利息核算的前提下，全部归并入一期住宅销售成本，进行虚假纳税申报且造成少缴税款。被告市国税局、市稽查局认定原告上述行为符合《中华人民共和国税收征收管理法》第六十三条的规定，属于偷税行为，原审法院予以支持。

被告市国税局、市稽查局对原告作出北市国税稽罚［2016］9号《税务行政处罚决定书》，认定事实清楚、证据确凿、程序合法、适用法律准确。

原审法院判决驳回原告北海中南房地产开发有限公司的诉讼请求。

上诉人北海中南房地产开发有限公司上诉称，原审判决认定事实不清，定性错误，主要有以下三个方面的问题：一、有关借款费用不应资本化。上诉人2013年取得民生银行三个月短期周转贷款所支付的利息542.5万元，以及债务重组费用1,125万元应作为财务费用计入当期损益，而不应作资本化处理。首先，与长城公司所签订《债务重组协议》所产生的1,125万元费用，应认定为“债务重组费用”。长城资产管理公司、民生武汉、民生加银、北海中南共同签订的《业务协作协议》明确规定交易为“不良资产收购”，协议中的三亿元贷款，是采用债务重组的方式从民生银行转到长城公司，这个过程不能仅仅按照协议部分文字就笼统确定为财务顾问费或辅助费用，其利率、还款期限都发生了改变，要从合同的整体目的判断有关费用的性质。其次，与民生银行周转性贷款支付利息542.5万元，从实质上看不属于专门贷款的利息。该笔贷款实际期限只有三个月，从协议中看能证明是临时、周转性贷款，显然与通常的用于确定项目的专门借款不同（几乎没有什么项目的专门借款是三个月的）。因此，与民生银行周转性贷款支付利息542.5万元应作为费用性利息支出而不是资本性利息支出。二、偷税的定性有误。首先，被上诉人无偷税主观故意，即使上诉人因对税收政策法律的理解与税务机关不同，造成申报错误，在没有主观故意和客观手段的情况下，定性为偷税明显不当。其次，即使按税务机关所理解的相关费用应按资本化处理，长期看上诉人也未造成国家税收的实际税款损失。如上诉人明知有关利息费用不应在当年度扣除，仅仅为了早点计算扣除这些成本，在不改变有关记账凭证、合同的情况下，冒着被认定偷税的风险，还是故意这样申报，不符合情理。三、原审法院明知行政处罚明显不当，却不予纠正。即使税务机关的偷税定性准确，对上诉人处以一倍的罚款也明显过重，不符合税务行政处罚裁量权行使要求。根据《广西壮族自治区国家税务局规范税务行政处罚裁量权实施办法》第五条及其所附的《广西壮族自治区国家税务局税务行政处罚裁量基准》《广西税务行政处罚裁量权适用规则》第四条第三款及规则所附的《税务行政处罚裁量基准》之规定。本案中，上诉人在《税务处罚决定书》作出之前已经尽能力缴纳了50%以上的税款及滞纳金，应属于《中华人民共和国行政处罚法》第二十七条第一款第（一）项规定的情形，应给予从轻或减轻处罚，但税务机关并未考虑上诉人主动补缴税款的表现，仍然给予1倍罚款的处罚，处罚明显过重，且不符合上级税务机关规定的行政处罚裁量权行使规则。另外，从广西壮族自治区国税局网站公布的税务机关对涉税违法的处理案来看，对上诉人的处罚明显过重。综上，上诉人认为，一审判决认定事实不清，定性错误，明知行政处罚明显不当，却不予纠正。上诉人特提起上诉，请求：1. 依法撤销原判，支持上诉人的诉讼请求；2. 因被上诉人稽查认定的成本计算错误，要求予以重新认定；3. 由被上诉人承担本案一、二审的诉讼费用。

二审法院驳回上诉，维持原判。

点评

企业所得税申报和缴纳涉及借款费用的处理，首先应当严格依据税法的相关规定，在不与税法冲突的前提下，再参照企业会计准则的规定。

《企业所得税法实施条例》第三十七条规定："企业在生产经营活动中发生的合理的不需要资本化的借款费用，准予扣除。企业为购置、建造固定资产、无形资产和经过12个月以上的建造才能达到预定可销售状态的存货发生借款的，在有关资产购置、建造期间发生的合理的借款费用，应当作为资本性支出计入有关资产的成本，并依照本条例的规定扣除。"《〈企业会计准则第17号——借款费用〉应用指南》第一条规定："根据本准则规定，企业借款购建或者生产的存货中，符合借款费用资本化条件的，应当将符合资本化条件的借款费用予以资本化。符合借款费用资本化条件的存货，主要包括企业（房地产开发）开发的用于对外出售的房地产开发产品、企业制造的用于对外出售的大型机械设备等。这类存货通常需要经过相当长时间的建造或者生产过程，才能达到预定可销售状态。其中'相当长时间'，是指为资产的购建或者生产所必需的时间，通常为1年以上（含1年）。"本案纳税人北海中南房地产开发有限公司所借款项用于开发对外出售的房地产开发产品，是符合借款费用资本化条件的存货。

《企业会计准则第17号——借款费用》第四条规定："企业发生的借款费用，可直接归属于符合资本化条件的资产的购建或者生产的，应当予以资本化，计入相关资产成本；其他借款费用，应当在发生时根据其发生额确认为费用，计入当期损益。符合资本化条件的资产，是指需要经过相当长时间的购建或者生产活动才能达到预定可使用或者可销售状态的固定资产、投资性房地产和存货等资产。"第五条规定："借款费用同时满足下列条件的，才能开始资本化：（一）资产支出已经发生，资产支出包括为购建或者生产符合资本化条件的资产而以支付现金、转移非现金资产或者承担带息债务形式发生的支出；（二）借款费用已经发生；（三）为使资产达到预定可使用或者可销售状态所必要的购建或者生产活动已经开始。"上述规定进一步证明北海中南房地产开发有限公司的借款费用应当资本化。第十条规定："专门借款发生的辅助费用，在所购建或者生产的符合资本化条件的资产达到预定可使用或者可销售状态之前发生的，应当在发生时根据其发生额予以资本化，计入符合资本化条件的资产的成本；在所购建或者生产的符合资本化条件的资产达到预定可使用或者可销售状态之后发生的，应当在发生时根据其发生额确认为费用，计入当期损益。一般借款发生的辅助费用，应当在发生时根据其发生额确认为费用，计入当期损益。"据此，本案纳税人北海中南房地产开发有限公司与长城公司及民生银行签订的相关融资贷款合同，均约定"贷款用途为用于'中南明珠'花园项目后续开发建设，未经委托人的书面同意，借款人不得改变本合同规定的贷款用途"。可见，该笔借款属于专门借款，其支付的财务顾问费用属于专门借款发生的辅助费用，应当资本化。

法条链接

1.《企业所得税法实施条例》

第三十七条 企业在生产经营活动中发生的合理的不需要资本化的借款费用，准予扣除。

企业为购置、建造固定资产、无形资产和经过12个月以上的建造才能达到预定可销售状态的存货发生借款的，在有关资产购置、建造期间发生的合理的借款费用，应当作为资本性支出计入有关资产的成本，并依照本条例的规定扣除。

2.《国家税务总局关于印发〈房地产开发经营业务企业所得税处理办法〉的通知》

第二十一条 企业的利息支出按以下规定进行处理：

（一）企业为建造开发产品借入资金而发生的符合税收规定的借款费用，可按企业会计准则的规定进行归集和分配，其中属于财务费用性质的借款费用，可直接在税前扣除。

（二）企业集团或其成员企业统一向金融机构借款分摊集团内部其他成员企业使用的，借入方凡能出具从金融机构取得借款的证明文件，可以在使用借款的企业间合理的分摊利息费用，使用借款的企业分摊的合理利息准予在税前扣除。

3.《企业会计准则第17号——借款费用》

第四条 企业发生的借款费用，可直接归属于符合资本化条件的资产的购建或者生产的，应当予以资本化，计入相关资产成本；其他借款费用，应当在发生时根据其发生额确认为费用，计入当期损益。

符合资本化条件的资产，是指需要经过相当长时间的购建或者生产活动才能达到预定可使用或者可销售状态的固定资产、投资性房地产和存货等资产。

第五条 借款费用同时满足下列条件的，才能开始资本化：

（一）资产支出已经发生，资产支出包括为购建或者生产符合资本化条件的资产而以支付现金、转移非现金资产或者承担带息债务形式发生的支出；

（二）借款费用已经发生；

（三）为使资产达到预定可使用或者可销售状态所必要的购建或者生产活动已经开始。

第十条 专门借款发生的辅助费用，在所购建或者生产的符合资本化条件的资产达到预定可使用或者可销售状态之前发生的，应当在发生时根据其发生额予以资本化，计入符合资本化条件的资产的成本；在所购建或者生产的符合资本化条件的资产达到预定可使用或者可销售状态之后发生的，应当在发生时根据其发生额确认为费用，计入当期损益。

一般借款发生的辅助费用，应当在发生时根据其发生额确认为费用，计入当期损益。

4.《〈企业会计准则第17号——借款费用〉应用指南》

一、符合借款费用资本化条件的存货

根据本准则规定，企业借款购建或者生产的存货中，符合借款费用资本化条件的，应当将符合资本化条件的借款费用予以资本化。

符合借款费用资本化条件的存货，主要包括企业（房地产开发）开发的用于对外出售的房地产开发产品、企业制造的用于对外出售的大型机械设备等。这类存货通常需要经过相当长时间的建造或者生产过程，才能达到预定可销售状态。其中“相当长时间”，是指为资产的购建或者生产所必需的时间，通常为1年以上（含1年）。

059. 企业非货币性资产交换是否要缴纳企业所得税？

——焦作市新发展房地产开发有限公司与焦作市国家税务局稽查局处罚决定及税务行政复议决定上诉案①

裁判要旨

企业发生非货币性资产交换，以及将货物、财产、劳务用于捐赠、偿债、赞助、集资、广告、样品、职工福利或者利润分配等用途的，应当视同销售货物、转让财产或者提供劳务，应当依法缴纳企业所得税，但国务院财政、税务主管部门另有规定的除外。

基本案情

焦作市新发展房地产开发有限公司（以下简称新发展公司）与焦作市解放区王褚乡东王褚村委会于2006年3月18日签订《征地协议书》，约定，该东王褚村委会将征地补偿费折抵门面房6,200平方米由新发展公司负责办理房产手续；于同年7月28日签订《协议书》，就开发人民路北侧龙泽苑小区两栋16层综合楼，中间一栋21层综合楼约定，在新发展公司按约定时间取得焦作市龙泽苑小区的规划批文的前提下，由新发展公司提供开发建设的资金，该东王褚村委会提供位于人民路北侧可供三栋综合楼的用地，开发综合楼，该东王褚村委会应获得共计6,200平方米；于2008年8月7日签订《补充协议》，就房屋的分配约定，按原规划该东王褚村委会应得门面房为，西楼2,100平方米、东楼2,100平方米、中间楼2,000平方米。新发展公司分别于2011年、2013年分两次将门面房交付东王褚村委会。新发展公司在2014年度申报企业所得税时，将交付东王褚村委会的4,084.28平方米商铺按市场价44,283,480元确认拆迁补偿费计入了开发成本，并在已售、未售面积之间分摊，确认已售面积应分摊的主营业务成本

① 河南省焦作市中级人民法院（2017）豫08行终246号行政判决书

金额，而未将收入44,283,480元合并计入收入总额计算缴纳企业所得税。

另查明，2015年3月13日，焦作市国家税务局稽查局（以下简称稽查局）自选案源，经过选案分析、选案部门审核，确定新发展公司为待查对象，选案部门填制了《税务稽查立案审批表》，附有关资料，经稽查局局长批准立案检查。

2015年3月16日，稽查局向新发展公司送达《税务检查通知书》《调取账簿资料通知书》。

2015年6月4日，经申请批准，稽查局变更稽查所属期间并再次向新发展公司送达《税务检查通知书》。

2016年7月7日，稽查局向新发展公司送达《税务行政处罚事项告知书》。

2016年7月11日，新发展公司向稽查局提出《税务行政处罚陈述、申辩及听证申请书》。

2016年7月15日，稽查局向新发展公司送达《税务行政处罚听证通知书》。

2016年7月22日，新发展公司向稽查局提出《撤销听证申请书》。

2016年11月28日，稽查局作出《税务处理决定书》《税务行政处罚决定书》。

新发展公司不服《税务行政处罚决定书》向焦作市国家税务局（以下简称市国家税务局）申请行政复议。

2016年12月30日，市国家税务局向新发展公司送达《税务行政复议受理通知书》和《税务行政复议补正通知书》，向稽查局送达《行政复议答复通知书》。

2017年1月6日，稽查局向市国家税务局作出《税务行政复议答辩书》。

2017年2月23日，市国家税务局作出并向新发展公司、稽查局送达《税务行政复议决定书》。

法院审理

原审认为，《中华人民共和国企业所得税法》第六条规定，企业以货币形式和非货币形式从各种来源取得的收入，为收入总额，包括销售货物收入、提供劳务收入、转让财产收入、股息红利等权益性投资收益、利息收入、租金收入、特许权使用费收入、接受捐赠收入、其他收入。《中华人民共和国企业所得税法实施条例》第十三条规定，企业所得税法第六条所称企业以非货币形式取得的收入，应当按照公允价值确定收入额。公允价值，是指按照市场价格确定的价值。《房地产开发经营业务企业所得税处理办法》（国税发［2009］31号）第七条规定，企业将开发产品用于捐赠、赞助、职工福利、奖励、对外投资、分配给股东或投资人、抵偿债务、换取其他企事业单位和个人的非货币性资产等行为，应视同销售，于开发产品所有权或使用权转移，或于实际取得利益权利时确认收入（或利润）的实现。确认收入（或利润）的方法和顺序为：（一）按本企业近期或本年度最近月份同类开发产品市场销售价格确定；（二）由主管税务机关参照当地同类开发产品市场公允价值确定；（三）按开发产品的成本利润率确定。开发产品的成本利润率不得低于15%，具体比例由主管税务机关确定。第三十一条第一项规定，企业以非货币交易方式取得土地使用权的，应按下列规定确定其成本：（一）企业、单位以换取开发产品为目的，将土地使用权投资企业的，按下列规定进行处理：1. 换取的开发产品如为该项土地开发、建造的，接受投资的企业在接受土地使用权时暂不确认其成本，待首次分出开发产品时，再按应分出开发产品（包括首次分出的和以后应分出的）的市场公允价值和土地使用权转移过程中应支付的相关税费计算确认该项土地使用权的成本。如涉及补价，土地使用权的取得成本还应加上应支付的补价款或减除应收到的补价款。原审认为，《房地产开发经营业务企业所得税处理办法》第三十六条第一项是有关特定事项的税务处理，适用的前提是企业以本企业为主体联合其他企业、单位、个人合作或合资开发房地产项目，且该项目未成立独立法人公司的特定事项。该合作或合资开发房地产，是指当事人以提供出让土地使用权、资金等作为共同投资，共享利润、共担风险合作或合资开发房地产为基本内容而设立的民事法律关系。原告新发展公司并非以本企业为主体联合焦作市解放区王褚乡东王褚村委会合作或合资开发涉案房地产项目。财政部印发的《企业会计准则第7号——非货币性资产交换》第二条第一款规定，非货币性资产交换，是指交易双方主要以存货、固定资产、无形资产和长期股权投资等非货币性资产进行的交换。该交换不涉及或只涉及少量的货币性资产（即补价）；第三条规定，非货币性资产交换同时满足下列条件的，应当以公允价值和应支付的相关税费作为换入资产的成本，公允价值与换出资产账面价值的差额计入当期损益：（一）该项交换具有商业实质；（二）换入资产或换出资产的公允价值能够可靠地计量。换入资产和换出资产公允价值均能够可靠计量的，应当以换出资产的公允价值作为确定换入资产成本的基础，但有确凿证据表明换入资产的公允价值更加可靠的除外。《中华人民共和国税收征收管理法》第六十三条第一款规定，纳税人伪造、变造、隐匿、擅自销毁帐簿、记帐凭证，或者在帐簿上多列支出或者不列、少列收入，或者经税务机关通知申报而拒不申报或者进行虚假的纳税申报，不缴或者少缴应纳税款的，是偷税。对纳税人偷税的，由税务机关追缴其不缴或者少缴的税款、滞纳金，并处不缴或者少缴的税款百分之五十以上五倍以下的罚款。

原审判决：驳回原告焦作市新发展房地产开发有限公司的诉讼请求。

新发展公司不服原审判决，向二审法院提起上诉，请求：撤销一审判决，改判支持上诉人的一审诉讼请求，即撤销稽查局作出的《处罚决定书》和市国家税务局作出的《复议决定书》。主要事实与理由：一、一审判决认定事实错误。1. 一审判决认定上诉人和东王褚村的商铺交易是"非货币交易"的行为是错误的。一是本案不是非货币交易，所谓"非货币交易"，是指交易双方以非货币性资产进行的交换，这种交换不涉及或只涉及少量的货币性资产（即补价）。通俗讲，是指物与物的交换或物与某项使用权利的交换等。由焦作市国土资源局批准，东王褚村与上诉人于2006年3月18日签订了《征地协议书》，从该协议书中可以清晰地看出，本案的实质是由东王褚村将应得的土地补偿费783.75万元作为资金投入来折抵即购买上诉人的6200平方米的商铺的货币交易行为。因此，一审判决认为本案是"非货币交易"行为是错误的。二是东王褚村有没有国有土地使用权是查清本案事实的关键。一审判决以《房地产开发经营业务企业所得税处理办法》第七条、第三十一条第（一）项："企业以非货币性交易取得土地使用权的，应按下列规定确认其成本：（一）企业、单位以换取开发产品为目的，将土地使用权投资企业的……"为依据，这些关于非货币交易条款，不适用于本案。《中华人民共和国土地管理法》第四十三条规定："任何单位和个人进行建设，需要使用土地的，必须依法申请使用国有土地……"通过焦国土资罚字（2006）第24号《土地行政处罚决定书》，证实上诉人与东王褚村2006年7月28日签订的《协议书》，由东王褚村提供土地使用权的条款是违反《中华人民共和国土地管理法》的，也是无效的。焦政土字［2007］35号、焦政土字［2007］111号《焦作市人民政府关于焦作市新发展房地产开发有限公司办理办理国有土地使用权出让手续的批复》，证实上诉人已交清罚款，并补交土地出让金后，由上诉人与市国家税务局签订国有土地使用权出让合同，证实东王褚村没有国有土地使用权。换言之，上诉人是从市政府手中取得该国有土地使用权的，并不是从东王褚村取得国有土地使用权的。显然，一审判决认为上诉人以非货币交易方式换取东王褚的土地使用权错误。二、一审判决适用法律、法规、规章错误。一审判决适用《中华人民共和国企业所得税法实施条例》第十三条、《房地产开发经营业务企业所得税处理办法》第七条、第三十六条第（一）项规定，上述规定是针对非货币交易确定销售价格、销售收入的规定，适用本案明显是错误的。此外，一审判决曲解了《房地产开发经营业务企业所得税处理办法》第三十六条第（一）项规定。本案中，东王褚村将市国土局付给其的土地补偿费783.75万元作为资金投入来折抵即购买上诉人的6,200平方米的商铺不属于非货币性交易。

二审法院驳回上诉，维持原判。

点评

本案的争议焦点是新发展公司与东王褚村之间的法律关系是否为非货币性资产交换。

一、合作建房

《最高人民法院关于审理涉及国有土地使用权合同纠纷案件适用法律问题的解释》第十四条规定："本解释所称的合作开发房地产合同，是指当事人订立的以提供出让土地使用权、资金等作为共同投资，共享利润、共担风险合作开发房地产为基本内容的协议。"因此，合作建房是一方提供土地使用权，另一方提供资金，共享利润、共担风险合作开发房地产。但是，我国房地产开发用地必须是国有土地，东王褚村提供的土地是集体土地，不能用于商品房开发。焦国土资罚字（2006）第24号《土地行政处罚决定书》也证实新发展公司与东王褚村2006年7月28日签订的《协议书》违反《土地管理法》，由东王褚村提供土地使用权的条款无效。后由焦作市政府出面将案涉集体土地征收为国有土地，并向东王褚村支付征地补偿款，然后由新发展公司补交土地出让金，再签订国有土地使用权出让合同。可见，东王褚村并未提供土地使用权，案涉房地产项目土地使用权和资金都属于新发展公司。

二、非货币性资产交换

《企业会计准则第7号——非货币性资产交换》第二条规定："非货币性资产交换，是指企业主要以固定资产、无形资产、投资性房地产和长期股权投资等非货币性资产进行的交换。该交换不涉及或只涉及少量的货币性资产（即补价）。货币性资产，是指企业持有的货币资金和收取固定或可确定金额的货币资金的权利。非货币性资产，是指货币性资产以外的资产。"《企业所得税法实施条例》第十三条规定："企业所得税法第六条所称企业以非货币形式取得的收入，应当按照公允价值确定收入额。前款所称公允价值，是指按照市场价格确定的价值。”第二十五条规定：“企业发生非货币性资产交换，以及将货物、财产、劳务用于捐赠、偿债、赞助、集资、广告、样品、职工福利或者利润分配等用途的，应当视同销售货物、转让财产或者提供劳务，但国务院财政、税务主管部门另有规定的除外。”本案两审法院皆认为新发展公司与东王褚村之间的法律关系是非货币性资产交换，理由是新发展公司提供商品房用以交换东王褚村的土地使用权。但是，新发展公司最终是与政府签订国有土地使用权出让合同，并支付土地出让金，东王褚村并未提供土地使用权，显然不符合非货币性资产交换的定义。

三、销售房地产

新发展公司与东王褚村之间的法律关系既不是合作建房，又不是非货币性资产交换，应当是商品房销售法律关系，即新发展公司将商品房出售给东王褚村，东王褚村支付房款。房款是东王褚村应当取得的征地补偿费。

四、新发展公司是否构成偷税

新发展公司在 2014 年度申报企业所得税时，将交付东王褚村村委会的 4, 084. 28 平方米商铺按市场价 44, 283, 480 元确认拆迁补偿费计入了开发成本，并在已售、未售面积之间分摊，确认已售面积应分摊的主营业务成本金额，而未将收入 44, 283, 480 元合并计入收入总额计算缴纳企业所得税，属于进行虚假的纳税申报，其行为已经构成偷税。

法条链接

1. **《企业所得税法实施条例》**

第十三条　企业所得税法第六条所称企业以非货币形式取得的收入，应当按照公允价值确定收入额。

前款所称公允价值，是指按照市场价格确定的价值。

第二十五条　企业发生非货币性资产交换，以及将货物、财产、劳务用于捐赠、偿债、赞助、集资、广告、样品、职工福利或者利润分配等用途的，应当视同销售货物、转让财产或者提供劳务，但国务院财政、税务主管部门另有规定的除外。

060. 企业欠缴的税金能否在计算应纳税所得额时扣除?

——华润置地(上海)有限公司诉上海市国家税务局第五稽查局复议决定案[①]

裁判要旨

欠缴的税金是纳税人对国家的债务，从确保纳税人依法按时纳税，保护国家财政收入的角度考量，企业欠缴的税金不能视为《企业所得税法》第八条所定义的“合理”的支出而准予税前扣除。否则，国家要求纳税人按时纳税的强制性与严肃性便无从体现。

基本案情

被告上海市国家税务局第五稽查局(以下简称市国税稽查五局)通过人工选案，于2013年5月10日对原告华润公司立案实施税务检查。在向原告送达税务检查通知书后，被告市国税稽查五局调取了2010年1月1日至2012年12月31日期间原告的经营和财务数据，因案情复杂，又延长了检查期限，并制作了《询问(调查)笔录》及税务稽查工作底稿，查明原告于2012年12月在“管理费用”、“销售费用”科目计提当月份的工资1,149,538.87元，实际于2013年1月发放。在当年企业所得税汇算清缴时全额税前列支，未做纳税调整，少调增2012年企业所得税应纳税所得额1,149,538.87元；原告于2011年12月在“营业税金及附加”计提“外滩九里苑”项目的土地增值税517,046,665元，于2012年6月在“营业税金及附加”计提“外滩九里苑”项目的土地增值税57,668,838.66元，均在当年企业所得税汇算清缴时全额税前列支。另查明，原告在2009年-2012年按预征方式实际申报缴纳“外滩九里苑”项目土地增值税分别为(按税款所属期)10,864,806.99元、15,497,526.07元、29,703,336.18元、21,736,844.44元。被告市国税稽查五局认定原告未按规定调增2011年、2012年企业所得税应纳税所得额460,980,995.76元、35,931,994.22元。鉴于案情重大，被告市国税稽查五局召开了重大案件审理会，再提请被告市国税局重大

① 上海市黄浦区人民法院(2015)黄浦行初字第256号行政判决书

案件审理委员会进行审理。2015 年 2 月 11 日，被告市国税稽查五局作出沪国税五稽处（2015）6 号《税务处理决定书》，依据《企业所得税法》第八条、《企业所得税法实施条例》第三十四条、《税收征管法》第三十二条的规定，决定原告补缴 2011 年企业所得税 115,245,248.94 元，加收滞纳金 20,398,409.06 元；补缴 2012 年企业所得税 9,270,383.27 元。《税务处理决定书》于 2 月 16 日送达原告。

原告收悉后不服，在坚实置地（上海）有限公司（以下简称坚实公司）对原告所涉全部欠税款与滞纳金提供连带责任担保并经被告市国税稽查五局认可后，原告向被告市国税局申请行政复议，被告市国税局作出维持税务处理的决定。

原告仍不服，向法院提起行政诉讼。

法院审理

原告华润公司诉称，原告开发的“外滩九里苑”房产项目自 2009 年开始预售，2011 年竣工交付确认收入，现尚未经土地增值税清算。根据《企业所得税法实施条例》第九条的规定，企业应纳税所得额的计算，以权责发生制为原则，现行企业所得税法律没有规定未实际缴纳的税金不能在计算应纳税所得额时扣除。原告根据《中华人民共和国土地增值税暂行条例》以及《中华人民共和国土地增值税暂行条例实施细则》的有关规定，在计算企业所得税应纳税所得额时扣除实际发生的土地增值税金额，完全符合法律规定，不需作纳税调整。另外，被诉税务处理决定认定原告 2012 年实际缴纳“外滩九里苑”项目土地增值税 21,736,844.44 元的金额有误，遗漏了 2013 年补缴的所属期为 2012 年度的土地增值税 27,713,457.83 元。根据劳动合同和公司管理制度要求，2012 年 12 月员工工资应于次月 5 日发放。故原告在会计处理上，计入当月成本，在 2012 年企业所得税汇算清缴时予以扣除。上述处理符合权责发生制原则，《国家税务总局关于企业工资薪金和职工福利费等支出税前扣除问题的公告》第二条也明确了原告的做法是合法的。

法院驳回原告华润置地（上海）有限公司的诉讼请求。

点评

本案争议焦点有三，下面逐一分析：

一、土地增值税的会计处理应否纳税调整

由于房地产项目开发周期长，在项目竣工结算前无法确定成本，也不能准确计算土地增值额，故我国现行土地增值税征收采取了先预征后清算的管理模式，即以现房销售收入和预收房款为基础乘以预征率按月缴纳，待达到土地增值税清算条件时，再对整个房地产项目的土地增值税进行清算，多退少补。一般而言，房地产公司会根据实际预征的土地增值税进行账务处理，但是，也有房地产公司依据财务会计制度自行进行账务处理，导致税会差异。此时，应当以税法为依据计算应纳税额。《企业所得税法》第八条规定："企业实际发生的与取得收入有关的、合理的支出，包括成本、费用、税金、损失和其他支出，准予在计算应纳税所得额时扣除。"据此，应当以实际预征的土地增值税在计算应纳税所得额时扣除，而不是以企业根据财务会计制度预期应缴纳的土地增值税计算。

二、欠缴的税金能否在计算应纳税所得额时扣除

《企业所得税法实施条例》第九条规定："企业应纳税所得额的计算，以权责发生制为原则，属于当期的收入和费用，不论款项是否收付，均作为当期的收入和费用；不属于当期的收入和费用，即使款项已经在当期收付，均不作为当期的收入和费用。本条例和国务院财政、税务主管部门另有规定的除外。"据此，费用扣除应当以权责发生制为原则。欠缴的税金是否属于费用呢？《企业所得税法》第八条规定："企业实际发生的与取得收入有关的、合理的支出，包括成本、费用、税金、损失和其他支出，准予在计算应纳税所得额时扣除。"可见，费用是与税金并列的支出，故费用不包括税金。欠缴的税金是纳税人对国家的债务，从确保纳税人依法按时纳税，保护国家财政收入的角度考量，企业欠缴的税金不能视为《企业所得税法》第八条所定义的"合理"的支出而准予税前扣除。否则，这会刺激纳税人拖欠税金，国家要求纳税人按时纳税的强制性与严肃性也无从体现。

三、已计提未发放的工资可否在本纳税年度税前扣除

《国家税务总局关于企业工资薪金及职工福利费扣除问题的通知》第一条规定："《实施条例》第三十四条所称的'合理工资薪金'，是指企业……实际发放给员工的工资薪金。"可见，企业工资薪金税前扣除必须以实际支付为前提。《国家税务总局关于企业工资薪金和职工福利费等支出税前扣除问题的公告》第二条规定："企业在年度汇算清缴结束前向员工实际支付的已预提汇缴年度工资薪金，准予在汇缴年度按规定扣除。"《企业所得税法》第五十四条第三款规定：

“企业应当自年度终了之日起五个月内，向税务机关报送年度企业所得税纳税申报表，并汇算清缴，结清应缴应退税款。”据此，即使企业已预提工资但未实际支付，只要企业在年度汇算清缴结束前向员工支付，也可准予在汇缴年度扣除。

法条链接

1.《土地增值税暂行条例实施细则》

第十六条 纳税人在项目全部竣工结算前转让房地产取得的收入，由于涉及成本确定或其他原因，而无法据以计算土地增值税的，可以预征土地增值税，待该项目全部竣工、办理结算后再进行清算，多退少补。具体办法由各省、自治区、直辖市地方税务局根据当地情况制定。

2.《企业所得税法》

第八条 企业实际发生的与取得收入有关的、合理的支出，包括成本、费用、税金、损失和其他支出，准予在计算应纳税所得额时扣除。

第五十四条 企业所得税分月或者分季预缴。

企业应当自月份或者季度终了之日起十五日内，向税务机关报送预缴企业所得税纳税申报表，预缴税款。

企业应当自年度终了之日起五个月内，向税务机关报送年度企业所得税纳税申报表，并汇算清缴，结清应缴应退税款。

企业在报送企业所得税纳税申报表时，应当按照规定附送财务会计报告和其他有关资料。

3.《企业所得税法实施条例》

第九条 企业应纳税所得额的计算，以权责发生制为原则，属于当期的收入和费用，不论款项是否收付，均作为当期的收入和费用；不属于当期的收入和费用，即使款项已经在当期收付，均不作为当期的收入和费用。本条例和国务院财政、税务主管部门另有规定的除外。

4.《国家税务总局关于企业工资薪金及职工福利费扣除问题的通知》

一、关于合理工资薪金问题

《实施条例》第三十四条所称的“合理工资薪金”，是指企业按照股东大会、董事会、薪酬委员会或相关管理机构制订的工资薪金制度规定实际发放给员工的工资薪金。税务机关在对工资薪金进行合理性确认时，可按以下原则掌握：

（一）企业制订了较为规范的员工工资薪金制度；

（二）企业所制订的工资薪金制度符合行业及地区水平；

（三）企业在一定时期所发放的工资薪金是相对固定的，工资薪金的调整是有序进行的；

（四）企业对实际发放的工资薪金，已依法履行了代扣代缴个人所得税义务；

（五）有关工资薪金的安排，不以减少或逃避税款为目的。

5.《国家税务总局关于企业工资薪金和职工福利费等支出税前扣除问题的公告》

二、企业年度汇算清缴结束前支付汇缴年度工资薪金税前扣除问题

企业在年度汇算清缴结束前向员工实际支付的已预提汇缴年度工资薪金，准予在汇缴年度按规定扣除。

061. 纳税人自制的白条凭证所载支出能否税前扣除？

——吉林省丰达高速公路服务有限公司与公主岭市国家税务局稽查局等税务行政处理纠纷上诉案①

裁判要旨

纳税人自制的白条凭证无法证明交易和支出真实发生，故其所载支出不得税前扣除。

基本案情

2010年度、2011年度原告吉林省丰达高速公路服务有限公司购进肉类、冻货类原材料价款合计2,639,658.6元，原始凭证均为收据（无税务机关发票监制章），计入南、北餐厅“主营业务成本”结转后计入当期损益。在年度企业所得税汇算清缴时未作纳税调整。

2012年5月25日，被告稽查局向原告送达税务检查通知书，就原告2011年1月1日至2012年4月30日涉税情况进行检查，2012年5月29日被告稽查局因发现原告有其他税收违法嫌疑，将检查时段扩展为2010年1月1日至2012年4月30日。

① 吉林省四平市中级人民法院（2017）吉03行终36号行政判决书

2012 年 7 月 24 日因案情复杂，经稽查局负责人批准办理期限延长至 2013 年 4 月 30 日。2013 年 4 月 25 日该案作为重大税务案件移交重大税务案件审理委员会审理。2013 年 5 月 31 日向原告送达税务行政处罚事项告知书（公国税罚告 2013 第 12 号）。重大税务案件审理委员会于 2013 年 6 月 14 日召开听证会。

2013 年 6 月 28 日因前期调查认定事实部分存在问题，被告稽查局作出税务事项告知书（公国税通 2013 第 1 号）将公国税罚告 2013 第 12 号税务行政处罚事项告知书予以撤销，同日该案由重大税务案件审理委员会退回重新调查补充证据。

2016 年 1 月 8 日被告稽查局作出公国税稽处（2016）1 号税务处理决定：责令原告补缴企业所得税款 827,676.61 元（其中包含本案争议补缴税款 659,914.66 元）、补缴增值税 45,179.46 元，合计应补缴税款 872,856.07。并从滞纳税之日起按日收取滞纳税款万分之五的滞纳金。原告不服该处理决定，向被告国税局申请行政复议。

2016 年 7 月 23 日被告国税局经复议作出公国税复决（2016）1 号税务行政复议决定：维持被告稽查局作出的公国税稽处（2016）1 号税务处理决定。

法院审理

原审法院认为，2012 年 5 月 25 日被告稽查局向原告送达税务检查通知书中虽载明“对原告单位 2011 年 1 月 1 日至 2012 年 4 月 30 日涉税情况进行检查”，但同时注明“如检查发现此期间以外明显的税收违法嫌疑或线索不受此限”。被告稽查局在检查过程中发现原告存在检查期间以外的税务违法嫌疑，经稽查局负责人批准将检查期限扩展为“2010 年 1 月 1 日至 2012 年 4 月 30 日”，因此原告称被告稽查局超范围稽查的事实不成立。《中华人民共和国税收征收管理法》第十九条规定：“纳税人、扣缴义务人按照有关法律、行政法规和国务院财政、税务主管部门的规定设置账簿，根据合法、有效凭证记账，进行核算。”《国家税务总局关于印发〈进一步加强税收征管若干具体措施〉的通知》第六条规定：“……未按规定取得的合法有效凭证不得在税前扣除”。根据上述规定，合法有效凭证是企业税前扣除成本、费用的依据。本案中，被告稽查局与原告公司均认可成本扣除需要合法有效凭证，但双方对于何谓“合法有效凭证”存在争议，被告稽查局认为是发票，而原告公司认为不仅包括发票，也包括其他财务凭证。对于“合法有效凭证”，现行法律规定主要有：

1.《中华人民共和国发票管理办法》第二十条："所有单位和从事生产、经营活动的个人在购买商品、接受服务以及从事其他经营活动支付款项，应当向收款方取得发票。"第二十一条："不符合规定的发票，不得作为财务报销凭证，任何单位和个人有权拒收。"

2.《中华人民共和国增值税暂行条例》第九条："纳税人购进货物或者应税劳务，取得的增值税扣税凭证不符合法律、行政法规或者国务院税务主管部门有关规定的，其进项税额不得从销项税额中抵扣。"

3.《中华人民共和国增值税暂行条例实施细则》第十九条："条例第九条所称增值税扣税凭证，是指增值税专用发票、海关进口增值税专用缴款书、农产品收购发票和农产品销售发票以及运输费用结算单据。"

本案中，存在争议成本支出是用于购买原材料，支付的对象是我国境内的单位或个人，且上述单位或个人生产销售的原材料是属于增值税税收征税范围的，因此应当以发票作为唯一合法有效的凭证。原告在2010年度、2011年度购进肉类、冻货类合计金额2, 639, 658. 6元的原始凭证均为收据（无税务机关发票监制章）而非发票。因此被告稽查局不承认该项业务税前列支，责令原告补缴税款659, 914. 66元的处理决定符合法律规定。自2012年5月25日被告稽查局向原告送达税务检查通知书始，到2016年1月8日被告稽查局作出公国税稽（2016）1号税务处理决定时止，该案历时四年，其间2013年6月28日因被告稽查局前期调查认定事实部分存在问题将该案退回重新调查一次。此期间发生的滞纳金全部由原告承担显失公平。依据《中华人民共和国税收征收管理法》第五十二条第一款："因税务机关的责任，致使纳税人、扣缴义务人未缴或者少缴税款的，税务机关在三年内可以要求纳税人、扣缴义务人补缴税款，但是不得加收滞纳金。"本案办期限较长，是因为税务机关责任，前期调查认定事实部分存在问题将该案退回重新调查一次，因此补充调查期间所产生的滞纳金，即2013年6月28日之后产生的滞纳金，不应由原告承担。被告稽查局作出公国税罚告2013第12号税务行政处罚事项告知书（公国税通2013第1号销税务事项告知书予以撤销）并向原告送达，但其仅为告知书，未对原告权利义务产生实际影响，并且本案中被告稽查局最终对原告作出的是处理决定，是对补缴税款问题作出的处理，而非行政处罚，因此被告的行为并不违反"一事不再罚原则"。被告国税局在行政复议审查过程虽发现原行为存在程序上的不当，但在复议决定中未予以纠正，也未就滞纳金承担问题在复议决定中予以审查，因此国税局公国税复决（2016）1号税务行政复议决定违背《中华人民共和国行政复议法》第四条的规定。综上，依据《中华人民共和国行政诉讼法》第六十九条、第七十七条第一款、《最高人民法院关于适用〈中华人民共和国行政诉讼法〉若干问题的解释》第十条之规定，判决：

一、公国税稽处（2016）1号税务处理决定中“从滞纳税款之日起，按日加收滞纳税款万分之五的滞纳金”变更为“从滞纳税款之日起，按日加收滞纳税款万分之五的滞纳金，至2013年6月28日止”。

二、撤销公主岭市国家税务局作出的公国税复决（2016）1号税务行政复议决定。

三、驳回原告吉林省丰达高速公路服务有限公司其他诉讼请求。

吉林省丰达高速公路服务有限责任公司不服原审判决，提起上诉称：

一、上诉人企业购货业务真实，并已经得到被上诉人的确认，没有理由予以处罚。上诉人服务区餐厅所采购的农副产品是企业实际发生的，与取得收入有关的、合理的支出。企业所采购的农副产品大部分是初级产品。对此类产品国家是予以免税的，尤其是我公司地处农村地区，多数销货方是无法取得发票的。2011年10月份，所得税归属明确给国税局后，才提供农副产品代开发票，但对前期已经发生的无法取得发票的自制白条子凭证没有要求进行纠正。同时，原公主岭市地税局和梨树地税局对此问题均已认可并执行多年，上诉人历来也是据此操作的，也是据此在税前扣除的。根据《中华人民共和国企业所得税法》第八条、《中华人民共和国企业所得税法实施条例》第二十七条被上诉人既然已经核准了上诉人“购货业务真实”及财务手续健全，就已经确认了上诉人的购货及支付行为是与取得收入有关的合理支出，就应当按企业所得税法的规定予以扣除。在此问题上适用的是特别法的专项规定，规定是明确和具体的，是所有的行政相对人都能看懂、正确认识和正确执行的，不存在歧义和其他理解问题。

二、被上诉人错误曲解法律，错误适用法律。根据《中华人民共和国企业所得税法》第八条、《中华人民共和国企业所得税法实施条例》第二十七条的规定，只要是符合“合理支出”的要件，就应予以认定为有效，没有理由予以补缴。被上诉人所称“合理支出”是需要提供发票是没有法律规定的。

被上诉人公主岭市国家税务局稽查局辩称：上诉人自称用于购买冻鱼、冻肉等但无发票的支出依法不得在企业所得税前扣除。上诉人认为购入货物只要“真实发生”即应允许在所得税前扣除，该观点与税收征收管理方面的法律、法规、规章及规范性文件的明确规定不符，其擅自在所得税前扣除的行为属于违法行为，依法应予纠正。法律明确规定，在计算企业成本时所依据的凭证应同时满足真实性、合法性、关联性三个条件，方能准予扣除。只有符合法律规定的合法有效凭据才可以在税前扣除，而本案中合法有效的凭据只能被认定为发票，且应是符合《发票管理办法》第十条规定的发票。

二审法院驳回上诉，维持原判。

点评

本税务行政案件的争议焦点是纳税人自制的白条凭证所载支出能否税前扣除。实务中，纳税人无法取得发票的情况较多，特别是销售初级农产品，农户一般不会进行税务登记，故无法从税务机关领购发票并向购买方提供发票。虽然现在可以由税务机关代开发票，但是如果农户不予配合，购买方也无法从上游取得发票。如果是零星、小额、偶然的交易，购买方无法取得发票的现象更是常见。但是，对购买方而言，交易是真实发生的，支付的货款也是真实的成本费用，从财务核算的角度考量，应当入账，为此，其用自制的白条凭证代替发票，并将白条所载支出进行税前扣除。税务机关对纳税人的上述作法持否定态度，认为自制的白条凭证所载支出不能税前扣除。此问题应当严格遵循税收法律法规。

一、企业所得税的处理

《企业所得税法》第八条规定："企业实际发生的与取得收入有关的、合理的支出，包括成本、费用、税金、损失和其他支出，准予在计算应纳税所得额时扣除。"《企业所得税法实施条例》第二十七条规定："企业所得税法第八条所称有关的支出，是指与取得收入直接相关的支出。企业所得税法第八条所称合理的支出，是指符合生产经营活动常规，应当计入当期损益或者有关资产成本的必要和正常的支出。"《〈中华人民共和国企业所得税法实施条例〉释义及适用指南》（《中华人民共和国企业所得税法实施条例》立法起草小组）第110页指出："与取得收入直接相关的支出"是指企业实际所发生的能直接带来经济利益的流入或者可预期经济利益的流入的支出。故此种支出包括两类：一是能给企业带来现实、实际的经济利益的支出；二是能给企业带来可预期经济利益的流入，虽然此类支出并不直接或即时地表现为相应现实、实际经济利益的流入，但是根据社会一般经验或者判断，如果此种支出所对应的收益是可预期的，则此类支出也属于"与取得收入直接相关的支出"，比如广告费。根据上述法律、法规和释义，判断相关支出能否税前扣除，有三个标准：一是该类支出实际发生，二是该类支出是与取得收入直接相关，三是此类支出合理。就本案而言，作为原告的纳税人和作为被告的税务机关，对白条所载支出能否税前扣除只就第一个标准发生争议，对第二和第三个标准未深入讨论。原告为高速公路服务区餐厅采购的农副产品自制白条入账，从第二个标准来看，应当属于“与取得收入直接相关的支出”，因为服务区餐厅只有先采购农副产品才能直接销售或加工后销售给消费者并取得收入。至于是否为“合理的支出”，则需要结合纳税人的行业、经营情况、收入、成本综合考量。但是，从第一个标准来看，原告自制白条无法证明交易实际发生，如果原告要证明交易真实发生，还需要提供进一步的证据，比如资金往来记录、交易对方的具体信息、交易对方的相关证明等。在原告完成上述举证责任后，税务机关应当对此交易的真实性进行核实，而不能进一步加重原告的举证责任。从判决书的内容来看，法院和原被告偏离了对上述标准的讨论，而是转为讨论白条是否为“合法有效凭证”。

二、增值税的处理

《增值税暂行条例》第九条规定：“纳税人购进货物或者应税劳务，取得的增值税扣税凭证不符合法律、行政法规或者国务院税务主管部门有关规定的，其进项税额不得从销项税额中抵扣。”《增值税暂行条例实施细则》第十九条规定：“条例第九条所称增值税扣税凭证，是指增值税专用发票、海关进口增值税专用缴款书、农产品收购发票和农产品销售发票以及运输费用结算单据。”据此，纳税人自制的白条不是《增值税暂行条例》《增值税暂行条例实施细则》所规定的增值税扣税凭证，故本案原告不得以自制白条所载支出进行增值税进项扣除。

三、滞纳金的处理

《税收征收管理法》第三十二条规定：“纳税人未按照规定期限缴纳税款的，扣缴义务人未按照规定期限解缴税款的，税务机关除责令限期缴纳外，从滞纳税款之日起，按日加收滞纳税款万分之五的滞纳金。”《税收征收管理法实施细则》第七十五条规定：“税收征管法第三十二条规定的加收滞纳金的起止时间，为法律、行政法规规定或者税务机关依照法律、行政法规的规定确定的税款缴纳期限届满次日起至纳税人、扣缴义务人实际缴纳或者解缴税款之日止。”因此，滞纳金起止时间为税款缴纳期限届满之日起至实际缴纳或解缴税款之日止。

但是，纳税人与税务机关发生争议，因上述程序由税务机关主导，故程序时间长短取决于税务机关，如果税务机关恶意拖延程序，或者因税务机关的原因导致程序拖延，则会给纳税人增加税务负担。另外，《税收征收管理法》和《税收征收管理法实施细则》并未规定税务检查的期限。《税务稽查工作规程》第二十二条规定："检查前，应当告知被查对象检查时间、需要准备的资料等，但预先通知有碍检查的除外。检查应当由两名以上检查人员共同实施，并向被查对象出示税务检查证和《税务检查通知书》。检查应当自实施检查之日起60日内完成；确需延长检查时间的，应当经稽查局局长批准。"据此，检查时间为60日，但可以延长，且没有延长期限和次数的限制。《税务稽查工作规程》第五十条规定："审理部门接到检查部门移交的《税务稽查报告》及有关资料后，应当在15日内提出审理意见。但下列时间不计算在内：（一）检查人员补充调查的时间；（二）向上级机关请示或者向相关部门征询政策问题的时间。案情复杂确需延长审理时限的，经稽查局局长批准，可以适当延长。"据此，审理期限为15日，但可以延长，且没有延长期限和次数的限制。可见，如果滞纳金严格按照税款缴纳期限届满之日起至实际缴纳或解缴税款之日止计算，对纳税人极不公平。本案主审法院注意到滞纳金的起止时间规定存在问题，将滞纳金终止时间从实际缴纳之日改为2013年6月28日止，理由是"本案办理期限较长，是因为税务机关责任，前期调查认定事实部分存在问题将该案退回重新调查一次，因此补充调查期间所产生的滞纳金，即2013年6月28日之后产生的滞纳金，不应由原告承担。"税务机关列出的法律依据是《税收征收管理法》第五十二条第一款："因税务机关的责任，致使纳税人、扣缴义务人未缴或者少缴税款的，税务机关在三年内可以要求纳税人、扣缴义务人补缴税款，但是不得加收滞纳金。"严格来讲，该款并不是合适的法律依据，只是主审法院为了平衡纳税人和税务机关的利益，将该款的立法精神予以发挥引用。如果要彻底解决本案所涉的滞纳金问题，应当明确规定在税务检查中因税务机关的责任倒置程序延长的，延长期间的滞纳金免除。同时，严格税务检查的时间期限和延长次数，不能给予税务机关无限制延期的权力。

法条链接

1. **《企业所得税法》**

第八条 企业实际发生的与取得收入有关的、合理的支出，包括成本、费用、税金、损失和其他支出，准予在计算应纳税所得额时扣除。

2. **《企业所得税法实施条例》**

第二十七条 企业所得税法第八条所称有关的支出，是指与取得收入直接相关的支出。企业所得税法第八条所称合理的支出，是指符合生产经营活动常规，应当计入当期损益或者有关资产成本的必要和正常的支出。

3.《**增值税暂行条例**》

第九条 纳税人购进货物或者应税劳务，取得的增值税扣税凭证不符合法律、行政法规或者国务院税务主管部门有关规定的，其进项税额不得从销项税额中抵扣。

4.《**增值税暂行条例实施细则**》

第十九条 条例第九条所称增值税扣税凭证，是指增值税专用发票、海关进口增值税专用缴款书、农产品收购发票和农产品销售发票以及运输费用结算单据。

5.《**税收征收管理法**》

第三十二条 纳税人未按照规定期限缴纳税款的，扣缴义务人未按照规定期限解缴税款的，税务机关除责令限期缴纳外，从滞纳税款之日起，按日加收滞纳税款万分之五的滞纳金。

第五十二条第一款 因税务机关的责任，致使纳税人、扣缴义务人未缴或者少缴税款的，税务机关在三年内可以要求纳税人、扣缴义务人补缴税款，但是不得加收滞纳金。

6.《**税收征收管理法实施细则**》

第七十五条 税收征管法第三十二条规定的加收滞纳金的起止时间，为法律、行政法规规定或者税务机关依照法律、行政法规的规定确定的税款缴纳期限届满次日起至纳税人、扣缴义务人实际缴纳或者解缴税款之日止。

062. 能否依据善意取得的增值税专用发票进行企业所得税前列支扣除

——金湖盛锦铜业有限公司与淮安市国家税务局稽查局行政处罚案①

裁判要旨

《企业所得税法》第八条规定："企业实际发生的与取得收入有关的、合理

① 江苏省淮安市中级人民法院（2014）淮中行终字第0139号行政判决书

的支出，包括成本、费用、税金、损失和其他支出，准予在计算应纳税所得额时扣除。”据此，善意取得的增值税专用发票虽然不能作为进项税额抵扣依据，但是其证明纳税人实际发生了与取得收入有关的、合理的支出，应当作为支出在计算企业所得税应纳税所得额时扣除。

基本案情

2011年9月，金湖盛锦铜业有限公司从凌源万运金属有限公司购废铜，2011年9月至11月，取得凌源万运金属有限公司提供的27份增值税专用发票，税额合计3,095,936.62元，2011年向国税机关认证通过，并申报抵扣税款3,095,936.62元。所购废铜已在2011年全部进入生产成本，2011年结转主营业务成本17,880,058.83元，2012年结转主营业务成本331,332.95元。

2013年10月14日，辽宁省凌源市国家税务局稽查局确认27份增值税专用发票为虚开。

2014年1月22日，淮安市国家税务局稽查局作出《税务处理决定书》（淮安国税稽处（2014）9号），1. 金湖盛锦铜业有限公司补缴增值税3,095,936.62元。2. 补缴2011年企业所得税3,312,940.63元，补缴2012年企业所得税145,813.43元。

2014年5月24日，金湖盛锦铜业有限公司不服提起诉讼，请求依法撤销被告作出的淮安国税稽处（2014）9号税务处理决定书。

法院审理

原审认为：淮安市国家税务局稽查局认定涉案的27份增值税专用发票系虚开，原告善意取得，所购货物废铜已在2011年全部进入生产成本。国家税务总局对善意取得作了明确规定，即“纳税人善意取得虚开的增值税专用发票指购货方与销售方存在真实交易，且购货方不知取得的增值税专用发票是以非法手段获得的”。被告对原告作出补缴增值税的处理，确认原告系善意取得虚开的增值税专用发票。但对原告相应取得收入有关的合理支出未作认定，属事实不清。

善意取得的虚开增值税专用发票，税法明确规定不得作为增值税合法有效的扣税凭证抵扣其进项税额。但对27份增值税专用发票对应的企业所产生的成本等是否可以作为企业所得税税前列支问题，税法没有作出明确规定。淮安市国家税务局稽查局仅凭原告善意取得的27张虚开的增值税专用发票来调增原告的企业所得税，要求补缴企业所得税、加收滞纳金的处理决定，认定的事实不清、法律依据不足，不予支持。依照《中华人民共和国行政诉讼法》第五十四条第（二）项之规定，判决撤销被告淮安市国家税务局稽查局于2014年1月22日作出的淮安国税稽处（2014）9号《税务处理决定书》第二条。

淮安市国家税务局稽查局不服原审判决，提起上诉称：1. 根据凌源市国家税务局发给上诉人的《凌源市万运金属材料有限公司虚开增值税专用发票案重大案件报告》和凌源市国家税务局稽查局给上诉人的《已证实虚开通知单》，证实了被上诉人持有的27份增值税专用发票为虚开。2. 根据《中华人民共和国税收征收管理法》第二十一条、《中华人民共和国发票管理办法》第二十条的规定，企业购买商品必须取得发票，被上诉人购买废铜行为应当遵守上述规定，即取得合法有效的发票作为企业所得税前扣除的唯一凭证，只有提供合法有效的发票，才能最有效证明交易的真实性。3. 被上诉人购买废铜必须取得合法有效的发票，而被上诉人取得的是虚开的增值税专用发票属于不符合规定的发票，是不合法的凭证。一审判决认定事实错误，适用法律不当，请求依法撤销一审判决，维持上诉人作出的税务处理决定。

二审法院认为，驳回上诉，维持原判。

点评

依据《国家税务总局关于纳税人善意取得虚开的增值税专用发票处理问题的通知》，所谓善意取得增值税专用发票是指购货方与销售方存在真实的交易，销售方使用的是其所在省（自治区、直辖市和计划单列市）的专用发票，专用发票注明的销售方名称、印章、货物数量、金额及税额等全部内容与实际相符，且没有证据表明购货方知道销售方提供的专用发票是以非法手段获得的情形。可见，善意取得的增值税专用发票意味着双方的交易及相关信息完全真实。《企业所得税法》第八条规定："企业实际发生的与取得收入有关的、合理的支出，包括成本、费用、税金、损失和其他支出，准予在计算应纳税所得额时扣除。"因此，依据该条规定，结合企业所得税原理，只要是企业实际发生的与取得收入有关的、合理的支出，都应当在计算应纳税所得额时扣除。当然，纳税人需要有充分的证据证明扣除的支出真实合理。由于善意取得的增值税专用发票可以证实双方的交易实际发生，相关交易信息真实，因此，可以依据该增值税专用发票进行成本会计处理，从而作为真实合理的支出在计算企业所得税应纳税所得额时扣除。

本案税务机关认为纳税人善意取得的 27 份增值税专用发票为虚开，故不能证实交易的真实性，纳税人不得将上述增值税专用发票记载的原材料价款作为支出在计算企业所得税应纳税所得额时扣除。但是，两级审理法院并未支持税务机关的观点，而是依据企业所得税的原理，在认定纳税人善意取得的增值税专用发票能证实交易及相关信息真实后，认为纳税人可以将上述增值税专用发票记载的价款作为支出，在计算企业所得税应纳税所得额时扣除。

法条链接

1. **《企业所得税法》**

第八条 企业实际发生的与取得收入有关的、合理的支出，包括成本、费用、税金、损失和其他支出，准予在计算应纳税所得额时扣除。

2. **《国家税务总局关于纳税人善意取得虚开的增值税专用发票处理问题的通知》**

近接一些地区反映，在购货方（受票方）不知道取得的增值税专用发票（以下简称专用发票）是销售方虚开的情况下，对购货方应当如何处理的问题不够明确。经研究，现明确如下：

购货方与销售方存在真实的交易，销售方使用的是其所在省（自治区、直辖市和计划单列市）的专用发票，专用发票注明的销售方名称、印章、货物数量、金额及税额等全部内容与实际相符，且没有证据表明购货方知道销售方提供的专用发票是以非法手段获得的，对购货方不以偷税或者骗取出口退税论处。但应按有关规定不予抵扣进项税款或者不予出口退税；购货方已经抵扣的进项税款或者取得的出口退税，应依法追缴。

购货方能够重新从销售方取得防伪税控系统开出的合法、有效专用发票的，或者取得手工开出的合法、有效专用发票且取得了销售方所在地税务机关已经或者正在依法对销售方虚开专用发票行为进行查处证明的，购货方所在地税务机关应依法准予抵扣进项税款或者出口退税。

如有证据表明购货方在进项税款得到抵扣、或者获得出口退税前知道该专用发票是销售方以非法手段获得的，对购货方应按《国家税务总局关于纳税人取得虚开的增值税专用发票处理问题的通知》（国税发［1997］134 号）和《国家税务总局关于〈国家税务总局关于纳税人取得虚开的增值税专用发票处理问题的通知〉的补充通知》(国税发［2000］182号)的规定处理。

本通知自印发之日起执行。

3.《国家税务总局关于纳税人取得虚开的增值税专用发票处理问题的通知》

最近，一些地区国家税务局询问，对纳税人取得虚开的增值税专用发票(以下简称专用发票)如何处理。经研究，现明确如下：

一、受票方利用他人虚开的专用发票，向税务机关申报抵扣税款进行偷税的，应当依照《中华人民共和国税收征收管理法》及有关规定追缴税款，处以偷税数额五倍以下的罚款；进项税金大于销项税金的，还应当调减其留抵的进项税额。利用虚开的专用发票进行骗取出口退税的，应当依法追缴税款，处以骗税数额五倍以下的罚款。

二、在货物交易中，购货方从销售方取得第三方开具的专用发票，或者从销货地以外的地区取得专用发票，向税务机关申报抵扣税款或者申请出口退税的，应当按偷税、骗取出口退税处理，依照《中华人民共和国税收征收管理法》及有关规定追缴税款，处以偷税、骗税数额五倍以下的罚款。

三、纳税人以上述第一条、第二条所列的方式取得专用发票未申报抵扣税款，或者未申请出口退税的，应当依照《中华人民共和国发票管理办法》及有关规定，按所取得专用发票的份数，分别处以1万元以下的罚款；但知道或者应当知道取得的是虚开的专用发票，或者让他人为自己提供虚开的专用发票的，应当从重处罚。

四、利用虚开的专用发票进行偷税、骗税，构成犯罪的，税务机关依法进行追缴税款等行政处理，并移送司法机关追究刑事责任。

4.《国家税务总局关于〈国家税务总局关于纳税人取得虚开的增值税专用发票处理问题的通知〉的补充通知》

为了严格贯彻执行《国家税务总局关于纳税人取得虚开的增值税专用发票处理问题的通知》(国税发［1997］134号，以下简称134号文件)，严厉打击虚开增值税专用发票活动，保护纳税人的合法权益，现对有关问题进一步明确如下：

有下列情形之一的，无论购货方(受票方)与销售方是否进行了实际的交易，增值税专用发票所注明的数量、金额与实际交易是否相符，购货方向税务机关申请抵扣进项税款或者出口退税的，对其均应按偷税或者骗取出口退税处理。

一、购货方取得的增值税专用发票所注明的销售方名称、印章与其进行实际交易的销售方不符的，即134号文件第二条规定的“购货方从销售方取得第三方开具的专用发票”的情况。

二、购货方取得的增值税专用发票为销售方所在省（自治区、直辖市和计划单列市）以外地区的，即134号文件第二条规定的“从销货地以外的地区取得专用发票”的情况。

三、其他有证据表明购货方明知取得的增值税专用发票系销售方以非法手段获得的，即134号文件第一条规定的“受票方利用他人虚开的专用发票，向税务机关申报抵扣税款进行偷税”的情况。

063. 非居民企业间接转让中国居民企业股权是否缴纳企业所得税？

——儿童投资主基金诉杭州市西湖区国家税务局税务征收案[1]

裁判要旨

《国家税务总局关于加强非居民企业股权转让所得企业所得税管理的通知》规定，非居民企业通过滥用组织形式等安排间接转让中国居民企业股权，且以减少、免除或者推迟缴纳税款为主要目的，规避企业所得税纳税义务的，主管税务机关层报税务总局审核后可以按照经济实质对该股权转让交易重新定性，否定被用作税收安排的境外控股公司的存在。此时，非居民企业应当向中国税务机关缴纳企业所得税。但是，此文件被《关于非居民企业所得税源泉扣缴有关问题的公告》废止，故在现行法律体系下，非居民企业不应当纳税。

基本案情

1997年12月5日，香港国汇有限公司（以下简称香港国汇公司）在香港地区注册成立。

2003年11月4日，儿童投资主基金在开曼群岛注册成立。

2004年3月31日，香港国汇公司与中国浙江国叶实业发展有限公司签订合同设立杭州国益路桥经营管理公司（以下简称杭州国益路桥公司），香港国汇公司占杭州国益路桥公司95%的股份。

---

① 浙江省高级人民法院（2015）浙行终字第441号行政判决书

2005年10月12日，Chinese Future Corporation（以下简称CFC公司）在开曼群岛注册成立。CFC公司持有香港国汇公司100%股权。

2005年11月10日，儿童投资主基金通过股权转让和认购新股的方式取得了CFC公司26.32%的股权。

2011年9月9日，原告儿童投资主基金将其持有的CFC公司26.32%的股权转让给新创建集团有限公司的附属公司Moscan Developments Limited，转让价格为2.8亿美元连同自2011年7月1日起至2011年8月31日止期间按购买价年利率8%计算之利息（约合380万美元）。

2011年9月30日，儿童投资主基金根据《国家税务总局关于加强非居民企业股权转让所得企业所得税管理的通知》（国税函（2009）698号，以下简称698号文）的要求告知了杭州市西湖区国家税务局本次交易的情况，并提供了部分相关资料。被告收到原告信函后，多次与原告沟通，要求原告提供相关资料，同时进行了调查，并依照698号文的要求，层报国家税务总局审核。

2013年7月，国家税务总局明确批复："在The Children's Investment Master Fund（开曼群岛）、Widefaith Group Limited（英属维尔京群岛）和Kaiming Holdings Limited（英属维尔京群岛）间接转让杭州国益路桥经营管理有限公司股权的交易中，存在以下事实：一是境外被转让的公司Chinese Future Corporation（开曼）和香港国汇有限公司仅在避税地或低税率地区注册，不从事制造、经销、管理等实质性经营活动；二是股权转让价主要取决于对中国居民企业杭州国益路桥经营管理有限公司的估值；三是股权受让方对外披露收购的实际标的为杭州国益路桥经营管理有限公司股权。基于上述事实，税务机关有较充分的理由认定The Children' s Investment Master Fund等境外转让方转让Chinese Future Corporation和香港国汇有限公司，从而间接转让杭州国益路桥经营管理有限公司股权的交易不具有合理商业目的，属于以减少我国企业所得税为主要目的的安排。"并同意对该交易重新定性，否定被用作税收安排的CFC公司和香港国汇公司的存在，对原告等取得的股权转让所得征收企业所得税。

2013年11月12日，被告经与原告方充分沟通后作出杭国税西通（2013）004号《税务事项通知书》，通知原告"根据《中华人民共和国企业所得税法》第四十七条，《中华人民共和国企业所得税法实施条例》第七条、第一百二十条，《国家税务总局关于印发〈非居民企业所得税源泉扣缴管理暂行办法〉的通知》（国税发（2009）3号）以及《国家税务总局关于加强非居民企业股权转让所得企业所得税管理的通知》（国税函（2009）698号）的相关规定，你公司间接转让杭州国益路桥经营管理有限公司股权所取得的股权转让所得，应申报缴纳企业所得税。你公司取得转让所得为173,228,521.91美元，应按照缴纳（扣缴）当日国家公布的人民币汇率中间价，折合成人民币，并按10%的税率计算缴纳企业所得税。你公司应自收到本通知之日起十五日内按照本通知书要求，到我局申报缴纳企业所得税。”并于当日将该通知书送达原告。

2013年11月19日，原告按照杭国税西通（2013）004号《税务事项通知书》的要求缴纳了人民币105,310,815.32元的税款。

2014年1月17日，原告向杭州市国家税务局就涉案《税务事项通知书》提起行政复议。

2014年4月10日，杭州市国家税务局作出杭国税复决字（2014）1号《行政复议决定书》，维持了被告作出的杭国税西通（2013）004号《税务事项通知书》。

原告仍不服，诉至法院。

法院审理

原审法院认为，《中华人民共和国企业所得税法》第二条第三款规定“本法所称非居民企业，是指依照外国（地区）法律成立且实际管理机构不在中国境内，但在中国境内设立机构、场所的，或者在中国境内未设立机构、场所，但有来源于中国境内所得的企业”。第三条第三款规定：“非居民企业在中国境内未设立机构、场所的，或者虽设立机构、场所但取得的所得与其所设机构、场所没有实际联系的，应当就其来源于中国境内的所得缴纳企业所得税。”《中华人民共和国企业所得税法实施条例》第七条规定“企业所得税法第三条所称来源于中国境内、境外的所得，按照以下原则确定：……（三）转让财产所得，不动产转让所得按照不动产所在地确定，动产转让所得按照转让动产的企业或者机构、场所所在地确定，权益性投资资产转让所得按照被投资企业所在地确定……”法律法规已规定非居民企业须就其来源于中国境内的所得缴纳企业所得税，并规定了确定所得发生地的规则。《中华人民共和国企业所得税法》第四十七条规定：“企业实施其他不具有合理商业目的的安排而减少其应纳税收入或者所得额的，税务机关有权按照合理方法调整。”《中华人民共和国企业所得税法实施条例》第一百二十条规定：“企业所得税法第四十七条所称不具有合理商业目的，是指以减少、免除或者推迟缴纳税款为主要目的。”据此，法律法规已授权税务机关对企业的避税行为作出判断并予以合理调整。698 号文第六条规定：“境外投资方（实际控制方）通过滥用组织形式等安排间接转让中国居民企业股权，且不具有合理的商业目的，规避企业所得税纳税义务的，主管税务机关层报税务总局审核后可以按照经济实质对该股权转让交易重新定性，否定被用作税收安排的境外控股公司的存在。”该条系国家税务总局为执行《中华人民共和国企业所得税法》及其实施条例而对税务机关如何认定“不具有合理商业目的”及如何“按照合理方法调整”作出的技术性、程序性规定。税务机关在适用《中华人民共和国企业所得税法》第四十七条和《中华人民共和国企业所得税法实施条例》第一百二十条的同时适用 698 号文第六条，具有正当性和必要性。本案中，税务机关认定了三项事实：一、境外被转让的 CFC 公司和香港国汇公司仅在避税地或低税率地区注册，不从事制造、经销、管理等实质性经营活动；二、股权转让价主要取决于对中国居民企业杭州国益路桥公司的估值；三、股权受让方对外披露收购的实际标的为杭州国益路桥公司股权。此三项事实有充分的证据予以证明。税务机关根据此三项事实，认定原告等境外转让方转让 CFC 公司和香港国汇公司，从而间接转让杭州国益路桥公司股权的交易不具有合理商业目的，属于以减少我国企业所得税为主要目的的安排，这一认定符合《中华人民共和国企业所得税法》第四十七条、《中华人民共和国企业所得税法实施条例》第一百二十条、698 号文第六条的规定。税务机关对原告间接转让杭州国益路桥公司股权的交易重新定性，否定被用作税收安排的 CFC 公司和香港国汇公司的存在，对原告取得的股权转让所得征收企业所得税，符合 698 号文第六条的规定。杭国税西通（2013）004 号《税务事项通知书》对股权转让所得数额的计算、税率的确定等事项符合法律法规的规定。

原审法院依据《中华人民共和国行政诉讼法》第六十九条之规定，判决驳回原告儿童投资主基金的诉讼请求。

儿童投资主基金（TCI）上诉称：1. 一审判决对证据认定不当，错误拒绝采信上诉人在一审提供的证据。上诉人在一审期间提供外文书证的同时，已提供了部分中文翻译文本，符合法定形式，不应拒绝采信。一审判决证据没有达到“排除合理怀疑”的证明标准。本案认定的事实尚存在如下疑点：（1）TCI 公司无法直接投资于杭州国益路桥公司，香港国汇公司的存在具有实质意义。（2）CFC 公司的设立以发债筹资为目的，同样具有实质经济意义。2. 一审判决认定事实不清。一审查明的事实不完整、不清晰，忽略了有利于上诉人且有充分证据证明的以下事实：香港国汇和 CFC 公司不是由上诉人或其附属公司设立；香港国汇 2004 年以前主要从事房地产投资业务，其设立不以避税为主要目的；CFC 公司的设立的主要目的是为了在海外发行债券进行融资；香港国汇公司和 CFC 公司从事的投资股权、发行债权、管理股权、债权的业务活动，属于实质性的经营活动；上诉人只拥有 CFC 公司的法律股权，而不拥有杭州国益路桥公司的法律股权；香港国汇转让杭州国益路桥公司的股份，需要取得小股东杭州国叶公司的同意，且需经交通部等部门的审批，因此，由香港国汇直接转让杭州国益路桥公司股权，需要额外付出巨大的商业成本，不具商业合理性；CFC 公司以下的全部资产已质押给债权人，在法律上未经债权人同意不得转让。如果由 CFC 公司对债权人全部清偿后再由香港国汇转让杭州国益路桥公司股权，将付出额外巨大的商业成本，也不具有商业合理性等。3. 一审判决证据不足。一审判决依据税务机关认定的三项事实，从而直接同意税务机关的认定—上诉人转让 CFC 公司股权从而间接转让杭州国益路桥公司股权的交易不具有合理商业目的，属于以减少我国企业所得税为主要目的的安排。一审判决的上述认定证据不足：首先，香港国汇公司从事了股权投资、管理股权、收取股息的经营活动。且 1997 年至 2004 年之间从事了房地产投资业务；CFC 公司也从事了发行债券、管理债券、支付利息等经营活动。其次，新创建集团及新世界发展有限公司披露的公告没有任何地方明确说明股权转让价主要取决于对中国居民企业杭州国益路桥公司的估值，只是将此作为估值其中之一的估值因素，且被上诉人未能提供估值报告的原件。最后，股权受让方披露的收购标的杭州国益路桥公司的股权，表述不准确。其正文一直表述收购的是 CFC 公司的股权，而不是杭州国益路桥公司股权。即使国家税务机关的三项认定属于有充分证据证明的事实，据此也不能充分证明上诉人实施了不具有合理商业目的的安排，以减少我国企业所得税为主要目的。4. 一审判决适用法律法规错误。根据《中华人民共和国企业所得税法》第四十七条，《中华人民共和国企业所得税法实施条例》第一百二十条，《国家税务总局关于加强非居民企业股权转让所得企业所得税管理的通知》（国税函（2009）698 号）的相关规定，只有同时符合以下三个条件，税务机关才可以对上诉人转让 CFC 公司股权的行为重新定性，否定被用作税收安排的 CFC 公司和香港国汇公司的存在，对上诉人取得的股权转让所得征收企业所得税：（1）上诉人规划了滥用组织形式等安排间接转让了杭州国益路桥公司的股权；（2）上诉人从该等安排中获得了税收利益；（3）上诉人获取税收利益是该等安排的主要目的。一审法院没有对上述三项条件进行任何分析，适用法律、法规错误：首先，上诉人没有规划任何滥用组织形式等安排从而间接转让杭州国益路桥公司股权。间接转让股权交易不是一个法律交易行为，而是一个事实后果。其次，上诉人尽管客观上通过转让股权获得了税收利益，但转让的目的不是为了获取税收利益，而是为了实现股权转让收益作出的其法律上唯一允许且商业合理的行为。换言之，即使不存在无需缴纳我国企业得税的税收利益，上诉人为了实现股权转让收益，也会选择转让 CFC 公司股权。5. 一审法院无视上诉人在庭审过程中发表的庭审意见及庭后提交的书面意见，而仅就上诉人的起诉书内容作分析，不符合最高人民法院关于《行政案件庭审评查指导标准》的要求，是一份不合格的裁判文书，也是对上诉人诉讼权利的极大侵害。综上，上诉人间接转让杭州国益路桥公司股权的安排，不以减少、免除或者推迟缴纳税款为主要目的，不应该根据《中华人民共和国企业所得税法》第四十七条和 698 号文对其股权交易重新定性。根据《中华人民共和国企业所得税法》第七条第三款的规定，上诉人转让 CFC 股权所得属于来源于境外所得，不负有申报缴纳我国企业所得税的义务。一审判决认定事实不清，证据不足，适用法律、法规错误，简单地驳回上诉人的诉讼请求。请求撤销一审判决，依法改判，判令撤销被上诉人杭国税西通（2013）004 号《税务事项通知书》。

二审法院驳回上诉，维持原判。

点评

本案所涉投资机构的关系图如下：

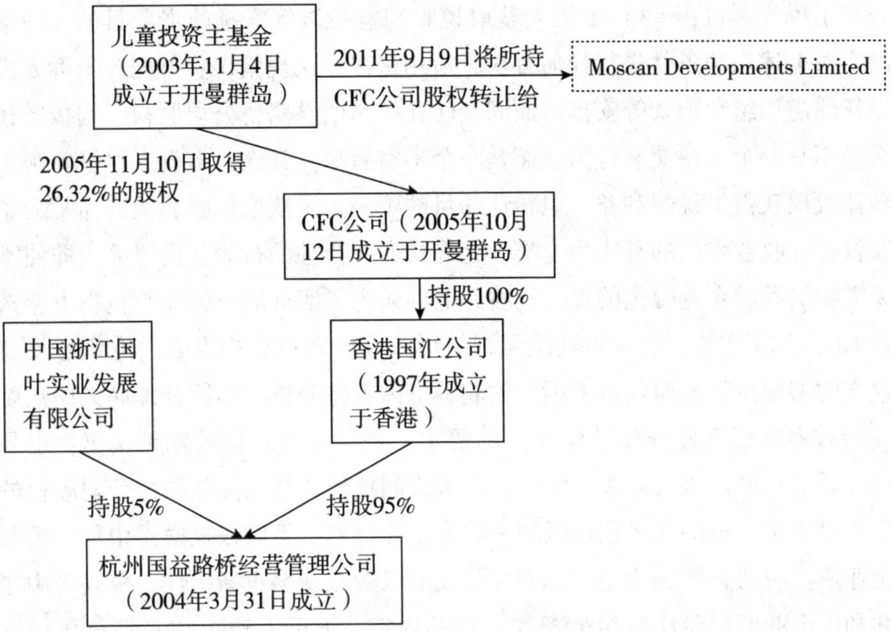

本案的争议焦点是非居民企业间接转让居民企业的股权，是否需要向中国税务机关缴纳企业所得税。非居民企业是指依照外国（地区）法律成立且实际管理机构不在中国境内，但在中国境内设立机构、场所的，或者在中国境内未设立机构、场所，但有来源于中国境内所得的企业。《企业所得税法》第三条第二款、第三款规定："非居民企业在中国境内设立机构、场所的，应当就其所设机构、场所取得的来源于中国境内的所得，以及发生在中国境外但与其所设机构、场所有实际联系的所得，缴纳企业所得税。非居民企业在中国境内未设立机构、场所的，或者虽设立机构、场所但取得的所得与其所设机构、场所没有实际联系的，应当就其来源于中国境内的所得缴纳企业所得税。"由于本案所涉非居民企业儿童投资主基金并未在中国境内设立机构、场所，故其只就来源于中国境内的所得缴纳企业所得税。就本案所涉股权转让而言，儿童投资主基金将其所持的外国企业 CFC 公司股权转让给外国企业 Moscan Developments Limited，应税行为发生于境外，交易标的公司位于境外，所得收入源自境外，故其不应当向中国税务机关缴纳企业所得税。

但是，《国家税务总局关于加强非居民企业股权转让所得企业所得税管理的通知》第六条规定："境外投资方（实际控制方）通过滥用组织形式等安排间接转让中国居民企业股权，且不具有合理的商业目的，规避企业所得税纳税义务的，主管税务机关层报税务总局审核后可以按照经济实质对该股权转让交易重新定性，否定被用作税收安排的境外控股公司的存在。”依据《企业所得税法实施条例》第一百二十条，所谓不具有合理商业目的，是指以减少、免除或者推迟缴纳税款为主要目的。据此，杭州市西湖区国家税务局将儿童投资主基金的股权转让资料层报国家税务总局后，国家税务总局经审核后作出批复，认定以下事实：一是境外被转让的公司CFC公司和香港国汇有限公司仅在避税地或低税率地区注册，不从事制造、经销、管理等实质性经营活动；二是股权转让价主要取决于对中国居民企业杭州国益路桥经营管理有限公司的估值；三是股权受让方对外披露收购的实际标的为杭州国益路桥经营管理有限公司股权。依据上述事实，国家税务总局认定儿童投资主基金与其他涉案公司之间间接转让杭州国益路桥公司股份的交易不具有合理的商业目的，属于以减少我国企业所得税为主要目的安排，并对儿童投资主基金的间接转让交易重新定性，否定用作税收安排的CFC公司和香港国汇公司的存在，主张对儿童投资主基金取得的股权转让所得应征收企业所得税。税务机关的上述处理适用了实质重于形式原则，以交易的经济实质为纳税考核标准，将间接转让中国居民企业股权变为直接转让。

需要注意的是，《国家税务总局关于加强非居民企业股权转让所得企业所得税管理的通知》已被《关于非居民企业所得税源泉扣缴有关问题的公告》废止，故在现行法律体系下，法院的判决丧失了直接的法律依据。

法条链接

1.《企业所得税法》

第二条　企业分为居民企业和非居民企业。

本法所称居民企业，是指依法在中国境内成立，或者依照外国（地区）法律成立但实际管理机构在中国境内的企业。

本法所称非居民企业，是指依照外国（地区）法律成立且实际管理机构不在中国境内，但在中国境内设立机构、场所的，或者在中国境内未设立机构、场所，但有来源于中国境内所得的企业。

第三条　居民企业应当就其来源于中国境内、境外的所得缴纳企业所得税。

非居民企业在中国境内设立机构、场所的，应当就其所设机构、场所取得的来源于中国境内的所得，以及发生在中国境外但与其所设机构、场所有实际联系的所得，缴纳企业所得税。

非居民企业在中国境内未设立机构、场所的，或者虽设立机构、场所但取得的所得与其所设机构、场所没有实际联系的，应当就其来源于中国境内的所得缴纳企业所得税。

第四十七条 企业实施其他不具有合理商业目的的安排而减少其应纳税收入或者所得额的，税务机关有权按照合理方法调整。

2. **《企业所得税法实施条例》**

第七条 企业所得税法第三条所称来源于中国境内、境外的所得，按照以下原则确定：

（一）销售货物所得，按照交易活动发生地确定；

（二）提供劳务所得，按照劳务发生地确定；

（三）转让财产所得，不动产转让所得按照不动产所在地确定，动产转让所得按照转让动产的企业或者机构、场所所在地确定，权益性投资资产转让所得按照被投资企业所在地确定；

（四）股息、红利等权益性投资所得，按照分配所得的企业所在地确定；

（五）利息所得、租金所得、特许权使用费所得，按照负担、支付所得的企业或者机构、场所所在地确定，或者按照负担、支付所得的个人的住所地确定；

（六）其他所得，由国务院财政、税务主管部门确定。

第一百二十条 企业所得税法第四十七条所称不具有合理商业目的，是指以减少、免除或者推迟缴纳税款为主要目的。

064. 非居民企业吸收合并其100%直接控股的另一非居民企业导致中国居民企业股权被转让，能否适用特殊性税务处理？

——意大利意迩瓦萨隆诺控股股份公司与山东省烟台市芝罘国家税务局税务纠纷案①

裁判要旨

非居民企业吸收合并其100%直接控股的另一非居民企业，形式上是吸收合

① 山东省烟台市中级人民法院（2016）鲁06行终324号行政判决书

并，但其导致中国居民企业股权从子公司转移至母公司，故属于资产收购。《财政部、国家税务总局关于企业重组业务企业所得税处理若干问题的通知》（财税［2009］59号）第七条规定非居民企业资产收购适用特殊性税务处理的情形是母公司向子公司转让中国居民企业的股权，因此，非居民企业吸收合并其100%直接控股的另一非居民企业导致中国居民企业股权被转让，不能适用特殊性税务处理。

基本案情

原告意大利意迩瓦萨隆诺控股股份公司（以下称意迩瓦控股公司）系意大利意迩瓦萨隆诺投资有限公司（下称意迩瓦投资公司）的母公司，意迩瓦投资公司系原告意迩瓦控股公司的全资子公司，两公司均为意大利的法人公司。

2005年9月29日，意迩瓦投资公司经山东省对外贸易经济合作厅批准，以人民币481,424,260元的对价取得烟台张裕集团有限公司33%的股权。

2012年7月17日，原告与意迩瓦投资公司分别通过股东大会决议，决定由原告对意迩瓦投资公司实施吸收合并，接受该投资公司的全部资产与负债，其中包括烟台张裕集团有限公司33%的股权。在合并吸收之后，意迩瓦投资公司已于2012年11月21日依法注销了公司登记，由原告直接持有烟台张裕集团有限公司33%的股权。

2012年7月17日，原告将两公司的合并吸收情况致函告知了烟台张裕集团有限公司。

对于原告与意迩瓦投资公司的上述吸收合并行为，被告山东省烟台市芝罘国家税务局认为应当按照中华人民共和国的现行税收法律规定予以征税。

2013年9月9日，被告向原告下达了烟芝国税外通（2013）002号税务事项通知书（下称《通知书》），通知原告应缴税款46,342,168.32元，于2013年9月25日前到被告处进行纳税申报。

2013年9月22日，原告实际缴纳了上述税款。

2013年11月20日，原告向山东省烟台市国家税务局提起了行政复议，要求撤销《通知书》。

原告认为，其与意迩瓦投资公司均为非居民企业，两者之间的吸收合并符合财税［2009］59号《财政部国家税务总局关于企业重组业务企业所得税处理若干问题的通知》（下称59号文）企业合并特殊税务处理的规定，可以按原持有股权的计税成本确认股权价格，股权转让无所得，不应缴税。

山东省烟台市国家税务局则认为，根据59号文，外方关联公司之间转让境内公司股权，除了要符合该规章第五条的规定，还要同时适用第七条第一款的规定，而原告对意迩瓦投资公司的吸收合并行为，并不符合该规定，仍应适用国税函［2009］698号文的规定，据此维持了被告作出的《通知书》。

原告对山东省烟台市国家税务局的行政复议决定仍然不服，于2014年4月24日向原审法院提起行政诉讼，请求撤销被告作出的该征税决定，并返还原告已缴纳的税款46,342,168.32元。

法院审理

庭审中，原、被告双方对原告和意迩瓦投资公司此次重组交易的性质是合并还是股权转让，以及此次重组交易符合59号文第五条之规定是否就应享受免税待遇充分进行了诉辩质证。其中，被告在引用国税函［2009］698号文和59号文的基础上，又继续提供了2013年12月12日《国家税务总局关于非居民企业股权转让适用特殊性税务处理有关问题的公告》（国家税务总局公告2013年第72号，以下称“72号文”）的规定。72号文对59号文第七条第（一）项规定的情形作了具体解释，即第一条规定“本公告所称股权转让是指非居民企业发生《通知》（59号文）第七条第（一）、（二）项规定的情形；其中《通知》第七条第（一）项规定的情形包括因境外企业分立、合并并导致中国居民企业股权被转让的情形。”原告认为，该72号文发布于原告申请行政复议期间，不能适用于原告在此之前的企业合并行为。被告则认为该72号文只是对已有59号文如何适用的进一步解释。

原告在起诉状中还提出了根据中意税收协定第24条，原告应与中国居民企业享受同样的59号文规定的特殊税收待遇；根据中意税收协定第23条第1款，被告对本次交易征税决定也明显违背中国和意大利不应当双重征税的规定；根据中意投资协定第3条第1款，中意两国政府给予对方国民或公司不能低于任何第三国的投资待遇，而同时根据中芬投资协定第3条第2款，中国、芬兰两国政府已给予了对方国民或公司国民待遇，故被告对原告也应给予同样的国民待遇，即原告应与中国居民企业享受59号文规定的同样特殊税收待遇。

被告在答辩状中则认为，原告不能根据中意双方协定的某一原则性条款，就来反对中国税务机关根据具体明确的税法所作出的行政行为；假如按照中华人民共和国的税法将导致对原告双重征税，那么这涉及两国之间哪一方作出调整的问题，应按照中意税收协定议定书的规定，启动政府间协商机制，由两国政府通过协商程序解决。

原审法院认为，关于原告此次重组交易是合并还是股权转让，根据原告于2013年3月4日向山东省烟台市国家税务企业管理科提交的情况说明信可以看出，原告的子公司意迩瓦投资公司仅持有烟台张裕集团有限公司一家的股份，其主要资产就是对张裕集团的股权投资，此次吸收合并直接导致了张裕集团的股东由意迩瓦投资公司变更为原告，实现了原告对烟台张裕集团公司的直接控制，所以被告认定为股权转让并无不当。在2013年12月12日国家税务总局72号文所载明的境外企业合并导致中国居民企业股权被转让属于非居民企业股权转让的规定，也进一步佐证了被告这一认定的合法性。

关于原告此次对意迩瓦投资公司的重组交易是否符合59号文的享受免税待遇的规定。原告的此次境外股权交易虽然符合59号文第五条的适用特殊性税务处理规定，但59号文第七条还规定企业发生涉及中国境内与境外之间的股权和资产收购交易，除应符合本通知第五条规定的条件外，还应同时符合下列条件才可选择适用特殊性税务处理规定，即非居民企业向其100%直接控股的另一非居民企业转让其拥有的居民企业股权的，也就是"母转子公司"的情形，而原告的此次交易是"子转母公司"的情形，因此本案原告不应当享受59号文规定的免税待遇，被告根据国税函［2009］698号文制作的纳税通知符合法律规定。

关于原告是否应当根据中意税收协定、中意投资协定、中芬投资协定的最惠国待遇规定在本次交易中享受免税待遇，根据《中华人民共和国企业所得税法》《中华人民共和国企业所得税法实施细则》以及国税函［2009］698号文的规定，对于股权转让行为的征税，境内居民企业和境外非居民企业的适用，以及境外各国非居民企业之间的适用都是一致的，并不存在任何歧视。在中国企业所得税法的制度体系中，对境外非居民企业按照其独有特点制定专门的征收管理规定，不能认为这就是对作为非居民企业的原告的歧视，这也是目前世界惯例。尤其根据中意税收协定第25条以及中意税收协定议定书第7条的规定，原告对中国税务机关的征税决定有疑义，在进行国内诉讼程序后，可以启动中意两国的税收协商程序，仍有可能的救济途径。

综上所述，被告对原告作出《通知书》的行政行为事实清楚，适用法律正确，程序合法，原告请求撤销，不能得到支持，应当予以驳回。其请求返回已交纳税款46,342,168.32元没有事实和法律依据，依法也一并不能支持。

原审法院驳回原告意迩瓦控股公司的诉讼请求。

意迩瓦控股公司不服原审判决，提起上诉称：被上诉人对上诉人涉案交易征税的决定无明确法律依据，应予撤销。主要理由：1. 2012年7月本次交易发生时，《中华人民共和国企业所得税法》和财税［2009］59号文均未明确规定两个位于非避税港的海外关联公司上游吸收合并需要在中国按照股权转让的方式确认缴纳企业所得税，《通知书》违反了《中华人民共和国税收征收管理法》第三条所体现的税收法定原则。2. 本次交易采用的法律形式为合并，股权转让和合并是两个完全不同的法律概念，《中华人民共和国公司法》第一百七十五条规定，公司合并时，合并各方的债权债务，应当由合并后存续的公司或者新设的公司承继，意迩瓦投资公司的所有资产（包括张裕股权）和负债均为原告承继，该承继不同于涉及对价的转让行为，不存在后者资产的转让问题。本次交易虽然是按照意大利法律进行的，但其性质和实质均符合中国公司法有关规定。中国有关税务处理也应按上述实质进行。3. 本次交易应适用59号文有关合并的特殊税务处理的规定。59号文第七条有关限定不适用于本次交易。2012年7月本次交易发生时，中国没有任何税务法律法规明确规定59号文第七条的执行范围扩大为"包含合并、分立等其他与其并列的重组形式"。2013年12月12日国家税务总局72号文不适用本案，原审判决以其佐证《通知书》违反法不溯及既往原则。被上诉人的征税行为违反了税收法定原则、中意两国关于税收无差别待遇原则、中意两国关于避免双重征税的原则、中意两国政府保护投资协定相关原则，引用独立交易原则对本次交易征税系选择性执法。综上，请求二审法院撤销原审判决，撤销《通知书》。

二审法院驳回上诉，维持原判。

点评

一、本案所涉企业吸收合并的基本情况

1. 合并前

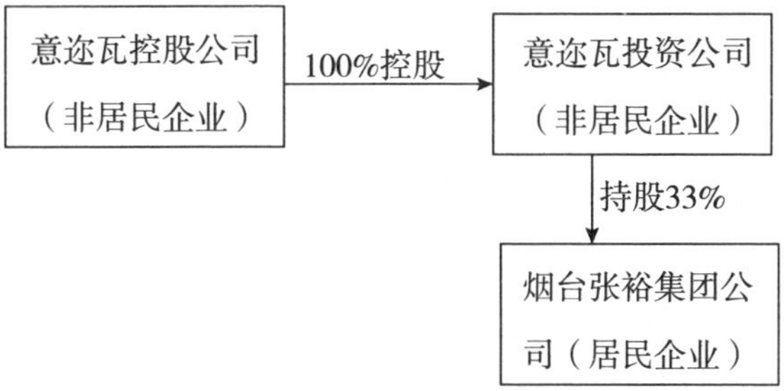

2. 合并后

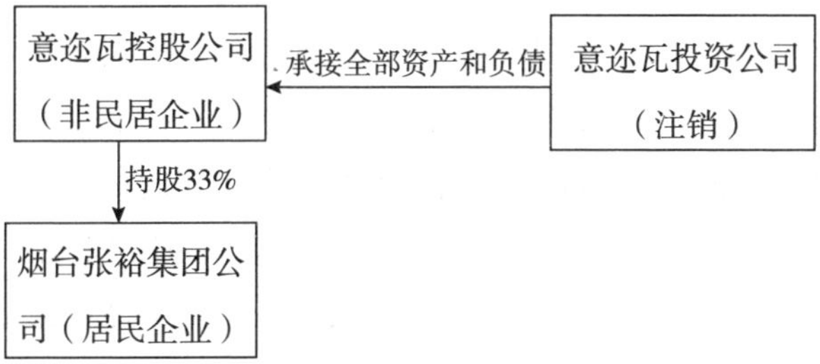

二、《财政部、国家税务总局关于企业重组业务企业所得税处理若干问题的通知》的相关规定

1. 企业重组的形式

《财政部、国家税务总局关于企业重组业务企业所得税处理若干问题的通知》（以下简称 59 号文）第一条规定："本通知所称企业重组，是指企业在日常经营活动以外发生的法律结构或经济结构重大改变的交易，包括企业法律形式改变、债务重组、股权收购、资产收购、合并、分立等。"可见，企业合并与资产收购是并列的企业重组形式。

2. 企业重组的税务处理

59 号文第三条规定，企业重组的税务处理区分不同条件分别适用一般性税务处理规定和特殊性税务处理规定。一般性税务处理和特殊性税务处理最大的区别是，前者的计税基础以公允价值确定，后者的计税基础以原有计税基础确定。

因此，一般性税务处理需要纳税，而特殊性税务处理免税。

3. 适用特殊性税务处理的一般条件

依据59号文第五条，企业重组同时符合下列条件的，适用特殊性税务处理规定：(一) 具有合理的商业目的，且不以减少、免除或者推迟缴纳税款为主要目的。(二) 被收购、合并或分立部分的资产或股权比例符合本通知规定的比例。(三) 企业重组后的连续12个月内不改变重组资产原来的实质性经营活动。(四) 重组交易对价中涉及股权支付金额符合本通知规定比例。(五) 企业重组中取得股权支付的原主要股东，在重组后连续12个月内，不得转让所取得的股权。

4. 企业合并的特殊性税务处理

59号文第六条第（四）项规定："六、企业重组符合本通知第五条规定条件的，交易各方对其交易中的股权支付部分，可以按以下规定进行特殊性税务处理：(四) 企业合并，企业股东在该企业合并发生时取得的股权支付金额不低于其交易支付总额的85%，以及同一控制下且不需要支付对价的企业合并，可以选择按以下规定处理：1. 合并企业接受被合并企业资产和负债的计税基础，以被合并企业的原有计税基础确定。2. 被合并企业合并前的相关所得税事项由合并企业承继。3. 可由合并企业弥补的被合并企业亏损的限额 = 被合并企业净资产公允价值 × 截至合并业务发生当年年末国家发行的最长期限的国债利率。4. 被合并企业股东取得合并企业股权的计税基础，以其原持有的被合并企业股权的计税基础确定。"

5. 非居民企业合并适用特殊性税务处理的附加条件

59号文第七条规定："企业发生涉及中国境内与境外之间（包括港澳台地区）的股权和资产收购交易，除应符合本通知第五条规定的条件外，还应同时符合下列条件，才可选择适用特殊性税务处理规定：（一）非居民企业向其100%直接控股的另一非居民企业转让其拥有的居民企业股权，没有因此造成以后该项股权转让所得预提税负担变化，且转让方非居民企业向主管税务机关书面承诺在3年（含3年）内不转让其拥有受让方非居民企业的股权；（二）非居民企业向与其具有100%直接控股关系的居民企业转让其拥有的另一居民企业股权；(三) 居民企业以其拥有的资产或股权向其100%直接控股的非居民企业进行投资；(四) 财政部、国家税务总局核准的其他情形。"

三、《国家税务总局关于非居民企业股权转让适用特殊性税务处理有关问题的公告》

第一条规定："本公告所称股权转让是指非居民企业发生《通知》第七条第（一）、（二）项规定的情形；其中《通知》第七条第（一）项规定的情形包括因境外企业分立、合并导致中国居民企业股权被转让的情形。"

四、本案的具体分析

1. 本案所涉企业合并所属企业重组的形式

59号文规定了6种重组形式，其中，企业合并与资产收购是并列的重组形式。虽然企业吸收合并发生资产收购的法律后果，但59号文还是将两者区别对待。本案所涉企业之间的重组应当是企业吸收合并，而不是资产收购。

2. 本案所涉企业合并属于同一控制下且不需要支付对价的企业合并

意迩瓦投资公司是意迩瓦控股公司全资子公司，两家公司的实际控制人相同，因此，当母公司吸收合并全资子公司时，无需向子公司股东支付对价。

3. 本案所涉企业合并应当适用特殊性税务处理

首先，其符合适用特殊性税务处理的一般条件。其次，59号文第六条第（四）项规定："六、企业重组符合本通知第五条规定条件的，交易各方对其交易中的股权支付部分，可以按以下规定进行特殊性税务处理：（四）企业合并，企业股东在该企业合并发生时取得的股权支付金额不低于其交易支付总额的85%，以及同一控制下且不需要支付对价的企业合并，可以选择按以下规定处理：1. 合并企业接受被合并企业资产和负债的计税基础，以被合并企业的原有计税基础确定。2. 被合并企业合并前的相关所得税事项由合并企业承继。3. 可由合并企业弥补的被合并企业亏损的限额＝被合并企业净资产公允价值×截至合并业务发生当年年末国家发行的最长期限的国债利率。4. 被合并企业股东取得合并企业股权的计税基础，以其原持有的被合并企业股权的计税基础确定。"

4. 法院的判决思路及存在问题

首先，法院认为本案所涉非居民企业之间的重组形式不是吸收合并，而是资产收购，因为股权是企业资产的组成部分，子公司所持张裕集团公司的股权转移至母公司名下，从形式上看，符合资产收购的定义。其次，既然是资产收购，就应当适用59号文第七条的规定。最后，由于59号文第七条规定的资产收购形式是母公司将所持股权转让给子公司，而不是子公司将所持股权转让给母公司，故本案所涉非居民企业之间的重组不能适用特殊性税务处理。

法院的判决思路存在以下问题：第一，混淆了企业吸收合并与资产收购。59号文明确将吸收合并与资产收购列为不同的两种企业重组形式，并规定了不同的特殊性税务处理条件。前文已述，企业吸收合并确实会发生资产收购的法律后果，因为被合并企业的资产和负债全被转移至合并企业名下。尽管如此，59号文还是将两者区分，因为不加区分，会导致很多以企业合并方式进行的重组因税收成本过高而难以实行。59号文第六条第（四）项已明确规定同一控制下且不需要支付对价的企业合并可以使用特殊性税务处理，但法院选择无视。第二，未理解企业所得税的税法原理。本案税务机关是要求非居民企业就股权变动缴纳企业所得税，但是，企业所得税的原理是有所得才交税，无所得不交税。本案母公司吸收合并全资子公司，并未支付对价，也不可能支付对价，即母公司作为合并方，同时作为被合并方的唯一股东，其不可能自己向自己支付对价，如果支付也无法认定为其收入。从财务会计角度考虑，所谓收入皆是指外部向内部流入，内部资金划转循环不属于收入。既然本案非居民企业无所得，当然无需缴纳所得税。

5. 启示

我国税收规定存在很大的不确定性，为了防范税务风险，在进行税务筹划之前，应当与主管税务机关进行深入沟通，了解其态度和观点，不要想当然地理解税收规范性文件。

法条链接

1.《财政部、国家税务总局关于企业重组业务企业所得税处理若干问题的通知》

一、本通知所称企业重组，是指企业在日常经营活动以外发生的法律结构或经济结构重大改变的交易，包括企业法律形式改变、债务重组、股权收购、资产收购、合并、分立等。

（五）合并，是指一家或多家企业（以下称为被合并企业）将其全部资产和负债转让给另一家现存或新设企业（以下称为合并企业），被合并企业股东换取合并企业的股权或非股权支付，实现两个或两个以上企业的依法合并。

五、企业重组同时符合下列条件的，适用特殊性税务处理规定：

（一）具有合理的商业目的，且不以减少、免除或者推迟缴纳税款为主要目的。

（二）被收购、合并或分立部分的资产或股权比例符合本通知规定的比例。

（三）企业重组后的连续12个月内不改变重组资产原来的实质性经营活动。

（四）重组交易对价中涉及股权支付金额符合本通知规定比例。

（五）企业重组中取得股权支付的原主要股东，在重组后连续12个月内，不得转让所取得的股权。

六、企业重组符合本通知第五条规定条件的，交易各方对其交易中的股权支付部分，可以按以下规定进行特殊性税务处理：

（四）企业合并，企业股东在该企业合并发生时取得的股权支付金额不低于其交易支付总额的85%，以及同一控制下且不需要支付对价的企业合并，可以选择按以下规定处理：

1. 合并企业接受被合并企业资产和负债的计税基础，以被合并企业的原有计税基础确定。

2. 被合并企业合并前的相关所得税事项由合并企业承继。

3. 可由合并企业弥补的被合并企业亏损的限额 = 被合并企业净资产公允价值 × 截至合并业务发生当年年末国家发行的最长期限的国债利率。

4. 被合并企业股东取得合并企业股权的计税基础，以其原持有的被合并企业股权的计税基础确定。

七、企业发生涉及中国境内与境外之间（包括港澳台地区）的股权和资产收购交易，除应符合本通知第五条规定的条件外，还应同时符合下列条件，才可选择适用特殊性税务处理规定：

（一）非居民企业向其100%直接控股的另一非居民企业转让其拥有的居民企业股权，没有因此造成以后该项股权转让所得预提税负担变化，且转让方非居民企业向主管税务机关书面承诺在3年（含3年）内不转让其拥有受让方非居民企业的股权；

（二）非居民企业向与其具有100%直接控股关系的居民企业转让其拥有的另一居民企业股权；

（三）居民企业以其拥有的资产或股权向其100%直接控股的非居民企业进行投资；

（四）财政部、国家税务总局核准的其他情形。

2.《国家税务总局关于非居民企业股权转让适用特殊性税务处理有关问题的公告》

一、本公告所称股权转让是指非居民企业发生《通知》第七条第（一）、

（二）项规定的情形；其中《通知》第七条第（一）项规定的情形包括因境外企业分立、合并导致中国居民企业股权被转让的情形。

七、非居民企业股权转让适用特殊性税务处理备案后经调查核实不符合条件的，应调整适用一般性税务处理，按照有关规定缴纳企业所得税。非居民企业股权转让适用特殊性税务处理未进行备案的，税务机关应告知其按照本公告第二条、第三条的规定办理备案手续。

第三节 个人所得税纠纷

065. 个人投资者从其投资企业借款是否应缴纳个人所得税？

——黄山市博皓投资咨询有限公司诉黄山市地方税务局稽查局税务处理决定案①

裁判要旨

纳税年度内个人投资者从其投资企业（个人独资企业、合伙企业除外）借款，在该纳税年度终了后既不归还，又未用于企业生产经营的，其未归还的借款可视为企业对个人投资者的红利分配，依照“利息、股息、红利所得”项目计征个人所得税。

基本案情

黄山市博皓投资咨询有限公司（以下简称博皓公司）系由宁波博皓投资控股有限公司、苏某合、倪某亮、洪某南共同投资成立的有限责任公司。截止到2010年初，博皓公司借款给其股东苏某合300万元、洪某南265万元、倪某亮305万元，以上共计借款870万元，在2012年5月归还，该借款未用于博皓公司的生产经营。

2013年2月28日，黄山市地方税务局稽查局对博皓公司涉嫌税务违法行为立案稽查，于2014年2月20日对博皓公司作出黄地税稽处（2014）5号税务处

① 安徽省黄山市中级人民法院（2015）黄中法行终字第00007号行政判决书

理决定，其中认定博皓公司少代扣代缴174万元个人所得税，责令博皓公司补扣、补缴。

博皓公司向黄山市人民政府提出行政复议申请，黄山市人民政府作出黄政复决（2014）41号行政复议决定，维持了黄地税稽处（2014）5号税务处理决定中第（七）项第3目的决定。

博皓公司不服，在法定期限内提起行政诉讼。

法院审理

一审法院认为：博皓公司借款给投资者，未用于企业的生产经营的事实清楚。三名投资者的借款虽然有归还的事实，但显已超出该纳税年度，符合《财政部、国家税务总局关于规范个人投资者个人所得税征收管理的通知》对个人投资者征收个人所得税的相关规定，博皓公司应履行代扣、代缴义务，黄山市地方税务局稽查局责令其补扣、补缴并无不当。一审法院依照《中华人民共和国行政诉讼法》第五十四条第（一）项判决维持黄山市地方税务局稽查局的黄地税稽处（2014）5号税务处理决定中第二条第（七）项的决定。

宣判后，博皓公司不服，上诉称：1. 一审法院错误地理解了《财政部、国家税务总局关于规范个人投资者个人所得税征收管理的通知》，投资者借款归还后，借款人已属不得者，在借款人还款后仍然按借款数额征收借款者个人所得税显然是错误的。2.《财政部、国家税务总局关于规范个人投资者个人所得税征收管理的通知》并没有规定纳税年度终了后多少时间内还款，稽查时已确认三个投资者还清了所有借款，该借款不能视作企业对投资者的红利分配。博皓公司请求撤销一审法院判决和错误的税务处理决定书。

黄山市地方税务局稽查局答辩称：1. 一审法院认定事实清楚，该事实博皓公司在庭审中都予以认可。根据《财政部、国家税务总局关于规范个人投资者个人所得税征收管理的通知》第二条规定，博皓公司借给股东870万元，在2011年末都未归还，此借款也未用于博皓公司经营，因此上述借款应视作企业对个人的红利分配。2. 答辩人在税务专项检查中发现博皓公司涉嫌税务违法，遂进行立案稽查，处理程序合法。3. 博皓公司未履行扣缴义务人的法定义务，要求博皓公司限期补扣补缴的行政处理有法律依据。黄山市地方税务局稽查局请求二审法院依法维持一审法院判决。

二审法院驳回上诉，维持原判。

点评

个人投资者与其投资的企业在法律上是两个不同的主体，前者是自然人，后者是企业。因此，当个人投资者向其投资的企业借款时，双方形成借贷法律关系，企业是出借人，个人投资者是借款人。个人投资者的义务是依照合同约定按时支付利息，并到期归还本金，而企业的权利是依约收取利息并拿回本金。依据税收实体法，企业收取的利息属于收入，应当缴纳企业所得税，而个人投资者并无所得，无需缴纳个人所得税。

但是，实务中经常发生个人投资者以借款的形式占用企业资金，长期挂账不还，最终不了了之，此种关联交易严重损害企业利益。为了保护企业利益，遏制个人投资者以向企业借款的方式占用企业资金的行为，《财政部、国家税务总局关于规范个人投资者个人所得税征收管理的通知》第二条规定："纳税年度内个人投资者从其投资企业（个人独资企业、合伙企业除外）借款，在该纳税年度终了后既不归还，又未用于企业生产经营的，其未归还的借款可视为企业对个人投资者的红利分配，依照'利息、股息、红利所得'项目计征个人所得税。"该条明确了对个人投资者向其投资的企业借款应当缴纳个人所得税的条件：第一，主体条件。借款人是个人投资者，即自然人，出借人是个人投资者投资的企业，但不包括个人独资企业与合伙企业。第二，借款时间条件。个人投资者从企业借款超过本纳税年度不归还。第三，资金用途条件。个人投资者所借资金未用于企业生产经营。第四，适用税目。个人投资者应当依照"利息、股息、红利所得"项目计征个人所得税。另外，依据《个人所得税法》，个人投资者应当缴纳的税款由其投资企业代扣代缴，适用税率为20%。

本案纳税人博皓公司于2010年年初将公司资金借给三位自然人股东，共计870万元，但直到2012年5月才归还，且上述借款并未用于公司的生产经营活动。依据《财政部、国家税务总局关于规范个人投资者个人所得税征收管理的通知》，税务机关做出税务处理决定，认定博皓公司少代扣代缴174万元个人所得税，责令博皓公司补扣、补缴。从税法原理分析，扣缴义务人不是纳税人，其义务是代扣代缴，而其义务的履行前提是应纳税所得额控制在其手中，故当应纳税所得额已支付给纳税人后，代扣代缴人已不可能补扣补缴，否则，代扣代缴人的扣缴义务转换成纳税人的纳税义务。不过本案比较特殊，因为三位自然人股东已经将借款归还公司，作为扣缴义务人的公司重新控制了应纳税所得额，其扣缴义务可以实际履行。

法条链接

1.《财政部、国家税务总局关于规范个人投资者个人所得税征收管理的通知》

二、关于个人投资者从其投资的企业（个人独资企业、合伙企业除外）借款长期不还的处理问题

纳税年度内个人投资者从其投资企业（个人独资企业、合伙企业除外）借款，在该纳税年度终了后既不归还，又未用于企业生产经营的，其未归还的借款可视为企业对个人投资者的红利分配，依照“利息、股息、红利所得”项目计征个人所得税。

2.《个人所得税法》

第三条　个人所得税的税率：

（一）综合所得，适用百分之三至百分之四十五的超额累进税率（税率表附后）；

（二）经营所得，适用百分之五至百分之三十五的超额累进税率（税率表附后）；

（三）利息、股息、红利所得，财产租赁所得，财产转让所得和偶然所得，适用比例税率，税率为百分之二十。

066. 个人投资者从其投资企业无偿取得资金如何纳税？

——舟山远大海运有限公司与舟山市地方税务局稽查局等检查及行政复议纠纷上诉案①

裁判要旨

个人投资者从其投资企业无偿取得资金，属于《个人所得税法》规定的偶然所得应税科目，应当按20%的税率缴纳个人所得税。

---

① 浙江省舟山市中级人民法院（2016）浙09行终37号行政判决书

基本案情

2007年1月1日至2010年12月31日期间，原告舟山远大海运有限公司（以下简称远大海运公司）通过账外取得收入而未申报，账外发放工资、薪金与劳务报酬及账外取得收入未并计年度应纳税所得，虚增固定资产购置成本多计提折旧未作纳税调整等方式，（一）少缴营业税、城市维护建设税，其中2009年和2010年少申报缴纳营业税40,248.59元、城市维护建设税2,012.43元、教育费附加1,207.46元、地方教育附加804.97元、地方水利建设基金1,312.12元，合计45,585.57元；（二）少代扣代缴个人所得税，其中1.2007年少代扣代缴工资、薪金所得个人所得税21,569.89元；2. 2008年未按规定代扣代缴劳务报酬所得个人所得税447,972.00元；3. 2008年少代扣代缴工资、薪金所得个人所得税56,823.49元；4. 2009年少代扣代缴工资、薪金所得个人所得税76,672.90元；5. 2010年少代扣代缴工资、薪金所得个人所得税145,885.89元；合计少代扣代缴劳务报酬所得个人所得税447,972.00元，工资、薪金所得个人所得税300,952.17元；（三）少申报缴纳企业所得税，其中2007年少缴94,817.32元，2008年少缴2,401,546.25元，合计2,496,363.57元。

另查明：

一、关于作出税务处理决定和行政复议决定的行政程序。2014年1月14日，经有关部门转办，被告舟山地税稽查局对原告远大海运公司2007年1月1日至2010年12月31日的涉税情况立案检查。期间，因案情复杂，经审批多次延长检查期限，至2015年2月13日结束。同年5月18日，案经舟山市地方税务局重大税收违法案件审理委员会审理，作出舟地税重审决字（2015）5号审理意见。同年9月29日，该被告作出舟地税稽处［2015］36号税务处理决定，并于当月30日送达税务处理决定书。同年12月18日，被告舟山市人民政府受理了原告的复议申请。因案情复杂，复议期限经批准后延长30日。案经听证审查，该被告于2016年3月9日作出的舟政复决［2015］48号行政复议决定，维持上述税务处理决定，并于当月15日送达该决定书。

二、税务处理决定书倒数第二段有关处理决定的履行方式和期限表述为“以上应缴款项共计12,635,546.58元。限你单位自收到本决定书之日起15日内到舟山市普陀地方税务局沈家门第一税务分局将上述款项及时缴纳入库，并按照规定进行相关账务调整……”对本案争议的事实，原审法院认定如下：针对税务处理决定（二）少代扣代缴个人所得税部分第2点，税务处理决定认定内容为“2008年8月，你单位以账外资金3,500万元转至公司股东个人账户，并于同年9月1日又从股东个人账户转入远大海运公司账户，作为股东投资的增资款，未按规定代扣代缴利息、股息、红利所得个人所得税700万元”。针对税务处理决定（二）少代扣代缴个人所得税部分第5点，税务处理决定认定内容为“2009年1月，你单位以账外资金分红14,400.00元，未按规定代扣代缴利息、股息、红利所得个人所得税2,880.00元”。第7点（后半部分）内容为“2010年2月，你单位以账外资金分红余14,000.00元少代扣代缴利息、股息、红利所得个人所得税2,800.00元”。

法院审理

原审法院认为：一、针对税务处理决定（二）少代扣代缴个人所得税部分第2点，1. 对该笔3,500万元款项，被告舟山地税稽查局并未明确认定为分红，仅认定为股东从公司中无偿取得；2. 如该笔款项正如原告所说，系公司与股东之间的资金往来，类似于公司与股东之间的借款，则公司财务在做账时对该笔款项必会列入应收款项目，况且，依《财政部、国家税务总局关于规范个人投资者个人所得税征收管理的通知》（财税［2003］158号）规定，纳税年度内个人投资者从其投资企业（个人独资企业、合伙企业除外）借款，在该纳税年度终了后既不归还，又未用于企业生产经营的，其未归还的借款可视为企业对个人投资者的红利分配，依照“利息、股息、红利所得”项目计征个人所得税；3. 本案事实是，原告通过虚列支出等手段套取公司该笔3,500万元款项，然后通过账外账汇入公司股东个人账户，后又以股东增资形式转入公司账户。原告在行政处理程序中及本案原审审理期间，均不能提供该笔3,500万元系股东有偿取得或者将该笔款项列入公司应收款账目的证据，且在被告舟山地税稽查局税务检查期间，除套现的1,990万元外，其他1,510万元已经用账外账户的资金充平了账内账目，故原告本节之主张难以采信；4. 既然公司股东无偿从公司取得收入，则以“利息、股息、红利所得”之项目缴纳个人所得税有规可循。

二、针对税务处理决定（二）少代扣代缴个人所得税部分第5点，被告舟山地税稽查局提供的证据不仅能够反映该两笔款项在公司的账目中自认股金分红或者股本金差额，也与补交前的330万元账外分红款所列事由相一致，且亦有证据表明该两人在领取该两笔款项时是被列入公司出资人名单的。而原告在原审庭审后虽然提供了部分证据，证据显示也有可能存在原告所说的事实，但是，工薪发放有明确的制度规定，从原告提供的证据来看，既不能反映对黄备、邵斌发放该两笔款项的来源于何种工薪制度，也没有工资台账等相关工资薪金记载证据予以证实，故原告的主张最终难以被采纳。原审法院对上述税务处理决定（二）少代扣代缴个人所得税部分第5点、第7点（后半部分）内容予以确认。

三、针对本案追征未缴或者少缴税款行为是否受三年、五年追征期的限制的问题。《中华人民共和国税收征收管理法》（以下简称《税收征管法》）第五十二条第一款规定“因税务机关的责任，致使纳税人、扣缴义务人未缴或者少缴税款的，税务机关可以在三年内要求纳税人、扣缴义务人补缴税款，但是不得加收滞纳金。”该款所称的税务机关的责任是指税务机关适用税收法律、行政法规不当或者执法行为违法；第二款规定“因纳税人、扣缴义务人计算错误等失误，未缴或者少缴税款的，税务机关在三年内可以追征税款、滞纳金；有特殊情况的，追征期可以延长到五年。”该款所称的纳税人、扣缴义务人计算错误等失误是指非主观故意计算公式运用错误以及明显的笔误；第三款规定“对偷税、抗税、骗税的，税务机关追征其未缴或者少缴税款、滞纳金或者骗取的税款，不受前款规定期限的限制。”从该条规定及本案事实来看，本案显然不存在该条第一款及第二款所列情形，相反，原告通过设立账外账，采用在账簿多列支出等手段导致未缴或者少缴，实属偷税。故本案追征期限不受三年、五年限制，对原告之主张不予采纳。

四、针对被告舟山地税稽查局责成原告履行补扣个人所得税之义务是否有法律依据的问题。1.《国家税务总局关于贯彻〈中华人民共和国税收征收管理法〉及实施细则若干具体问题的规定》（国税发［2003］47号）（以下简称国税发［2003］47号文件）的规定，并没有对原扣缴义务人带来实体上的损害，也即该规定尚不属于构成对行政相对人的损益性或侵害性规定，其实质与行政机关实施行政处罚时，应当责令当事人改正或者限期改正违法行为有异曲同工之处，亦有同样的法理基础所在。2. 国税发［2003］47号文件作出如此规定，并没有免除税务机关继续向纳税人追缴税款的责任和义务。故该文件的规定并没有与税收征管法之规定相冲突。

原审法院判决驳回原告舟山远大海运有限公司要求撤销被告舟山市地方税务局稽查局作出的舟地税稽处［2015］36号税务处理决定和被告舟山市人民政府作出舟政复决［2015］48号行政复议决定的诉讼请求。案件受理费50元，由原告舟山远大海运有限公司承担。

宣判后，远大海运公司不服，向二审法院提起上诉称，一、被上诉人舟山地税稽查局在其作出的被诉税务处理决定中关于履行方式的表述，混淆了上诉人作为纳税人和扣缴义务人的身份，加重了上诉人的义务，原审判决关于在原审诉讼期间该被上诉人通过书面说明的方式对此予以了完善并向上诉人送达的认定错误；二、原审法院对于上诉人与上诉人股东之间的往来款3,500万元按“利息、股息、红利个人所得税”项目由上诉人履行代扣代缴个人所得税的认定缺乏事实依据；三、被上诉人舟山地税稽查局将公司支付给黄备、邵斌的工资认定为分红，要求上诉人代扣代缴利息、股息、红利个人所得税的认定无事实依据，且证据不足；四、原审法院认为国税发［2003］47号文件第二条第三款内容没有与税收征管法相冲突的认定，缺乏法律依据；五、本案已超过法定的追缴税款的时效，不应继续追缴税款，原审法院认定本案不受追征时效的限制，适用法律不正确。

二审法院驳回上诉，维持原判。

点评

个人投资者从其投资企业获得资金可分为有偿与无偿两类情形，前者表明双方存在交易，具体法律关系依合同而定，后者主要是赠与及分红。从税法的角度考量，个人投资者从其投资企业无偿获得资金，如果是赠与，属偶然所得，应按20%的税率缴纳个人所得税，如果是分红，则应按股息、红利应税科目依20%的税率缴纳个人所得税。需要注意的是，此种情形应当与个人投资者从其投资企业借款相区别。后者不是无偿获得资金，个人投资者作为借款人应当向企业支付利息，并到期归还本金。因此，《财政部、国家税务总局关于规范个人投资者个人所得税征收管理的通知》不能适用于个人投资者从其投资企业无偿取得资金的情形。

本案的基本事实是，原告远大海运公司通过虚列支出等手段套取公司3,500万元款项，然后通过账外账汇入公司股东个人账户，后又以股东增资形式转入公司账户。上述事实包含以下几个问题：

第一，原告虚列支出套取公司资金，导致企业所得税的应纳税所得额减少，属于偷税行为。《税收征收管理法》第五十二条规定：“因税务机关的责任，致使纳税人、扣缴义务人未缴或者少缴税款的，税务机关在三年内可以要求纳税人、扣缴义务人补缴税款，但是不得加收滞纳金。因纳税人、扣缴义务人计算错误等失误，未缴或者少缴税款的，税务机关在三年内可以追征税款、滞纳金；有特殊情况的，追征期可以延长到五年。对偷税、抗税、骗税的，税务机关追征其未缴或者少缴的税款、滞纳金或者所骗取的税款，不受前款规定期限的限制。”由于原告存在偷税行为，故税务机关随时可以追缴税款和滞纳金。

第二，个人股东从公司无偿获得资金，属于偶然所得。《个人所得税法》第二条第九项规定：“下列各项个人所得，应当缴纳个人所得税：九、偶然所得。”第三条第（三）项规定：“个人所得税的税率：（三）利息、股息、红利所得，财产租赁所得，财产转让所得和偶然所得，适用比例税率，税率为百分之二十。”因此，个人股东应当按20%的税率缴纳个人所得税。原审法院认为此种情形可以“依《财政部、国家税务总局关于规范个人投资者个人所得税征收管理的通知》规定，纳税年度内个人投资者从其投资企业（个人独资企业、合伙企业除外）借款，在该纳税年度终了后既不归还，又未用于企业生产经营的，其未归还的借款可视为企业对个人投资者的红利分配，依照‘利息、股息、红利所得’项目计征个人所得税”。上述观点不妥，因为《财政部、国家税务总局关于规范个人投资者个人所得税征收管理的通知》规定情形是个人投资者从其投资企业借款，而本案的情形是个人投资者从其投资企业无偿获得资金，前者有偿，后者无偿，两者的法律关系存在本质区别。

第三，个人股东将无偿获得的资金以增资形式转入公司账户，属于股东增资。由于是现金出资，无纳税义务。

法条链接

1.《个人所得税法》

第二条 下列各项个人所得，应当缴纳个人所得税：

（一）工资、薪金所得；

（二）劳务报酬所得；

（三）稿酬所得；

（四）特许权使用费所得；

（五）经营所得；

（六）利息、股息、红利所得；

（七）财产租赁所得；

（八）财产转让所得；

（九）偶然所得。

第三条 个人所得税的税率：

（一）综合所得，适用百分之三至百分之四十五的超额累进税率（税率表附后）；

（二）经营所得，适用百分之五至百分之三十五的超额累进税率（税率表附后）；

（三）利息、股息、红利所得，财产租赁所得，财产转让所得和偶然所得，适用比例税率，税率为百分之二十。

067. 个人之间互换房屋是否缴纳个人所得税？

——黄某启诉四川省乐山市五通桥区地方税务局第四税务所税务行政征收纠纷案[①]

裁判要旨

个人之间互换房屋虽然未直接表现为房屋与货币的交换，但本质上是双方各自将自己的房屋出售给对方，属财产转让，故应依据财产转让所得的相关规定缴纳个人所得税。

基本案情

原告黄某启因履行与周某珍住房交换合同，于2013年6月27日持五房监证字第0047018号和第0071719号房屋所有权证到被告四川省乐山市五通桥区地方税务局第四税务所（简称五通桥区第四税务所）办理缴税事宜。被告五通桥区第四税务所在办理中未采纳原告提出的住房交换不应当缴税的意见和理由，对原告征收了个人所得税1，244.02元。

2013年8月26日，原告向五通桥区税务局申请行政复议。

2013年10月22日，五通桥区税务局作出维持被告征收原告个人所得税1，244.02元的决定。

---

① 四川省乐山市中级人民法院（2014）乐行终字第6号行政判决书

2013年11月12日，原告向法院提起诉讼，请求判令

被告退还对原告违法征收的个人所得税款1,244.02元并赔偿经济损失7,113.86元（房屋交换人周某珍的税费款5,913.86元；车费1,200.00元。）。

法院审理

原审法院认为，税务所作为税务局设置的基层单位，负责五通桥区房地产税收管理，符合《中华人民共和国税收征收管理法》第十四条的规定，在对原告作出征收个人所得税的具体行政行为中，具有相应的职权。房地产转让是指合法拥有土地使用权及土地上建筑物、附着物所有权的自然人、法人和其他组织，通过买卖、交换、赠与将房地产转移给他人的法律行为。原告提出的住房交换不是转让行为不应当缴税的意见和理由是错误的。原告交换房屋的行为实质上就是以合法方式将其房地产转移给他人的行为，该行为就是房地产转让的法律行为。原告作为所得人是法律规定的纳税义务人，依法应当缴纳个人所得税。原告未提供完整、准确的房屋原值凭证，不能正确计算房屋原值和应纳税额，税务所对其核定征税，按照估价信息系统评估核定的价格确定原告房屋的计税价格并按计税价格的1%比例决定征收原告个人所得税，适用法律正确，计税依据明确、合法，计税金额正确。

原审法院判决驳回原告黄某启的诉讼请求。

上诉人黄某启上诉称，被上诉人五通桥区第四税务所只是五通桥区地方税务局的内设机构，不具有独立法人资格，因此，不是本案的适格主体，本案适格主体应是四川省乐山市五通桥区地方税务局。上诉人认为公民之间相互交换房屋，不同于转让房屋，不适用《中华人民共和国个人所得税法》第二条的规定，本人不属于个人所得税的缴税义务人，只属于契税的缴税义务人。故一审法院适用法律、行政法规错误，请求二审法院支持上诉人在一审中提出的诉请，即认定被上诉人征收其个人所得税违法并退还征收的个人所得税款1,244.02元以及赔偿经济损失7,113.86元。

被上诉人五通桥区第四税务所答辩称，被上诉人具有相应的税收征收职能，是本案作出征收决定的机关，是本案的适格主体。上诉人与他人进行房屋交换，其实质是通过房屋交换的方式将个人所有的房屋转让给他人的行为，依法应当缴纳个人所得税。因此，被上诉人决定征收上诉人的个人所得税1,244.02元的征收行为事实清楚，证据充分，程序合法，适用法律、法规正确，请求二审法院维

持原判，维持其征收行为。

另查明，上诉人于2013年6月24日在《乐山市（县、区）存量房交易计税价格确认书》上签字认可其换出的房屋系统估价为124,402.47元。

二审法院认为，《中华人民共和国税收征收管理法》第二条规定："凡依法由税务机关征收的各种税收的征收管理，均适用本法。"该法第十四条规定："本法所称税务机关是指各级税务局、税务分局、税务所和按照国务院规定设立的并向社会公告的税务机构。"税收的征收主体包括税务所，故被上诉人五通桥区第四税务所属法律授权的组织，具有征收其辖区范围内相应税收的法定职责。上诉人认为被上诉人只是五通桥区地方税务局的内设机构，不具有独立法人资格，不是本案的适格主体的主张，本院不予支持。《中华人民共和国个人所得税法》第二条规定，财产转让所得，应纳个人所得税。财产转让包括房地产转让。《中华人民共和国城市房地产管理法》第三十七条规定："房地产转让，是指房地产权利人通过买卖、赠与或者其他合法方式将其房地产转移给他人的行为。"房屋交换属于该条规定中的其他合法方式。本案上诉人与他人交换房屋的行为实质上是通过交换方式将其房地产转移给他人的行为，属财产转让，依法应纳个人所得税。上诉人认为公民之间相互交换房屋，不同于转让房屋，不适用《中华人民共和国个人所得税法》第二条的规定，其主张于法无据，不予支持。《中华人民共和国税收征收管理法》第三十五条、《国家税务总局关于个人住房转让所得征收个人所得税有关问题的通知》（国税发［2006］108号）第三条以及《乐山市地方税务局转发国家税务总局关于个人住房转让所得征收个人所得税有关问题的通知的通知》（乐市地税发［2006］154号）规定，对纳税义务人未提供完整、准确的房屋原值凭证，不能正确计算房屋原值和应纳税额，税务机关依法对其实行核定征税，在乐山市范围内按住房转让收入的1%核定应纳个人所得税额。《财政部国家税务总局关于推广应用房地产估价技术加强存量房交易税收征管工作的通知》（财税［2011］61号）第二条以及《乐山市财政局乐山市住房和城乡建设局乐山市国土资源局四川省乐山市地方税务局关于推进应用房地产评估技术加强存量房交易税收征管工作的公告》（［2011］年第2号）规定，2012年7月1日起在五通桥区范围内启用存量房交易估价信息系统，即征税机关按照估价信息系统评估核定的价格确定房屋的计税价格。本案中，被上诉人对上诉人黄某启的交易房屋进行了存量房交易估价系统估价，上诉人在《乐山市（县、区）存量房交易计税价格确认书》上签字认可其换出的房屋系统估价为124,402.47

元。被上诉人按核定征收率1%计征其个人所得税1244.02元，其征收行为事实清楚，证据确凿，程序合法，适用法律正确。行政诉讼附带提起行政赔偿的前提是行政机关的具体行政行为违法。本案上诉人请求被上诉人退还征收其个人所得税款1，244.02元并赔偿经济损失7，113.86元，因被上诉人的征收行为并不违法，对其主张本院不予支持。

二审法院驳回上诉，维持原判。

点评

个人之间互换房屋与通常的房屋交易不同之处是前者为房屋与房屋的交换，后者为房屋与货币的交换。此种差异导致有人认为房屋互换不是房屋出售，互换双方并未取得收入，故不应当缴纳个人所得税。其实，个人之间房屋互换可以分解为两个步骤：首先，一方将房屋出售给另一方，另一方向其支付购房款；然后，出售方将其获得的购房款再支付给对方，并获得对方的房屋。如此，个人之间房屋互换本质上是两个独立的房屋转让行为。依据《个人所得税法》第二条，财产转让所得应当缴纳个人所得税。《个人所得税法实施条例》第六条第一款第（八）项规定："（八）财产转让所得，是指个人转让有价证券、股权、合伙企业中的财产份额、不动产、机器设备、车船以及其他财产取得的所得。"因此，个人之间互换房屋应当依法缴纳个人所得税。

《个人所得税法》第六条第一款第（五）项规定："应纳税所得额的计算：（五）财产转让所得，以转让财产的收入额减除财产原值和合理费用后的余额，为应纳税所得额。"本案纳税人不能提供房屋原值的凭证，故不能按上述规定的差额法计算应纳税所得额。《国家税务总局关于个人住房转让所得征收个人所得税有关问题的通知》第三条规定："纳税人未提供完整、准确的房屋原值凭证，不能正确计算房屋原值和应纳税额的，税务机关可根据《中华人民共和国税收征收管理法》第三十五条的规定，对其实行核定征税，即按纳税人住房转让收入的一定比例核定应纳个人所得税额。具体比例由省税务局或者省税务局授权的市税务局根据纳税人出售住房的所处区域、地理位置、建造时间、房屋类型、住房平均价格水平等因素，在住房转让收入1%－3%的幅度内确定。"据此，税务机关对黄某启换出的房屋进行价值核定并依1%征收个人所得税。此处需要注意的是，房屋换出方的收入应当依换出房屋的价值确定，而不是依换入房屋的价值确定。

法条链接

1.《个人所得税法》

第二条 下列各项个人所得，应当缴纳个人所得税：

（一）工资、薪金所得；

（二）劳务报酬所得；

（三）稿酬所得；

（四）特许权使用费所得；

（五）经营所得；

（六）利息、股息、红利所得；

（七）财产租赁所得；

（八）财产转让所得；

（九）偶然所得。

2.《税收征收管理法》

第三十五条 纳税人有下列情形之一的，税务机关有权核定其应纳税额：

（一）依照法律、行政法规的规定可以不设置账簿的；

（二）依照法律、行政法规的规定应当设置账簿但未设置的；

（三）擅自销毁账簿或者拒不提供纳税资料的；

（四）虽设置账簿，但账目混乱或者成本资料、收入凭证、费用凭证残缺不全，难以查账的；

（五）发生纳税义务，未按照规定的期限办理纳税申报，经税务机关责令限期申报，逾期仍不申报的；

（六）纳税人申报的计税依据明显偏低，又无正当理由的。税务机关核定应纳税额的具体程序和方法由国务院税务主管部门规定。

3.《国家税务总局关于个人住房转让所得征收个人所得税有关问题的通知》

三、纳税人未提供完整、准确的房屋原值凭证，不能正确计算房屋原值和应纳税额的，税务机关可根据《中华人民共和国税收征收管理法》第三十五条的规定，对其实行核定征税，即按纳税人住房转让收入的一定比例核定应纳个人所得税额。具体比例由省税务局或者省税务局授权的市税务局根据纳税人出售住房的所处区域、地理位置、建造时间、房屋类型、住房平均价格水平等因素，在住房转让收入1% －3%的幅度内确定。

068. 个人非货币性资产投资是否需要缴纳个人所得税？

——柏某与海南省海口市地方税务局等税务行政管理上诉案①

裁判要旨

个人以非货币性资产投资，属于个人转让非货币性资产和投资同时发生。对个人转让非货币性资产的所得，应按照“财产转让所得”项目，依法计算缴纳个人所得税。

基本案情

2015年7月10日，海口市国土资源局（以下简称市国土局）出具《缴税通知书》（编号2015000245），确认受让方是海南万基威置业有限公司（以下简称万基威公司），出让（转让）方是柏某，办理业务为出让地转让，土地证号为海口市国用（2010）第000102号，使用权类型为出让，并要求双方接到该通知30天内到税务部门办理完税手续。

2016年3月17日，万基威公司前往海南省海口市地方税务局（以下简称市地税局）华信路办税服务大厅办理海口市国用（2010）第000102号土地使用权投资入股缴税业务，并向市地税局提交了缴税通知书、土地投资入股协议、万基威公司股东会决议和公司章程、土地估价报告、海口市国用（2010）第000102号土地使用权证等材料。

2016年3月18日，市地税局分别向柏某及万基威公司出具《税收完税证明》，确认按土地使用权出资入股，柏某已缴纳印花税、土地增值税和滞纳金共5,282,814.08元，万基威公司缴纳印花税、契税和滞纳金共2,138,368.62元。

2016年5月12日，市国土局为万基威公司办理了海口市国用（2016）第005195号土地使用权证书，将涉案土地过户至万基威公司名下。

2016年6月2日，万基威公司向市地税局提交《授权委托书》，授权人为柏某，授权内容为“代替本人在法律框架内处理本人名下土地（土地证号：海口市国用（2010）第000102号）对外合作开发，施工等一系列的谈判及合同签订

① 海南省海口市中级人民法院（2017）琼01行终11号行政判决书

相关事宜”，授权日期为2012年1月3日。

法院审理

原审判决认为：根据市国土局出具的《缴税通知书》载明的内容以及海口海事法院（2016）琼72财保43号之一民事裁定所查明的事实，均证实柏某和万基威公司之间系土地使用权买卖合同关系。《中华人民共和国营业税暂行条例》第一条、《中华人民共和国个人所得税法》第二条、《中华人民共和国土地增值税暂行条例》第二条、《中华人民共和国印花税暂行条例》第一条和第二条规定，土地使用权的转让人（个人）在土地买卖过程中应当缴纳个人所得税、营业税及附加、土地增值税和印花税。而根据《财政部、国家税务总局关于股权转让有关营业税问题的通知》《国家税务总局关于个人非货币性资产投资有关个人所得税征管问题的公告》及《财政部、国家税务总局关于个人非货币性资产投资有关个人所得税政策的通知》的规定，土地使用权的转让人（个人）在以土地投资入股过程中，不征营业税，个人所得税可以按不超过5个公历年度内（含）分期缴纳。本案中，市地税局在万基威公司尚未提供柏某授权委托书的情况下，允许万基威公司代柏某办理缴税手续的行为违反了《海南省地方税务局关于〈海南地税涉税事项办理一次性告知资料〉通告》的要求，且市地税局未与市国土局核实，仅以万基威公司提供的材料按土地使用权投资入股过户征税，没有依法向柏某征收转让土地使用权的营业税，并允许柏某分期缴纳个人所得税，违反了相关税收法律的规定。故市地税局对柏某与万基威公司之间土地使用权转让过户征收相应税款的具体行政行为存在认定事实不清，违反法定程序，适用法律错误的问题，依法应予以撤销。依照《中华人民共和国行政诉讼法》第七十条的规定，判决撤销市地税局在办理海口市国用（2010）第000102号土地使用权过户中向柏某及万基威公司征收税款的税收征管行为。

上诉人市地税局上诉称：一、原审判决程序严重违法。被上诉人柏某同税务机关在纳税上发生争议，要求撤销《税收完税证明》及以其名义进行的土地使用权交易税收征管行为。根据《中华人民共和国税收征收管理法》第八十八条规定，纳税人、扣缴义务人、纳税担保人同税务机关在纳税上发生争议时，必须先依照税务机关的纳税决定缴纳或者解缴税款及滞纳金或者提供相应的担保，然后可以依法申请行政复议；对行政复议决定不服的，可以依法向人民法院起诉。本涉税案件未经行政复议程序，原审法院不应受理。原审法院在涉税案件未经行政复议程序的情况下，受理并作出判决，程序严重违法。

二、上诉人市地税局根据柏某和万基威公司所提交材料征收海口市国用（2010）第000102号土地使用权投资入股过户相关税款并开具完税证明的具体行政行为合法。2016年3月17日，万基威公司前来我局华信路办税服务大厅办理海口市国用（2010）第000102号土地使用权投资入股缴税业务，并向市地税局提交了《缴税通知书》（编号：201500245）《土地投资入股协议》《海南万基威置业有限公司股东会决议》《土地估价报告》《海口市国用（2010）第000102号土地使用权证》等资料。经市地税局形式审核，万基威公司提交材料符合土地投资入股过户缴税业务要求，于2016年3月18日在税款入库后出具了税收完税证明。上诉人市地税局的行政行为符合《中华人民共和国税收征收管理法》第二十五条、第三十四条的规定。

三、柏某关于万基威公司未取得其同意，虚构事实、冒用其名义向我局申报缴纳土地使用权过户税款的主张未提供任何证据证明，我局依据万基威公司所提供材料于2016年3月18日作出的具体征税行政行为并无不妥。（一）柏某将土地使用权过户至万基威公司的事实经市国土局确认。柏某对于其名下土地过户至万基威公司以及税款缴纳方式明确知晓。（二）万基威公司在代柏某缴纳土地使用权过户相关税款时未留存授权委托书但事后已补充提交。万基威公司代柏某缴纳土地过户相关税款实际已经过柏某授权，事后补交《授权委托书》，并不影响柏某对万基威公司授权的事实。

四、柏某与万基威公司涉嫌以投资入股形式掩盖土地使用权买卖真相，其可能涉及的偷逃税款行为将由稽查局另行查处。市地税局根据其提供的相关材料予以办理并无不妥。经查阅海口市工商管理局、市国土局和海口海事法院相关档案资料，可以证实柏某与万基威公司之间的土地转让实为买卖而非土地投资入股。为此，对柏某与万基威公司可能涉嫌虚假申报偷逃税款的违法行为将由稽查局等有权税务机关另行处理。

五、原审判决的错误。（一）《海南地税涉税事项办理一次性告知资料》是一个广而告之的资料，并随着为税款尽快入库及便民的需要随时调整，原审判决认为该资料是法律，属认定错误。（二）根据《中华人民共和国行政诉讼法》第六条之规定，人民法院审理行政案件，是对被诉的具体行政行为是否合法进行审查。市地税局依据柏某及万基威公司申报的纳税材料为其办理纳税手续、征收税款，这一被诉的行政行为完全合法。而柏某与万基威公司将“土地使用权转让”

虚假申报为“土地投资入股”，违反了法律规定，使国家少征收税款，这是另一法律行为。原审判决不应将纳税义务人的违法行为错误地认定为是税务机关违法。

六、原审宣判后，柏某向市地税局发来申请，请求：“将撤销相关完税证明的有关情况及时函告海口市国土资源局，并将申请人已缴纳的税款、滞纳金等5,282,814.08元退还给其本人”。该证据证明柏某实际对涉案土地办理过户缴费等行为是明确知晓的，其在一审审判过程中作出的陈述是虚假的。

综上所述，原审判决违反了《中华人民共和国行政诉讼法》第六条、第四十四条第二款之规定，特请求二审法院：撤销海口市龙华区人民法院（2016）琼0106行初47号《行政判决书》。

二审法院驳回上诉，维持原判。

点评

本案例涉及两个问题：

一、个人以非货币性资产投资入股是否需要缴纳个人所得税

关于个人以非货币性资产投资入股是否需要缴纳个人所得税，一直存在争议。反对意见认为：第一，投资入股不同于买卖。非货币性资产投资入股不是用非货币性资产与股权进行交易，因为先有非货币性资产，然后才有股权，而买卖关系中双方的交易标的同时存在。换言之，股权只是非货币性资产的价值转化形式，显然不属于买卖。第二，投资入股并未带来现金流。税法要求纳税人以现金缴纳税款，但是非货币资产投资入股并未有现金对价，如对非货币资产投资入股征税，会增加纳税人的资金负担。第三，个人以非货币性资产投资入股需要缴纳个人所得税，但投资入股亏损却无法冲抵个人所得税应纳税所得额，有违公平与正义。赞同意见认为：第一，非货币性资产投资入股发生非货币性资产的权属变动，此为买卖，应当缴税。第二，非货币性资产投资入股如果发生增值，虽没有现金流入个人，但个人财富确实增加，即发生了个人所得。我国税法规定个人以非货币性资产投资入股应当缴纳个人所得税。

二、个人以非货币性资产投资入股如何缴纳个人所得税

依据《财政部、国家税务总局关于个人非货币性资产投资有关个人所得税政策的通知》《国家税务总局关于个人非货币性资产投资有关个人所得税征管问题的公告》，个人以非货币性资产投资入股缴纳个人所得税应当遵守以下规定：第一，个人以非货币性资产投资，属于个人转让非货币性资产和投资同时发生。对个人转让非货币性资产的所得，应按照“财产转让所得”项目，依法计算缴纳个人所得税。第二，个人以非货币性资产投资，应按评估后的公允价值确认非货币性资产转让收入。非货币性资产转让收入减除该资产原值及合理税费后的余额为应纳税所得额。第三，个人以非货币性资产投资，应于非货币性资产转让、取得被投资企业股权时，确认非货币性资产转让收入的实现。第四，非货币性资产投资个人所得税以发生非货币性资产投资行为并取得被投资企业股权的个人为纳税人，并由纳税人向主管税务机关自行申报缴纳。第五，纳税人以不动产投资的，以不动产所在地地税机关为主管税务机关；纳税人以其持有的企业股权对外投资的，以该企业所在地地税机关为主管税务机关；纳税人以其他非货币资产投资的，以被投资企业所在地地税机关为主管税务机关。第六，个人应在发生上述应税行为的次月 15 日内向主管税务机关申报纳税。纳税人一次性缴税有困难的，可合理确定分期缴纳计划并报主管税务机关备案后，自发生上述应税行为之日起不超过 5 个公历年度内（含）分期缴纳个人所得税。

本案柏某将自己名下的土地使用权作价入股海南万基威置业有限公司，依法其是纳税人，并由其向主管税务机关自行申报缴纳。《税收征收管理法》第八十九条规定：“纳税人、扣缴义务人可以委托税务代理人代为办理税务事宜。”依据《税务代理业务规程（试行）》，税务代理人是税务师事务所及其指派的税务师，而海南万基威置业有限公司并不是合法的税务代理人。即使海南万基威置业有限公司视为税务代理人，其也未获得代理柏某纳税的权利。因此，法院认为市地税局在为万基威公司办理涉案缴税业务时认定事实不清、证据不足、程序违法，依法应予以撤销。

法条链接

1.《财政部国家税务总局关于个人非货币性资产投资有关个人所得税政策的通知》

一、个人以非货币性资产投资，属于个人转让非货币性资产和投资同时发生。对个人转让非货币性资产的所得，应按照“财产转让所得”项目，依法计算缴纳个人所得税。

二、个人以非货币性资产投资，应按评估后的公允价值确认非货币性资产转让收入。非货币性资产转让收入减除该资产原值及合理税费后的余额为应纳税所得额。

个人以非货币性资产投资，应于非货币性资产转让、取得被投资企业股权时，确认非货币性资产转让收入的实现。

三、个人应在发生上述应税行为的次月15日内向主管税务机关申报纳税。纳税人一次性缴税有困难的，可合理确定分期缴纳计划并报主管税务机关备案后，自发生上述应税行为之日起不超过5个公历年度内（含）分期缴纳个人所得税。

四、个人以非货币性资产投资交易过程中取得现金补价的，现金部分应优先用于缴税；现金不足以缴纳的部分，可分期缴纳。

个人在分期缴税期间转让其持有的上述全部或部分股权，并取得现金收入的，该现金收入应优先用于缴纳尚未缴清的税款。

五、本通知所称非货币性资产，是指现金、银行存款等货币性资产以外的资产，包括股权、不动产、技术发明成果以及其他形式的非货币性资产。

本通知所称非货币性资产投资，包括以非货币性资产出资设立新的企业，以及以非货币性资产出资参与企业增资扩股、定向增发股票、股权置换、重组改制等投资行为。

六、本通知规定的分期缴税政策自2015年4月1日起施行。对2015年4月1日之前发生的个人非货币性资产投资，尚未进行税收处理且自发生上述应税行为之日起期限未超过5年的，可在剩余的期限内分期缴纳其应纳税款。

2.《国家税务总局公告2015年第20号——关于个人非货币性资产投资有关个人所得税征管问题的公告》

一、非货币性资产投资个人所得税以发生非货币性资产投资行为并取得被投资企业股权的个人为纳税人。

二、非货币性资产投资个人所得税由纳税人向主管税务机关自行申报缴纳。

三、纳税人以不动产投资的，以不动产所在地税务机关为主管税务机关；纳税人以其持有的企业股权对外投资的，以该企业所在地税务机关为主管税务机关；纳税人以其他非货币资产投资的，以被投资企业所在地税务机关为主管税务机关。

四、纳税人非货币性资产投资应纳税所得额为非货币性资产转让收入减除该资产原值及合理税费后的余额。

五、非货币性资产原值为纳税人取得该项资产时实际发生的支出。

纳税人无法提供完整、准确的非货币性资产原值凭证，不能正确计算非货币性资产原值的，主管税务机关可依法核定其非货币性资产原值。

六、合理税费是指纳税人在非货币性资产投资过程中发生的与资产转移相关的税金及合理费用。

069. 个人股权转让如何缴纳个人所得税？

——苏某滨诉龙岩市新罗区地方税务局等行政处罚案[①]

裁判要旨

个人股权转让所得个人所得税，以股权转让方为纳税人，以受让方为扣缴义务人；个人股权转让个人所得税是由扣缴义务人与纳税人一同到主管税务机关申报缴纳，以便税务机关核实股权转让情况；个人股权转让所得个人所得税以被投资企业所在地税务机关为主管税务机关；个人转让股权，以股权转让收入减除股权原值和合理费用后的余额为应纳税所得额，按"财产转让所得"缴纳个人所得税。合理费用是指股权转让时按照规定支付的有关税费。

基本案情

2011年6月13日，原告苏某滨与龙岩市新罗区水鸭科煤炭有限公司股东苏某兴签订《股权转让协议》，协议约定：苏某兴将持有龙岩市新罗区水鸭科煤炭有限公司11%的股权共55万元出资额，以3,000万元人民币转让给原告。

2011年6月14日，原告支付两笔股权转让款项共计1,200万元给苏某兴。

2011年6月17日，龙岩市新罗区水鸭科煤炭有限公司办理了工商变更登记，苏某兴持有的11%股权变更登记为原告名下。

2012年3月9日，原告支付四笔股权转让款共计1,369万元给苏某兴。

2013年4月1日，新罗区水鸭科煤炭有限公司向新罗区地方税务局白沙分局送达了《关于股权转让扣缴个人所得税的报告》，内容有：白沙分局应在2013年4月21日前确认扣缴的个人所得税金额，否则原告不再履行扣缴义务。

2013年4月3日，白沙分局向新罗区水鸭科煤炭有限公司送达了《关于龙岩市新罗区水鸭科煤炭有限公司股权转让扣缴个人所得税的报告的回复》，内容

① 福建省连城县人民法院（2016）闽0825行初26号行政判决书

有：公司于2013年4月10日前提供私营企业登记基本情况表（工商局办理股权变更时）、股权转让协议、中介机构出具的《资产评估报告》《财务报表》《资产负债表》《利润表》（股权转让前一个月报表），若无法提供上述资料，将以公司章程（注册资金500万元）和《福建省高级人民法院民事调解书（2011）闽民初字第3号》中确认的转让价款（股东杨某良转让价款2650万元，股东苏某兴转让价款3000万元），按其差额确认为转让收益征收20%股权转让个人所得税，并分别征收0.005%产权转移印花税。事后，新罗区水鸭科煤炭有限公司向被告新罗区地税局提交《涉税事项资产评估报告书》。

2013年6月6日，原告以纳税人苏某兴名义向新罗区地税局白沙分局申报纳税税款51.066537万元，填写了《福建省地方税（费）综合申报表》，并于当日以纳税人苏某兴的名义缴纳了51.066537万元税款。新罗区地税局白沙分局于当日分别出具了税种为印花税，金额为1.5万元和税种为个人所得税，金额为49.566537万元的二张完税证给原告。

2013年6月20日，原告支付股权转让款140.25万元给苏某兴。

2013年10月9日，原告以扣缴义务人名义向新罗区地税局白沙分局申报纳税人苏某兴股权转让收益个人所得税税款239.683463万元，填写了《代扣代缴、代收代缴税款报告表》，并于当日以纳税人苏某兴的名义交纳了个人所得税款239.683463万元。新罗区地税局白沙分局于当日出具了一张税种为个人所得税的完税证给原告。至此，原告向苏某兴支付完毕股权转让款3000万元（含代扣税款290.75万元），印花税1.5万元。

2014年6月3日，原告为苏某兴代缴股权转让个人所得税5.1万元。为此，原告为苏某兴代缴股权转让税款295.85万元，其中个人所得税款294.35万元。

2014年5月30日，新罗区地方税务局白沙分局作出龙新地税通催（2014）2号《税务事项通知书》，认定原告逾期未缴苏某兴财产转让所得收益个人所得税299.45万元及逾期2013年7月16日至2013年10月9日缴纳滞纳金10.306389万元，限原告于2014年6月13日前缴纳。

原告不服，提出复议，2015年1月13日，复议机关作出维持复议决定。

2015年1月27日，原告向新罗区人民法院起诉，请求撤销龙新地税通催（2014）2号《税务事项通知书》。

新罗区人民法院作出（2015）龙新行初字第33号《行政判决书》，认为原告提出的诉讼请求理由不成立，不予支持，判决驳回原告的诉讼请求。

宣判后，原告不服，向龙岩市中级人民法院提起上诉。龙岩市中级人民法院作出（2015）岩行终字第74号《行政判决书》，认为新罗区地方税务局白沙分局要求原告应继续履行缴纳纳税义务人剩余未缴个人所得税及滞纳金缺乏事实和法律依据，依法撤销2014年5月30日作出的龙新地税通催（2014）2号《税务事项通知书》。因部分基层分局工作职能、征管范围的调整，被告新罗区地方税务局于2015年1月7日在闽西日报公告，主要内容：自2015年1月1日起白沙分局调整为专门负责纳税评估的机构，负责税收风险防控和纳税评估工作，白沙分局原税费管征业务划归雁石分局负责，白沙分局原管征纳税人划入雁石分局管征。雁石分局于2016年1月27日邮寄方式向原告送达龙新地税（雁）通（2016）3号《税务事项通知书》和于2016年3月11日邮寄方式向原告送达龙新地税罚告（2016）10号《税务行政处罚事项告知书》，但均未能送达给原告。2016年3月10日，被告新罗区地税局和雁石分局在闽西日报公告了上述两份文件。《税务行政处罚事项告知书》主要内容是：据《中华人民共和国税收征收管理法》第六十九条规定，拟对原告作出应扣未扣苏某兴股权转让所得个人所得税294.35万元的行为，处应扣未扣税款百分之五十的罚款147.175万元和法律规定享有的相关权利。《税务事项通知书》主要内容：补扣苏某兴股权转让收入个人所得税294.35万元和代扣代缴苏某兴股权转让利息收入应纳的个人所得税及其可申请复议的权利。

2016年4月21日，原告对龙新地税罚告（2016）10号《龙岩市新罗区地方税务局行政处罚事项告知书》，向被告新罗区地税局提出行政处罚听证申请。被告新罗区地税局于2016年5月3日在被告新罗区地方税务局八楼会议室组织听证会，进行了听证。

2016年6月15日，被告新罗区地税局作出龙新地税罚（2016）36号《税务行政处罚决定书》，据原告应扣未扣苏某兴股权转让所得个人所得税［（3000万元-56.5万元）×20%=294.35万元］294.35万元的违法行为事实，依照《中华人民共和国税收征收管理法》第六十九条规定，对原告处应扣未扣税款百分之五十的罚款147.175万元。通过邮寄方式，于2016年6月24日送达给原告。

2016年8月21日，原告向被告龙岩市地税局提起行政复议申请。

2016年8月22日，被告龙岩市地税局收到申请后，于2016年8月29日，被告龙岩市地税局作出岩地税复受字（2016）4号《受理行政复议申请通知书》，决定自收到行政复议申请之日起予以受理。随后，被告龙岩市地税局向被告新罗区地税局作出岩地税复答字（2016）4 号《行政复议答复通知书》，要求被告新罗区地税局提出书面答复及提供作出税务具体行政作为的证据、依据和其他相关材料。

2016 年 9 月 7 日，被告新罗区地税局提交《行政复议答复书》。

2016 年 10 月 18 日，被告龙岩市地税局作出岩地税复决字（2016）3 号《税务行政处罚决定书》，通过邮寄方式，于 2016 年 10 月 20 日送达给了原告。

另查明，龙岩市新罗区水鸭科煤炭有限公司成立于 2013 年 10 月 21 日，注册资本 500 万元。2011 年 6 月 13 日，公司变更前，股东苏某兴出资金额登记为 55 万元。2013 年 5 月 31 日，龙岩华泰资产评估有限公司出具涉税事项资产评估报告书，认定公司在 2010 年 12 月 31 日的资产市场价值为 105, 192. 2460 万元。

法院审理

法院认为，本案争议焦点是：①被告是否完成本案苏某兴股权转让所得个人所得税扣缴义务；②被诉行政行为是否合法、正确。被告新罗区地税局据工作需要对下属白沙分局和雁石分局职责调整，不违反法律禁止性的规定。《中华人民共和国税收征收管理法》第二十五条第二款“扣缴义务人必须依照法律、行政法规规定或者税务机关依照法律、行政法规的规定确定的申报期限、申报内容如实报送代扣代缴、代收代缴税款报告表以及税务机关根据实际需要要求扣缴义务人报送的其他有关资料”和《税收票证管理办法》第十七条“税收完税证明是税务机关为证明纳税人已经缴纳税款或者已经退还纳税人税款而开具的纸质税收票证……”的规定，原告应当如实报送自己代扣代缴报告表。原告在 2013 年 6 月 6 日、10 月 9 日代扣代缴税款时，新罗区地税局白沙分局开具三张完税证给原告，原告应当知道税务机关开具的完税证仅是收取当次纳税金额的凭证。原告认为其提供的《龙岩市新罗区水鸭科煤炭有限公司关于股权转让扣缴个人所得税的报告》《代扣代缴、代收代缴税款报告表》《税收转账专用完税证》证明被告新罗区地税局只认定原告代扣代缴税款 290. 75 万元义务的意见，没有法律依据，不予采纳。龙岩市新罗区人民法院（2015）龙新行初字第 33 号《行政判决书》和龙岩市中级人民法院（2015）岩行终字第 74 号《行政判决书》审理的是新罗区地税局白沙分局作出的龙新地税通催（2014）2 号《税务事项通知书》，该通知书所认定事实和作出处理结果与本案被告新罗区地税局作出的被诉行政行为所认定的事实和作出处理结果，属不同事实和不同结果，原告认为属于作出基本相同的行政处罚行为而违法的意见，不予采纳。原告是本案苏某兴股权转让所得个人所得税代扣代缴法定义务人，应当依法如实申报和代扣代缴税款。原告依法应当代扣代缴苏某兴股权转让所得个人所得税款为588.7万元，原告仅扣缴294.35万元，原告在支付转让款3,000万元时，原告完成能扣而未扣苏某兴股权转让所得个人所得税款294.35万元，依法应承担税务行政罚款的法律责任。《中华人民共和国税收征收管理法》第六十九条“扣缴义务人应扣未扣、应收而不收税款的，由税务机关向纳税人追缴税款，对扣缴义务人处应扣未扣、应收未收税款百分之五十以上三倍以下的罚款”的规定，被告新罗区地税局作出的龙新地税罚（2016）36号《税务行政处罚决定书》，认定事实和适用法律正确。

法院判决如下：一、驳回原告苏某滨要求撤销被告新罗区地方税务局龙新地税罚（2016）36号《税务行政处罚决定书》的诉讼请求；二、驳回原告苏某滨要求撤销被告龙岩市地方税务局岩地税复决字（2016）3号《税务行政复议决定书》的诉讼请求。

点评

依据《股权转让所得个人所得税管理办法（试行）》，个人转让股权缴纳个人所得税的要点如下：

1. 纳税人和扣缴义务人。个人股权转让所得个人所得税，以股权转让方为纳税人，以受让方为扣缴义务人。

2. 纳税申报主体。《股权转让所得个人所得税管理办法（试行）》第二十条规定：“具有下列情形之一的，扣缴义务人、纳税人应当依法在次月15日内向主管税务机关申报纳税：（一）受让方已支付或部分支付股权转让价款的；（二）股权转让协议已签订生效的；（三）受让方已经实际履行股东职责或者享受股东权益的；（四）国家有关部门判决、登记或公告生效的；（五）本办法第三条第四至第七项行为已完成的；（六）税务机关认定的其他有证据表明股权已发生转移的情形。”据此，个人股权转让个人所得税是由扣缴义务人与纳税人一同到主管税务机关申报缴纳，以便税务机关核实股权转让情况，这不同于一般的“财产转让所得”由支付款项一方代扣代缴。

3. 主管税务机关。个人股权转让所得个人所得税以被投资企业所在地税务机关为主管税务机关。

4. 应纳税所得额的计算。个人转让股权，以股权转让收入减除股权原值和合理费用后的余额为应纳税所得额，按“财产转让所得”缴纳个人所得税。合理费用是指股权转让时按照规定支付的有关税费。

本案所涉股权转让发生在《股权转让所得个人所得税管理办法（试行）》实行之前。其中，股权受让方为苏某滨，转让方为苏某兴。转让方的股权转让收入为3,000万元，财产原值为其取得股权支付的金额即55万元，合理费用为1.5万元，苏某兴应缴纳的股权转让人所得税：（3,000万元－55万元－1.5万元）×20%＝588.7万元。因此，受让方苏某滨应扣苏某兴股权转让所得的个人所得税为588.7万元，已扣缴个人所得税294.35万元，应扣未扣苏某兴股权转让所得的个人所得税为294.35万元。《税收征收管理法》第六十九条规定：“扣缴义务人应扣未扣、应收而不收税款的，由税务机关向纳税人追缴税款，对扣缴义务人处应扣未扣、应收未收税款百分之五十以上三倍以下的罚款。”据此，被告税务机关认定股权受让方苏某滨应扣未扣个人所得税款294.35万元，并处以应扣未扣税款百分之五十的罚款147.175万元。

法条链接

1.《股权转让所得个人所得税管理办法（试行）》

第四条　个人转让股权，以股权转让收入减除股权原值和合理费用后的余额为应纳税所得额，按“财产转让所得”缴纳个人所得税。

合理费用是指股权转让时按照规定支付的有关税费。

第五条　个人股权转让所得个人所得税，以股权转让方为纳税人，以受让方为扣缴义务人。

第十九条　个人股权转让所得个人所得税以被投资企业所在地税务机关为主管税务机关。

第二十条　具有下列情形之一的，扣缴义务人、纳税人应当依法在次月15日内向主管税务机关申报纳税：

（一）受让方已支付或部分支付股权转让价款的；

（二）股权转让协议已签订生效的；

（三）受让方已经实际履行股东职责或者享受股东权益的；

（四）国家有关部门判决、登记或公告生效的；

（五）本办法第三条第四至第七项行为已完成的；

（六）税务机关认定的其他有证据表明股权已发生转移的情形。

070. 个人转让上市公司股票是否需要缴纳个人所得税？

——钟某某诉广东省湛江市赤坎区地方税务局等税务征收行政纠纷案①

裁判要旨

为了配合企业改制，促进股票市场的稳健发展，经报国务院批准，从1997年1月1日起，对个人转让上市公司股票取得的所得继续暂免征收个人所得税。但是，自2010年1月1日起，对个人转让限售股取得的所得，按照“财产转让所得”，适用20%的比例税率征收个人所得税。

基本案情

钟某某于2007年以前在三板市场（代办股份转让系统）操作交易粤传媒股份。

2007年9月17日，广东九州阳光传媒股份有限公司（即粤传媒）发布《首次公开发行股票招股说明书》，在该说明书的备查文件之股东名册中，登记原告钟某某共持有粤传媒64000股股份。

2007年11月15日，广东九州阳光传媒股份有限公司发布《首次公开发行股票上市公告书》，公告该司发行的人民币普通股股票在深圳证券交易所上市，股票简称“粤传媒”。对于公司代办股份转让系统流通股股东持有的股份，自公司股票在证券交易所上市交易之日起一年内不得转让。

2008年11月14日，粤传媒发布《限售流通股票上市流通公告》，公告公司代办股份转让系统流通股股东持有的限售股份可上市流通日为2008年11月17日，同时说明了公司实施了2008年度中期资本公积金转增股本方案，即向全体股东每10股转增3股。

中国证券登记结算公司深圳分公司将钟某某持有的上述粤传媒83,200股股票登记为限售股。钟某某已全部转让上述股票。湛江市赤坎区地方税务局（以下简称赤坎地税局）于2010年1月5日至2015年6月5日对钟某某在此期间七次转让粤传媒股票征收个人所得税共214,854.5元。上述个人所得税的扣缴，证券

① 广东省高级人民法院（2016）粤行申1284号行政裁定书

机构按照新股限售股上市首日收盘价计算转让收入，按照计算出的转让收入的15%确定限售股原值和合理税费，以转让收入减去原值和合理税费后的余额，适用20%税率，计算预扣预缴个人所得税额。

钟某某不服上述征税行为，向湛江市地方税务局（以下简称湛江地税局）申请行政复议，湛江地税局于2015年11月23日作出湛地税复决字（2015）第1号税务行政复议决定书，维持赤坎地税局的上述征税行为。

钟某某不服复议决定，于2015年11月30日向湛江经济技术开发区人民法院提起行政诉讼。原审法院驳回其起诉。

钟某某不服原审判决，向湛江市中级人民法院提起上诉。二审法院驳回其上诉。

钟某某不服，向广东省高级人民法院申请再审，请求撤销原一、二审判决，按财税［2009］167号文第八条免税规定，由被申请人退回已预扣的限售股个人所得税214,854.50元。

法院审理

再审法院认为，根据钟某某申请再审提交的材料反映，本案的争议焦点为申请人钟某某在2010年1月5日至2016年6月2日转让的粤传媒股票是否属于限售股，以及是否属于财税［2009］167号文第八条规定免征个人所得税的情形。

关于钟某某在2010年1月5日至2016年6月2日转让的粤传媒股票，是否属于财税［2009］167号及财税［2010］70号文规定的限售股范围问题。经审查，《财政部、国家税务总局、中国证券监督管理委员会关于个人转让上市公司限售股所得征收个人所得税有关问题的通知》（财税［2009］167号）第二条规定："本通知所称限售股，包括：……2. 2006年股权分置改革新老划断后，首次公开发行股票并上市的公司形成的限售股，以及上市首日至解禁日期间由上述股份孳生的送、转股（以下统称新股限售股）……"《财政部、国家税务总局、证监会关于个人转让上市公司限售股所得征收个人所得税有关问题的补充通知》（财税［2010］70号）第一条第四项规定："一、本通知所称限售股，包括：……（四）个人持有的从代办股份转让系统转到主板市场（或中小板、创业板市场）的限售股；"钟某某从代办股份转让系统购买64000股粤传媒股份，在粤传媒从代办股份转让系统转入深圳证券交易所上市后，符合财税［2009］167号文"首次公开发行股票并上市的公司形成的限售股"及财税［2010］70号文"个人持有的从代办股份转让系统转到主板市场（或中小板、创业板市场）的限售股”的规定情形。而钟某某在2008年9月5日取得的粤传媒公司转增的19,200股股票，符合财税［2009］167号文“上市首日至解禁日期间由上述股份孳生的送、转股”的规定情形，故钟某某原持有的83,200股粤传媒股票均属于限售股。钟某某主张，其原持有的粤传媒股份在三板市场时为流通股，与非流通法人股、内部职工股等不同。经审查，粤传媒公司在深圳证券交易所上市后，其控股股东持有的股份、内部职工股及公司代办股份转让系统流通股股东所持有的股份均转为限售流通股，故钟某某再审申请主张其原持有的粤传媒股票不属于限售股，没有事实依据和法律根据，不予采纳。

关于钟某某转让其原持有的83,200股粤传媒股票是否属于财税［2009］167号文第八条规定免征个人所得税的情形问题。财税［2009］167号文第八条规定：“对个人在上海证券交易所、深圳证券交易所转让从上市公司公开发行和转让市场取得的上市公司股票所得，继续免征个人所得税。”由于申请人钟某某在代办股份转让系统取得粤传媒公司股份，不符合该条规定的“从上市公司公开发行和转让市场取得的上市公司股票”的情形，因此，钟某某再审申请主张其转让持有的粤传媒股票属于免征个人所得税的情形，因理据不足，不予采纳。

综上，信达证券股份有限公司湛江中山一路证券营业部对在财税［2009］167号文实施后，钟某某于2010年1月5日至2015年6月5日转让上述83,200股粤传媒限售股代扣代缴214,854.50元个人所得税，符合财税［2009］167号文关于限售股界定及转让限售股征收个人所得税计算的规定，本案原一、二审法院判决驳回钟某某的诉讼请求，并无不当。

再审法院驳回钟某某的再审申请。

点评

依据《企业所得税法》和《个人所得税法》，股权转让应当依法缴纳企业所得税或个人所得税。但是，为了配合企业改制上市，促进股票市场的稳健发展，《财政部、国家税务总局关于个人转让股票所得继续暂免征收个人所得税的通知》专门规定“从1997年1月1日起，对个人转让上市公司股票取得的所得继续暂免征收个人所得税”。另外，《财政部、国家税务总局、中国证券监督管理委员会关于个人转让上市公司限售股所得征收个人所得税有关问题的通知》第八条规定：“对个人在上海证券交易所、深圳证券交易所转让从上市公司公开发行和转让市场取得的上市公司股票所得，继续免征个人所得税”。因此，个人转让上市公司股票所得免征个人所得税。

但是，我国对个人转让上市公司限售股是否缴纳个人所得税另有规定。《财政部、国家税务总局、中国证券监督管理委员会关于个人转让上市公司限售股所得征收个人所得税有关问题的通知》第一条规定：“自2010年1月1日起，对个人转让限售股取得的所得，按照“财产转让所得”，适用20%的比例税率征收个人所得税。”第二条规定：“本通知所称限售股，包括：1. 上市公司股权分置改革完成后股票复牌日之前股东所持原非流通股股份，以及股票复牌日至解禁日期间由上述股份孳生的送、转股（以下统称股改限售股）；2. 2006年股权分置改革新老划断后，首次公开发行股票并上市的公司形成的限售股，以及上市首日至解禁日期间由上述股份孳生的送、转股（以下统称新股限售股）；3. 财政部、税务总局、法制办和证监会共同确定的其他限售股。”《财政部、国家税务总局、证监会关于个人转让上市公司限售股所得征收个人所得税有关问题的补充通知》第一条规定：“本通知所称限售股，包括：（一）财税［2009］167号文件规定的限售股；（二）个人从机构或其他个人受让的未解禁限售股；（三）个人因依法继承或家庭财产依法分割取得的限售股；（四）个人持有的从代办股份转让系统转到主板市场（或中小板、创业板市场）的限售股；（五）上市公司吸收合并中，个人持有的原被合并方公司限售股所转换的合并方公司股份；（六）上市公司分立中，个人持有的被分立方公司限售股所转换的分立后公司股份；（七）其他限售股。”

本案纳税人钟某某持有的83,200股粤传媒股票被登记为限售股，详言之，属于从代办股份转让系统转到主板市场（或中小板、创业板市场）的限售股。之后，其于2010年1月5日至2016年6月2日将上述限售股全部转让。依据《财政部、国家税务总局、证监会关于个人转让上市公司限售股所得征收个人所得税有关问题的补充通知》，纳税人钟某某应当缴纳个人所得税。

法条链接

1.《财政部国家税务总局关于个人转让股票所得继续暂免征收个人所得税的通知》

为了配合企业改制，促进股票市场的稳健发展，经报国务院批准，从1997年1月1日起，对个人转让上市公司股票取得的所得继续暂免征收个人所得税。

2.《财政部、国家税务总局、证监会关于个人转让上市公司限售股所得征收个人所得税有关问题的补充通知》

一、本通知所称限售股，包括：

（一）财税［2009］167号文件规定的限售股；

（二）个人从机构或其他个人受让的未解禁限售股；

（三）个人因依法继承或家庭财产依法分割取得的限售股；

（四）个人持有的从代办股份转让系统转到主板市场（或中小板、创业板市场）的限售股；

（五）上市公司吸收合并中，个人持有的原被合并方公司限售股所转换的合并方公司股份；

（六）上市公司分立中，个人持有的被分立方公司限售股所转换的分立后公司股份；

（七）其他限售股。

3.《财政部、国家税务总局、证监会关于个人转让上市公司限售股所得征收个人所得税有关问题的通知》

一、自2010年1月1日起，对个人转让限售股取得的所得，按照“财产转让所得”，适用20%的比例税率征收个人所得税。

二、本通知所称限售股，包括：

1. 上市公司股权分置改革完成后股票复牌日之前股东所持原非流通股股份，以及股票复牌日至解禁日期间由上述股份孳生的送、转股（以下统称股改限售股）；

2. 2006年股权分置改革新老划断后，首次公开发行股票并上市的公司形成的限售股，以及上市首日至解禁日期间由上述股份孳生的送、转股（以下统称新股限售股）；

3. 财政部、税务总局、法制办和证监会共同确定的其他限售股。

八、对个人在上海证券交易所、深圳证券交易所转让从上市公司公开发行和转让市场取得的上市公司股票所得，继续免征个人所得税。

071. 企业员工股票期权行权时应纳税所得额如何计算？

——吴某某与杭州市地方税务局西湖税务分局等征收及行政复议上诉案[①]

裁判要旨

员工行权时，其从企业取得股票的实际购买价（施权价）低于购买日公平市场价（指该股票当日的收盘价）的差额，是因员工在企业的表现和业绩情况而取得的与任职、受雇有关的所得，应按“工资、薪金所得”适用的规定计算缴纳个人所得税。员工行权日所在期间的工资薪金所得，应按下列公式计算工资薪金应纳税所得额：股票期权形式的工资薪金应纳税所得额=（行权股票的每股市场价-员工取得该股票期权支付的每股施权价）×股票数量。

基本案情

吴某某在2013年8月15日至2015年5月12日期间担任浙江迪安诊断技术股份有限公司（以下简称迪安公司）高级管理人员，被迪安公司纳入股票期权激励对象。2015年5月12日，吴某某辞去迪安公司高管职务。同年6月15日，迪安公司发布《浙江迪安诊断技术股份有限公司关于预留授予股票期权第一期行权情况公告》，以2015年6月12日为激励计划第一个行权期行权登记日，对提出申请的4名激励对象的39.475万股股票期权予以行权。其中吴某某行权11.492万份期权，行权价格为26.44元，当日该股票收盘价为122.25元。迪安公司对吴某某的个人所得税进行扣缴。杭州市地方税务局西湖税务分局（以下简称西湖地税分局）在2015年7月对吴某某征收个人所得税4,792,658.34元，其中应纳税所得额收入计算方式为（122.25-26.44）×114,920。

吴某某不服，向杭州市西湖区人民政府（以下简称西湖区政府）申请行政复议。西湖区政府作出杭西政复决字［2015］第51号《行政复议决定书》，维持西湖地税分局的税务征收行为。

---

① 浙江省杭州市中级人民法院（2017）浙01行终164号行政判决书

法院审理

原审法院认为，本案的争议焦点系案涉税收征收行为的合法性问题。各方当事人意见分歧的实质系案涉股票的性质，这直接关系到本案是否适用财税[2005] 35号文件第二条第（二）项。《财政部国家税务总局关于个人股票期权所得征收个人所得税问题的通知》第二条第（二）项规定“员工行权时，其从企业取得股票的实际购买价（施权价）低于购买日公平市场价（指该股票当日的收盘价，下同）的差额，是因员工在企业的表现和业绩情况而取得的与任职、受雇有关的所得，应按‘工资、薪金所得’适用的规定计算缴纳个人所得税。……员工行权日所在期间的工资薪金所得，应按下列公示计算工资薪金应纳税所得额：股票期权形式的工资薪金应纳税所得额＝（行权股票的每股市场价－员工取得该股票期权支付的每股施权价）×股票数量。”如果案涉股票是限制性股票，则不适用上述条文规定；如果案涉股票是股票期权，则适用上述条文规定，以行权日为时间节点计算税额。股票期权与限制性股票是上市公司实行股权激励的两种方式，是两个特定的概念。股票期权是指公司给予激励对象在一定期限内以事先约定的价格购买本公司股票的权利；限制性股票是指公司按照预先确定的条件授予激励对象一定数量的本公司股权，激励对象只有工作年限或业绩目标符合股权激励计划规定条件的才可以处置该股权。本案中，吴某某根据《股票期权协议书》的约定，可在指定的行权日以行权价格购买迪安公司的股票，其股票处置受限是因高管身份而非工作年限或业绩目标未达激励条件，且根据迪安公司备案、公告的股权激励方案，吴某某获得的股权激励方式明确为股票期权。《财政部国家税务总局关于个人股票期权所得征收个人所得税问题的通知》第一条规定：“实施股票期权计划企业授予该企业员工的股票期权所得，应按《中华人民共和国个人所得税法》及其实施条例有关规定征收个人所得税。”《个人所得税法》第二条规定：“下列各项个人所得，应纳个人所得税：一、工资、薪金所得。”《个人所得税法实施条例》第十条规定：“个人所得的形式，包括现金、实物、有价证券和其他形式的经济利益。所得为实物的，应当按照取得的凭证上所注明的价格计算应纳税所得额；无凭证的实物或者凭证上所注明的价格明显偏低的，参照市场价格核定应纳税所得额。所得为有价证券的，根据票面价格和市场价格核定应纳税所得额。所得为其他形式的经济利益的，参照市场价格核定应纳税所得额。”据此，西湖地税分局以行权日股票收盘价与行权价的差额认定应纳税所得额，对吴某某所获得的股票期权征收个人所得税 4,792,658.34 元，并无不当。

原审法院判决驳回吴某某的诉讼请求。

宣判后，吴某某不服，向二审法院上诉称，1. 西湖地税分局原具体行政行为事实认定错误。本案属于税务机关对上市公司高级管理人员征收个人所得税引起的行政争议，争议的焦点在于上市公司授予上诉人的股票是否属于“限制性股票”。上诉人的股票理应属于限制性股票：（1）《公司法》第一百四十一条第二款的规定上市公司离职高级管理人员持有的公司股票锁定半年才能流通，构成限制。（2）迪安公司发布《浙江迪安诊断技术股份有限公司关于预留授予股票期权第一期行权情况公告》，特别提示：吴某某先生本次行权 11.492 万份期权，行权后所获股票将遵守《深圳证券交易所上市公司董事、监事和高级管理人员所持本公司股份及其变动管理业务指引》中关于高级管理人员离任后 6 个月内股份锁定的相关规定。（3）实际上，上诉人于 2015 年 5 月 12 日辞去公司高管职位，登记在上诉人名下的 114,920 股公司股票由中国登记结算有限公司深圳分公司予以锁定，锁定期限自 2015 年 5 月 12 日至 2015 年 11 月 11 日，期间不能交易。而西湖地税分局不顾客观事实，错误地认定为非限制性股票。2. 西湖地税分局征收依据适用错误。党的十八届三中全会明确提出“落实税收法定原则”，税收法定原则要求，税收主体必须依且仅依法律的规定征税。《中华人民共和国个人所得税法》规定，只有从中国境内和境外取得所得，才有义务缴纳个人所得税。所谓所得，是指取得完整的财产所有权。所有权包括占有、使用、处分、收益四项权能，任何一项权能的受限，都不能算取得所有权，不能称取得所得。登记在上诉人名下的限制性股票，上诉人在限制期内的不具有处分权，也即非完整的所有权，因此不能算取得所得。对于本人这种特殊情形，法律、法规没有规定，税务机关应该谨慎行事，事前应积极向上级请示，而西湖地税分局违反税收法定原则，擅自将本人的股票排除在“限制性股票”之外。即使西湖地税分局不按照法律处置，适用上级的有关限制性股票税收政策，也应根据国家税务总局关于《股权激励有关个人所得税问题的通知》（国税函［2009］461 号）的第三部分“关于限制性股票应纳税所得额的确定”，而西湖地税分局的征收依据回避现行有效的上述文件，拿与本案关联度不大的其他税收文件搪塞，显然是征收依据适用错误。3. 西湖地税分局具体行政行为违背了实质课税的税法原则。实质课税原则是税法的基本原则。实质课税原则指对于某种情况不能仅根据其外表和形式确定是否应予课税，而应该根据实际情况，尤其应当根据其经济目的和经济生活的实质，判断是否符合课税的要素，以求公平、合理、有效地进行课税。登记在上诉人名下的限制性股票，上诉人在限制期内不具有处分权，这是不能否定的客观事实。西湖地税分局让上诉人在尚未取得实际收入时，就为不能交易、无法体现市场价值的禁售股票多交税收近200万，违反实质课税原则，极其不公平、不合理。综上所述，西湖地税分局原具体行政行为事实认定错误、征收依据适用错误，违背了实质课税的税法原则，而一审判决回避原具体行政行为的争议焦点，无视上诉人合法权益受到严重侵犯的基本事实，枉法裁判。故上诉请求：1. 撤销西湖地税分局于2015年7月作出的征收上诉人所得税4,792,658.34元的具体行政行为；2. 撤销区政府作出的杭西政复决字［2015］第51号行政复议决定；3. 撤销杭州铁路运输法院一审作出的［2016］浙8601行初194号行政判决。

二审法院另查明，2014年1月29日，吴某某与迪安公司签订《股票期权协议书》，约定，迪安公司承诺从2014年1月28日开始，在三年内向吴某某授予一定数量的股票期权，具体授予数量由公司董事会薪酬与考核委员会决定。吴某某可在指定的行权日以行权价格购买迪安公司的普通股。2014年1月29日，迪安公司向吴某某发出《股票期权授予通知书》，决定于2014年1月28日授予吴某某104,000股股权期权，行权价格为58.80元/股。2014年1月29日，迪安公司作出《浙江迪安诊断技术股份有限公司关于股票期权激励计划预留期权授予的公告》，载明公司股权激励计划规定的预留期权授予条件已经成就，本次股票期权的授予日为2014年1月28日，授予的激励对象共4人，授予的股票期权数量为35.724万份，其中拟向吴某某授予股票期权104,000股，预留股票期权行权价格为58.80元。后经调整，案涉预留股票期权行权价格为26.44元，吴某某第一个行权期行权数量为11.4920万份。2015年6月15日，迪安公司发布《浙江迪安诊断技术股份有限公司关于预留授予股票期权第一期行权情况公告》，载明了吴某某行权情况。

二审法院驳回上诉，维持原判。

点评

一、股票期权和限制性股票的区别

1. 何谓股票期权

企业员工股票期权（以下简称股票期权）是指上市公司按照规定的程序授

予本公司及其控股企业员工的一项权利，该权利允许被授权员工在未来时间内以某一特定价格购买本公司一定数量的股票。上述“某一特定价格”被称为“授予价”或“施权价”，即根据股票期权计划可以购买股票的价格，一般为股票期权授予日的市场价格或该价格的折扣价格，也可以是按照事先设定的计算方法约定的价格；“授予日”，也称“授权日”，是指公司授予员工上述权利的日期；“行权”，也称“执行”，是指员工根据股票期权计划选择购买股票的过程；员工行使上述权利的当日为“行权日”，也称“购买日”。

员工行权日所在期间的工资薪金所得，应按下列公式计算工资薪金应纳税所得额：股票期权形式的工资薪金应纳税所得额 =（行权股票的每股市场价 - 员工取得该股票期权支付的每股施权价）×股票数量。

2. 何谓限制性股票

限制性股票是指上市公司按照预先确定的条件授予激励对象一定数量的本公司股票，激励对象只有在工作年限或业绩目标符合股权激励计划规定条件的，才可出售限制性股票并从中获益。按照个人所得税法及其实施条例等有关规定，原则上应在限制性股票所有权归属于被激励对象时确认其限制性股票所得的应纳税所得额。被激励对象限制性股票应纳税所得额计算公式为：应纳税所得额 =（股票登记日股票市价 + 本批次解禁股票当日市价）÷2×本批次解禁股票份数 - 被激励对象实际支付的资金总额×（本批次解禁股票份数÷被激励对象获取的限制性股票总份数）。

3. 两者的区别

第一，股票期权是一种未来的权利，本身不是股权，而是在未来请求义务人为一定行为的权利。企业授予员工股票期权时，员工并未持有任何股票，只有在行权日员工实际行使该股票期权后才持有股票。而限制性股票已为股东所有，只是股东在一定时间内不能出售流通。第二，员工在股票期权行权日行权，虽然其没有实际的现金收入，反而要实际支付购买股票的现金对价，但仍然需要缴纳个人所得税。限制性股票只会在实际出售股票之日才需要缴纳个人所得税。

二、股票期权如何缴纳个人所得税

依据《财政部、国家税务总局关于个人股票期权所得征收个人所得税问题的通知》，实施股票期权计划企业授予该企业员工的股票期权所得，应按《中华人民共和国个人所得税法》及其实施条例有关规定征收个人所得税。具体征税规定如下：（1）员工接受实施股票期权计划企业授予的股票期权时，除另有规定外，一般不作为应税所得征税。(2)员工行权时，其从企业取得股票的实际购买价(施权价)低于购买日公平市场价(指该股票当日的收盘价，下同)的差额，是因员工在企业的表现和业绩情况而取得的与任职、受雇有关的所得，应按“工资、薪金所得”适用的规定计算缴纳个人所得税。(3)对因特殊情况，员工在行权日之前将股票期权转让的，以股票期权的转让净收入，作为工资薪金所得征收个人所得税。(4)员工行权日所在期间的工资薪金所得，应按下列公式计算工资薪金应纳税所得额：股票期权形式的工资薪金应纳税所得额=(行权股票的每股市场价-员工取得该股票期权支付的每股施权价)×股票数量。(5)员工将行权后的股票再转让时获得的高于购买日公平市场价的差额，是因个人在证券二级市场上转让股票等有价证券而获得的所得，应按照“财产转让所得”适用的征免规定计算缴纳个人所得税。(6)员工因拥有股权而参与企业税后利润分配取得的所得，应按照“利息、股息、红利所得”适用的规定计算缴纳个人所得税。

本案纳税人吴某某担任迪安公司的高级管理人员，被迪安公司纳入股票期权激励对象。2015年6月15日，迪安公司发布《浙江迪安诊断技术股份有限公司关于预留授予股票期权第一期行权情况公告》，以2015年6月12日为激励计划第一个行权期行权登记日，对提出申请的4名激励对象的39.475万股股票期权予以行权。其中吴某某行权11.492万份期权，行权价格为26.44元，当日该股票收盘价为122.25元。据此，纳税人吴某某应按股票期权缴纳个人所得税。但是，登记在吴某某名下的114,920股公司股票由中国登记结算有限公司深圳分公司予以锁定，锁定期限自其离职日(2015年5月12日)至2015年11月11日，期间不能交易。据此，吴某某认为其行权时无需缴纳个人所得税，而应当在实际出售股票时再缴纳。但是，吴某某取得股票是基于股票期权的行权，因此，对其按股票期权缴纳个人所得税无任何问题。

法条链接

1.《财政部、国家税务总局关于个人股票期权所得征收个人所得税问题的通知》

二、关于股票期权所得性质的确认及其具体征税规定

(一)员工接受实施股票期权计划企业授予的股票期权时，除另有规定外，一般不作为应税所得征税。

（二）员工行权时，其从企业取得股票的实际购买价（施权价）低于购买日公平市场价（指该股票当日的收盘价，下同）的差额，是因员工在企业的表现和业绩情况而取得的与任职、受雇有关的所得，应按“工资、薪金所得”适用的规定计算缴纳个人所得税。

对因特殊情况，员工在行权日之前将股票期权转让的，以股票期权的转让净收入，作为工资薪金所得征收个人所得税。

员工行权日所在期间的工资薪金所得，应按下列公式计算工资薪金应纳税所得额：

股票期权形式的工资薪金应纳税所得额＝（行权股票的每股市场价－员工取得该股票期权支付的每股施权价）×股票数量

（三）员工将行权后的股票再转让时获得的高于购买日公平市场价的差额，是因个人在证券二级市场上转让股票等有价证券而获得的所得，应按照“财产转让所得”适用的征免规定计算缴纳个人所得税。

（四）员工因拥有股权而参与企业税后利润分配取得的所得，应按照“利息、股息、红利所得”适用的规定计算缴纳个人所得税。

072. 扣缴义务人应扣未扣税款如何处理？

——赖某某与佛山市顺德区地方税务局税务行政处罚纠纷上诉案①

裁判要旨

扣缴义务人应扣未扣、应收而不收税款的，税务机关应当向纳税人追缴税款，对扣缴义务人处应扣未扣、应收未收税款百分之五十以上三倍以下的罚款，并责成扣缴义务人限期将应扣未扣、应收未收的税款补扣或补收。

基本案情

顺德市北滘镇新达电器有限公司股东周某某于2002年12月20日与该公司股东区某某、赖某某签订《股权转让合同书》及于2002年12月19日签署《声明》，将其拥有的顺德市北滘镇新达电器有限公司33.33%的股权和在公司的债

① 广东省佛山市中级人民法院（2006）佛中法行终字第112号行政判决书

权（以其女儿徐某某的名义借给公司的流动资金6,500,000元）以10,000,000元分别等额转让给区某某、赖某某，区某某、赖某某各受让股权5,000,000元，周某某先后于2002年12月20日和2003年2月24日取得转让收入10,036,000元（其中36,000元是超期付款违约金），减除在公司的债权［以其女儿徐某某的名义借给公司的流动资金6,500,000元和佛山市顺德区国家、地方税务局查补的税款罚款各自负担的部分303,951.97元（911,855.92元÷3）］，实际取得股权转让收入3,232,048.03元（10,036,000元－6,500,000元－303,951.97元）。按规定可减除属于股权原值的注册资本1,700,000元，余额1,532,048.03元（3,232,048.03元－1,700,000元）应作为财产转让所得缴纳个人所得税306,409.61元（1,532,048.03元×20%）。且应由受让人区某某与原告赖某某分别负责履行扣缴义务，即原告应代扣代缴个人所得税153,204.81元（306,409.61元÷2），但原告作为扣缴义务人没有履行扣缴义务（区某某另案处理）。

原告赖某某与周某某签订的《股权转让合同书》所载股权转让金额为5,000,000元。根据《中华人民共和国印花税暂行条例》所附《印花税税目税率表》第十一项“产权转移书据包括财产所有权和版权、商标专用权、专利权、专有技术使用权等转移书据。税率按所载金额万分之五贴花”的规定，原告应缴纳印花税2,500元。但原告没有按规定缴纳印花税，造成少缴产权转移书据印花税2,500元。

2005年11月24日，被告向原告送达《税务行政处罚事项告知书》，告知原告作出行政处罚决定的事实、理由及依据；享有陈述和申辩权；有要求听证的权利。

2005年12月22日，被告佛山市顺德区地方税务局以原告应扣未扣个人所得税，少缴产权转移书据印花税款，作出顺地税罚［2005］10号《税务行政处罚决定书》，（一）建议对原告处以应扣未扣周某某财产转让所得应缴的个人所得税153,204.81元百分之五十的罚款76,602.41元。（二）对原告少缴产权转移书据印花税款的行为，处以少缴的印花税款2,500元三倍的罚款7,500元。同月26日，被告将上述《税务行政处罚决定书》送达给原告。

原告不服于2006年1月11日向佛山市地方税务局申请复议，佛山市地方税务局于同年3月9日作出《税务行政复议决定书》，维持被告作出的《税务行政处罚决定书》，并于同月13日送达给原告。

法院审理

原审认为，根据《中华人民共和国税收征收管理法》第四条第二款规定，“法律、行政法规规定负有代扣代缴、代收代缴税款义务的单位和个人为扣缴义务人”。第三款规定，“纳税人、扣缴义务人必须依照法律、行政法规的规定缴纳税款、代扣代缴、代收代缴税款”。《中华人民共和国个人所得税法》第二条规定，“下列各项个人所得，应纳个人所得税：（九）财产转让所得”。第八条规定，“个人所得税，以所得人为纳税义务人，以支付所得的单位或者个人为扣缴义务人”。《中华人民共和国个人所得税法实施条例》第八条规定，“税法第二条所说的各项个人所得的范围：（九）财产转让所得，是指个人转让有价证券、股权、建筑物、土地使用权、机器设备、车船以及其他财产取得的所得”。《个人所得税代扣代缴暂行办法》第二条规定，“凡支付个人应纳税所得的企业（公司）、事业单位、机关、社团组织、军队、驻华机构、个体户等单位或者个人，为个人所得税的扣缴义务人”。第四条规定，“扣缴义务人向个人支付下列所得，应代扣代缴个人所得税：（八）财产转让所得”。根据上述规定，周某某转让股权给原告取得的所得是财产转让所得，而原告是支付周某某个人应纳税所得的个人，其为个人所得税的扣缴义务人，负有代扣代缴税款的义务，应代扣代缴个人所得税，但原告应扣未扣税款，已违反上述规定。根据《中华人民共和国个人所得税法》第三条第五项“特许权使用费所得，利息、股息、红利所得，财产租赁所得，财产转让所得，偶然所得和其他所得，适用比例税率，税率为百分之二十”和第六条第一款第五项“财产转让所得，以转让财产的收入额减除财产原值和合理费用后的余额，为应纳税所得额”的规定，被告认定原告应扣未扣税款的数额准确。被告以原告应扣未扣税款，根据《中华人民共和国税收征收管理法》第六十九条规定，对原告作出处罚，事实清楚，证据充分，适用法律法规正确。原告称根据《中华人民共和国个人所得税法》第二条第九项、第八条、第九条和《个人所得税代扣代缴暂行办法》第五条及《中华人民共和国税收征收管理法》第二十九条规定，负有代扣代缴义务的只能是单位或者经税务机关依法授权的个人，原告不是个人所得税的扣缴义务人，原告在股权受让中不负有代扣代缴周某某个人所得税的义务，理据不足，不予支持。

《中华人民共和国税收征收管理法》第三十一条第一款规定，“纳税人、扣缴义务人按照法律、行政法规规定或者税务机关依照法律、行政法规的规定确定的期限，缴纳或者解缴税款”。《中华人民共和国个人所得税法实施细则》第三十四条第一款规定，“扣缴义务人在向个人支付应税款项时，应当依照税法规定代扣税款，按时缴库，并专项记载备查”。《中华人民共和国个人所得税法》第九条第一款规定，“扣缴义务人每月所扣的税款，自行申报纳税人每月应纳的税款，都应当在次月七日内缴入国库，并向税务机关报送纳税申报表”。原告作为扣缴义务人，应当按照上述规定的时间自行申报纳税人应纳的税款，将所扣的税款缴入国库。原告提出《中华人民共和国个人所得税法》第九条没有规定财产转让所得代扣代缴义务的履行期限，其他法律法规也没有规定，原告即使为转让股权所得税的代扣代缴义务人，也无法确定原告履行义务的法定期限，理由不充分，不予支持。

被告对原告作出的第二条第一款第（一）项处罚是因原告作为扣缴义务人应扣未扣税款而作出的处罚，根据《中华人民共和国税收征收管理法》第六十九条规定，责令原告限期缴纳税款并非处罚前置。所以，原告提出根据该法第六十八条规定，被告没有责令原告限期缴纳税款就作出行政处罚决定，程序违法的理据不足，不予支持。

被告作出的《税务行政处罚决定书》第二条第一款第（一）项虽然使用了建议对原告处以应扣未扣周某某财产转让所得应缴纳的个人所得税 153, 204. 81 元百分之五十的罚款 76, 602. 41 元。但由于该《税务行政处罚决定书》第二条第二款、第三款已限定原告将应缴款项自决定书送达之日起 15 日内到佛山市顺德区地方税务局北滘分局缴纳入库。逾期不缴纳罚款，将依照《中华人民共和国行政处罚法》第五十一条第（一）项规定，每日按罚款数额的百分之三加处罚款。

所以该项处罚具有确定力、拘束力和强制力。被告作出的该项处罚虽然措辞存在瑕疵，但不影响实体合法性。原告称处罚决定书本身只是“建议对原告处以处罚”，建议不是决定，没有强制力，没有执行性的理由不充分，不予支持。

原审法院判决维持被告佛山市顺德区地方税务局 2005 年 12 月 22 日作出的顺地税罚［2005］10 号《税务行政处罚决定书》。

上诉人赖某某不服原判，提起上诉称：1. 上诉人不应该是该股权转让的个人所得税的扣缴义务人。依据《中华人民共和国税收征收管理法》第二十九条的规定，未经税务机关委托的个人是不能行使税款征收活动的。本案中税务机关未委托上诉人行使代扣代缴权。同时根据《中华人民共和国个人所得税法》和《个人所得税代扣代缴暂行办法》的相关规定，代扣代缴义务人只能是单位。

2. 上诉人不可能行使代扣代缴义务。本案应税额计算复杂，要运用多方面的专业知识，要求上诉人行使代扣代缴义务是不现实的。3. 该处罚决定只是“建议”对原告处以罚款，没有强制力，没有可执行性。因此，请求撤销原判，撤销被上诉人对上诉人作出的税务行政处罚决定书。

二审法院驳回上诉，维持原判。

点评

本案的争议焦点之一是扣缴义务人的法律责任问题。为了降低征税成本，我国个人所得税征收实行代扣代缴制度，毕竟，对数以亿计的个人所得税纳税人逐一征收的工作量，远远不是税务机关能够完成的。当扣缴义务人不履行代扣代缴义务时，必然影响个人所得税的征收。因此，法律对扣缴义务人不履行代扣代缴义务规定了严格的法律责任。《税收征收管理法》第六十九条规定：“扣缴义务人应扣未扣、应收而不收税款的，由税务机关向纳税人追缴税款，对扣缴义务人处应扣未扣、应收未收税款百分之五十以上三倍以下的罚款。”《国家税务总局关于贯彻〈中华人民共和国税收征收管理法〉及其实施细则若干具体问题的通知》第二条第三款规定：“扣缴义务人违反征管法及其实施细则规定应扣未扣、应收未收税款的，税务机关除按征管法及其实施细则的有关规定对其给予处罚外，应当责成扣缴义务人限期将应扣未扣、应收未收的税款补扣或补收。”上述规定引发争议的是如何理解“责成扣缴义务人限期将应扣未扣、应收未收的税款补扣或补收”。首先，扣缴义务人不是纳税人，其不负纳税义务，只负扣缴义务，故不能将其等同于纳税人。其次，因扣缴义务人不是纳税人，其违反扣缴义务时的责任当然不是补缴个人所得税，而是对其进行处罚，即处应扣未扣、应收未收税款百分之五十以上三倍以下的罚款。最后，“责成扣缴义务人限期将应扣未扣、应收未收的税款补扣或补收”，并不是要扣缴义务人代纳税人补缴个人所得税。扣缴义务人能够履行代扣代缴义务的前提是其能够控制应当支付的个人所得，因此，支付应纳税所得才有扣缴义务，未支付应纳税所得则否。可见，扣缴义务人一旦未履行扣缴义务时，其已支付应纳税所得，丧失了对应纳税所得的控制，此时“责成扣缴义务人限期将应扣未扣、应收未收的税款补扣或补收”客观上不可能。当然，扣缴义务人也可以与纳税人协商，让纳税人将应扣缴的税款退回，再由其向税务机关缴纳，但此种做法显然不属于补扣或补收，而是纳税人履行纳税义务。另外，《税收征收管理法》第六十九条已明确规定“扣缴义务人应扣未扣、应收而不收税款的，由税务机关向纳税人追缴税款”，这也说明纳税人仍然要履行纳税义务，但扣缴义务人并不需要履行纳税义务，故“责成扣缴义务人限期将应扣未扣、应收未收的税款补扣或补收”并不是要其代替纳税人缴纳税款。否则，税务机关既向纳税人追缴税款，又责成扣缴义务人补扣税款，必会导致重复征税。

对上述问题，可借鉴我国台湾地区的做法，即规定扣缴义务人与纳税人为连带责任人，据此，税务机关可直接要求扣缴义务人替代纳税人缴纳税款，之后，扣缴义务人再向纳税人追偿。

法条链接

1.《税收征收管理法》

第六十九条 扣缴义务人应扣未扣、应收而不收税款的，由税务机关向纳税人追缴税款，对扣缴义务人处应扣未扣、应收未收税款百分之五十以上三倍以下的罚款。

2.《国家税务总局关于贯彻〈中华人民共和国税收征收管理法〉及其实施细则若干具体问题的通知》

二、关于扣缴义务人扣缴税款问题

负有代扣代缴义务的单位和个人，在支付款项时应按照征管法及其实施细则的规定，将取得款项的纳税人应缴纳的税款代为扣缴，对纳税人拒绝扣缴税款的，扣缴义务人应暂停支付相当于纳税人应纳税款的款项，并在一日之内报告主管税务机关。

负有代收代缴义务的单位和个人，在收取款项时应按照征管法及其实施细则的规定，将支付款项的纳税人应缴纳的税款代为收缴，对纳税人拒绝给付的，扣缴义务人应在一日之内报告主管税务机关。

扣缴义务人违反征管法及其实施细则规定应扣未扣、应收未收税款的，税务机关除按征管法及其实施细则的有关规定对其给予处罚外，应当责成扣缴义务人限期将应扣未扣、应收未收的税款补扣或补收。

第四节　土地增值税纠纷

073. 同一开发项目的普通住宅与非普通住宅能否合并计算缴纳土地增值税？

——巴楚县新联房地产开发有限责任公司与巴楚县地方税务局其他行政行为纠纷案①

裁判要旨

开发项目中同时包含普通住宅和非普通住宅的，应分别计算增值额。

基本案情

2009 年 7 月 5 日，巴楚县新联房地产开发有限责任公司对巴楚新联“未来城”一期 1－4 号商住楼进行开工建设，2009 年 12 月 30 日竣工。

2010 年 3 月 15 日，巴楚县新联房地产开发有限责任公司对巴楚新联“未来城”一期 5－6 号商住楼进行开工建设，2010 年 11 月 15 日竣工。

2013 年 11 月 23 日，克州鑫华税务师事务所有限责任公司接受委托，对巴楚县新联房地产开发有限责任公司开发的“新联未来城一期 1－6 号商住楼”项目截止 2013 年 5 月 31 日土地增值税清算税款申报进行鉴证审核。

2013 年 11 月 23 日，原告向巴楚县地方税局进行土地增值税清算申报。原告申报了新联未来城一期 1－6 号商住楼项目土地增值税：1－4 号商住楼增值率为－16.92%，其中普通住宅增值率 0.00%，其他项目增值率－16.92%，应缴土地增值税税额 0.00 元，已缴土地增值税税额 470,105.92 元，应退土地增值税税额 470,105.92 元；5－6 号楼商住楼增值率为－7.74%，其中普通住宅增值率为 0.00%，其他项目增值率－7.74%，应缴土地增值税税额 0.00 元，已缴土地增值税税额 634,062.34 元，应退土地增值税税额 634,062.34 元，一期应退土地增值税税额共计 1,104,168.26 元。

① 新疆维吾尔自治区巴楚县人民法院（2016）新 3130 行初 2 号行政判决书

2013年11月24日，被告巴楚县地方税务局作出准予退还已预缴的土地增值税1,104,168.26元，且于2014年6月19日将该笔款项退还给原告巴楚县新联房地产开发有限责任公司。

2015年10月9日，被告案件检查情况："我局第一税务所在2015年10月的日常征管工作自查中，对前期退税资料进行复查，发现巴楚县新联房地产开发有限责任公司2014年6月办理土地增值税退税1,104,168.26元，未按照税收法律、法规的规定对涉及不同类型的房地产项目分别计算增值额、增值率、缴纳土地增值税，属于计税依据和政策适用错误，责令第一税务所追回已退还的土地增值税，并按照税收法律、法规的规定重新审核该项目土地增值税清算资料。"

2015年12月23日，被告巴楚县地方税务局作出巴地税通［2015］1130号税务事项通知书，通知内容："限巴楚县新联房地产开发有限责任公司在收到本通知后7日内，向我局申报缴纳土地增值税1,104,168.26元"，且将该通知已送达原告。

2016年1月8日，被告巴楚县地方税务局作出巴地税通［2016］1号税务事项通知书，事由："我局于2015年12月23日向你公司送达了《税务事项通知书》巴地税通［2015］1130号，责令你公司7日内申报缴纳土地增值税1,104,168.26元，截止到2016年7月1日未申报缴纳。依据《中华人民共和国税收征收管理法》第八十八条第一款、《中华人民共和国税收征收管理法实施细则》第一百条之规定，责令巴楚县新联房地产开发有限责任公司在收到本通知后15日内向我局提供纳税担保……"

2016年2月24日，喀什地区地方税务局作出喀地税复决字［2016］1号行政复议决定书，"巴楚县新联房地产开发有限责任公司对巴楚县地方税务局2015年12月23日作出的《税务事项通知书》（巴地税通［2015］1130）对退还的预缴土地增值税予以补征的决定不服。在巴楚县地方税务局规定的期限内提供纳税担保后，于2016年1月18日向我局提出行政复议申请。根据《中华人民共和国行政复议法》第二十八条、《行政复议法实施条例》第四十五条、第四十九条、《税务行政复议规则》第七十五条第三款，本机关决定：（一）撤销被申请人《税务事项通知书》（巴地税通［2015］1130号）具体行政行为。同时立即解除纳税担保关系。（二）责令被申请人自收到复议决定书之日起六十日内重新做出土地增值税清算审核相关事宜的具体行政行为。"

2016年3月7日，巴楚县地方税务局作出巴地税通［2016］2号税务事项通知书，“根据喀什地区地方税务局作出喀地税复决字［2016］1号行政复议决定书第一项规定，解除原告公司2016年1月13日向被告处提供的纳税担保。”

同日，被告对“新联未来城一期”土地增值税清算审核报告结果为：“1. 普通标准住宅清算审核后增值额为-13,783,747.40元，增值率为0，应缴纳土地增值税0元，已预征0元，应退土地增值税0元；2. 非普通住宅清算审核后增值额为-308,946.71元，增值率为0，应缴纳土地增值税0元，已预征0元，应退土地增值税0元；3. 非住宅清算审核后增值额为8,255,836.49元，增值率为34%，应缴纳土地增值税2,476,750.95元，已预征0元，应补土地增值税2,476,750.95元”。

2016年3月15日，巴楚县地方税务局作出巴地税通［2016］3号税务事项通知书，“依据《中华人民共和国土地增值税暂行条例》《中华人民共和国土地增值税暂行条例实施细则》第十六条、《国家税务总局关于印发〈土地增值税清算管理规程〉的通知》（国税发［2009］91号）之规定，对你公司开发的‘新联未来城一期项目’土地增值税清算申报重新审核，审核后应补征土地增值税2,476,750.95元”。

原告对该决定不服，现诉至法院，要求撤销被告巴楚县地方税务局于2016年3月15日做出的巴地税通【2016】3号《税务事项通知书》。

法院审理

法院认为，本案要审查的是被告巴楚县地方税务局向原告作出的巴地税通［2016］3号《税务事项通知书》所认定的事实是否清楚，适用法律、法规是否正确，程序是否合法。原告开发的巴楚新联“未来城”包含普通住宅和非普通住宅。原告在向被告申报土地增值税清算时，将普通住宅和非普通住宅合并清算，申报应缴土地增值税为0。原告认为合并清算的主要依据是国税发［2006］187号、财法字［1995］6号、国税发［2009］91号、新地税发［2005］208号的规定，本案土地增值税的清算以“幢”为单位进行核算已经到了最小单位，无法再继续细分；且依据《财政部、国家税务总局关于土地增值税一些具体问题规定的通知》（财税字［1995］48号）第十三条规定“关于既建普通标准住宅又搞其他类型房地产开发的如何计税的问题，对纳税人既建普通标准住宅又搞其他房地产开发的，应分别核算增值额。不分别核算增值额或不能准确核算增值额的，其建造的普通标准住宅不能适用条例第八条（一）项的免税规定”；国务院令1993年第138号《中华人民共和国土地增值税暂行条例》第八条有下列情形之一的，免征土地增值税："（一）纳税人建造普通标准住宅出售、增值额未超过扣除项目金额20%的"。原告认为其完全可以以放弃免税权利为代价，来合并核算土地增值额。但被告依据《国家税务总局关于印发〈土地增值税清算管理规程〉的通知》（国税发［2009］91号）第十七条规定，"清算审核时，应审核……对不同类型房地产是否分别计算增值额、增值率，缴纳土地增值税。"被告对原告的普通住宅、非普通住宅、非住宅分别计算增值额、增值率，缴纳土地增值税，计算出原告应缴纳："1. 普通标准住宅清算审核后增值额为-13,783,747.40元，增值率为0，应缴纳土地增值税0元，已预征0元，应退土地增值税0元；2. 非普通住宅清算审核后增值额为-308,946.71元，增值率为0，应缴纳土地增值税0元，已预征0元，应退土地增值税0元；3. 非住宅清算审核后增值额为8,255,836.49元，增值率为34%，应缴纳土地增值税2,476,750.95元，已预征0元，应补土地增值税2,476,750.95元"。被告依据《中华人民共和国土地增值税暂行条例》及其实施细则与相关政策规定，向原告发出税款缴纳的通知，并告知了相关权利义务。被告作出的具体行政行为所认定的事实清楚，适用法律、法规正确，程序合法。原告的诉讼请求，无法律依据，应予以驳回。

法院判决如下：

驳回原告巴楚县新联房地产开发有限责任公司要求撤销被告巴楚县地方税务局作出的巴地税通［2016］3号《税务事项通知书》的诉讼请求。

点评

土地增值税清算中经常遇到的问题是同一项目中的普通住宅与非普通住宅应当分别计算增值额，还是合并计算增值税。房地产开发商开发一个地产项目，一般同时包括普通住宅与非普通住宅。所谓普通住宅，是指按所在地一般民用住宅标准建造的居住用住宅。高级公寓、别墅、度假村等不属于普通标准住宅。普通标准住宅与其他住宅的具体划分界限由各省、自治区、直辖市人民政府规定。实务中，普通住宅的增值额经常为负，而非普通住宅的增值额通常为正。如果允许合并计算增值额，会降低土地增值税额。如果分开计算，则会提高土地增值税额。从降低税负的角度看，应当合并计算增值额；从增加国家税收收入的角度看，应当分开计算。《财政部、国家税务总局关于土地增值税一些具体问题规定的通知》第十三条规定："对纳税人既建普通标准住宅又搞其他房地产开发的，应分别核算增值额。不分别核算增值额或不能准确核算增值额的，其建造的普通标准住宅不能适用条例第八条（一）项的免税规定。”《土地增值税暂行条例》第八条第（一）项规定：“有下列情形之一的，免征土地增值税：（一）纳税人建造普通标准住宅出售，增值额未超过扣除项目金额20%的。”依据上述规范性文件，财政部和国家税务总局并未禁止合并计算增值额，只是合并计算时，纳税人不能享受普通标准住宅增值额未超过扣除项目金额20%免征土地增值税的免税待遇。但是，《国家税务总局关于房地产开发企业土地增值税清算管理有关问题的通知》第一条第二款规定：“开发项目中同时包含普通住宅和非普通住宅的，应分别计算增值额”。此规范性文件强调对普通住宅和非普通住宅分别计算增值额，但未重申纳税人可以放弃普通住宅免税待遇而选择合并计算增值额，当然，其也未禁止合并计算增值额。自此，该通知就成为征税机关分别计算普通住宅和非普通住宅增值额的依据，而对合并计算持否定态度。从法理上讲，上述两个规范性文件皆未禁止合并计算增值额，特别是《财政部、国家税务总局关于土地增值税一些具体问题规定的通知》，实际上允许纳税人合并计算增值额，代价是不能享受相应的免税待遇。上述两个文件的不同规定也不能适用新法优于旧法的原则。《立法法》第九十二条规定：“同一机关制定的法律、行政法规、地方性法规、自治条例和单行条例、规章，特别规定与一般规定不一致的，适用特别规定；新的规定与旧的规定不一致的，适用新的规定。”该条以法律形式明确了新法优于旧法的原则，其要件包括：第一，同一机关制定。第二，只限于法律、行政法规、地方性法规、自治条例和单行条例、规章。当然，考虑到《立法法》的特定调整对象，其他规范性文件也可以参考。因《财政部、国家税务总局关于土地增值税一些具体问题规定的通知》是财政部和国家税务总局共同制定，而《国家税务总局关于房地产开发企业土地增值税清算管理有关问题的通知》由国家税务总局单独制定，不符合同一机关制定的要件，故不能适用新法优于旧法的原则。

税收征管实务中，保障国家税收收入优先于纳税人权利保护，分别计算增值额成为惯例，合并计算为征税机关所不许。双方发生行政诉讼时，法院通常也支持征税机关分别计算增值额。因此，从应然的角度看，应当允许纳税人合并计算增值额，从实然的角度看，则应分别计算增值额。这也反映了我国税收规范性文件之间的矛盾与冲突。为了防范税务风险，纳税人在土地增值税申报之前应当与税务机关进行沟通，充分听取后者的意见。

法条链接

1.《财政部、国家税务总局关于土地增值税一些具体问题规定的通知》

十三、关于既建普通标准住宅又搞其他类型房地产开发的如何计税的问题

对纳税人既建普通标准住宅又搞其他房地产开发的，应分别核算增值额。不分别核算增值额或不能准确核算增值额的，其建造的普通标准住宅不能适用条例第八条（一）项的免税规定。

2.《国家税务总局关于房地产开发企业土地增值税清算管理有关问题的通知》

第一条 土地增值税以国家有关部门审批的房地产开发项目为单位进行清算，对于分期开发的项目，以分期项目为单位清算。

开发项目中同时包含普通住宅和非普通住宅的，应分别计算增值额。

3.《土地增值税暂行条例》

第八条 有下列情形之一的，免征土地增值税：

（一）纳税人建造普通标准住宅出售，增值额未超过扣除项目金额20%的；

（二）因国家建设需要依法征用、收回的房地产。

4.《土地增值税暂行条例实施细则》

第十一条第一款 条例第八条（一）项所称的普通标准住宅，是指按所在地一般民用住宅标准建造的居住用住宅。高级公寓、别墅、度假村等不属于普通标准住宅。普通标准住宅与其他住宅的具体划分界限由各省、自治区、直辖市人民政府规定。

5.《立法法》

第九十二条 同一机关制定的法律、行政法规、地方性法规、自治条例和单行条例、规章，特别规定与一般规定不一致的，适用特别规定；新的规定与旧的规定不一致的，适用新的规定。

074. 因国家建设需要依法征用、收回的房地产免征土地增值税

——淮安第一美术高级中学诉淮安市淮阴地方税务局处罚案[①]

裁判要旨

因国家建设需要依法征用、收回的房地产，是指因城市实施规划、国家建设的需要而被政府批准征用的房产或收回的土地使用权。此种情形政府基于社会公共利益征用、收回房地产，不是房地产交易行为，也不是以市场价格收购房地产，而是以政府主导的价格对权利人进行补偿，故免征土地增值税。

基本案情

原告淮安第一美术高级中学（下称美术中学）于2006年5月经民政部门批准成立，性质为民办非企业单位、业务范围为全日制高中教育、业务主管单位为淮安市教育局。2006年下半年原告通过国有土地出让程序取得土地使用权，在淮安市淮阴区长江西路99号兴建占地面积为26,173.2平方米、建筑面积为24,321平方米的校舍房屋。

2008年10月15日，美术中学（甲方）、淮州中学（乙方）、淮阴区政府（丙方）三方签订了《美术高中项目整体回收（划拨）合同》（下称合同）一份。合同约定以下主要内容：淮阴区政府整体回收淮安美术高级中学，回收价格为人民币3,070万元，回收范围包括：项目土地、现有完成的工程量、整个项目建设所需交纳的全部建设配套或其他费用；回收费用由江苏省淮洲中学支付。回收后由区政府整体划拨给江苏省淮洲中学。第二条约定，本合同签订后三十日内，乙方支付人民币400万元（含城市资产公司代付款）为首批付款，2009年8月31日前再支付人民币700万元，2010年8月31日前再支付900万元，余款1,070万元于2011年8月31日前付清。第三条约定，甲方于合同订立之日三十日内将项目所有文件：包括全部批准文件、图纸3套、原有工程全部施工资料（包括技术资料、材料检验报告、安全资料、施工日记等全部内容，该项内容包括施工单位的施工资料等）、分项验收文件（基础验收、隐蔽工程验收、主体验

① 淮安经济技术开发区人民法院（2014）淮开行初字第0007号行政判决书

收等)、工程施工监理资料等交付乙方。甲方先交清所有文件后，乙方付款。第四条约定，本合同签订后，乙方对该项目享有完整、独立的所有权。应当按照约定支付款项。

合同签订后，美术中学按约交付了房屋，淮州中学于2009年9月正式使用校舍进行办学。美术中学自2008年12月至2009年9月陆续向淮州中学移交了检测报告、图纸、工程竣工备案文件、节能资料、钥匙、规划许可证、施工许可证等材料。

原告从2008年10月1日到2012年4月4日先后19次分别从淮阴区财政局、淮阴区城市资产经营有限公司、淮阴区城市建设指挥部办公室等单位转账取得3,070万元合同价款。在合同履行过程中原告曾于2010年12月22日、2011年3月8日、2011年8月26日向淮阴区政府提交付款申请书，申请书中提出了因资金未到位而高息借款还债务，并对2010年8月31日前应付的700万元和2011年8月31日前应付的1070万元的付款时间变更为2011年1月底前付清700万元、2011年8月31日前付500万元、2012年1月31日前付570万元，同时提出违约事宜仍按原合同执行。上述付款单位于2011年1月17日付200万元、同年1月30日付100万元、同年1月31日付100万元、同年4月11日付300万元，又于2011年12月29日、2012年1月4日、2012年1月20日、2012年4月4日，分四次付清1,070万元，至此合同约定3,070万元全部结清。

2013年10月12日被告淮安市淮阴地方税务局（下称淮阴税务局）接到举报对原告税务问题立案稽查，当年10月15日被告在淮阴区公证处公证下向原告留置送达税务检查通知书、税务事项通知书，要求原告提供账簿凭证及转让资产相关资料，原告未按期递交相关材料，当年10月23日被告向原告送达责令限期改正通知书，要求原告提供税务事项通知书所列资料，当年10月25日原告法定代表人杨凤喜至被告处接受询问。当年11月15日被告向原告送达税务行政处罚事项告知书，经原告申请，被告于当年11月29日举行税务行政处罚听证，期间，被告于2013年11月14日作出税务处理决定书，认定原告存在取得收入不申报纳税并缴纳税款、拒绝提供与转让资产相关的资料，决定对原告征收营业税153.5万元、城市维护建设税107,450元、企业所得税76.75万元、土地增值税92.1万元、印花税15,350元等合计3,346,300元、另追缴教育费附加46,050元。

2013年12月4日被告发出税务行政处罚决定书，以原告不进行纳税申报为由，依据税收征管法第六十四条第二款对原告处以不缴纳税款百分之五十的罚款合计1,673,150元，基于被告拒绝提供账簿凭证及转让资产相关资料，根据税收征管法第七十条处以5,000元罚款，以上罚款合计1,678,150元。

另查：2012年8月1日原告作为申请人向市仲裁委申请仲裁，要求被申请人淮洲中学和淮阴区政府承担逾期付款违约金及利息，2013年10月30日市仲裁委以淮阴区政府不具备承担合同义务的主体资格为由，裁决江苏省淮洲中学向原告支付逾期付款违约金2,898,000元；并驳回对淮阴区政府的仲裁申请。后原告向淮安市中级人民法院起诉要求撤销该仲裁裁决，被裁定驳回申请，裁定书中认定合同是整体回收（划拨）合同，不是房屋买卖合同。

再查：《国家税务总局〈关于所得税收入分享体制改革后税收征管范围的通知〉》（国税发（2002）第8号）第三条规定："自2002年1月1日起，在其他行政管理部门新登记注册、领取许可证的事业单位、社会团体、律师事务所、医院、学校等缴纳企业所得税的其他组织，其企业所得税由国家税务局负责征收管理"。

法院审理

法院认为，本案争议焦点为：第一，被告行政处罚程序是否违法；第二，涉案合同性质及原告是否为适格的纳税主体；第三，被告是否有权向原告征收涉案企业所得税。

关于焦点一，原告主张被告在送达税务文书时未依法出示工作证、其并未收到《税务检查通知书》及《税务事项通知书》，对此，被告予以否认并提供了淮阴公证处的公证书及情况说明、现场照片、税务文书送达回证等证据证明其送达文书程序合法。《税收征管法实施细则》第一百零三条规定："受送达人或者本细则规定的其他签收人拒绝签收税务文书的，在送达回证上记明拒收事由和日期，由送达人、见证人签名或者盖章，把诉讼文书留在受送达人的住所，即视为送达。"根据被告举证及上述法律规定，应认定被告送达程序合法。

关于焦点二，1. 法院认为收回涉案项目行为系政府主导的政府行为，被告确认据以征税并罚款的"原告系销售不动产的事实"不能成立。理由：（1）从合同的订立看，涉案合同签订方分别为原告、江苏省淮洲中学、淮阴区人民政府，淮阴区政府全程参与项目回收过程，合同名称为"美术高中项目整体回收（划拨）合同"，合同明确约定"淮阴区人民政府整体回收淮安美术高级中学，回收范围包括：项目土地、现有完成的工程量、整个项目建设所需缴纳的全部建设配套或其他规费。回收费用由江苏省淮洲中学支付。回收后，由区政府整体划拨给江苏省淮洲中学”；（2）从合同的实际履行分析，涉案回收款均是从淮阴区财政局、淮阴区城市资产经营有限公司、淮阴区城市建设指挥部办公室等政府性质机构支出，且原告合同履行期间持续向淮阴区人民政府发出付款申请，政府一直持续予以回应。综上，被告基于合同系不动产买卖性质征收的税收无事实及法律依据。2.（1）关于营业税、城市维护建设税、教育费附加的征收。根据国税函（2008）277号文件内容“纳税人将土地使用权归还给土地所有者时，只要出具县级（含）以上地方人民政府收回土地使用权的正式文件，无论支付征地补偿款的资金来源是否为政府财政资金，该行为属于土地使用者将土地使用权归还土地所有者的行为，不征收营业税”，涉案合同是淮阴区政府主导的项目回收合同，应认定是地方政府收回土地使用权的正式文件，故原告依据该合同取得的收入可以免交营业税及相应的城市维护建设税、教育费附加；（2）关于土地增值税，依据土地增值税暂行条例第八条规定“因国家建设需要依法征用、收回的房地产免征土地增值税”，鉴于涉案项目系淮阴区政府整体回收以及江苏省淮洲中学的公办性质，合同性质为政府因国家建设收回房地产，故可免征土地增值税。

关于焦点三，根据原告所举国税发（2002）第8号文件规定，应该认定，涉案企业所得税应由国税部门征收，被告征收该项税收属于超越职权。

法院认为，被告征收相关税款缺乏法律依据，故其据此作出的行政处罚亦缺乏事实依据及法律依据。根据《中华人民共和国行政诉讼》第五十四条第（二）项之规定，判决如下：

撤销被告淮安市淮阴地方税务局于2013年12月4日作出的淮阴地税罚（2013）3号税务行政处罚决定书。

点评

《土地增值税暂行条例》第八条规定两种情形免征土地增值税：一是纳税人建造普通标准住宅出售，增值额未超过扣除项目金额20%的，二是因国家建设需要依法征用、收回的房地产。所谓普通标准住宅，依据《土地增值税暂行条例实施细则》第十一条，是指按所在地一般民用住宅标准建造的居住用住宅。高级公寓、别墅、度假村等不属于普通标准住宅。普通标准住宅与其他住宅的具体划分界限由各省、自治区、直辖市人民政府规定。所谓因国家建设需要依法征用、收回的房地产，是指因城市实施规划、国家建设的需要而被政府批准征用的房产或收回的土地使用权。上述房产和土地使用权免征土地增值税的立法原因是城市规划和国家建设涉及公共利益和公用事业，政府此种情形下征用的房产或收回的土地使用权的价格并不是纯粹的市场价，而是由政府主导的定价，通常低于市场价格。为了支持公共事业，对政府征用的房产或收回的土地使用权的权利人进行一定的补偿，鼓励该权利人积极配合政府的工作，《土地增值税暂行条例》特规定此种情形免征土地增值税。另外，《土地增值税暂行条例实施细则》第十一条还规定“因城市实施规划、国家建设的需要而搬迁，由纳税人自行转让原房地产的，比照本规定免征土地增值税”。需要注意的是，虽然《土地增值税暂行条例》规定两种情形免征土地增值税，但是，依据《土地增值税暂行条例实施细则》第十一条，符合免税规定的单位和个人，须向房地产所在地税务机关提出免税申请，经税务机关审核后，才能免予征收土地增值税。即免征土地增值税必须履行法定的程序才能享有。

本案的争议焦点是淮阴区政府（丙方）与纳税人（甲方）、淮州中学（乙方）签订《美术高中项目整体回收（划拨）合同》整体回收美术高中房地产是否符合《土地增值税暂行条例》规定的免征土地增值税情形。税务机关认为上述合同是房地产销售合同，即市场交易行为，应当依法缴纳土地增值税。纳税人认为上述合同是政府收回及划拨房地产合同，不是房地产销售合同。考察《美术高中项目整体回收（划拨）合同》内容，该合同实际上是淮阴区政府整体收回美术高中，再无偿划拨给淮州中学，可以分解为收回合同和划拨合同。收回合同的当事人是纳税人和淮阴区政府，划拨合同的当事人是淮阴区政府和淮州中学。收回合同可以视为征用合同，因为征用是指政府通过给予权利人补偿的方式将房地产收归国有。加之淮州中学为公办中学，可以视为国家为了建设公办中学的需要征用房地产。因此，税务机关依据上述合同对纳税人征收土地增值税违反相关税收法规。但是，《土地增值税暂行条例实施细则》第十一条第五款规定：“符合上述免税规定的单位和个人，须向房地产所在地税务机关提出免税申请，经税务机关审核后，免予征收土地增值税”。据此，纳税人应当履行法定程序后才能享受免税待遇，虽然上述规定属于部门规章，但纳税人应当依据该规章履行法定的免税申请程序，因此，法院应当判决纳税人依照《土地增值税暂行条例实施细则》第十一条向税务机关提出免税申请。

本案例也反映了判决依据的税收法律法规存在缺陷，《土地增值税暂行条例》及其实施细则规定免征增值税的一个条件是因城市实施规划或国家建设的需要，事实上，任何政府主导的收回或征用房地产的情形，都应当免征土地增值税，原因是上述情形不是市场交易行为，政府占据主导地位，权利人获得的补偿价格不是市场价，而是政府主导的价格，此种情形都需要对权利人进行补偿。当然，如果是闲置土地被政府依法收回则例外，因为闲置土地权利人让土地此类稀缺资源闲置，并不符合社会公共利益需要，非鼓励类行为。

法条链接

1.《土地增值税暂行条例》

第八条 有下列情形之一的，免征土地增值税：

(一) 纳税人建造普通标准住宅出售，增值额未超过扣除项目金额20%的；

(二) 因国家建设需要依法征用、收回的房地产。

2.《土地增值税暂行条例实施细则》

第十一条 条例第八条（一）项所称的普通标准住宅，是指按所在地一般民用住宅标准建造的居住用住宅。高级公寓、别墅、度假村等不属于普通标准住宅。普通标准住宅与其他住宅的具体划分界限由各省、自治区、直辖市人民政府规定。

纳税人建造普通标准住宅出售，增值额未超过本细则第七条（一）、(二)、(三)、(五)、(六) 项扣除项目金额之和20%的，免征土地增值税；增值额超过扣除项目金额之和20%的，应就其全部增值额按规定计税。

条例第八条（二）项所称的因国家建设需要依法征用、收回的房地产，是指因城市实施规划、国家建设的需要而被政府批准征用的房产或收回的土地使用权。

因城市实施规划、国家建设的需要而搬迁，由纳税人自行转让原房地产的，比照本规定免征土地增值税。

符合上述免税规定的单位和个人，须向房地产所在地税务机关提出免税申请，经税务机关审核后，免予征收土地增值税。

075. 政府收回闲置土地是否免征土地增值税？

——恩平市大宇陶瓷有限公司与广东省恩平市地方税务局等征收纠纷上诉案[1]

裁判要旨

政府收回闲置土地不属于因城市实施规划、国家建设的需要而被政府批准收回土地使用权，即不属于因国家建设需要依法收回土地使用权，故政府有偿收回闲置土地不能免征土地增值税。如果政府无偿收回闲置土地，因不存在土地增值额，不得征收土地增值税。

基本案情

2016年3月29日，恩平市大宇陶瓷有限公司（以下简称大宇陶瓷公司）向广东省恩平市地方税务局（以下简称恩平地税局）递交《免征土地增值税申请书》，以其在原（2009）第×××××号土地使用权证中的地块已于2012年9月因城市规划需要被恩平市人民政府协议收回为由，申请免征土地增值税。

2016年4月21日，恩平地税局出具恩地税函［2016］14号《关于对恩平市大宇陶瓷有限公司申请免征土地增值税的复函》并送达大宇陶瓷公司，认为大宇陶瓷公司的申请不符合《中华人民共和国土地增值税暂行条例》第八条第二点“因国家建设需要依法征用、收的房地产”的规定，不予免征其土地增值税。

2016年5月12日，大宇陶瓷公司向江门地税局申请行政复议，该局于同年5月17日作出受理决定并向大宇陶瓷公司送达了《受理复议通知书》，其后把大宇陶瓷公司的行政复议申请副本及《行政复议答复通知书》送达恩平地税局。

2016年7月7日，江门地税局作出江地税复决字［2016］5号《税务行政复议决定书》，决定维持恩平地税局作出的恩地税函［2016］14号《关于对恩平市大宇陶瓷有限公司申请免征土地增值税的复函》并分别送达大宇陶瓷公司和恩平地税局，告知大宇陶瓷公司如对该决定不服有向人民法院提起行政诉讼的权利。

大宇陶瓷公司对恩平地税局作出的恩地税函［2016］14号《关于对恩平市

---

[1] 广东省江门市中级人民法院（2017）粤07行终49号行政判决书

大宇陶瓷有限公司申请免征土地增值税的复函》及江门地税局作出江地税复决字［2016］5号《税务行政复议决定书》不服，遂提起本案诉讼。

法院审理

原审法院认为：关于恩平地税局作出的前述《关于对恩平市大宇陶瓷有限公司申请免征土地增值税的复函》是否合法的问题。《中华人民共和国土地增值税暂行条例》第八条规定："有下列情形之一的，免征土地增值税：（一）纳税人建造普通标准住宅出售，增值额未超过扣除项目金额百分之二十的；（二）因国家建设需要依法征用、收回的房地产。"《中华人民共和国土地增值税暂行条例实施细则》第十一条规定："……条例第八条（二）项所称的因国家建设需要依法征用、收回的房地产，是指因城市实施规划、国家建设的需要而被政府批准征用的房产或收回的土地使用权。……符合上述免税规定的单位和个人，须向房地产所在地税务机关提出免税申请，经税务机关审核后，免予征收土地增值税。"由此可知，建造普通标准住宅出售，增值额未超过扣除项目金额百分之二十的或因城市实施规划、国家建设的需要而被政府批准征用的房产或收回的土地使用权的单位或个人，可以免予征收土地增值税。根据本案现有证据，涉案土地是因属闲置土地而被政府有偿收回的，且大宇陶瓷公司并未就该涉案土地被确认为闲置土地的行政行为提起行政复议或行政诉讼。大宇陶瓷公司的涉案土地因属闲置土地而被政府有偿收回，不符合前述法律法规规定的免征土地增值税的条件，恩平地税局作出涉案《关于对恩平市大宇陶瓷有限公司申请免征土地增值税的复函》并送达大宇陶瓷公司，并未违反相关法律法规规定。大宇陶瓷公司以涉案土地因城市规划被政府协议收回为由主张其应免征土地增值税，事实和法律依据不足，原审法院不予支持。

原审法院判决驳回大宇陶瓷公司的诉讼请求。

上诉人大宇陶瓷公司不服原审判决，向二审法院提起上诉，请求：1. 撤销原审判决；2. 撤销《税务行政复议决定书》（江地税复决字［2016］5号）；3. 撤销《关于对恩平市大宇陶瓷有限公司申请免征土地增值税的复函》（恩地税函［2016］14号）；4. 判决恩平地税局依法批准大宇陶瓷公司免征土地增值税7867028.98元；5. 诉讼费用由恩平地税局及江门地税局承担。主要事实与理由：隐瞒大宇陶瓷公司名下土地是因城市规划原因而被政府收回的事实真相。1. 2011年7月22日恩平市国土局向恩平市人民政府请示，在请示文件恩国土资

[2011] 76号《关于拨款收回恩平市大宇陶瓷有限公司土地的请示》说明收回土地的理由是“根据临港工业园统一规划，统一开发的建设要求，尽快解决市××化工公司搬迁用地问题。……为了确保临港工业园规划的顺利实施。”2. 2011年8月1日，恩府办函[2011] 491号《关于拨款收回恩平市大宇陶瓷有限公司土地的复函》，恩平市人民政府同意请示，批复“由市财政按10万/亩，总价1583万元的补偿价格委托市土地储备中心收回土地使用权”。3. 2011年9月21日，恩平市土地储备中心与大宇陶瓷公司签订《收回土地使用权协议书》，协议书：“因恩平市××化工实业有限公司的搬迁建设需要，为盘活土地，经市政府批准，双方通过充分协商，签订如下协议”。以上客观书证互相印证是由于城市规划原因而协议收回大宇陶瓷公司名下土地。本案，恩平地税局认为大宇陶瓷公司不符合免税条件的唯一证据是《闲置土地确认书》，但该证据不具有合法性、真实性、关联性，对此大宇陶瓷公司举证恩国土资[2011] 76号《关于拨款收回恩平市大宇陶瓷有限公司土地的请示》、恩府办函[2011] 491号《关于拨款收回恩平市大宇陶瓷有限公司土地的复函》、恩平市土地储备中心与大宇陶瓷公司签订的《收回土地使用权协议书》，庭审中，恩平地税局及江门地税局均确认以上证据的合法性、真实性。这三项证据证明了大宇陶瓷公司土地是因城市规划被协议收回。但是，一审判决回避上述证据，既不采纳，也不说明任何理由，违反《中华人民共和国行政诉讼法》第四十三条第二款规定，违法裁判。

二审法院另查明：2011年7月22日，恩平市国土局在向恩平市人民政府提交的恩国土资[2011] 76号《关于拨款收回恩平市大宇陶瓷有限公司土地的请示》中载明“……该公司于2005年取得土地使用权，但一直未开发利用，已闲置多年。根据临港工业园统一规划，统一开发的建设要求，尽快解决市××化工公司搬迁用地问题……”2013年6月27日，恩平市国土局出具一份《证明》，内容为：“恩平市大宇陶瓷有限公司坐落于×××××××××水泥厂侧的地块，土地使用证号为恩府国用（2009）字第×××××号，面积为105,513.03平方米，用途为工业。经我局核实，该宗地属于2011年第一批闲置土地。2011年9月21日，恩平市土地储备中心因该土地闲置与恩平市大宇陶瓷有限公司协议有偿收回该宗土地的使用权，土地回收价款为1,583万元”。

二审法院驳回上诉，维持原判。

点评

本案涉及政府收回闲置土地是否应当征收土地增值税的问题，下面逐一分析。

一、何谓闲置土地

依据《闲置土地处置办法》第二条，闲置土地是指国有建设用地使用权人超过国有建设用地使用权有偿使用合同或者划拨决定书约定、规定的动工开发日期满一年未动工开发的国有建设用地。另外，已动工开发但开发建设用地面积占应动工开发建设用地总面积不足三分之一或者已投资额占总投资额不足百分之二十五，中止开发建设满一年的国有建设用地，也可以认定为闲置土地。

二、政府对闲置土地如何处理

权利人闲置土地首先是对政府的违约行为；其次，土地闲置导致有限的土地资源无法获得利用，对社会而言是资源浪费；最后，允许权利人闲置土地也会刺激"炒地皮"的行为。因此，我国对土地闲置行为持否定态度。《闲置土地处置办法》规定对闲置土地分情况处理。

1. 属于政府、政府有关部门的行为造成动工开发延迟的，市、县国土资源主管部门应当与国有建设用地使用权人协商，选择下列方式处置：（1）延长动工开发期限。签订补充协议，重新约定动工开发、竣工期限和违约责任。从补充协议约定的动工开发日期起，延长动工开发期限最长不得超过一年；（2）调整土地用途、规划条件。按照新用途或者新规划条件重新办理相关用地手续，并按照新用途或者新规划条件核算、收缴或者退还土地价款。改变用途后的土地利用必须符合土地利用总体规划和城乡规划；（3）由政府安排临时使用。待原项目具备开发建设条件，国有建设用地使用权人重新开发建设。从安排临时使用之日起，临时使用期限最长不得超过两年；（4）协议有偿收回国有建设用地使用权；（5）置换土地。对已缴清土地价款、落实项目资金，且因规划依法修改造成闲置的，可以为国有建设用地使用权人置换其它价值相当、用途相同的国有建设用地进行开发建设。涉及出让土地的，应当重新签订土地出让合同，并在合同中注明为置换土地；（6）市、县国土资源主管部门还可以根据实际情况规定其他处置方式。

2. 非因政府、政府有关部门的行为造成动工开发延迟的，闲置土地按照下列方式处理：（1）未动工开发满一年的，由市、县国土资源主管部门报经本级人民政府批准后，向国有建设用地使用权人下达《征缴土地闲置费决定书》，按照土地出让或者划拨价款的百分之二十征缴土地闲置费。土地闲置费不得列入生产成本；（2）未动工开发满两年的，由市、县国土资源主管部门按照《中华人民共和国土地管理法》第三十七条和《中华人民共和国城市房地产管理法》第二十六条的规定，报经有批准权的人民政府批准后，向国有建设用地使用权人下达《收回国有建设用地使用权决定书》，无偿收回国有建设用地使用权。闲置土地设有抵押权的，同时抄送相关土地抵押权人。

三、政府收回闲置土地是否免征土地增值税

《土地增值税暂行条例》第八条规定："有下列情形之一的，免征土地增值税：（一）纳税人建造普通标准住宅出售，增值额未超过扣除项目金额20%的；（二）因国家建设需要依法征用、收回的房地产。"因政府依据《闲置土地处置办法》有偿收回闲置土地不属于上述免征土地增值税的情形，故不得免征土地增值税。如果政府是无偿收回闲置土地，因不存在土地增值额，故依据《土地增值税暂行条例》，也无需缴纳土地增值税。

本案纳税人的土地先是被政府认定为闲置土地，然后被政府有偿收回，税务机关据此向其征收土地增值税。虽然纳税人以涉案土地因城市规划被政府协议收回为由主张其应免征土地增值税，但法院认为其主张不符合事实，故驳回其诉讼请求。

法条链接

1.《闲置土地处置办法》

第二条　本办法所称闲置土地，是指国有建设用地使用权人超过国有建设用地使用权有偿使用合同或者划拨决定书约定、规定的动工开发日期满一年未动工开发的国有建设用地。

已动工开发但开发建设用地面积占应动工开发建设用地总面积不足三分之一或者已投资额占总投资额不足百分之二十五，中止开发建设满一年的国有建设用地，也可以认定为闲置土地。

第八条　有下列情形之一，属于政府、政府有关部门的行为造成动工开发延迟的，国有建设用地使用权人应当向市、县国土资源主管部门提供土地闲置原因说明材料，经审核属实的，依照本办法第十二条和第十三条规定处置：

（一）因未按照国有建设用地使用权有偿使用合同或者划拨决定书约定、规定的期限、条件将土地交付给国有建设用地使用权人，致使项目不具备动工开发条件的；

（二）因土地利用总体规划、城乡规划依法修改，造成国有建设用地使用权人不能按照国有建设用地使用权有偿使用合同或者划拨决定书约定、规定的用途、规划和建设条件开发的；

（三）因国家出台相关政策，需要对约定、规定的规划和建设条件进行修改的；

（四）因处置土地上相关群众信访事项等无法动工开发的；

（五）因军事管制、文物保护等无法动工开发的；

（六）政府、政府有关部门的其他行为。

因自然灾害等不可抗力导致土地闲置的，依照前款规定办理。

第十二条 因本办法第八条规定情形造成土地闲置的，市、县国土资源主管部门应当与国有建设用地使用权人协商，选择下列方式处置：

（一）延长动工开发期限。签订补充协议，重新约定动工开发、竣工期限和违约责任。从补充协议约定的动工开发日期起，延长动工开发期限最长不得超过一年；

（二）调整土地用途、规划条件。按照新用途或者新规划条件重新办理相关用地手续，并按照新用途或者新规划条件核算、收缴或者退还土地价款。改变用途后的土地利用必须符合土地利用总体规划和城乡规划；

（三）由政府安排临时使用。待原项目具备开发建设条件，国有建设用地使用权人重新开发建设。从安排临时使用之日起，临时使用期限最长不得超过两年；

（四）协议有偿收回国有建设用地使用权；

（五）置换土地。对已缴清土地价款、落实项目资金，且因规划依法修改造成闲置的，可以为国有建设用地使用权人置换其它价值相当、用途相同的国有建设用地进行开发建设。涉及出让土地的，应当重新签订土地出让合同，并在合同中注明为置换土地；

（六）市、县国土资源主管部门还可以根据实际情况规定其他处置方式。

除前款第四项规定外，动工开发时间按照新约定、规定的时间重新起算。

符合本办法第二条第二款规定情形的闲置土地，依照本条规定的方式处置。

第十四条 除本办法第八条规定情形外，闲置土地按照下列方式处理：

（一）未动工开发满一年的，由市、县国土资源主管部门报经本级人民政府批准后，向国有建设用地使用权人下达《征缴土地闲置费决定书》，按照土地出让或者划拨价款的百分之二十征缴土地闲置费。土地闲置费不得列入生产成本；

（二）未动工开发满两年的，由市、县国土资源主管部门按照《中华人民共和国土地管理法》第三十七条和《中华人民共和国城市房地产管理法》第二十六条的规定，报经有批准权的人民政府批准后，向国有建设用地使用权人下达《收回国有建设用地使用权决定书》，无偿收回国有建设用地使用权。闲置土地设有抵押权的，同时抄送相关土地抵押权人。

2.《土地增值税暂行条例》

第八条　有下列情形之一的，免征土地增值税：

（一）纳税人建造普通标准住宅出售，增值额未超过扣除项目金额20%的；

（二）因国家建设需要依法征用、收回的房地产。

076. 股权转让是否要缴纳土地增值税？

——马某等与湖北瑞尚置业有限公司股权转让合同纠纷上诉案①

裁判要旨

从税收法定原则的角度考虑，股权转让不应当征收土地增值税，但是，从务实和避免纠纷的角度考量，股权转让双方事先应当与税务机关沟通，以免陷入漫长的税务纠纷。

基本案情

2012年5月3日，马某泉、马某坚与湖北瑞尚置业有限公司（以下简称瑞尚公司）签订《股权转让协议》，约定：马某泉持有武汉乘风塑胶有限公司（以下简称乘风公司）98%的股权，马某坚持有2%的股权；因乘风公司经营的行业一直不景气，且公司银行债务压力大，公司经营长期亏损，目前处于半停产状态，马某泉同意将所持乘风公司78%的股权转让给瑞尚公司，马某坚同意将所持乘风公司2%的股权转让给瑞尚公司；马某泉股权转让价款3,900万元，马某

① 中华人民共和国最高人民法院民事判决书（2014）民二终字第264号

坚股权转让价款100万元，总价款4,000万元。马某泉、马某坚对乘风公司的全部资产，包括但不限于土地房产、附属设施、机械设备、办公设备、绿化苗木等进行清点，编制资产清单，双方确认后作为本协议的附件，双方在本协议正式签订生效后10个工作日内，根据资产清单进行资产清点；股权变更登记完成后的10个工作日内，双方按资产清单进行资产交接，交接完后瑞尚公司作为法定代表人履行经营管理权。同日，马某泉与瑞尚公司签订《股权转让补充协议一》，约定：经双方友好协商，确定在2013年12月31日前，瑞尚公司或其指定的第三人对马某泉持有的剩余20%乘风公司股权以协议价格1,000万元进行收购。同日，马某泉与瑞尚公司签订《股权转让补充协议二》，第一条对股权转让金额及支付方式约定：瑞尚公司以6,910万元收购马某泉、马某坚持有乘风公司100%的股权，瑞尚公司先以4,118万元收购马某泉78%和马某坚2%的公司股权，马某泉所持剩余20%的股权在瑞尚公司支付余下转让款2,792万元后转让给瑞尚公司或其指定第三人。本协议签订生效当日，瑞尚公司向马某泉支付首笔转让款1575万元，向马某坚支付100万元；在2012年7月31日前，瑞尚公司向马某泉支付第二笔转让款943万元；在2012年10月31日前，瑞尚公司向马某泉支付第三笔转让款1,500万元；在2013年12月31日前，瑞尚公司向马某泉支付第四笔转让款2,792万元。第二条对乘风公司债权债务特别约定：瑞尚公司支付约定的转让款外，还需偿还下述公司债务。乘风公司拖欠深圳唐邦酒业有限公司借款1,000万元，本协议签订当日，瑞尚公司支付1,000万元至乘风公司账户，乘风公司清偿后将付款凭证复印件交付给瑞尚公司；乘风公司拖欠海口工业园管委会款项3,247,347元，本协议签订当日，瑞尚公司支付325万元至乘风公司账户，乘风公司在清偿后将付款凭证复印件交付给瑞尚公司；截止2012年3月20日乘风公司在中国银行汉口支行的借款本金共计46,101,791元，利息和罚息共计11,150,687元，上述借款的本金、利息、罚息及股权过户后发生的利息、罚息等均由瑞尚公司负担偿还。除以上提及的乘风公司债务外，截至本协议签订之日，乘风公司其他对外债权债务，无论是否披露，均由马某泉享有和承担，如有因未披露债务导致新公司被债权人追偿或受损，马某泉承担全部赔偿责任。股权转让完成后新公司除继续经营的塑胶业务所发生的债权和债务以外的其他债权债务均由瑞尚公司享有及承担。自公司成立之日起至过渡期结束，原塑料彩条布生产所产生的经营性税费，由马某泉承担，新公司除继续经营的塑胶业务所发生税费以外的其他税费均由瑞尚公司享有及承担。第三条对股权工商变更登记约定：在瑞尚公司按约定支付3,000万元（向马某泉、马某坚支付1,675万元，向乘风公司支付1,325万元）后，瑞尚公司即成为乘风公司股东，享有股东权利，承担股东义务。马某泉、马某坚应在收到前述款项后10个工作日内配合瑞尚公司办理80%股权转让手续，包括但不限于通过股东会决议、修改章程、出具出资证明书等，并配合瑞尚公司到工商行政管理部门办理股权变更登记手续。在瑞尚公司付清全部股权转让款后的10个工作日内，马某泉配合瑞尚公司到工商行政管理部门办理剩余20%股权的变更登记手续。第四条对公司过渡期安排约定：自瑞尚公司根据本协议取得80%股权之后至马某泉将剩余20%股权转让给瑞尚公司或其指定的第三人之前为过渡期。为顾及马某泉原有塑胶业务继续经营的需要，双方对过渡期内的权利义务安排如下：乘风公司原有塑胶业务由马某泉继续经营，但以维系原有业务为主，不得扩大生产经营规模，在过渡期内逐步缩减至终止。马某泉在经营期间自主经营、自负盈亏。瑞尚公司在乘风公司新上的项目亦自主经营、自负盈亏。过渡期间，马某泉不分摊新公司所有银行贷款的财务费用，与塑胶行业有关的税费由马某泉承担，公司其他税费由瑞尚公司承担。第五条对职工安置约定：过渡期内，乘风公司所有原员工均由马某泉负责安置。第七条对违约责任约定：瑞尚公司未按照本协议约定进行支付的，每逾期一天，按当期应付款项的日千分之一向马某泉、马某坚支付违约金。马某泉、马某坚违反协议约定，未按期向瑞尚公司移交有关资产、资料，未能保证瑞尚公司合法行使股东权利，或未能配合瑞尚公司办理股权转让过户手续的，每延期一天，马某泉、马某坚应当按照瑞尚公司已付股权转让款及代偿债务的千分之一标准支付违约金，逾期超过60天，瑞尚公司有权解除合同。协议还约定：瑞尚公司向马某泉履行本协议的条款，视为已向马某坚履行。同日，马某坚对马某泉出具《授权委托书》，授权马某泉签订乘风公司股权转让协议及相关补充协议，马某泉在授权范围内签署的有关文件，马某坚均予以承认。

2012年5月14日，武汉市工商行政管理局办理乘风公司股东变更登记，由马某泉持股98%、马某坚持股2%，变更为马某泉持股20%，瑞尚公司持股80%。2012年5月18日，马某坚、马楷斌代表股权转让方与胡某、晏某代表股权受让方进行了乘风公司资料移交，并编制《资料移交书》。2012年5月28日，双方又对乘风公司资产进行清点，编制明细清单。

2012年5月3日，瑞尚公司以银行转账方式向马某泉支付1,575万元，向马某坚支付100万元，向乘风公司支付1,325万元。2012年8月8日，瑞尚公司向马某泉支付825万元，向乘风公司支付118万元。2012年6月1日，中国银行股份有限公司武汉汉口支行向乘风公司发出《催收通知书》，要求乘风公司尽快归还逾期贷款共13笔，截止2013年3月31日，贷款余额合计46,101,791.34元，逾期利息及罚息11,150,687.70元。

2013年1月16日，经马某泉同意，瑞尚公司将其持有乘风公司80%的股权在武汉市工商行政管理局办理变更登记，向武汉翔龙建筑幕墙工程有限公司（以下简称翔龙公司）转让股权21%，瑞尚公司还持有59%的股权。

马某泉、马某坚于2014年6月12日向原审法院提起诉讼，请求判令瑞尚公司继续履行合同；判令瑞尚公司支付已到期的股权转让款1,500万元，并向马某泉、马某坚支付违约金，按日万分之五标准计算至瑞尚公司付清之日止。瑞尚公司提起反诉，请求确认瑞尚公司与马某泉、马某坚签订的《股权转让协议》《股权转让补充协议一》《股权转让补充协议二》无效；判令马某泉、马某坚返还已收取的股权转让款2,618万元；判令马某泉、马某坚支付瑞尚公司代为偿还的债务72,052,479.04元，并赔偿经济损失4,000万元。

法院审理

原审法院判决：一、马某泉、马某坚与瑞尚公司于2012年5月3日签订的《股权转让协议》《股权转让补充协议一》《股权转让补充协议二》应予继续履行；二、瑞尚公司应在本判决生效之日起十日内向马某泉支付股权转让款1,500万元，并从2012年11月1日起以1,500万元为基数按日万分之五向马某泉支付违约金至本判决确定的履行期限届满之日止；三、驳回瑞尚公司的反诉请求。

瑞尚公司不服原审判决，向最高人民法院提起上诉称：原审判决对《股权转让协议》及补充协议的性质，未围绕当事人缔约目的进行审查，定性不准。本案诉争的三份协议应为无效合同。（1）三份协议违法。首先，以股权转让方式实现土地使用权转让目的的行为属于典型的规避法律的行为。一方面规避了我国税法对于土地使用权转让交易的税收规定。股权转让只需缴纳企业或者个人所得税等少数税种，而避免缴纳了土地使用权交易中应缴的契税、营业税和土地增值税等税款；另一方面规避了房地产法对于不得非法转让土地使用权的规定。由于股权转让不涉及土地使用权权属变更，因此当事人无需办理使用权的变更登记，而只进行股东变更登记。因此，以股权转让方式实现土地使用权转让目的的行为其内容实质性违法，应当认定其为无效。其次，本案三份股权转让协议与在工商登记机关备案的股权转让合同约定不一致。两份股权转让协议的转让价款明显低于实际执行的转让协议的约定，采取平价转让股权的假象，其目的也是规避国家税法，逃避个人所得税，是不合法的。《股权转让协议》和两份补充协议名为股权转让，实际上是将乘风公司的土地使用权以及房产、附属设施、机械设备、办公设备、绿化苗木等资产一揽子进行转让。双方的缔约目的也正是通过借股权转让变相进行土地使用权及资产的整体转让。因此，本案所涉的股权转让协议全部无效。

最高人民法院认为，本案争议焦点：所涉股权转让协议及补充协议是否有效。首先，根据《中华人民共和国公司法》第七十一条的规定，有限责任公司的股东之间可以相互转让其全部或者部分股权。股东向股东以外的人转让股权，应当经其他股东过半数同意。乘风公司的股东马某泉、马某坚同意将其持有的乘风公司的全部股权转让给瑞尚公司，双方签订了股权转让协议并已实际履行，且办理了公司股权变更登记手续。本案股权转让协议及补充协议的内容和形式并不违反法律法规的强制性规定。第二，瑞尚公司主张本案所涉合同系名为股权转让实为土地使用权转让，规避法律关于土地使用权转让的禁止性规定而无效。股权转让与土地使用权转让是完全不同的法律制度。股权是股东享有的，并由公司法或公司章程所确定的多项具体权利的综合体。股权转让后，股东对公司的权利义务全部同时移转于受让人，受让人因此成为公司股东，取得股权。依据《中华人民共和国物权法》第一百三十五条之规定，建设土地使用权，是权利人依法对国家所有的土地享有占有、使用和收益的权利，以及利用该土地建造建筑物、构筑物及其附属设施的权利。股权与建设用地使用权是完全不同的权利，股权转让与建设用地使用权转让的法律依据不同，两者不可混淆。当公司股权发生转让时，该公司的资产收益、参与重大决策和选择管理者等权利由转让方转移到受让方，而作为公司资产的建设用地使用权仍登记在该公司名下，土地使用权的公司法人财产性质未发生改变。乘风公司所拥有资产包括建设用地使用权（工业用途）、房屋所有权（厂房）、机械设备以及绿化林木等，股权转让后，乘风公司的资产收益、参与重大决策和选择管理者等权利，或者说公司的控制权已由马某泉、马某坚变为瑞尚公司，但乘风公司包括建设用地使用权在内的各项有形或无形、动产或不动产等资产，并未发生权属改变。当然，公司在转让股权时，该公司的资产状况，包括建设用地使用权的价值，是决定股权转让价格的重要因素。但不等于说，公司在股权转让时只要有土地使用权，该公司股权转让的性质就变成了土地使用权转让，进而认为其行为是名为股权转让实为土地使用权转让而无效。股权转让的目标公司乘风公司为有限责任公司，依据我国公司法的规定，依法独立享有民事权利及承担民事责任，公司股东的变更不对公司的权利能力和行为能力构成影响，不论瑞尚公司购买乘风公司全部股权是为将乘风公司名下的工业用地土地使用权性质变性后进行房地产开发或是其他经营目的，均不因此而影响股权转让合同的效力。第三，瑞尚公司提出在工商登记机关备案的协议与双方当事人实际履行的协议内容不一致，规避了我国税法对于土地使用权转让交易的税收规定，规避缴纳营业税、土地增值税，是不合法的。瑞尚公司与马某泉、马某坚对本案所涉的股权转让协议及两份补充协议的内容均无异议，且对应实际履行的协议内容无争议，故虽然出现备案的合同内容与实际履行的合同内容不一致，不影响案涉股权转让合同效力。由于转让股权和转让土地使用权是完全不同的行为，当股权发生转让时，目标公司并未发生国有土地使用权转让的应税行为，目标公司并不需要缴纳营业税和土地增值税。如双方在履行合同中有规避纳税的行为，应向税务部门反映，由相关部门进行查处。据此，马某泉、马某坚与瑞尚公司签订的《股权转让协议》《股权转让补充协议一》《股权转让补充协议二》不存在《中华人民共和国合同法》第五十二条规定的法定无效情形。瑞尚公司主张确认股权转让协议及补充协议无效，判令马某泉、马某坚返还转让款、支付代乘风公司归还的债务及赔偿经济损失的上诉请求，没有事实和法律依据，最高人民法院不予支持。

最高人民法院判决如下：驳回上诉，维持原判。

点评

本案是股权转让合同纠纷，实质上是税法问题。原告请求继续履行股权转让合同，但被告抗辩股权转让合同无效，理由是股权转让合同的标的股权所属公司名下资产主要是土地使用权、地上建筑物及附着物，故股权转让合同实质上是房地产转让合同，合同目的是为了规避缴纳土地增值税，以合法形式掩盖非法目的（逃税）的合同应当认定为无效。据此，股权转让合同是否无效的问题转化成了公司名下资产主要为土地使用权、地上建筑物及附着物，该公司股权转让是否应当缴纳土地增值税。对此问题，司法界和税务机关持相反的观点。

司法界认为，股权转让的标的是公司股权，不是土地使用权、地上的建筑物及附着物。《土地增值税暂行条例》第二条规定："转让国有土地使用权、地上的建筑物及其附着物（以下简称转让房地产）并取得收入的单位和个人，为土地增值税的纳税义务人（以下简称纳税人），应当依照本条例缴纳土地增值税。”股权不是土地使用权、地上的建筑物及附着物，故不应当征收土地增值税。

税务机关从反避税的角度出发，依据实质课税原则，认为应当征收土地增值税，因为形式上是股权转让，但股权受让方实质上获得的是股权对应的土地使用权、地上的建筑物及附着物。如果对此不征收土地增值税，则会鼓励纳税人以名为股权转让实为土地使用权、地上的建筑物及附着物转让的方式逃避土地增值税。以下文件集中反映了税务机关的上述观点。

1. **《国家税务总局关于以转让股权名义转让房地产行为征收土地增值税问题的批复》**

广西壮族自治区地方税务局：

你局《关于以转让股权名义转让房地产行为征收土地增值税问题的请示》（桂地税报［2000］32号）收悉。鉴于深圳市能源集团有限公司和深圳能源投资股份有限公司一次性共同转让深圳能源（钦州）实业有限公司100%的股权，且这些以股权形式表现的资产主要是土地使用权、地上建筑物及附着物，经研究，对此应按土地增值税的规定征税。

2. **《国家税务总局关于土地增值税相关政策问题的批复》**

广西壮族自治区地方税务局：

你局《关于土地增值税相关政策问题的请示》（桂地税报［2009］13号）收悉。鉴于广西玉柴营销有限公司在2007年10月30日将房地产作价入股后，于2007年12月6日、18日办理了房地产过户手续，同月25日即将股权进行了转让，且股权转让金额等同于房地产的评估值。因此，我局认为这一行为实质上是房地产交易行为，应按规定征收土地增值税。

3. **《国家税务总局关于天津泰达恒生转让土地使用权土地增值税征缴问题的批复》**

天津市地方税务局：

你局《关于天津泰达恒生转让土地使用权土地增值税征缴问题的请示》（津地税办［2011］6号）收悉。经研究，同意你局关于“北京国泰恒生投资有限公司利用股权转让方式让渡土地使用权，实质是房地产交易行为”的认定，应依照《土地增值税暂行条例》的规定，征收土地增值税。

4.《湖南省地税局财产和行为税处关于明确“以股权转让名义转让房地产”征收土地增值税的通知》

各市州地方税务局财产行为税科：

据各地反映，以股权转让名义转让房地产规避税收现象时有发生，严重冲击税收公平原则，影响依法治税，造成了税收大量流失。总局曾下发三个批复明确“以股权转让名义转让房地产”属于土地增值税应税行为。为了规范我省土地增值税管理，堵塞征管漏洞。对于控股股东以转让股权为名，实质转让房地产并取得了相应经济利益的，应比照国税函［2000］687号、国税函［2009］387号、国税函［2011］415号文件，依法缴纳土地增值税。

司法界和税务机关的观点分歧实际上是税收法定原则与实质课税原则的冲突。

所谓税收法定原则，是指无法律依据，国家不能征税；纳税主体的纳税义务即各类税收的构成要件必须且只能以法律予以明确规定，否则国民不得被要求纳税。《宪法》第五十六条规定：“中华人民共和国公民有依照法律纳税的义务。”《税收征收管理法》第三条规定：“税收的开征、停征以及减税、免税、退税、补税，依照法律的规定执行；法律授权国务院规定的，依照国务院制定的行政法规的规定执行。任何机关、单位和个人不得违反法律、行政法规的规定，擅自作出税收开征、停征以及减税、免税、退税、补税和其他同税收法律、行政法规相抵触的决定。”《立法法》第八条第一款第六项规定：“下列事项只能制定法律：（六）税种的设立、税率的确定和税收征收管理等税收基本制度。”第九条规定：“本法第八条规定的事项尚未制定法律的，全国人民代表大会及其常务委员会有权作出决定，授权国务院可以根据实际需要，对其中的部分事项先制定行政法规，但是有关犯罪和刑罚、对公民政治权利的剥夺和限制人身自由的强制措施和处罚、司法制度等事项除外。”第十条规定：“授权决定应当明确授权的目的、事项、范围、期限以及被授权机关实施授权决定应当遵循的原则等。授权的期限不得超过五年，但是授权决定另有规定的除外。被授权机关应当在授权期限届满的六个月以前，向授权机关报告授权决定实施的情况，并提出是否需要制定有关法律的意见；需要继续授权的，可以提出相关意见，由全国人民代表大会及其常务委员会决定。”第十一条规定：“授权立法事项，经过实践检验，制定法律的条件成熟时，由全国人民代表大会及其常务委员会及时制定法律。法律制定后，相应立法事项的授权终止。”第十二条规定：“被授权机关应当严格按照授权决定行使被授予的权力。被授权机关不得将被授予的权力转授给其他机关。”因此，立法机关可以将税收立法事项授予行政机关行使，但被授权方不得将该项权力转授，这符合税收法定主义的要求。遍查《税收征收管理法》《土地增值税暂行条例》，皆未有股权转让应当征收土地增值税的规定。至于税务机关发布的关于股权转让应当征收土地增值税的文件存在诸多问题：第一，上述文件并不具有对外效力。《国家税务总局关于以转让股权名义转让房地产行为征收土地增值税问题的批复》《国家税务总局关于土地增值税相关政策问题的批复》《国家税务总局关于天津泰达恒生转让土地使用权土地增值税征缴问题的批复》是对下级税务机关就特定问题请示的答复，是上下级税务机关的内部回函，不具有对外效力。第二，上述文件与《税收征收管理法》和《土地增值税暂行条例》相抵触。第三，至于《湖南省地税局财产和行为税处关于明确“以股权转让名义转让房地产”征收土地增值税的通知》，则属于行政自主解释文件。所谓行政自主解释文件，是指不具有法定解释权的行政机关为了统一所属行政机关及其工作人员对法律、法规和规章及特定行政规范性文件的认识，对法律、法规和规章及特定行政规范性文件进行解释而形成的行政规范性文件。根据《立法法》《行政法规制定程序条例》和《规章制定程序条例》，具有法定解释权的行政机关只有国务院和规章制定主体，故上述文件属于行政自主解释文件。但是，《湖南省地税局财产和行为税处关于明确“以股权转让名义转让房地产”征收土地增值税的通知》并不合法，因为该通知与《税收征收管理法》《土地增值税暂行条例》相抵触，且其任意扩大了上述法律和行政法规的本来含义。

实质课税原则是指应税事实的认定应基于经济实质，而非法律形式。我国台湾地区“大法官会议”释字第420号指出：“涉及租税事项之法律，其解释应本于租税法律主义之精神，依各该法律之立法目的，衡酌经济上之意义及实质课税之公平原则为之。”我国台湾地区“税捐稽征法”第12条之1第2款规定：“税捐稽征机关认定课征租税之构成要件事实时，应以实质经济事实关系及其所生实质经济利益之归属与享有为依据。”我国《特别纳税调整实施办法（试行）》第九十三条规定：“税务机关应按照实质重于形式的原则审核企业是否存在避税安排，并综合考虑安排的以下内容：（一）安排的形式和实质；（二）安排订立的时间和执行期间；（三）安排实现的方式；（四）安排各个步骤或组成部分之间的联系；（五）安排涉及各方财务状况的变化；（六）安排的税收结果。”第九十四条规定：“税务机关应按照经济实质对企业的避税安排重新定性，取消企业从避税安排获得的税收利益。对于没有经济实质的企业，特别是设在避税港并导致其关联方或非关联方避税的企业，可在税收上否定该企业的存在。”该规章明确提出实质重于形式的税务稽核要求，明确按照经济实质对企业的避税安排重新定性。《国家税务总局关于以转让股权名义转让房地产行为征收土地增值税问题的批复》《国家税务总局关于土地增值税相关政策问题的批复》《国家税务总局关于天津泰达恒生转让土地使用权土地增值税征缴问题的批复》及《湖南省地税局财产和行为税处关于明确“以股权转让名义转让房地产”征收土地增值税的通知》等文件皆为实质课税主义的体现。

综上，从税收法定原则的角度考虑，股权转让不应当征收土地增值税，但是，从务实和避免纠纷的角度考量，股权转让双方事先应当与税务机关沟通，以免陷入漫长的税务纠纷。

当然，从依法治国的角度考虑，为彻底解决此问题，立法机关应当对股权转让是否缴纳土地增值税进行明确，而不是在缺乏法律依据的前提下，由各税务机关自由判定。

法条链接

1.《国家税务总局关于以转让股权名义转让房地产行为征收土地增值税问题的批复》

广西壮族自治区地方税务局：

你局《关于以转让股权名义转让房地产行为征收土地增值税问题的请示》（桂地税报［2000］32号）收悉。鉴于深圳市能源集团有限公司和深圳能源投资股份有限公司一次性共同转让深圳能源（钦州）实业有限公司100%的股权，且这些以股权形式表现的资产主要是土地使用权、地上建筑物及附着物，经研究，对此应按土地增值税的规定征税。

2.《国家税务总局关于土地增值税相关政策问题的批复》

广西壮族自治区地方税务局：

你局《关于土地增值税相关政策问题的请示》（桂地税报［2009］13号）收悉。鉴于广西玉柴营销有限公司在2007年10月30日将房地产作价入股后，于2007年12月6日、18日办理了房地产过户手续，同月25日即将股权进行了转让，且股权转让金额等同于房地产的评估值。因此，我局认为这一行为实质上是房地产交易行为，应按规定征收土地增值税。

3.《国家税务总局关于天津泰达恒生转让土地使用权土地增值税征缴问题的批复》

天津市地方税务局：

你局《关于天津泰达恒生转让土地使用权土地增值税征缴问题的请示》（津地税办［2011］6号）收悉。经研究，同意你局关于“北京国泰恒生投资有限公司利用股权转让方式让渡土地使用权，实质是房地产交易行为”的认定，应依照《土地增值税暂行条例》的规定，征收土地增值税。

077. 借款利息在土地增值税清算中如何处理？

——江苏大山房地产开发有限公司与江苏省宿迁地方税务局稽查局税务处理决定上诉案①

裁判要旨

财务费用中的利息支出，凡能够按转让房地产项目计算分摊并提供金融机构证明的，允许据实扣除，但最高不能超过按商业银行同类同期贷款利率计算的金额。凡不能按转让房地产项目计算分摊利息支出或不能提供金融机构证明的，房地产开发费用在按“取得土地使用权所支付的金额”与“房地产开发成本”金额之和的10%以内计算扣除。

基本案情

江苏大山房地产开发有限公司（以下简称大山公司）于2007年4月成立，在泗洪县青阳镇以出让方式取得国有建设用地50.99亩，开发“泗洪第一街”房地产项目。该项目建筑面积114,936.73m^2，2008年12月取得预售许可证，截止2013年12月31日，对外销售27,237.97m^2，以房地产对外投资入股42,415.75m^2。

2014年3月10日至6月10日，江苏省宿迁地方税务局稽查局（以下简称宿迁地税稽查局）对大山公司2010年1月1日至2013年12月31日期间的涉税情况进行了检查，认定大山公司在营业税、城市维护建设税、教育费附加、地方教

① 江苏省高级人民法院（2015）苏行终字第00508号行政判决书

育费附加、印花税、城镇土地使用税、房产税、个人所得税、土地增值税等九种税费申缴存在违法事实，并作出宿地税稽处（2014）60号税务处理决定书，要求大山公司补缴或者调整相关税款，其中应补缴土地增值税19,282,778.61元。对该处理决定中关于营业税、城市维护建设税、教育费附加、地方教育费附加、印花税、城镇土地使用税、房产税、个人所得税等八项处理结果，大山公司无异议，并按照要求履行了相关义务，但对处理决定中关于土地增值税清算认定的事实和处理结果有异议，向宿迁市地方税务局申请复议。

2014年12月1日宿迁市地方税务局作出宿地税复决（2014）1号行政复议决定，维持了宿迁地税稽查局作出的土地增值税清算处理决定。

大山公司不服，向法院提起诉讼，请求撤销宿地税稽处（2014）60号税务处理决定书中关于土地增值税（清算）的处理决定。

法院审理

一审法院认为：

一、关于在确认地价款时是否应当从大山公司实际支付的出让金中减去政府奖励的1,600万元问题。江苏省地方税务局2012年8月20日制定的《关于土地增值税有关业务问题的公告》（苏地税规（2012）1号，以下简称《江苏地税1号公告》）规定：纳税人为取得土地使用权所支付的地价款，在计算土地增值税时，应以纳税人实际支付土地出让金，减去因受让该宗土地政府以各种形式支付给纳税人的经济利益后予以确认。本案中，大山公司从泗洪县财政局获得的1,600万元奖励是基于受让土地而取得的，因此宿迁地税稽查局在计算大山公司为取得土地使用权所支付的地价款时，从大山公司交付的土地出让金中扣减1,600万元，有事实和法律依据，并无不当。

二、关于地下一层可售面积如何确定问题。建设项目竣工规划验收合格证不是认定房屋产权面积的直接依据，而且本案中大山公司提供的验收合格证系复印件，字迹模糊，部分内容难以辨认，因此该材料不符合证据的形式要求，不能作为有效证据使用。泗洪县房地产管理处系房屋产权确认登记的法定机构，其出具的房屋登记信息能够证明泗洪第一街地下一层H01部分的面积为18,826.26m^2，所有权人为大山公司。大山公司称地下一层可办理产权面积为10,613.08平方米，其余属于不可办理产权的公共设施，与查明事实不符。大山公司称H01部分的房产证是临时性的，亦缺乏依据。

三、关于大山公司向非金融机构借款利息能否直接计入开发费用问题。根据《中华人民共和国土地增值税暂行条例实施细则》第七条第（三）项的规定：开发土地和新建房屋及配套设施的费用（以下简称房地产开发费用），是指与房地产开发项目有关的销售费用、管理费用、财务费用。财务费用中的利息支出，凡能够按转让房地产项目计算分摊并提供金融机构证明的，允许据实扣除……凡不能按转让房地产项目计算分摊利息支出或不能提供金融机构证明的，房地产开发费用按本条（一）（二）项规定计算的金额之和的10%以内计算扣除。《国家税务总局关于土地增值税清算有关问题的通知》《江苏地税1号公告》规定：财务费用中的利息支出，凡不能按转让房地产项目计算分摊利息支出或不能提供金融机构证明的，房地产开发费用按取得土地使用权所支付的金额与房地产开发成本金额之和的10%计算扣除。根据上述规定，向非金融机构借款的，房地产开发费用应当按照“取得土地使用权所支付的金额”与“房地产开发成本”两项金额之和的一定比例计算扣除。本案中，大山公司系向非金融机构借款，因此其支付的利息不能直接计入开发费用予以扣除。宿迁地税稽查局按照取得土地使用权所支付的金额与房地产开发成本之和的10%计算大山公司的房地产开发费用，符合法规规定，并无不当。

四、关于大山公司以不动产对外投资计税价格确认问题。《国家税务总局关于房地产开发企业土地增值税清算管理有关问题的通知》第三条规定：“非直接销售和自用房地产的收入确定：房地产开发企业将开发产品用于……对外投资等，发生所有权转移时应视同销售房地产，其收入按下列方法和顺序确认：1. 按本企业在同一地区、同一年度销售的同类房地产的平均价格确定；2. 由主管税务机关参照当地当年、同类房地产的市场价格或评估价值确定。”本案中，大山公司在同一地区、同一年度无同类房地产销售平均价格，当地当年也无同类房地产的市场价格，因此宿迁地税稽查局在清算时只能按评估价值确认收入。大山公司称应以协议价格确认收入，无法律依据。

五、关于应收未收的款项是否应当确认为销售收入问题。土地增值税计征的对象是土地增值部分，清算目的是确定土地的增值额。本案中，商品房买卖合同签订后，房屋已交付，虽然有部分购房款未实际收取，但不影响增值额的计算。相反，仅按照实际收取的部分购房款确认收入，则不能正确反映增值。而且《国家税务总局关于土地增值税清算有关问题的通知》也明确规定，土地增值税清算时，未开具发票或未全额开具发票的，以交易双方签订的销售合同所载的售房金额及其他收益确认收入。因此，宿迁地税稽查局按商品房买卖合同约定的售房价款全额确认收入，有法律依据，并无不当。

一审法院判决驳回大山公司的诉讼请求。

上诉人大山公司上诉称，一审认定事实不清，适用法律错误。1. 县政府奖励上诉人的1,600万元不涉及土地开发成本，一审法院认为其应从土地出让金中扣除，认定事实错误，适用法律不当；2. 认定上诉人地下一层可售面积18,826.25平方米不当，其可售面积应为10,613.08平方米；3. 向非金融机构借款利息39,514,117做调减不合情理；4. 将上诉人对外投资的不动产评估价作为销售价计税不当，上诉人以不动产对外投资计税价格没有明显偏低，不应以评估价进行清算；5. 将应收未收款368万纳入征税错误。请求撤销本院一审判决，依法改判或发回重审，撤销被上诉人税务处理决定中关于土地增值税（清算）的处理决定。

二审法院驳回上诉，维持原判。

点评

房地产公司在房地产项目开发过程中经常使用债务杠杆，即向银行等金融机构借款或进行民间借贷。当房地产公司对房地产项目进行土地增值税清算时，必然涉及对外借款利息从计算增值额中扣除的问题。关于此问题，《土地增值税暂行条例实施细则》和《国家税务总局关于土地增值税清算有关问题的通知》规定如下：

一、利息支出能够按转让房地产项目计算分摊并提供金融机构证明的

利息支出能够按转让房地产项目计算分摊，如果房地产公司是向金融机构借款，且提供金融机构关于利息支出的相关证明，该利息支出可以据实扣除，但最高不能超过按商业银行同类同期贷款利率计算的金额。

二、利息支出不能够按转让房地产项目计算分摊

利息支出、管理费用和销售费用（即房地产开发费用）在按“取得土地使用权所支付的金额”与“房地产开发成本”金额之和的10%以内计算扣除。换言之，即使利息支出、管理费用和销售费用的发生真实，且有足够的会计凭证支持，其扣除总额也不得超过“取得土地使用权所支付的金额”与“房地产开发成本”金额之和的10%。

就本案而言，大山公司并未向金融机构借款，而是民间借贷。从会计科目看，大山公司将利息支出列入开发费用科目，违反《土地增值税暂行条例实施细则》第七条的规定，应调整至财务费用科目。另外，利息支出、管理费用和销售费用（即房地产开发费用）只能在“取得土地使用权所支付的金额”与“房地产开发成本”金额之和的10%以内计算扣除。本案税务机关按照取得土地使用权所支付的金额与房地产开发成本之和的10%计算大山公司的房地产开发费用，符合规定。

法条链接

1.《土地增值税暂行条例实施细则》

第七条 条例第六条所列的计算增值额的扣除项目，具体为：

（一）取得土地使用权所支付的金额，是指纳税人为取得土地使用权所支付的地价款和按国家统一规定交纳的有关费用。

（二）开发土地和新建房及配套设施（以下简称房地产开发）的成本，是指纳税人房地产开发项目实际发生的成本（以下简称房地产开发成本），包括土地征用及拆迁补偿费、前期工程费、建筑安装工程费、基础设施费、公共配套设施费、开发间接费用。

土地征用及拆迁补偿费，包括土地征用费、耕地占用税、劳动力安置费及有关地上、地下附着物拆迁补偿的净支出、安置动迁用房支出等。

前期工程费，包括规划、设计、项目可行性研究和水文、地质、勘察、测绘、“三通一平”等支出。

建筑安装工程费，是指以出包方式支付给承包单位的建筑安装工程费，以自营方式发生的建筑安装工程费。

基础设施费，包括开发小区内道路、供水、供电、供气、排污、排洪、通讯、照明、环卫、绿化等工程发生的支出。

公共配套设施费，包括不能有偿转让的开发小区内公共配套设施发生的支出。

开发间接费用，是指直接组织、管理开发项目发生的费用，包括工资、职工福利费、折旧费、修理费、办公费、水电费、劳动保护费、周转房摊销等。

（三）开发土地和新建房及配套设施的费用（以下简称房地产开发费用），是指与房地产开发项目有关的销售费用、管理费用、财务费用。

财务费用中的利息支出，凡能够按转让房地产项目计算分摊并提供金融机构证明的，允许据实扣除，但最高不能超过按商业银行同类同期贷款利率计算的金额。其他房地产开发费用，按本条（一）、（二）项规定计算的金额之和的5%以内计算扣除。

凡不能按转让房地产项目计算分摊利息支出或不能提供金融机构证明的，房地产开发费用按本条（一）、（二）项规定计算的金额之和的10%以内计算扣除。

上述计算扣除的具体比例，由各省、自治区、直辖市人民政府规定。

（四）旧房及建筑物的评估价格，是指在转让已使用的房屋及建筑物时，由政府批准设立的房地产评估机构评定的重置成本价乘以成新度折扣率后的价格。评估价格须经当地税务机关确认。

（五）与转让房地产有关的税金，是指在转让房地产时缴纳的营业税、城市维护建设税、印花税。因转让房地产交纳的教育费附加，也可视同税金予以扣除。

（六）根据条例第六条（五）项规定，对从事房地产开发的纳税人可按本条（一）、（二）项规定计算的金额之和，加计20%的扣除。

2.《国家税务总局关于土地增值税清算有关问题的通知》

三、房地产开发费用的扣除问题

（一）财务费用中的利息支出，凡能够按转让房地产项目计算分摊并提供金融机构证明的，允许据实扣除，但最高不能超过按商业银行同类同期贷款利率计算的金额。其他房地产开发费用，在按照“取得土地使用权所支付的金额”与“房地产开发成本”金额之和的5%以内计算扣除。

（二）凡不能按转让房地产项目计算分摊利息支出或不能提供金融机构证明的，房地产开发费用在按“取得土地使用权所支付的金额”与“房地产开发成本”金额之和的10%以内计算扣除。

全部使用自有资金，没有利息支出的，按照以上方法扣除。

上述具体适用的比例按省级人民政府此前规定的比例执行。

（三）房地产开发企业既向金融机构借款，又有其他借款的，其房地产开发费用计算扣除时不能同时适用本条（一）、（二）项所述两种办法。

（四）土地增值税清算时，已经计入房地产开发成本的利息支出，应调整至财务费用中计算扣除。

078. 土地增值税征收时评估费用可以在计算增值额时扣除吗？

——上海湘维化纤经营部与上海市地方税务局普陀区分局第十三税务所征收行政行为及行政复议决定上诉案①

裁判要旨

纳税人转让旧房及建筑物时因计算纳税的需要而对房地产进行评估，其支付的评估费用允许在计算增值额时予以扣除。如不是因计算纳税的需要而发生的评估费用，不得扣除。

基本案情

1996年2月28日，上海湘维化纤经营部取得上海市普陀区常德路×××弄×××号×××－×××室房屋（以下简称涉案房屋）所有权。

2014年10月28日，上海湘维化纤经营部通过北京阳光国际拍卖有限公司拍卖，并委托北京天健兴业资产评估有限公司（以下简称天健公司）对房地产进行评估，之后，将涉案房屋出售给案外人陈某、黄某某，拍卖成交价为人民币（以下币种同）162万元。

2015年11月13日，上海湘维化纤经营部缴纳完毕涉案房屋的房产税、城镇土地使用税及滞纳金，上海市地方税务局普陀区分局第六税务所（以下简称普陀地税六所）开具《普陀区税务局企业房地产交易确认单》，上海湘维化纤经营部遂向上海市地方税务局普陀区分局第十三税务所（以下简称普陀地税十三所）申报缴纳土地增值税、营业税及附加费。

同年12月2日，上海湘维化纤经营部与陈某、黄某某签订《上海市房地产买卖合同》，约定房地产转让价为162万元。

普陀地税十三所在审查上海湘维化纤经营部提交的纳税资料时，发现合同转让价款明显低于同类房产市场价格，遂告知上海湘维化纤经营部通过有资质的房产评估中介机构对涉案房屋实施评估。

同年12月7日，上海八达国瑞房地产土地估价有限公司（以下简称八达国

---

① 上海市第三中级人民法院（2017）沪03行终515号行政判决书

瑞公司）出具《房地产估价报告》，以2015年12月2日为价值时点，评估确定涉案房屋的市场价为214.5万元。

普陀地税十三所据此告知上海湘维化纤经营部缴税数额和计算方法，上海湘维化纤经营部对此不服，向该所提出异议。

2016年4月6日，普陀地税十三所作出编号为××××××××××××××××《税收缴款书》（以下简称被诉征税行政行为），对上海湘维化纤经营部征收土地增值税392,089.30元。

上海湘维化纤经营部在缴纳税款后，于同年7月27日向普陀地税局申请行政复议。

普陀地税局于同日受理后，经审查普陀地税十三所提交的书面答复及依据、证据，于同年9月18日作出沪地税普复决［2016］1001号《税务行政复议决定书》（以下简称被诉复议决定），维持了普陀地税十三所作出的被诉征税行政行为。

上海湘维化纤经营部仍不服，诉至原审法院，请求依法撤销被诉征税行政行为及被诉复议决定并要求普陀地税十三所重新核定土地增值税数额。

法院审理

本案的争议焦点一是普陀地税十三所以八达国瑞公司评估确定的市场评估价，作为上海湘维化纤经营部转让涉案房屋的土地增值税计税价，是否合法。

原审认为，《土地增值税暂行条例》（以下简称《暂行条例》）第十条规定："纳税人应当自转让房地产合同签订之日起七日内向房地产所在地主管税务机关办理纳税申报，并在税务机关核定的期限内缴纳土地增值税。"本案中，涉案房屋虽通过拍卖程序于2014年10月28日确定了买受人，但买受人与拍卖人签订的《拍卖成交确认书》，是买受人与拍卖人对拍卖成交事实予以确认的书面文件，不具有代替出卖人与买受人签订的买卖合同的作用。上海湘维化纤经营部与买受人之间的房屋买卖合同订立于2015年12月2日，即上海湘维化纤经营部作为涉案房屋土地增值税纳税人的纳税义务始于2015年12月2日，故普陀地税十三所将八达国瑞公司作出的评估价，确定为涉案房屋的市场评估价，并无不当。根据《暂行条例》第九条第（三）项规定，转让房地产的成交价格低于房地产评估价格，又无正当理由的，按照房地产评估价格计算征收土地增值税。涉案房屋的成交价为162万元，市场评估价为214.5万元，上海湘维化纤经营部将成交价低于市场评估价的原因归结为纳税申报前房地产市场的价格波动及税务机关拖延办理房产税、城镇土地使用税征收事宜。由于确定涉案房屋成交价和市场评估价的基准时间为买卖合同签订日，而合同的签订时间系买卖双方自主决定的事项，与税务机关无涉。在涉案房屋拍卖成交后，因上海湘维化纤经营部与买受人未及时签订买卖合同，加之纳税申报时房地产市场价格上涨，导致税负增加，不属于正当理由，故普陀地税十三所将市场评估价作为计税价，符合法律规定。

争议焦点二是普陀地税十三所在计算土地增值税扣除项目时，未将天健公司的评估费、拍卖佣金、房屋装修费、维护费、上海湘维化纤经营部购房时缴纳的印花税及固定资产投资调节税计算在土地增值税扣除项目内是否合法。因上述税费不属于土地增值税扣除项目范围，故普陀地税十三所未将天健公司的评估费、拍卖佣金、房屋装修费、维护费、上海湘维化纤经营部购房时缴纳的印花税及固定资产投资调节税计算在土地增值税扣除项目内，亦无不当。

原审法院判决驳回上海湘维化纤经营部的诉讼请求。

上诉人上海湘维化纤经营部上诉称：本案涉及的是国有房屋的买卖，区别于自然人之间的房屋买卖，在签订房屋买卖合同前须缴纳房产税和土地使用税，本案中非因上诉人的原因造成缴纳房产税和土地使用税延迟并导致未及时签约，再加上市场限购政策等因素令涉案房屋一年后的市场价远远高于实际成交价，属于应当按成交价计税的正当理由；上诉人对被上诉人已计入土地增值税扣除项目的项目名称及数额并无异议，但认为除已有扣除的之外，上诉人购房时依法缴纳的印花税及固定资产投资调节税属于《暂行条例》第六条第（一）项及《实施细则》第七条第（一）项规定的取得土地使用权所支付的金额中，纳税人“按国家统一规定交纳的有关费用”，应予扣除；其次上诉人就涉案房屋的装修费和维护费在评估时计入了评估价格，应当计入成本予以扣除；依法处置国有资产发生的评估费和拍卖费均应在核算土地增值税中予以扣除。

二审法院驳回上诉，维持原判。

点评

本案的争议焦点之一是如何理解土地增值税的具体扣除项目范围。《土地增值税暂行条例》第六条规定：“计算增值额的扣除项目：（一）取得土地使用权所支付的金额；（二）开发土地的成本、费用；（三）新建房及配套设施的成本、费用，或者旧房及建筑物的评估价格；（四）与转让房地产有关的税金；（五）财政部规定的其他扣除项目。”以下逐一解析。

一、取得土地使用权所支付的金额

依据《土地增值税暂行条例实施细则》第七条，取得土地使用权所支付的金额，是指纳税人为取得土地使用权所支付的地价款和按国家统一规定交纳的有关费用。具体而言，如以出让方式取得土地使用权，地价款为土地出让金；如以转让方式取得土地使用权，地价款为向原土地使用权人实际支付的地价款。有关费用，主要是办理土地使用权取得手续中，按国家统一规定缴纳的有关登记、过户手续费。

二、开发土地和新建房及配套设施的成本（即房地产开发成本）

依据《土地增值税暂行条例实施细则》第七条，开发土地和新建房及配套设施的成本，是指纳税人房地产开发项目实际发生的成本，包括土地征用及拆迁补偿费、前期工程费、建筑安装工程费、基础设施费、公共配套设施费、开发间接费用。

1. 土地征用及拆迁补偿费，包括土地征用费、耕地占用税、劳动力安置费及有关地上、地下附着物拆迁补偿的净支出、安置动迁用房支出等。

2. 前期工程费，包括规划、设计、项目可行性研究和水文、地质、勘察、测绘、“三通一平”等支出。

3. 建筑安装工程费，是指以出包方式支付给承包单位的建筑安装工程费，以自营方式发生的建筑安装工程费。

4. 基础设施费，包括开发小区内道路、供水、供电、供气、排污、排洪、通讯、照明、环卫、绿化等工程发生的支出。

5. 公共配套设施费，包括不能有偿转让的开发小区内公共配套设施发生的支出。

6. 开发间接费用，是指直接组织、管理开发项目发生的费用，包括工资、职工福利费、折旧费、修理费、办公费、水电费、劳动保护费、周转房摊销等。

三、开发土地和新建房及配套设施的费用（即房地产开发费用）

依据《土地增值税暂行条例实施细则》第七条，开发土地和新建房及配套设施的费用（以下简称房地产开发费用），是指与房地产开发项目有关的销售费用、管理费用、财务费用。财务费用中的利息支出，凡能够按转让房地产项目计算分摊并提供金融机构证明的，允许据实扣除，但最高不能超过按商业银行同类同期贷款利率计算的金额。其他房地产开发费用，按本条（一）、（二）项规定

（即取得土地使用权所支付的金额与房地产开发成本）计算的金额之和的5%以内计算扣除。凡不能按转让房地产项目计算分摊利息支出或不能提供金融机构证明的，房地产开发费用按本条（一）、（二）项规定（即取得土地使用权所支付的金额与房地产开发成本）计算的金额之和的10%以内计算扣除。上述计算扣除的具体比例，由各省、自治区、直辖市人民政府规定。

四、与转让房地产有关的税金

依据《土地增值税暂行条例实施细则》第七条，与转让房地产有关的税金，是指在转让房地产时缴纳的营业税、城市维护建设税、印花税。因转让房地产交纳的教育费附加，也可视同税金予以扣除。

五、财政部规定的其他扣除项目

依据《土地增值税暂行条例实施细则》第七条，对从事房地产开发的纳税人可按本条（一）、（二）项规定（即取得土地使用权所支付的金额与房地产开发成本）计算的金额之和，加计20%的扣除。

六、旧房及建筑物的评估价格

旧房及建筑物的评估价格，是指在转让已使用的房屋及建筑物时，由政府批准设立的房地产评估机构评定的重置成本价乘以成新度折扣率后的价格。评估价格须经当地税务机关确认。

七、转让旧房及建筑物的扣除项目的其他规定

《财政部、国家税务总局关于土地增值税一些具体问题规定的通知》第十条规定："转让旧房的，应按房屋及建筑物的评估价格、取得土地使用权所支付的地价款和按国家统一规定交纳的有关费用以及在转让环节缴纳的税金作为扣除项目金额计征土地增值税。对取得土地使用权时未支付地价款或不能提供已支付的地价款凭据的，不允许扣除取得土地使用权所支付的金额。"第十二条规定："纳税人转让旧房及建筑物时因计算纳税的需要而对房地产进行评估，其支付的评估费用允许在计算增值额时予以扣除。对条例（指《土地增值税暂行条例》）第九条规定的纳税人隐瞒、虚报房地产成交价格等情形而按房地产评估价格计算征收土地增值税所发生的评估费用，不允许在计算土地增值税时予以扣除。"

《财政部、国家税务总局关于土地增值税若干问题的通知》第二条规定："纳税人转让旧房及建筑物，凡不能取得评估价格，但能提供购房发票的，经当地税务部门确认，《条例》（指《土地增值税暂行条例》）第六条第（一）、（三）项规定的扣除项目的金额，可按发票所载金额并从购买年度起至转让年度止每年加计5%计算。对纳税人购房时缴纳的契税，凡能提供契税完税凭证的，准予作为“与转让房地产有关的税金”予以扣除，但不作为加计5%的基数。对于转让旧房及建筑物，既没有评估价格，又不能提供购房发票的，地方税务机关可以根据《中华人民共和国税收征收管理法》第35条的规定，实行核定征收。”

就本案而言，上海湘维化纤经营部不是房地产开发公司，其转让的是旧房，故需依据上述与旧房转让相关的扣除项目判断。第一，天健公司的评估费、拍卖费。上海湘维化纤经营部支付给天健公司的评估费，不是因计算纳税的需要所发生，而是为拍卖需要而发生，不符合《财政部、国家税务总局关于土地增值税一些具体问题规定的通知》第十二条规定的评估费可以从增值额扣除的条件，故评估费不可以扣除。拍卖费也不能扣除。第二，房屋装修费、维护费。此两项费用的扣除无依据。第三，上海湘维化纤经营部购房时缴纳的印花税及固定资产投资调节税。依据《土地增值税暂行条例实施细则》第七条，计算增值税时可以扣除的税金是指在转让房地产时缴纳的营业税、城市维护建设税、印花税，不包括固定资产调节税。另外，上海湘维化纤经营部要求扣除的印花税是其购房时发生的印花税，不是转让房地产时缴纳的印花税，故不能扣除。

法条链接

1.《土地增值税暂行条例》

第六条 计算增值额的扣除项目：

（一）取得土地使用权所支付的金额；

（二）开发土地的成本、费用；

（三）新建房及配套设施的成本、费用，或者旧房及建筑物的评估价格；

（四）与转让房地产有关的税金；

（五）财政部规定的其他扣除项目。

2.《土地增值税暂行条例实施细则》

第七条 条例第六条所列的计算增值额的扣除项目，具体为：

（一）取得土地使用权所支付的金额，是指纳税人为取得土地使用权所支付的地价款和按国家统一规定交纳的有关费用。

（二）开发土地和新建房及配套设施（以下简称房地产开发）的成本，是指纳税人房地产开发项目实际发生的成本（以下简称房地产开发成本），包括土地征用及拆迁补偿费、前期工程费、建筑安装工程费、基础设施费、公共配套设施费、开发间接费用。

土地征用及拆迁补偿费，包括土地征用费、耕地占用税、劳动力安置费及有关地上、地下附着物拆迁补偿的净支出、安置动迁用房支出等。

前期工程费，包括规划、设计、项目可行性研究和水文、地质、勘察、测绘、“三通一平”等支出。

建筑安装工程费，是指以出包方式支付给承包单位的建筑安装工程费，以自营方式发生的建筑安装工程费。

基础设施费，包括开发小区内道路、供水、供电、供气、排污、排洪、通讯、照明、环卫、绿化等工程发生的支出。

公共配套设施费，包括不能有偿转让的开发小区内公共配套设施发生的支出。

开发间接费用，是指直接组织、管理开发项目发生的费用，包括工资、职工福利费、折旧费、修理费、办公费、水电费、劳动保护费、周转房摊销等。

（三）开发土地和新建房及配套设施的费用（以下简称房地产开发费用），是指与房地产开发项目有关的销售费用、管理费用、财务费用。

财务费用中的利息支出，凡能够按转让房地产项目计算分摊并提供金融机构证明的，允许据实扣除，但最高不能超过按商业银行同类同期贷款利率计算的金额。其他房地产开发费用，按本条（一）、（二）项规定计算的金额之和的5%以内计算扣除。

凡不能按转让房地产项目计算分摊利息支出或不能提供金融机构证明的，房地产开发费用按本条（一）、（二）项规定计算的金额之和的10%以内计算扣除。

上述计算扣除的具体比例，由各省、自治区、直辖市人民政府规定。

（四）旧房及建筑物的评估价格，是指在转让已使用的房屋及建筑物时，由政府批准设立的房地产评估机构评定的重置成本价乘以成新度折扣率后的价格。评估价格须经当地税务机关确认。

（五）与转让房地产有关的税金，是指在转让房地产时缴纳的营业税、城市维护建设税、印花税。因转让房地产交纳的教育费附加，也可视同税金予以扣除。

（六）根据条例第六条（五）项规定，对从事房地产开发的纳税人可按本条（一）、（二）项规定计算的金额之和，加计20%的扣除。

3. **《财政部、国家税务总局关于土地增值税一些具体问题规定的通知》**

十、关于转让旧房如何确定扣除项目金额的问题

转让旧房的，应按房屋及建筑物的评估价格、取得土地使用权所支付的地价款和按国家统一规定交纳的有关费用以及在转让环节缴纳的税金作为扣除项目金额计征土地增值税。对取得土地使用权时未支付地价款或不能提供已支付的地价款凭据的，不允许扣除取得土地使用权所支付的金额。

十二、关于评估费用可否在计算增值额时扣除的问题

纳税人转让旧房及建筑物时因计算纳税的需要而对房地产进行评估，其支付的评估费用允许在计算增值额时予以扣除。对条例第九条规定的纳税人隐瞒、虚报房地产成交价格等情形而按房地产评估价格计算征收土地增值税所发生的评估费用，不允许在计算土地增值税时予以扣除。

4. **《财政部、国家税务总局关于土地增值税若干问题的通知》**

二、关于转让旧房准予扣除项目的计算问题

纳税人转让旧房及建筑物，凡不能取得评估价格，但能提供购房发票的，经当地税务部门确认，《条例》第六条第（一）、（三）项规定的扣除项目的金额，可按发票所载金额并从购买年度起至转让年度止每年加计5%计算。对纳税人购房时缴纳的契税，凡能提供契税完税凭证的，准予作为“与转让房地产有关的税金”予以扣除，但不作为加计5%的基数。

对于转让旧房及建筑物，既没有评估价格，又不能提供购房发票的，地方税务机关可以根据《中华人民共和国税收征收管理法》（以下简称《税收征管法》）第35条的规定，实行核定征收。

079. 会计师事务所能否从事土地增值税清算鉴证业务？

——澄迈明华旅业有限公司与澄迈县地税局第二分局税务纠纷案[①]

裁判要旨

依据《土地增值税清算鉴证业务准则》《国家税务总局关于税务师事务所公告栏有关问题的公告》，土地增值税清算鉴证是指税务师事务所接受委托对纳税

① 海南省澄迈县人民法院（2014）澄行初字第10号行政判决书

人土地增值税清算税款申报的信息实施必要审核程序，提出鉴证结论或鉴证意见，并出具鉴证报告，增强税务机关对该项信息信任程度的一种鉴证业务。纳入税务机关行政监管并通过年检的税务师事务所，均可从事土地增值税清算鉴证工作。会计师事务所如果从事涉税鉴证业务，必须具备注册税务师执业资质，成立税务师事务所，加入注册税务师协会，纳入税务机关和注册税务师行业监督管理。

基本案情

原告澄迈明华旅业有限公司（下称明华公司）成立于2005年6月7日，法定代表人为张某，公司股东为两个自然人张某和刘某，原告在2006年3月取得澄迈县老城开发区盈滨半岛“盈滨雅园别墅小区”项目的土地使用权，该项目地类性质（用途）为旅游用地，土地使用面积为22794.65平方米，土地使用权终止日期为2055年12月19日。项目开工日期为2007年5月，建成于2011年。《房产预售许可证》颁证时间为2009年12月23日，原告与张某等14人的《商品房买卖合同》签订时间为2011年8月22日，合同约定房屋的销售价格为每平米6580元，购房者按该价格支付购房首付款，并于2011年8月31日以该价格在澄迈县地方税务局开具全额购房发票，预交土地增值税人民币1,077,122.97元。

2013年10月9日，原告委托于某忠先生代表其公司申报办理土地增值税清算事宜。同年10月23日，被告海南省澄迈县地税局第二分局根据《中华人民共和国土地增值税暂行条例实施细则》《国家税务总局关于印发〈土地增值税清算管理规程〉的通知》有关规定，要求原告到其单位办理土地增值税清算申报手续，并作出《土地增值税清算通知书》。次日，被告根据上述规定作出《土地增值税清算受理通知书》，将其单位已对涉案项目土地增值税清算予以受理事宜通知原告。

2013年12月25日，原、被告签订了《土地增值税清算廉政承诺书》。继而，海南鹏林会计师事务所依据其与海南省澄迈县地方税务局签订《土地增值税清算定项鉴证委托协议书》，并指派其所两名会计师于2013年11－12月对原告开发的涉案项目土地增值税清算进行了专项检查鉴证，于2014年1月6日作出《澄迈县明华旅业有限公司“盈滨雅园别墅小区”项目土地增值税清算定项鉴证报告》（下称鉴证报告）。

2014 年 1 月 10 日，被告作出《关于澄迈县明华旅业有限公司“盈滨雅园别墅小区”项目土地增值税清算的初审意见》（下称初审意见）。鉴证报告和初审意见均就原告开发的涉案项目的基本情况、收入情况、成本调整、鉴证意见分别进行了阐述，其均依据《中华人民共和国税收征管法》第三十五条第六款“纳税人申报的计税依据明显偏低，又无正当理由的，税务机关有权核定其应纳税额”《海南省地方税务局关于土地增值税清算有关问题的通知》（琼地发（2009）187 号）第三条第三款“对商品房销售价格明显偏低的由税务机关参照当地当年同类商品房的市场价格或评估价值确定”的规定和澄迈县住房保障与房产管理局（澄房（2012）14 号）复函。鉴证报告、初审意见还阐述其经实地查看和比对，从小区的临海位置、绿化景观、容积率等综合因素评定等内容，认定股东两套售价按每平方米 6, 580 元审定，其他 12 套按澄迈县住房保障与房产管理局复函中的“桃花间”项目和“阳光花苑”项目别墅销售价调整为每平方米 9, 450 元，故审核确认总销售收入为 48, 288, 520. 10 元，原告应补交土地增值税 8, 727, 998. 63 元，补交营业税及附加 681, 143. 27 元，应补交税费合计 9, 409, 141. 90 元。鉴证报告、初审意见均核定涉案项目实际销售时间为 2009 年 12 月至 2011 年 8 月。案件审理过程中，被告未提供海南鹏林会计师事务所及其事务所指派进行鉴证业务的会计师的资质资料，也未提供其实地核查中经批准的《土地增值税清算下户申请》和《实地核查通知书》。

2014 年 1 月 13 日，原告向澄迈县地方税务局提交《请求对盈滨雅园项目土地增值税清算资料进行审核认定的申请》。该申请中原告陈述其公司由于内部管理混乱，影响了涉案项目土地增值税清算工作的顺利开展，经努力已找到分别来自河南郑州和浙江杭州的注明房款的银行凭证及其相关的证明材料，还陈述其证据充分证明其公司于 2009 年已对房产进行认购的事实，并请求认定其公司每平方米 6, 580 元的定价是有效的，同时请求据此进行土地增值税清算。原告向被告提交该申请后，未有证据显示被告对其补交的证据进行审核或对其申请进行答复。

2014 年 1 月 15 日，被告以约谈方式对原告就涉案项目土地增值税清算的相关问题进行调查。2014 年 1 月 17 日，被告作出《关于澄迈县明华旅业有限公司“盈滨雅园别墅小区”项目土地增值税清算的审结报告》，该报告有清算审核小组成员签名，清算审定结论是在鉴证报告的基础上作出的，即应补交土地增值税 8, 727, 998. 63 元，补交营业税及附加 681, 143. 27 元，应补交税费合计

9,409,141.90 元等。

2014 年 1 月 20 日，清算审核小组就上述报告向一级审理小组汇报，一级审理小组同意审核小组的意见，对此被告于 2014 年 2 月 18 日作出《关于澄迈县明华旅业有限公司“盈滨雅园别墅小区”项目土地增值税的审理意见》。

2014 年 2 月 26 日，海南省澄迈县地方税务局作出《关于澄迈县明华旅业有限公司“盈滨雅园别墅小区”项目土地增值税清算的审理意见》，一致同意被告的审理结果。28 日，被告作出《土地增值税清算核准表》，其清算审理依据、结论与上述审理意见一致。同一天，被告向原告作出《土地增值税清算税款缴纳通知书》，通知原告在 2014 年 3 月 15 日前到其单位补缴土地增值税 8,727,998.63 元，补缴营业税及附加 681,143.27 元。

2014 年 4 月 10 日，被告作出《限期缴纳税款通知书》，通知原告在 2014 年 4 月 17 日前到其单位补交上述款项及滞纳金。

原告不服，于 2014 年 6 月 27 日向澄迈县地方税务局申请复议，澄迈县地方税务局于 2014 年 9 月 2 日作出澄地税复字（2014）1 号《行政复议决定书》维持被告作出的《土地增值税清算税款缴纳通知书》的行政行为。

法院审理

法院认为：

一、关于事实的认定问题。1. 被告在核定原告开发销售的“盈滨雅园别墅小区”项目商品房价格时，是以澄迈县住房保障与房产管理局（澄房管（2012）14 号）复函为依据。该复函列出中华坊、阳光花苑和桃花涧在 2011 年 1 月至 5 月份的销售情况，其中中华坊的售价为每平方米 6,500 元，阳光花苑、桃花涧的售价均为每平方米 10,000 元以上，但被告所委托的中介机构在使用该《复函》时却只选取售价每平方米 10,000 元以上的两个项目，销售价为每平方米 6,500 元的中华坊不予使用又不说明理由。2. 被告在核定原告等房地产价格时，未充分考虑使用土地的性质及其使用年限。3. 被告对原告股东张某、刘某的房产的价格按照原告开票价格 6,580 元予以审定，张某、刘某虽为原告的股东，但其房产也是一样购置取得，这一点与其他的购房者的取得方式一致，被告对同样取得的房产却认定不同的价格，又不说明理由。4. 审鉴报告、初审意见均认定涉案项目的销售时间为 2009 年 12 月至 2011 年 8 月，但在鉴证报告、初审意见中仅以原告与购房者在 2011 年 8 月 22 日签订的《商品房买卖合同》的时间作为销售时间，存在自相矛盾的情形。

二、关于适用法律问题。被告作出《土地增值税清算税款缴纳通知书》过程中关于收入的确认引用的法律依据为《海南省地方税务局关于土地增值税清算有关问题的通知》（琼地税法（2009）187 号文）第三条第三款“对商品房销售价格明显偏低的，由税务局机关参照当地当年、同类商品房的市场价格或评估价值确定”。该文第三条的原文是：“关于收入确定的问题。对商品房销售价格明显偏低的，其收入按下列方法和顺序确认：（一）按本企业同期、同类商品房的平均销售价格确定；（二）按本企业近期、同类商品房的平均销售价格确定；（三）由税务机关参照当地当年、同类商品房的市场价格或评估价值确定。”本条明确规定了对于销售价格明显偏低其收入确定的方法和顺序。本企业同期、同类商品房的平均价格和近期、同类商品房的平均价格认定上优先于税务机关参照当地当年、同类商品房的市场价格或评估价值。在原告同期（近期）、同类商品房平均销售价格已明确的情况下（即原告两名股东的购房价格为每平方米 6580 元），被告却忽视了法律规定的价格确认顺序，跳过第（一）、（二）项，直接使用第（三）项来确定被告商品房销售价格缺乏法律依据。

三、关于程序问题。1. 根据国家税务总局国税发（2007）32 号《土地增值税清算鉴证业务准则》第二条“本准则所称土地增值税清算鉴证，是指税务师事务所接受委托对纳税人土地增值税清算税款申报的信息实施必要审核程序，提出鉴证结论或鉴证意见，并出具鉴证报告，增强税务机关对该项信息信任程度的一致鉴证业务”的规定可以看出，受托进行土地增值税清算鉴证业务的事务所应理解为税务师事务所。而本案中，被告所委托的海南鹏林会计师事务所并非税务师事务所，相关经办人也是注册会计师而非税务师，况且被告未提供海南鹏林会计师事务所及其指派进行鉴证业务的会计师的资质资料，应认定该会计师事务所及其会计师未具备土地增值税清算鉴证的资质，故其作出的鉴证报告违反法定程序。2. 上述准则第二十二条规定：“有本准则第十六条第（六）款情形，但按本准则第十七条规定接受委托执行鉴证业务的，税务师事务所应当获取具有法定资质的专业评估机构确认的同类房地产评估价格，以确认转让房地产的收入。”根据上述规定，被告如认为原告隐瞒房地产成交价格，其转让房地产成交价格低于房地产评估价格且无正当理由的，可以与相关职能部门签订涉税鉴证业务约定书，委托办理涉税鉴证业务，但接受委托鉴证业务的相关职能部门应当获取具有法定资质的专业评估机构确认的同类房地产评估价格，以确认转让房地产的收入。本案中，接受委托的海南鹏林会计师事务所即便是有资质的鉴证机构，但其仅凭澄迈县住房保障与房产管理局复函的相关内容便确认原告开发销售的“盈滨雅园别墅小区”项目商品房的价格，其鉴证报告违反上述鉴证业务准则的规定。3. 国家税务总局国税发（2009）91号《关于土地增值税清算管理规程》第十八条第二款规定：“必要时，主管税务机关可通过实地查验……”，海南省地方税务局琼地发（2013）16号《关于调整土地增值税征管工作流程（试行）的通知》关于“清算工作程序”中规定：“……在清算过程中需要进行实地核查的，由清算小组提交《土地增值税清算下户核查申请》，持《实地核查通知书》和执法核查证下户核查，核查人员不少于2名”。鉴证报告、初审意见表述其在核定涉案项目土地增值税清算过程中，已经实地查看和对比，但从被告所提供的证据来看，既未显示被告曾在清算过程中亲自或委托他人实地核查原告等项目土地性质、临海位置、绿化景观、容积率的过程，而且也未提供实地核查中所应具备的经相关领导批准的《土地增值税清算下户申请》和《实地核查通知书》，被告不能证明其确实进行过对原告等项目销售价的实地查看和比对，进行过价格确定工作，故其核定原告项目价格的程序违法。4. 根据海南省地方税务局琼地税发（2013）16号《关于调整土地增值税征管工作流程（试行）的通知》关于“清算工作程序”中规定：“主管税务分局审核小组要将初步审核意见向纳税人进行反馈，纳税人须在10日内将反馈意见交主管税务分局，纳税人超过期限未提出反馈意见，视同认可审核意见，主管税务分局对反馈意见进行审验后，形成清算初审报告，报主管税务分局清算审理小组审理。”2014年1月13日，原告向澄迈县地方税务局提交《请求对盈滨雅园项目土地增值税清算资料进行审核认定申请》后，被告对其申请未进行审验，也未对其申请进行答复，违反了上述清算工作程序。

法院判决如下：

一、撤销被告海南省澄迈县地税局第二分局于2014年2月28日作出的澄地税二分局清缴（2014）001号《土地增值税清算税款缴纳通知书》和2014年4月10日作出的澄迈地税限缴（2014）6号《限期缴纳税款通知书》。

二、被告海南省澄迈县地税局第二分局应重新对原告澄迈明华旅业有限公司开发的“盈滨雅园别墅小区项目”进行土地增值税清算。

点评

本案例集中反映了土地增值税清算中的典型问题。

一、税务机关不进行实地审核

土地增值税清算涉及的数据、资料繁多，税务机关为了省事，只进行案头审核，不进行实地审核，造成审核数据与实际不符。《土地增值税清算管理规程》第十六条规定："清算审核包括案头审核、实地审核。案头审核是指对纳税人报送的清算资料进行数据、逻辑审核，重点审核项目归集的一致性、数据计算准确性等。实地审核是指在案头审核的基础上，通过对房地产开发项目实地查验等方式，对纳税人申报情况的客观性、真实性、合理性进行审核。"第十八条第二款规定："必要时，主管税务机关可通过实地查验，确认有无少计、漏计事项，确认有无将开发产品用于职工福利、奖励、对外投资、分配给股东或投资人、抵偿债务、换取其他单位和个人的非货币性资产等情况。"

二、土地增值税清算鉴证机构混乱

依据《土地增值税清算鉴证业务准则》，土地增值税清算鉴证业务只能由税务师事务所从事，会计师事务所不能从事。但是，土地增值税清算过程中由会计师事务所出具土地增值税鉴证报告的案例屡见不鲜。虽然《土地增值税清算鉴证业务准则》上述规定的合理性存在问题，但在其未修订之前，税务机关应当遵守现行规定。

三、商品房销售价格明显偏低的，收入确认混乱

税务机关认为开发商商品房销售价格明显偏低的，可以直接确认其合理的销售价格。但是，以何标准来核定商品房销售价格，国家税务总局并未规定。《海南省地方税务局关于土地增值税清算有关问题的通知》第三条规定："对商品房销售价格明显偏低的，其收入按下列方法和顺序确认：（一）按本企业同期、同类商品房的平均销售价格确定；（二）按本企业近期、同类商品房的平均销售价格确定；（三）由税务机关参照当地当年、同类商品房的市场价格或评估价值确定。"这是海南省地方税务局制定的规范性文件。但本案税务机关并未遵守海南省地方税务局的规定，直接参照当地当年、同类商品房的市场价格或评估价值确定。

四、税务机关核定开发商房产价格混乱

第一，参照价格选高不选低。房地产开发商开发一个项目，其销售价格有高有低。为了多收取土地增值税，税务机关核定房产价格时，故意挑选高价格作为参照来核定该项目的房产价格。

第二，税务机关核定房地产开发商的房地产价格时，未充分考虑使用土地的性质及其使用年限。

第三，销售时间认定混乱。税务机关为了尽可能大地核定房地产开发商的土地增值税，不实事求是地认定销售时间，而以有利于增加土地增值税为标准。

法条链接

1. **《土地增值税清算鉴证业务准则》**

第二条 本准则所称土地增值税清算鉴证，是指税务师事务所接受委托对纳税人土地增值税清算税款申报的信息实施必要审核程序，提出鉴证结论或鉴证意见，并出具鉴证报告，增强税务机关对该项信息信任程度的一种鉴证业务。

第三条 纳入税务机关行政监管并通过年检的税务师事务所，均可从事土地增值税清算鉴证工作。

2. **《土地增值税清算管理规程》**

第十六条 清算审核包括案头审核、实地审核。

案头审核是指对纳税人报送的清算资料进行数据、逻辑审核，重点审核项目归集的一致性、数据计算准确性等。

实地审核是指在案头审核的基础上，通过对房地产开发项目实地查验等方式，对纳税人申报情况的客观性、真实性、合理性进行审核。

第十八条 审核收入情况时，应结合销售发票、销售合同（含房管部门网上备案登记资料）、商品房销售（预售）许可证、房产销售分户明细表及其他有关资料，重点审核销售明细表、房地产销售面积与项目可售面积的数据关联性，以核实计税收入；对销售合同所载商品房面积与有关部门实际测量面积不一致，而发生补、退房款的收入调整情况进行审核；对销售价格进行评估，审核有无价格明显偏低情况。

必要时，主管税务机关可通过实地查验，确认有无少计、漏计事项，确认有无将开发产品用于职工福利、奖励、对外投资、分配给股东或投资人、抵偿债务、换取其他单位和个人的非货币性资产等情况。

3. **《国家税务总局关于税务师事务所公告栏有关问题的公告》**

近期，国家税务总局网站《办税服务》板块正式设立“税务师事务所公告栏”，并将每月进行更新。现就有关问题公告如下：

一、国家税务总局发布的业务文件中，凡涉及“有资质的中介机构”字样的，统一解释为“税务师事务所等涉税专业服务机构”。

二、凡经国家税务总局网站公告的税务师事务所，跨省开展涉税鉴证业务不受地域限制；其出具的涉税鉴证业务报告，各地税务机关应当受理。

三、未在国家税务总局网站公告的其他中介机构，一律不得承办涉税鉴证业务；对其出具的涉税鉴证业务报告，各地税务机关不予受理。

四、其他涉税专业服务机构如果从事涉税鉴证业务，必须具备注册税务师执业资质，成立税务师事务所，加入注册税务师协会，纳入税务机关和注册税务师行业监督管理。

080. 未缴纳相关税费不得办理不动产转移登记手续

——王某雷与青岛市国土资源和房屋管理局崂山国土资源分局、青岛市崂山区不动产登记中心不履行法定职责上诉案①

裁判要旨

纳税人申请国有建设用地使用权及房屋所有权转移登记的，应当提交相关税费缴纳凭证，否则，不动产登记部门不得办理权属转移登记手续。

基本案情

2012年9月6日，山东省青岛市中级人民法院委托青岛世诚拍卖有限公司拍卖被执行人青岛中大（集团）股份有限公司所有的位于青岛市崂山区沙子口街道办事处南岭沟路东的房产及相应的土地使用权（房产证号为青崂房自管字第××号，土地证号为青崂国用（1999）字第108号；房产证号为青崂房自管字第××号，土地证号为青崂国用（1999）字第107号）。

2012年9月26日，王某雷与青岛世诚拍卖有限公司签订《竞买协议》，参与竞买青岛中大（集团）股份有限公司的上述两处房产及相应土地使用权。该协议关于“拍卖标的说明”中约定：（4）买受人将成交款及佣金全部到账后，

① 山东省青岛市中级人民法院（2016）鲁02行终160号行政判决书

由委托人出具产权转移的相关法律程序，买受人自行到相关部门办理房产过户事宜，过户期间的一切责任由买受人承担，并按照国家规定交纳税、费等所有费用，买受人亦要承担此标的由于特殊原因不能过户的风险。（5）拍卖成交后在办理过户手续过程中产生的交易税、费、金、欠款、罚款等一切费用全部由买受人承担。该标的出现未预测事宜，以法院通知执行，委托人、拍卖人亦不承担任何法律和经济责任。

2012年9月27日，王某雷与青岛世诚拍卖有限公司签订“拍卖成交确认书”，确认原告成为拍卖标的——位于青岛市崂山区沙子口南岭沟路东（崂山路28号）的两处房产及相应土地使用权的买受人，成交款、佣金额共计2,717万元。

2010年10月10日，王某雷向青岛市中级人民法院缴纳了上述款项。

2012年10月26日，青岛市中级人民法院出具（2011）青执字第306号执行裁定书，裁定涉案房产归王某雷所有。同日，山东省青岛市中级人民法院向青岛市崂山区房地产交易中心发出协助执行通知书（2011）青执字第306号，要求为王某雷办理涉案房产的过户手续。

2013年5月23日，王某雷分别就崂山区崂山路28号甲1号楼、28号甲2号楼1层、28号乙三处房地产向被告递交了登记申请书、身份证明、询问记录、房地产权证书、人民法院协助执行通知书，申请办理转移登记手续。青岛市崂山区不动产登记中心受理了原告的申请材料，并为原告出具了《青岛市房地产交易中心收件回执》三份。

2014年1月24日，青岛市国家税务局发布《关于2013年第四季度欠税情况的公告》，认定青岛中大（集团）股份有限公司欠缴增值税3,837,692.39元。

2014年10月29日、11月3日，原告向崂山区地税局缴纳了涉案房产的契税和印花税。

至原告于2015年1月30日起诉时，青岛市崂山区不动产登记中心未为王某雷办理完毕涉案房地产的转移登记手续，未为王某雷颁发涉案房地产的产权证书。

法院审理

原审法院认为：

1. 青岛市崂山区房地产交易中心是否具有本案被告主体资格。《不动产登记暂行条例》第七条规定:"不动产登记由不动产所在地的县级人民政府不动产登记机构办理。"建设部《房屋登记办法》第四条规定:"房屋登记,由房屋所在地的房屋登记机构办理。本办法所称房屋登记机构,是指直辖市、市、县人民政府建设(房地产)主管部门或者其设置的负责房屋登记工作的机构。"被告青岛市崂山区房地产开发管理局负责全区房屋管理工作,包括房屋确权、登记、交易、仲裁、房屋安全、装修安全等工作,是本案适格的主体。被告抗辩"青岛市崂山区房地产交易中心是青岛市崂山区房地产开发管理局的下属部门,不是本案适格的被告"的主张成立。

2. 涉案房产过户所涉及的营业税、所得税等税费未缴纳是否系被告不履行法定职责的法定理由。根据《中华人民共和国物权法》第二十八条规定:"因人民法院、仲裁委员会的法律文书或者人民政府的征收决定等,导致物权设立、变更、转让或者消灭的,自法律文书或者人民政府的征收决定等生效时发生效力。"因此,涉案房地产的权属已经于青岛市中级人民法院向原告送达(2011)青执字第306号执行裁定书时发生转移,原告依据生效的(2011)青执字第306号执行裁定书享有涉案房屋的所有权。依据《房屋登记办法》第三十五条第二款规定:"因人民法院或者仲裁委员会生效的法律文书取得房屋所有权,人民法院协助执行通知书要求房屋登记机构予以登记的,房屋登记机构应当予以办理。房屋登记机构予以登记的,应当在房屋登记簿上记载基于人民法院或者仲裁委员会生效的法律文书予以登记的事实。"因此,依据法律的规定,被告应当依法对原告所有的涉案房地产的所有权予以登记。根据《中华人民共和国土地增值税暂行条例》第二条规定:"转让国有土地使用权、地上的建筑物及其附着物并取得收入的单位和个人,为土地增值税的纳税义务人。"《中华人民共和国营业税暂行条例》第一条规定:"在中华人民共和国境内提供本条例规定的劳务、转让无形资产或者销售不动产的单位和个人,为营业税的纳税人。"另依据《青岛市税收征收协助条例》第十四条规定:"人民法院依法拍卖、变卖被执行人财产的,应当协助税务机关依法征收该财产在交易过程中被执行人(纳税人)应缴纳的税款。"该《条例》进一步确认了在拍卖过程中纳税义务主体应当为被执行人。本案中,虽然涉案房地产系以拍卖方式出卖,但是拍卖所得的收入属于被执行人青岛中大(集团)股份有限公司。基于拍卖房地产而产生的所得税、土地增值税、营业税等纳税义务主体应为青岛中大(集团)股份有限公司。该税收征收关系存在于税务机关与被执行人青岛中大(集团)股份有限公司之间,与竞买人无关。虽然《竞买协议》约定“拍卖成交后在办理过户手续过程中产生的交易税、费、金、欠款、罚款等一切费用全部由买受人承担”，但是该条款作为格式条款并未向原告进行特别解释，也未明确规定青岛中大（集团）股份有限公司的法定纳税义务应当由本案原告承担。原审法院认为，对于该合同条款不宜进行扩大解释。税务机关未征收青岛中大（集团）股份有限公司的相应税款与原告申请办理房屋所有权转移登记不属同一法律关系。税务机关怠于行使行政职权导致房产转让产生的应由青岛中大（集团）股份有限公司承担的增值税等税费问题不能影响原告依法申请颁发房地产权证的权利。综上所述，原告已经按照规定缴纳了其应当缴纳的契税和印花税，递交了《房屋登记办法》第三十三条规定的材料，符合办理房屋所有权转移登记的法定条件，被告应当为原告办理房屋所有权转移登记，为原告颁发房地产权属证书。根据《中华人民共和国行政诉讼法》第五十四条第（三）项之规定，判决被告青岛市崂山区房地产开发管理局于判决生效之日起60日内根据原告王某雷的申请履行法定职责。驳回原告王某雷对青岛市崂山区房地产交易中心的诉讼请求。

上诉人崂山国土资源分局不服原审判决，上诉称：原审判令上诉人履行法定职责，为被上诉人办理房屋登记手续系适用法律错误。因被上诉人申请办理房屋过户登记时不能提供全部完税凭证，即《房屋登记管理办法》所规定的其他必要材料，上诉人未给被上诉人办理登记手续符合法律规定。

一、根据《城市房地产管理法》第60条规定，我国的房地产权属登记包括土地使用权登记和房屋所有权登记。据此，一宗房地产要办理两个产权证书：一个是国有土地使用权证书，一个是房屋所有权证书。但基于房屋和土地的不可分性，现阶段我国已开始实施两证合一的管理制度。因此，被上诉人要求办理房地产权过户手续既要符合《房屋登记管理办法》也要符合《土地登记办法》。被上诉人虽然是基于法院出具的（2011）青执字第306号执行裁定书向上诉人申请房屋转移过户登记手续，符合《房屋登记管理办法》第三十五条第二款的规定，但根据《土地登记办法》第18条第（三）项，未依法足额缴纳土地有偿使用费和其他税费的，不予办理土地权属证书。本案中，被上诉人并没有按照规定缴纳全部税费，仅缴纳了契税和印花税，其依据拍卖程序应当承担的出售方应缴纳的契税、所得税、印花税等并没有缴纳，因此被上诉人在申请过户登记时没有提供必要申请材料，上诉人作为登记机关无法为被上诉人办理房屋产权过户登记手续。

二、依据《青岛市国土资源和房屋管理局房地产登记规则》《青岛市税收征收协助条例》的相关规定，上诉人应对被上诉人申请登记时是否缴纳税费进行审查，并据此作出是否准予登记的行政行为。《青岛市国土资源和房屋管理局房地产登记规则》第23条规定有下列情形之一的，应当不予登记：其中（十一）规定“未依法足额缴纳土地有偿使用费和其他税费的”，根据《青岛市税收征收协助条例》第七条，上诉人有义务在办理房屋过户时要求申请人出具全部完税凭证。根据最高人民法院（2014）96号文件《关于审理行政案件适用法律规范问题的座谈会纪要》第二条第（三）项、第（四）项，上诉人有权根据青岛市有关地方法规、规章的规定办理房屋登记手续。

三、被上诉人确系本案所涉及登记事项的纳税义务人。被上诉人系通过法院执行拍卖方式取得涉案房屋，在《竞买协议》中明确约定拍卖成交后办理过户登记手续产生的一切费用均由被上诉人承担，因此，被上诉人是房屋的唯一纳税人。

四、在房屋登记时审查是否完税是我国税收管理制度顺利实施的保障措施之一，且不损害申请人的合法权益。但如本案二审维持一审判决，则必然导致该制度的崩塌，允许登记过户时不审核是否纳税，必将导致大量税费流失无法追缴。该判例一旦作出，可能成为许多人偷逃税费的依据，给政府税收征管工作带来巨大困难，恳请二审法院予以慎重考虑。

二审法院认为：被上诉人提起本案诉讼的诉讼请求是判决两原审被告依法履行法定职责，将涉案房产以及相应土地使用权登记到被上诉人名下。根据该诉讼请求，本案涉及土地登记和房产登记两类行为，法院应围绕上诉人未为被上诉人办理土地登记和房产登记是否合法进行审查。

一、关于土地登记，《土地登记办法》第九条规定：“申请人申请土地登记，应当根据不同的登记事项提交下列材料：（一）土地登记申请书；（二）申请人身份证明材料；（三）土地权属来源证明；（四）地籍调查表、宗地图及宗地界址坐标；（五）地上附着物权属证明；（六）法律法规规定的完税或者减免税凭证；（七）本办法规定的其他证明材料。”第十八条第一款规定：“有下列情形之一的，不予登记：（一）土地权属有争议的；（二）土地违法违规行为尚未处理或者正在处理的；（三）未依法足额缴纳土地有偿使用费和其他税费的；（四）申请登记的土地权利超过规定期限的；（五）其他依法不予登记的。”《中华人民共和国土地增值税暂行条例》第十二条规定：“纳税人未按照本条例缴纳土地增值税的，土地管理部门、房产管理部门不得办理有关的权属变更手续。”本案中，在涉案土地拍卖过程中所产生的土地增值税等税费未缴纳，被上诉人在申请登记时也提供不出土地增值税等税费完税或者减免税凭证，根据《土地登记办法》第十八条第一款第（三）项及《中华人民共和国土地增值税暂行条例》第十二条的规定，上诉人不得为被上诉人办理土地登记，上诉人不予办理土地登记并无不当。

二、关于房产登记，《房屋登记办法》第二十二条规定：“有下列情形之一的，房屋登记机构应当不予登记：……（七）法律、法规和本办法规定的其他不予登记的情形。”《中华人民共和国土地增值税暂行条例》第十二条规定：“纳税人未按照本条例缴纳土地增值税的，土地管理部门、房产管理部门不得办理有关的权属变更手续。”《中华人民共和国土地增值税暂行条例》属于行政法规，此处明确规定“未缴纳土地增值税的，房产管理部门不得办理有关的权属变更手续”。此即是《房屋登记办法》第二十二条第（七）项规定的法规规定不予登记的情形，据此，房屋登记机构应当不予登记。本案中，在涉案土地拍卖过程中所产生的土地增值税等税费未缴纳，被上诉人在申请房产登记时也提供不出土地增值税等税费完税或者减免税凭证，根据以上规定，上诉人不予房产登记并无不当。

三、关于《竞买协议》所约定的相关税、费应由谁来缴纳的问题，属是否充分履行竞买协议义务的事项，不属于本案行政诉讼的审查范围。被上诉人如对《竞买协议》中约定的契税缴纳义务有异议，应通过其他途径解决。

二审法院判决如下：

一、撤销原审判决第一项“被告青岛市崂山区房地产开发管理局于本判决生效之日起60日内根据原告王某雷的申请履行法定职责”；

二、维持原审判决第二项“驳回原告王某雷对青岛市崂山区房地产交易中心的诉讼请求”；

三、驳回被上诉人王某雷要求上诉人崂山国土资源分局履行法定职责，将涉案房产以及相应土地使用权登记到被上诉人名下的诉讼请求。

点评

本案的争议焦点是，不动产登记部门是否能以当事人未缴纳相关税费为由，拒绝办理国有建设用地使用权及房屋所有权转移登记手续。关于此问题，相关法规和规章已有明确规定。

1. **《土地增值税暂行条例》**

第十二条规定："纳税人未按照本条例缴纳土地增值税的，土地管理部门、房产管理部门不得办理有关的权属变更手续。"

2. **《不动产登记暂行条例实施细则》**

其第三十八条第一款规定："申请国有建设用地使用权及房屋所有权转移登记的，应当根据不同情况，提交下列材料：（一）不动产权属证书；（二）买卖、互换、赠与合同；（三）继承或者受遗赠的材料；（四）分割、合并协议；（五）人民法院或者仲裁委员会生效的法律文书；（六）有批准权的人民政府或者主管部门的批准文件；（七）相关税费缴纳凭证；（八）其他必要材料。"

综合上述行政法规和规章，当事人未缴纳相关税费，不动产登记部门可以拒绝办理相关权属转移登记手续，即使有人民法院或者仲裁委员会生效的法律文书亦如此。

具体到本案，虽然竞买人依法缴纳了契税和印花税，履行了税收法律法规的纳税义务，但是，作为出售人的被执行人未依法履行不动产交易中的纳税义务。因此，二审法院支持了不动产登记部门拒绝办理不动产权属转移手续的行政行为。

遵循法律追求公平与正义的终极目标，上述行政法规和规章的相关规定存在问题：第一，将不动产登记行政法律关系与税收征纳行政法律关系混淆。不动产登记是对权利人进行权利公示，其基础是当事人取得不动产的方式合法。税收征纳是纳税人与征税机关之间的税收征管法律关系，如果纳税人未履行纳税义务，征税机关应当依据税法的规定进行追缴，而不是让不动产登记部门拒绝办理不动产登记手续。第二，对依法履行纳税义务的买受人不公平。即使将不动产登记与税收征纳捆绑，也应当分清究竟是出售人还是买受人未纳税。如果是买受人未纳税，不动产登记部门拒绝办理不动产登记手续尚能接受。但是，如果是出售人未纳税，上述作法显失公平。买受人已经向出售人支付了对价，且向国家履行了法定的纳税义务，却因他人的未纳税行为导致交易不动产无法获得登记，显然是一种连坐，毕竟，买受人无法控制出售人的行为，但征税机关可以控制。

法条链接

1. **《不动产登记暂行条例实施细则》**

第三十八条 申请国有建设用地使用权及房屋所有权转移登记的，应当根据不同情况，提交下列材料：

（一）不动产权属证书；

（二）买卖、互换、赠与合同；

（三）继承或者受遗赠的材料；

（四）分割、合并协议；

（五）人民法院或者仲裁委员会生效的法律文书；

（六）有批准权的人民政府或者主管部门的批准文件；

（七）相关税费缴纳凭证；

（八）其他必要材料。

不动产买卖合同依法应当备案的，申请人申请登记时须提交经备案的买卖合同。

第五节 其他税种纠纷

081. 工业企业以外的单位和个人将外购的消费税非应税产品以消费税应税产品对外销售是否缴纳消费税？

——荆州市金达化工有限公司与荆州市沙市区国家税务局西区税务分局复议决定上诉案①

裁判要旨

工业企业以外的单位和个人将外购的消费税非应税产品以消费税应税产品对外销售的，视为应税消费品的生产行为，按规定征收消费税，否则，其下游企业可能会以消费税应税产品的名义申请抵扣消费税，这将导致国家税收的流失。

基本案情

2016年8月，原告荆州市金达化工有限公司向上海震华石化能源有限公司购进货物并取得进项增值税专用发票28份，发票注明货物名称为“混合芳烃”，数

① 湖北省荆州市中级人民法院（2017）鄂10行终59号行政判决书

量共计 6,356 吨，发票不含税金额共计 2,774.91 万元。同时原告与重庆中泰新能源有限公司签订采购合同，将上述购进货物售出，开具销项增值税专用发票 28 份，发票注明货物名称为“混合芳烃（视同石脑油）”，货物数量共计 6,356 吨，发票不含税金额共计 2,791.39 万元。

2016 年 10 月，被告荆州市沙市区国家税务局西区税务分局通过税收预警管理系统发现原告存在经营异常情况，认为原告对重庆中泰新能源有限公司所开具销项增值税专用发票按货物名称需征收消费税，遂于 2016 年 11 月 11 日作出《税务事项通知书》（沙国税西通［2016］43183 号），告知原告于 2016 年 11 月 15 日前进行消费税申报事宜。

2017 年 1 月 16 日，原告向被告荆州市沙市区国家税务局提出行政复议申请，该局审查后认定该复议申请已超过法定的申请期限，于 2017 年 1 月 20 日作出不予受理的决定。

原告不服该决定，遂诉至法院。

法院审理

原审认为，根据《中华人民共和国税收征收管理法》第五条之规定，依法征收税费是被告荆州市沙市区国家税务局西区税务分局的法定职责。原告荆州市金达化工有限公司所开具销项增值税发票的货物名称栏所填“混合芳烃（视同石脑油）”，依据《国家税务总局关于消费税有关政策问题的公告》第三条“工业企业以外的单位和个人的下列行为视为应税消费品的生产行为，按规定征收消费税：（一）将外购的消费税非应税产品以消费税应税产品对外销售”的规定，“石脑油”为 2016 年消费税税目税率表第六条“成品油”第四项的应税产品，原告的上述开票行为应征收石脑油消费税。另依据《国家税务总局关于消费税有关政策问题补充规定的公告（2013 年第 50 号）》第九条“纳税人生产、销售或受委托加工本公告第八条第（一）项规定的产品，应在向购货方或委托方开具的增值税专用发票品名后注明视同石脑油（或燃料油）或视同石脑油加工。购货方或委托方以该产品为原料生产应税消费品，需凭上述凭证按规定办理原料已纳消费税税款的扣除手续”的规定，购货方依据原告所开具发票凭证，可按规定办理原料已纳消费税税款的扣除手续，故原告作为开票方需缴纳消费税。因此，被告荆州市沙市区国家税务局西区税务分局作出的《税务事项通知书》及《责令限期改正通知书》的行政行为，合法有效。根据《中华人民共和国行政复议法》第十二条的规定，被告荆州市沙市区国家税务局具有行政复议的法定职责，根据被告荆州市沙市区国家税务局西区税务分局所提交的证据聊天记录截图显示，原告于2016年11月11日已经收到并知晓《税务事项通知书》的内容，其提出复议申请的期间应为2017年1月11日前，原告于2017年1月16日向被告荆州市沙市区国家税务局提出复议申请，其提出复议申请的时间超过了法定的申请期限。被告荆州市沙市区国家税务局依法履行了法定职责，认定事实清楚、适用法律正确、符合法定程序，其作出不予受理行政复议申请的决定，是合法有效的。综上，对原告的诉讼请求，不予支持。据此，依照《中华人民共和国行政诉讼法》第六十九条之规定，判决：驳回原告荆州市金达化工有限公司的诉讼请求。

上诉人荆州市金达化工有限公司不服一审判决，提起上诉称：1. 一审以被上诉人荆州市沙市区国家税务局西区税务分局提供的微信聊天记录，认定依法送达《税务事项通知书》，不符合法律规定，被上诉人荆州市沙市区国家税务局应该作出实质性的复议决定；2. 一审认定上诉人需要缴纳消费税不符合消费税法的有关规定，上诉人不是消费税的纳税义务人，不需要消费税纳税申报，《税务事项通知书》。综上，上诉人不是消费税的纳税义务人，不需要对消费税进行纳税申报，被上诉人税务事项通知书送达程序违法，拒绝进行行政复议决定错误。请求：1. 依法撤销一审判决；2. 依法撤销荆州市沙市区国家税务局西区税务分局（沙国税西通［2016］43183号）《税务事项通知书》；3. 确认荆州市沙市区国家税务局不予受理复议申请违法；4. 要求被上诉人承担一、二审的诉讼费。

二审法院驳回上诉，维持原判。

点评

一、工业企业以外的单位和个人能否成为消费税纳税人

《消费税暂行条例》第一条规定："在中华人民共和国境内生产、委托加工和进口本条例规定的消费品的单位和个人，以及国务院确定的销售本条例规定的消费品的其他单位和个人，为消费税的纳税人，应当依照本条例缴纳消费税。"《消费税暂行条例实施细则》第二条规定："条例第一条所称单位，是指企业、行政单位、事业单位、军事单位、社会团体及其他单位。条例第一条所称个人，是指个体工商户及其他个人。条例第一条所称在中华人民共和国境内，是指生产、委托加工和进口属于应当缴纳消费税的消费品的起运地或者所在地在境内。"

因此，消费税纳税人并不局限于工业企业，工业企业以外的企业、行政单位、事业单位、军事单位、社会团体及其他单位、个人都可能成为消费税的纳税人。

二、工业企业以外的单位和个人将外购的消费税非应税产品以消费税应税产品对外销售是否缴纳消费税

所谓消费税应税产品，是指依据《消费税暂行条例》及其实施细则及相关规范性文件，应当征收消费税的产品。所谓消费税非应税产品，是指消费税应税产品以外的产品。《国家税务总局关于消费税有关政策问题的公告》第三条规定："三、工业企业以外的单位和个人的下列行为视为应税消费品的生产行为，按规定征收消费税：（一）将外购的消费税非应税产品以消费税应税产品对外销售的；（二）将外购的消费税低税率应税产品以高税率应税产品对外销售的。"因此，工业企业以外的单位和个人发生上述行为应当缴纳消费税。问题是，国家税务总局为何要如此规定呢？原因是为了防止国家税收的流失。从本质上看，工业企业以外的单位和个人购销的产品名称虽然发生了改变，但购销的仍然是同一产品，理应免征消费税。但是，我国消费税收政策允许将外购的应税消费品连续生产应税消费品时，可按当期生产领用数量计算准予扣除外购应税消费品已纳的消费税税款。由于非工业企业的单位和个人购入的是消费税非应税产品，并未缴纳任何消费税，其下家如果以消费税应税产品申请消费税抵扣，或者以高税率应税产品申请消费税抵扣，会导致国家税收的流失。

本案原告荆州市金达化工有限公司向上海震华石化能源有限公司购进不属于消费税应税产品的混合芳烃，其将该产品销售给重庆中泰新能源有限公司，但以混合芳烃（视同石脑油）开具增值税专用发票，而石脑油属于消费税征税范围。《国家税务总局关于消费税有关政策问题补充规定的公告》第八条规定："下列产品准予按规定从消费税应纳税额中扣除其原料已纳的消费税税款，但可享受原料所含消费税退税政策的产品除外：（一）按国家税务总局公告2012年第47号和本公告规定视同石脑油、燃料油缴纳消费税的产品；（二）以外购或委托加工收回本条第（一）项规定的产品为原料生产的应税消费品；（三）按国家税务总局公告2012年第47号第三条第（二）项规定缴纳消费税的产品。"《国家税务总局关于成品油消费税征收管理有关问题的公告》第二条规定："纳税人生产加工符合国家税务总局公告2012年第47号第一条第（一）项规定的产品，无论以何种名称对外销售或用于非连续生产应征消费税产品，均应按规定缴纳消费税。"。据此，购货方重庆中泰新能源有限公司可凭荆州市金达化工有限公司开具的货名为混合芳烃（视同石脑油）的增值税专用发票抵扣消费税项款，这将直接导致国家税收的流失。

法条链接

1.《国家税务总局关于消费税有关政策问题的公告》

三、工业企业以外的单位和个人的下列行为视为应税消费品的生产行为，按规定征收消费税：

（一）将外购的消费税非应税产品以消费税应税产品对外销售的；

（二）将外购的消费税低税率应税产品以高税率应税产品对外销售的。

082. 车辆购置税的纳税人是挂靠人还是被挂靠人？

——灌云县云联客运有限公司与连云港市国家税务局稽查局等税务行政处理上诉案①

裁判要旨

《车辆购置税法》第一条规定："在中华人民共和国境内购置汽车、有轨电车、汽车挂车、排气量超过一百五十毫升的摩托车（以下统称应税车辆）的单位和个人，为车辆购置税的纳税人，应当依照本法规定缴纳车辆购置税。"因此，如果车辆购置合同与《机动车销售统一发票》上的购买人为被挂靠人，则被挂靠人是纳税人，反之，挂靠人是纳税人。

基本案情

2008年12月16日，马某、赵某以云联公司名义与连云港东风汽车销售服务有限公司（以下简称东风公司）订立工业品买卖合同，分别购买桂林大宇牌车型为GDW6115K4-2的客车一辆，每辆客车价格为580,000元。

同月26日，赵某将购车款580,000元交与云联公司，云联公司将该款汇给东风公司。

2009年1月1日，东风公司收到马某通过银行转账款580,000元。两车购回后，挂靠云联公司，车牌分别为苏G×××××、苏G×××××。

① 江苏省连云港市中级人民法院（2016）苏07行终245号行政判决书

2009年1月7日、9日，东风公司分别为赵某、马某实际购买的客车开具机动车销售统一发票，票中均载明：购货单位为云联公司，价税合计460,000元。云联公司分别于取得机动车销售统一发票当日，按460,000元计税39,316元缴纳了车辆购置税，少缴税10,256元。在车辆购置税申报表中和完税凭证上的纳税人为云联公司。

2015年5月7日，连云港市国家税务局稽查局（以下简称市国税局稽查局）经调查取证后作出连国税稽处［2015］10号税务处理决定书，认定云联公司构成偷税，决定：1. 追缴2009年1月份少缴纳的车辆购置税20,512元。2. 对追缴的税款按规定加收滞纳金。3. 由于上述偷税行为发生时间已超过五年，不予处罚。同时告知当事人可自缴清税款、滞纳金或者提供相应担保被税务机关确认之日起六十日内依法向市国税局申请行政复议。

云联公司不服，于2015年7月2日向市国税局提起行政复议申请，市国税局于7月5日向云联公司发出行政复议补正通知书，通知云联公司于7月10日前补正资料。

2015年7月8日，市国税局收到云联公司补正的资料后，经审查于7月13日受理复议通知书，并邮寄送达云联公司。

2015年9月1日，市国税局作出连国税复决字［2015］1号复议决定书，维持了市国税局稽查局的税务处理决定，同时告知当事人可自收到行政复议决定书之日起十五日内依法向人民法院提起诉讼。

同日，市国税局向云联公司邮寄送达复议决定书，云联公司签收后不服，遂提起行政诉讼。

法院审理

原审法院认为，云联公司明知涉案车辆价款为58万元而按46万元申报税款，进行虚假纳税申报，少缴税款，属于偷税，市国税局稽查局作出追缴税款并对追缴的税款按规定加收滞纳金的处理决定正确。因少缴税款的行为已超过五年，市国税局稽查局决定不予处罚，符合《税收征收管理法》第八十六条："违反税收法律、行政法规应当给予行政处罚的行为，在五年内未被发现的，不再给予行政处罚"的规定，该行政处理决定适用法律、法规正确。云联公司关于对其实施行政处理主体错误的主张，因涉案车辆以其公司名义购买，机动车销售统一发票中载明购货单位、车辆购置税申报人及完税凭证上的纳税人均为云联公司，且其与第三人间系内部挂靠关系，市国税局稽查局据此认定原车辆购置税申报人及完税凭证上的纳税人即云联公司，为补缴税款的纳税主体并无不当，故对云联公司的该主张，不予采纳。

原审法院驳回灌云县云联客运有限公司的诉讼请求。

上诉人云联公司不服原审判决，向二审法院提起上诉称：一、原审法院认定上诉人偷税行为属认定事实错误。1. 涉案车辆为马某、赵某个人出资购买挂靠在上诉人名下，不是上诉人出资购买，也未列入上诉人的固定资产。2. 马某、赵某直接与东风公司洽谈和全额出资购买。上诉人自始至终没有介入和参与购车，不知道少开购车款金额，在主观上没有偷税的直接故意，也未从中获取非法利益，不符合偷税的构成要件。3. 马某、赵某与上诉人系外部挂靠关系而非内部挂靠关系，原审对该项事实认定亦属错误。二、原审判决及两上诉人认定上诉人为偷税主体错误。1. 上诉人不是涉案车辆的所有权人和经营权人，挂靠在上诉人户下的车辆是否存在偷税行为均不能认定为上诉人偷税。2. 导致偷税结果发生的原因是东风公司故意在机动车销售统一发票中少开车辆价款和在增值税普通发票中多开费用，导致国家税收流失的行为人应当是东风公司，而非上诉人或第三人。三、两被上诉人所作的行政处理决定和复议决定适用法律错误。1. 上诉人没有违反《税收征收管理法》第六十三条规定，存在不缴或少缴应纳税款，也没有不缴或少缴已扣、已收税款，被上诉人依据该条规定适用法律错误。2. 马某、赵某挂靠车辆为营运客车，而非自用车辆。市国税局适用《中华人民共和国车辆购置税暂行条例》和《车辆购置税征收管理条例》第十条关于自用车辆的规定实施处罚系适用法律错误。四、行政处理和复议程序违法。1. 本案未履行听证程序，导致相关事实没有查清。2. 在复议程序中，未履行告知义务，剥夺上诉人要求听证的权利。综上，请求撤销原审判决，依法改判撤销市国税局稽查局的行政处理决定和市国税局的行政复议决定。

二审法院驳回上诉，维持原判。

点评

交通运输行业以挂靠方式经营的情况司空见惯，原因是我国法律不允许个人从事交通运输经营业务，否则构成非法营运，会受到交通运输管理部门的行政处罚。挂靠经营的方式有两类：一是个人先购买车辆，然后再与交通运输企业签订挂靠协议，一是个人出资金以交通运输企业的名义签订车辆购买合同，同时与企业签订挂靠协议。第一种情况中的个人无论形式或实质皆为购买人，第二种情况中的个人实质上为购买人，但形式上的购买人是被挂靠企业。《车辆购置税法》第一条规定："在中华人民共和国境内购置汽车、有轨电车、汽车挂车、排气量超过一百五十毫升的摩托车（以下统称应税车辆）的单位和个人，为车辆购置税的纳税人，应当依照本法规定缴纳车辆购置税。"该条并未区分形式上的购买人和实质上的购买人，但是，从车辆购置税征收实务来讲，税务机关都会要求纳税人提供车辆价格证明。如果是境内购置车辆，提供购买应税车辆支付给销售者的全部价款和价外费用的凭证，如《机动车销售统一发票》（发票联和报税联）或者其他有效凭证。如果是进口自用车辆，提供《海关进口关税专用缴款书》《海关进口消费税专用缴款书》或海关进出口货物征免税证明。另外，《发票管理办法》第十九条规定："销售商品、提供服务以及从事其他经营活动的单位和个人，对外发生经营业务收取款项，收款方应向付款方开具发票；特殊情况下，由付款方向收款方开具发票。"据此，销售方应当向交易的另一方开具发票，即向付款的合同相对方开具发票。可见，车辆购置发票及其他凭证上的购买方与车辆购置合同上的购买方应当一致。换言之，《机动车销售统一发票》《海关进口关税专用缴款书》《海关进口消费税专用缴款书》或海关进出口货物征免税证明上的购买方即为车辆购置税的纳税人。

本案中，马某、赵某与云联公司存在车辆挂靠经营关系。两人以云联公司的名义签订车辆购置合同，并自己支付全部购车款，然后车辆挂靠在云联公司经营，且《机动车销售统一发票》上的购买方也是云联公司。因此，涉案的两辆机动车的车辆购置税纳税人应当为云联公司。

车辆购置税的纳税人是挂靠人还是被挂靠人的问题，可以参考增值税的处理方式。《营业税改征增值税试点实施办法》第二条规定："单位以承包、承租、挂靠方式经营的，承包人、承租人、挂靠人（以下统称承包人）以发包人、出租人、被挂靠人（以下统称发包人）名义对外经营并由发包人承担相关法律责任的，以该发包人为纳税人。否则，以承包人为纳税人。"该条处理增值税纳税人的思路是将内部挂靠关系与对外经营关系区分，凡是直接以自己名义对外经营并承担法律责任的，挂靠人是增值税的纳税人，否则，发包人是纳税人。依据该思路，车辆购置税纳税人的确定并不依据内部挂靠关系而定。谁对外签订车辆购置合同，收取购车发票，并将车辆登记在自己名下，谁就是车辆购置税的纳税人。

法条链接

1.《车辆购置税法》

第一条 在中华人民共和国境内购置汽车、有轨电车、汽车挂车、排气量超过一百五十毫升的摩托车（以下统称应税车辆）的单位和个人，为车辆购置税的纳税人，应当依照本法规定缴纳车辆购置税。

第二条 本法所称购置，是指以购买、进口、自产、受赠、获奖或者其他方式取得并自用应税车辆的行为。

第十一条 纳税人购置应税车辆，应当向车辆登记地的主管税务机关申报缴纳车辆购置税；购置不需要办理车辆登记的应税车辆的，应当向纳税人所在地的主管税务机关申报缴纳车辆购置税。

第十二条 车辆购置税的纳税义务发生时间为纳税人购置应税车辆的当日。纳税人应当自纳税义务发生之日起六十日内申报缴纳车辆购置税。

2.《营业税改征增值税试点实施办法》

第二条 单位以承包、承租、挂靠方式经营的，承包人、承租人、挂靠人（以下统称承包人）以发包人、出租人、被挂靠人（以下统称发包人）名义对外经营并由发包人承担相关法律责任的，以该发包人为纳税人。否则，以承包人为纳税人。

083. 纳税人购买自用应税车辆，车辆购置税的计税价格如何确定？

——刘某永与江苏省徐州市国家税务局车辆购置税征收管理分局车辆购置税纠纷案①

裁判要旨

纳税人购买自用的应税车辆，计税价格为纳税人购买应税车辆而支付给销售者的全部价款和价外费用，不包含增值税税款。但是，纳税人申报的计税价格低于同类型应税车辆的最低计税价格，又无正当理由的，按照最低计税价格征收车辆购置税。

---

① 徐州铁路运输法院（2016）苏8601行初184号行政判决书

基本案情

2016年3月21日，原告刘某永以149,500元（含增值税）的价格从上海市众悦汽车销售有限公司购买了一台车辆型号为SVW6452FGD斯柯达牌多用途乘用汽车，该车的制造日期为2014年1月26日。

2016年3月24日，原告持购车发票等相关纳税材料到被告徐州市国家税务局车辆购置税征收管理分局（以下简称车购税分局）缴纳车辆购置税时，被告车购税分局按照国家税务总局制定的此款车的最低计税价格180,000元征收车辆购置税9,000元（税率为5%）。

原告不服被告车购税分局作出的税收征收行为，在缴纳税款后向被告江苏省徐州市国家税务局（以下简称市国税局）提起行政复议。被告市国税局于2016年3月29日受理了原告的行政复议申请，并于同年5月3日作出维持车购税分局征税行为的决定。

原告刘某永认为二被告的行政行为违反了法律法规的相关规定，遂向法院提起行政诉讼，要求：1. 撤销被告车购税分局对原告作出的车辆购置税的征税行为；2. 撤销被告市国税局作出的徐国税复决字［2016］第10号《复议决定书》；3. 判令被告车购税分局按照原告车辆的实际购车价格重新计征车辆购置税的税额。

法院审理

原告认为，被告车购税分局依最低计税价格对原告车辆核定征收税款的行为缺乏事实和法律依据，原因如下：首先，依据《车辆购置税征收管理办法》第九条第（一）项“纳税人购买自用的应税车辆，计税价格为纳税人购买应税车辆而支付给销售者的全部价款和价外费用，不包含增值税税款”的规定，原告购买的车辆购置税的计税价格应当为127,777.78元。其次，该办法第九条第（三）项同时规定“纳税人购买自用或者进口自用应税车辆，申报的计税价格低于同类型应税车辆的最低计税价格，又无正当理由的，计税价格为国家税务总局核定的最低计税价格”。而原告在购车时，该款车已经是库存两年多、停产在售的车辆，且根据中华人民共和国环境保护部、工业和信息化部发布的《两部委关于实施第五阶段机动车排放标准的公告》（即国家环境保护部、工业和信息化部发布的

2016年第4号公告）的规定，自2016年4月1日起，包含江苏省在内的东部11个省市所有进口、销售和注册登记的轻型汽油车必须符合国家第五阶段排放标准。原告所购车辆适用的是国家第四阶段排放标准，是销售者赶在2016年4月1日前降价处理的车辆。因此，原告购买车辆的价格低于同类应税车辆的最低计税价格是有正当理由的，应当适用《车辆购置税征收管理办法》第九条第（六）项关于“国家税务总局规定的其他车辆”的规定，计税价格不应当适用国家税务总局核定的最低计税价格。最后，从法律法规的修改来看，2015年2月1日起实施的《车辆购置税征收管理办法》和之前的旧法相比，在确定最低计税价格时增加了依据“经销商提供的车辆价格信息”的规定，而被告车购税分局所依据的最低计税价格仅是根据机动车生产企业提供的车辆价格信息，未采用经销商提供的车辆价格信息。

法院认为，其一，根据《中华人民共和国税收征收管理法》第五条第一款：“国务院税务主管部门主管全国税收征收管理工作。各地国家税务局和地方税务局应当按照国务院规定的税收征收管理范围分别进行征收管理”和《中华人民共和国车辆购置税暂行条例》第十二条：“纳税人购置应税车辆，应当向车辆登记注册地的主管税务机关申报纳税；购置不需要办理车辆登记注册手续的应税车辆，应当向纳税人所在地的主管税务机关申报纳税”的规定，本案中车购税分局具有受理原告刘某永车辆购置税税务申报并予以征收的法定职权；其二，《车辆购置税征收管理办法》第九条第（三）项、第（六）项规定：“车辆购置税计税价格按照以下情形确定：……（三）纳税人购买自用或者进口自用应税车辆，申报的计税价格低于同类型应税车辆的最低计税价格，又无正当理由的，计税价格为国家税务总局核定的最低计税价格……（六）进口旧车、因不可抗力因素导致受损的车辆、库存超过3年的车辆、行驶8万公里以上的试验车辆、国家税务总局规定的其他车辆，计税价格为纳税人提供的有效价格证明注明的价格……”，该办法第十二条同时规定：“纳税人购买自用或者进口自用的应税车辆，申报的计税价格低于同类型应税车辆的最低计税价格，又无正当理由的，是指除本办法第九条第（六）项规定车辆之外的情形”。据此，《车辆购置税征收管理办法》第九条第（三）项规定的“申报的计税价格低于同类型应税车辆的最低计税价格，又无正当理由的”的车辆即是该办法第九条第（六）项规定以外的车辆。本案中原告刘某永购买的车辆虽然是已库存两年多、车型停产、不符合国家第五阶段排放标准的车辆，但不属于《车辆购置税征收管理办法》第九条第

(六) 项规定的五种情形的车辆，故被告车购税分局按照《车辆购置税征收管理办法》第九条第（三）项规定中的最低计税价格对原告申报的车辆征收车辆购置税的行为符合法律规定。

其三，根据《中华人民共和国税收征收管理法》第三十五条第二款：“……税务机关核定应纳税额的具体程序和方法由国务院税务主管部门规定”和《车辆购置税征收管理办法》第十一条：“最低计税价格是指国家税务总局依据机动车生产企业或者经销商提供的车辆价格信息，参照市场平均交易价格核定的车辆购置税计税价格”的规定，国家税务总局才是制定车辆购置税的计税价格的主体，被告车购税分局和被告市国税局无权制定车辆购置税的计税价格。

国家税务总局在制定车辆购置税的计税价格时，并不必须依据经销商提供的车辆价格信息，而是可以选择性依据经销商提供的车辆价格信息并参照市场平均交易价格核定车辆购置税的最低计税价格。故原告主张被告车购税分局应当依据经销商提供的车辆价格信息、按照购车发票的实际购车价格缴纳车辆购置税的行为没有法律依据。

法院驳回原告的诉讼请求。

点评

车辆购置税是以在中国境内购置规定车辆为课税对象、在特定的环节向购置车辆的单位和个人征收的一种税。购置，包括购买、进口、自产、受赠、获奖或者以其他方式取得并自用应税车辆的行为。单位，包括国有企业、集体企业、私营企业、股份制企业、外商投资企业、外国企业以及其他企业和事业单位、社会团体、国家机关、部队以及其他单位；所称个人，包括个体工商户以及其他个人。

《车辆购置税法》第五条规定：“车辆购置税的应纳税额按照应税车辆的计税价格乘以税率计算。”第六条规定：“应税车辆的计税价格，按照下列规定确定：（一）纳税人购买自用应税车辆的计税价格，为纳税人实际支付给销售者的全部价款，不包括增值税税款；（二）纳税人进口自用应税车辆的计税价格，为关税完税价格加上关税和消费税；（三）纳税人自产自用应税车辆的计税价格，按照纳税人生产的同类应税车辆的销售价格确定，不包括增值税税款；（四）纳税人以受赠、获奖或者其他方式取得自用应税车辆的计税价格，按照购置应税车辆时相关凭证载明的价格确定，不包括增值税税款。”据此，纳税人购买自用的应税车辆，计税价格是纳税人向销售者支付的全部价款和价外费用，不包括增值税税款。《车辆购置税法》第七条规定："纳税人申报的应税车辆计税价格明显偏低，又无正当理由的，由税务机关依照《中华人民共和国税收征收管理法》的规定核定其应纳税额。"据此，纳税人申报的应税车辆计税价格明显偏低，又无正当理由的，应当核定征收车辆购置税。

本案纳税人刘某永以149,500元（含增值税）的价格从上海市众悦汽车销售有限公司购买了一台车辆型号为SVW6452FGD斯柯达牌多用途乘用汽车，然后持购车发票等纳税资料向被告车购税分局申报缴纳车辆购置税，由于其申报的计税价格低于国家税务总局制定的此款车的最低计税价格180,000元，故车购税分局对其核定征收车辆购置税。

法条链接

1. **《车辆购置税法》**

第四条　车辆购置税的税率为百分之十。

第五条　车辆购置税的应纳税额按照应税车辆的计税价格乘以税率计算。

第六条　应税车辆的计税价格，按照下列规定确定：

（一）纳税人购买自用应税车辆的计税价格，为纳税人实际支付给销售者的全部价款，不包括增值税税款；

（二）纳税人进口自用应税车辆的计税价格，为关税完税价格加上关税和消费税；

（三）纳税人自产自用应税车辆的计税价格，按照纳税人生产的同类应税车辆的销售价格确定，不包括增值税税款；

（四）纳税人以受赠、获奖或者其他方式取得自用应税车辆的计税价格，按照购置应税车辆时相关凭证载明的价格确定，不包括增值税税款。

第七条　纳税人申报的应税车辆计税价格明显偏低，又无正当理由的，由税务机关依照《中华人民共和国税收征收管理法》的规定核定其应纳税额。

084. 耕地占用税的纳税期限为何？

——大同高速公路建设管理处与山西省大同市地方税务局稽查局税务纠纷案[1]

裁判要旨

经批准占用耕地的，耕地占用税纳税义务发生时间为纳税人收到土地管理部门办理占用农用地手续通知的当天。获准占用耕地的单位或者个人应当在收到土地管理部门的通知之日起30日内缴纳耕地占用税。土地管理部门凭耕地占用税完税凭证或者免税凭证和其他有关文件发放建设用地批准书。未经批准占用耕地的，耕地占用税纳税义务发生时间为纳税人实际占用耕地的当天。

基本案情

原告大同高速公路建设管理处负责的灵山高速公路的建设管理，该项目途径浑源县、灵丘县、山阴县、应县。

2009年原告向浑源县地税局进行了纳税申报，对农用地面积按每平方米2元缴纳了耕地占用税，浑源县地税局出具了耕地占用税完税证、税收缴款书。

2015年9月，被告山西省大同市地方税务局稽查局（以下简称市地税稽查局）对大同市范围内的高速公路进行税收专项检查。

2015年9月21日，市地税稽查局对原告进行立案检查，并于当日向原告下达了税务检查通知书和询问通知书，对原告的工作人员贾建国进行了询问。在检查中，被告市地税稽查局认为原告存在税收征收违法行为，于2015年9月23日，向原告送达税务行政处罚事项告知书。9月28日，被告市地税稽查局作出同地税稽处（2015）29号税务处理决定书。9月29日，被告市地税稽查局又作出同地税稽罚（2015）22号税务行政处罚决定书。

原告不服，向被告山西省大同市地方税务局（以下简称市地税局）申请复议。

2015年10月26日，被告市地税局经审核决定受理原告提起的行政复议。

---

[1] 山西省大同市中级人民法院（2016）晋02行终49号行政判决书

2015年12月18日，市地税局作出同地税复决字（2015）第3号税务行政复议决定书，并于2015年12月21日向原告送达。

另原告收到行政处理决定书和行政处罚决定书后已于2015年9月30日缴纳了税款和罚款。

法院审理

原审法院认为，关于原告提出的其下属的灵丘县境内的服务区实际占用的并不是耕地，有部分非耕地，被告未经核实按照全部是8公顷耕地征收耕地占用税，故处罚没有事实依据的意见。法院认为，对于土地性质，应当以国家国土资源部门依法作出的认定为依据，对于耕地占用税的征收范围，应当以税法为依据。本案中，根据国土资源部关于荣成至乌海高速公路灵丘至山阴段工程建设用地的批复、浑源县国土资源局出具的建设用地项目呈报材料“一书四方案”及大同市宏达测绘有限责任公司出具的建设用地测绘成果资料，原告建设的灵山高速公路服务设施用地16公顷（其中浑源县4公顷），其土地性质均为耕地。根据《中华人民共和国耕地占用税暂行条例》及《中华人民共和国耕地占用税暂行条例实施细则》的有关规定，征收耕地占用税的对象不仅限于占用耕地建房的行为，还包括占用林地、牧草地、农田水利用地、养殖水面、渔业水面以及渔业水域滩涂等其他农用地建房或者从事非农业建设的行为，原告的情形符合税法规定的征收耕地占用税的范围。被告市地税稽查局所辩理由成立，故对原告的该意见不予支持。

关于原告提出的其按照2元/平方米的标准缴纳了全部的耕地占用税，收税时税务机关也持有相关文件，被告作为专业的征税机构，完全知道也应当告知纳税人纳税标准和数额，征收机构没有提出异议反而给原告出具了完税证明，原告已取得完税凭证，可以证实已进行了纳税申报，故被告的行政处罚没有法律依据的意见。法院认为，根据《中华人民共和国税收征收管理法》第二十五条的规定，原告作为纳税人应按税法规定自核自缴，自行如实申报纳税，并对申报结果承担法律责任。税务机关没有法定职责和权限对其自行缴纳的税款进行审查。而征税机关出具的完税证明，仅仅是对纳税人实际缴纳的税款出具的证明，并不代表纳税人足额缴纳了税款，被告市地税稽查局所辩理由成立，故对原告该项意见不予支持。

关于原告提出的被告应当从少缴税款之日即2009年6月19日起算税务追征

期限，而最长追征期是5年，被告于2015年9月28日才作出处理决定，已超过法定期限的意见。法院认为，税款追征期，是指税法规定的税务机关对纳税人、扣缴义务人未缴或者少缴税款进行追缴的有效期限。在有效期内，税务机关有权对纳税人、扣缴义务人未缴或者少缴的税款进行追缴。追征期的计算，应当自纳税人发生纳税义务，即税法规定的纳税义务发生时间开始计算。耕地占用税的纳税义务发生时间，根据《中华人民共和国耕地占用税暂行条例》第十二条“获准占用耕地的单位或者个人应当在收到土地管理部门的通知之日起30日内缴纳耕地占用税”的规定，耕地占用税的纳税义务发生时间为“收到土地管理部门的通知”之日。本案中，土地管理部门对原告使用土地作出的批复时间为2012年2月，此为原告耕地占用税的纳税义务发生时间，应从此时起算税务追征期。被告市地税稽查局作出的征税决定和处罚决定均为2015年9月，并未超过5年时效期。被告市地税稽查局所辩理由成立，故对原告的该项意见，不予支持。

关于原告提出的依据相关规定，如果未缴或者少缴的税款不属于纳税人主观故意造成的，也就是说，不被定性为偷税行为的，则只就未缴或者少缴的税款缴纳税款和滞纳金，不必交纳罚款的意见。法院认为，原告纳税申报不实，少缴了耕地占用税，存在违法行为。被告有权对其依照《税收征收管理法》作出相应的行政处罚，故对原告的该项意见亦不予支持。

原审法院判决驳回原告大同高速公路建设管理处的诉讼请求。

上诉人大同高速公路建设管理处上诉称，第一，本案争议的税种是耕地占用税。上诉人位于浑源县境内的服务区实际占用的土地并不都是耕地，而有部分非耕地。第二，上诉人于2009年6月29日已经根据当地政府的要求，依据《耕地占用税暂行条例》的规定，按照2元/平方米的标准缴纳了全部的耕地占用税。第三，根据《税收征收管理法》的规定，征收税款也是有期限的。原审法院认定从通知之日起起算，没有法律依据。第四，上诉人的少缴税款行为不属于偷税，不适用《税收征收管理法》第六十四条第二款有关处罚的规定。被上诉人市地税稽查局对上诉人进行罚款，明显属于滥用职权，且适用法律错误。请求撤销大同市城区人民法院（2016）晋0202行初2号行政判决，确认山西省大同市地方税务局稽查局的追征税行为违法，撤销山西省大同市地方税务局稽查局同地税稽处（2015）29号税务处理决定书，撤销山西省大同市地方税务局稽查局同地税稽罚（2015）22号税务行政处罚决定书，撤销山西省大同市地方税务局同地税复决字（2015）第3号税务行政复议决定书。

被上诉人市地税稽查局答辩称，上诉人建设的灵山高速公路服务设施用地16公顷，其中浑源县4公顷，土地性质均为农用地，其土地性质属于耕地。且上诉人已经自行按照2元/平方米缴纳了耕地占用税，上诉人对其占用土地性质及面积并无异议。上诉人虽于2009年自行计算缴纳了部分耕地占用税，但没有进行纳税申报。税务机关给纳税人开具的缴税凭证，是对纳税人实际缴纳税款的证明，并不代表纳税人已经足额缴纳了税款。关于税款追征期，土地管理部门对上诉人使用土地作出的批复时间为2012年2月，此为上诉人耕地占用税的纳税义务发生时间，应从此时计算追征期。被上诉人作出的税务处理决定书和处罚决定书为2015年9月，未超过税款追征期和处罚时效期。被上诉人适用《税收征收管理法》第六十四条第二款，对上诉人作出行政处罚并无不当。请求驳回上诉人的上诉请求，维持原判。

二审法院驳回上诉，维持原判。

点评

耕地占用税是对占用耕地建房或从事其他非农业建设的单位和个人，就其实际占用的耕地面积征收的一种税，属于对特定土地资源占用课税。国务院于1987年发布《耕地占用税暂行条例》，后于2007年进行修订并重新颁布，现本条例已上升为法律。《耕地占用税法》于2018年12月29日公布，自2019年9月1日起施行。本案系《耕地占用税法》颁布前发生的案例，故仍依据《耕地占用税暂行条例》及其实施细则分析。依据该条例及实施细则，耕地占用税的纳税期限分两种情况。

一、经批准占用耕地

单位或个人因建房或从事其他非农业建设需要占用耕地需要依法履行下列程序：第一，向土地管理部门提出申请。第二，土地管理部门同意后，通知单位或者个人办理占用耕地手续。第三，单位或个人应当在收到土地管理部门的通知之日起30日内缴纳耕地占用税。第四，土地管理部门凭耕地占用税完税凭证或免税凭证和其他有关文件发放建设用地批准书。据此，耕地占用税的纳税义务发生时间是纳税人收到土地管理部门办理占用农用地手续通知的当天。从该日起30日内为纳税申报期限。因此，经批准占用耕地的纳税期限为收到土地管理部门办理占用农用地手续通知之日起30日内。

二、未经批准占用耕地

现实生活中存在大量未经土地管理部门批准擅自占用耕地建房或从事其他非

农业建设的违法行为。依据《耕地占用税暂行条例》及其实施细则，此种违法行为也需要缴纳耕地占用税。此种情形下耕地占用税纳税义务发生时间为纳税人实际占用耕地的当天。但是，《耕地占用税暂行条例》及其实施细则并未规定未经批准占用耕地的行为有纳税申报期限。因此，未经批准占用耕地的单位和个人的纳税期限为实际占用耕地的当天。

三、本案的分析

本案纳税人属于经批准占用耕地的情形，故其纳税期限为收到办理占用农用地手续通知之日起30日内。由于国土资源部国土资函（2011）889号批复由山西省人民政府晋政地字（2011）536号转发，再经大同市人民政府于2012年2月22日以同政地字（2012）3号文件转发，故其纳税期限应当是2012年2月22日至3月22日。

《税收征收管理法》第五十二条第二款规定："因纳税人、扣缴义务人计算错误等失误，未缴或者少缴税款的，税务机关在三年内可以追征税款、滞纳金；有特殊情况的，追征期可以延长到五年。"本案纳税人于2009年6月29日已按2元/平方米的标准缴纳了全部耕地占用税，依据是《耕地占用税暂行条例》第九条第一款规定，铁路线路、公路线路、飞机场跑道、停机坪、港口、航道占用耕地，减按每平方米2元的税额征收耕地占用税。但是，其占用耕地建设高速公路服务设施不属于公路建设，故不能适用《耕地占用税暂行条例》第九条第一款的规定。因此，纳税人应当从2012年3月22日起补缴其欠缴的税款。税务机关于2015年9月28日作出征税决定追缴上诉人欠缴的税款，追征期并未超过法律规定的特殊情况为五年的法定期限。

四、审理法院的瑕疵

本案两级法院皆认为追征期的计算应当从纳税义务发生时间开始计算，此观点不妥。我国税法一般都给纳税人设定了两个关键时点：一是纳税义务发生时间，一是纳税申报时间。只要纳税人在纳税申报时间内缴纳税款皆合法。因此，追征期的计算不是从纳税义务发生时间起算，而应当是从纳税申报时间届满之日起第二天起算。

法条链接

1.《耕地占用税暂行条例》（已废止）

第十二条 耕地占用税由地方税务机关负责征收。

土地管理部门在通知单位或者个人办理占用耕地手续时，应当同时通知耕地所在地同级地方税务机关。获准占用耕地的单位或者个人应当在收到土地管理部门的通知之日起30日内缴纳耕地占用税。土地管理部门凭耕地占用税完税凭证或者免税凭证和其他有关文件发放建设用地批准书。

2. **《耕地占用税暂行条例实施细则》(已废止)**

第三十一条　经批准占用耕地的，耕地占用税纳税义务发生时间为纳税人收到土地管理部门办理占用农用地手续通知的当天。

未经批准占用耕地的，耕地占用税纳税义务发生时间为纳税人实际占用耕地的当天。

3. **《耕地占用税法》**

第九条　耕地占用税由税务机关负责征收。

第十条　耕地占用税的纳税义务发生时间为纳税人收到自然资源主管部门办理占用耕地手续的书面通知的当日。纳税人应当自纳税义务发生之日起三十日内申报缴纳耕地占用税。

自然资源主管部门凭耕地占用税完税凭证或者免税凭证和其他有关文件发放建设用地批准书。

085. 城镇土地使用税的税率为何？

——光明娱乐事业(昆山)有限公司与苏州市昆山地方税务局行政处罚纠纷案①

裁判要旨

1988年颁布实施的《城镇土地使用税暂行条例》第四条(现已修改)规定："土地使用税每平方米年税额如下：一、大城市0.5元至10元；二、中等城市0.4元至8元；三、小城市0.3元至6元；四、县城、建制镇、工矿区0.2元至4元。"2006年，该条例第四条修改为："土地使用税每平方米年税额如下：(一)大城市1.5元至30元；(二)中等城市1.2元至24元；(三)小城市0.9元至18元；(四)县城、建制镇、工矿区0.6元至12元。"

---

① 江苏省苏州市中级人民法院(2015)苏中行终字第00215号行政判决书

基本案情

1994年6月，昆山市土地管理局与日本国光明兴业株式会社签订《江苏省昆山市出让国有土地使用权合同》，出让昆山市周庄镇旅游开发区40万平方米（以实测为准）土地50年使用权，合同约定受让方每年向昆山市土地管理局缴付每平方米4角的土地权属管理费。

1994年8月15日，光明兴业株式会社作为发起人成立光明娱乐事业（昆山）有限公司（以下简称光明娱乐公司）。

1997年，光明娱乐公司取得昆山市周庄镇旅游开发区1,013,237.2平方米土地使用证，权证编号为昆国用（97）字第117－00002号。

2006年12月31日，国务院颁布第483号令修改《中华人民共和国城镇土地使用税暂行条例》（以下简称《城镇土地使用税暂行条例》），明确外商投资企业为城镇土地使用税的纳税人。

2006年12月23日，苏州市人民政府印发［2006］166号《关于苏州市调整城镇土地使用税税额标准的通知》，调整苏州市城镇土地使用税税额标准，根据上述通知，昆山的玉山镇、经济技术开发区范围内土地使用税为每年6元/平方米，昆山的其他地区土地使用税为每年4元/平方米。

因光明娱乐公司未按规定申报2013年度第1—6月的城镇土地使用税，苏州市昆山地方税务局（以下简称昆山地税局）于2013年8月26日送达了昆地税二限改（2013）第3001号责令限期改正通知书，并于2013年9月17日到该公司进行了调查核实。

2013年11月12日，因光明娱乐公司未按规定期限办理2013年7－9月城镇土地使用税纳税申报事项，昆山地税局向光明娱乐公司发送了昆地税二限改（2013）第3004号责令限期改正通知书。

2014年3月4日，因光明娱乐公司未按规定期限办理2013年10－12月城镇土地使用税纳税申报事项，昆山地税局向光明娱乐公司发送了昆地税二限改（2014）第3001号责令限期改正通知书。

2014年4月22日，因光明娱乐公司逾期未改正，昆山地税局向该公司送达昆地税罚告（2014003）号税务行政处罚事项告知书，告知了光明娱乐公司违法事实、处罚的法律依据、拟处罚内容及陈述、申辩的权利。

2014年4月28日，光明娱乐公司提出了陈述申辩，认为公司与昆山市土地管理局1994年在出让合同中约定的土地权属管理费就是土地使用税，苏州市政府的通知未经人大审议，也未对相关企业进行听证。

2014年10月16日，昆山地税局作出昆地税罚（2014005）号税务行政处罚决定书，决定对光明娱乐公司收缴空白发票并停止发售发票，并在当天收缴了光明娱乐公司空白发票390份。

光明娱乐公司不服该行政处罚决定书，向昆山市人民政府申请行政复议。

2015年1月4日，昆山市人民政府作出〔2014〕昆府行复第75号行政复议决定书，维持昆山地税局作出的具体行政行为。

光明娱乐公司不服，提起行政诉讼。

法院审理

原审法院认为，《中华人民共和国税收征收管理法》（以下简称《税收征收管理法》）第五条第一款规定，国务院税收主管部门主管全国税收征收管理工作。各地国家税务局和地方税务局应当按照国务院规定的税收征收范围分别进行征收管理；根据《国办发［1993］第087号国务院办公厅转发国家税务局关于组建在各地的直属税务机构和地方税务局实施意见的通知》的规定，城镇土地使用税由地方税务局负责征收和管理；《城镇土地使用税暂行条例》第十条规定，土地使用税由土地所在地的税务机关征收。昆山地税局作为辖区内的地方税务机关，具有对辖区内违反城镇土地使用税征收管理行为进行处罚的法定职权。本案争议的焦点是光明娱乐公司是否存在违法的事实。《税收征收管理法》第三条规定，税收的开征、停征以及减税、免税、退税、补税，依照法律的规定执行；法律授权国务院规定的，依照国务院制定的行政法规的规定执行。任何机关、单位和个人不得违反法律、行政法规的规定，擅自作出税收开征、停征以及减税、免税、退税、补税和其他同税收法律、行政法规相抵触的决定。《城镇土地使用税暂行条例》第二条规定，在城市、县城、建制镇、工矿区范围内使用土地的单位和个人，为城镇土地使用税（以下简称土地使用税）的纳税人，应当按照本条例的规定缴纳土地使用税。前款所称单位，包括国有企业、集体企业、私营企业、股份制企业、外商投资企业、外国企业以及其他企业和事业单位、社会团体、国家机关、军队以及其他单位；所称个人，包括个体工商户以及其他个人。因此，光明娱乐公司作为使用昆山周庄镇1,013,237.2平方米土地的外商投资企业，应当自2007年1月1日起缴纳土地使用税。《城镇土地使用税暂行条例》第四条第（四）项规定，县城、建制镇、工矿区的土地使用税每平方米年税额为0.6元至12元。第五条第（二）项规定，市、县人民政府应当根据实际情况，将本地区土地划分为若干等级，在省、自治区、直辖市人民政府确定的税额幅度内，制定相应的适用税额标准，报省、自治区、直辖市人民政府批准。基于《城镇土地使用税暂行条例》的授权，苏州市人民政府作出了苏府［2006］166号《关于苏州市调整城镇土地使用税税额标准的通知》。根据上述规定，光明娱乐公司缴纳土地使用税的税额标准为每年每平方米4元。本案中，光明娱乐公司未按规定申报2013年度1－4季度土地使用税的事实，有调查笔录、三次责令限期改正通知书、光明娱乐公司的陈述申辩记录等予以证实，事实清楚、证据充分。《税收征收管理法》第七十二条规定，从事生产、经营的纳税人、扣缴义务人有本法规定的税收违法行为，拒不接受税务机关处理的，税务机关可以收缴其发票或者停止向其发售发票。昆山地税局先后三次责令光明娱乐公司限期改正，光明娱乐公司逾期未改正，昆山地税局对光明娱乐公司作出收缴空白发票并停止发售发票的行政处罚，法律适用正确。程序上，昆山地税局依法告知了光明娱乐公司违法事实、法律依据、拟作出的处罚、陈述申辩权，后对光明娱乐公司作出行政处罚决定，不违反法律规定。光明娱乐公司所称出让合同约定的土地权属管理费即是土地使用税的说法，没有法律依据。

原审法院判决驳回光明娱乐公司的诉讼请求。

上诉人光明娱乐公司上诉称：涉诉行政行为缺少事实依据，适用法律错误，程序违法。1. 上诉人与昆山市土地管理局签订了《江苏省昆山市出让国有土地使用权合同》，该合同依法成立并履行，昆山市人民政府无权单方面解除。该合同约定由上诉人按照每年每平方米0.4元的标准来缴纳“土地权属管理费”，实际上就是变相缴纳城镇土地使用税。然而按照苏州市政府苏府［2006］166号《关于苏州市调整土地使用税税额标准的通知》，上诉人作为外商企业以每年4元/平方米的标准缴纳城镇土地使用税，相对“土地权属管理费”实际上涨了10倍，显然不公正。且苏府［2006］166号《关于苏州市调整土地使用税税额标准的通知》并非法律、行政法规，无权以行政命令的形式确定税额。上诉人并非不按照法律规定的期限申报城镇土地使用税，上诉人以每年每平方米0.4元的标准申报城镇土地使用税，而被上诉人在税务网页上将相关税率标准固定设置为每年每平方米4元，导致上诉人在客观上无法申报。2. 涉诉行政行为是收缴空白发票并停止发售发票，该行为旨在促使税收征管对象纠正一定违法行为，因此属于暂时性的行政强制措施，而不是终局性的行政处罚，故本案应当适用的行政强制法的相关规定。综上，请求二审法院：1. 撤销一审判决；2. 确认《江苏省昆山市出让国有土地使用权合同》（昆地合字 94 第 46 号）合法有效；3. 确认苏府［2006］166 号《关于苏州市调整土地使用税税额标准的通知》文件并非法律，并非行政法规；4. 请求法院对被上诉人在本案城镇土地使用税征收中超出每年每平方米 0. 4 元的部分所依据的规范性文件进行合法性审查。

二审法院驳回上诉，维持原判。

点评

城镇土地使用税是以国有土地或集体土地为征税对象，对拥有土地使用权的单位和个人征收的一种税。凡是在城市、县城、建制镇、工矿区范围内使用土地的单位和个人，为城镇土地使用税的纳税人。所称单位，包括国有企业、集体企业、私营企业、股份制企业、外商投资企业、外国企业以及其他企业和事业单位、社会团体、国家机关、军队以及其他单位；所称个人，包括个体工商户以及其他个人。

城镇土地使用税的税率为定额税率，即采用差别税额，按大、中、小城市和县城、建制镇、工矿区分别规定每平方米土地使用税年应纳税额。依据 1988 年颁布实施的《城镇土地使用税暂行条例》第四条，城镇土地使用税每平方米年税额如下：一、大城市 0. 5 元至 10 元；二、中等城市 0. 4 元至 8 元；三、小城市0. 3 元至 6 元；四、县城、建制镇、工矿区 0. 2 元至 4 元。2006 年，国务院对该条例第四条进行了修订，修订后城镇土地使用税每平方米年税额如下：（一）大城市 1. 5 元至 30 元；（二）中等城市 1. 2 元至 24 元；（三）小城市 0. 9 元至 18 元；（四）县城、建制镇、工矿区 0. 6 元至 12 元。

本案纳税人光明娱乐事业（昆山）有限公司的发起人光明兴业株式会社 1994 年与昆山市土地管理局签订《江苏省昆山市出让国有土地使用权合同》，约定受让方取得周庄镇土地使用权，受让方每年向昆山市土地管理局缴付每平方米 4 角的土地权属管理费。此土地权属管理费实际上是城镇土地使用税。1988 年颁布实施的《城镇土地使用税暂行条例》第四条规定的建制镇的城镇土地使用税为每平方米 0. 2 元至 4 元。可见，上述合同约定的土地权属管理费符合《城镇土地使用税暂行条例》的规定。但是，2006 年国务院对该条例第四条进行了修订，将建制镇的城镇土地使用税标准提高到每平方米 0. 6 元至 12 元。苏州市人民政府根据《城镇土地使用税暂行条例》的授权，作出了苏府［2006］166号《关于苏州市调整城镇土地使用税税额标准的通知》，规定建制镇缴纳土地使用税的税额标准为每年每平方米4元。虽然1994年政府承诺给予税收优惠，但《城镇土地使用税暂行条例》修订后与上述税收优惠承诺相冲突，因该条例属于行政法规，故原来的税收优惠承诺无效，纳税人应当依据新的城镇土地使用税标准纳税。

法条链接

1.《城镇土地使用税暂行条例》

第二条 在城市、县城、建制镇、工矿区范围内使用土地的单位和个人，为城镇土地使用税（以下简称土地使用税）的纳税人，应当依照本条例的规定缴纳土地使用税。

前款所称单位，包括国有企业、集体企业、私营企业、股份制企业、外商投资企业、外国企业以及其他企业和事业单位、社会团体、国家机关、军队以及其他单位；所称个人，包括个体工商户以及其他个人。

第三条 土地使用税以纳税人实际占用的土地面积为计税依据，依照规定税额计算征收。

前款土地占用面积的组织测量工作，由省、自治区、直辖市人民政府根据实际情况确定。

第四条 土地使用税每平方米年税额如下：

（一）大城市1.5元至30元；

（二）中等城市1.2元至24元；

（三）小城市0.9元至18元；

（四）县城、建制镇、工矿区0.6元至12元。

第五条 省、自治区、直辖市人民政府，应当在本条例第四条规定的税额幅度内，根据市政建设状况、经济繁荣程度等条件，确定所辖地区的适用税额幅度。

市、县人民政府应当根据实际情况，将本地区土地划分为若干等级，在省、自治区、直辖市人民政府确定的税额幅度内，制定相应的适用税额标准，报省、自治区、直辖市人民政府批准执行。

经省、自治区、直辖市人民政府批准，经济落后地区土地使用税的适用税额标准可以适当降低，但降低额不得超过本条例第四条规定最低税额的30%。经济发达地区土地使用税的适用税额标准可以适当提高，但须报经财政部批准。

086. 个人房屋被征收而选择货币补偿用以重新购置房屋如何缴纳契税？

——谢某与安阳市地方税务局契税税务分局履行法定职责上诉案①

裁判要旨

居民因个人房屋被征收而选择货币补偿用以重新购置房屋，并且购房成交价格不超过货币补偿的，对新购房屋免征契税；购房成交价格超过货币补偿的，对差价部分按规定征收契税。

基本案情

谢某原有位于安阳市文峰中路临河路的房屋一套，房屋面积106.1平方米。

2012年因安阳市文峰中路西段拓宽工程的需要被征收拆迁。在房屋征收补偿过程中，谢某选择了货币补偿的征收补偿方式，获得各类补偿金额1,018,397.80元。

2013年7月8日，谢某以3,464,932元的价格购买了位于安阳市文峰区中华路与迎春东街交叉口东南角（即安阳市万达广场）建筑面积为136.3平方米的商品房一套。

2014年6月30日，谢某向安阳市地方税务局契税税务分局（以下简称市地税局契税分局）交纳契税80,139.22元。

2014年8月14日，谢某委托河南锐创律师事务所律师向市地税局契税分局邮寄了谢某申请退税请求回复律师函，申请该局依《河南省契税实施办法》的规定退回其应免征的80,139.22元税款。庭审中，市地税局契税分局认可已收到该申请。但认为根据《财政部、国家税务总局关于城镇房屋拆迁有关税收政策的通知》（财税（2005）45号文）关于"一、对被拆迁人按照国家有关城镇房屋拆迁管理办法规定的标准取得拆迁补偿款，免征个人所得税；二、对拆迁居民因

① 河南省安阳市中级人民法院（2015）安中行终字第104号行政判决书

拆迁重新购置住房的，对购房成交价格中相当于拆迁补偿款的部分免征契税，成交价格超过拆过补偿款的，对超过部分征收契税”的规定，谢某应就超过拆迁补偿款的部分交纳契税。但谢某认为依据《河南省契税实施办法》第九条第三款关于“土地、房屋被县级以上人民政府征用、占用后，纳税人重新承受土地、房屋权属的，其土地、房屋面积不超过被征用、占用土地、房屋面积1.3倍的，免征契税”的规定，其重新购置的房产未超过被征收、征用房产的1.3倍，符合该免税情况，市地税局契税分局不应对其购房行为征收契税，并申请该局依法退回多收契税。

另查明，市地税局契税分局依据的财税（2005）45号文已被财税（2012）82号所吸收。

法院审理

原审法院认为，根据法律规定市地税局契税分局作为地方契税税务机关，依法享有对辖区内的土地、房屋依法收取契税的职权。本案中，市地税局契税分局根据财税（2005）45号财政部、国家税务总局关于城镇房屋拆迁有关税收政策的通知的规定，对谢某购买的位于安阳市文峰区中华路与迎春东街交叉口东南角（即安阳市万达广场）建筑面积为136.3平方米的商品房，在免征购房成交价格中相当于拆迁补偿款的部分契税后，对成交价格超过拆迁补偿款的部分征收80,139.22元税款，与法有据，并无不当。谢某称其在房屋拆迁后，虽选择了货币补偿的补偿方式，但重新购置的房屋符合《河南省契税实施办法》，是重新承受土地、房屋权属的情况，应按该规定对不超过被征用、占用土地、房屋面积1.3倍的，免征契税的主张，二审法院认为，该规定是对房屋征收中采用产权调换补偿方式取得房屋所缴纳契税的征收方式，不适用货币补偿后又重新购买房屋后缴纳契税的情况，故其上述主张不成立。综上，根据市地税局契税分局对谢某在房屋拆迁后，重新购置的房屋136.3平方米在免征购房成交价格中相当于拆迁补偿款的部分契税后，对成交价格超过拆迁补偿款的部分征收其80,139.22元税款的行为并无不当，谢某申请市地税局契税分局查实并办理其退税申请的理由不成立，二审法院不予支持。根据《最高人民法院关于执行〈中华人民共和国行政诉讼法〉若干问题的解释》第五十六条第一项的规定，判决驳回谢某的诉讼请求。

谢某上诉称：1. 原审法院认定事实和适用依据错误，我的房屋被安阳市人民政府征收后，我于2013年7月重新购置房屋，新房屋不超过被征收房屋的1.3倍。应按照《河南省契税实施办法》第九条第三款的规定免征契税，但被上诉人于2014年6月30日对我新购的房屋征税契税，所依据的却是财税（2005）45号文，该文件在2012年12月16日已废止，征税行为缺乏合法性。2. 原审法院对不同法律规范效力的认定错误。原审法院认定财税（2005）45号文已被财政部（2012）82号所吸收，即使被上诉人对我征收契税时适用财政部（2012）82号文件也不合法，该文件的内容和《河南省契税实施办法》的内容有冲突，其只是部委的规范性文件，而《河南省契税实施办法》是地方政府规章，根据有关法律规定，地方政府规章的效力高于部委规范性文件的效力，且《河南省契税实施办法》是根据河南省的实际情况作出的具体规定，应当优先适用。3. 原审法院认为《河南省契税实施办法》第九条第三款仅适用以房换房方式，不适用选择货币补偿后重新购买房屋的情况，这一解释不仅属于无权解释，而且是限制性曲解。该规定的实质是指不管是以房换房还是选择货币补偿后又重新购买房屋的，都属于重新承受的范围，应依法对符合规定的免征契税。要求撤销一审判决，依法判令市地税局契税分局为我办理退税手续。

二审法院驳回上诉，维持原判。

点评

本案纳税人谢某原有住房被政府征收后又重新购置一套房产，其认为应当依据《河南省契税实施办法》缴纳契税，但税务机关认为应当依据《财政部、国家税务总局关于企业以售后回租方式进行融资等有关契税政策的通知》缴纳契税，双方遂发生争议。

首先，我们分析上述两个规范性文件对契税减免规定的差异。《财政部、国家税务总局关于企业以售后回租方式进行融资等有关契税政策的通知》第三条规定："市、县级人民政府根据《国有土地上房屋征收与补偿条例》有关规定征收居民房屋，居民因个人房屋被征收而选择货币补偿用以重新购置房屋，并且购房成交价格不超过货币补偿的，对新购房屋免征契税；购房成交价格超过货币补偿的，对差价部分按规定征收契税。"《河南省契税实施办法》第九条第（三）项规定："符合下列条件之一的，经县级以上契税征收机关批准，减征或者免征契税：（三）土地、房屋被县级以上人民政府征用、占用后，纳税人重新承受土地、房屋权属的，其土地、房屋面积不超过被征用、占用土地、房屋面积1.3倍的，免征契税”。

其次，我们分析上述两个规范性文件对本案纳税人税收利益的影响。如果适用《财政部、国家税务总局关于企业以售后回租方式进行融资等有关契税政策的通知》第三条，纳税人应当缴纳 80, 139. 22 元契税。如果适用《河南省契税实施办法》第九条第（三）项，纳税人新购买的房子面积未超过被征收房屋面积的 1. 3 倍，可免征契税。

再次，我们需要明确双方争议的本质问题究竟为何。从形式上看，双方争议的是个人房屋被征收而选择货币补偿用以重新购置房屋如何缴纳契税，实际上是契税的减免问题，即契税的减免应当依何规定进行。纳税人主张依据《河南省契税实施办法》，税务机关认为应当依据《财政部、国家税务总局关于企业以售后回租方式进行融资等有关契税政策的通知》减免契税。

然后，《契税暂行条例》第六条规定：“有下列情形之一的，减征或者免征契税：（一）国家机关、事业单位、社会团体、军事单位承受土地、房屋用于办公、教学、医疗、科研和军事设施的，免征；（二）城镇职工按规定第一次购买公有住房的，免征；（三）因不可抗力灭失住房而重新购买住房的，酌情准予减征或者免征；（四）财政部规定的其他减征、免征契税的项目。”可见，契税减免除了该条（一）（二）（三）项外，只能依据财政部的契税减免规定执行。由于《财政部、国家税务总局关于企业以售后回租方式进行融资等有关契税政策的通知》是财政部制定，且规定了契税减免条件，故本案纳税人的契税减免应当以该通知为准。

最后，从授权立法的原理分析，也应当按《财政部、国家税务总局关于企业以售后回租方式进行融资等有关契税政策的通知》缴纳契税。《契税暂行条例》第六条第（四）项实际上已经授权财政部规定契税减免项目。财政部制定的《契税暂行条例细则》第十五条第（一）项规定：“根据条例第六条的规定，下列项目减征、免征契税：（一）土地、房屋被县级以上人民政府征用、占用后，重新承受土地、房屋权属的，是否减征或者免征契税，由省、自治区、直辖市人民政府确定。”该项实际上将土地、房屋被政府征收后重新承受土地、房屋权属是否减免契税的立法权又转授给省、自治区、直辖市人民政府。本案纳税人主张的《河南省契税实施办法》正是依据上述立法权的转授而出台。但是，当授权机关自己针对土地、房屋被政府征收后重新承受土地、房屋权属是否减免契税作出规定后，实际上是将立法权收回，契税减免自然应当依据授权机关的新规定，而不能再依据被授权机关的规定。

因此，本案纳税人谢某在房屋被政府征收后重新购房时的契税减免，应当依据《财政部、国家税务总局关于企业以售后回租方式进行融资等有关契税政策的通知》执行，不能依据《河南省契税实施办法》操作。

法条链接

1.《财政部、国家税务总局关于企业以售后回租方式进行融资等有关契税政策的通知》

三、市、县级人民政府根据《国有土地上房屋征收与补偿条例》有关规定征收居民房屋，居民因个人房屋被征收而选择货币补偿用以重新购置房屋，并且购房成交价格不超过货币补偿的，对新购房屋免征契税；购房成交价格超过货币补偿的，对差价部分按规定征收契税。居民因个人房屋被征收而选择房屋产权调换，并且不缴纳房屋产权调换差价的，对新换房屋免征契税；缴纳房屋产权调换差价的，对差价部分按规定征收契税。

2.《契税暂行条例》

第六条 有下列情形之一的，减征或者免征契税：

(一) 国家机关、事业单位、社会团体、军事单位承受土地、房屋用于办公、教学、医疗、科研和军事设施的，免征；

(二) 城镇职工按规定第一次购买公有住房的，免征；

(三) 因不可抗力灭失住房而重新购买住房的，酌情准予减征或者免征；

(四) 财政部规定的其他减征、免征契税的项目。

3.《契税暂行条例细则》

第十五条 根据条例第六条的规定，下列项目减征、免征契税：

(一) 土地、房屋被县级以上人民政府征用、占用后，重新承受土地、房屋权属的，是否减征或者免征契税，由省、自治区、直辖市人民政府确定。

(二) 纳税人承受荒山、荒沟、荒丘、荒滩土地使用权，用于农、林、牧、渔业生产的，免征契税。

(三) 依照我国有关法律规定以及我国缔结或参加的双边和多边条约或协定的规定应当予以免税的外国驻华使馆、领事馆、联合国驻华机构及其外交代表、领事官员和其他外交人员承受土地、房屋权属的，经外交部确认，可以免征契税。

第二十一条 省、自治区、直辖市人民政府根据条例和本细则的规定制定实施办法，并报财政部和国家税务总局备案。

087. 缴纳契税需要以权属转移为前提吗？

——洪某某与佛山市南海区地方税务局里水税务分局、佛山市南海区地方税务局税务行政管理案①

裁判要旨

《契税暂行条例》第八条规定："契税的纳税义务发生时间，为纳税人签订土地、房屋权属转移合同的当天，或者纳税人取得其他具有土地、房屋权属转移合同性质凭证的当天。"第九条规定："纳税人应当自纳税义务发生之日起10日内，向土地、房屋所在地的契税征收机关办理纳税申报，并在契税征收机关核定的期限内缴纳税款。"第十一条规定："纳税人应当持契税完税凭证和其他规定的文件材料，依法向土地管理部门、房产管理部门办理有关土地、房屋的权属变更登记手续。纳税人未出具契税完税凭证的，土地管理部门、房产管理部门不予办理有关土地、房屋的权属变更登记手续。"因此，纳税人应当先缴纳契税才能办理产权变更登记手续，即缴纳契税并不以权属转移为前提。

基本案情

2015年10月29日，原告洪某某与佛山市南海俊诚房地产开发有限公司（以下简称俊诚公司）签订《商品房买卖合同》，约定原告向该公司购买位于佛山市南海区里水镇里广路8号金名都35栋1201室的商品房。

2016年1月25日，原告向被告佛山市南海区地方税务局里水税务分局（以下简称里水税务分局）申报缴纳契税，并提交了《商品房买卖合同》、身份证等资料。被告里水税务分局经审查确定原告应缴纳契税的计税金额为1,518,866元，税率为3%，应缴契税款为45,565.98元。原告当日根据被告里水税务分局核定的契税款缴纳了契税。

2016年2月17日，财政部、国家税务总局、住房城乡建设部联合下发财税

① 佛山市顺德区人民法院（2016）粤0606行初618号行政判决书

〔2016〕23 号通知，该通知第一点规定：“一、关于契税政策（一）对个人购买家庭唯一住房（家庭成员范围包括购房人、配偶以及未成年子女，下同），面积为 90 平方米及以下的，减按 1% 的税率征收契税；面积为 90 平方米以上的，减按 1.5% 的税率征收契税。

（二）对个人购买家庭第二套改善性住房，面积为 90 平方米及以下的，减按 1% 的税率征收契税；面积为 90 平方米以上的，减按 2% 的税率征收契税。家庭第二套改善性住房是指已拥有一套住房的家庭，购买的家庭第二套住房……”该通知自 2016 年 2 月 22 日起执行。

2016 年 4 月 20 日，原告向被告里水税务分局提交《退税申请书》等资料，认为涉案商品房只是签订房屋买卖合同（期房），房屋权属未转移，未产生纳税义务，在没有提交销售不动产发票的情况下而申报纳税的，税局应不予受理，被告佛山市南海区地方税务局（以下简称区地税局）依据《关于规范房地产交易契税征收事项的通知》“先缴税后备案”的规定收取原告房屋契税的行为不合法，申请退回所收税款，重新申报纳税。

经审核，被告里水税务分局于 2016 年 5 月 12 日作出南地税里通〔2016〕321 号《税务事项通知书》。原告于同年 5 月 20 日收到该通知。原告对上述通知不服，于 2016 年 6 月 7 日向被告区地税局申请行政复议。

被告区地税局于 2016 年 6 月 8 日受理，并于同日向被告里水税务分局发出《提出答复通知书》。被告里水税务分局于 2016 年 6 月 16 日提交了答复意见及相关证据材料。经审查，被告区地税局于 2016 年 8 月 1 日作出南地税复决字〔2016〕第 34 号《税务行政复议决定书》，并于同年 8 月 4 日分别送达给被告里水税务分局及原告。

另查，被告区地税局于 2015 年 10 月 26 日公告《关于规范房地产交易契税征收事项的通知》，内容为：“根据《中华人民共和国契税暂行条例》规定：契税的纳税义务发生时间，为纳税人签订土地、房屋权属转移合同的当天，或者纳税人取得其他具有土地、房屋权属转移合同性质凭证的当天；纳税人应当自纳税义务发生之日起 10 日内，向土地、房屋所在地的契税征收机关办理纳税的申报，并在契税征收机关核定的期限内缴纳税款。为规范南海区范围房地产交易契税征收管理，保障纳税人合法权益，从 2015 年 11 月 1 日起，新购一手房的契税纳税人，需到房产交易所办理商品房买卖合同备案的，请在合同备案前到房屋所在地的地税部门缴纳契税；其他非必经合同备案一手房、已确权未办证一手房、二手房及土地交易业务的契税纳税人，请按《中华人民共和国契税暂行条例》有关规定自行到地税部门申报缴纳契税”。

又查，《国家税务总局关于实施房地产税收一体化管理若干具体问题的通知》(国税发〔2005〕156号）第二点规定：“加强销售发票管理，在契税纳税申报环节，各地应要求纳税人报送销售不动产发票，受理后将发票复印件作为申报资料存档；对于未报送销售不动产发票的纳税人，应要求其补送，否则不予受理。各地要按照《通知》[指《国家税务总局关于进一步加强房地产税收管理的通知》(国税发〔2005〕82号)]的要求，在契税征收场所或房地产权属登记场所，代开销售不动产发票。要在代开销售不动产发票时，及时征收营业税及城市维护建设税和教育费附加、个人所得税、土地增值税、印花税等税收，并按照国家规定的税款入库预算级次缴入国库”。

2011年4月26日，财政部国家税务总局下发《财政部国家税务总局关于购房人办理退房有关契税问题的通知》（财税〔2011〕32号)，内容为：“根据《中华人民共和国契税暂行条例》（国务院令第224号）及其细则的规定，现对购房单位和个人办理退房有关契税问题的明确如下：对已缴纳契税的购房单位和个人，在未办理房屋权属变更登记前退房的，退还已纳契税；在办理房屋权属变更登记后退房的，不予退还已纳契税”。

国家税务总局于2015年9月25日公布的2015年第67号《国家税务总局关于契税纳税申报有关问题的公告》规定：“根据房地产权属转移契税征管中遇到的实际情况，现将下列情形契税纳税申报有关问题公告如下：一、根据人民法院、仲裁委员会的生效法律文书发生土地、房屋权属转移，纳税人不能取得销售不动产发票的，可持人民法院执行裁定书原件及相关材料办理契税纳税申报，税务机关应予受理。二、购买新建商品房的纳税人在办理契税纳税申报时，由于销售新建商品房的房地产开发企业已办理注销税务登记或者被税务机关列为非正常户等原因，致使纳税人不能取得销售不动产发票的，税务机关在核实有关情况后应予受理。三、本公告自公布之日起施行。”

法院审理

法院认为，本案的争议焦点有二：

一、关于被告里水税务分局受理原告契税纳税申报及征收契税的合法性问题。《中华人民共和国契税暂行条例》第八条规定：“契税的纳税义务发生时间，为纳税人签订土地、房屋权属转移合同的当天，或者纳税人取得其他具有土地、房屋权属转移合同性质凭证的当天。”第九条规定：“纳税人应当自纳税义务发生之日起 10 日内，向土地、房屋所在地的契税征收机关办理纳税申报，并在契税征收机关核定的期限内缴纳税款。”《中华人民共和国契税暂行条例细则》第十八条规定：“条例（即《中华人民共和国契税暂行条例》）所称其他具有土地、房屋权属转移合同性质凭证，是指具有合同效力的契约、协议、合约、单据、确认书以及由省、自治区、直辖市人民政府确定的其他凭证。”本案中，原告签订《商品房买卖合同》的时间为 2015 年 10 月 29 日，根据《中华人民共和国契税暂行条例》第八条、第九条规定，当日应为原告契税的纳税义务发生时间，原告应自该日起 10 日内，向被告里水税务分局办理契税纳税申报。被告里水税务分局在 2016 年 1 月 25 日收到原告提供的《商品房买卖合同》、身份证等资料后，受理原告的纳税申报，并以商品房买卖合同上记载的成交价格 1, 518, 866 元为计税依据，按 3% 的税率向原告征收 45, 565. 98 元契税款，符合《中华人民共和国契税暂行条例》第一条、第二条第一款第（三）项、第四条、第五条及《广东省契税实施办法》第五条的规定，该受理及征收行为事实清楚，证据充分，适用法规正确，法院予以支持。原告认为只有转移房屋所有权，纳税义务才应发生，被告里水税务分局向原告提前征收契税的行为违反了《中华人民共和国物权法》《中华人民共和国契税暂行条例》《中华人民共和国城市房地产管理法》《城市商品房预售管理办法》的规定。对此，法院认为，《中华人民共和国契税暂行条例》第八条对契税纳税义务发生时间已作出规定，且从《中华人民共和国契税暂行条例》第十一条“纳税人应当持契税完税凭证和其他规定的文件材料，依法向土地管理部门、房产管理部门办理有关土地、房屋的权属变更登记手续。纳税人未出具契税完税凭证的，土地管理部门、房产管理部门不予办理有关土地、房屋的权属变更登记手续”的规定可知，办理权属变更登记须以缴纳契税为前提，缴纳契税完毕才能办理权属变更登记，未缴纳契税的不能办理权属变更登记，因此，原告的主张没有法律依据。且《财政部、国家税务总局关于购房人办理退房有关契税问题的通知》（财税〔2011〕32 号）亦规定，对已缴纳契税的购房单位和个人，在未办理房屋权属变更登记前退房的，退还已纳契税。据此，即使原告购买的商品房合同出现无法履行的情形，最终未能办理房屋权属变更登记，原告仍享有申请退还已纳契税的权利。原告以其办理契税纳税申报时，涉案房产权属尚未转移，未发生纳税义务，要求被告里水税务分局按财税〔2016〕23

号通知规定退还多缴部分的契税理由不成立，法院不予支持。原告又认为被告里水税务分局在其没有提供销售不动产发票的情况下，受理原告的纳税申报违反《国家税务总局关于实施房地产税收一体化管理若干具体问题的通知》（国税发〔2005〕156号）及2015年第67号《国家税务总局关于契税纳税申报有关问题的公告》的规定。经查，虽然根据上述文件的精神，税务机关在契税纳税申报环节应要求纳税人报送销售不动产发票，但因《中华人民共和国契税暂行条例》第八条规定的契税纳税义务发生时间为纳税人签订房屋权属转移合同的当天，并不以销售不动产发票开具时间为依据。根据《中华人民共和国契税暂行条例》第四条及《中华人民共和国契税暂行条例细则》第九条的规定，契税的计税依据是土地、房屋产权转移合同确定的成交价格，并不以发票开具的金额为依据，契税计税依据的确定与发票开具的金额无关。且相关法律法规也未限制纳税人在购房合同发生变更时，根据合同变更后的实际成交价格申请税务机关重新核定计税依据的权利。因此，虽然原告在申报纳税时未提供销售不动产发票，但因原告提供的商品房买卖合同已能准确确定契税的纳税义务发生时间及契税的计税依据，被告里水税务分局在此情况下受理原告的纳税申报并不违反《中华人民共和国契税暂行条例》的规定。对于原告能否享受财税〔2016〕23号通知规定的契税优惠政策的问题，因原告纳税义务发生时间为2015年10月29日，而财税〔2016〕23号通知的执行时间为2016年2月22日，且该通知执行时，原告已完成契税申报缴纳，因此，原告亦不能享受该通知的契税优惠政策。综上，被告里水税务分局对原告提出的退税申请作出南地税里通〔2016〕321号《税务事项通知书》，决定不予退税，适用法律正确，法院予以支持。

二、关于被告区地税局下发的《关于规范房地产交易契税征收事项的通知》是否合法的问题。原告认为，《中华人民共和国契税暂行条例》第十一条只规定了没有契税完税凭证，不能办理有关土地、房屋的权属变更登记手续，并未规定没有契税完税凭证不能办理商品房买卖合同备案，《关于规范房地产交易契税征收事项的通知》中规定的“先缴税后备案”无法可依。经查，《广东省商品房预售管理条例》第二十二条规定：“预售商品房时，预售人应当与预购人签订书面的商品房预购销合同，在该合同签订三十日内持该合同到项目所在地房地产交易登记机构办理登记备案手续；房地产交易登记机构应当自受理之日起二十日内予以登记备案”。据此，商品房预售的备案时间为合同签订之日起30日内。又因《中华人民共和国契税暂行条例》第九条规定纳税人申报纳税的时间为签订合同之日起10日内，故《关于规范房地产交易契税征收事项的通知》中“新购一手房的契税纳税人，需到房产交易所办理商品房买卖合同备案的，请在合同备案前到房屋所在地的地税部门缴纳契税”的内容并未违反《中华人民共和国契税暂行条例》及《广东省商品房预售管理条例》关于契税纳税申报期限及商品房买卖合同备案期限的规定，也未限制纳税人办理契税纳税申报及办理商品房买卖合同备案的权利，被告区地税局下发的《关于规范房地产交易契税征收事项的通知》合法，原告的主张理由不充分，法院不予支持。

法院驳回原告洪某某的诉讼请求。

点评

本案纳税人认为自己购买的是期房，权属未发生转移，契税纳税义务未发生，故税务机关不得向其征收契税。换言之，缴纳契税必须要以权属转移为前提。纳税人的观点混淆了契税的缴纳和契税的退还。下面逐一分析：

一、契税的缴纳

《契税暂行条例》第八条规定：“契税的纳税义务发生时间，为纳税人签订土地、房屋权属转移合同的当天，或者纳税人取得其他具有土地、房屋权属转移合同性质凭证的当天。”第九条规定：“纳税人应当自纳税义务发生之日起10日内，向土地、房屋所在地的契税征收机关办理纳税申报，并在契税征收机关核定的期限内缴纳税款。”因此，只要纳税人签订了土地、房屋权属转移合同，或者取得其他具有土地、房屋权属转移合同性质凭证，契税纳税义务当天即发生。之后10天内，纳税人应当向税务机关申报纳税。然后，纳税人在税务机关核定的期限内缴纳契税。另外，《契税暂行条例》第十一条规定：“纳税人应当持契税完税凭证和其他规定的文件材料，依法向土地管理部门、房产管理部门办理有关土地、房屋的权属变更登记手续。纳税人未出具契税完税凭证的，土地管理部门、房产管理部门不予办理有关土地、房屋的权属变更登记手续。”因此，纳税人只有先缴纳契税，才能办理土地、房屋的权属变更登记手续。换言之，契税的缴纳在前，权属转移在后。

二、契税的退还

《国家税务总局关于无效产权转移征收契税的批复》规定：“按照现行契税政策规定，对经法院判决的无效产权转移行为不征收契税。法院判决撤销房屋所有权证后，已纳契税款应予退还。”《财政部、国家税务总局关于购房人办理退房有关契税问题的通知》规定："对已缴纳契税的购房单位和个人，在未办理房屋权属变更登记前退房的，退还已纳契税；在办理房屋权属变更登记后退房的，不予退还已纳契税。"上述两个税收规范性文件明确两种情况可以退还契税：第一，法院判决产权转移行为无效。第二，交易双方未办理房屋权属变更登记前退房。可见，契税退还的法理依据是纳税人未取得产权，或已取得的产权又归还原产权人。

本案纳税人已经缴纳了契税，其认为房屋产权未发生转移，其不应当缴纳契税，故应当退税。但是，房屋产权未发生转移只是退还契税的条件之一，并不是不缴纳契税的理由。契税的缴纳并不以产权转移为前提，且只有先缴纳契税才能办理产权转移手续。因此，法院驳回了纳税人的诉讼请求。

法条链接

1.《契税暂行条例》

第八条 契税的纳税义务发生时间，为纳税人签订土地、房屋权属转移合同的当天，或者纳税人取得其他具有土地、房屋权属转移合同性质凭证的当天。

第九条 纳税人应当自纳税义务发生之日起10日内，向土地、房屋所在地的契税征收机关办理纳税申报，并在契税征收机关核定的期限内缴纳税款。

第十一条 纳税人应当持契税完税凭证和其他规定的文件材料，依法向土地管理部门、房产管理部门办理有关土地、房屋的权属变更登记手续。

纳税人未出具契税完税凭证的，土地管理部门、房产管理部门不予办理有关土地、房屋的权属变更登记手续。

第三章　税收犯罪

第一节　妨害对公司、企业的管理秩序罪

088. 何谓隐匿、故意销毁会计凭证、会计账簿、财务会计报告罪？

——内蒙古德晟实业集团有限公司等逃税、故意销毁会计凭证、会计账簿、财务会计报告案[①]

裁判要旨

隐匿、故意销毁会计凭证、会计账簿、财务会计报告罪的主体是单位和个人；主观为故意，过失不得追究刑事责任；行为对象是应当依法保存的会计凭证、会计账簿、财务会计报告；行为表现为隐匿和销毁应当依法保存的会计凭证、会计账簿、财务会计报告。另外，此罪的成立还必须情节严重。

基本案情

一、内蒙古德晟实业集团有限公司（以下简称德晟公司）、乌海市新骆驼山煤矿有限责任公司（以下简称新骆驼山公司）以及乌海市海鑫摩尔沟煤矿有限责任公司（以下简称海鑫摩尔沟公司）是乌海市当地原煤生产企业。案发前后，实际给该企业提供土石方运输劳务的均是一些外地公司施工队或挂靠在外地公司的个人施工队，且在2010年6月前，一直是由施工队为德晟公司、新骆驼山公司及海鑫摩尔沟公司提供相应的公路、内河货物运输业统一发票（以下简称运输发票），其扣缴综合税率均为6.6%。

2010年3月30日，德晟公司与乌海市锦和物流有限责任公司（以下简称锦和物流公司）约定，锦和物流公司在不给德晟公司提供运输劳务的前提下，德晟

① 内蒙古自治区锡林郭勒盟中级人民法院（2017）内25刑初2号刑事判决书

公司向锦和物流公司支付一定的管理费和税费后，由锦和物流公司给德晟公司代开运输发票。并于当日由德晟公司副总经理张某军与锦和物流公司法人代表田某明签订了关于德晟实业公司所拥有的德晟三个煤矿的露天开采的《土石方运输合同》；锦和物流公司与给德晟公司实际施工的施工队签订了《挂靠协议》。2010年6月1日，由张某代表乌海市锦和物流有限责任公司与新骆驼山煤矿公司以及海鑫摩尔沟的法定代表人孙某签订了两矿的《土石方运输合同》，约定锦和物流公司在不给新骆驼山公司、海鑫摩尔沟提供运输劳务的前提下，新骆驼山公司、海鑫摩尔沟公司向锦和物流公司支付一定的管理费和税费后，由锦和物流公司给新骆驼山、海鑫摩尔沟公司代开运输发票；同时锦和物流公司与给新骆驼山公司和海鑫摩尔沟公司实际施工的施工队签订了《挂靠协议》。

上述协议签订后，一方面，德晟公司、新骆驼山公司、海鑫摩尔沟公司的运输劳务实际仍由原先的施工队提供，且与施工队进行实际结算，结算时支付不含税价款，施工队不再为德晟公司提供运输发票，而是由锦和物流公司在乌海市海勃湾区地方税务局办税大厅给德晟公司、新骆驼山公司、海鑫摩尔沟公司开具相应数额的公路、内河货物运输业统一发票，开票时所缴纳的税款综合税率为5.85%。2010年6月至2011年12月，锦和物流公司为德晟公司开具公路、内河货物运输业统一发票20份，金额为988,899,896.98元；2010年9月至2011年12月，为乌海市新骆驼山煤矿有限责任公司开具公路、内河货物运输业统一发票19份，金额为507,728,300元；2010年9月至2011年12月，为乌海市海鑫摩尔沟煤矿有限责任公司开具公路、内河货物运输业统一发票11份，金额101,273,047元。对于上述情况，德晟公司董事长孙兆元、新骆驼山公司、海鑫摩尔沟公司均事先予以许可；德晟公司所在的德晟公司的分管财务的副总经理张某军、德晟公司财务部部长白某强均知情，并在上述过程中进行指令下属进行具体的转账、汇款、记账等操作。

因由锦和物流公司出具运输发票比施工队直接出具运输发票的综合税率少0.75%。德晟公司与施工队结算施工费时，支付的是不含税价款，因此，本应由施工队开票并交纳的税费，在本案中应由德晟公司代扣，并应当在开票时代缴，但德晟公司作为代扣代缴义务人，明知应税劳务的实际提供者是个人，但却让锦和物流公司代开票，仅支付了发票金额5.85%的税款，未将已代扣的6.6%税款全额缴纳给税务机关，导致国家综合营业税收减少。德晟公司以非法代开发票的方法偷逃税款数额为7,416,749.23元，应缴未缴比例为11.36%；新骆驼山公司以非法代开发票的方法偷逃税款数额为3,807,962.25元，应缴未缴比例为11.36%；海鑫摩尔沟公司以非法代开发票的方法偷逃税款数额为759,547.85元，应缴款未缴比例为11.36%。

被告人白某强的供述证明：当时白某强在德晟公司担任主管会计，后任财务部部长，主要负责对公司发生的每笔业务进行审核、公司的决算和预算、有关财务的一些日常事务。2010年乌海市地税局不让在地税窗口代开发票，乌海市当地政府要求二、三产业分离，基于这种情况，张某军代表德晟公司和锦和物流有限公司的田某明签订了《土石方运输合同》，又把给德晟煤矿施工的工程队找来，让他们和锦和物流有限责任公司签订《运输合同》。给德晟公司真正从事土石方剥离工程的有八、九个施工队，每个月按照安技部的实际测量数据给这几个工程队支付工程款。为了让锦和物流公司给德晟公司开具运输发票，张某军让我根据安技部出具的方量图制作"土石方运输运费明细表""土石方拉运（运费、税金）明细表""土石方运输方量确认表"以及"费用结算单"，放在德晟公司针对锦和物流公司的账目里，实际上德晟公司与锦和物流公司根本没有发生任何运输业务，目的是让锦和物流公司给德晟公司开具运输发票。张某军让我根据测算的具体金额给锦和物流公司支付运费，德晟公司以银行转账和支付银行承兑汇票的形式给锦和物流支付工程款，刘某某等几个工程队负责人和锦和物流公司签订完《运输合同》后，张某军让王某以这几个工程队负责人的名义办理了银行卡，并掌握在王某手里。德晟公司的银行对公账户给锦和物流公司对公账户转账后，锦和物流公司去乌海市地税部门给德晟公司开具运输发票，把税款交到税务部门，另外扣除管理费，剩余的钱转到王某拿着的刘某某这几个工作队负责人的银行卡，将钱转回德晟公司的账户上。之后把承兑汇票复印两份，锦和物流和德晟公司各留一份入账，而原件直接支付给真正给德晟煤矿从事土石方剥离工程的施工队了。这些事都是张某军和张某商量好的，张某军让我们这样做的。孙某元、呼某某、张某军商定锦和物流公司给德晟公司开具发票合作这件事情，我把开具发票以及合作运行过程中存在的问题向孙某元、呼某某、张某军汇报过。

二、乌海市锦和物流有限责任公司的日常工作由被告人张某负责，张某作为公司的财务资料保管人员，应当依法将其保管的乌海市锦和物流有限责任公司的会计凭证、会计账簿、财务会计报告妥善保管备查，但其在乌海市锦和物流有限责任公司注销之后将公司的会计凭证、会计账簿、财务会计报告随意存放在小房内，后当做废品卖掉，致使在公安机关对案件进行调查的时候，无法提供相关会计凭证、会计账簿、财务会计报告。被告人张某销毁的会计凭证、会计账簿、财务会计报告记载的营业额达 1,597,901,244 元。

法院审理

法院认为，被告单位内蒙古德晟实业集团有限公司作为扣缴义务人通过非法代开发票的方式，少缴税款 7,416,749.23 元，占应纳税额 11.36%，构成逃税罪，公诉机关指控罪名成立，法院予以支持。被告单位案发后，积极换回犯罪造成的损失，当庭认罪、悔罪态度好，法院对辩护人该项辩护意见予以采纳。

被告人孙某元作为内蒙古德晟实业集团有限公司的董事长、张某军作为内蒙古德晟实业集团有限公司的分管财务的副总经理，是单位犯罪行为的直接负责的主管人员，被告人白某强作为内蒙古德晟实业集团有限公司的财务主管人员，在张某军授意下，安排工作人员进行具体的操作，系其他直接责任人员。被告人孙某元、张某军、白某强，均构成逃税罪，法院对公诉机关指控罪名予以支持。三被告人均当庭表示认罪、悔罪，法院对辩护人该项辩护意见予以采纳。因被告人张某军、白某强均系公安机关掌握案件线索后对其开展调查，对辩护人认为二人具有自首情节的辩护意见，法院不予以采纳。对辩护人认为白某强在公司中职务低、没有决策权、只是执行者、犯罪情节轻的辩护意见，法院予以采纳。

被告人张某、田某明为内蒙古德晟实业集团有限公司、乌海市新骆驼山煤矿有限责任公司、乌海市海鑫摩尔沟煤矿有限责任公司非法代开发票，帮助偷逃税款 11,984,259.33 元，占应缴税额 11.36%。被告人张某、田某明均构成逃税罪，对公诉机关指控罪名予以支持。对被告人张某、田某明当庭认罪的辩护意见，予以采纳。关于辩护人认为被告人张某成立自首的辩护意见，因被告人张某系公安机关掌握案件线索后对其开展调查并抓捕归案，法院不予以采纳。

被告人张某作为乌海市锦和物流公司的财务保管人员，将应当保管、提供的会计凭证、会计账簿、财务会计报告，故意销毁，涉及金额达 1,597,901,244 元，已构成故意销毁会计凭证、会计账簿、财务会计报告罪，对公诉机关指控的罪名予以支持。辩护人认为张某主观上没有销毁其保管的会计凭证、会计账簿、财务会计报告的故意，是由于意外原因丧失的，所以不构成该罪的辩护意见，没有法律依据，法院不予以采纳。其他辩护意见，亦没有证据和法律依据，法院不予以采纳。

法院依照《中华人民共和国刑法》第二百零一条第一款、第二款，第二百一十一条，第一百六十二条之一、第六十九条之规定，判决如下：

一、被告单位内蒙古德晟实业集团有限公司犯逃税罪，判处罚金14,833,498.46元。（罚金限于本判决生效后三十日内缴纳）

二、被告人孙某元犯逃税罪，判处有期徒刑一年十一个月，并处罚金200,000元。

三、被告人张某军犯逃税罪，判处有期徒刑一年九个月，并处罚金150,000元。

四、被告人白某强犯逃税罪，判处有期徒刑一年五个月，并处罚金100,000元。

五、被告人张某犯逃税罪，判处有期徒刑二年，并处罚金300,000元；犯故意销毁会计凭证、会计账簿、财务会计报告罪，判处有期徒刑一年四个月，并处罚金100,000元；执行有期徒刑三年，并处罚金400.000元。

六、被告人田某明犯逃税罪，判处有期徒刑二年，并处罚金300.000元。

点评

隐匿、故意销毁会计凭证、会计账簿、财务会计报告罪因范冰冰偷税案引发了社会的广泛关注。2018年6月，在税务机关对范冰冰及其经纪人牟某广所控制的相关公司展开调查期间，牟某广指使公司员工隐匿、故意销毁涉案公司会计凭证、会计账簿，阻挠税务机关依法调查，涉嫌犯罪，牟某广等人被公安机关依法采取强制措施。从司法实务看，此罪的发生通常是因为实施违法犯罪行为后，为了逃避法律责任，而对会计凭证、会计账簿、财务会计报告隐匿或毁灭，原因是会计凭证、会计账簿、财务会计报告是查实违法犯罪行为的重要证据，缺之无法对其进行处罚。《刑法》将此罪归入妨害对公司、企业的管理秩序罪，其第一百六十二条之一规定："隐匿或者故意销毁依法应当保存的会计凭证、会计账簿、财务会计报告，情节严重的，处五年以下有期徒刑或者拘役，并处或者单处二万元以上二十万元以下罚金。单位犯前款罪的，对单位判处罚金，并对其直接负责的主管人员和其他直接责任人员，依照前款的规定处罚。"此罪的主体是单位和个人；主观为故意，过失不得追究刑事责任；行为对象是应当依法保存的会计凭证、会计账簿、财务会计报告；行为表现为隐匿和销毁应当依法保存的会计凭证、会计账簿、财务会计报告。另外，此罪的成立还必须情节严重。依据《最高人民检察院公安部关于公安机关管辖的刑事案件立案追诉标准的规定（二）》第八条，隐匿或者故意销毁依法应当保存的会计凭证、会计账簿、财务会计报告，涉嫌下列情形之一的，应予立案追诉：（一）隐匿、故意销毁的会计凭证、会计账簿、财务会计报告涉及金额在五十万元以上的；（二）依法应当向司法机关、行政机关、有关主管部门等提供而隐匿、故意销毁或者拒不交出会计凭证、会计账簿、财务会计报告的；（三）其他情节严重的情形。

从司法实务看，会计和出纳等财务会计人员是涉嫌此罪的重点人群，原因是上述人员直接经手和管理单位财务，并制作和保管会计凭证、会计账簿、财务会计报告，为了逃避违法犯罪行为的法律责任，单位领导通常会指使其隐匿和毁灭会计凭证、会计账簿、财务会计报告。

需要注意的是，如果责任人员隐匿、毁灭应当保管的会计凭证、会计账簿、财务会计报告，即使其行为不构成犯罪，也会被追究行政责任。《会计法》第四十三条规定："伪造、变造会计凭证、会计账簿，编制虚假财务会计报告，构成犯罪的，依法追究刑事责任。有前款行为，尚不构成犯罪的，由县级以上人民政府财政部门予以通报，可以对单位并处五千元以上十万元以下的罚款；对其直接负责的主管人员和其他直接责任人员，可以处三千元以上五万元以下的罚款；属于国家工作人员的，还应当由其所在单位或者有关单位依法给予撤职直至开除的行政处分；其中的会计人员，五年内不得从事会计工作。"第四十五条规定："授意、指使、强令会计机构、会计人员及其他人员伪造、变造会计凭证、会计账簿，编制虚假财务会计报告或者隐匿、故意销毁依法应当保存的会计凭证、会计账簿、财务会计报告，构成犯罪的，依法追究刑事责任；尚不构成犯罪的，可以处五千元以上五万元以下的罚款；属于国家工作人员的，还应当由其所在单位或者有关单位依法给予降级、撤职、开除的行政处分。"

法条链接

1.《刑法》

第一百六十二条之一 隐匿或者故意销毁依法应当保存的会计凭证、会计账簿、财务会计报告，情节严重的，处五年以下有期徒刑或者拘役，并处或者单处二万元以上二十万元以下罚金。

单位犯前款罪的，对单位判处罚金，并对其直接负责的主管人员和其他直接责任人员，依照前款的规定处罚。

2.《最高人民检察院、公安部关于公安机关管辖的刑事案件立案追诉标准的规定（二）》

第八条 ［隐匿、故意销毁会计凭证、会计账簿、财务会计报告案（刑法第一百六十二条之一）］隐匿或者故意销毁依法应当保存的会计凭证、会计账簿、财务会计报告，涉嫌下列情形之一的，应予立案追诉：

（一）隐匿、故意销毁的会计凭证、会计账簿、财务会计报告涉及金额在五十万元以上的；

（二）依法应当向司法机关、行政机关、有关主管部门等提供而隐匿、故意销毁或者拒不交出会计凭证、会计账簿、财务会计报告的；

（三）其他情节严重的情形。

3.《会计法》

第四十三条 伪造、变造会计凭证、会计账簿，编制虚假财务会计报告，构成犯罪的，依法追究刑事责任。

有前款行为，尚不构成犯罪的，由县级以上人民政府财政部门予以通报，可以对单位并处五千元以上十万元以下的罚款；对其直接负责的主管人员和其他直接责任人员，可以处三千元以上五万元以下的罚款；属于国家工作人员的，还应当由其所在单位或者有关单位依法给予撤职直至开除的行政处分；其中的会计人员，五年内不得从事会计工作。

第四十五条 授意、指使、强令会计机构、会计人员及其他人员伪造、变造会计凭证、会计账簿，编制虚假财务会计报告或者隐匿、故意销毁依法应当保存的会计凭证、会计账簿、财务会计报告，构成犯罪的，依法追究刑事责任；尚不构成犯罪的，可以处五千元以上五万元以下的罚款；属于国家工作人员的，还应当由其所在单位或者有关单位依法给予降级、撤职、开除的行政处分。

第二节 危害税收犯罪

089. 如何理解逃税罪的处罚阻却事由？

——袁某逃税案①

裁判要旨

第一，任何逃税案件，首先必须经过税务机关的处理。如没有处理或不处理的，司法机关不得直接追究行为人的刑事责任。第二，只要行为人接受了税务机关的处理，就不应追究刑事责任。第三，只有当行为人超过了税务机关的规定期限而不接受处理，司法机关才能追究刑事责任。第四，但书所规定的“二次以上行政处罚”中的二次，应是指因逃税受到行政处罚后又逃税而再次被给予行政处罚。即已受两次行政处罚，第三次再逃税的，才否定处罚阻却事由的成立。

基本案情

2001年9月6日，被告人袁某为购买社会法人股设立了荣某公司，股东为被告人袁某及张某华，袁某担任法定代表人。荣某公司成立后未办理税务登记。

2001年9月至2002年1月，荣某公司通过拍卖行先后以总成本295,760元购进宁波富达社会法人股10万股，以总成本265,961元购进海立股份社会法人股56,160股，以总成本826,210.55元购进华联超市社会法人股（后更名为新华传媒）317,100股。在荣某公司持有期间，上述社会法人股经配送后分别达到宁波富达160,000股、海立股份67,392股、新华传媒380,520股；宁波富达取得红利72,000元、海立股份取得红利28,641.60元、新华传媒取得红利159,057.36元。

2007年3月，荣某公司将海立股份全部售出，扣除税费转让收入为443,750.86元。

荣某公司存续期间，未进行其他经营活动。

① 上海市浦东新区人民法院（2013）浦刑初字第3707号刑事判决书

2007年8月6日，被告人袁某在未依法进行税务清算的情况下，采用隐瞒企业投资收入等方式编制虚假清算报告注销荣某公司，并与另一股东张某华约定荣某公司一切权利义务均由其承担。

2007年9月14日，被告人袁某以荣某公司唯一权利义务继承人的身份通过上海证券交易所将荣某公司持有的宁波富达、新华传媒社会法人股转至个人名下。

2007年10月至12月，新华传媒、宁波富达社会法人股先后上市流通，被告人袁某于2007年10月至12月间售出全部新华传媒股份；于2008年5月售出全部宁波富达股份。

2008年2月25日起，上海市税务局第一稽查局（以下简称税务稽查局）接举报后对荣某公司进行税务检查，于2009年8月19日做出沪地税一稽处（2009）503号税务处理决定书。被告人袁某仍拒不缴纳税款，税务稽查局遂于2011年11月2日将该案移送公安机关处理。

2013年1月6日，被告人袁某在上海市被公安民警抓获。

法院审理

法院认为，被告人袁某身为荣某公司直接负责的主管人员，采取欺骗、隐瞒手段不进行纳税申报，逃避缴纳企业所得税及应代股东扣缴的个人所得税，数额较大并占应纳税额百分之十以上，其行为已构成（单位）逃税罪。理由如下：

一、关于被告人袁某的犯罪故意。本案中，被告人袁某的犯罪故意需放在其整个行为中考量。首先，荣某公司成立后，未依法办理税务登记，这一行为使荣某公司在其存续乃至注销时均脱离了税务机关的有效监管。荣某公司于2002年1月提交的年检报告书及资产负债表中均未申报企业购进限售股的事实。被告人袁某当庭辩称其注册成立公司、年检等均由代办公司一手操办，本人均不知情。法院认为，经济活动中委托代办情况确实普遍存在，但不足以成为推卸法律责任的正当理由。委托他人办理的主要限于一些事务性工作，委托方应对提供材料的真实性承担法律责任，并有义务审核代办业务结果，防止其中可能存在的重大疏漏。被告人袁某作为荣某公司的法定代表人，理应对代办公司提供的公司注册相关材料进行审核。作为一个资质健全的正常企业，办理税务登记是基本的要求，荣某公司对其未办理税务登记且在年检报告材料中提供虚假的税务登记号无法作出合理解释，故法院认定其隐瞒事实的故意明显。其次，在荣某公司办理企业注销过程中，被告人袁某再次隐瞒了企业存续期间购入、持有社会法人股、转让股权获利等投资事项。如果说被告人袁某是基于宁波富达、新华传媒当时尚未解禁，其本人无法判断该社会法人股的增值情况而未予申报，那么海立股份已在2007年二三月间售出获利，投资该股的收益已实际归属荣某公司，被告人袁某对该笔资产亦不予申报，足以反映其隐瞒事实的故意。此外，根据《中华人民共和国公司法》第一百八十七条的规定，公司财产在缴纳所欠税款、清偿公司债务后才可分配给股东。未依法清偿前，不得分配给股东。《中华人民共和国税收征管法实施细则》第十六条规定纳税人在办理注销税务登记前，应当向税务机关结清应纳税款等。被告人袁某在注销公司时明显利用了未办理税务登记这一事实，其用税务机关针对荣某公司这一违法行为的处罚决定书替代了正常的税务清缴手续，未向税务机关申报清算时公司名下投资性资产的情况，提供虚假的清算报告，再次绕过税务机关监管，完成了企业的工商注销，并将荣某公司名下资产变更至其个人名下。综观上述过程，被告人袁某从荣某公司设立至注销过程的关键环节上，不止一次地隐瞒了公司名下存在大量投资资产的事实，绕开税务机关的管控，据此，足以认定其有逃避缴纳税款的故意。再次，2008年2月25日被告人袁某收到了上海市税务稽查局的询问通知书，通知其于2月28日就涉税事宜接受询问。被告人袁某于2月27日向上海市黄浦区税务局申报个人所得税，申报事项是基于其个人名下股票转让收益的事实，而非补缴其基于公司继受股东身份从荣某公司获得利益分配而应缴的个人所得税，导致税务机关核定其应纳个人所得税额仅为2万余元，与应缴纳的企业所得税、代股东缴纳的个人所得税相差甚远。故法院认为被告人袁某的上述纳税申报行为进一步证明其具有逃税的故意。

二、关于行政处罚决定书的送达。证人胡某某当庭作证证实其作为税务稽查局查办荣某公司涉税案的承办人员，在行政处罚决定书作出后，先后多次采用了电话通知、至所知的袁某可能的居住地送达、邮寄送达等方式，均未接到袁某的反馈信息，在当时无法确定是否已有效送达袁某本人的情况下，又采用了在上海财税网上公告送达的方式。尽管被告人袁某当庭否认在被采取强制措施前收到过税务机关的行政处罚决定书，但查件单及办理业务回单、邮政投递清单、物证鉴定意见书等证据证实邮政投递清单上的签名是被告人袁某所写，其已于2010年2月4日收到了相关邮件。被告人袁某于2013年5月14日在接受公诉机关讯问时亦供认2010年小年夜时收到了邮局的快件，里面是税务机关的处理决定书，其在邮局的投递清单上做了签收。之所以不按照要求缴税是因为个人觉得该决定无效。上述证据足以证实被告人袁某在被公安机关采取强制措施前已收到了税务机关的处罚决定书，了解到了税务机关对其作出的处罚内容。

三、关于本案的法律适用。辩护人认为被告人袁某的相关行为发生在 2007 年前后，按照当时刑法规定的偷税罪，袁的行为不符合该罪的行为特征。现行刑法中的逃税罪是 2009 年 2 月刑法修正案规定的，根据刑法从旧兼从轻的溯及力原则，对袁某的行为不适用刑法修正案逃税罪的规定。法院认为，根据逃税罪的法律规定，首次实施逃税犯罪的，除满足逃税行为特征、数额的规定外还需具有经税务机关下达追缴通知后，不履行纳税义务、不接受处罚的行为，方作为犯罪追究刑事责任。被告人袁某采用隐瞒、欺骗手段逃避缴纳税款的行为发生在 2007 年前后，不履行税务机关作出的追缴处罚决定的行为则发生在 2009 年《刑法修正案》（七）生效之后。其犯罪行为处于持续状态，跨越了刑法修正案（七）的施行日期，根据跨法犯的处罚原则及司法实践，应当适用刑法修正案（七）的规定追究其刑事责任。同时需要指出的是，辩护人还提出税务机关在调查中发现犯罪行为的应移送公安机关处理，而已作行政处罚决定的就不应再移送公安机关追究刑事责任。法院认为，按照前述逃税罪的法律规定来看，本案的侦办程序并不存在辩护人所说的问题。被告人袁某的行为如果理性地止步于税务机关向其追缴欠税的阶段，并履行了缴税义务，接受了行政处罚，就不再构成逃税罪。因此税务机关在发现其欠缴税款行为时，依法作出行政处罚决定，追缴欠缴税款是合法有据的，若在此时即移送公安机关反倒是缺乏法律依据的。而公安机关立案侦查的前提条件也正是基于被告人袁某逃避缴纳税款并在税务机关作出追缴税款决定后仍不履行缴税义务的行为。

综上，依照《中华人民共和国刑法》第二百零一条、第二百一十一条、第六十四条、第五十三条之规定，判决如下：

一、被告人袁某犯（单位）逃税罪，判处有期徒刑二年六个月，罚金人民币五十万元。（刑期从判决执行之日起计算；判决执行以前先行羁押的，羁押一日折抵刑期一日。即自 2013 年 1 月 6 日起至 2015 年 7 月 5 日止。罚金自判决生效后一个月内缴纳。）

二、违法所得的一切财物予以追缴或责令退赔。

点评

刑法第二百零一条修正以前规定："纳税人采取伪造、变造、隐匿、擅自销毁账簿、记账凭证，在账簿上多列支出或者不列、少列收入，经税务机关通知申报而拒不申报或者进行虚假的纳税申报的手段，不缴或者少缴应纳税款，偷税数额占应纳税额的百分之十以上不满百分之三十并且偷税数额在一万元以上不满十万元的，或者因偷税被税务机关给予二次行政处罚又偷税的，处三年以下有期徒刑或者拘役，并处偷税数额一倍以上五倍以下罚金；偷税数额占应纳税额的百分之三十以上并且偷税数额在十万元以上的，处三年以上七年以下有期徒刑，并处偷税数额一倍以上五倍以下罚金。扣缴义务人采取前款所列手段，不缴或者少缴已扣、已收税款，数额占应缴税额的百分之十以上并且数额在一万元以上的，依照前款的规定处罚。对多次犯有前两款行为，未经处理的，按照累计数额计算。"刑法第二百零一条修正以后规定："纳税人采取欺骗、隐瞒手段进行虚假纳税申报或者不申报，逃避缴纳税款数额较大并且占应纳税额百分之十以上的，处三年以下有期徒刑或者拘役，并处罚金；数额巨大并且占应纳税额百分之三十以上的，处三年以上七年以下有期徒刑，并处罚金。扣缴义务人采取前款所列手段，不缴或者少缴已扣、已收税款，数额较大的，依照前款的规定处罚。对多次实施前两款行为，未经处理的，按照累计数额计算。有第一款行为，经税务机关依法下达追缴通知后，补缴应纳税款，缴纳滞纳金，已受行政处罚的，不予追究刑事责任；但是，五年内因逃避缴纳税款受过刑事处罚或者被税务机关给予二次以上行政处罚的除外。"

《关于〈中华人民共和国刑法修正案（七）（草案）〉的说明》对刑法第二百零一条的修正说明如下："刑法第二百零一条从偷税的具体数额和所占应纳税款比例两方面对偷税罪的定罪量刑标准作了规定。有关部门提出，在经济生活中，偷逃税的情况十分复杂，同样的偷税数额在不同时期对社会的危害程度不同，建议在刑法中对偷税罪的具体数额标准不作规定，由司法机关根据实际情况作出司法解释并适时调整。同时提出，考虑到打击偷税犯罪的主要目的是为了维护税收征管秩序，保证国家税收收入，对属于初犯，经税务机关指出后积极补缴税款和滞纳金，履行了纳税义务，接受行政处罚的，可不再作为犯罪追究刑事责任，这样处理可以较好地体现宽严相济的刑事政策。经同国家税务总局、公安部、最高人民法院、最高人民检察院研究，建议将刑法第二百零一条规定的偷税罪的定罪量刑标准修改为：逃避缴纳税款数额较大并且占应纳税额百分之十以上的，处三年以下有期徒刑或者拘役，并处或者单处罚金；数额巨大并且占应纳税额百分之三十以上的，处三年以上七年以下有期徒刑，并处罚金。并增加规定：有本条第一款行为，经税务机关依法下达追缴通知后，补缴应纳税款，缴纳滞纳金，并且接受行政处罚的，不予追究刑事责任；但是，五年内曾因逃避缴纳税款受过刑事处罚或者被税务机关给予二次以上行政处罚的除外。(草案第三条)”

对逃税罪的理解，关键是正确理解逃税罪的处罚阻却事由。由于我国综合税率较高，加之企业和个人在趋利避害的本性引导下，逃税现象难免。如果僵硬地理解刑法第二百零一条，则会使大量的企业和个人成为潜在的犯罪嫌疑人而被追究刑事责任。因此，对逃税罪要从宽理解。张明楷教授认为，刑法第二百零一条第四款规定了逃税罪的处罚阻却事由，需要从四个方面把握：第一，任何逃税案件，首先必须经过税务机关的处理。如没有处理或不处理的，司法机关不得直接追究行为人的刑事责任。第二，只要行为人接受了税务机关的处理，就不应追究刑事责任。第三，只有当行为人超过了税务机关的规定期限而不接受处理，司法机关才能追究刑事责任。第四，但书所规定的“二次以上行政处罚”中的二次，应是指因逃税受到行政处罚后又逃税而再次被给予行政处罚。即已受两次行政处罚，第三次再逃税的，才否定处罚阻却事由的成立。（见张明楷著《刑法学》（下）第813页，法律出版社）另外，《最高人民检察院、公安部关于公安机关管辖的刑事案件立案追诉标准的规定（二）》第五十七条第一款规定：“［逃税案(刑法第二百零一条)］逃避缴纳税款，涉嫌下列情形之一的，应予立案追诉：(一）纳税人采取欺骗、隐瞒手段进行虚假纳税申报或者不申报，逃避缴纳税款，数额在五万元以上并且占各税种应纳税总额百分之十以上，经税务机关依法下达追缴通知后，不补缴应纳税款、不缴纳滞纳金或者不接受行政处罚的；(二）纳税人五年内因逃避缴纳税款受过刑事处罚或者被税务机关给予二次以上行政处罚，又逃避缴纳税款，数额在五万元以上并且占各税种应纳税总额百分之十以上的；(三）扣缴义务人采取欺骗、隐瞒手段，不缴或者少缴已扣、已收税款，数额在五万元以上的。”上述立案标准也印证了张明楷教授的观点。

就本案而言，被告人袁某采用隐瞒、欺骗手段逃避缴纳税款的行为发生在2007年前后，不履行税务机关作出的追缴处罚决定的行为则发生在2009年《刑法修正案》（七）生效之后，在刑法理论上属于跨法犯，对跨法犯一般从轻处罚，故适用修正后的逃税罪追究。被告人主观上有逃税的故意，客观上实施了逃税行为，并且在税务机关对其发出追缴税款的通知并作出行政处罚后拒不配合缴纳税款、滞纳金和罚金，已满足逃税罪的构成要件，也否定了处罚阻却事由的成立。但是，从中国裁判文书网上公布的逃税罪判决书来看，我国部分地区的司法机关仍然不考虑逃税罪的处罚阻却事由，即使税务机关未进行处理也直接追究刑事责任，此种作法实属不妥。

法条链接

1.《刑法》

第二百零一条 纳税人采取欺骗、隐瞒手段进行虚假纳税申报或者不申报，逃避缴纳税款数额较大并且占应纳税额百分之十以上的，处三年以下有期徒刑或者拘役，并处罚金；数额巨大并且占应纳税额百分之三十以上的，处三年以上七年以下有期徒刑，并处罚金。

扣缴义务人采取前款所列手段，不缴或者少缴已扣、已收税款，数额较大的，依照前款的规定处罚。

对多次实施前两款行为，未经处理的，按照累计数额计算。

有第一款行为，经税务机关依法下达追缴通知后，补缴应纳税款，缴纳滞纳金，已受行政处罚的，不予追究刑事责任；但是，五年内因逃避缴纳税款受过刑事处罚或者被税务机关给予二次以上行政处罚的除外。

2.《最高人民检察院、公安部关于公安机关管辖的刑事案件立案追诉标准的规定（二）》

第五十七条第一款 ［逃税案（刑法第二百零一条）］逃避缴纳税款，涉嫌下列情形之一的，应予立案追诉：

（一）纳税人采取欺骗、隐瞒手段进行虚假纳税申报或者不申报，逃避缴纳税款，数额在五万元以上并且占各税种应纳税总额百分之十以上，经税务机关依法下达追缴通知后，不补缴应纳税款、不缴纳滞纳金或者不接受行政处罚的；

（二）纳税人五年内因逃避缴纳税款受过刑事处罚或者被税务机关给予二次以上行政处罚，又逃避缴纳税款，数额在五万元以上并且占各税种应纳税总额百分之十以上的；

（三）扣缴义务人采取欺骗、隐瞒手段，不缴或者少缴已扣、已收税款，数额在五万元以上的。

090. 进入刑事司法程序后补缴税款、缴纳滞纳金、接受行政处罚不能成立逃税罪的处罚阻却事由

——李某等逃税案①

裁判要旨

纳税人在公安机关对其逃税行为立案后向税务机关补缴税款、缴纳滞纳金或者接受行政处罚的，不影响刑事责任的追究，不能成立逃税罪的处罚阻却事由，但是，法院在量刑时可以将其作为酌定从轻处罚的情节予以考虑。

基本案情

2007年6月，深圳市××保险代理有限公司（以下简称××公司）成立，经营范围包括代理销售保险产品、代理收取保险费等。

2009年，被告人李某、钟某从他人手中接手经营××公司，成为该公司的实际控制人，二人各占50%的股份。被告人刘某为××公司兼职财务人员和办税人员，负责做账及报税事务。

2009年至2010年期间，被告人李某、钟某、刘某制作虚假财务账目，以少报、不报收入的手段，逃避缴纳企业所得税。

2011年2月至2014年2月，深圳市国家税务局稽查局对××公司2009年1月1日至2010年12月31日期间的企业所得税缴纳情况进行检查，并于2014年3月4日作出《税务处理决定书》及《税务行政处罚决定书》，认定该公司在2009年少缴企业所得税共计人民币972,913.55元，2010年少缴企业所得税共计人民币923,655.45元，追缴两年少缴企业所得税共计人民币1,896,569.00元，并依法加收滞纳金，同时对该公司处以少缴税款50%的罚款共计人民币948,284.50元。因无法与××公司取得联系，深圳市国家税务局稽查局于2014年5月17日在《深圳商报》以登报公告送达的方式将处理决定及处罚决定送达××公司。截至2014年7月16日公安机关立案侦查时止，××公司未补缴税款及罚款。

① 广东省深圳市中级人民法院（2015）深中法刑二终字第548号刑事裁定书

2014年9月3日，被告人李某、钟某、刘某分别在本市宝安区、龙岗区的住所被公安机关抓获。

2014年9月5日，三名被告人的家属替三名被告人将××公司少缴税款、应缴罚款及滞纳金共计人民币3,226,267.77元补缴至深圳市国家税务局。

法院审理

原判认为，被告人李某、钟某作为深圳市××保险代理有限公司直接负责的主管人员，被告人刘某作为深圳市××保险代理有限公司直接责任人员，无视国家法律，采用欺骗、隐瞒手段进行虚假纳税申报，逃避缴纳税款数额巨大并且占应纳税额百分之三十以上，且经税务部门依法下达追缴通知后，未补缴应纳税款及滞纳金，其三人行为均已构成逃税罪。在共同犯罪中，被告人李某、钟某起主要作用，是主犯；被告人刘某起次要作用，是从犯，依法应减轻处罚。被告人李某、钟某、刘某归案后能如实供述主要犯罪事实，有一定悔罪表现，依法可从轻处罚；其三人家属在被告人归案后能积极代为补缴税款、滞纳金和罚款，挽回国家的损失，对三被告人可酌情从轻处罚。根据被告人李某、钟某、刘某的犯罪情节及悔罪表现，适用缓刑没有再犯罪的危险，对所居住社区没有重大不良影响，可依法宣告缓刑，遂判决：一、被告人李某犯逃税罪，判处有期徒刑三年，缓刑四年，并处罚金人民币十万元。二、被告人钟某犯逃税罪，判处有期徒刑三年，缓刑四年，并处罚金人民币十万元。三、被告人刘某犯逃税罪，判处有期徒刑二年，缓刑三年，并处罚金人民币五万元。

原审被告人刘某、钟某上诉提出：一审判决认定事实错误，适用法律错误。其在税务机关依法下达追缴通知后，及时补缴应纳税款，缴纳滞纳金，已受行政处罚的，依法不予追究刑事责任。请求二审法院依法公正裁决。

二审法院驳回上诉，维持原判。

点评

《刑法》第二百零一条第四款规定了逃税罪的处罚阻却事由，即“经税务机关依法下达追缴通知后，补缴应纳税款，缴纳滞纳金，已受行政处罚的，不予追究刑事责任”。因此，只要税务机关对纳税人的逃税行为进行了处理，且纳税人接受了处理，即使纳税人的行为符合逃税罪的犯罪构成，也不追究纳税人的刑事责任。但是，在司法实务中，经常出现纳税人不按税务机关的税务处理决定书和税务处罚决定书的规定补缴应纳税款、缴纳滞纳金和罚金，和税务机关玩失联，当税务机关将案件资料移送公安机关立案侦查后，迫于刑事责任的压力，纳税人积极补缴应纳税款，缴纳滞纳金和罚金。在法院审理过程中，被告人以纳税人积极补缴应纳税款、缴纳滞纳金和罚金为由，请求免除其刑事责任。对此，《刑法》并未明确规定如何处理，但是可以从《刑法》第二百零一条第四款的立法目的进行分析。《刑法》第二百零一条第四款规定了逃税罪的处罚阻却事由，这是2009年《刑法修正案（七）》增加的。之前，此罪名为偷税罪，且无处罚阻却事由，即只要有偷税行为，且偷税数额达到法定标准，就直接追究刑事责任。由于我国综合税率比较高，纳税人意识淡薄，税收法治水平低，偷税现象屡见不鲜，这导致当时的偷税罪将我国很多企业和个人变成了司法机关潜在的被追诉对象，上述企业和个人面临了严重的刑事责任风险。普遍的偷税现象和刑法规定的偷税罪之间的紧张关系需要缓和，方法有二：一是税收法治水平和纳税人意识大大提高，偷税现象大大减少；二是修改刑法规定的偷税罪，增加处罚阻却事由，降低该罪名的刚性。方法一需要一个很长的时间，短期不可行，方法二简单易行。权衡之下，我国立法机关对刑法进行了修正，将偷税罪改为逃税罪，并增加了处罚阻却事由。考察处罚阻却事由的具体规定，其目的是给逃税的纳税人一个自我救赎的机会，让其接受税务机关的处理，依法补缴应纳税款，缴纳滞纳金和罚金，而不是直接追究其刑事责任。如果纳税人放弃上述机会，一意孤行，则启动刑事司法程序。简言之，规定处罚阻却事由的立法目的就是让纳税人在刑事司法程序启动之前接受税务机关的处理，而不是在刑事司法程序启动之后向纳税人追缴应纳税款、滞纳金和罚金。据此，当纳税人在刑事司法程序启动后补缴应纳税款，缴纳滞纳金和罚金，已无法实现处罚阻却事由的立法目的时，应当追究其刑事责任。《最高人民检察院、公安部关于公安机关管辖的刑事案件立案追诉标准的规定（二）》第五十七条第二款规定：“纳税人在公安机关立案后再补缴应纳税款、缴纳滞纳金或者接受行政处罚的，不影响刑事责任的追究。”但是，法院在案件审理过程中，可以将补缴应纳税款、缴纳滞纳金或者接受行政处罚作为酌定从轻处罚的情节在量刑时予以考虑。

本案所涉纳税人是深圳市××保险代理有限公司，属于单位犯罪。《刑法》第三十条规定：“公司、企业、事业单位、机关、团体实施的危害社会的行为，法律规定为单位犯罪的，应当负刑事责任。”第三十一条规定：“单位犯罪的，对单位判处罚金，并对其直接负责的主管人员和其他直接责任人员判处刑罚。本法分则和其他法律另有规定的，依照规定。”据此，对深圳市××保险代理有限公司应处罚金，并对直接负责的主管人员和其他直接责任人员处罚。被告人李某、钟某是对单位逃税直接负责的主管人员，被告人刘某是直接责任人员，故应当承担刑事责任。

法条链接

1.《最高人民检察院、公安部关于公安机关管辖的刑事案件立案追诉标准的规定（二）》

第五十七条 ［逃税案（刑法第二百零一条）］逃避缴纳税款，涉嫌下列情形之一的，应予立案追诉：

（一）纳税人采取欺骗、隐瞒手段进行虚假纳税申报或者不申报，逃避缴纳税款，数额在五万元以上并且占各税种应纳税总额百分之十以上，经税务机关依法下达追缴通知后，不补缴应纳税款、不缴纳滞纳金或者不接受行政处罚的；

（二）纳税人五年内因逃避缴纳税款受过刑事处罚或者被税务机关给予二次以上行政处罚，又逃避缴纳税款，数额在五万元以上并且占各税种应纳税总额百分之十以上的；

（三）扣缴义务人采取欺骗、隐瞒手段，不缴或者少缴已扣、已收税款，数额在五万元以上的。

纳税人在公安机关立案后再补缴应纳税款、缴纳滞纳金或者接受行政处罚的，不影响刑事责任的追究。

091. 如何理解虚开增值税专用发票罪？

——李某某虚开增值税专用发票案①

裁判要旨

虚开增值税专用发票罪的主观要件是故意，具有骗取抵扣税款的目的，客观上有导致国家税款损失的危险，其不是行为犯，虚开行为包括为他人虚开、为自

---

① 湖南省高级人民法院（2016）湘刑终183号刑事判决书

己虚开、让他人为自己虚开、介绍他人虚开四种，对是否虚开不宜僵化地适用“三流一致”进行判断。

基本案情

原审被告单位湖南大成科技有限公司（以下简称大成公司）是2007年7月17日成立的经营手机研发、生产、销售，移动电子商务、进出口业务的生产、贸易公司，公司住所在湖南省新邵县。上诉人李某伟为该公司股东、法定代表人、董事长。大成公司在广东省深圳市和湖南省长沙市分别投资设立了从事手机研发、生产的深圳数源通讯技术有限公司（以下简称数源公司）和经营手机、移动通讯器材以及电子产品销售的长沙分公司。敬某福为大成公司财务总监。

2010年7月1日，大成公司取得一般纳税人资格。

2011年3月初，上诉人舒某忠担任大成公司的财务总监，上班、工资发放在数源公司。敬某福于同年8月离职后，舒某忠正式接管大成公司的财务管理工作。

深圳市金江国际货运代理有限公司（以下简称金江公司）是一家注册、成立和住所均在深圳市福田区，主要从事销售耳机、耳塞、收音机等电子产品的国际贸易公司，公司于2009年底成立。周某、柯某涛、许某春（另案被告人，均已判刑）为该公司股东和实际控制、经营人。其中周某是主要出资人，任董事长，负责上游产品采购。柯某涛任副总经理，负责对外联系订单、货物海关报关和出口退税。许某春任副总经理，负责财务和加工工厂业务。金江公司雇请甘某（另案被告人，已判刑）等人为财务人员。由于国家有对出口产品在国内已征收的增值税予以退还的政策，而办理出口退税的依据是与海关报关单上记载所出口商品内容一致的增值税专用发票。为达到多办理出口退税的目的，金江公司股东周某、柯某涛、许某春商定让他人为自己开具与出口商品名称、数量、规格、价格等内容一致的增值税专用发票以虚增成本和进项税。

由于让他人直接虚开增值税专用发票给金江公司容易被税务机关发现，为逃避查处，2012年农历春节前，周某、柯某涛、许某春找到与金江公司有业务往来的大成公司董事长李某伟，向大成公司许以利益回报，以金江公司给大成公司代管耳机、耳塞等电子产品进货、加工、销售业务为名，由进货公司向大成公司开具增值税专用发票进项，大成公司在受票单位为大成公司的增值税专用发票进项票面金额基础上增加20%向金江公司开具销项增值税专用发票，金江公司按增值税专用发票进项或销项票面金额的4%向大成公司支付费用。

李某伟表示同意，并安排公司财务总监舒某忠与金江公司签订合作协议和财务对接。

此后，柯某涛通过吴某彬（另案被告人，已判刑）联系到了郭某波（另案被告人，已判刑），由郭某波联系到了陈某俊（另案处理）。陈某俊指使严某亮、张某前（另案被告人、均已判刑）在江苏省扬州市、宿迁市等地通过伪造法人和相关人身份资料、虚假验资或购买其他公司资质取得一般纳税人资格，控制了扬州康源物资贸易有限公司（以下简称康源公司）、宿迁市祥顺商贸有限公司（以下简称祥顺公司）、宿迁朝僖商贸有限公司（以下简称朝僖公司）、宿迁春欧商贸有限公司（以下简称春欧公司）、泗洪友丰商贸有限公司（以下简称友丰公司）、宿迁嘉业商贸有限公司（以下简称嘉业公司）等6家空壳公司专门用于虚开增值税专用发票。

此外，吴某彬、郭某波和金江公司委托的其他中介还联系到了有增值税专用发票进项节余的湖北鑫泽能源有限公司（以下简称鑫泽公司）、石首市恒德尔商贸有限公司（以下简称恒德尔公司）、兴化市民顺通讯器材有限公司（以下简称民顺公司）和南京德乐科技股份有限公司（以下简称德乐公司）虚开增值税专用发票。

具体开票流程为：金江公司工作人员周某莲、陈某铮等人根据柯某涛提供的报关单制作开票明细表后，由金江公司财务人员甘某根据开票明细表中的金额将资金从金江公司对公账户汇入大成公司账号1906025029245131756的银行账户。之后经舒某忠授权，甘某再用大成公司交给其的尾数为1756账户网银付款U盾将该笔资金以购货款的名义从大成公司账户汇入康源公司等开票单位。

康源公司等开票单位根据柯某涛提供的开票明细表向大成公司开具增值税专用发票后再将资金汇回金江公司控制的其他账户，并将所开具的增值税专用发票以及其他财务资料寄给金江公司，金江公司再将开票明细表、货物销售合同以及康源公司等开票单位增值税专用发票进项寄给大成公司的舒某忠或马某。

经舒某忠核对并向李某伟请示已收到4%的开票费用后，再安排大成公司工作人员在该发票基础上增加20%的票面金额向金江公司开具增值税专用发票。

金江公司再将增值税专用发票的销项联以及其他资料去税务局办理出口退税。

经金江公司安排，2012年8月9日至2013年1月26日，康源公司、民顺公司、祥顺公司、嘉业公司、友丰公司、朝信公司、春欧公司、恒德尔公司、鑫泽公司、兴化公司、德乐公司等 10 家公司为大成公司虚开生效的增值税专用发票 3,922 份，货物金额 49,683.057452 万元，税额 8,446.119458 万元。

经新邵县国税局统计，2011 年 12 月 31 日至 2013 年 1 月 31 日，大成公司向金江公司开具 1,068 份增值税发票，金额 79,391.475677 万元，税额 13,496.550884 万元。

大成公司将康源公司等 10 家公司向其虚开的增值税专用发票全部在新邵县国税局抵扣。

金江公司支付大成公司开票费用 3,600 余万元。除扣除大成公司向金江公司的借款利息和向新邵县税务机关缴纳增值税外，大成公司获利 1,000 万元。该 1,000 万元被李某伟用于大成公司开支和归还借款。

法院审理

一审法院判决：

一、被告单位湖南大成科技有限公司犯虚开增值税专用发票罪，判处罚金人民币五十万元；二、被告人李某伟犯虚开增值税专用发票罪，判处有期徒刑十四年；三、被告人舒某忠犯虚开增值税专用发票罪，判处有期徒刑三年，缓刑四年；四、被告人陈某犯虚开增值税专用发票罪，判处有期徒刑三年，缓刑三年，并处罚金人民币三十万元（罚金已缴纳）；五、追缴被告单位湖南大成科技有限公司的违法所得人民币一千万元，上缴国库；六、追缴被告人陈某违法所得人民币四百万元，上缴国库。

原审被告人李某伟、舒某忠、陈某不服，提出上诉。

邵阳市人民检察院认为原审判决确有错误，于 2015 年 6 月 15 日向二审法院提出抗诉。湖南省人民检察院于 2016 年 1 月 8 日以湘检诉一支刑抗（2016）1 号支持刑事抗诉意见书函告二审法院支持抗诉。

二审法院判决如下：

一、驳回抗诉机关湖南省邵阳市人民检察院的部分抗诉和上诉人李某伟的部分上诉及上诉人舒某忠、陈某的上诉，维持湖南省邵阳市中级人民法院（2014）邵中刑二初字第 5 号刑事判决中对被告单位湖南大成科技有限公司所犯虚开增值税专用发票罪的判决，对被告人李某伟所犯的虚开增值税专用发票罪的判决，对被告人舒某忠、陈某寒的判决和对被告人陈某所犯的虚开增值税专用发票罪定罪部分判决以及追缴被告单位湖南大成科技有限公司、被告人陈某违法所得部分的判决。

二、撤销湖南省邵阳市中级人民法院（2014）邵中刑二初字第5号刑事判决中对被告单位大成公司所犯伪造增值税专用发票的判决和决定执行刑罚的判决，对被告人李某伟所犯伪造增值税专用发票罪的判决，对被告人李某伟所犯的虚开增值税专用发票罪量刑部分、决定执行刑罚部分的判决，对被告人陈某所犯的虚开增值税专用发票罪量刑部分的判决。

三、上诉人李某伟犯虚开增值税专用发票罪，判处有期徒刑十二年；（刑期从判决执行之日起计算，判决执行以前先行羁押的，羁押一日折抵刑期一日，即自2013年4月23日起至2027年4月22日止。罚金限判决生效后十日内缴纳。）

四、上诉人陈某犯虚开增值税专用发票罪，判处有期徒刑三年，并处罚金人民币三十万元。（刑期从判决执行之日起计算，判决执行以前先行羁押的，羁押一日折抵刑期一日。罚金已缴纳。）

五、原审被告单位大成公司犯虚开增值税专用发票罪，判处罚金人民币五十万元。（罚金限判决生效后十日内缴纳。）

点评

虚开增值税发票罪是指个人或单位故意虚开增值税专用发票，或者虚开用于骗取出口退税、抵扣税款的其他发票的行为。《刑法》第二百零五条规定："虚开增值税专用发票或者虚开用于骗取出口退税、抵扣税款的其他发票的，处三年以下有期徒刑或者拘役，并处二万元以上二十万元以下罚金；虚开的税款数额较大或者有其他严重情节的，处三年以上十年以下有期徒刑，并处五万元以上五十万元以下罚金；虚开的税款数额巨大或者有其他特别严重情节的，处十年以上有期徒刑或者无期徒刑，并处五万元以上五十万元以下罚金或者没收财产。有前款行为骗取国家税款，数额特别巨大，情节特别严重，给国家利益造成特别重大损失的，处无期徒刑或者死刑，并处没收财产。单位犯本条规定之罪的，对单位判处罚金，并对其直接负责的主管人员和其他直接责任人员，处三年以下有期徒刑或者拘役；虚开的税款数额较大或者有其他严重情节的，处三年以上十年以下有期徒刑；虚开的税款数额巨大或者有其他特别严重情节的，处十年以上有期徒刑或者无期徒刑。虚开增值税专用发票或者虚开用于骗取出口退税、抵扣税款的其他发票，是指有为他人虚开、为自己虚开、让他人为自己虚开、介绍他人虚开行为之一的。”关于本罪，有如下几个问题。

第一，何谓虚开？虚开，是指没有真实交易而开具增值税专用发票，或者开具与真实交易内容不符的增值税专用发票。开票方与受票方没有任何交易但开具发票，是典型的虚开。开票方与受票方即使有交易，也可能构成虚开，比如开票金额超过合同金额。

第二，虚开行为包括哪些？虚开行为包括为他人虚开、为自己虚开、让他人为自己虚开、介绍他人虚开四种。

第三，虚开增值税专用发票是行为犯、危险犯、目的犯还是结果犯？行为犯是司法机关的主流观点，即只要行为人虚开了增值税专用发票就构成本罪。此观点一直受学术界的批评。因为刑法惩罚的犯罪行为必须有严重的社会危害性，必须严重侵犯法益。否则，无需入罪。对此，学者提出了危险犯、目的犯和结果犯三种不同的观点。张明楷教授认为本罪是抽象的危险犯，司法机关应当以一般的经济运行方式为根据，判断是否具有骗取国家税款的危险（造成国家税款损失的危险）。陈兴良教授认为本罪是目的犯，行为人必须具有骗取税款的目的。另外还有人认为本罪是结果犯，即只有虚开的增值税专用发票被受票方抵扣了增值税才能定罪。比较上述观点，行为犯的观点处罚过宽，也与刑法的目的和功能相违背，因为当虚开增值税专用发票的行为不具有严重的社会危害性时，不应当适用刑法定罪量刑。比如甲乙双方有真实的交易，甲为销售方，乙为购买方，甲依法应当给乙开具增值税专用发票，但是，甲委托丙以丙的名义给乙开具增值税专用发票，此时，因乙与丙不存在交易关系，故构成虚开增值税专用发票。虽然甲未向乙代国家收取增值税，但是，丙已经代国家向乙收取。上述虚开增值税专用发票的行为不会造成国家税款的损失，即没有损害刑法保护的法益。至于结果犯的观点，则有放纵犯罪之嫌。结果应当作为量刑的情节，而不应当作为定罪的要件。危险犯和目的犯的观点本质上一致，前者强调从客观方面考察是否定罪，后者强调从主观方面考察是否定罪，因主观方面仍然需要从客观因素考察，故危险犯和目的犯在实务中不会有本质差异。

第四，如何理解“三流一致”？增值税实务中所说的“三流一致”，是指业务流、资金流、发票流的双方当事人要一致。其中，业务流也被人分为合同流和货物流，故产生了“四流一致”的说法。税务机关在税务稽查过程中通常以“三流一致”作为判断是否构成虚开增值税专用发票的标准。“三流一致”并不是专门的法律术语，而是俗称。《国家税务总局关于加强增值税征收管理若干问题的通知》有如下规定："纳税人购进货物或应税劳务，支付运输费用，所支付款项的单位，必须与开具抵扣凭证的销货单位、提供劳务的单位一致，才能够申报抵扣进项税额，否则不予抵扣。"人们对此规定有两种不同的理解：一是认为实际付款单位必须与增值税专用发票上的购买单位相一致，这也是"三流一致"的依据之一。二是认为实际收款方必须与增值税专用发票上的销售单位一致。2016年5月26日国家税务总局"营改增"视频会政策问题解答（出租房税负变化、个人支付住宿费专票抵扣等问题）对上述问题进行了明确："第二个问题是说纳税人取得服务品名为住宿费的增值税专用发票，但住宿费是以个人账户支付的，这种情况能否允许抵扣进项税？是不是需要以单位对公账户转账付款才允许抵扣？其实现行政策在住宿费的进项税抵扣方面，从未作出过类似的限制性规定，纳税人无论通过私人账户还是对公账户支付住宿费，只要其购买的住宿服务符合现行规定，都可以抵扣进项税。而且，需要补充说明的是，不仅是住宿费，对纳税人购进的其他任何货物、服务，都没有因付款账户不同而对进项税抵扣作出限制性规定。"可见，国家税务总局的上述答复否定了"三流一致"的说法。另外，从灵活多变的市场交易关系来看，以"三流一致"作为是否虚开增值税专用发票的判读标准，也过于僵化。比如销售方委托第三方向购买方发货，显然货物流与合同流不一致，但从节约交易成本的角度看显然合理。综上，"三流一致"并没有直接的法律依据，在司法实务中不宜以此为标准判断是否存在虚开增值税专用发票的行为。

第五，《全国人民代表大会常务委员会关于惩治虚开、伪造和非法出售增值税专用发票犯罪的决定》（以下简称30号文）的效力问题。30号文是我国最早对虚开增值税专用发票的定罪和量刑作出规定的法律。之后，我国刑法进行了修改，但30号文并未被废除，仍然被司法机关执行。《最高人民法院关于适用〈全国人民代表大会常务委员会关于惩治虚开、伪造和非法出售增值税专用发票犯罪的决定〉的若干问题的解释》重复了30号文定罪方面的条文，"具有下列行为之一的，属于'虚开增值税专用发票'：(1）没有货物购销或者没有提供或接受应税劳务而为他人、为自己、让他人为自己、介绍他人开具增值税专用发票；(2）有货物购销或者提供或接受了应税劳务但为他人、为自己、让他人为自己、介绍他人开具数量或者金额不实的增值税专用发票；(3）进行了实际经营活动，但让他人为自己代开增值税专用发票"。量刑方面，《最高人民法院研究室关于如何适用法发［1996］30号司法解释数额标准问题的电话答复》规定："原则同意你院（指西藏自治区高级人民法院）第二种意见，即为了贯彻罪刑相当原则，对虚开增值税专用发票案件的量刑数额标准，可以不再参照适用1996年《最高人民法院关于适用〈全国人民代表大会常务委员会关于惩治虚开、伪造和非法出售增值税专用发票犯罪的决定〉的若干问题的解释》。在新的司法解释制定前，对于虚开增值税专用发票案件的定罪量刑标准，可以参照《关于审理骗取出口退税刑事案件具体应用法律若干问题的解释》的有关规定执行”。当然，上述法律和司法解释关于定罪的规定，一定要结合具体的虚开增值税专用发票行为和增值税原理分析其是否有导致国家税款损失的风险，而不能僵硬地遵循行为犯的观点。

法条链接

1.《刑法》

第二百零五条 虚开增值税专用发票或者虚开用于骗取出口退税、抵扣税款的其他发票的，处三年以下有期徒刑或者拘役，并处二万元以上二十万元以下罚金；虚开的税款数额较大或者有其他严重情节的，处三年以上十年以下有期徒刑，并处五万元以上五十万元以下罚金；虚开的税款数额巨大或者有其他特别严重情节的，处十年以上有期徒刑或者无期徒刑，并处五万元以上五十万元以下罚金或者没收财产。

单位犯本条规定之罪的，对单位判处罚金，并对其直接负责的主管人员和其他直接责任人员，处三年以下有期徒刑或者拘役；虚开的税款数额较大或者有其他严重情节的，处三年以上十年以下有期徒刑；虚开的税款数额巨大或者有其他特别严重情节的，处十年以上有期徒刑或者无期徒刑。

虚开增值税专用发票或者虚开用于骗取出口退税、抵扣税款的其他发票，是指有为他人虚开、为自己虚开、让他人为自己虚开、介绍他人虚开行为之一的。

092. 虚开用于骗取出口退税、抵扣税款发票骗取出口退税的如何处罚？

——费某等虚开用于骗取出口退税、抵扣税款发票案①

裁判要旨

实施骗取出口退税犯罪，同时构成虚开增值税专用发票罪等其他犯罪的，依照刑法处罚较重的规定定罪处罚。

基本案情

××工艺品（深圳）有限公司（以下简称“××公司”）于2007年2月2日注册成立，属于港资企业，法定代表人、总经理费某，会计石某丽，经营地址深圳市南山区××街道办××工业区X区××栋X楼，注册经营范围为生产经营柳篮、竹篮、藤篮、草篮、木制品、铁制品，2007年10月认定为增值税临时一般纳税人，2008年10月1日认定为增值税正式一般纳税人，属于免抵退税企业，单独核算出口货物进项税额。

2007年至2013年12月期间，被告人费某违反增值税专用发票管理规定，在没有实际货物交易的情况下，伙同王某茹（另案处理）通过掌握蔡某平、张某山、蔡某平在光大银行深圳蛇口支行的账户，并以此三人作为农副产品采购小组长，以网银资金往来的方式，虚构公司向蔡某平、张某山、蔡某平三人采购农副产品交易记录，同时将事先掌握到的蔡某平、张某山、蔡某平、郭某效等大量人员的身份证复印件提供给被告人石某丽，由石某丽负责虚构农副产品的入库、出库记录，同时制作相应账本，最终为自己虚开货物名称主要为柳篮、藤圈、竹帘、木片箱、竹架、蕉叶箱、草摆饰等原材料的《广东省深圳市国家税务局收购统一发票》约3,900余份，开具金额合计人民币184,162,996.07（以下币种均为人民币），税额为23,941,189.48元。

被告人费某在××公司没有农副产品实际出口销售情况下，指使被告人石某丽负责虚构货物名称为柳篮、竹篮等农副产品出口销售记录，并以××工艺品

---

① 广东省深圳市中级人民法院（2014）深中法刑二初字第342号刑事判决书

(深圳)有限公司名义虚开深圳市出口商品发票,合计126份,金额158,438,555.3元。

××公司调账期间共认证抵扣《广东省深圳市国家税务局收购统一发票》合计金额为170,037,422.8元,税额约为22,104,864.96元。调账期间共提交503份报关单申请退税,申报免抵退货物销售额合计约170,998,835.4元,取得退税款合计15,086,244.72元。

法院审理

法院认为,被告人费某、石某丽无视国家法律,利用××公司生产企业免抵退资质,在没有农副产品采购以及加工成品销售出口的情况下,虚开用于骗取出口退税、抵扣税款的农副产品收购发票、深圳市出口商品发票,假报出口,骗取国家出口退税款,数额特别巨大,情节特别严重,其行为均已构成虚开用于骗取出口退税、抵扣税款发票罪。根据最高人民法院相关司法解释规定:"实施骗取出口退税犯罪,同时构成虚开增值税专用发票罪等其他犯罪的,依照刑法处罚较重的规定定罪处罚"。从法律及司法解释对骗取出口退税、虚开用于骗取出口退税、抵扣税款发票两罪"数额特别巨大"一档的量刑看,虚开用于骗取出口退税、抵扣税款发票罪的处罚重于骗取出口退税罪,故本案应以虚开用于骗取出口退税、抵扣税款发票罪处断,而非数罪并罚。公诉机关指控的罪名成立,但要求数罪并罚不当,不予支持;相关辩护意见成立,予以采纳。在共同犯罪中,被告人费某起组织、指挥作用,属主犯,应当按照其所参与的全部犯罪处罚;被告人石某丽受指使从事犯罪活动,起次要作用,属从犯,依法应当减轻处罚。辩护人提出本案属于单位犯罪的辩护意见,经查,××公司成立后主要从事本案的犯罪活动,且违法所得被费某等人瓜分,本案与单位犯罪的构成要件不符,应认定为个人犯罪;相关辩护意见不成立,不予采纳。辩护人提出被告人费某有立功表现,经查,费某主动检举、揭发同案犯罪嫌疑人王艳茹、李文艺涉嫌犯罪的行为属坦白交代,不构成立功;相关辩护意见不成立,不予采纳。归案后,被告人费某、石某丽认罪态度较好,且通过家属分别退了五万元、一万元人民币,有悔罪表现,可酌情从轻处罚。根据刑法相关规定,应该被判处罚金没收财产的,在执行前,应当先由税务机关追缴税款和所骗取的出口退税款,故冻结在案的××公司银行账户中的人民币、美元先由国税部门执行入库。

法院判决如下:

一、被告人费某犯虚开用于骗取出口退税、抵扣税款发票罪，判处有期徒刑十五年（刑期从判决执行之日起计算。判决执行以前先行羁押的，羁押一日折抵刑期一日，即自2013年12月27日起至2028年12月26日止），并处罚金人民币四十万元。

二、被告人石某丽犯虚开用于骗取出口退税、抵扣税款发票罪，判处有期徒刑四年（刑期从判决执行之日起计算。判决执行以前先行羁押的，羁押一日折抵刑期一日，即自2013年12月27日起至2017年12月26日止），并处罚金人民币二万元。

三、冻结在案的××公司平安银行西丽支行11×××01账户的人民币7,043.73元、光大银行蛇口支行78×××33账户人民币57,947.85元、光大银行深圳蛇口支行78×××94账户的美元31,979.78元先由深圳市南山区国税局执行入库；两被告人退回的非法所得人民币六万元依法予以没收，上缴国库；继续追缴剩余的非法所得。

点评

本案被告人涉嫌两个罪名：一是虚开用于骗取出口退税、抵扣税款发票罪，二是骗取出口退税罪。

一、虚开用于骗取出口退税、抵扣税款发票罪

此罪是指个人或单位虚开增值税专用发票以外的用于骗取出口退税、抵扣税款的其他发票的行为。依我国增值税及相关税收法律法规和其他规范性文件，除增值税专用发票可以抵扣税款外，海关缴款书、农产品收购发票等也可以进行税款抵扣，比如本案所涉的《广东省深圳市国家税务局收购统一发票》等同于农产品收购发票。《刑法》第二百零五条第一款规定："虚开增值税专用发票或者虚开用于骗取出口退税、抵扣税款的其他发票的，处三年以下有期徒刑或者拘役，并处二万元以上二十万元以下罚金；虚开的税款数额较大或者有其他严重情节的，处三年以上十年以下有期徒刑，并处五万元以上五十万元以下罚金；虚开的税款数额巨大或者有其他特别严重情节的，处十年以上有期徒刑或者无期徒刑，并处五万元以上五十万元以下罚金或者没收财产。"在《关于如何适用法发[1996]30号司法解释数额标准问题的电话答复》中，最高人民法院认为"为了贯彻罪刑相当原则，对虚开增值税专用发票案件的量刑数额标准，可以不再参照适用1996年《最高人民法院关于适用〈全国人民代表大会常务委员会关于惩治虚开、伪造和非法出售增值税专用发票犯罪的决定〉的若干问题的解释》。在新的司法解释制定前，对于虚开增值税专用发票案件的定罪量刑标准，可以参照《最高人民法院关于审理骗取出口退税刑事案件具体应用法律若干问题的解释》的有关规定执行”。

二、骗取出口退税罪

骗取出口退税罪，是指以假报出口或其他欺骗手段，骗取国家出口退税款，数额较大的行为。依据《最高人民法院关于审理骗取出口退税刑事案件具体应用法律若干问题的解释》的相关规定，“假报出口”是指以虚构已税货物出口事实为目的，具有下列情形之一的行为：（一）伪造或者签订虚假的买卖合同；（二）以伪造、变造或者其他非法手段取得出口货物报关单、出口收汇核销单、出口货物专用缴款书等有关出口退税单据、凭证；（三）虚开、伪造、非法购买增值税专用发票或者其他可以用于出口退税的发票；（四）其他虚构已税货物出口事实的行为。“其他欺骗手段”是指：（一）骗取出口货物退税资格的；（二）将未纳税或者免税货物作为已税货物出口的；（三）虽有货物出口，但虚构该出口货物的品名、数量、单价等要素，骗取未实际纳税部分出口退税款的；（四）以其他手段骗取出口退税款的。《刑法》第二百零四条规定：“以假报出口或者其他欺骗手段，骗取国家出口退税款，数额较大的，处五年以下有期徒刑或者拘役，并处骗取税款一倍以上五倍以下罚金；数额巨大或者有其他严重情节的，处五年以上十年以下有期徒刑，并处骗取税款一倍以上五倍以下罚金；数额特别巨大或者有其他特别严重情节的，处十年以上有期徒刑或者无期徒刑，并处骗取税款一倍以上五倍以下罚金或者没收财产。纳税人缴纳税款后，采取前款规定的欺骗方法，骗取所缴纳的税款的，依照本法第二百零一条的规定定罪处罚；骗取税款超过所缴纳的税款部分，依照前款的规定处罚。”依照《最高人民法院关于审理骗取出口退税刑事案件具体应用法律若干问题的解释》，“数额较大”是指骗取国家出口退税款5万元以上；“数额巨大”是指骗取国家出口退税款50万元以上；“数额特别巨大”是指骗取国家出口退税款250万元以上。

三、数罪并罚或从一重处罚

公诉机关认为被告人应当数罪并罚，辩护人认为从一重处罚。本案被告人的行为在刑法理论上属于牵连犯。所谓牵连犯，是指犯罪的手段行为与目的行为分别触犯不同的罪名。本案被告人虚开农产品收购发票，其目的是为了骗取出口退税。传统刑法理论认为牵连犯应当从一重罪处罚。《最高人民法院关于审理骗取出口退税刑事案件具体应用法律若干问题的解释》第九条规定:“实施骗取出口退税犯罪,同时构成虚开增值税专用发票罪等其他犯罪的,依照刑法处罚较重的规定定罪处罚。”因此,本案被告人不能数罪并罚,而是从一重处罚。

法条链接

1.《刑法》

第二百零五条 【虚开增值税专用发票、用于骗取出口退税、抵扣税款发票罪】虚开增值税专用发票或者虚开用于骗取出口退税、抵扣税款的其他发票的,处三年以下有期徒刑或者拘役,并处二万元以上二十万元以下罚金;虚开的税款数额较大或者有其他严重情节的,处三年以上十年以下有期徒刑,并处五万元以上五十万元以下罚金;虚开的税款数额巨大或者有其他特别严重情节的,处十年以上有期徒刑或者无期徒刑,并处五万元以上五十万元以下罚金或者没收财产。

单位犯本条规定之罪的,对单位判处罚金,并对其直接负责的主管人员和其他直接责任人员,处三年以下有期徒刑或者拘役;虚开的税款数额较大或者有其他严重情节的,处三年以上十年以下有期徒刑;虚开的税款数额巨大或者有其他特别严重情节的,处十年以上有期徒刑或者无期徒刑。

虚开增值税专用发票或者虚开用于骗取出口退税、抵扣税款的其他发票,是指有为他人虚开、为自己虚开、让他人为自己虚开、介绍他人虚开行为之一的。

虚开本法第二百零五条规定以外的其他发票,情节严重的,处二年以下有期徒刑、拘役或者管制,并处罚金;情节特别严重的,处二年以上七年以下有期徒刑,并处罚金。

单位犯前款罪的,对单位判处罚金,并对其直接负责的主管人员和其他直接责任人员,依照前款的规定处罚。

第二百一十二条 【税务机关征缴优先原则】犯本节第二百零一条至第二百零五条规定之罪,被判处罚金、没收财产的,在执行前,应当先由税务机关追缴税款和所骗取的出口退税款。

第二十五条 【共同犯罪概念】共同犯罪是指二人以上共同故意犯罪。

第二十六条 【主犯】组织、领导犯罪集团进行犯罪活动的或者在共同犯罪中起主要作用的,是主犯。

对于第三款规定以外的主犯,应当按照其所参与的或者组织、指挥的全部犯罪处罚。

第二十七条　【从犯】在共同犯罪中起次要或者辅助作用的，是从犯。

对于从犯，应当从轻、减轻处罚或者免除处罚。

2. **《最高人民法院关于审理骗取出口退税刑事案件具体应用法律若干问题的解释》**

第九条　实施骗取出口退税犯罪，同时构成虚开增值税专用发票罪等其他犯罪的，依照刑法处罚较重的规定定罪处罚。

093. 虚开增值税专用发票罪是行为犯吗？

——福建省泉州市松苑锦涤实业有限公司等伪造、出售伪造的增值税专用发票案①

裁判要旨

虚开增值税专用发票罪的法定最高刑为无期徒刑，系严重犯罪，如将该罪理解为行为犯，只要虚开增值税专用发票，侵犯增值税专用发票管理秩序的，即构成犯罪并要判处重刑，不符合罪刑责相适应原则。

基本案情

2000年5月间，林某某在福建省泉州市松苑锦涤实业有限公司（以下简称松苑公司）向陈某某推销节能器材过程中，得悉陈为提高公司现有设备价格，以显示公司经济实力，欲购买一些伪造票据做公司账目。林某某即表示愿意提供，陈某某提出虚开票据数额为3,700余万元人民币。双方商定，由陈某某按虚开面额千分之五的比例支付酬金给林某某，并向林某某提供了3张松苑公司向江苏扬州惠勇物资有限公司、江苏盐城华强化纤机械有限公司、江苏苏州凯美化工有限公司购买设备所开具的增值税专用发票作样式。施某某在陈某某的授意下，根据该公司现有设备虚列了一张价格3,700余万元人民币的设备清单，通过杨某辉（另案处理）交给林某某，林某某则根据陈某某、施某某提供的发票样式及设备清单，从他处买来伪造的增值税专用发票942份，以及发票专用章12枚，并以松苑公司为受票人开具发票326份，面额总计37,087,001.15元，税额

① 福建省高级人民法院（2001）闽刑终字第391号刑事判决书

5,388,709.57元。同年6月23日，林某某指使杨某辉将开具的326份伪造的增值税专用发票拿到松苑公司，经施某某核对后交由陈某某，陈某某付款人民币18.54万元给林某某。案发后，公安机关在林某某家中搜出开错税率及空白的伪造增值税专用发票和伪造的印章12枚。

福建省泉州市人民检察院以被告人林某某犯虚开增值税专用发票罪、购买伪造的增值税专用发票罪，被告单位松苑公司、被告人陈某某和施某某犯虚开增值税专用发票罪向福建省泉州市中级人民法院提起公诉。

被告单位松苑公司及其辩护人辩称，松苑公司虚开增值税专用发票不是用于抵扣税款，犯罪情节轻微，可以不认为是犯罪。

被告人林某某及其辩护人辩称，林某某在公安机关主动交待为松苑公司虚开增值税专用发票的事实，构成立功，应从轻、减轻处罚。

被告人陈某某及其辩护人辩称，陈某某虚开增值税专用发票不是为了抵扣税款，归案后认罪态度好，应从轻处罚。

被告人施某某及其辩护人辩称，施某某没有虚开增值税专用发票的主观故意和客观行为，不是本案单位犯罪的直接责任人员，施某某不构成犯罪。

法院审理

福建省泉州市中级人民法院经审理认为，被告人林某某违反国家对增值税专用发票的管理规定，为牟取非法利益，购买伪造的增值税专用发票942份，并从中为被告单位松苑公司虚开326份，面额总计37,087,001.15元，税额5,388,709.57元，虚开数额巨大，其行为已构成虚开增值税专用发票罪及购买伪造的增值税专用发票罪；被告人陈某某、施某某分别是松苑公司的法定代表人和副总经理，为公司牟取非法利益，故意让他人以公司的名义虚开增值税专用发票，且虚开的税款数额巨大，其中被告人陈某某系直接负责的主管人员，被告人施某某系直接责任人员。被告单位松苑公司及被告人陈某某、施某某均已构成虚开增值税专用发票罪。林某某在被公安机关查获其伪造的增值税专用发票及印章的情况下，才交代赃物去向及其他同案犯的犯罪事实，故其辩护人提出林某某有立功情节的辩护理由不能成立。被告单位松苑公司违反国家对增值税专用发票的管理法规，虚开增值税专用发票数额巨大，社会危害性大，故其辩护人提出被告单位犯罪情节轻微、可以不认为是犯罪的辩护理由于法无据。被告人陈某某为谋取单位非法利益，与被告人林某某商定虚开增值税专用发票事宜，指使被告人施某某虚列设备清单，是主犯，其辩护人提出陈某某虚开增值税专用发票不是为了抵扣税款，归案后认罪态度好，建议从轻处罚的意见可以采纳。陈某某在缓刑期间犯罪，应撤销缓刑，数罪并罚。被告人施某某明知陈某某为显示松苑公司经济实力，在其授意下为虚开增值税专用发票而开具公司生产设备价格清单、验收虚开增值税专用发票的事实，有同案人供述，并有扣押的虚开的生产设备清单、虚开的增值税专用发票可佐证，施某某辩称事先不知道要虚开增值税专用发票及其辩护人提出的施某某没有虚开增值税专用发票的主观故意和客观行为，不是本案单位犯罪的直接责任人员，施某某不构成犯罪的辩解和辩护意见均无事实和法律依据，不予采纳。鉴于施某某系在陈某某的指使下实施犯罪行为，在本案犯罪中起次要、辅助作用，是从犯，对被告人施某某应比照陈某某减轻处罚。依照《中华人民共和国刑法》第二百零五条第一、二款，第二百零八条第一款，第三十条，第三十一条，第二十五条第一款，第二十六条第一款，第二十七条，第七十七条第一款，第六十九条，第六十四条之规定，于2001年3月20日判决如下：

1. 撤销石狮市人民法院（1995）狮刑初字第173号刑事判决中以偷税罪判处被告人陈某某有期徒刑三年，缓刑五年的缓刑部分之判决。

2. 被告单位泉州市松苑锦涤实业有限公司犯虚开增值税专用发票罪，判处罚金人民币三十万元。

3. 被告人林某某犯虚开增值税专用发票罪，判处有期徒刑十三年，并处罚金人民币十万元；犯购买伪造的增值税专用发票罪，判处有期徒刑三年，并处罚金人民币五万元。决定执行有期徒刑十五年，并处罚金人民币十五万元。

4. 被告人陈某某犯虚开增值税专用发票罪，判处有期徒刑十年，合并原偷税罪有期徒刑三年，决定执行有期徒刑十二年。

5. 被告人施某某犯虚开增值税专用发票罪，判处有期徒刑五年。

6. 继续追缴被告人林某某违法所得人民币18.45万元，上缴国库。

一审宣判后，被告单位松苑公司及被告人林某某、陈某某、施某某均不服，提出上诉。

被告单位松苑公司及其辩护人上诉称：该公司在招商引资过程中，为了提高公司设备的价格以显示公司的实力而购买一些伪造的发票作公司的账目。本案购买的伪造增值税专用发票，由于注明是固定资产，不能从销项税额中抵扣税款。因而，该公司及其法定代表人都不具有虚开增值税专用发票偷逃税款的主观故意和行为，不构成虚开增值税专用发票罪。该公司只是具有购买伪造的增值税专用发票的行为，鉴于主观恶性较小，没有给国家造成经济损失，请求法院从轻判处松苑公司罚金人民币10万元，并对法定代表人陈某某从轻判处。

林某某及其辩护人诉称：1. 林某某虽然购买了伪造的增值税专用发票，但这只是犯罪的手段，购买发票是为了虚开，其实施的犯罪与其方法之间存在牵连关系，因而应以虚开增值税专用发票一罪认定，而不应实行数罪并罚；2. 原判对林某某量刑偏重。本案中林某某同样系从犯，却比主犯陈某某判处了更重的刑罚，显失公平；3. 林某某在公安机关主动交代了为松苑公司虚开的事实，应认定具有自首、立功情节。

陈某某及其辩护律师诉称：1. 陈某某只是购买了伪造的增值税专用发票，应以购买伪造的增值税专用发票罪定罪；2. 陈某某购买伪造的增值税专用发票只是做内部账目，没有抵扣税款，没有给国家造成损失；3. 陈某某主观恶性小，归案后认罪态度较好，其是泉州民营企业家，每年给国家上缴税款上千万元，对当地经济建设有一定贡献，请求从轻判处。

施某某及其辩护律师诉称：1. 松苑公司只是实施了购买伪造的增值税专用发票的行为，不构成虚开增值税专用发票罪；2. 施某某是在陈某某的授意下开具了生产设备清单，不知是用于购买增值税专用发票，因而本人不构成犯罪。

福建省高级人民法院认为：上诉人林某某违反国家对增值税专用发票管理规定，为牟取私利，受人之托，从他人处购买了伪造的增值税专用发票942份，从中出售给松苑公司326份，其行为已构成出售伪造的增值税专用发票罪。因其购买时即明知不是为了抵扣税款，也没有将抵扣联交给买方，未给国家税款造成损失，综合考虑本案的情节及后果，对林某某可予从轻处罚。林某某及其辩护人关于只构成虚开增值税专用发票一罪和具有自首和立功情节等辩护意见，经查与法律、事实不符，不予采纳。上诉单位松苑公司和上诉人陈某某、施某某向他人购买伪造的增值税专用发票的行为，不是以抵扣税款为目的，而是为了提高购进设备价值，显示公司实力，以达到在与他人合作谈判中处于有利地位的目的。根据国家税法的规定，注明为固定资产的增值税专用发票不能抵扣税款，且陈某某也没有要抵扣联，国家税款不会因其行为而受损失，松苑公司、陈某某、施某某的行为不具有严重的社会危害性，因此不构成犯罪。各被告人及其辩护人的有关辩护理由，予以采纳。原审以虚开增值税专用发票罪对松苑公司、陈某某、施某某定罪处刑不当，应予撤销。原审认定上诉人林某某出售伪造的增值税专用发票的事实清楚，但定罪不当。依照《中华人民共和国刑事诉讼法》第一百八十九条第（二）项及《中华人民共和国刑法》第二百零六条第一款、第六十四条之规定，于2002年5月31日判决如下：

1. 撤销泉州市中级人民法院（2000）泉刑初字第196号刑事判决；

2. 上诉人林某某犯出售伪造的增值税专用发票罪，判处有期徒刑五年，并处罚金人民币五万元；

3. 上诉单位泉州市松苑锦涤实业有限公司、上诉人陈某某和施某某无罪。

点评

司法机关习惯于将虚开增值税专用发票罪认定为行为犯，即只要实施了虚开增值税专用发票的行为即构成本罪。此观点是错误的。理由如下：

第一，刑法处罚的行为必须是具有严重社会危害性的行为，即严重侵害法益的行为。如果虚开增值税专用发票的行为并不具有严重的社会危害性，则不能适用刑法进行定罪量刑，而应当追究其行政责任或民事责任。

第二，虚开增值税专用发票罪要与增值税的基本原理相一致。所谓增值税，是对纳税人销售的商品、劳务、服务、不动产和无形资产的增值额征收的税。在税收实务中，为了便于增值税的征管，税务机关是根据纳税人购进货物向上家索取的增值税专用发票与销售货物向下家开具的增值税专用发票的税额差来计算应纳增值税额，即用进项税额抵扣销项税额。如果纳税人让他人为自己虚开增值税专用发票（即虚进），或者为他人虚开增值税专用发票（即虚出），或者自己为自己虚开增值税专用发票（即虚进），其可以用虚假的进项税额抵扣销项税额，从而造成国家税款损失。因此，即使有虚开增值税专用发票的行为，如果虚开的增值税专用发票不能用于抵扣，也不能以虚开增值税专用发票罪处罚。

第三，虚开增值税专用发票罪的主观要件是故意，即以骗取抵扣税款为目的。如果行为人虚开增值税专用发票，其不知道开具的是增值税专用发票，或者不是以骗取抵扣税款为目的，也不能按虚开增值税专用发票罪处罚。

第四，适用虚开增值税专用发票罪要遵循罪刑相适应的原则。虚开增值税专用发票罪的法定最高刑为无期徒刑，系严重犯罪，如将该罪理解为行为犯，只要虚开增值税专用发票，侵犯增值税专用发票管理秩序的，即构成犯罪并要判处重刑，会导致处罚的不协调。

第五，最高人民法院的相关司法解释也否定了行为犯的观点。《最高人民法院研究室〈关于如何认定以“挂靠”有关公司名义实施经营活动并让有关公司为自己虚开增值税专用发票行为的性质〉征求意见的复函》明确规定："虚开增值税发票罪的危害实质在于通过虚开行为骗取抵扣税款，对于有实际交易存在的代开行为，如行为人主观上并无骗取扣税款的故意，客观上未造成国家增值税款损失的，不宜以虚开增值税专用发票罪论处。虚开增值税专用发票罪的法定最高刑为无期徒刑，系严重犯罪，如将该罪理解为行为犯，只要虚开增值税专用发票，侵犯增值税专用发票管理秩序的，即构成犯罪并要判处重刑，也不符合罪刑责相适应原则。"

法条链接

1.《最高人民法院研究室〈关于如何认定以"挂靠"有关公司名义实施经营活动并让有关公司为自己虚开增值税专用发票行为的性质〉征求意见的复函》

公安部经济犯罪侦查局：

贵局《关于如何认定以"挂靠"有关公司名义实施经营活动并让有关公司为自己虚开增值税专用发票行为的性质的函》（公经财税［2015］40号）收悉，经研究，现提出如下意见：

一、挂靠方以挂靠形式向受票方实际销售货物，被挂靠方向受票方开具增值税专用发票的，不属于刑法第二百零五条规定的"虚开增值税专用发票"。

主要考虑：（1）由挂靠方适用被挂靠方的经营资格进行经营活动，并向挂靠方支付挂靠费的经营方式在实践中客观存在，且带有一定普遍性。相关法律并未明确禁止以挂靠形式从事经营活动。（2）虚开增值税专用发票罪是行政犯，对相关入罪要件的判断，应当依据、参照相关行政法规、部门规章等，而根据《国家税务总局关于纳税人对外开具增值税专用发票有关问题的公告》（国家税务总局公告2014年第39号），挂靠方以挂靠形式向受票方实际销售货物，被挂靠方向受票方开具增值税专用发票的，不属于虚开。

二、行为人利用他人的名义从事经营活动，并以他人名义开具增值税专用发票的，即便行为人与该他人之间不存在挂靠关系，但如行为人进行了实际的经营活动，主观上并无骗取抵扣税款的故意，客观上也未造成国家增值税款损失的，不宜认定为刑法第二百零五条规定的"虚开增值税专用发票"；符合逃税罪等其他犯罪构成条件的，可以其他犯罪论处。

主要考虑：（1）虚开增值税发票罪的危害实质在于通过虚开行为骗取抵扣税款，对于有实际交易存在的代开行为，如行为人主观上并无骗取的扣税款的故意，客观上未造成国家增值税款损失的，不宜以虚开增值税专用发票罪论处。虚开增值税专用发票罪的法定最高刑为无期徒刑，系严重犯罪，如将该罪理解为行为犯，只要虚开增值税专用发票，侵犯增值税专用发票管理秩序的，即构成犯罪并要判处重刑，也不符合罪刑责相适应原则。（2）1996 年 10 月 17 日《关于适用〈全国人民代表大会常务委员会关于惩治虚开、伪造和非法出售增值税专用发票犯罪的决定〉的若干问题的解释》虽然未被废止，但该解释制定于 1997 年刑法施行前，根据我院《关于认真学习宣传贯彻修订的〈中华人民共和国刑法〉的通知》（法发［1997］3 号）第五条“修订的刑法实施后，对已明令废止的全国人大常委会有关决定和补充规定，最高人民法院原作出的有关司法解释不再适用，但是如果修订的刑法有关条文实质内容没有变化的，人民法院在刑事审判工作中，在没有新的司法解释前，可参照执行。其他对于与修订的刑法规定相抵触的司法解释，不再适用”的规定，应当根据现行刑法第二百零五条关于虚开增值税专用发票罪的规定，合理选择该解释中可以继续参照适用的条文。其中，该解释中关于“进行了实际经营活动，但让他人为自己代开增值税专用发票”也属于虚开的规定，与虚开增值税专用发票罪的规定不符，不应继续适用；如继续适用该解释的上述规定，则对于挂靠代开案件也要以犯罪论处，显然有失妥当。（3）《刑事审判参考》曾刊登“芦才兴虚开抵扣税款发票案”。该案例提出，虚开可以用于抵扣税款的发票冲减营业额偷逃税款的行为。主观上明知所虚开的运输发票均不用于抵扣税款，客观上使用虚开发票冲减营业额的方法偷逃应纳税款，其行为不符合虚开用于抵扣税款发票罪的构成要件，属于偷税行为。2001 年福建高院请示的泉州市松苑绵涤实业有限公司等虚开增值税专用发票案，被告单位不以抵扣税款为目的，而是为了显示公司实力以达到在与外商谈判中处于有利地位的目的而虚开增值税发票。我院答复认为该公司的行为不构成犯罪。

以上意见供参考。

094. 公司股权转让后被司法机关就股权转让前的逃税行为追究刑事责任，已离职的责任人员是否有罪？

——深圳市××投资有限公司等逃税偷税案①

裁判要旨

单位犯逃税罪，责任人员只有既对单位的逃税行为作出决定并实施，又对单位抗拒税务机关的处理作出决定并实施，才能追究其刑事责任。已离职的责任人员不能影响股权转让后的单位的行为，故不能追究其刑事责任。

基本案情

被告单位深圳市××投资有限公司（以下简称××公司），最初设立时的股东分别为：深圳市××发展有限公司、中国××深圳分公司和深圳市××投资公司。

1998年6月，深圳市××实业发展有限公司将其拥有的40%股权转让给中国××总公司，公司的股权结构为：中国××总公司（系××集团公司直属企业）出资1,200万元，占注册资本的40%；中国××深圳分公司（系中国××总公司全资子公司）出资900万元，占注册资本的30%；深圳××实业投资公司出资900万元，占注册资本的30%。

2000年4月和6月，××集团公司和深圳市政府经济体制改革办公室分别以××财（2000）146号和深改字（2000）55号批复同意××公司内部职工持股的改革方案，原股东将各自持有股本的40%转让给××公司工会，工会代表职工以交付现金的形式受让各股东的股份。

2000年9月，××集团公司受让中国××总公司和中国××深圳分公司持有的××公司42%股权合计1,260万元。股权转让后公司的股权结构为：××集团公司（以下简称××集团）出资1,260万元，占42%；深圳市××实业投资公司（以下简称××公司）出资540万元，占18%；××公司工会出资1,200万元，占40%。

---

① 广东省深圳市中级人民法院（2015）深中法刑二终字第500号刑事裁定书

自 1997 年 10 月至 2008 年 4 月期间，被告人王某生就任××公司总经理，负责全面管理工作；自 1998 年至 2004 年期间，被告人薛某顺就任××公司财务部经理；自 2004 年至 2008 年 5 月期间，被告人彭某辉就任××公司财务部经理。

2007 年 1 月 4 日至 2 月 5 日，××会计师事务有限公司接受××公司董事会委托，对××公司截至 2006 年 12 月 31 日的财务收支及××、××苑房地产开发项目进行专项审计。

2007 年 7 月 16 日，××会计师事务有限公司出具××京专字（2007）第 180 号审计报告，审计认为：××公司账面反映应交税金 1, 089. 88 万元，由于××苑二至三层商场以及地下车位、幼儿园的价值具有较大的不确定性，所以准确计算××公司应交税金的难度较大，但是鉴于公司账面存货价值被低估和部分销售收入未入账的实际情况，在考虑相关税务风险的前提下，对××公司应交税金进行了复核，根据复核公司应交税金 3, 142. 05 万元。

××公司的股东及被告人王某生等人在明知公司有巨额税款未缴的情况下，在未主动补缴所欠税款的情况下，决定将××公司出售、转让。为将公司股权转让，××公司聘请××会计师事务有限公司和湖北××资产评估有限公司重新对公司进行审计、评估。

2007 年 7 月 15 日，××会计师事务有限公司经对××公司的财务报表审计，出具了××京审字（2007）第 617 号审计报告，审计认为：截止 2007 年 6 月 30 日××公司应交税金余额 1104. 2 万元，由于工程未办理竣工决算，由此涉及相关税务事项存在不确定性，流动负债高于流动资产，××公司已在会计报表充分披露了拟采取的改善措施，但其持续经营能力仍然存在重大不确定性。

2007 年 8 月 2 日，湖北××资产评估有限公司经对××公司（评估基准日 2007 年 6 月 30 日）的全部资产和负债进行评估，出具了鄂信评报字（2007）第 93 号资产评估报告，评估认为：××公司资产总计 15, 239. 34 万元、负债合计 9, 083. 20 万元、公允价值（净资产）为人民币 6, 156. 14 万元；××公司很可能就观澜项目获得一定的赔偿，赔偿金额正在商谈之中；应交税金余额为 1, 104. 20 万元，由于工程未办理竣工决算，由此涉及的相关税务事项存在不确定性。

2008 年 3 月 3 日，交易双方（转让方：××集团、深圳市××投资有限公司、工会职工持股委员会、××公司，受让方：××投资股份有限公司、北京市××发展有限公司）依据××京审字（2007）第 617 号审计报告和鄂信评报字

(2007) 第93号资产评估报告，签订××公司股权转让合同，合同内容为：××公司转让价格共计人民币8,100万；转让方承诺已将2007年12月31日前××公司尚未履行完毕的合同及应支付的费用和债务充分告知受让方，××公司于已披露事项之外，如有还应支付的费用和债务，则由各转让方承担连带责任；××集团在完成股权变更后7日内，偿还××公司小汤山项目欠款和财务公司股权转让的差额款；双方发生争议，提交北京仲裁委员会仲裁解决。

2008年4月23日，××公司依法经深圳市工商行政管理局核准进行了股权变更登记，法定代表人由王某臣变更为钟某铎，总经理由王某生变更为钟某铎。

2009年8月5日，严某某向深圳市地方税务局举报××公司共偷逃税金3,142万元。

2009年8月20日，深圳市地方税务局稽查局对××公司2000年至2008年的纳税情况进行立案稽查，发现××公司自2000年至2007年每年皆逃税。

2011年6月17日，××公司对税务机关送达的《税务稽查情况核对意见书》，书面表示“数额确认无误，无异议”。

2011年12月26日，税务机关向××公司送达《税务处理决定书》和《税务行政处罚决定书》，决定：××公司共应补税款30,994,096.51元、教育费附加28,856.29元，合计31,022,952.80元；决定对××公司罚款437,445.34元；同意共退还2000年度和2003年度多缴的税款（营业税、城市维护建设税）2,394,073.82元。

2012年1月10日，税务机关向××公司送达《税务事项通知书》，通知××公司缴纳税款30,994,096.51元、教育费附加28,856.29元、滞纳金37,776,024.12元、罚款437,445.34元，合计69,236,422.26元，但××公司仍拒不缴纳。

2012年5月10日，深圳市地方税务局稽查局将××公司涉嫌逃税一案移交深圳市公安局立案侦查。

2013年3月14日，深圳市公安局在深圳市福田区××将被告人王某生抓获。

2013年3月15日，公安机关通过电话通知被告人薛某顺，后被告人薛某顺主动到公安机关接受调查。

2013年3月20日，被告人彭某辉主动向公安机关投案。

2011年5月10日，申请人北京市××发展有限公司、××投资股份有限公司（被申请人××集团、××公司）向北京仲裁委员会申请仲裁，请求：撤销与被申请人签订的××公司股权转让合同；被申请人向申请人返还股权转让款；被申请人赔偿申请人的损失；被申请人向申请人偿付因××公司日常经营活动实际支出各项开支及利息；被申请人向××投资股份有限公司偿付用于偿还华夏银行贷款本金及利息；赔偿申请人因向其主张权利而支付的律师费、审计费；被申请人就上述各项请求承担连带责任；被申请人共同承担本案全部仲裁费用。

2012年7月10日，北京仲裁委员会认定：《股权转让合同》依法成立，合法有效，对双方当事人均具有法律约束力；认为在申请人受让了××公司的股权后，××公司已经发生或者正在发生的债务和欠缴税款，超过了申请人受让该股权时所依据的信息披露中的数额且数额差别较大是客观事实；被申请人已经进行了相关风险的提示，不能推断被申请人在信息披露上存在不实披露、恶意或者民事欺诈，但申请人经营××公司后实际发生的欠缴税款，大大超过被申请人披露的具体数额，至少应当认定被申请人的信息披露行为存在不妥当性；被申请人虽然信息披露行为不妥当，但不构成《合同法》规定的“欺诈”，因此申请人不能据此行使撤销权，退一步讲即使申请人享有撤销权，也因除斥期已过而丧失；因股权属于一种特殊的民事权利，由此导致股权转让合同具有特殊性，所以对股权转让合同行使撤销权，就不得不重新进行一系列评估，而不可能是简单的恢复原状，要求被申请人退回申请人支付的股权转让款；本案合同的当事人之一××公司工会委员会已不复存在，亦使本案的撤销难以实现，作为改革的历史产物，工会委员会已经完成了历史使命，无法恢复，其批准部门也没有义务为其承担任何责任；《股权转让合同》第四条第3项约定“××公司于已披露事项之外，如有还应支付的费用和债务，则由各转让方承担连带责任”，而客观事实是，根据证据得知××公司欠税款项、滞纳金以及罚款数额可能高达近7,000万元，但鉴于申请人未提出这一仲裁请求，本仲裁庭不能作出这样的裁决，申请人可以另案申请；不能支持申请人就××公司诉讼费用增加提出的损失赔偿；本案纠纷的产生重要因素之一是合同履行后××公司发生了大量的信息披露之外的债务和欠税，形成于股权转让之前，加之信息披露不当，使申请人在受让股权后蒙受损失，发生维护其合法权益的律师费用，故仲裁庭认为应该部分支持申请人的这一主张，但考虑到股权转让之前，××公司由××集团控制和经营，信息披露主要在××集团掌控之中，应由××集团承担申请人部分律师费30万元，裁决：1. 第一被申请人××集团支付申请人律师费30万元；2. 驳回申请人其他仲裁请求；3. 本案仲裁费559,989.44元，由申请人承担279,994.72元，第一被申请人××集团承担279,994.72元。

原审法院认为，虽然被告人王某生、薛某顺、彭某辉应当对××公司的逃税行为承担责任，但是××公司股权发生变更后，被告人王某生、薛某顺、彭某辉均离开××公司，不能再对××公司产生影响。深圳市地方税务局稽查局对××公司的立案稽查和下达追缴通知，均是发生在××公司股权转让之后，应当由××公司的新股东和管理人员承担纳税义务，原股东在××公司转让时已披露尚欠税款1,104.2万元。北京仲裁委员会裁决认定原股东虽然信息披露行为不妥当，但不构成《合同法》规定的欺诈，《股权转让合同》的第四条第3项约定"××公司于已披露事项之外，如有还应支付的费用和债务，则由各转让方承担连带责任"，现股东可以另案申请××公司欠税等款项。另税务机关对××公司的立案稽查和下达追缴通知，原公司管理人员被告人王某生、薛某顺、彭某辉并不知情，且被告人王某生等人即使知道追缴税款一事，也无法配合税务机关缴纳税款、接受处罚。因××公司现有股东和管理人员拒不缴纳税款、滞纳金和接受处罚，致使本案中的处罚阻却事由无法实现，导致本案被移交刑事司法程序。虽然法律没有规定，追缴通知要送达给主管人员和直接责任人，但刑法规定处罚阻却事由的目的，是为了促使纳税义务人积极履行纳税义务、保证国家税收收入，使主管人员和直接责任人迫于刑罚的压力，主动缴纳税款、接受处罚。换而言之，本案中被告人王某生等人是否被追究刑事责任，要取决于××公司新股东和管理人员的态度。一个人是否被追究刑事责任，取决于他人的行为和态度，这与刑法立法宗旨不符。现有法律中没有"逃税罪中的处罚阻却事由是否可以适用逃税单位的主管人员和直接责任人员"的规定，应当根据有利于被告人原则，认定逃税罪中的处罚阻却事由可以适用逃税单位的主管人员和直接责任人员，故××公司变更股权后，被告人王某生、薛某顺、彭某辉不具备履行补缴应纳税款、滞纳金以及接受处罚的条件，不构成逃税罪，不应当承担刑事责任。

原审法院认为，被告单位深圳市××投资有限公司无视国家法律，作为纳税人和扣缴义务人，在明知其欠缴税款的情况下，以欺骗、隐瞒手段进行虚假纳税申报或者不申报，逃避缴纳税款，2000年至2007年度共偷逃税款30,994,096.51元，数额巨大并且占应纳税额百分之三十以上，其的行为已构成逃税罪，应依法予以惩处。鉴于被告单位深圳市××投资有限公司认罪态度较好，依法予以从轻处罚。2008年3月3日，××公司被转让前，被告人王某生、薛某顺、彭某辉并非××公司的股东，仅是该公司的主管人员和直接责任人员，并非系因转让事宜获利的直接受益人。虽然，逃税行为发生在被告人王某生、薛某顺、彭某辉的任职期间，但税务机关立案稽查及送达相关法律文书均发生在××公司股权转让后，而被告人王某生、薛某顺、彭某辉已自××公司离职。实际上，无论被告人王某生、薛某顺、彭某辉是否知悉税务机关追缴税款一事，都无法左右××公司新股东的意志并配合税务机关缴交税款、接受处罚。经原审法院审判委员会讨论决定，依据有利于被告人原则，被告人王某生、薛某顺、彭某辉不构成逃税罪，不承担刑事责任，原公诉机关对被告人王某生、薛某顺、彭某辉犯逃税罪的指控不能成立。

原审法院判处被告单位深圳市××投资有限公司罚金人民币1,000万元；被告人王某生、薛某顺、彭某辉无罪。

宣判后，深圳市福田区人民检察院不服，提出抗诉；原审被告单位深圳市××投资有限公司提出上诉。广东省深圳市人民检察院审查后认为，深圳市福田区人民检察院抗诉不当，决定撤回抗诉。

原审被告单位深圳市××投资有限公司上诉及辩护人认为，原审判决事实不清楚，适用法律错误。理由有：1. 一审判决未涉及非法所得的去向。2. 一审判决只处罚单位，有违我国刑法对单位犯罪刑事责任的相关规定，属于适用法律错误。

二审法院驳回上诉，维持原判。

点评

本案的争议焦点是公司在股权转让后被司法机关就股权转让前的逃税行为追究刑事责任，在税务机关对公司的逃税行为进行处理之前已离职的责任人员是否有罪。下面逐一分析。

一、被告单位的股权变更情况

被告单位设立时的股权结构图如下。

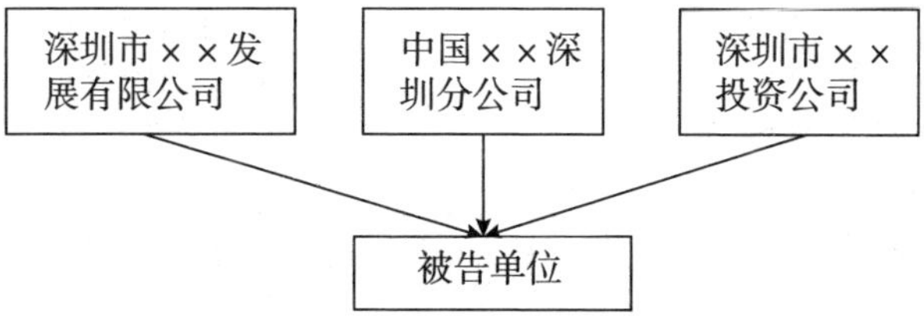

1998年6月，深圳市××发展有限公司将其拥有的40%股权转让给中国××总公司，股权结构图如下。

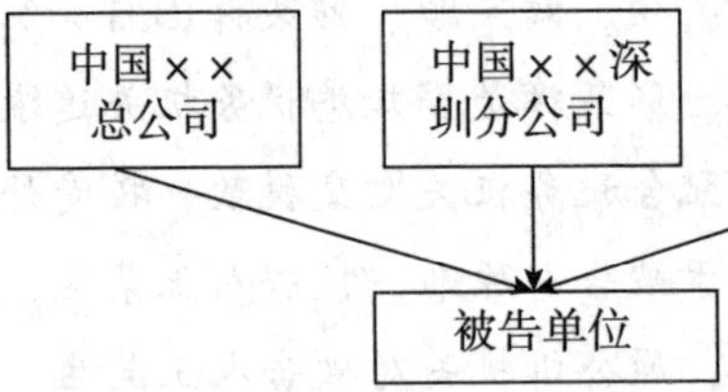

2000年4月和6月，原股东将各自持有股本的40%转让给××公司工会(即职工持股委员会)，股权结构图如下。

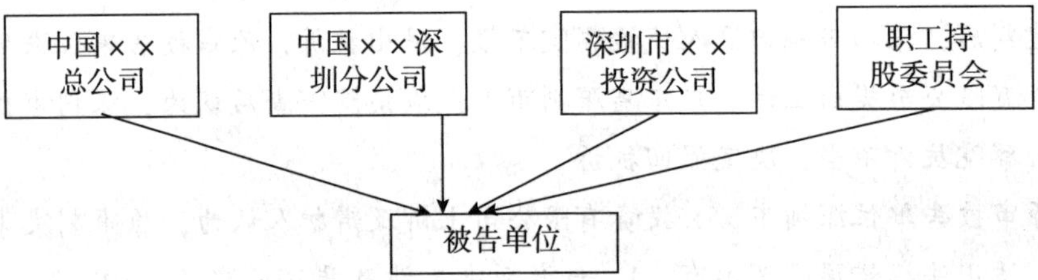

2000年9月，××集团公司受让中国××总公司和中国××深圳分公司持有的××公司42%股权合计1,260万元。

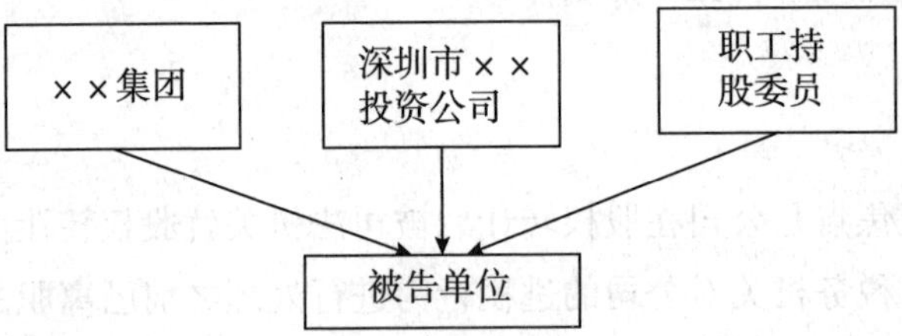

2008年3月3日，××集团、深圳市××投资有限公司、职工持股委员会将股权转让给××投资股份有限公司、北京市××发展有限公司股权结构图如下。

二、责任人员的任职和离职情况

1997 年 10 月至 2008 年 4 月，被告人王某生任 × ×公司总经理，负责全面管理工作；1998 年至 2004 年，被告人薛某顺任 × ×公司财务部经理；2004 年至 2008 年 5 月，被告人彭某辉任 × ×公司财务部经理。2008 年 4 月 23 日，× ×公司依法经深圳市工商行政管理局核准进行了股权变更登记，总经理由王某生变更为钟某铎。

三、税务机关进行处理的情况

2009 年 8 月 20 日，深圳市地方税务局稽查局对 × ×公司 2000 年至 2008 年的纳税情况进行立案稽查。

2011 年 6 月 17 日，× ×公司对税务机关送达的《税务稽查情况核对意见书》，书面表示“数额确认无误，无异议”。

2011 年 12 月 26 日，税务机关向 × ×公司送达《税务处理决定书》和《税务行政处罚决定书》。

2012 年 1 月 10 日，税务机关向 × ×公司送达《税务事项通知书》，通知 × ×公司缴纳税款 30,994,096.51 元、教育费附加 28,856.29 元、滞纳金 37,776,024.12 元、罚款 437,445.34 元，合计 69,236,422.26 元，但 × ×公司仍拒不缴纳。

四、公安机关启动刑事司法程序的情况

2012 年 5 月 10 日，深圳市地方税务局稽查局将 × ×公司涉嫌逃税一案移交深圳市公安局立案侦查。

五、法理分析

1. 单位犯逃税罪，结合处罚阻却事由的规定，对责任人员（包括直接负责的主管人员，即在单位犯罪中起决定、批准、授意、纵容、指挥等作用的人员，以及其他直接责任人员，即在单位犯罪中具体实施犯罪并起较大作用的人员）追究刑事责任的内在逻辑为：责任人员作出逃税的决定并付诸实施，并不需要直接追究其刑事责任，只有当税务机关对单位逃税行为进行处理时，该责任人员继续作出不予配合的决定并付诸实施，才需要追究其刑事责任，因为单位作为组织本身无意识，所谓单位的意识和行为实为责任人员的意识和行为。至此，责任人员的意识和行为前后呼应，形成一个完整的闭环。如果责任人员并未作出逃税的决定并付诸实施，或者其并未作出不予配合的决定并付诸实施，皆不能追究其刑事责任，只有当责任人员既决定逃税并实施，又决定不接受税务机关的处理并实施，才能追究其刑事责任。据此，如果责任人员决定逃税并实施，但未决定不配合税务机关的处理并实施，或者责任人员未决定逃税并实施，只决定不配合税务机关的处理并实施，皆不能追究其刑事责任。

2. 立法机关增加逃税罪的处罚阻却事由表明逃税罪本质上是为了处罚抗拒税务机关行政处理的行为。抗拒税务机关包括积极的抗拒和消极的抗拒，前者表现为直接拒绝履行行政处理决定，后者主要表现为失联、失踪，不与税务机关接触沟通。此类行为表明行为人主观恶性大，社会危害性严重。因此，只有当责任人员作出不予配合税务机关处理的决定和行为时，才需要追究其刑事责任。当然，如果责任人员对单位的逃税行为并未作出决定并付诸实施，只是单纯地抗拒税务机关的处理，也不能追究其刑事责任。

3. 如果责任人员并未决定抗拒税务机关的处理并实施，此时追究其刑事责任等于让其为他人的行为承担刑事责任，即现在的掌控单位的管理人员决定接受税务机关的处理并实施，前述责任人员无罪，反之，则有罪。这导致责任人员的有罪与否皆为他人所操控，这与法治精神相违背。

4. 被告人只对自己能控制的行为承担刑事责任，对自身无法控制的行为不承担刑事责任。责任人员在单位逃税时能控制单位行为，但是税务机关对单位进行处理时不能控制单位的行为，此时追究责任人员的刑事责任有违公平和正义。依据有利于被告人的原则，也不能追究其刑事责任。

5. 本案是单位犯逃税罪，既对单位处罚，也对责任人员处罚。被告人王某生任被告单位的总经理，负责公司的全面管理工作，属于单位犯罪中直接负责的主管人员。被告人薛某顺和彭某辉相继担任被告单位的财务部经理，属于单位犯罪中其他直接责任人员。问题的关键是，上述人员在被告单位被税务机关处理时皆离职，不再担任原职务。由于上述人员并未作出抗拒税务机关处理的决定并实施，故不能追究其刑事责任。另外，在被告单位中作出抗拒税务机关处理决定并实施的责任人员，因为其并未决定并实施被告单位先前的逃税行为，故也不能追究其刑事责任。

6. 基于上述分析，本案的检察机关主动撤回抗诉，审理法院也判决三位被告人无罪。

法条链接

1.《刑法》

第二百零一条 纳税人采取欺骗、隐瞒手段进行虚假纳税申报或者不申报，逃避缴纳税款数额较大并且占应纳税额百分之十以上的，处三年以下有期徒刑或者拘役，并处罚金；数额巨大并且占应纳税额百分之三十以上的，处三年以上七年以下有期徒刑，并处罚金。

扣缴义务人采取前款所列手段，不缴或者少缴已扣、已收税款，数额较大的，依照前款的规定处罚。

对多次实施前两款行为，未经处理的，按照累计数额计算。

有第一款行为，经税务机关依法下达追缴通知后，补缴应纳税款，缴纳滞纳金，已受行政处罚的，不予追究刑事责任；但是，五年内因逃避缴纳税款受过刑事处罚或者被税务机关给予二次以上行政处罚的除外。

095. 涉税案件涉嫌犯罪，法院能否继续审理税务行政案件？

——泉州市明轩进出口贸易有限公司不服泉州市国税局稽查局税务处理行政裁定书案①

裁判要旨

涉税案件涉嫌犯罪，要分情况处理：第一，涉税违法行为本身涉嫌犯罪，应当驳回起诉，并将涉嫌犯罪的案件资料移送公安机关或检察院。第二，涉税违法行为本身不涉嫌犯罪，但案件的其他人或其他事实涉嫌犯罪，法院应当将涉嫌犯罪的线索资料移送公安机关或检察院，同时继续审理行政案件。第三，涉税案件的基本案件事实必须以刑事案件审理结果为依据，而该刑事案件尚未审结的，法院应当裁定中止诉讼。

基本案情

泉州市丰泽区人民法院根据被告福建省泉州市国家税务局稽查局提供的证

① 福建省泉州市中级人民法院（2014）泉行终字第29号行政裁定书

据、庭审查明的事实，向泉州市公安局调查了相关情况，获悉2012年8月1日泉州市公安局已对原告泉州市明轩进出口贸易有限公司的法定代表人王某涉嫌虚开增值税专用发票立案侦查，认定泉州市明轩进出口贸易有限公司的涉税违法行为已涉嫌犯罪。根据人民法院在行政审判中发现违法行为已经构成犯罪的，应当及时移送刑事侦查机关处理的相关规定，本案原告的涉税违法行为已涉嫌犯罪，泉州市丰泽区人民法院认为原告泉州市明轩进出口贸易有限公司所请求的事项不属于行政审判权限范围，应当裁定驳回起诉，并移送公安机关处理。据此，依照《最高人民法院关于执行〈中华人民共和国行政诉讼法〉若干问题的解释》第四十四条第一款第（一）项、第九十七条，《最高人民法院印发〈最高人民法院关于加强和改进行政审判工作的意见〉的通知》第二十一条之规定，裁定驳回原告泉州市明轩进出口贸易有限公司的起诉。

法院审理

泉州市明轩进出口贸易有限公司不服一审裁定，提起上诉，请求：1. 撤销泉州市丰泽区人民法院（2013）丰行初字第127号行政裁定书；2. 二审法院依法提级审理本案。事实与理由：一、一审法院适用法律明显错误。一审裁定以“请求事项不属于行政审判权限范围”为由裁定驳回上诉人起诉，令人震惊！本案被上诉人泉州市国家税务局稽查局作出的泉国税稽处（2012）63号《税务处理决定书》和泉州市国家税务局泉国税复决字（2013）4号《税务行政复议决定书》明确告知上诉人有申请复议和提起诉讼的权利，一审法院违反法律规定，剥夺行政相对人的诉权。一审法院在裁定中适用的最高人民法院法发（2007）19号《最高人民法院关于加强和改进行政审判工作的意见》并非司法解释，而是一份司法文件。根据最高人民法院法发（2007）12号《关于司法解释工作的规定》第六条明确，司法解释的形式分为“解释”“规定”“批复”和“决定”四种。同时最高人民法院法释（2009）14号《关于裁判文书引用法律、法规等规范性法律文件的规定》第五条规定，行政裁判文书应当引用法律、法律解释、行政法规或者司法解释。而一审法院在裁定中错误地将司法文件作为司法解释引用，显然违反了上述规定。二、被上诉人将上诉人善意取得的虚开增值税发票行为当做犯罪行为移送，目的是为了逃避行政诉讼的审查。三、请求二审法院依法提审本案，以保障上诉人的合法权益。

被上诉人福建省泉州市国家税务局稽查局答辩称，一审裁定认定事实清楚，适用法律正确，请求驳回上诉，维持原裁定。一、一审法院裁定适用法律正确。二、上诉人涉税违法行为已经涉嫌触犯刑法，被上诉人依法将案件移送公安机关侦查处理，系被上诉人依法行政的表现。三、被上诉人严格依照法律法规参与一审诉讼，并未影响一审法院作出裁定，上诉人要求提高本案审级不符合法律规定。

二审法院认为，《中华人民共和国税收征收管理法》第八十八条第一款规定："纳税人、扣缴义务人、纳税担保人同税务机关在纳税上发生争议时，必须先依照税务机关的纳税决定缴纳或者解缴税款及滞纳金或者提供相应的担保，然后可以依法申请行政复议；对行政复议决定不服的，可以依法向人民法院起诉。"根据上述规定，上诉人泉州市明轩进出口贸易有限公司对被上诉人福建省泉州市国家税务局稽查局对其作出的泉国税稽处（2012）63号《税务处理决定书》不服，向人民法院提起诉讼，属于《中华人民共和国行政诉讼法》第十一条规定的行政诉讼受案范围。本案涉及刑事案件与行政案件交叉情形，虽然2012年8月1日泉州市公安局已对上诉人的法定代表人王某涉嫌虚开增值税专用发票刑事立案侦查，之后，被上诉人对上诉人作出税务处理决定，并以上诉人其他涉税违法行为涉嫌犯罪将全案移送公安机关刑事侦查，但不影响本案属于行政审判权限范围。原审法院以上诉人所请求的事项不属行政审判权限范围等理由裁定驳回其起诉系适用法律错误，应予纠正。上诉人该部分上诉理由二审法院予以采纳。根据《中华人民共和国行政诉讼法》第十四条规定，本案不属二审法院一审管辖案件，故上诉人请求二审法院予以提级审理等上诉理由不予支持。依照最高人民法院《关于执行〈中华人民共和国行政诉讼法〉若干问题的解释》第六十八条规定，裁定如下：

一、撤销泉州市丰泽区人民法院（2013）丰行初字第127号行政裁定；

二、指令泉州市丰泽区人民法院继续审理。

点评

本案的争议焦点是行刑交叉情形下，刑事程序是否优先。关于此问题，我国现行法律法规并未明确规定"刑事程序优先原则"，但是，实践中的惯性思维是遵循"刑事程序优先原则"，法院在行政案件审理中发现行政案件涉嫌犯罪，一律驳回起诉，并将案件移送公安机关。此种做法虽然便利了法院，但常常造成行政案件审理久拖不决，效率低下，严重损害行政相对人的合法权益。因此，行政案件涉嫌犯罪应当分情况处理：第一，行政违法行为本身涉嫌犯罪，应当驳回起诉，并将涉嫌犯罪的案件资料移送公安机关或检察院。第二，行政违法行为本身不涉嫌犯罪，但案件的其他人或其他事实涉嫌犯罪，法院应当将涉嫌犯罪的线索资料移送公安机关或检察院，同时继续审理行政案件。第三，行政案件的基本案件事实必须以刑事案件审理结果为依据，而该刑事案件尚未审结的，法院应当裁定中止诉讼。

本案税务机关对纳税人的税务违法行为作出税务处理决定，纳税人提起行政诉讼，但一审法院以纳税人的其他涉税违法行为涉嫌犯罪为由将全案移送公安机关刑事侦查，同时裁定案件不属于行政诉讼受案范围，并驳回起诉。由于一审法院审理的税务违法行为并未涉嫌犯罪，且属于《行政诉讼法》规定的行政诉讼受案范围，而纳税人的其他涉税违法行为并未影响法院对当前税务违法行为的审理，故法院以纳税人的其他涉税违法行为涉嫌犯罪为由驳回纳税人的起诉显然不妥。基于上述理由，二审法院裁定撤销一审法院行政裁定，并指令一审法院继续审理。

法条链接

1.《最高人民法院印发〈最高人民法院关于加强和改进行政审判工作的意见〉的通知》

21. 高度重视“以罚代刑”的问题。当前在行政程序中，“以罚代刑”的现象比较突出。各级人民法院在行政审判中发现违法行为已经构成犯罪的，应当及时移送刑事侦查机关处理；对于行政机关可能存在“以罚代刑”、放纵犯罪问题的，要向行政机关或者有关部门及时提出司法建议。

2.《行政诉讼法》

第十二条 人民法院受理公民、法人或者其他组织提起的下列诉讼：

（一）对行政拘留、暂扣或者吊销许可证和执照、责令停产停业、没收违法所得、没收非法财物、罚款、警告等行政处罚不服的；

（二）对限制人身自由或者对财产的查封、扣押、冻结等行政强制措施和行政强制执行不服的；

（三）申请行政许可，行政机关拒绝或者在法定期限内不予答复，或者对行政机关作出的有关行政许可的其他决定不服的；

（四）对行政机关作出的关于确认土地、矿藏、水流、森林、山岭、草原、荒地、滩涂、海域等自然资源的所有权或者使用权的决定不服的；

（五）对征收、征用决定及其补偿决定不服的；

（六）申请行政机关履行保护人身权、财产权等合法权益的法定职责，行政机关拒绝履行或者不予答复的；

（七）认为行政机关侵犯其经营自主权或者农村土地承包经营权、农村土地经营权的；

（八）认为行政机关滥用行政权力排除或者限制竞争的；

（九）认为行政机关违法集资、摊派费用或者违法要求履行其他义务的；

（十）认为行政机关没有依法支付抚恤金、最低生活保障待遇或者社会保险待遇的；

（十一）认为行政机关不依法履行、未按照约定履行或者违法变更、解除政府特许经营协议、土地房屋征收补偿协议等协议的；

（十二）认为行政机关侵犯其他人身权、财产权等合法权益的。

除前款规定外，人民法院受理法律、法规规定可以提起诉讼的其他行政案件。

3.《最高人民法院关于适用〈中华人民共和国行政诉讼法〉的解释》

第一条　公民、法人或者其他组织对行政机关及其工作人员的行政行为不服，依法提起诉讼的，属于人民法院行政诉讼的受案范围。

下列行为不属于人民法院行政诉讼的受案范围：

（一）公安、国家安全等机关依照刑事诉讼法的明确授权实施的行为；

（二）调解行为以及法律规定的仲裁行为；

（三）行政指导行为；

（四）驳回当事人对行政行为提起申诉的重复处理行为；

（五）行政机关作出的不产生外部法律效力的行为；

（六）行政机关为作出行政行为而实施的准备、论证、研究、层报、咨询等过程性行为；

（七）行政机关根据人民法院的生效裁判、协助执行通知书作出的执行行为，但行政机关扩大执行范围或者采取违法方式实施的除外；

（八）上级行政机关基于内部层级监督关系对下级行政机关作出的听取报告、执法检查、督促履责等行为；

（九）行政机关针对信访事项作出的登记、受理、交办、转送、复查、复核意见等行为；

（十）对公民、法人或者其他组织权利义务不产生实际影响的行为。

096. 税务机关工作人员构成滥用职权罪需要具备哪些要件？

——戚某滥用职权、受贿案①

裁判要旨

滥用职权罪，是指国家机关工作人员滥用职权，致使公共财产、国家和人民利益遭受重大损失的犯罪。该罪的主体是国家机关工作人员；该罪的主观状态是故意，包括直接故意和间接故意；该罪的客观状态是滥用职权的行为，且导致公共财产、国家和人民利益遭受重大损失。

基本案情

一、滥用职权

被告人戚某在担任绍兴县地方税务局稽查局检查二科副科长期间，在2011年12月对杭州保源消防设备安装有限公司绍兴维修分公司（以下简称“保源公司绍兴分公司”）进行税务稽查的过程中，发现该公司有通过虚增民工工资提高营业成本的方式偷逃企业所得税的问题。被告人戚某违反规定，擅自决定对发现的该问题既不汇报又不作进一步检查和处理，致使该公司少缴企业所得税1,331,837.50元。

二、受贿

2007年至2011年，被告人戚某在担任绍兴县地方税务局稽查局检查二科科员、副科长期间，利用对企业进行税务稽查的职务之便，先后多次收受蒋某某等人所送的价值合计45,000元的财物，并在税务稽查的过程中为他人谋取利益。被告人戚某在归案后，如实供述了检察机关尚未掌握的上述受贿事实。

法院审理

被告人戚某辩称，保源公司绍兴分公司2010年实际支付的民工工资金额不

① 浙江省绍兴县人民法院（2012）绍刑初字第599号刑事判决书

明确，专项鉴证报告认定该公司2010年度少缴企业所得税133万余元事实不清、证据不足；对起诉指控的受贿事实无异议。自愿认罪。

辩护人的辩护意见是：1. 被告人戚某的行为不构成滥用职权罪。首先，被告人戚某不具有查处保源公司绍兴分公司偷逃企业所得税的职责。根据《税务稽查工作规程》第十条第一款和第二款的规定，稽查局应当在所属税务局的征收管理范围内实施税务稽查。前款规定以外的税收违法行为，由违法行为发生地或者发现地的稽查局查处。而依照我国相关税收法律法规的规定，保源公司绍兴分公司作为分公司只能在绍兴就地预缴企业所得税，企业所得税的汇算清缴必须由总公司向其所在地主管税务机关申报进行，因此保源公司绍兴分公司不属于绍兴县地方税务局的征收管理范围，绍兴县地方税务局稽查局不能对其实施税务稽查；同时，从《税务稽查工作规程》第十条规定的内容看，该条第二款规定的“前款规定以外的税收违法行为”应理解为没有所属税务局的情形。而保源公司绍兴分公司有明确的主管税务局，故绍兴县地方税务局稽查局对其也不能实施税务稽查。其次，被告人戚某的行为与起诉认定的损失之间不具有刑法上的因果关系。被告人戚某的检查行为只是一种事后检查，起诉认定的损失并不是由戚某的行为所造成的。即使认定两者之间存在因果关系，该损失也应当认定为间接损失。且证人何某达、柳某、陈某关于保源公司绍兴分公司2010年实际发放民工工资金额的证言相互矛盾，专项鉴证报告以何某达的证言为基础确认保源公司绍兴分公司2010年实际支付民工工资2,698,000元，虚列民工工资5,327,350元，进而得出该公司2010年偷逃企业所得税1,331,837.50元的结论不符合客观实际。再次，被告人戚某对滥用职权行为本身并无故意。由于被告人戚某认为保源公司绍兴分公司属二级分支公司，其企业所得税应由总公司申报汇总，所以该公司不属于绍兴县地方税务局稽查局的稽查范围，其才作出“不作检查”的决定。2. 被告人戚某在归案后如实供述了检察机关尚未掌握的受贿事实，有自首情节，且其受贿犯罪情节较轻。综上，建议对被告人戚某从轻处罚并适用缓刑。

法院认为，被告人戚某身为国家机关工作人员，超越权限履行职责，致使国家税收遭受重大损失，其行为构成滥用职权罪；又利用职务上的便利，非法收受他人财物，为他人谋取利益，其行为又构成受贿罪。公诉机关指控的罪名成立，予以支持。

对辩护人关于被告人戚某的行为不构成滥用职权罪的辩护意见。经查，证人鲁某、祁某、冯某的证言结合《税务稽查工作规程》、税务稽查资料及被告人戚某的供述证实，根据《税务稽查工作规程》第十条的规定，绍兴县地方税务局稽查局除对绍兴县地方税务局征收管理范围内的税费有权进行稽查外，对绍兴县地方税务局征收管理范围外的税收违法行为，只要该税收违法行为发生在绍兴县或者在绍兴县被发现，也有权进行稽查。被告人戚某作为该局的稽查人员对其工作职责和稽查范围应当是明确的。且从被告人戚某关于其以前也曾对绍兴县地方税务局征管范围外的涉税问题出具过征管建议的供述以及其对保源公司绍兴分公司偷逃个人所得税的问题进行查处的事实看，被告人戚某主观上应当明知其对保源公司绍兴分公司通过虚增民工工资以偷逃企业所得税的问题有权进行查处。但被告人戚某对发现的该问题既未进一步调查核实进行查处，又未向领导汇报并出具征管建议，而是超越职权擅自决定隐瞒该公司偷逃企业所得的问题，最终作出不予检查的决定。由于被告人戚某的行为，致使保源公司绍兴分公司应当补缴的企业所得税未补缴，造成国家税款的重大损失，两者之间是引起与被引起的关系，属于刑法上的因果关系。被告人戚某明知其超越职权决定对保源公司绍兴分公司以虚增民工工资方式偷逃企业所得税不予检查会导致国家税款损失，但其放任国家税款损失后果的发生，对发现的问题未作进一步调查、处理，也未向领导汇报，其行为时的主观心态属于间接故意。综上，被告人戚某既有滥用职权的故意，又有滥用职权的行为，其行为符合滥用职权罪的犯罪构成，应当以滥用职权罪定罪处罚。不采纳辩护人的相关辩护意见。

被告人戚某身犯两罪，应予并罚。被告人戚某在被采取强制措施后如实供述了司法机关尚未掌握的受贿罪行，属自首，对其受贿罪行依法予以从轻处罚；其在归案后能如实供述自己的滥用职权罪行，亦依法予以从轻处罚；又能自愿认罪，积极退缴赃款，酌情予以从轻处罚。采纳被告人戚某要求从轻处罚及辩护人建议对被告人戚某从轻处罚的意见。根据被告人戚某的犯罪事实、情节及社会危害后果，不宜对其宣告缓刑。不采纳辩护人董坚建议对被告人戚某适用缓刑的意见。被告人戚某的违法所得，依法应予没收。依照《中华人民共和国刑法》第三百九十七条第一款、第三百八十五条第一款、第三百八十六条、第三百八十三条第一款第（三）项和第二款、第六十七条第二款和第三款、第六十九条及第六十四条之规定，判决如下：

一、被告人戚某犯滥用职权罪，判处有期徒刑一年；犯受贿罪，判处有期徒刑二年。决定执行有期徒刑二年六个月（刑期从判决执行之日起计算。判决执行以前先行羁押的，羁押一日折抵刑期一日，即自二〇一二年五月三日起至二〇一四年十一月二日止）；

二、被告人戚某退缴在法院的犯罪所得人民币四万五千元，予以没收。

点评

滥用职权罪，是指国家机关工作人员滥用职权，致使公共财产、国家和人民利益遭受重大损失的犯罪。该罪的主体是国家机关工作人员；该罪的主观状态是故意，包括直接故意和间接故意；该罪的客观状态是滥用职权的行为，且导致公共财产、国家和人民利益遭受重大损失。税务机关工作人员代表国家向纳税人征税，拥有巨大的权力。因此，有可能发生税务机关工作人员明知纳税人存在税收违法行为，却不进行查处的情况。此时，税务机关工作人员可能会涉嫌滥用职权罪。为了明确滥用职权罪的适用，《最高人民法院、最高人民检察院关于办理渎职刑事案件适用法律若干问题的解释（一）》第一条第一款规定："国家机关工作人员滥用职权或者玩忽职守，具有下列情形之一的，应当认定为刑法第三百九十七条规定的'致使公共财产、国家和人民利益遭受重大损失'：（一）造成死亡1人以上，或者重伤3人以上，或者轻伤9人以上，或者重伤2人、轻伤3人以上，或者重伤1人、轻伤6人以上的；（二）造成经济损失30万元以上的；（三）造成恶劣社会影响的；（四）其他致使公共财产、国家和人民利益遭受重大损失的情形。"该条第二款规定："具有下列情形之一的，应当认定为刑法第三百九十七条规定的'情节特别严重'：（一）造成伤亡达到前款第（一）项规定人数3倍以上的；（二）造成经济损失150万元以上的；（三）造成前款规定的损失后果，不报、迟报、谎报或者授意、指使、强令他人不报、迟报、谎报事故情况，致使损失后果持续、扩大或者抢救工作延误的；（四）造成特别恶劣社会影响的；（五）其他特别严重的情节。"本案被告人戚某为税务机关工作人员，发现保源公司绍兴分公司通过虚增民工工资提高营业成本的方式偷逃企业所得税。但戚某擅自决定对发现的问题既不汇报又不作进一步检查和处理，致使该公司少缴企业所得税1,331,837.50元。据此，法院认定被告人戚某滥用职权罪成立。本案给税务机关工作人员敲响了警钟，如果税务机关工作人员在履职过程中发现纳税人存在偷税行为，一定要依法查处，否则会引发刑事犯罪风险。需要注意的是，涉嫌滥用职权的税务机关工作人员抗辩自己的行为与国家税款的损失不具有刑法上的因果关系，国家税款的损失并不是由自己的行为造成的，而是由纳税人偷税行为造成的，此种抗辩不会为法院接受。

法条链接

1.《刑法》

第三百九十七条 国家机关工作人员滥用职权或者玩忽职守，致使公共财产、国家和人民利益遭受重大损失的，处三年以下有期徒刑或者拘役；情节特别严重的，处三年以上七年以下有期徒刑。本法另有规定的，依照规定。

国家机关工作人员徇私舞弊，犯前款罪的，处五年以下有期徒刑或者拘役；情节特别严重的，处五年以上十年以下有期徒刑。本法另有规定的，依照规定。

2.《最高人民法院、最高人民检察院关于办理渎职刑事案件适用法律若干问题的解释（一）》

第一条 国家机关工作人员滥用职权或者玩忽职守，具有下列情形之一的，应当认定为刑法第三百九十七条规定的“致使公共财产、国家和人民利益遭受重大损失”：

（一）造成死亡1人以上，或者重伤3人以上，或者轻伤9人以上，或者重伤2人、轻伤3人以上，或者重伤1人、轻伤6人以上的；

（二）造成经济损失30万元以上的；

（三）造成恶劣社会影响的；

（四）其他致使公共财产、国家和人民利益遭受重大损失的情形。

具有下列情形之一的，应当认定为刑法第三百九十七条规定的“情节特别严重”：

（一）造成伤亡达到前款第（一）项规定人数3倍以上的；

（二）造成经济损失150万元以上的；

（三）造成前款规定的损失后果，不报、迟报、谎报或者授意、指使、强令他人不报、迟报、谎报事故情况，致使损失后果持续、扩大或者抢救工作延误的；

（四）造成特别恶劣社会影响的；

（五）其他特别严重的情节。

097. 税收管理员构成玩忽职守罪的要件有哪些?

——王某斌玩忽职守案①

裁判要旨

税收管理员构成玩忽职守罪的要件如下:(1)其是国家机关工作人员;(2)其主观状态是过失;(3)其有玩忽职守的行为;(4)上述行为致使公共财产、国家和人民利益遭受重大损失。判断税收管理员是否玩忽职守必须严格依据法律、法规、规章和税务机关的内部工作文件赋予税收管理员的职责范围来判定。

基本案情

2007年至2011年底,大同市云冈实业有限责任公司、大同市东方广场有限责任公司两企业在此期间对其应缴纳的房产税、土地使用税不如实申报和零申报,不履行纳税义务。作为大同市城区地方税务局西街税务所负责管理两企业的税务专管员被告人王某斌在对该企业进行纳税监管的过程中发现此情况后,经向时任大同市城区地税局西街税务所所长樊某丽请示后,每年向大同市云冈实业有限责任公司下达相关催报、催缴法律文书,要求其限期进行纳税申报及缴纳税款,但该企业一直未在规定的期限内申报缴纳税款。大同市东方广场有限责任公司2007年至2011年底一直是零申报。致使两企业在2007年至2011年偷逃房产税3,768,354.9元,土地使用税884,953.2元,共计4,653,308.1元。这些税款至今无法收回,给国家造成了重大损失。

法院审理

原审法院认为,被告人在大同市云冈实业有限责任公司、大同市东方广场有限责任公司两企业大部分税款没有如实申报和没有补缴税款的情况发生后却未能提出和采取法律赋予的工作职责意见和建议,并进一步采取税收保全措施。就此情节被告人王某斌及其辩护人亦未能提出自己积极履行职责,未给国家税款征收

① 山西省大同市中级人民法院(2014)同刑终字第126号刑事判决书

造成严重损失相悖的证据，故对被告人以及其辩护人认为被告人已经履行了法定职责，积极催缴税款，并且积极汇报，没有给国家税收造成损失的辩护意见不予采纳。关于被告人及其辩护人认为王某斌已经履行了法定职责，积极催缴税款，并且就欠税情况积极向所长及分管领导汇报，没有给国家税收造成损失的辩护意见，大同市地税局催缴欠税公告、欠税情况表虽然证明大同市城区地税局的领导知道两个企业欠税的事实，但这一事实与被告人没有认真履行法律赋予的监管职责，未向上级请示建议对上述两企业采取进一步的税收保全及强制执行等法律措施存在必然联系，故对此辩解不予采纳。因此，被告人王某斌作为国家机关工作人员，在其担任大同市城区地方税务局西街税收专管员期间，不认真履行其征收税款的职责，发现征管企业存在欠税情况后没有认真履行法律赋予的监管职责，未向上级请示建议对上述两企业采取进一步的税收保全及强制执行等法律措施，致使欠税企业在长达五年的时间拖欠国家税款4,653,308.1元，使国家财产遭受重大损失，情节特别严重，其行为构成玩忽职守罪。公诉机关指控的罪名成立。据此，依照《中华人民共和国刑法》第三百九十七条第一款之规定，判决被告人王某斌犯玩忽职守罪，判处有期徒刑三年。

被告人王某斌不服，提起上诉，理由是：税管员与稽查员的职责不同，我已经履行税管员的职责，不存在玩忽职守；云冈实业公司和东方广场公司涉嫌偷逃税款，在我接管这两个企业之前就已存在，每年都给这两个企业送达催缴文书，向局里上报这两个企业欠税报表，连续五年公开登报公示这两个企业欠税情况，省地税局还查过云冈实业公司的账，税务稽查局却没有立案，致使这两个企业偷逃税款还在继续。因此，我的行为不构成玩忽职守罪，请求二审法院作出无罪判决。

辩护人的辩护意见是，上诉人王某斌作为税管员，没有向上级请示建议对涉税公司采取税收保全措施、强制执行措施的职责；王某斌已向税务所长樊某丽汇报了涉案两公司的纳税申报不正常情况，向涉案两公司下达了9份《税务事项通知书》，多次积极催收催缴，涉案公司缴纳了土地使用税144,810元，城区地税已在大同日报上登载了五次欠税公告，涉案公司的行为是欠税行为，不是偷税行为。2012年5月，王某斌建议所长樊某丽将涉案公司移送经侦支队立案查处，已经尽到了工作职责；涉案公司欠税不等于逃税，与王某斌的管理行为不存在刑法上的因果关系，故原判认定王某斌的事实不清，证据不足，建议宣告王某斌无罪。

检察员的出庭意见，原判认定的事实存在，证据确实、充分，定性准确，量刑适当，建议驳回上诉，维持原判。

二审法院认为，上诉人王某斌作为城区地税局西街税务所的专职税管员，发现管税企业存在大量欠税情况后，已向税务所所长樊某丽作了汇报，并连续多次向欠税企业留置送达税务事项通知书，要求欠税单位云冈实业公司、东方广场公司及时申报并缴纳税款，属于履职行为；至于涉税单位云冈实业公司、东方广场公司欠缴税款4,653,308.1元，城区地税局已连续五年在大同日报公告两单位的欠缴税款情况，属于应当缴纳或追缴的税款，并非法律意义上的“经济损失”，不符合玩忽职守罪“致使国家利益遭受重大损失”的法定要件，故上诉人王某斌及辩护人所提无罪的辩护意见成立，二审法院予以采纳。据此，依照《中华人民共和国刑事诉讼法》第二百二十五条第一款（二）项、第一百九十五条（二）项之规定，判决如下：

一、撤销大同市城区人民法院（2013）城刑初字第183号刑事判决；

二、上诉人（原审被告人）王某斌无罪。

点评

玩忽职守罪是指国家机关工作人员玩忽职守，致使公共财产、国家和人民利益遭受重大损失的行为。该罪的主体要件是国家机关工作人员；该罪的主观状态是过失；该罪的客观状态是有玩忽职守的行为，且上述行为致使公共财产、国家和人民利益遭受重大损失。

税收管理员是基层税务机关及其税源管理部门中负责分片、分类管理税源，负有管户责任的工作人员。基层税务机关是指直接面向纳税人、负责税收征收管理的税务机关；税源管理部门是指基层税务机关所属的税务分局和税务所或内设的税源管理科（股）。(见《税收管理员制度（试行)》第二条)

税收管理员的主要职责包括：（1）宣传贯彻税收法律、法规和各项税收政策,开展纳税服务，为纳税人提供税法咨询和办税辅导；督促纳税人按照国家有关规定及时足额申报纳税、建立健全财务会计制度、加强账簿凭证管理。(2）调查核实分管纳税人税务登记事项的真实性；掌握纳税人合并、分立、破产等信息；了解纳税人外出经营、注销、停业等情况；掌握纳税人户籍变化的其他情况；调查核实纳税人纳税申报（包括减免缓抵退税申请，下同）事项和其他核定、认定事项的真实性；了解掌握纳税人生产经营、财务核算的基本情况。

(3) 对分管纳税人进行税款催报催缴；掌握纳税人的欠税情况和欠税纳税人的资产处理等情况；对纳税人使用发票的情况进行日常管理和检查，对各类异常发票进行实地核查；督促纳税人按照税务机关的要求安装、使用税控装置。(4)对分管纳税人开展纳税评估，综合运用各类信息资料和评估指标及其预警值查找异常，筛选重点评估分析对象；对纳税人纳税申报的真实性、准确性作出初步判断；根据评估分析发现的问题，约谈纳税人，进行实地调查；对纳税人违反税收管理规定行为提出处理建议。(5) 按照纳税资料“一户式”存储的管理要求，及时采集纳税人生产经营、财务核算等相关信息，建立所管纳税人档案，对纳税人信息资料及时进行整理、更新和存储，实行信息共享。(见《税收管理员制度(试行)》第五条、第六条、第七条、第八条、第九条) 需要注意的是，税收管理员不直接从事税款征收、税务稽查、审批减免缓抵退税和违章处罚等工作。(见《税收管理员制度（试行)》第十三条)

就本案而言，被告人王某斌是西街税务所的税收管理员，其从2007年3月开始负责管理大同市云冈实业有限责任公司、大同市东方广场有限责任公司两企业的相关税收征缴工作。由于上述两家企业长期欠税，王某斌已向税务所所长樊某丽汇报了涉案两公司的纳税申报不正常情况，向涉案两公司下达了9份《税务事项通知书》，多次积极催收催缴，涉案公司缴纳了土地使用税144, 810元，大同市城区地税局已在大同日报上登载了五次欠税公告。被告人王某斌已经履行了税收管理员的工作职责，故其不存在玩忽职守的行为。

二审法院认为涉税单位云冈实业公司、东方广场公司欠缴税款4, 653, 308. 1元，属于应当缴纳或追缴的税款，并非法律意义上的“经济损失”，不符合玩忽职守罪“致使国家利益遭受重大损失”的法定要件。该观点有待商榷。本案税务机关明知涉税单位长期欠税仍然放任欠税状态持续，未依法采取相关措施追缴税款，导致所欠税款无法征收。因此，税务机关放任欠税已经“致使国家利益遭受重大损失”。

另外，本案涉税单位已经构成偷税。因为被告人王某斌向涉案两公司下达了9份《税务事项通知书》，先拒不申报，后不如实申报，依据《税收征收管理法》第六十三条，其行为是偷税。对偷税行为，应当由税务稽查部门立案处理，税收管理员无权处理。

法条链接

1. **《刑法》**

第三百九十七条　国家机关工作人员滥用职权或者玩忽职守，致使公共财产、国家和人民利益遭受重大损失的，处三年以下有期徒刑或者拘役；情节特别严重的，处三年以上七年以下有期徒刑。本法另有规定的，依照规定。

国家机关工作人员徇私舞弊，犯前款罪的，处五年以下有期徒刑或者拘役；情节特别严重的，处五年以上十年以下有期徒刑。本法另有规定的，依照规定。

2. **《最高人民法院、最高人民检察院关于办理渎职刑事案件适用法律若干问题的解释（一）》**

第一条　国家机关工作人员滥用职权或者玩忽职守，具有下列情形之一的，应当认定为刑法第三百九十七条规定的“致使公共财产、国家和人民利益遭受重大损失”：

（一）造成死亡1人以上，或者重伤3人以上，或者轻伤9人以上，或者重伤2人、轻伤3人以上，或者重伤1人、轻伤6人以上的；

（二）造成经济损失30万元以上的；

（三）造成恶劣社会影响的；

（四）其他致使公共财产、国家和人民利益遭受重大损失的情形。

具有下列情形之一的，应当认定为刑法第三百九十七条规定的“情节特别严重”：

（一）造成伤亡达到前款第（一）项规定人数3倍以上的；

（二）造成经济损失150万元以上的；

（三）造成前款规定的损失后果，不报、迟报、谎报或者授意、指使、强令他人不报、迟报、谎报事故情况，致使损失后果持续、扩大或者抢救工作延误的；

（四）造成特别恶劣社会影响的；

（五）其他特别严重的情节。

3. **《税收管理员制度（试行）》**

第二条　税收管理员是基层税务机关及其税源管理部门中负责分片、分类管理税源，负有管户责任的工作人员。

前款所称基层税务机关是指直接面向纳税人、负责税收征收管理的税务机关；税源管理部门是指基层税务机关所属的税务分局和税务所或内设的税源管理科（股）。

第三条 税收管理员在基层税务机关及其税源管理部门的管理下，贯彻落实税收法律、法规和各项税收政策，按照管户责任，依法对分管的纳税人、扣缴义务人（以下简称纳税人）申报缴纳税款的行为及其相关事项实施直接监管和服务。

第五条 宣传贯彻税收法律、法规和各项税收政策，开展纳税服务，为纳税人提供税法咨询和办税辅导；督促纳税人按照国家有关规定及时足额申报纳税、建立健全财务会计制度、加强账簿凭证管理。

第六条 调查核实分管纳税人税务登记事项的真实性；掌握纳税人合并、分立、破产等信息；了解纳税人外出经营、注销、停业等情况；掌握纳税人户籍变化的其他情况；调查核实纳税人纳税申报（包括减免缓抵退税申请，下同）事项和其他核定、认定事项的真实性；了解掌握纳税人生产经营、财务核算的基本情况。

第七条 对分管纳税人进行税款催报催缴；掌握纳税人的欠税情况和欠税纳税人的资产处理等情况；对纳税人使用发票的情况进行日常管理和检查，对各类异常发票进行实地核查；督促纳税人按照税务机关的要求安装、使用税控装置。

第八条 对分管纳税人开展纳税评估，综合运用各类信息资料和评估指标及其预警值查找异常，筛选重点评估分析对象；对纳税人纳税申报的真实性、准确性作出初步判断；根据评估分析发现的问题，约谈纳税人，进行实地调查；对纳税人违反税收管理规定行为提出处理建议。

第九条 按照纳税资料“一户式”存储的管理要求，及时采集纳税人生产经营、财务核算等相关信息，建立所管纳税人档案，对纳税人信息资料及时进行整理、更新和存储，实行信息共享。

第十三条 税收管理员不直接从事税款征收、税务稽查、审批减免缓抵退税和违章处罚等工作；按照有关规定，在交通不便地区和集贸市场可以由税收管理员直接征收零散税收的，要实行双人上岗制度，并严格执行票款分离制度。

098. 何谓徇私舞弊不征、少征税款罪?

——王某、潘某徇私舞弊少征税款案①

裁判要旨

徇私舞弊不征、少征税款罪是指税务机关的工作人员徇私舞弊，不征或者少征应征税款，致使国家税收遭受重大损失的行为。本罪的主观状态为故意；本罪的客观行为是不征或者少征应征税款，致使国家税收遭受重大损失；本罪的立案标准如下：(1) 徇私舞弊不征、少征应征税款，致使国家税收损失累计达10万元以上的；(2) 上级主管部门工作人员指使税务机关工作人员徇私舞弊不征、少征应征税款，致使国家税收损失累计达10万元以上的；(3) 徇私舞弊不征、少征应征税款不满10万元，但具有索取或者收受贿赂或者其他恶劣情节的；(4)其他致使国家税收遭受重大损失的情形。

基本案情

被告人王某、潘某系鼓楼地税局第二税务管理所的税务工作人员。2014年2月，南京市地方税务局发现滨江公司有2013年度少缴517.53m^2土地使用税的疑点。同年2月17日，经税务信息系统逐级推送，该涉税疑点处理任务被分配至王某、潘某的工作小组。

2014年3月初，王某、潘某在就涉税疑点与滨江公司约谈中发现，包括该公司与长客公司之间面积约44,734m^2（以下简称涉案土地）在内的土地租赁等未缴税。王某经估算后向滨江公司法定代表人祁某及会计马某提出：2010年至2013年涉案土地等的使用，须补税共约一百万元。后其又改变意见，仅要求补缴2013年度土地使用税三十余万元。为减少纳税，祁某分别向王某、潘某赠送了香烟、酒、购物卡等物品。后王某、潘某未向本单位领导汇报，自行决定按约3,700m^2补征滨江公司土地使用税。同年3月18日，在潘某的授意下，滨江公司以自报方式，办理了补缴2013年度3,760m^2土地使用税26,320元等税款手续，但未提交与所报面积相对应的资料。随后，潘某以纳税人自查补税的方式，

① 南京市鼓楼区人民法院（2014）鼓刑二初字第392号刑事判决书

按滨江公司所报补税面积、已补税款金额等，消除了该公司在税务信息系统中的涉税问题，致国家税收损失912,980元。

另查，2004年4月20日，为使经济适用房建设用地及时腾出，促进驻区企业的发展，在原南京市下关区人民政府（以下简称下关政府）的鉴证下，下关区幕府山街道办事处（以下简称幕府山街道）、幕府山街道五塘村村民委员会（以下简称五塘村委会），与长客公司（其时名为南京长途汽车客运总公司）签订了合作协议，约定涉案土地（当时面积约“70亩”，属集体土地性质）有偿交予长客公司从事生产经营15年，长客公司从原租赁地及时迁出交给经济适用房建设使用等。后五塘村委会被撤销，下关政府授权滨江公司对其资产进行管理。2008年4月21日，经南京市人民政府批准，涉案土地由集体土地变更为国有土地。同年10月20日，滨江公司与长客公司签订协议书，确认滨江公司承继使用涉案土地原协议中全部的权利和义务。2010年8月18日，滨江公司与长客公司签订补充协议书，将土地使用面积变更为“67.103亩”。自2010年8月至2013年底，涉案土地使用税共计939,300元均未缴纳。另外，直至目前，国有土地管理部门对涉案土地一直未颁发土地使用权证。

2014年5月21日、5月23日，因祁某举报，被告人王某、潘某先后被检察机关询问。潘某归案后如实供述了参与少征滨江公司涉案土地使用税款的事实。同年7月2日，滨江公司向税务机关补缴了2010年至2013年涉案土地的使用税款。

法院审理

被告人王某对公诉机关的指控提出异议，辩解发现滨江公司其他涉税疑点后，已要求该公司按照主动申报程序补税。若未按期补税，其仍可向该公司催缴，后因被羁押未能履职，其行为不构成犯罪。其辩护人认为，涉案土地原系集体土地，被国家征收后一直未办理国有土地登记，其所有权性质既非集体，也非国有，权属不清。滨江公司违法将涉案土地出租给长客公司牟利，其实际也未使用该土地。长客公司自2004年至今实际对涉案土地占用，应为该地使用税的纳税人。对长客公司进行土地使用征税，不属于王某涉税疑点工作的职责范围。另外，已征税款26,320元与涉案土地无关。王某收受礼品与处理滨江公司涉税疑点工作无关联，对其应按违纪予以处罚。故公诉机关指控王某构成犯罪，无事实和法律根据；王某在滨江公司涉税疑点工作中依法履职，无徇私舞弊少征税款，其行为不构成犯罪。就辩护意见，辩护人出示了江苏省地税局《关于明确集体土地城镇土地使用税纳税人的批复》《房土税培训资料》滨江公司在案发后缴纳2011年1月1日至2013年12月31日的城镇土地使用税税款单据复印件等。

被告人潘某对起诉书的指控不持异议，表示自愿认罪。但辩解，其曾就滨江公司涉税问题向领导汇报，领导有“就疑点查疑点”的指示。其辩护人认为，滨江公司在无合法使用权的情况下，长期非法占用涉案土地并牟利，对其违法所得应依法没收而不应征税，不应征税即未使国家税收遭受重大损失。被告人潘某虽利用职务之便收受滨江公司的财物，但因该公司非合法纳税主体，无应征税款的事实，故潘某的行为不构成徇私舞弊少征税款罪。即使潘某有罪，也因其未取得税务执法证书，在对滨江公司涉税疑点工作中主要从事文书和电脑操作，应认定为从犯；潘某在司法机关立案前即坦白了涉案事实，有自首情节；其无前科劣迹、归案后有悔罪态度，请求对潘某从轻处罚。就辩护意见，辩护人当庭出示了江苏捷宏普勤会计师事务所有限公司的《相关单位漏缴土地使用税问题的审计意见》、土地法规、税务人员执法资格规定等材料。

法院认为：

一、对于两被告人的行为是否构成犯罪的问题，控辩双方在涉案土地是否按国有土地的使用征税、其纳税主体，及两被告人处理滨江公司涉税问题时的行为定性存在争议。

1. 对涉案土地能否按照国有土地征收使用税的争议，涉及该土地的性质、使用的合法性问题；界定涉案土地使用的纳税主体，应明确税收法律法规所规定的土地实际使用权人。经查，南京市人民政府的批文、南京市国土局的函件、长客公司有偿使用涉案土地的全部协议能够证实，自2008年4月以后，涉案土地的性质已由集体变更为国有。原集体土地权利人经所在辖区政府的同意，将涉案土地有偿提供给长客公司长期使用；之后滨江公司依据政府的授权，从原集体性质土地开始至今，一直持续对涉案土地进行管理并收益，包括该土地变更为国有性质以后；目前涉案土地虽无使用权人登记，但在辖区政府对其管理权的授权未变更的情况下，滨江公司与长客公司延续原土地使用合同的权利义务内容，收取租金的行为，仍有其合法的依据。长客公司根据与涉案土地所有权人或管理权人的合约，对涉案土地实际进行了占有并使用，但其须向土地的实际权利人支付使用费用，且对土地使用的利益，也只限定在合约规定的期限内，故长客公司不属于税收法律意义上的实际使用权人。依照国有土地使用税收征管相关的法律、法规规定，滨江公司对涉案土地享有管理权并收益，其应当为涉案土地的实际使用权人，依法负有对涉案土地缴纳使用税的义务。

2. 关于两被告人对滨江公司涉税疑点问题的处理，是否属于徇私舞弊少征税款的行为。经查，税务机关有关涉税疑点处理的规定以及两被告人的供述、两被告人所在税务机关工作人员的证言、涉税疑点处理相关规定能够证实，两被告人在收受了滨江公司法定代表人祁某的礼品后，明知其对滨江公司新发现的涉税疑点无权处理，须报请相关领导和机构处理，仍擅自决定将滨江公司应补征税款的土地面积从四万余平方米，大幅度降至三千多平方米，使得滨江公司得以少缴税款九十余万元，国家的巨额税款未能征收。王某提出其已告知滨江公司应在纳税期限内自行申报补税，及潘某提出有关领导曾表示对滨江公司“就疑点查疑点”的辩解，相关人员不予证实。王某的上述辩解，也与其在约谈中坚持要求补税约百万元或三十多万元的明确表示，自相矛盾。两被告人在税务信息系统中已消除了滨江公司的涉税疑点，表明其承办的此项工作已经结束，之后再行催缴税款的职权，已无合法依据，更与涉税疑点处理程序要求应进入实地核查环节的规定相悖。案发后，滨江公司虽补缴涉案的全部税款，但若非祁某举报，税务机关对滨江公司少缴巨额税款的事实应无从知晓，国家税收的重大损失难以避免。可见，两被告人收受滨江公司人员的好处与其少征滨江公司税款之间，存在直接的因果关系。因此，其主观上存在徇私的故意，客观上有少征税款的行为，符合徇私舞弊少征税款罪的构成条件。王某辩护人提出两被告人实际所征税款与涉案土地无关。经查，在两被告人对滨江公司涉税疑点处理的全部文书资料中，并无滨江公司申报补税面积相对应的土地使用材料，目前也无其他证据材料证实补税款与涉案土地使用税无关。公诉机关从有利于被告人的角度考虑，将滨江公司补税款 26, 320 元从犯罪数额中扣除，并无不当。

二、关于潘某在共同犯罪过程中的地位以及是否构成自首的问题。经法庭调查可以确认，潘某积极主动地参与了实施少征滨江公司税款的全部具体行为，其作为实行犯的作用和地位并非处于次要和辅助。潘某在税务机关的授权下从事涉税疑点处理工作，负有国家税收工作人员的职权，是否取得相关的上岗证书，并不影响其犯罪构成及在共同犯罪中所起的作用，故对潘某不应认定为从犯。两被告人徇私舞弊少征税款的主要事实，因他人举报已被司法机关事先掌握，潘某在司法机关初次询问中对犯罪事实的如实供述，不符合自首的构成条件，应认定为坦白情节。

法院判决如下：

被告人王某犯徇私舞弊少征税款罪，判处有期徒刑二年四个月。

被告人潘某犯徇私舞弊少征税款罪，判处有期徒刑一年十个月。

点评

本案两被告人所涉罪名为徇私舞弊不征、少征税款罪。《刑法》第四百零四条规定："税务机关的工作人员徇私舞弊，不征或者少征应征税款，致使国家税收遭受重大损失的，处五年以下有期徒刑或者拘役；造成特别重大损失的，处五年以上有期徒刑。"

本罪的主观状态为故意，且基于徇私动机。需要注意的是，如果税务机关的工作人员因业务水平不高等原因过失不征或少征应征税款，不是徇私。如果过失不征或少征应征税款，致使国家利益遭受重大损失的，可以玩忽职守罪论处。

本罪的客观行为是不征或者少征应征税款，致使国家税收遭受重大损失。所谓不征，是指违反税收法律、法规、规章及其他税收规范性文件，不向纳税人征收应征税款。所谓少征，是指实际征收的税款少于税收法律、法规、规章及其他税收规范性文件规定应当征收的税款。所谓舞弊，是指不征或少征应征税款的行为。

所谓重大损失，应当根据立案标准来确定。依据《最高人民检察院关于渎职侵权犯罪案件立案标准的规定》，涉嫌下列情形之一的，应予追诉：（1）徇私舞弊不征、少征应征税款，致使国家税收损失累计达 10 万元以上的；（2）上级主管部门工作人员指使税务机关工作人员徇私舞弊不征、少征应征税款，致使国家税收损失累计达 10 万元以上的；（3）徇私舞弊不征、少征应征税款不满 10 万元，但具有索取或者收受贿赂或者其他恶劣情节的；（4）其他致使国家税收遭受重大损失的情形。

本案两被告人收受他人财物，对依法应当征收城镇土地使用税的纳税人擅自少征应征税款，造成国家税收损失 912, 980 元，达到徇私舞弊不征、少征税款罪的立案标准。需要注意的是，虽然两被告人收受他人贿赂，但是其价值并未达到受贿罪的立案标准，否则，法院应当对两被告人实行数罪并罚，即同时追究受贿罪和徇私舞弊不征、少征税款罪的刑事责任。

法条链接

1. 《刑法》

第四百零四条 税务机关的工作人员徇私舞弊，不征或者少征应征税款，致使国家税收遭受重大损失的，处五年以下有期徒刑或者拘役；造成特别重大损失的，处五年以上有期徒刑。

2. 《最高人民检察院关于渎职侵权犯罪案件立案标准的规定》

（十四）徇私舞弊不征、少征税款案（第四百零四条）

徇私舞弊不征、少征税款罪是指税务机关工作人员徇私舞弊，不征、少征应征税款，致使国家税收遭受重大损失的行为。

涉嫌下列情形之一的，应予立案：

1. 徇私舞弊不征、少征应征税款，致使国家税收损失累计达10万元以上的；

2. 上级主管部门工作人员指使税务机关工作人员徇私舞弊不征、少征应征税款，致使国家税收损失累计达10万元以上的；

3. 徇私舞弊不征、少征应征税款不满10万元，但具有索取或者收受贿赂或者其他恶劣情节的；

4. 其他致使国家税收遭受重大损失的情形。

099. 何谓徇私舞弊发售发票罪？

——宋某某徇私舞弊发售发票案①

裁判要旨

徇私舞弊发售发票罪是指税务机关的工作人员违反法律、行政法规的规定，在办理发售发票工作中，徇私舞弊，致使国家利益遭受重大损失的行为。本罪的主观状态是故意。本罪的客观行为是违反法律、行政法规的规定发售发票，致使国家利益遭受重大损失。本罪的立案标准如下：（1）徇私舞弊，致使国家税收损失累计达10万元以上的；（2）徇私舞弊，致使国家税收损失累计不满10万元，但发售增值税专用发票25份以上或者其他发票50份以上或者增值税专用发

① 吉林省吉林市龙潭区人民法院（2014）龙刑初字第153号刑事判决书

票与其他发票合计 50 份以上，或者具有索取、收受贿赂或者其他恶劣情节的；(3) 其他致使国家利益遭受重大损失的情形。

基本案情

被告人宋某某系吉林市龙潭区地方税务局（以下简称龙潭地税局）工作人员。2011 年 1 月至 2013 年 9 月间，其在龙潭地税局发票销售窗口工作期间，违反法律、行政法规的规定，在办理发票发售工作中利用税收系统软件的漏洞，将自己负责保管发售的面额为人民币 845 万元普通定额发票以吉林市龙潭区穆斯林小吃部等四家饭店名义记入办税系统中，分多次、跨区域将上述发票私自卖给陈某某及刘某某用于经营活动使用，并收取违法所得人民币 40.5 万元，致使国家税款损失人民币 761, 960.00 元。立案前，宋某某已向龙潭地税局补缴税款人民币 421, 825.00 元。

法院审理

法院认为，被告人宋某某作为税务机关的工作人员，违反法律及行政法规的规定，在办理发售发票的过程中，徇私舞弊发售发票，致使国家利益遭受重大损失，其行为已构成徇私舞弊发售发票罪。公诉机关指控的事实清楚，罪名成立。对公诉机关认为，宋某某的行为致使国家利益遭受特别重大损失，应处五年以上有期徒刑的意见，法院认为，根据被告人宋某某违法行为给国家税收造成的经济损失情况，应认定为致使国家利益遭受重大损失为宜，对宋某某应处五年以下有期徒刑或者拘役。宋某某到案后如实供述犯罪事实，具有法定从轻处罚情节。其在立案前主动补缴部分税款，亦具有酌定从轻处罚情节。依照《中华人民共和国刑法》第四百零五条第一款、第六十七条第三款、第六十四条、第六十一条之规定，判决如下：

一、被告人宋某某犯徇私舞弊发售发票罪，判处有期徒刑四年。

二、对被告人宋某某的违法所得人民币 40.5 万元依法予以追缴。

点评

本案被告人所涉罪名为徇私舞弊发售发票罪。《刑法》第四百零五条规定：“税务机关的工作人员违反法律、行政法规的规定，在办理发售发票、抵扣税款、出口退税工作中，徇私舞弊，致使国家利益遭受重大损失的，处五年以下有期徒刑或者拘役；致使国家利益遭受特别重大损失的，处五年以上有期徒刑。其他国家机关工作人员违反国家规定，在提供出口货物报关单、出口收汇核销单等出口退税凭证的工作中，徇私舞弊，致使国家利益遭受重大损失的，依照前款的规定处罚。”该条涉及的罪名包括徇私舞弊发售发票罪、徇私舞弊抵扣税款罪、徇私舞弊出口退税罪以及违法提供出口退税证罪。

就徇私舞弊发售发票罪而言，其主观状态为故意。需要注意的是，徇私属于犯罪动机，是一种主观的超过要素，不要求有对应的客观事实存在。

本罪的客观行为是违反法律、行政法规的规定发售发票，致使国家利益遭受重大损失。所谓舞弊，就是指违法发售发票的行为。

所谓重大损失，应当根据立案标准来确定。依据《最高人民检察院关于渎职侵权犯罪案件立案标准的规定》，涉嫌下列情形之一的，应予追诉：（1）徇私舞弊，致使国家税收损失累计达10万元以上的；（2）徇私舞弊，致使国家税收损失累计不满10万元，但发售增值税专用发票25份以上或者其他发票50份以上或者增值税专用发票与其他发票合计50份以上，或者具有索取、收受贿赂或者其他恶劣情节的；（3）其他致使国家利益遭受重大损失的情形。

本案被告人在发票管理和发售工作中发现，其所使用的办税系统每月25日至月底，可以不经审批领出发票，且只显示领取发票的数额，不显示缴税数量，可以不缴税领取发票。其便利用这个漏洞，以吉林市龙潭区鑫顺清真餐厅、金家厨房、穆斯林小吃部、蔚山朝族饭店的名义领取了面额为人民币845万元的普通定额发票，并出售给他人谋利，致使国家税款损失人民币761,960.00元，构成了徇私舞弊发售发票罪。

法条链接

1.《刑法》

第四百零五条 税务机关的工作人员违反法律、行政法规的规定，在办理发售发票、抵扣税款、出口退税工作中，徇私舞弊，致使国家利益遭受重大损失的，处五年以下有期徒刑或者拘役；致使国家利益遭受特别重大损失的，处五年以上有期徒刑。

其他国家机关工作人员违反国家规定，在提供出口货物报关单、出口收汇核销单等出口退税凭证的工作中，徇私舞弊，致使国家利益遭受重大损失的，依照前款的规定处罚。

2.《最高人民检察院关于渎职侵权犯罪案件立案标准的规定》

（十五）徇私舞弊发售发票、抵扣税款、出口退税案（第四百零五条第一款）

徇私舞弊发售发票、抵扣税款、出口退税罪是指税务机关工作人员违反法律、行政法规的规定，在办理发售发票、抵扣税款、出口退税工作中徇私舞弊，致使国家利益遭受重大损失的行为。

涉嫌下列情形之一的，应予立案：

1. 徇私舞弊，致使国家税收损失累计达10万元以上的；

2. 徇私舞弊，致使国家税收损失累计不满10万元，但发售增值税专用发票25份以上或者其他发票50份以上或者增值税专用发票与其他发票合计50份以上，或者具有索取、收受贿赂或者其他恶劣情节的；

3. 其他致使国家利益遭受重大损失的情形。

100. 何谓违法提供出口退税凭证罪？

——卢某某犯受贿、违法提供出口退税凭证案①

裁判要旨

违法提供出口退税凭证罪，是指税务机关工作人员以外的其他国家机关工作人员，违反国家规定，在提供出口货物报关单、出口收汇核销单等出口退税凭证的工作中，徇私舞弊，致使国家利益遭受重大损失的行为。其主体是税务机关工作人员以外的其他国家机关工作人员；其主观状态是故意；其客观状态是违反国家规定，在提供出口货物报关单、出口收汇核销单等出口退税凭证的工作中，徇私舞弊，致使国家利益遭受重大损失。

基本案情

（一）受贿

2009年7月至2012年1月，被告人卢某某担任宁波市北仑海关查验一科科

① 浙江省宁波市中级人民法院（2013）浙甬刑二终字第460号刑事裁定书

员，负责按照布控查验指令实施现场人工查验等工作。其间，被告人卢某某利用职务上的便利，在对沈某、黄某、陈某（均另案处理）等人所在公司的出口报关货物实施查验过程中，为其谋取利益，并先后12次非法收受沈某所送现金共计人民币139,500元，先后3次非法收受黄某所送现金共计人民币40,000元，先后2次非法收受陈某所送现金共计人民币36,000元。案发后，被告人卢某某已向检察机关退缴全部受贿赃款。

（二）违法提供出口退税凭证

2010年10月，胡某（另案处理）为骗取出口退税和使含有危险品的货物顺利通关，在一批出口至牙买加的货物申报出口时，向海关提交虚假的出口报关单等报关资料（单据上中虚列了8000台电话机，实际只装箱了2部电话机，隐匿了香水等危险品）。后该批货物在申报出口时被宁波北仑海关布控查验，胡某得知消息后，通过中间人唐某、朱某甲、阮某（均另案处理）联系到时任宁波北仑海关查验一科副科长的贺某伟（已判刑），并告知贺某伟该批货物有骗取出口退税意图，以承诺给好处费的方式请求贺某伟帮忙放行。2010年10月15日，贺某伟找到当班查验关员被告人卢某某，要求被告人卢某某对该批货物查验后直接放行。经查验后，被告人卢某某明知该批货物有骗取出口退税嫌疑，仍按照贺某伟的要求对该批货物直接放行。后胡某用从北仑海关获得的报关单退税联到税务部门骗取出口退税，造成国家税收损失人民币50,854.71元。事后，胡某将125,000元好处费通过中间人唐某、朱某甲、阮某辗转交给贺某伟，经中间人层层截留，贺某伟最终从阮某处分得现金人民币50,000元。案发后，相关涉案事实被《浙江日报》等媒体曝光，宁波海关贪腐窝案也被《21世纪经济报道》等媒体报道，并被“搜狐”“凤凰网财经”等多家网络媒体转载，造成恶劣的社会影响。2013年3月8日，被告人卢某某因涉案部分罪行，在宁波市海曙区马园路89号自己家中被宁波市北仑区人民检察院侦查人员带至检察院接受调查。被告人卢某某归案后，如实交代了全部涉案罪行。

法院审理

原审法院根据上述事实和相关法律规定，作出如下判决：一、被告人卢某某犯受贿罪，判处有期徒刑十年，并处没收财产人民币六万元；犯违法提供出口退税凭证罪，判处有期徒刑六个月。数罪并罚，决定执行有期徒刑十年，并处没收财产人民币六万元；二、被告人卢某某违法所得的财物，予以追缴。

上诉人（原审被告人）卢某某上诉称：原判对其量刑过重。1. 原判未认定其有自首情节，受贿犯罪有17.55万元是其在侦查机关未掌握的情况下主动交代的；2. 与海关其他涉案人员相比，其量刑明显重于其他人；3. 其在违法提供出口退税凭证中，没有收受贺某伟现金25,000元，侦查机关因其不承认该事实就不给其自首情节，对其不公平。

辩护人提出：原判对上诉人卢某某量刑过重。1. 卢某某符合自首的条件。办案机关将卢某某带走调查时，仅掌握违法提供出口退税凭证罪行，对其受贿罪行尚未掌握。从案卷材料看，除了收受黄某4万元系黄某先交代的外，其余17.55万元均系卢某某主动交代。退一步讲，即使卢某某没有主动到案，但其被调查谈话期间，主动交代办案机关已经掌握和尚未掌握的受贿犯罪事实，对其主动交代的罪行应予自首论。2. 不排除卢某某有立功情形。根据案卷材料，卢某某供述收受行贿人沈某与陈某贿赂的时间早于沈某与陈某的供述，不排除办案机关根据上诉人的供述而查获行贿人相应犯罪的情形。3. 与海关系列职务犯罪的众多涉案人相比，卢某某的判刑不公。4. 卢某某全部退回赃款。5. 卢某某归案后如实供述自己的全部犯罪事实。综上，恳请法院对其减轻处罚。

二审法院驳回上诉，维持原判。

点评

纳税人申请出口退税的关键资料之一是《中华人民共和国出口货物报关单》出口退税联，其是证明出口货物真实性的重要证据。为了保证出口货物报关单上的信息与实际出口货物相符，海关会对出口货物进行查验。一旦查验不符，纳税人无法获得合法的出口货物报关单出口退税联，故无法获得出口退税。（注意：根据中华人民共和国海关总署公告2015年第14号规定：对2015年5月1日（含）以后出口的货物，海关不再签发纸质出口货物报关单证明联（出口退税专用）。原海关签发的纸质出口货物报关单证明联是专用于企业在国税部门办理出口退税时使用的，取消纸质证明联后，海关总署直接将出口结关电子数据发送给国税总局。）为此，一些以骗取出口退税为目标的纳税人会通过行贿等非法手段买通海关工作人员，让其违法提供出口货物报关单等出口退税凭证，以便纳税人将来骗取出口退税。对海关工作人员而言，其行为有涉刑风险。《刑法》第四百零五条第二款规定："其他国家机关工作人员违反国家规定，在提供出口货物报关单、出口收汇核销单等出口退税凭证的工作中，徇私舞弊，致使国家利益遭受重大损失的，依照前款的规定处罚。”该款所涉刑事罪名为违法提供出口退税凭证罪，是指税务机关工作人员以外的其他国家机关工作人员，违反国家规定，在提供出口货物报关单、出口收汇核销单等出口退税凭证的工作中，徇私舞弊，致使国家利益遭受重大损失的行为。依据《最高人民检察院关于渎职侵权犯罪案件立案标准的规定》，违法提供出口退税凭证，具有下列情形之一的，应予立案：（1）徇私舞弊，致使国家税收损失累计达10万元以上的；（2）徇私舞弊，致使国家税收损失累计不满10万元，但具有索取、收受贿赂或者其他恶劣情节的；（3）其他致使国家利益遭受重大损失的情形。

本案被告人卢某某担任宁波市北仑海关查验一科科员，负责按照布控查验指令实施现场人工查验等工作。其明知胡某出口的一批货物有骗取出口退税嫌疑，仍按照贺某伟的要求对该批货物直接放行。后胡某用从北仑海关获得的报关单出口退税联到税务部门骗取出口退税，造成国家税收损失人民币50,854.71元。之后，被告人卢某某等人的相关犯罪事实被21世纪经济报道、齐鲁晚报、浙江在线、大家论坛网站、四川新闻网、凤凰网（财经资讯）、搜狐网站、百度、中国农业新闻网、CNN3.COM、浙江日报等媒体报道曝光，社会影响面大，影响恶劣。因此，被告人卢某某的行为已经构成违法提供出口退税凭证罪。该案对海关工作人员的启示是，即使海关工作人员未受贿、索贿，如果其行为造成恶劣的社会影响，也可能被检察机关以违法提供出口退税凭证罪追诉。

法条链接

1.《刑法》

第四百零五条 税务机关的工作人员违反法律、行政法规的规定，在办理发售发票、抵扣税款、出口退税工作中，徇私舞弊，致使国家利益遭受重大损失的，处五年以下有期徒刑或者拘役；致使国家利益遭受特别重大损失的，处五年以上有期徒刑。

其他国家机关工作人员违反国家规定，在提供出口货物报关单、出口收汇核销单等出口退税凭证的工作中，徇私舞弊，致使国家利益遭受重大损失的，依照前款的规定处罚。

2.《最高人民检察院关于渎职侵权犯罪案件立案标准的规定》

（十六）违法提供出口退税凭证案（第四百零五条第二款）

违法提供出口退税凭证罪是指海关、外汇管理等国家机关工作人员违反国家规定，在提供出口货物报关单、出口收汇核销单等出口退税凭证的工作中徇私舞弊，致使国家利益遭受重大损失的行为。

涉嫌下列情形之一的，应予立案：

1. 徇私舞弊，致使国家税收损失累计达10万元以上的；

2. 徇私舞弊，致使国家税收损失累计不满10万元，但具有索取、收受贿赂或者其他恶劣情节的；

3. 其他致使国家利益遭受重大损失的情形。

图书在版编目（CIP）数据

税收法律纠纷案件裁判规则解读：疑难案件办案思路和实务要点详解／郭丁铭，张冰冰主编．—北京：中国法制出版社，2019.11

ISBN 978－7－5216－0538－9

Ⅰ.①税… Ⅱ.①郭… ②张… Ⅲ.①税收管理－经济纠纷－审判－案例－中国 Ⅳ.①D922.220.5

中国版本图书馆CIP数据核字（2019）第203221号

责任编辑：袁笋冰　王　彤　　　封面设计：杨泽江

税收法律纠纷案件裁判规则解读：疑难案件办案思路和实务要点详解

SHUISHOU FALÜ JIUFEN ANJIAN CAIPAN GUIZE JIEDU：YINAN ANJIAN BANAN SILU HE SHIWU YAODIAN XIANGJIE

主编/郭丁铭，张冰冰
经销/新华书店
印刷/廊坊一二〇六印刷厂
开本/710毫米×1000毫米　16开　　印张/38　字数/567千
版次/2019年11月第1版　　2019年11月第1次印刷

中国法制出版社出版
书号ISBN 978－7－5216－0538－9　　定价：155.00元

北京西单横二条2号
邮政编码100031　　传真：010－66031119
网址：http：//www.zgfzs.com　　**编辑部电话：010－66080537**
市场营销部电话：010－66033393　　**邮购部电话：010－66033288**

（如有印装质量问题，请与本社印务部联系调换。电话：010－66032926）